全科公共基础知识

柴一奘 编著
新途径职教公基研究院 审订

懂·公基
让思想有温度
让理论有高度
让你不再死记硬背就能懂公基

图书在版编目（CIP）数据

全科公共基础知识／柴一奘编著．－－3 版．－－北京：华夏出版社有限公司，2023.3

ISBN 978－7－5222－0458－1

Ⅰ.①全… Ⅱ.①柴… Ⅲ.①行政事业单位－招聘－考试－中国－自学参考资料 Ⅳ.①D630.3

中国国家版本馆 CIP 数据核字（2023）第 012982 号

全科公共基础知识

编　　著	柴一奘
责任编辑	霍本科　王梓臻
封面设计	新途径职教品牌设计部
出版发行	华夏出版社有限公司
经　　销	新华书店
印　　装	河南和印印务有限公司
版　　次	2023 年 3 月第 3 版　2023 年 3 月第 1 次印刷
开　　本	787×1092　1/16 开本
印　　张	30.5
字　　数	685 千字
定　　价	198.00 元

华夏出版社有限公司　社址：北京市东直门外香河园北里 4 号　邮编：100028
　　　　　　　　　　　网址：www.hxph.com.cn　电话：010－64663331（转）
　　　　　　　　　　　投稿邮箱：hbk801@163.com　互动交流：010－64672903

若发现本版图书有印装质量问题，请与我社营销中心联系调换。

自 序

当老师，就要心无旁骛，甘守三尺讲台，"春蚕到死丝方尽，蜡炬成灰泪始干"；

做研究，就要以科学的态度对待科学、以真理的精神追求真理，"板凳要坐十年冷，文章不写一句空"；

搞创作，就要坚持问题导向、增强问题意识，努力创作出广受喜爱的精品力作。

一个知识分子，不论在哪个行业、从事什么职业，也不论学历、职称、地位有多高，唯有秉持求真务实精神，才能探究更多未知，才能获得更多真理，也才能为社会作出更大贡献。

在非洲，瞪羚每天早上醒来时，就知道自己必须跑得比最快的狮子还快，否则就会被吃掉；狮子每天早上醒来时，就知道自己必须超过跑得最慢的瞪羚，否则就会被饿死。不管是瞪羚还是狮子，当太阳升起时，你最好开始奔跑。

在非洲，大草原上有一种草叫尖毛草。在最初的半年里，它几乎是草原上最矮的草，只有一寸高，其他任何一种野草，长得都要比它旺盛，人们甚至看不出它在生长。但是半年后，在雨水到来之际，尖毛草以每天半米的速度向上疯长，三五天的时间便能长到一米六至两米的高度。其实，尖毛草一直在生长，但它不是在长身体，而是在长根。在长达六个月的时间里，尖毛草的根部长得超过了二十八米。它在悄无声息地为自己的将来做准备。

在中国，1840年的一声炮火惊醒天朝旧梦，中国人恍悟昨日之弊，从变法维新到革命共和，从五四呐喊到天安门楼上庄严宣告，从新中国"站起来"到改革开放"富起来"再到新时代"强起来"……此时此刻，我们比任何时候都更接近梦想。敢于有梦，更要勇于追梦！习近平总书记强调："怀抱梦想又脚踏实地，敢想敢为又善作善成。"从事不同职业、扮演不同角色的每一个群体对梦想的理解也不尽相同：对于军人，他们的梦想就是保家卫国；对于医生，他们的梦想就是救死扶伤；对于从事教培行业的教师，我们的梦想必然是也必须是教书育人。那么：

教育是什么？

教育就是心灵与心灵的沟通，灵魂与灵魂的交融，人格与人格的对话。

教师要做什么？

教师必须做到教书育人、言传身教、甘为人梯，必须做到传道、授业、解感,必须做到以自己的人格魅力和学识魅力去教育、感染和影响学生。"要想给学生一杯水,自己必须先有一桶水!"这就要求教师必须具备广博的知识和广泛的兴趣,必须具备深厚的专业功底和独特的教学艺术,必须具有出色的教学效果和对教育教学的深入研究……

"因为懂你,所以你懂!"自2011年2月以来,我从事教育培训已有十余载。这十多年里,我再也不去想什么叫空闲,因为我必须专注于我所从事的工作,做到专业;这十多年里,我再也不会仰天呐喊无聊,因为有那么多考生接踵而至的疑问等待着去解惑;这十多年里,不离不弃地伴我度过每一天的正是孤独——孤独可以为你争取时间,孤独可以帮你储藏能量,孤独更可以助你赢得未来!

所谓公共基础知识,就是指政府和企事业单位工作人员必须具备的基本理论、基本知识和基本方法的综合。其中,"公共"二字告诉我们这门课程所涉及的广度。本教材从政治基础知识、经济基础知识、法律基础知识、管理基础知识、公文写作基础知识、历史基础知识和常识等七个方面加以阐述。"基础"二字告诉我们这门课程所涉及的深度。本教材更加注重对基本原理和基本概念的阐释,同时附有真题训练。本教材主要适合备考事业单位招聘考试的考生使用。

凡是过往,皆为序章。时间不等人,历史不等人,历史只会眷顾坚定者、奋进者、搏击者,而不会等待犹豫者、懈怠者、畏难者!"没有谁能够随随便便地成功!" 同样,我们也必须不能随随便便地失败!成功一定属于像瞪羚一样励志"跑得比最快的狮子还快"的人,成功一定属于像狮子一样励志"超过跑得最慢的瞪羚"的人,成功更一定属于像尖毛草一样默默无闻地扎根泥土为自己将来"疯长"积储能量的人。

大江奔腾向海,总会遇到逆流,但任何逆流都阻挡不了大江东去!征途漫漫,惟有奋斗! 优秀不值一提,必须达到完美。

最后,感谢我所在的单位——新途径职教给我提供一个教学教研的广阔平台,感谢曾经支持我和一如既往支持我公共基础工作的家人、学生、同事、同行。期待着大家对本教材提出意见和建议。

柴一奘
中国·北京

目 录

公共基础知识概述 …………………………………………………………………… (1)

第一部分 政治基础知识

第一章 马克思主义哲学 ……………………………………………………… (4)
  第一节 唯物论（辩证唯物论）………………………………………… (11)
  第二节 辩证法（唯物辩证法）………………………………………… (17)
  第三节 认识论（辩证唯物主义认识论）……………………………… (31)
  第四节 唯物史观（历史唯物主义）…………………………………… (38)

第二章 毛泽东思想概论 ……………………………………………………… (50)
  第一节 马克思主义中国化的三大理论成果 …………………………… (50)
  第二节 毛泽东思想 ……………………………………………………… (51)
  第三节 新民主主义革命理论 …………………………………………… (57)
  第四节 社会主义改造理论 ……………………………………………… (59)

第三章 中国特色社会主义理论体系概论 …………………………………… (64)
  第一节 邓小平理论 ……………………………………………………… (64)
  第二节 "三个代表"重要思想 …………………………………………… (67)
  第三节 科学发展观 ……………………………………………………… (68)

第四章 习近平新时代中国特色社会主义思想 ……………………………… (70)
  第一节 习近平新时代中国特色社会主义思想的丰富内涵 …………… (70)
  第二节 建设中国特色社会主义经济 …………………………………… (74)
  第三节 建设中国特色社会主义政治 …………………………………… (79)
  第四节 建设中国特色社会主义文化 …………………………………… (84)
  第五节 构建社会主义和谐社会 ………………………………………… (86)
  第六节 大力推进生态文明建设 ………………………………………… (88)
  第七节 国际战略和外交政策 …………………………………………… (89)
  第八节 中国特色社会主义事业的领导核心 …………………………… (90)

第二部分　经济基础知识

第一章　马克思主义政治经济学 (98)
- 第一节　资本主义的形成及以私有制为基础的商品经济的基本矛盾 (99)
- 第二节　资本主义经济制度的本质 (105)
- 第三节　资本主义发展的历史进程 (111)

第二章　西方经济学 (114)
- 第一节　微观经济学 (115)
- 第二节　宏观经济学 (123)

第三章　社会主义市场经济 (126)

第三部分　法律基础知识

第一章　法理学 (144)
- 第一节　法的本体论问题 (145)
- 第二节　法的历史问题 (158)
- 第三节　法的运行问题 (159)
- 第四节　法与社会 (161)

第二章　宪法 (162)
- 第一节　总　纲 (162)
- 第二节　公民的基本权利和基本义务 (166)
- 第三节　国家机构 (171)
- 第四节　国旗、国歌、国徽、首都 (181)

第三章　行政法与行政诉讼法 (182)
- 第一节　行政行为 (184)
- 第二节　抽象行政行为 (186)
- 第三节　具体行政行为 (187)
- 第四节　行政赔偿 (201)
- 第五节　行政复议与行政诉讼 (203)

第四章　民法与民事诉讼法 (212)
- 第一节　民事主体 (213)
- 第二节　民事行为 (223)
- 第三节　民事权利 (230)
- 第四节　侵权责任 (254)

第五节　民事诉讼 ·· (257)

第五章　刑法与刑事诉讼法 ··· (263)
　　第一节　犯　罪 ·· (264)
　　第二节　刑　罚 ·· (273)
　　第三节　刑罚裁量 ·· (276)
　　第四节　具体犯罪 ·· (277)
　　第五节　刑事诉讼 ·· (282)

第六章　公务员法与事业单位人事管理条例 ··· (299)
　　中华人民共和国公务员法 ··· (299)
　　事业单位人事管理条例 ·· (312)

第四部分　管理基础知识

　　第一节　公共行政 ·· (320)
　　第二节　公共政策 ·· (324)

第五部分　公文写作基础知识

　　第一节　公文的概念与特征 ··· (326)
　　第二节　公文的分类与种类 ··· (327)
　　第三节　公文格式 ·· (334)
　　第四节　公文处理 ·· (345)
　　第五节　公文写作 ·· (354)

第六部分　历史基础知识

　　第一节　中国古代史 ··· (370)
　　第二节　中国近现代史 ·· (398)
　　第三节　中共党史 ·· (404)

第七部分　常　识

　　第一节　人文常识 ·· (422)
　　第二节　科技常识 ·· (443)
　　第三节　自然常识 ·· (447)
　　第四节　地理常识 ·· (462)

公共基础知识概述

一、考试范围

公共基础知识考试的目的是测试应试者对政府和企事业单位工作人员应知应会的基本理论、基本知识和基本方法的掌握程度，特别是运用基本理论、基本知识和基本方法解决工作中实际问题的能力。

考试范围包括政治基础知识、经济基础知识、法律基础知识、管理基础知识、公文写作基础知识、历史基础知识、常识及时政省情知识等。公共基础知识考试范围和各部分测查重点如下表：

考试范围	测查重点
政治基础知识	1. 马克思主义哲学：辩证唯物论、唯物辩证法、辩证唯物主义认识论、历史唯物主义 2. 毛泽东思想概论：毛泽东思想的形成和发展、毛泽东思想的科学体系和历史地位、新民主主义革命理论、社会主义改造理论 3. 中国特色社会主义理论体系：邓小平理论、"三个代表"重要思想、科学发展观 4. 习近平新时代中国特色社会主义思想
经济基础知识	1. 马克思主义政治经济学：资本主义是商品经济、资本主义追求剩余价值、资本主义的基本矛盾 2. 西方经济学：微观经济学、宏观经济学 3. 社会主义市场经济：货币供求均衡、通货膨胀与通货紧缩、财政政策与货币政策
法律基础知识	1. 法理学：法的本体论、法的价值论、法的历史、法的运行、法与社会 2. 宪法：宪法总纲、公民的基本权利和基本义务、国家机构、国旗国歌国徽首都 3. 行政法：行政主体、行政行为、行政赔偿、行政复议、行政诉讼 4. 民法典：民事主体、民事行为、民事权利、侵权责任、民事诉讼 5. 刑法：犯罪、刑罚、刑罚裁量、具体犯罪、刑事诉讼

续　表

考试范围	测查重点
管理基础知识	公共行政、公共政策
公文写作基础知识	公文分类、公文种类、公文格式、公文处理、公文写作
历史基础知识	中国古代史、中国近现代史、中共党史
常　识	人文常识、科技常识、自然常识、地理常识

二、考试题型

（一）客观题

1. 选择题（单项选择、多项选择、不定项选择）
2. 判断题
3. 公文实务题
4. 案例分析题
5. 综合分析题

（二）主观题

简答题、辨析题、论述题、材料作文题

第一部分

政治基础知识

第一章 马克思主义哲学

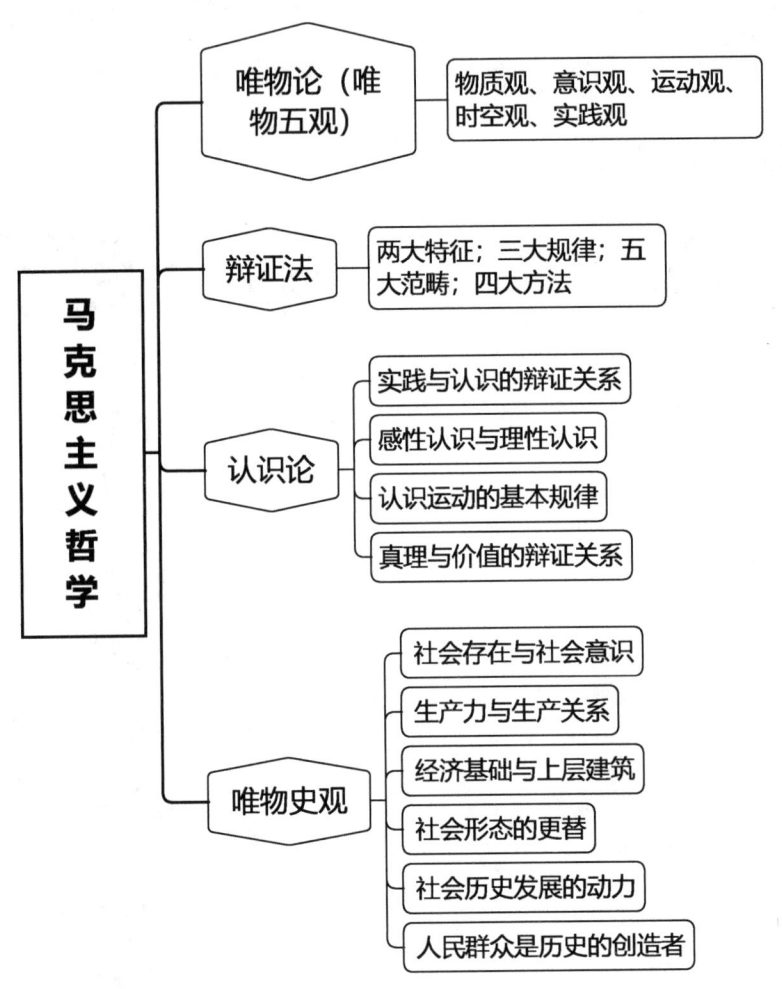

一、马克思主义理论的基本构成（三个组成部分）

1. 马克思主义哲学	马克思主义哲学来源于**德国**古典哲学。马克思主义哲学吸取的**费尔巴哈**哲学中的"基本内核"是唯物主义，但是费尔巴哈的唯物主义是旧唯物主义，也叫机械唯物主义、半截子唯物主义，即通常所说的**形而上学唯物主义**，不讲辩证法；马克思主义哲学吸取的**黑格尔**哲学中的"合理内核"是辩证法，但是黑格尔的辩证法是**唯心主义辩证法**，不讲唯物主义。这样便产生了马克思主义哲学——**辩证唯物主义和历史唯物主义**。其中，辩证唯物主义是由辩证的唯物论、唯物的辩证法以及辩证唯物主义认识论三个部分组成，历史唯物主义亦称唯物史观，它与历史唯心主义相对
2. 马克思主义政治经济学	马克思主义政治经济学来源于**英国**古典政治经济学。主要是在继承中发展了**威廉·配第、亚当·斯密和大卫·李嘉图**的经济学观点
3. 科学社会主义	科学社会主义来源于**英、法**空想社会主义。主要吸收了法国的**傅立叶、圣西门**和英国的**欧文**的空想社会主义思想 科学社会主义是马克思主义理论学说的**最终结论**
实践性、革命性和科学性的统一是马克思主义的**根本特征**	

> **习题与解析**

习题1.【多选】19世纪40年代，马克思主义产生于西欧，英、法、德三国是其发源地，它批判地继承和吸收了人类自然科学、思维科学和社会科学的优秀成果，特别是18世纪中叶和19世纪上半叶社会科学和自然科学的成果。其主要理论来源包括（ ）

A. 德国古典哲学　　　　　　　　B. 英国资产阶级古典政治经济学
C. 英法空想社会主义　　　　　　D. 欧洲古典主义文学

答案：ABC。解析：德国古典哲学、英国古典政治经济学和英法空想社会主义为马克思主义的诞生提供了思想理论条件。因此，本题应选ABC三个选项。

习题2.【单选】马克思主义哲学、马克思主义政治经济学和科学社会主义是马克思主义理论体系不可分割的三个主要组成部分，而全部马克思主义学说的核心和理论结论是（ ）

A. 剩余价值学说　　　　　　　　B. 辩证唯物主义
C. 历史唯物主义　　　　　　　　D. 科学社会主义

答案：D。解析：马克思主义哲学为我们认识世界和改造世界提供了一个正确的世界观，马克思主义政治经济学旨在揭露资本主义生产方式的绝对规律是生产剩余价值，而科学社会主义是在马克思主义哲学和马克思主义政治经济学的基础上得出的必然的逻辑结论。正如恩格斯所说，马克思创立了唯物史观和剩余价值学说，使社会主义从空想变成科学。所以，全部马克思主义学说的理论结论是科学社会主义。因此，本题应选D项。

二、哲学、哲学基本问题和哲学两大基本派别

(一) 哲学的概念

所谓哲学，就是指系统化、理论化的世界观，又是方法论。

哲学与具体科学是**共性与个性、普遍与特殊、抽象与具体、一般与个别、指导与被指导的关系**，而不是整体与部分的关系（哲学与具体科学如水果与苹果的关系，整体和部分如一个苹果与半个苹果的关系）。

哲学以各门具体科学为基础，没有离开具体科学纯粹抽象的哲学；哲学是对各门具体科学的概括和总结，为各门具体科学提供世界观和方法论，各门具体科学必须以哲学为指导。

习题与解析

习题1.【单选】哲学是（　　）

A. 科学的世界观和方法论　　　　B. 各门具体科学知识的总汇
C. 系统化、理论化的世界观　　　D. 辩证唯物主义和历史唯物主义

答案：C。解析：**哲学是系统化、理论化的世界观，其研究对象是自然界、人类社会和人的思维，是世界观和方法论的统一。**因此，本题应选C项。

(二) 哲学基本问题的概念

所谓**哲学基本问题**，就是指思维与存在、精神与物质的关系问题。它包括两方面的内容：

思维与存在何为第一性	这是划分**唯物主义**与**唯心主义**哲学派别的依据
思维与存在有无同一性	这是划分**可知论**与**不可知论**的依据。思维与存在的同一性问题也就是思维能否认识存在、现实世界是否可知的问题

习题与解析

习题1.【多选】下列问题中，属于哲学基本问题内容的有（　　）

A. 物质世界是否普遍联系　　　B. 世界的本源是一个还是多个
C. 思维和存在何者为第一性　　D. 物质世界能否为人们认识

答案：CD。解析：哲学基本问题指思维与存在、精神与物质的关系问题，它包括思维与存在何者为第一性以及思维与存在有无同一性两个方面的内容。因此，本题应选CD两个选项。

习题2.【单选】哲学基本问题的第一方面即精神和物质何为第一性问题是（　　）

A. 区分唯物主义与唯心主义的标准　　B. 区分唯物史观与唯心史观的标准
C. 区分辩证法与形而上学的标准　　　D. 区分一元论与二元论的标准

答案：A。解析：哲学基本问题的第一方面即思维与存在何者为第一性的问题是区分唯物主义和唯心主义派别的依据，选项 A 正确。因此，本题应选 A 项。

习题3.【单选】哲学基本问题是（　　）

A. 物质和运动的关系问题　　　　　B. 辩证法和形而上学的关系问题

C. 理论与实践的关系问题　　　　　D. 思维与存在的关系问题

答案：D。解析：**哲学基本问题是指思维与存在、精神与物质的关系问题，它是任何哲学家首先必须讨论并且无法回避的问题**。因此，本题应选 D 项。

习题4.【单选】年纪大了头发变白是自然现象，但英国科学家最近宣布，他们首次发现 IRF4 基因是影响白发生长的基因。而此前科学家只知道这种基因与头发的颜色和头发的多少有一定关系。从哲学基本问题看，材料主要体现了（　　）

A. 哲学是一切社会变革的先导　　　B. 思维和存在具有同一性

C. 哲学是世界观和方法论的统一　　D. 思维和存在何者为第一性

答案：B。解析：哲学基本问题，即思维和存在的关系问题。其中，思维和存在何者为第一性的问题，是划分唯物主义和唯心主义的依据。思维和存在有无同一性的问题，是划分可知论与不可知论的依据。本题材料所体现的是可知论的观点。因此，本题应选 B 项。

（三）哲学的两大基本派别

所谓哲学的两大基本派别，就是指唯物主义和唯心主义。

1. 唯物主义

所谓唯物主义，就是指把世界本源归结为物质，主张物质第一性，意识第二性，意识是物质的产物。

唯物主义有三种历史形态，即古代朴素唯物主义、近代形而上学唯物主义（机械唯物主义）和现代辩证唯物主义。

（1）**古代朴素唯物主义**	基本特征是，把一种或几种**具体的物质形态**、"原初的物质"作为世界的本原，如**水、火、气**等，古代朴素唯物主义具有非科学性、直观性、猜测性等特征。中国古代朴素唯物主义有**五行说、气**等
（2）**近代形而上学唯物主义（机械唯物主义、旧唯物主义、半截子唯物主义）**	基本特征是，把基本粒子的构成、物质结构的某种属性即**原子**作为世界的本原。主要缺陷：机械性、形而上学性（不懂辩证法）、不彻底性（历史观是唯心的）
（3）**现代辩证唯物主义**	即马克思辩证唯物主义，是科学的彻底的唯物主义

习题与解析

习题1.【单选】认为某种具体物质是世界的本原，这类观点属于（　　）

A. 朴素唯物主义　　　　　　　　　B. 机械唯物主义

C. 形而上学唯物主义　　　　　　　D. 庸俗唯物主义

答案：A。解析：古代朴素唯物主义的基本特征是把一种或几种具体的物质形态、"原初的物质"作为世界的本原。因此，本题应选 A 项。

习题2.【单选】中国古代哲学家张载提出，"凡可状者皆有也，凡有皆象也，凡象皆气也"。这是（ ）

A. 客观唯心主义的观点　　　　　　B. 主观唯心主义的观点

C. 形而上学的观点　　　　　　　　D. 朴素唯物主义的观点

答案：D。解析："凡可状者皆有也，凡有皆象也，凡象皆气也"的意思是指凡是有形态看得见的事物都是客观存在的，凡是客观存在的事物都是一些大自然现象的表现，这些现象都可以解释为灵气驱动的自然，即万物有灵性的意思。"气"实际上成为张载概括一切客观实在的哲学范畴，这在一定意义上相当于我们今天所说的物质存在，所以，这是一种朴素唯物主义的观点。因此，本题应选 D 项。

习题3.【单选】恩格斯把费尔巴哈等旧唯物主义者称为半截子的唯物主义，并指出真正的唯物主义者在理解现实世界（自然界和历史）时是"按照它本身在每一个不以先入为主的唯心主义怪想来对待它的人面前所呈现的那样来理解……除此以外，唯物主义并没有别的意义"。这里的"半截子"主要指的是（ ）

A. 在坚持唯物论的同时，没有把唯物论和辩证法相结合

B. 在承认物质决定意识的同时，否认物质与意识的同一性

C. 在自然观上是唯物主义的，历史观上则陷入唯心主义

D. 把客观事物看作既成的事实，但不承认事物的变化发展

答案：C。解析：旧唯物主义有三大缺点，即**机械性、形而上学性、不彻底性**。本题题意指旧唯物主义是半截子的唯物主义，即在自然观上是唯物主义，但在历史观上是唯心主义，所以旧唯物主义作为唯物主义是半截子的，是不彻底的，选项 C 正确；选项 A 意指旧唯物主义的机械性；选项 D 意指旧唯物主义的形而上学性（静止的观点）；唯物主义者一般来说都是可知论者，即唯物主义一般都承认物质和意识的同一性。因此，本题应选 C 项。

2. 唯心主义

所谓唯心主义，就是指把世界本源归结为意识，主张意识第一性，物质第二性，物质是意识的产物。

唯心主义包括主观唯心主义和客观唯心主义两种形式：

主观唯心主义	指把人的主观精神看成世界的本源
客观唯心主义	指把上帝或"客观"精神看成世界的本源

(1) 主观唯心主义

孟　子	"万物皆备于我"
庄　子	**"齐物我"**"天地与我并生，而万物与我为一"
陆九渊（陆象山）	"宇宙便是吾心，吾心即是宇宙""心即理"
王阳明（王守仁）	"心外无理、心外无物、心外无事""万物皆在吾心中"。心学的核心为"知行合一""致良知"
康　德	"人的理性为自然界立法"
笛卡尔	**"我思故我在"**，是极端主观唯心主义的总代表。笛卡尔被称为**"近代哲学之父"**
贝克莱	**"存在就是被感知""物质是观念的集合体"**
马　赫	**"物是感觉的复合"**
叔本华	"意志是世界的物自体，是世界的本质"
尼　采	"自由选择的意志高于一切"
杜　威	美国实用主义代表人物，主张"有用即是真理"，胡适的老师

习题与解析

习题1.【单选】我国明代哲学家王守仁认为"心外无物"，月亮、太阳以及世界上万物都存在于人心之中，都是心之意念的产物。这是（　）的思想。

A. 客观唯心主义　　　　　　　B. 主观唯心主义
C. 机械唯物主义　　　　　　　D. 庸俗唯物主义

答案：B。解析：陆九渊、王阳明的哲学思想被称为"陆王心学"，都属于主观唯心主义的哲学范畴。因此，本题应选B项。

习题2.【单选】下列观点属于主观唯心主义的是（　）

A. 理在气中，理随事变　　　　B. 心外无物，心外无理
C. 理在事先，事随理变　　　　D. 生死有命，富贵在天

答案：B。解析：选项A是古代朴素唯物主义的观点；选项C是客观唯心主义的观点；选项D是宿命论，也即客观唯心主义。因此，本题应选B项。

(2) 客观唯心主义

老　子	"道生一，一生二，二生三，三生万物""道生万物"
程颐、程颢	"万物皆是一理""有理则有气""天者，理也"
朱　熹	"有是理，后生是气""理在物先，理在事先"**"存天理、灭人欲"**
柏拉图	**"理念世界"**"现实世界是理念世界的影子"

续 表

黑格尔	"世界是**绝对观念**的异化" "物质世界是**绝对精神**的外化" "**绝对理念**是万事万物的本源"
耶 稣	世界是上帝意志的创造物，上帝，天命、运气

习题与解析

习题1.【单选】唯物主义与唯心主义对立的根本点是（ ）

　　A. 对世界本源问题的不同回答

　　B. 对物质和意识是否具有同一性的不同回答

　　C. 对运动是否是物质的根本属性的不同回答

　　D. 对意识是否具有能动性的不同回答

　　答案：A。解析：对物质和意识谁是世界的本源，是物质决定意识还是意识决定物质的不同回答，是划分唯物主义与唯心主义的核心问题。因此，本题应选A项。

习题2.【多选】下列说法中，属于客观唯心主义的有（ ）

　　A. 万物皆备于我　　　　　　　B. 吾心即宇宙

　　C. 理在事先　　　　　　　　　D. 谋事在人，成事在天

　　答案：CD。解析："万物皆备于我"语出孟子，属于主观唯心主义，选项A错误；"吾心即宇宙"语出陆九渊，属于主观唯心主义，选项B错误；"理在事先"语出朱熹，属于客观唯心主义，选项C正确；"谋事在人，成事在天"没有把成功与失败归结为后天的努力与否而是归结为上天，属于客观唯心主义，选项D正确。因此，本题应选CD两个选项。

习题3.【单选】19世纪德国哲学家黑格尔认为"绝对观念"先于自然界和人类社会而存在，自然界和人类社会是绝对观念外化或异化的结果。黑格尔观点是（ ）

　　A. 客观唯心主义　　　　　　　B. 主观唯心主义

　　C. 辩证唯物主义　　　　　　　D. 形而上学唯物主义

　　答案：A。解析：黑格尔认为"绝对观念是万事万物的本源"，属于客观唯心主义哲学范畴。因此，本题应选A项。

习题4.【单选】一切唯心主义者都主张（ ）

　　A. 世界是精神的产物　　　　　B. 世界万物是"感觉的复合"

　　C. 上帝创造世界　　　　　　　D. 世界是不可认识的

　　答案：A。解析：唯心主义认为意识决定物质，世界是精神的产物，选项A正确；"世界万物是感觉的复合"属于主观唯心主义，"上帝创造世界"属于客观唯心主义，而"世界是不可认识的"属于不可知论，均不符合题意。因此，本题应选A项。

第一节 唯物论（辩证唯物论）

唯物五观：物质观、意识观、运动观、时空观、实践观。

一、物质观

所谓**物质**，就是指标志**客观实在**的哲学范畴。这种客观实在是人通过感觉感知的，它不依赖于我们的感觉而存在，为我们的感觉所复写、摄影、反映。

物质的**客观实在性**是物质的**唯一特性**，而**运动**是物质的**根本属性**。

世界的多样性物质统一性原理：

1. 世界是**统一的**，即世界的本源是一个，反对二元论；

2. 世界的统一性在于它的**物质性**，即世界统一的基础是物质，正如列宁所说，"除了运动的物质以外，世界上什么也没有"；

3. 物质世界的统一性是**多样性**的统一，而不是单一的无差别的统一，世界的物质统一性以具体物质形态的差异性、多样性为前提，而物质形态的差异性、多样性又以它们的客观实在性为基础。

方法论：我们想问题、办事情，要**坚持一切从实际出发**，使主观认识与客观实际相符合。

习题与解析

习题1.【单选】"物质是标志客观实在的哲学范畴，这种客观实在是人通过感觉感知的，它不依赖于我们的感觉而存在，为我们的感觉所复写、摄影、反映。"提出这一物质定义的是（　　）

A. 费尔巴哈 　　　　　　　　　B. 黑格尔
C. 列宁 　　　　　　　　　　　D. 马克思

答案：C。解析：列宁提出上述这一物质定义。因此，本题应选C项。

习题2.【单选】物质的唯一特性是（　　）

A. 客观实在性 　　　　　　　　B. 运动
C. 发展 　　　　　　　　　　　D. 辩证性

答案：A。解析：物质的客观实在性是物质的唯一特性，而运动是物质的根本属性。因此，本题应选A项。

习题3.【单选】马克思指出："批判的武器当然不能代替武器的批判，物质的力量只能用物质的力量来摧毁，但是理论一经掌握群众，也会变成物质力量。"这个论断说明（　　）

A. 理论可以代替实践 　　　　　B. 理论可以指导实践
C. 理论的作用是无限的 　　　　D. 群众是真正的英雄

答案：B。解析："理论可以代替实践"与"理论的作用是无限的"这两种表述本身就是错误的，选项 A 与选项 C 不正确；题干中"但是理论一经掌握群众，也会变成物质力量"是在强调"理论可以指导实践"而非"群众是真正的英雄"。因此，本题应选 B 项。

二、意识观

1. 意识的概念

所谓**意识**，就是指物质世界长期发展的产物，是人脑的机能和属性，是物质世界的主观映像。

劳动在意识的产生中起了决定性作用。人脑是产生意识的物质器官，但不是意识的源泉。

习题与解析

习题 1.【单选】在人类意识的产生过程中，起决定作用的是（　　）

A. 人脑的形成　　　　　　　　B. 语言和思维的形成

C. 自然界的变化　　　　　　　D. 能够制造工具和使用工具的劳动

答案：D。解析：劳动在意识的产生中起了决定性作用。因此，本题应选 D 项。

习题 2.【单选】宋朝画家文与可住宅周围有很多竹子，他一年四季注意观察竹子的变化，对竹子的形状、姿态有透彻的了解，因而画出的竹子生动逼真。苏轼有诗云："与可画竹时，胸中有成竹。"这一事实体现的哲学道理是（　　）

A. 意识就是物质世界本身　　　B. 意识是对客观世界的能动反映

C. 意识是人脑的产物　　　　　D. 意识对物质具有反作用

答案：B。解析：文与可能把竹子画得生动逼真缘于其对竹子的形状、姿态有足够透彻的了解，这体现了意识对客观世界的能动反映。因此，本题应选 B 项。

习题 3.【单选】马克思指出："观念的东西不外是移入人的头脑并在人的头脑中改造过的物质的东西而已。"这个命题表明（　　）

A. 意识是客观存在的主观映象　　B. 人脑是意识的源泉

C. 观念东西和物质东西没本质区别　D. 意识是人脑特有的物质

答案：A。解析：**意识源于物质而不源于人脑**，选项 B 表述错误；观念的东西与物质的东西有着本质的区别，选项 C 表述错误；根据意识的定义，**意识源于物质而不等于物质**，选项 D 表述错误；马克思的话体现了意识是客观存在的主观映像。因此，本题应选 A 项。

2. 意识的内容与形式

意识的内容是客观的，形式是主观的。

（1）意识的内容是客观的就是指意识依赖物质，没有被反映者也就没有反映；

（2）意识的形式是主观的就是指意识具有主观特征。

3. 意识的能动作用

所谓意识的能动性，就是指意识能动地反映客观世界和改造客观世界的能力。意识的能动性表现为：

（1）意识活动的目的性、计划性；

（2）意识活动的创造性；

（3）意识活动对人体活动的控制；

（4）意识对客观世界的改造作用。

4. 主观能动性与客观规律性的辩证统一

人们在实践活动中要达到预想的目的，就一定要使自己的思想符合客观事物的发展规律，如果不符合，就会在实践中失败。因此，正确理解主观能动性和客观规律性的关系，在理论和实践上都是一个重要问题。

首先，必须尊重客观规律，发挥人的主观能动性必须以承认规律的客观性为前提。认识和改造自然界，要尊重自然界的规律；认识和改造社会，要尊重社会规律。**人们能够创造历史，但不是随心所欲地创造历史**。人们对客观规律的认识越深刻、越正确，就越能有效地发挥主观能动作用。

其次，在尊重客观规律的基础上，要充分发挥主观能动性。承认规律的客观性，并不是说人在规律面前是无能为力的，人们通过自觉活动能够认识规律和利用规律。

习题与解析

习题1.【单选】温家宝总理曾说：在经济困难面前，信心比黄金和货币更重要。这句话表明（　）

①人的主观能动作用是巨大的

②精神状态决定着事物的发展进程

③信心、信念、意志是成功的必备要素

④有了信心就可以不受客观条件的制约战胜困难

A. ①③　　　　　　　　　　　　B. ①②

C. ②③　　　　　　　　　　　　D. ②④

答案：A。解析：温家宝总理所言体现了人的主观能动性的重要性，但是并不是说意识能够代替物质、信心可以战胜一切，选项②与选项④的表述本身错误。因此，本题应选A项。

习题2.【单选】"仁者见仁，智者见智"，这说明（　）

A. 意识是主体的自由创造　　　　　B. 意识受主体状态的影响

C. 意识不受认识客体的制约　　　　D. 意识的内容和形式都是主观的

答案：B。解析：意识来源于物质而非主体的自由创造，选项A错误；认识客体对人的意识具有很大的制约性，选项C错误；意识的内容是客观的，形式是主观的，选项D错误；"仁者见仁智者见智"说明了人的意识要受到主体状态的影响。因此，本题应选B项。

三、运动观

1. 运动的概念

所谓**运动**，就是指标志一切事物和现象的变化及其过程的哲学范畴。

运动是物质的**存在方式**和**根本属性**，包括简单的位移、过程和人类思维运动。

2. 运动与物质的关系

（1）**物质都是运动着的物质，运动是物质的根本属性，物质离不开运动**。设想没有运动的物质会陷入形而上学的错误。

（2）**物质是运动的主体，任何运动都是物质的运动，运动离不开物质**。设想没有物质的运动会陷入唯心主义的错误。

习题与解析

习题1.【多选】根据辩证唯物主义运动观，下列说法正确的是（　　）

A. 运动是物质的运动　　　　　　　B. 物质是运动的物质

C. 思维运动的主体是思维　　　　　D. 静止是一种特殊的运动状态

答案：ABD。解析：运动的主体是物质，选项C表述错误；静止是运动的特殊状态，运动是物质的运动，物质是运动的物质。因此，本题应选ABD三个选项。

习题2.【单选】《坛经》记载："时有风吹幡动，一僧曰风动，一僧曰幡动，议论不已。慧能进曰：非风动，非幡动，仁者心动。"这表明慧能关于运动的基本观点是（　　）

A. 运动是物质的根本属性　　　　　B. 运动与物质是不可分割的

C. 精神运动是物质运动的一种形式　D. 精神是运动的主体

答案：D。解析：根据题意，慧能的观点属于主观唯心主义，也即他认为"精神是运动的主体"；其他三项都是马克思主义的观点。因此，本题应选D项。

习题3.【单选】物质运动的最高形式是（　　）运动。

A. 化学　　　　　　　　　　　　　B. 物理

C. 生物　　　　　　　　　　　　　D. 社会

答案：D。解析：按照从低级到高级的发展顺序，物质运动分为机械运动、物理运动、化学运动、生物运动、社会运动五种基本形式。因此，本题应选D项。

3. 运动与静止的关系

所谓**静止**，就是指物质运动在一定条件下的稳定状态，包括**空间的相对位置**和**事物的根本性质**暂时未变这样两种运动的特殊状态。

静止是运动的一种特殊状态，具体表现在：

（1）一事物相对于某一参照系，没有发生某种特定的运动（物理变化）；

（2）事物处于量变阶段而没有发生根本性质的变化（化学变化）。

运动和静止是**绝对和相对**的关系：运动是**绝对的无条件的**，静止是**相对的有条件的**。**任何事物都是绝对运动和相对静止的统一**。割裂二者的关系就会犯两种错误：

①夸大相对静止否认绝对运动是形而上学的错误；

②夸大绝对运动否认相对静止是**相对主义运动观**的错误。

此外，运动和静止也是相互统一、相互包含的关系：**动中有静，静中有动**。

习题与解析

习题1.【单选】毛泽东的著名诗句"坐地日行八万里，巡天遥看一千河"所蕴含的哲理是（ ）

    A. 物质运动的客观性和时空的主观性的统一

    B. 物质运动的无限性和时空的有限性的统一

    C. 物质运动的多样性和静止的单一性的统一

    D. 物质运动的绝对性和静止的相对性的统一

答案：D。解析：运动是绝对的无条件的，静止是相对的有条件的，毛泽东的诗句"坐地日行八万里，巡天遥看一千河"体现了任何事物都是绝对运动和相对静止的统一。因此，本题应选 D 项。

习题2.【多选】南朝诗人王籍吟诗"蝉噪林逾静，鸟鸣山更幽"，其哲学道理是（ ）

    A. 运动和静止是相互统一的　　　B. 静中有动，动中有静

    C. 运动和静止都是绝对的　　　　D. 静极则动，动极则静

答案：AB。解析："蝉噪林逾静"生动体现了"静中有动、动中有静"的哲学思想，当然也说明了运动和静止是相互统一的。因此，本题应选 AB 两个选项。

四、时空观

1. 时间与空间的概念

所谓**时间**，就是指物质运动的持续性、顺序性，特点是**一维性**，即一去不复返。

所谓**空间**，就是指物质运动的广延性、伸张性，特点是三维性，即任何物体都有长、宽、高三个方面。

2. 时间空间与物质运动

（1）如果割裂时空与物质运动的关系，认为时间、空间可以离开物质运动而存在，是一种与物质无关的空洞形式，就会犯形而上学的错误；

（2）相反，认为时间、空间是纯粹的流逝或主观自生的就会犯唯心主义的错误。

人的时空观念既有相对性又有可变性。

时空既是绝对的，又是相对的；时空既是无限的，又是有限的。

习题与解析

习题1.【单选】人愉快时感觉光阴似箭，痛苦时感觉度日如年，这说明了（ ）

    A. 时间是人的主观感觉　　　　　B. 时间随着人的感觉变化而变化

    C. 客观存在的时间是可变的　　　D. 人的时间观念具有相对性、可变性

答案：D。解析：人们在愉快与痛苦的时候对时间的感觉不一样，体现了人的时间观念具有相对性与可变性，选项 D 正确；时间是客观存在的，不是人的主观感受，也不随着人的感觉变化而变化，并且，客观存在的时间是客观的，选项 A、选项 B、选项 C 的表述本身都是错误的。因此，本题应选 D 项。

习题 2.【单选】"一寸光阴一寸金，寸金难买寸光阴"，这说明了（ ）

A. 时间的持续性　　　　　　　B. 时间的绝对性

C. 时间的一维性　　　　　　　D. 时间的无限性

答案：C。解析：时间，就是指物质运动的持续性、顺序性，其最鲜明的特点是一维性，即一去不复返。因此，本题应选 C 项。

五、实践观

1. 实践的概念

所谓**实践**，就是指人类能动地改造世界的客观物质性活动，是人与世界关系的中介，是**自在世界**向**人类世界**转化的基础，是人的存在方式。

马克思说："全部社会生活在本质上是**实践**的。"

马克思说："哲学家们只是用不同的方式解释世界，问题在于改变世界。"

2. 实践的基本特征

①客观物质性；②自觉能动性；③社会历史性；④**直接现实性（最主要的特点）**。

3. 实践的基本形式

实践包括三大基本形式：生产实践、社会实践、科学实验。其中**生产实践**是最基本的实践活动。

> 习题与解析

习题 1.【单选】人类最基本的实践活动是（ ）

A. 处理人与人交往的社会关系的实践　　B. 处理人与自然之间关系的生产实践

C. 以观察、实验为内容的科学活动　　　D. 处理思维与存在之间关系的实践活动

答案：B。解析：实践包括三大基本形式——生产实践、社会实践、科学实验，其中生产实践是最基本的实践活动。因此，本题应选 B 项。

第二节 辩证法（唯物辩证法）

两大特征、三大规律、五大范畴、四大方法。

一、唯物辩证法的两大特征

唯物辩证法的**总特征**——普遍**联系**和永恒**发展**。

> **习题与解析**

习题1.【单选】唯物辩证法的总特征是（   ）
A. 否定之否定的观点　　　　B. 对立统一的观点
C. 质量互变的观点　　　　　D. 联系和发展的观点
答案：D。解析：联系和发展是唯物辩证法的总特征。而对立统一规律、质量互变规律以及否定之否定规律是唯物辩证法的三大规律。因此，本题应选D项。

习题2.【判断】唯物辩证法的总特征是联系的观点和矛盾的观点。（   ）
答案：×。解析：唯物辩证法的总特征是普遍联系和永恒发展。

（一）事物的普遍联系

1. 联系的概念

所谓**联系**，就是指事物内部各要素之间和事物之间相互影响、相互制约和相互作用的关系。

2. 马克思主义关于事物普遍联系的观点及其方法论意义

（1）原　理

首先，联系具有**客观性**。事物的联系是事物本身所固有的，不是主观臆想的。

其次，联系具有**普遍性**。事物联系的普遍性包括三层含义：

①任何事物内部的不同部分和要素是相互联系的；

②任何事物都不能孤立存在，都同其他事物处于一定的相互联系之中；

③整个世界是相互联系的统一整体。

再次，联系具有**多样性**。事物联系的主要方式有直接联系与间接联系、内部联系与外部联系、本质联系与非本质联系、必然联系与偶然联系等。不同的联系对事物的存在和发展具有不同的作用。

最后，联系具有**具体性、条件性**。联系总是具体事物之间的联系。任何事物的联系都要依赖于特定的条件，随着条件的变化，事物联系的性质和方式也将发生变化。

（2）方法论

要求我们要用联系的观点看问题和办事情。

习题与解析

习题1.【单选】有一首断言缺了钉马掌的钉子会导致战争失败、国家灭亡的童谣:"钉子缺,蹄铁卸;蹄铁卸,战马蹶;战马蹶,骑士绝;骑士绝,战事折;战事折,国家灭。"这首童谣包含的哲学道理是( )

A. 事物是由量变引起质变
B. 事物是普遍联系的
C. 事物是发展变化的
D. 事物的本质是由现象展示的

答案:B。解析:这首童谣说明了事物之间是有普遍联系的。因此,本题应选B项。

习题2.【单选】在全球化趋势下,国际社会越来越成为一个不可分割的整体,一国安全问题解决得好可以惠及别国,反之,则会殃及他国,国家安全在一定程度上显现出"一荣俱荣,一损俱损"的特点。下列选项中与上述特点无关的哲学道理是( )

A. 事物之间相互影响,相互制约
B. 内因是事物变化发展的根据
C. 外因是事物变化发展的条件
D. 事物处于因果联系的链条之中

答案:B。解析:"一荣俱荣,一损俱损"体现了事物之间相互联系的观点,选项A与选项D正确;一国安全的好与坏对其他国家有影响,这体现了外因是事物变化发展的条件,整个材料没有谈及内因。因此,本题应选B项。

3. 整体与部分的关系

(1)整体与部分是相互依赖的。整体是由部分构成的,整体依赖于部分,只有深入认识部分才能清晰地把握整体。

(2)部分是整体的部分,离开整体的部分,就失去它原有的性质和功能,部分依赖整体,只有从整体中才能真正认识部分。

<u>亚里士多德:"整体不等于各个孤立部分的总和。"</u>

习题与解析

习题1.【单选】从唯物辩证法的观点来看,水果与苹果、梨子、香蕉之间的关系是( )

A. 整体与部分的关系
B. 共性与个性的关系
C. 多数与少数的关系
D. 质量和数量的关系

答案:B。解析:哲学与具体科学的关系犹如水果与苹果的关系,是共性与个性、抽象与具体、一般与个别、普遍与特殊的关系。因此,本题应选B项。

习题2.【多选】《东周列国志》记载,荆轲在宴会中看到捧酒的美人"双手如玉",便啧啧赞道:"美哉手也!"太子便令断美人手送荆轲"欣赏",而"从人身上割下来的手,就不再是原来意义上的手"。这主要说明了( )

A. 部分依赖于整体
B. 脱离了整体的部分就失去了原有的性质和功能
C. 整体是部分相加之和
D. 整体把各个组成部分互相联结起来,发挥各部分的功能答案：ABD。解析：**整体不等于各个孤立部分相加、叠加或者堆砌，而是有机组合或者互相联结**。因此，本题应选 ABD 三个选项。

（二）事物的永恒发展

运　　动	指标志一切事物和现象的变化及其过程的哲学范畴
变　　化	变化与发展不是一样的，它不仅仅是一种方向。变化可能是上升的运动，也可能是下降的运动，还可能是平向的运动
发　　展	指前进的上升的运动。发展的实质是新事物的产生和旧事物的灭亡
新事物	指合乎历史前进方向、具有强大生命力和远大前途的东西
旧事物	指丧失历史必然性、日趋灭亡的东西

习题与解析

习题1.【单选】唯物辩证法所理解的发展的实质是（　　）

A. 事物由不完善向比较完善的转化　　B. 新事物的产生和旧事物的灭亡

C. 事物的绝对运动　　D. 物质世界的绝对运动和相对静止的统一

答案：B。解析：发展是指前进的上升的运动，发展的实质是指新事物的产生和旧事物的灭亡。因此，本题应选 B 项。

习题2.【单选】唐朝诗人刘禹锡吟诵的"芳林新叶催陈叶，流水前波让后波""沉舟侧畔千帆过，病树前头万木春"等诗句体现的哲理是（　　）

A. 世界处于运动不居的状态　　B. 静止是运动的特殊状态

C. 新事物必然战胜旧事物　　D. 量的积累达到一定程度必然引起质变

答案：C。解析："芳林新叶催陈叶"谈的是新旧事物之间的关系，新事物必然要战胜旧事物。因此，本题应选 C 项。

二、唯物辩证法的三大规律

唯物辩证法的三大规律指对立统一规律、质量互变规律和否定之否定规律。

（一）对立统一规律

所谓**对立统一规律**，又称**矛盾规律**，是唯物辩证法的**实质和核心**，它揭示了事物发展的**动力和源泉**。对立统一规律是贯穿质量互变规律、否定之否定规律以及唯物辩证法基本范畴的中心线索，也是理解这些规律和范畴的**"钥匙"**。对立统一规律提供了人们认识世界和改造世界的根本方法——**矛盾分析法**。

1. 矛盾的同一性和矛盾的斗争性及其在事物发展中的作用

所谓**矛盾**，就是指反映事物内部和事物之间对立统一关系的哲学范畴。对立和统一分别**体现了矛盾的两种基本属性**，矛盾的对立属性又称斗争性，矛盾的统一属性又称同一性。

习题与解析

习题1.【单选】矛盾的两种基本属性是指（ ）

A. 同一性和斗争性　　　　B. 运动性和静止性
C. 时间性和空间性　　　　D. 普遍性和特殊性

答案：A。解析：对立和统一分别体现了矛盾的两种基本属性，矛盾的对立属性又称斗争性，矛盾的统一属性又称同一性。因此，本题应选 A 项。

习题2.【单选】对立统一规律是揭示事物发展的（ ）

A. 动力和源泉　　　　B. 形式和状态
C. 方向和道路　　　　D. 原因和结果

答案：A。解析：对立统一规律揭示了事物发展的**动力和源泉**，质量互变规律揭示了事物发展的**形式和状态**，否定之否定规律揭示了事物发展的**方向和道路**。因此，本题应选 A 项。

习题3.【单选】事物发展的源泉在于（ ）

A. 人的主观能动性　　　　B. 事物之间的相互作用
C. 事物的内部矛盾　　　　D. 外力的推动

答案：C。解析：矛盾是指反映事物内部和事物之间对立统一关系的哲学范畴。矛盾推动事物的发展，事物发展的源泉就在于事物自身存在矛盾。因此，本题应选 C 项。

习题4.【单选】"危机"这个词，一个字代表"危险"，另一个字代表"机会"。这句话体现的哲理是（ ）

A. 矛盾双方是既对立又统一的
B. 矛盾双方只对立不统一
C. 矛盾双方的对立是有条件的、相对的
D. 矛盾双方的统一是无条件的、绝对的

答案：A。解析：矛盾是事物要素之间或事物之间既对立又统一的关系。对立和统一是矛盾关系的两种属性，矛盾的对立属性又叫斗争性，矛盾的统一属性又叫同一性。从"危机"一词中既看到危险又看到机会，正体现了矛盾双方的对立统一关系。选项 A 符合题意。矛盾双方既对立又统一，选项 B 表述错误。对立是无条件的绝对的，统一是有条件的相对的，选项 C 与选项 D 均表述错误。因此，本题应选 A 项。

原理1：矛盾的同一性与斗争性的辩证关系原理

（1）**矛盾的同一性**就是指矛盾双方**相互依存、相互贯通**的性质和趋势。它有两个方面的含义：一是矛盾着的对立面相互依存，互为存在的前提，并共处于一个统一体中；二是矛盾着的对立面之间相互贯通，在一定条件下相互转化。**矛盾的斗争性**就是指矛盾着的对立面之间**相互排斥、相互分离**的性质和趋势。

（2）矛盾的同一性和矛盾的斗争性是相互联结、相辅相成的，没有斗争性就没有同一性，斗争性寓于同一性之中，没有同一性也没有斗争性。在事物的矛盾中，**矛盾的斗争性**

是**无条件的、绝对的**，矛盾的同一性是**有条件的、相对的**，无条件的、绝对的斗争性与有条件的、相对的同一性相结合，构成事物的矛盾运动，推动事物的发展。

（3）矛盾的斗争性和矛盾的同一性在事物发展过程中是相互结合，共同发生作用的。但在不同条件下，二者所处的地位会有所不同。在一定条件下，矛盾的斗争性可能处于主要方面；而在另外的条件下，矛盾的同一性又可能处于主要的方面。

原理2：矛盾的同一性在事物发展中的作用原理

（1）同一性是事物存在和发展的前提，在矛盾双方中一方的发展以另一方的发展为条件，发展是在矛盾统一体中的发展（相互依存）；

（2）同一性使矛盾双方相互吸取有利于自身的因素，在相互作用中各自得到发展（相互渗透）；

（3）同一性规定着事物转化的可能和发展的趋势，事物的发展方向、趋势不是随意的，而是有规律地向自己的对立面转化。

原理3：矛盾的斗争性在事物发展中的作用原理

（1）矛盾双方的斗争促进矛盾双方力量的变化，为对立面的转化、事物的质变创造条件（量变）；

（2）矛盾双方的斗争是一种矛盾统一体向另一种矛盾统一体过渡的决定力量（质变）。

原理4：内因和外因的辩证关系原理

（1）内因是事物变化的根据；

（2）外因是事物变化的条件；

（3）外因须通过内因起作用。

方法论：自力更生与对外开放。

习题与解析

习题1.【单选】近年来我国西南部地区遭受世纪大旱灾害，对此党中央、国务院高度重视，国家有关部门也多次下拨抗旱救灾资金，同时也有专家指出抗旱救灾，要"输血"，更要"造血"，激发农民的造血能力才是最好的救助方式。专家的建议从哲学上看反映出（　　）

A. 内因和外因在事物发展过程中起同等重要的作用

B. 外因的作用是非常有限的，可以忽视

C. 内因在事物发展变化中起决定作用

D. 重视外因的作用

答案：C。解析：要"输血"更要"造血"体现了内因在事物发展变化中起决定作用，选项C正确；选项A与选项B表述本身错误；选项D题干未体现。因此，本题应选C项。

习题2.【单选】下列表述中体现哲学中的"内外因关系"原理的是（　　）

①师傅领进门，修行在个人

②肉腐出虫，鱼枯生蠹

③对症下药

④打铁还需自身硬

A. ①④ B. ①③

C. ①②④ D. ②③④

答案：C。解析：③对症下药体现的哲学含义是具体问题具体分析，即矛盾的特殊性的方法论。①②④均体现了内外因辩证关系原理。因此，本题应选C项。

2. 矛盾的普遍性和特殊性及其相互关系

原理1：矛盾的普遍性原理及其方法论意义

原理：矛盾存在于一切事物中，存在于一切事物发展过程的始终，旧的矛盾解决了，新的矛盾又产生，事物始终在矛盾中运动。

方法论：我们要**承认矛盾，揭露矛盾，解决矛盾**。

习题与解析

习题1.【单选】矛盾无时不在反映的是（　　）

A. 矛盾的普遍性 B. 辩证法

C. 形而上学 D. 矛盾的特殊性

答案：A。解析：矛盾无处不在、无时不有体现矛盾的普遍性。因此，本题应选A项。

原理2：矛盾的特殊性原理及其方法论意义

原理：矛盾的特殊性有三种情形：

第一，不同事物的矛盾各有其特点；

第二，同一事物的矛盾在不同发展过程和发展阶段各有不同特点；

第三，构成事物的诸多矛盾以及每一矛盾的不同方面各有不同的性质、地位和作用。

方法论：只有如实地分析矛盾的特殊性，才能认清事物的本质和发展规律，才能采取正确的方针和办法去解决矛盾。所以，**具体问题具体分析**是马克思主义**活的灵魂**。

习题与解析

习题1.【单选】下列表述中，能够体现矛盾特殊性原理的是（　　）

①对症下药、量体裁衣

②欲擒故纵、声东击西

③因地制宜、因时制宜

④物极必反、相反相成

A. ①② B. ②③

C. ③④ D. ①③

答案：D。解析：矛盾特殊性要求具体问题具体分析，故①③入选。欲擒故纵、声东击西以及物极必反、相反相成都是体现矛盾的对立统一，故排除②④。因此，本题应选

D 项。

原理 3：矛盾的普遍性和特殊性辩证关系原理及其方法论意义

原理：矛盾的普遍性和特殊性相互区别、相互联系，在一定条件下相互转化。

相互区别：参见各自的定义。

相互联系：**矛盾的普遍性即矛盾的共性，矛盾的特殊性即矛盾的个性**，矛盾的共性是无条件的、绝对的，矛盾的个性是有条件的、相对的。任何现实存在的事物都是共性和个性的有机统一，**共性寓于个性之中，个性中包含着共性**，没有离开个性的共性，也没有离开共性的个性。

方法论意义：

（1）矛盾的普遍性和特殊性辩证关系原理是**矛盾问题的精髓**，是掌握唯物辩证法的关键；

（2）矛盾的普遍性和特殊性辩证关系原理是马克思主义的普遍真理同各国具体实际相结合的哲学基础，也是建设中国特色社会主义的哲学基础。

习题与解析

习题 1.【单选】坚毅苍劲的青松，挺拔摇曳的翠竹，迎风傲雪的冬梅，它们虽系不同科属，却在时艰中同生，在岁寒中共荣，都有不畏严寒的高洁风格，被喻为"岁寒三友"。其蕴含的哲理是（　　）

A. 整体由部分组成　　　　　　B. 个性寓于共性之中

C. 部分离不开整体　　　　　　D. 普遍性寓于特殊性之中

答案：D。解析：选项 A 与选项 C 错误，题干中的青松、翠竹、冬梅系不同科属，没有体现整体与部分的关系。B 项错误、D 项正确，题干中的青松、翠竹、冬梅虽系不同科属，但都拥有不畏严寒的高洁风格，体现了普遍性寓于特殊性之中，即共性寓于个性之中。因此，本题应选 D 项。

原理 4：主要矛盾和次要矛盾辩证关系原理及方法论意义

所谓**主要矛盾**，就是指在矛盾体系中处于支配地位，对事物发展起决定作用的矛盾；

所谓**次要矛盾**，就是指在矛盾体系中处于从属地位，对事物发展不起决定作用的矛盾。

原理：

（1）相互区别：参见各自的定义。

（2）相互联系：主要矛盾规定和影响次要矛盾，次要矛盾处理得好，有利于主要矛盾的解决。

（3）在一定条件下，可以相互转化。

方法论意义：

（1）要求我们在一切实际工作中，必须首先**抓住主要矛盾**，也就是抓住重点，抓住中心；

(2) 同时也要注意次要矛盾，在抓重点时也要照顾一般；

(3) 在主次矛盾发生转化时，要及时地实现工作重点的转移。

原理5：矛盾的主要方面和次要方面辩证关系原理及其方法论意义

所谓**矛盾的主要方面**，指在矛盾对立的双方中处于支配地位、起主导作用的方面；

所谓**矛盾的次要方面**，指在矛盾对立的双方中处于被支配地位、不起主导作用的方面。

原理：

(1) 相互区别：参见各自的定义。

(2) 相互联系：矛盾的性质主要是由矛盾的主要方面决定的，矛盾的次要方面对矛盾的总体变化也有不可忽视的影响作用。

(3) 在一定条件下，可以相互转化。

方法论意义：

(1) 我们分析问题时，要分清主流和支流，**抓住主流**，正确认识矛盾性质；

(2) 同时也不能忽视支流；

(3) 并且注意主流和支流的转化。

> 习题与解析

习题1.【单选】主要矛盾和非主要矛盾、矛盾的主要方面和非主要方面辩证关系原理要求我们（　　）

A. 坚持均衡论和重点论的统一　　　B. 坚持均衡论和一点论的统一

C. 坚持两点论和重点论的统一　　　D. 坚持发展地看问题

答案：C。解析：毛泽东在1937年8月《矛盾论》中指出，任何事物都有"两点"，而"两点"里面又有"重点"，"重点"的前提是"两点"，主要矛盾和非主要矛盾、矛盾的主要方面和非主要方面辩证关系原理要求我们坚持两点论和重点论的统一。这是毛泽东同志关于矛盾学说的重要表述。因此，本题应选C项。

（二）事物发展过程中的量变和质变及其相互转化（质量互变规律）

质	指一事物区别于其他事物的内在规定性
量	指事物的规模、程度、速度等可以用数量关系表示的规定性
度	指保持事物**质的稳定性**的数量界限，即事物的限度、幅度和范围。度的两端叫**关节点或临界点**，超出度的范围，一物就转化为他物 度这一哲学范畴启示我们，在认识和处理问题时要**掌握适度原则**
量变	指事物数量的增减和次序的变动，是保持事物质的相对稳定性的不显著变化，体现了事物渐进过程的连续性
质变	指事物性质的根本变化，是事物由一种质态向另一种质态的飞跃，体现了事物渐进过程和连续性的中断

质量互变规律揭示了事物变化发展的**形式和状态**。

哲学原理：量变和质变辩证关系原理及其方法论意义。

原理：

第一，量变是质变的**必要准备**。

第二，质变是量变的**必然结果**。

第三，量变和质变是**相互渗透**的。一方面，在总的量变过程中有阶段性和局部性的部分质变；另一方面，在质变过程中也有旧质在量上的收缩和新质在量上的扩张。

第四，**量变引起质变**，在新质的基础上，事物又开始新的量变，如此交替循环，形成事物质量互变的规律性。

方法论：

1. 只有脚踏实地地创造质变条件，才能达成事物质的飞跃；
2. 当事物质变已趋成熟时，则应把握契机，促成事物的转化；
3. 坚持量变和质变的辩证关系，反对两种错误倾向：
   （1）"激变论"，只承认质变，否认量变，在政治上表现为"左"倾错误；
   （2）"庸俗进化论"，只承认事物的量变，否认事物质变，在政治上表现为右倾错误。

习题与解析

习题1.【单选】区分量变和质变的根本标志是（　）

A. 是否显著激烈　　　　　　　B. 是否迅速明显

C. 是否超出度的界限　　　　　D. 是否引起事物变化

答案：C。解析：度就是指保持事物质的稳定性的数量界限，即事物的限度、幅度和范围。度的两端叫关节点或临界点，超出度的范围，一物就转化为他物。所以，区分量变和质变的根本标志是是否超出度的界限。因此，本题应选C项。

习题2.【单选】古代哲学家荀子在《劝学》中认为"不积跬步，无以至千里；不积小流，无以成江海"。蜀汉昭烈帝刘备在遗诏中告诫后主刘禅说道："勿以恶小而为之，勿以善小而不为。"这些都说明（　）

A. 质变和量变是相互渗透的　　　B. 量变在事物的发展中是不起作用的

C. 质变是由量变引起的　　　　　D. 量变是由质变引起的

答案：C。解析：质量互变规律表明，量变是质变的必要准备，质变是量变的必然结果，"不积跬步，无以至千里""勿以善小而不为"说明质变是由量变引起的。考生要注意选项B与选项D的表述本身都是错误的。因此，本题应选C项。

习题3.【单选】航空界有个关于飞行安全的"海恩法则"：每一起严重事故的背后，必然有29次轻微事故和300起事故先兆及1000起事故隐患。这启示我们（　）

A. 规律是客观的，我们要善于创造和利用规律

B. 量变是质变的前提，质变是量变的必然结果

C. 矛盾是普遍的、客观的

D. 任何事物之间都存在联系

答案：B。解析：所谓**规律**，就是指事物运动过程中固有的本质的必然的联系。规律不能被"创造"，选项 A 错误；不是任何事物之间都存在联系，选项 D 错误；本题也没有谈到矛盾，选项 C 错误。因此，本题应选 B 项。

（三）事物发展过程中的肯定和否定及其相互转化（否定之否定规律）

1. 否定之否定的概念

所谓**肯定因素**，就是指维持现成事物存在的因素。

所谓**否定因素**，就是指促成现成事物灭亡的因素。

否定之否定规律揭示了事物变化发展的**方向和道路**。

否定之否定包括以下三层含义：

（1）否定之否定的实质是对立面的统一，体现事物自己运动的深刻内容，包括两次否定，即对肯定的否定、对否定的否定；三个阶段，即肯定阶段、否定阶段、否定之否定阶段。

（2）事物以其内在矛盾为动力，从自我肯定到自我否定，又到否定之否定。

①从事物发展过程看，经历两次否定、三个阶段，便形成一个发展周期；

②从内容上看，这是事物自己发展自己、自己完善自己的过程；

③从**表现形态**上看，是**螺旋式上升**或**波浪式前进**，即曲折前进的过程。

（3）否定之否定规律体现了事物发展的前进性和曲折性的统一。

2. 辩证否定观的基本内容

哲学原理：

第一，否定是事物的**自我否定**，是事物内部矛盾运动的结果。

第二，否定是事物发展的环节。它是旧事物向新事物的转变，是从旧质到新质的飞跃。

第三，否定是新旧事物联系的环节，新事物孕育产生于旧事物，新旧事物是通过否定环节联系起来的。

第四，辩证否定观的实质是**"扬弃"**，即新事物对旧事物既批判又继承，既克服其消极因素又保留其积极因素。

方法论：

（1）否定之否定规律原理对人们正确认识事物发展的曲折性和前进性，具有重要的指导意义；

（2）按照否定之否定规律办事，要求我们对待一切事物都要采取科学分析的态度，反对肯定一切和否定一切的形而上学否定观。

习题与解析

习题 1.【单选】否定之否定规律是哲学的基本规律之一，其原理对人们正确认识事

物发展的曲折性和前进性具有重要的指导意义。以下关于否定之否定规律表述错误的是（　　）

A. 黑格尔提出并解释了否定之否定规律

B. 它反映了哲学上所说的事物发展的统一性

C. 它揭示了事物发展前进性和曲折性的统一，表明了事物发展不是直线式前进而是螺旋式上升的

D. 否定之否定规律是辩证法的三大规律之一，是黑格尔在《逻辑学》中首先阐述出来的，恩格斯将它从《逻辑学》中总结和提炼出来，从而使辩证法的规律变得更加清晰了

答案：B。解析：否定之否定规律体现了事物发展是前进性与曲折性的统一，选项B表述错误。因此，本题应选B项。

习题2.【单选】辩证法的否定即"扬弃"，它的含义是（　　）

A. 抛弃　　　　　　　　　　B. 事物中好的方面和坏的方面相结合

C. 纯粹的否定　　　　　　　D. 既克服又保留

答案：D。解析："扬弃"，即新事物对旧事物既批判又继承，既克服其消极因素又保留其积极因素。因此，本题应选D项。

习题3.【判断】辩证的否定是新事物与旧事物的彻底决裂。（　　）

答案：×。解析：辩证的否定实质是"扬弃"，即新事物对旧事物既批判又继承，既克服其消极因素又保留其积极因素。所以说"彻底决裂"表述不正确。

（四）辩证法与形而上学

1. 辩证法与形而上学的对立

是否承认**内部矛盾**是事物发展的动力和源泉，是区分辩证法和形而上学的根本分歧点。我们应坚持唯物辩证法，反对形而上学。

2. 辩证法与形而上学的判断标准

辩证法：**联系、发展、全面**。

形而上学：**孤立、静止、片面**。

习题与解析

习题1.【单选】唯物辩证法和形而上学斗争的焦点集中在是否承认（　　）

A. 事物的普遍联系　　　　　B. 事物的发展是由量变过渡到质变

C. 事物发展的根本动力是内部矛盾　　D. 事物的运动、变化和发展

答案：C。解析：是否承认内部矛盾是事物发展的动力和源泉，是区分辩证法和形而上学的根本分歧点。因此，本题应选C项。

习题2.【判断】唯物主义和形而上学相对立。（　　）

答案：×。解析：唯物主义和唯心主义相对立，辩证法和形而上学相对立。

三、唯物辩证法的五大范畴

(一) 原因与结果

1. 原因与结果的含义

客观世界到处都存在着引起与被引起的普遍关系，唯物辩证法把这种引起与被引起的关系，称为**因果关系**或因果联系。其中，引起某一种现象的现象称为**原因**，而被某种现象所引起的现象称为**结果**。

因果联系是包括时间顺序（"在此之后"）在内的由某一现象引起另一现象（"由此之故"）的内在联系，但不是任何表现为先后顺序的都是因果联系。同时，世界上任何事物都具有因果关系，既没有无因之果，也没有无果之因。

2. 原因与结果的辩证关系原理

（1）原因与结果是对立的，二者不能混淆。它们之间有着明确的界限，原因是原因，结果是结果，不能倒因为果，也不能倒果为因。

（2）原因与结果又是统一的。第一，原因与结果相互依存，世界上既没有无因之果，也没有无果之因。第二，原因与结果在一定条件下相互转化。它表现为两种情形：一方面，同一现象，相对于它所引起的现象而言是原因，相对于引起它的现象而言则转化成了结果；反之亦然。另一方面，原因和结果可以相互作用，不仅原因可以作用于结果，而且结果也可以反作用于原因。

3. 原因与结果的辩证关系原理意义

（1）承认因果联系的存在是我们从事科学研究、获得科学认识的前提。科学就是要根据结果探寻原因，根据原因预见结果。

（2）正确把握因果联系利于总结工作经验，我们由果塑因可以提高成绩，吸取教训。

(二) 必然性与偶然性

1. 必然性与偶然性的含义

所谓**必然性**，就是指客观事物联系和发展过程中合乎规律的、一定要发生的、确定不移的趋势。

所谓**偶然性**，就是指客观事物联系和发展过程中并非确定发生的、可以出现也可以不出现的、可以这样出现也可以那样出现的、不确定的趋势。

2. 必然性与偶然性的辩证关系原理

（1）必然性与偶然性是对立的

第一，它们的地位不同。必然性在事物发展过程中居于支配地位，偶然性在事物发展过程中居于从属地位。

第二，它们的根源不同。必然性是由事物内部的根本矛盾决定的，偶然性是由事物内部的非根本矛盾或外部矛盾造成的。

第三，它们的作用不同。必然性决定着事物发展的前途和方向，偶然性对事物的发展进程起加速或延缓的作用，使事物发展的趋势带有这样或那样的特点或偏差。

（2）必然性与偶然性又是统一的

第一，必然性不能离开偶然性，<u>必然性总是存在于偶然性之中并通过偶然性表现出来</u>，必然性要通过偶然性为自身开辟道路。

第二，<u>偶然性也不能离开必然性</u>，偶然性总是表现着必然性，补充着必然性，受必然性的制约。

第三，必然性与偶然性在一定条件下可以相互转化。在一定条件下为必然的东西，在另外的条件下可以转化为偶然的东西；在一定条件下为偶然的东西，在另外的条件下也可以转化为必然的东西。

3. 必然性与偶然性的辩证关系原理意义

（1）既然必然性决定着事物发展的基本趋势，这就要求我们应努力去认识必然，掌握必然，掌握了必然我们就获得了行动的自由，使认识世界和改造世界建立在自觉而不是盲目的基础上；

（2）既然偶然性影响着事物的发展，这就要求我们也应重视偶然，要善于利用一切有利的偶然因素，排除不利的偶然因素，把我们的工作做得更好；

（3）既然必然性隐藏在偶然性之中，这就要求我们善于从偶然中发现必然，把握必然，我们要善于观察一切偶然现象，使它们成为我们认识必然、把握必然的契机。

（三）可能性与现实性

1. 可能性与现实性的含义

可能性是指客观事物内部潜在的种种发展趋势，**现实性**是指已经实现了的可能性。<u>可能性和现实性是反映事物的过去、现在和将来关系的一对范畴。</u>

2. 可能性与现实性的辩证关系原理

（1）可能性与现实性是对立的

可能性是尚未实现的现实，而现实性则是已经实现了的可能，二者不能混淆。

（2）可能性与现实性又是统一的

第一，可能性与现实性相互依存。可能性离不开现实性，可能性的根据存在于现实性之中；现实性也离不开可能性，现实性是由可能性发展而来的。

第二，在一定条件下可以相互转化。一方面，可能性在一定条件下可以变成现实，这是可能性向现实性的转化；另一方面，现实性又包含着新的可能，这是现实性向可能性的转化。

3. 可能性与现实性的辩证关系原理意义

（1）可能性不等于现实性，我们做工作要从现实出发；

(2) 为使好的可能转化为现实，我们必须在尊重客观规律的基础上自觉发挥主观能动性，分清好的可能性与坏的可能性，创造有利条件，转换不利条件，使好的可能性变成现实。

（四）现象与本质

1. 现象与本质的含义

所谓**现象**，就是指事物的外部联系和表面特征，是事物的外在表现。现象按其表现本质的不同方式，可以区分为真相和假象。真相是从正面表现本质的现象；相反，假象是指那些从反面歪曲地表现本质的现象。

所谓**本质**，就是指事物的根本性质，是组成事物基本的内在联系。事物的本质是由它本身所固有的特殊矛盾所决定的。

2. 现象与本质的辩证关系原理

（1）现象与本质是对立的

现象是个别的、片面的、表面的、外部的东西，人的感官可以直接感知；本质是内在的东西，人的感官不能直接感知，只能通过抽象思维才能把握。现象是多变的、易逝的，具有较大的流动性；本质则是相对稳定的。现象比本质丰富、生动，本质比现象普遍、深刻。

（2）现象与本质又是统一的

本质是现象的根据，本质决定现象，并通过一定的现象表现自己的存在；现象又总是从不同的侧面表现事物的本质。

3. 现象与本质的辩证关系原理意义

（1）现象与本质存在着对立，这使科学研究成为必要；现象与本质存在着统一，这使科学研究成为可能。

（2）**要善于透过现象把握本质**。为此，我们应该做到：

第一，要从实际出发，通过实践活动占有大量的、丰富的、尽可能合乎实际的现象材料。

第二，要对现象材料进行抽象思维加工，要"**去粗取精、去伪存真、由此及彼、由表及里**"。要善于分辨真相和假象，不为假象所迷惑。

第三，从现象中发现本质，是认识的深化，但不是认识的结束，我们还需要在关于事物本质认识的指导下继续研究新的现象，从中发现更深刻的本质。从现象到本质，再到更深刻的本质的认识，是一个无止境的辩证发展过程。

（五）内容与形式

1. 内容与形式的含义

所谓**内容**，就是指构成事物的一切内在要素的总和。

所谓**形式**，就是指事物内在要素的结构或表现形式。

2. 内容与形式的辩证关系原理

（1）内容决定形式，形式依赖于内容，并随着内容的发展而改变。

（2）形式反作用于内容，影响内容。当形式适合于内容时，它对内容的发展起着有力的促进作用，反之，就起严重的阻碍作用。

（3）在一定条件下相互转化，作为一定内容的形式，可以成为另一形式的内容。

3. 内容与形式的辩证关系原理意义

内容与形式的辩证原理要求观察问题时，<u>首先注重事物的内容，同时也不忽视形式的作用</u>。由于历史的发展，在内容发展了的同时，必须有新的形式与之相适应，所以，要打破旧的形式，创立新形式。

四、唯物辩证法的四大方法

1. 归纳与演绎；
2. 分析与综合；
3. 抽象与具体；
4. 逻辑与历史相统一。

第三节　认识论（辩证唯物主义认识论）

一、实践与认识的辩证关系

（一）认识的概念

实　践	指人类能动地改造世界的客观物质性活动，是人与世界关系的中介，是**自在世界**向**人类世界**转化的基础，是人的存在方式
认　识	**认识的本质**是在实践基础上主体对客体的能动反映，这种能动反映具有**摹写性**和**创造性**
实践的观点是马克思主义认识论的**首要的基本的观点**，也是马克思主义哲学的**核心观点**	

（二）实践与认识的辩证关系

1. 实践决定认识

（1）实践是认识的基础；

（2）实践是认识发展的动力；

(3) 实践是检验真理的唯一标准；

(4) 实践是认识的最终目的。

2. 认识对实践具有能动的反作用

(1) 正确的认识指导实践，促进社会的进步和发展；

(2) 错误的认识指导实践，阻碍社会的进步和发展。

习题与解析

习题1.【单选】辩证唯物主义认识论的首要的基本的观点是（ ）

A. 联系的观点　　　　　　　　B. 发展的观点

C. 辩证的观点　　　　　　　　D. 实践的观点

答案：D。解析：实践的观点是马克思主义认识论的首要的基本的观点。因此，本题应选 D 项。

习题2.【单选】党的十八大以来，国家年均经济增长稳居世界前列，高铁技术"走出去"，雄安新区"长起来"，全面深化改革搭起四梁八柱，"一带一路"倡议赢得世界认同……这些历史性成就和变革，为习近平新时代中国特色社会主义思想写下生动的实践注脚。这体现了（ ）

A. 实践是检验认识真理性的唯一标准　　B. 实践是认识的来源

C. 实践是认识发展的动力　　　　　　　D. 实践是认识的目的

答案：B。解析：B 项正确，实践是认识的来源，我们所获得的认识都来源于实践。题干说历史性的成就和改革的实践为思想写下注脚，习近平新时代中国特色社会主义思想就是在解决改革过程中的问题的实践中形成的，体现了实践是认识的来源这一原理。因此，本题应选 B 项。

习题3.【单选】现实生活中，有些人热衷于提"新口号"、出"新主意"，因其脱离实际，且过多过滥，结果必然是"落实难"。这从哲学上告诉我们（ ）

A. 使主观符合客观是正确认识世界和改造世界的根本立足点

B. 认识的根本任务是从实践中获得正确的感性认识

C. 现象和本质既有联系又有区别

D. 错误的思想意识对事物发展不起作用

答案：A。解析：口号因脱离实际而落实难，体现了主观一定要与客观相符合，选项 A 正确；认识的根本任务是指经过感性认识上升到理性认识，透过现象抓住事物的本质和规律，而认识的最终目的是指导实践，选项 B 表述本身错误；错误的思想意识对事物发展起阻碍作用而非不起作用，选项 D 错误。因此，本题应选 A 项。

习题4.【单选】《荀子·劝学》中说道："不登高山，不知天之高也；不临深溪，不知地之厚也。"这说明（ ）

A. 人的一切知识都是从直接经验中获得的

B. 人的意识具有创造性

C. 人的认识是独立于实践之外的

D. 实践在认识过程中具有决定作用

答案：D。解析："不登高山，不知天之高也"说明实践决定认识，选项 D 正确；人的绝大部分知识都是从间接经验中获取的，选项 A 表述本身错误；人的认识来自实践而非独立于实践之外，选项 C 表述本身错误。因此，本题应选 D 项。

（三）认识的主体和客体

1. 认识的主体和客体的含义

认识的主体	指从事实践活动和社会活动的人，包括个体、集体和社会
认识的客体	指进入实践活动领域并和主体发生联系的客观事物，包括自然客体、社会客体、精神客体

2. 认识的主体和客体的关系

主体和客体是改造被改造、反映被反映的关系。主体和客体首先是改造被改造关系，即实践关系，然后才是反映被反映关系，即认识关系。此外，主体和客体的关系还包含着审美关系（美的鉴赏和评价的关系）和价值关系（需要与满足需要的关系）。

习题与解析

习题1.【单选】辩证唯物主义认识论中的客体是指（　）

A. 自然界和人类社会　　　　　　B. 实践和认识活动所指向的一切对象

C. 物质世界的一切事物　　　　　D. 客观存在的所有事物的总和

答案：B。解析：认识的客体就是指进入实践活动领域并和主体发生联系的客观事物，包括自然客体、社会客体、精神客体。因此，本题应选 B 项。

二、认识运动的基本规律

（一）感性认识与理性认识

感性认识	指人们在实践基础上，由感觉器官直接感受到的关于事物的现象、事物的外部联系、事物的各个方面的认识 感性认识包括**感觉、知觉**和**表象**三种形式
理性认识	指人们借助抽象思维，在概括整理大量感性材料的基础上，达到关于事物的本质、全体、内部联系和事物自身规律性的认识 理性认识包括**概念、判断、推理**三种形式

<u>**从感性认识到理性认识，是认识运动的第一次飞跃；从理性认识到实践，是认识运动的第二次飞跃（带有根本性质的飞跃）**</u>。感性认识和理性认识是辩证统一的，统一的基础是实践。感性认识是在实践中产生的，由感性认识到理性认识的过渡，也是在实践的基础

上实现的。如果割裂二者的辩证统一关系，就会走向**唯理论**和**经验论**，在实际工作中就会犯**教条主义**和**经验主义**的错误。

在实践的基础上由感性认识上升到理性认识，这是认识过程的第一次飞跃，要实现这一次飞跃必须具备如下**两个条件**：

第一，通过实践和调查研究获得十分丰富的感性材料；

第二，运用科学的思维方法对感性材料进行加工制作，这样才能透过现象抓住本质，实现认识过程的第一次飞跃。

从理性认识到实践是认识过程的第二次飞跃，实现这一次飞跃的**意义**是：

第一，认识世界是为了改造世界，只有用理论去指导实践，才能实现改造世界的目的；

第二，理性认识只有回到实践中去，才能得到检验、丰富和发展。

第一次飞跃主要是认识世界，第二次飞跃主要是改造世界；第一次飞跃是第二次飞跃的准备，第二次飞跃是第一次飞跃的归宿。

（二）认识运动的基本规律

原理：从实践到认识，再从认识到实践，如此实践、认识、再实践、再认识，循环往复以至无穷，一步步地深化和提高，这就是认识发展的总过程。

方法论：要求主观和客观、理论和实践、知和行的具体的历史的统一，反对一切离开具体历史的"左"的或右的错误思想。

习题与解析

习题1.【单选】哥白尼的"日心说"与当时的宗教思想、占统治地位的亚里士多德物理学以及人们的"常识"均相抵触，一开始遭到许多人的反对，直到牛顿发现万有引力定律之后才逐步被天文学家们承认。随着现代科技的发展，"日心说"也已经被否定，太阳只是银河系中一颗普通的恒星。由此说明（　）

A. 认识经历了由感性认识上升到理性认识的过程

B. 人类的认识反复无常

C. 认识具有局限性

D. 认识是不断发展的

答案：D。解析：从"地心说"到"日心说"，再到今天人类所认识到的太阳只是银河系中一颗普通的恒星，这在告诉我们人类的认识是要不断发展的。因此，本题应选D项。

习题2.【单选】中国工程院院士袁隆平曾结合自己的科研经历，语重心长地对年轻人说："书本知识非常重要，电脑技术也很重要，但是书本电脑里面种不出水稻来，只有在田里才能种出水稻来。"这表明（　）

A. 实践是人类知识的基础和来源

B. 实践水平的提高有赖于认识水平的提高

C. 理论对实践的指导作用没有正确与错误之分

D. 由实践到认识的第一次飞跃比认识到实践的第二次飞跃更重要

答案：A。解析：实践是认识的基础，是认识的来源。袁隆平院士的话表明，只有通过实践才能获得认识，实践是认识的来源。A选项正确。实践水平的提高并不完全依赖于认识水平的提高，B选项错误。正确的认识促进实践发展，错误的认识阻碍实践发展，C选项错误。在认识的两次飞跃中第二次飞跃更为重要，D选项错误。因此，本题应选A项。

习题3.【单选】"追求真理比占有真理更宝贵。"德国诗人莱辛的这一著名诗句所包含的哲理是（ ）

A. 认识经历了由感性认识到理性认识的发展

B. 认识的根本任务是透过现象认识本质

C. 认识不能停滞，而应该不断扩展和深化

D. 改造世界比认识世界更重要

答案：C。解析："追求真理比占有真理更宝贵"表明认识不应该停滞，而应该不断扩展和深化，选项C最契合题意。因此，本题应选C项。

习题4.【单选】在认识过程中有更为重要意义的飞跃指（ ）的飞跃。

A. 从外在形象到内在本质　　　　B. 从个性认识到共性认识

C. 从肯定阶段到否定阶段　　　　D. 从理性认识到实践

答案：D。解析：从感性认识到理性认识，是认识运动的第一次飞跃；从理性认识到实践，是认识运动的第二次飞跃，而第二次飞跃是带有根本性质的飞跃。因此，本题应选D项。

习题5.【多选】认识发展的第二次飞跃是理性认识向实践的飞跃。理性认识回到实践的重大意义在于（ ）

A. 检验和发展理性认识，发挥理性认识对实践的指导作用

B. 改变实践和认识的发展规律

C. 变精神力量为物质力量，达到改造世界的目的

D. 提高实践活动的自觉性，推动实践的进一步发展

答案：ACD。解析：从理性认识到实践是认识过程的第二次飞跃，实现这一次飞跃的意义是：第一，认识世界是为了改造世界，只有用理论去指导实践，才能实现改造世界的目的；第二，理性认识只有回到实践中去，才能得到检验、丰富和发展。第二次飞跃不是为了改变实践和认识发展的规律，选项B错误。因此，本题应选ACD三个选项。

三、真理与价值

所谓**真理**，就是指标志主观与客观相符合的哲学范畴，是人们对客观事物及其发展规

律的**正确认识**。

真理具有客观性、一元性、绝对性和相对性。

(一) 真理的客观性、一元性

所谓**真理的客观性**,即客观真理,包括两层含义:

第一,真理的内容是客观的;

第二,检验真理的标准是客观的。

真理的客观性决定了真理的一元性,**真理的一元性**就是指对于特定的认识客体来说,真理只有一个,它不因主体认识的差别和变化而改变。在任何情况下,对于特定实践活动中的特定的认识对象来说,只能有一种认识是与特定的认识客体的状态、本质和规律相一致的,这种认识就是真理。

> 习题与解析

习题1.【多选】辩证唯物主义认为,真理是( )

A. 标志主观与客观相符合的哲学范畴　　B. 人们对客观事物及其发展规律的正确反映

C. 同谬误相对立的认识　　D. 绝大多数人的认识

答案:ABC。解析:绝大多数人的认识不能代表就一定是正确的认识,**列宁曾说:"真理往往掌握在少数人手中。"** 因此,本题应选 ABC 三个选项。

(二) 真理的绝对性和相对性

1. 真理的绝对性和相对性的概念

绝对真理,也叫真理的绝对性,它有两个方面的含义:其一,任何真理都是对客观事物及其规律的正确认识,都有不依赖于人和人类的客观内容,这是无条件的、绝对的。从这个意义上说,承认了客观真理,也就等于承认了绝对真理。其二,人类的认识,按其本性来说能够正确认识无限发展的物质世界,每一个真理的获得,都是对无限发展着的物质世界的接近,这也是无条件的、绝对的。

相对真理,也叫真理的相对性,它是指人们在一定条件下对客观事物及其规律的正确认识是有限的,它也有两个方面的含义:其一,从认识的**广度**来看,任何真理性认识都是对整个客观世界某些领域、某些事物和过程在一定范围内的正确反映。其二,从认识的**深度**来看,任何真理性的认识也只是对特定的具体事物在一定程度、一定层次上的近似的正确反映。

2. 真理的绝对性和相对性的辩证关系

(1) 绝对真理和相对真理是对立的(绝对真理和相对真理的含义)。

(2) **真理是具体的,是发展的**,绝对真理和相对真理又是统一的。其一,绝对真理和相对真理是相互联结、相互渗透的。一方面,相对之中有绝对,任何相对真理都包含着绝对真理的成分、颗粒,绝对真理寓于相对真理之中;另一方面,绝对之中有相对,绝对真理要通过相对真理表现出来，无数相对真理之总和，构成了绝对真理。其二，绝对真理和相对真理是辩证转化的。真理的发展是一个过程，是一个由相对走向绝对的永无止境的转化和发展的过程。人类对于客观事物的任何真理性的认识，都是属于由相对真理转化为绝对真理的过程中的一个环节。

方法论：绝对主义和相对主义从两个极端割裂了真理的绝对性和相对性的辩证关系，**绝对主义**夸大了真理的绝对性，否认了真理的相对性。绝对主义认为人们所获得的真理都是绝对真理，真理不可能是相对的。人们所获得的真理具有永恒不变性，它穷尽了人们对于客观事物的一切认识。绝对主义否认了真理的发展。**相对主义**夸大了真理的相对性，否认了真理的绝对性。相对主义否认了绝对真理，必然同时否认了客观真理，从而把真理变成了主观随意的东西。相对主义抹杀了真理的客观标准，必然混淆真理和谬误的界限。

（三）真理与谬误

1. 谬误的概念

所谓**谬误**，就是指人们对客观事物及其发展规律的错误认识，是认识主体对客体本来面目的**歪曲反映**。

2. 真理的检验标准

（1）**实践是检验真理的唯一标准**

实践之所以能够作为真理的检验标准，是由真理的本性和实践的特点决定的。

（2）**实践作为检验认识真理性标准的确定性和不确定性**

实践标准的确定性，就是指实践作为检验真理的客观标准是唯一的，此外再也没有其他的客观标准了；而且某种理论或认识是否具有真理性，归根到底将由实践来鉴别，这是确定的。承认实践标准的客观性和唯一性，也就必然承认实践标准的确定性；否认实践标准的确定性，将导致唯心主义和不可知论。

实践标准的不确定性，就是指实践检验认识是一个过程；同时，一定条件下的实践也不可避免带有自己的社会历史局限性。从这个意义上说，实践标准又具有不确定性。否认实践标准的不确定性，就会使人的思想僵化，把人的认识变成绝对不变的教条。

（四）真理与价值的辩证统一

首先，成功的实践必然是以真理和价值的辩证统一为前提的；

其次，价值的形成和实现以坚持真理为前提，而真理又必然是具有价值的；

最后，真理和价值在实践和认识活动中是相互制约、相互引导、相互促进的。

方法论：坚持真理尺度和价值尺度的辩证统一，要求我们在实践中必须坚持和弘扬科学精神和人文精神。

第四节　唯物史观（历史唯物主义）

哲学基本问题就是指思维和存在、精神和物质的关系问题。把哲学基本问题运用到历史观领域就形成了**历史观的基本问题**，即社会存在和社会意识的基本问题。

习题与解析

习题1.【单选】马克思主义哲学创立后，开始出现了（　　）

A. 唯物主义与唯心主义的对立　　B. 可知论与不可知论的对立
C. 辩证法与形而上学的对立　　　D. 唯物史观与唯心史观的对立

答案：D。解析：在马克思主义哲学出现之前，自然观上就有唯物主义和唯心主义之分，而在历史观上都是唯心的，只有马克思主义揭示了社会发展的客观规律，这才有了唯物史观，选项D正确。辩证法和形而上学的对立、可知论和不可知论的对立是在马克思主义哲学创立之前就有的。因此，本题应选D项。

习题2.【单选】社会存在与社会意识的关系问题是（　　）

A. 哲学的基本问题　　　　　　B. 区分自然规律与社会规律的基本问题
C. 社会历史观的基本问题　　　D. 划分唯物主义与唯心主义的唯一标准

答案：C。解析：哲学基本问题就是指思维和存在、精神和物质的关系问题，把哲学基本问题运用到历史观领域就形成了历史观的基本问题，即社会存在和社会意识的基本问题。因此，本题应选C项。

一、社会存在与社会意识

（一）社会存在与社会意识的概念

所谓**社会存在**，也称社会物质生活条件，是社会生活的物质方面，主要是指物质生活资料的生产及其**生产方式**，也包括**地理环境**和**人口因素**。

生产方式是社会历史发展的决定力量。地理环境和人口因素在社会发展中的作用：

1. 地理环境是指与人类社会所处的地理位置相联系的各种自然条件的总和。人口因素是指与人类社会发展一定阶段相联系的人口的数量、质量、分布、构成、发展规律的总和。

2. 地理环境和人口因素是人类社会赖以存在和发展的自然前提，是经常的、必要的条件。它们对人类社会的发展起加速或延缓的作用。好的、优越的地理环境和适应生产力发展要求的一定数量和优秀素质的人口因素，对社会发展起加速作用；相反，恶劣、贫乏的地理环境和与生产力发展不相适应的人口因素对社会发展起延缓作用。

3. 重视地理环境和人口因素在社会发展中的作用，维护生态平衡，自觉控制人口增长，保持环境和人口与社会的协调发展，实施可持续发展战略。

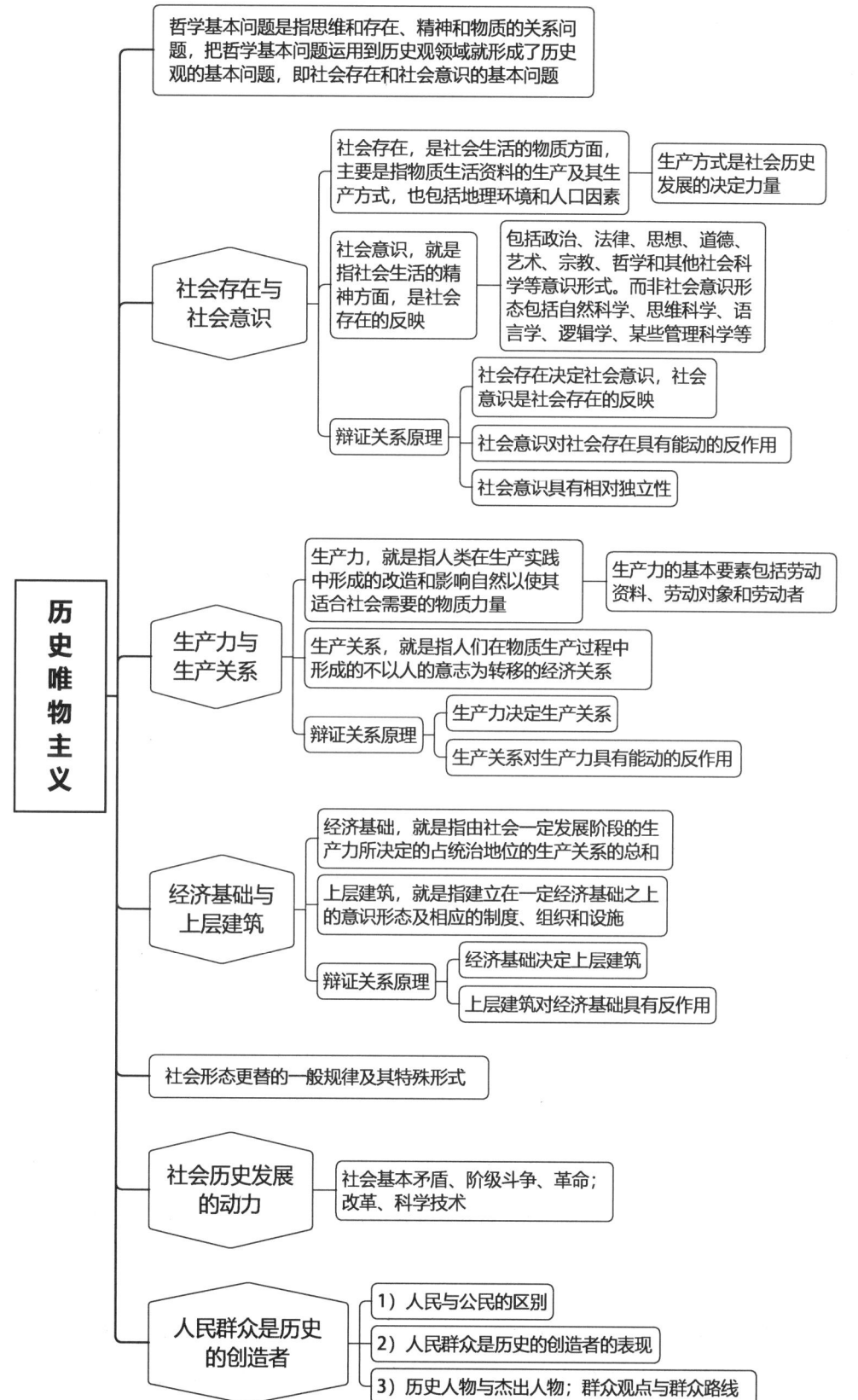

所谓**社会意识**，就是指社会生活的精神方面，是社会存在的反映，既包括**社会意识的各种形式**，也包括社会心理与**自发形成的风俗习惯**。

社会意识可以分为作为上层建筑的意识形式和非上层建筑的意识形式。属于上层建筑的社会意识形式称为**社会意识形态**，它主要包括**政治**、**法律**、**思想**、**道德**、**艺术**、**宗教**、**哲学**和其他社会科学等意识形式；而非社会意识形态包括自然科学、**思维科学**、**语言学**、**逻辑学**、某些管理科学等。它们从各自不同方面发挥独特的作用。

（二）社会存在与社会意识的辩证关系原理

原理：

1. 社会存在决定社会意识，社会意识是社会存在的反映。

2. 社会意识对社会存在具有能动的反作用。先进的社会意识反映了社会发展的客观规律，对社会发展起着积极的促进作用；落后的社会意识不符合社会发展的客观规律，对社会发展起着消极的阻碍作用。

3. 社会意识具有相对独立性。

方法论：社会存在与社会意识的辩证关系原理具有重要的理论意义。它在人类思想史上第一次正确解决了**社会历史观的基本问题**，是社会历史观革命性变革的基础。

> **习题与解析**

习题1.【单选】大众心理影响经济走势，能正确解释这一现象的观点是（　　）

A. 社会意识对社会存在具有决定作用

B. 社会心理可以左右社会发展方向

C. 只有正确的社会意识才能影响社会发展

D. 社会意识反作用于社会存在

答案：D。解析：大众心理影响经济走势指的是社会意识反作用于社会存在。选项A的表述是错误的，是历史唯心主义的观点。选项B也是历史唯心主义的观点。选项C不符合题意。因此，本题应选D项。

习题2.【单选】先进的社会意识之所以能够对社会的发展起促进作用，是由于（　　）

A. 它正确反映了社会发展规律　　B. 它是社会存在的反映

C. 它具有相对独立性　　D. 它具有历史继承性

答案：A。解析：先进的社会意识之所以能够对社会的发展起到促进作用，是由于它正确反映了社会发展规律。因此，本题应选A项。

（三）社会意识相对独立性的主要表现

（1）社会意识与社会存在发展的不平衡性。进步的社会意识可以在一定程度上预见、推断未来，指导人们的实践活动；落后于社会存在的社会意识则阻碍社会的发展。

（2）社会意识内部各种形式之间的相互影响。社会生活的内在联系及其统一性，决定了社会意识诸形式之间也必然是相互影响、相互作用的。

（3）社会意识各自具有历史继承性。社会意识诸形式均有自成系统、前后相继的历史链条，因而具有历史继承性。

（4）社会意识与经济社会发展的不完全同步性。

（5）社会意识对社会存在的能动的反作用，这是社会意识相对独立性的**突出表现**。

> **习题与解析**

习题1.【单选】社会存在决定社会意识，社会意识是社会存在的反映。社会意识具有相对独立性，即它在反映社会存在的同时，还有自己特有的发展形式和规律。社会意识相对独立性最突出的表现是（　　）

A. 社会意识与社会存在发展的不完全同步性

B. 社会意识内部各种形式之间的相互作用和影响

C. 社会意识各种形式各自有其历史继承性

D. 社会意识对社会存在具有能动的反作用

答案：D。解析：社会意识的相对独立性主要表现为：社会意识与社会存在发展的不平衡性，社会意识内部各种形式之间的相互影响及各自具有的历史继承性，社会意识对社会存在的能动的反作用等。其中，社会意识对社会存在的能动的反作用是社会意识相对独立性的突出表现。因此，本题应选D项。

习题2.【单选】幸福感是人们对生活满意程度的一种心理体验，它以一定的物质财富为基础，但现实生活中幸福感的提升与物质财富的增加并不一定同步，这说明（　　）

A. 社会意识具有相对独立性　　B. 社会意识对社会存在具有促进作用

C. 社会存在决定于社会意识　　D. 社会意识紧随社会存在的发展变化

答案：A。解析：根据马克思主义的唯物史观，社会存在决定社会意识，社会意识反映社会存在，社会意识具有相对独立性。材料内容正体现了社会意识相对独立性的一面。因此，本题应选A项。

习题3.【单选】列宁说："意识到自己的奴隶地位而与之作斗争，是革命家。没有意识到自己的奴隶地位过着默默无闻、浑浑噩噩、忍气吞声的奴隶生活的奴隶，是十足的奴隶。对奴隶生活的各种好处津津乐道并对和善的好主人感激不尽以致垂涎欲滴的奴隶是奴才，无耻之徒。"这三种奴隶的思想意识之所以有如此巨大的差异，是由于（　　）

A. 人的社会意识并不都是社会存在的反映

B. 人的社会意识与社会存在具有不一致性

C. 人的社会意识中的各种形式之间相互作用

D. 人的社会意识具有历史继承性

答案：B。解析：列宁的这段话很好地反映了人的社会意识与社会存在具有不一致性。因此，本题应选B项。

二、生产力与生产关系矛盾运动的规律

（一）生产力与生产关系的概念

所谓**生产力**，就是指人类在生产实践中形成的**改造**和**影响**自然以使其适合社会需要的物质力量。

生产力的基本要素包括**劳动资料**、**劳动对象**和**劳动者**。

以**生产工具**为主的劳动资料，是衡量生产力性质和发展水平的客观尺度，是区分不同经济时代的物质标志。

生产资料，又称生产手段，是指人们从事物质资料生产所必需的一切物质条件，即劳动资料和劳动对象的总和。

所谓**生产关系**，就是指人们在物质生产过程中形成的不以人的意志为转移的经济关系。它包括三层含义：①**生产资料的所有制形式**；②人们在生产中的地位及其相互关系（包括交换）；③产品的分配方式。**狭义的生产关系**是指人们在直接生产过程中结成的相互关系，包括生产资料所有制关系、生产中人与人的关系和产品分配关系。**广义的生产关系**是指人们在再生产的过程中结成的相互关系，包括**生产**、**分配**、**交换**和**消费**等诸多关系在内的生产关系体系。在生产关系中，**生产资料的所有制关系**是最基本的，它是人们进行物质资料生产的前提，是区分不同生产方式、判定社会经济结构性质的客观依据。

（二）生产力与生产关系的辩证关系原理

第一，生产力决定生产关系。

（1）生产力状况决定生产关系的性质；

（2）生产力发展决定生产关系的变革。

第二，生产关系对生产力具有能动的反作用。

（1）当生产关系适合生产力发展的客观要求时，它对生产力的发展起推动作用；

（2）当生产关系不适合生产力发展的客观要求时，它就会阻碍生产力的发展。

方法论：

（1）第一次科学地确立了**生产力发展**是"社会进步的最高标准"；

（2）生产力与生产关系辩证关系原理是马克思主义政党制定路线、方针和政策的重要依据。

> **习题与解析**

习题1.【单选】衡量物质生产力水平的客观尺度是（ ）

A. 生产管理　　　　　　　　B. 科学技术

C. 生产工具　　　　　　　　D. 劳动技能

答案：C。解析：以生产工具为主的劳动资料，是衡量生产力性质和发展水平的客观

尺度，是区分不同经济时代的物质标志。因此，本题应选 C 项。

习题 2.【单选】衡量社会进步根本的、最高的标准是（　）

A. 社会生产关系的性质　　　　　　B. 社会生产力的发展

C. 社会政治法律制度状况　　　　　D. 人们的道德水平和文化水平

答案：B。解析：生产力决定生产关系，生产力是衡量社会进步根本的、最高的标准。因此，本题应选 B 项。

习题 3.【单选】人类物质生产劳动必须具备的三个基本要素是（　）

A. 人的劳动、劳动资料和生产工具　　B. 人的劳动、生产资料和劳动对象

C. 人的劳动、劳动资料和生产资料　　D. 人的劳动、劳动资料和劳动对象

答案：D。解析：生产资料是劳动资料和劳动对象的总和。生产力所包含的三个基本要素是指劳动资料、劳动对象以及劳动者。因此，本题应选 D 项。

习题 4.【单选】"民生厚而德正"，"仓廪实而知礼节，衣食足而知荣辱"。古人的话揭示了一个道理（　）

A. 物质资料的生产包括物质和精神产品的生产

B. 物质资料生产的发展必然会提高人民的道德水平

C. 物质资料的生产是人类社会存在和发展的基础

D. 社会的生产关系就是社会的道德关系

答案：C。解析：题干中的这两句话揭示出同一个哲学道理，即物质资料的生产是人类社会存在和发展的基础。选项 B 和选项 D 本身表述错误。因此，本题应选 C 项。

三、经济基础与上层建筑矛盾运动规律

（一）经济基础与上层建筑的概念

所谓**经济基础**，就是指由社会一定发展阶段的生产力所决定的占统治地位的生产关系的总和。

所谓**上层建筑**，就是指建立在一定经济基础之上的**意识形态**及**相应的制度、组织和设施**。上层建筑由意识形态和政治法律制度及设施、政治组织等两部分构成。

所谓**意识形态**，又称**观念上层建筑**，包括政治、法律、思想、道德、艺术、宗教、哲学等思想观点。

所谓**政治上层建筑**，就是指政治法律制度及设施和政治组织，包括国家政治制度、立法司法制度和行政制度，国家政权机构、政党、军队、警察、法庭、监狱等政治组织形态和设施。在整个上层建筑中，政治上层建筑居主导地位，国家政权是核心。

所谓**国家**，就是指经济上占支配地位的阶级为维护其根本利益而建立起来的强制性的暴力机关，以保障其在政治上也成为统治阶级。国家实质是一个阶级统治另一个阶级的工具。

（二）经济基础与上层建筑的辩证关系原理

第一，经济基础决定上层建筑。

1. 经济基础决定上层建筑的产生；
2. 经济基础决定上层建筑的性质；
3. 经济基础决定上层建筑的变化、发展，并决定其变化发展的方向。

第二，上层建筑对经济基础具有反作用。

当上层建筑为适合生产力发展要求的经济基础服务时，就成为推动社会发展的进步力量；反之，就会成为阻碍社会发展的消极力量。

习题与解析

习题1.【单选】国务院机构改革优化了创新引擎，一方面，重组科学技术部，加强、优化、转变政府科技管理和服务职能；另一方面，重组国家知识产权局，强化知识产权创造、保护和运用，让"第一动力"更有劲头。这段话蕴含的哲理是（　　）

A. 社会存在状况决定社会意识　　B. 上层建筑应与经济基础相适应
C. 生产关系应与生产力相适应　　D. 社会意识一定要适应社会存在

答案：B。解析：A项错误，本题没有体现社会存在决定社会意识，而是强调对国家机构进行改革以促进科技创新发展。B项正确，上层建筑是指建立在一定经济基础上的社会意识形态以及与之相适应的政治法律制度，包括政治上层建筑和观念上层建筑。经济基础是指占统治地位的生产关系的总和。题干中的国家机构为经济发展、鼓励科技创新而进行改革，体现了调整上层建筑为经济基础服务。C项错误，题干只是强调国家机构改革促进创新的发展，没有体现生产力和生产关系的辩证关系。D项错误，社会存在和社会意识的发展不完全同步，社会意识有时会先于社会存在，有时会落后于社会存在，选项表述太过绝对。因此，本题应选B项。

四、社会形态更替的一般规律及其特殊形式

所谓**社会形态**，就是关于社会运动的具体形式、发展阶段和不同质态的范畴，是同生产力发展一定阶段相适应的经济基础与上层建筑的统一体。

习题与解析

习题1.【单选】区别不同社会形态的根本标志是（　　）

A. 生产力的发展水平　　B. 生产工具的状况
C. 社会的上层建筑　　　D. 社会经济制度

答案：D。解析：人类发展史上有五种**社会形态**，包括原始社会、奴隶社会、封建社会、资本主义社会、社会主义社会（共产主义社会）。区别不同社会形态的根本标志是**社会经济制度**。因此，本题应选D项。

五、社会历史发展的动力

(一) 社会基本矛盾是社会发展的根本动力

所谓**社会基本矛盾**，就是指贯穿社会发展过程始终，规定社会发展过程的基本性质和基本趋势，并对社会历史发展起根本推动作用的矛盾。

<u>生产力和生产关系、经济基础和上层建筑的矛盾是我国社会的**基本矛盾**。党的十九大报告指出，人民日益增长的**美好生活需要**和**不平衡不充分**的发展之间的矛盾是当前我国社会的**主要矛盾**。</u>

(二) 阶段斗争在阶级社会发展中的作用

所谓**阶级斗争**，就是指经济利益根本冲突的阶级之间的对立和斗争，是阶级社会发展的直接动力。

(三) 革命在社会发展中的作用

所谓**革命**，也称社会革命，社会革命的实质是革命阶级推翻反动阶级的统治，用新的社会制度代替旧的社会制度，解放生产力，推动社会发展。

(四) 改革在社会发展中的作用

所谓**改革**，就是指同一种社会形态发展过程中的量变，是统治阶级为了巩固和完善自己建立的社会制度而在社会各个领域采取的革新举措。<u>习近平总书记：“改革开放只有进行时，没有完成时。”</u>

(五) 科学技术在社会发展中的作用

<u>1988年9月5日，邓小平在会见捷克斯洛伐克总统胡萨克时，提出了"科学技术是第一生产力"</u>的著名论断。然而，科学技术像一把双刃剑，既能通过促进经济和社会发展以造福于人类，同时也可能在一定条件下对人类的存在和发展带来消极后果。

习题与解析

习题1.【单选】人类社会发展的基本矛盾和基本动力是（ ）

A. 人与自然界的矛盾、人与人的矛盾

B. 人与社会制度的矛盾、社会与环境的矛盾

C. 先进与落后的矛盾、开拓进取与因循守旧的矛盾

D. 生产力与生产关系的矛盾、经济基础与上层建筑的矛盾

答案：D。解析：生产力和生产关系、经济基础和上层建筑的矛盾是人类社会发展的基本矛盾。因此，本题应选D项。

习题2.【单选】邓小平同志指出:"改革也是一场革命。"这是指( )

A. 改革是社会形态的质变　　　　B. 改革是社会制度的深刻变革

C. 改革是解决所有社会矛盾的唯一途径　D. 改革是社会制度的质变

答案:B。解析:改革不同于革命,所以改革不是社会形态和社会制度的质变,选项A与选项D错误;改革是解决社会矛盾的重要途径但绝不是唯一的途径,选项C表述错误;改革是社会制度的深刻变革,在我国,改革开放只有进行时没有完成时。因此,本题应选B项。

习题3.【单选】手机可以让分处地球两端的人轻松对话,也可以让面对面的两个人忽视了彼此的存在,体现的哲学道理是( )

A. 科学技术是先进生产力的集中体现　B. 科学技术的社会作用具有两重性

C. 科学革命是推动社会发展的重要动力　D. 科学革命引发生产方式的深刻变化

答案:B。解析:科学技术是第一生产力,同时,科学技术也是一把双刃剑,具有两重性。手机可以让分处地球两端的人轻松对话,也可以让面对面的两个人忽视了彼此的存在,正体现了科学技术的两重性。因此,本题应选B项。

六、人民群众在历史发展中的作用

(一) 人民的概念

所谓人民,从质上说指一切对社会历史发展起推动作用的人,从量上说指社会人口中的绝大多数。**人民是一个政治概念**,在不同的历史时期,人民有着不同的内容。在**抗日战争时期**,一切抗日的阶级、阶层和社会集团,都属于人民的范畴;在**解放战争时期**,一切反对帝国主义、封建主义和官僚资本主义的阶级、阶层和社会集团,都属于人民的范畴;在当代中国,人民就是指全体社会主义劳动者、社会主义事业的建设者、拥护社会主义的爱国者、拥护祖国统一和**致力于中华民族伟大复兴的爱国者**,包括工人、农民、知识分子、非公有制经济人士和新社会阶层人士等。

(二) 人民群众是历史的创造者

1. 人民群众是社会**物质财富**的创造者;
2. 人民群众是社会**精神财富**的创造者;
3. 人民群众是推动**社会变革**的决定力量。

(三) 个人(历史人物、杰出人物)在历史上的作用

1. **历史人物**

所谓历史人物,就是指在历史上起过显著作用的个人,包括杰出人物和反面人物。

2. **杰出人物**

所谓杰出人物,就是指在社会某一领域有着突出贡献,对历史发展起过重大促进影响

的人。

历史人物，特别是杰出人物是历史事件的当事人、历史任务的发起者、历史进程的影响者，能够影响甚至决定历史事件，加速或延缓历史的发展，但不能超越人民群众的作用，不能改变历史发展的基本趋势。如果认为历史上某个人物决定历史发展的方向，就违背了社会存在决定社会意识的**群众史观**，就陷入了我们经常所说的**英雄史观**。

群众史观和英雄史观是两种根本对立的历史观。英雄史观认为，历史是由少数英雄人物创造的，历史演进取决于他们的意志、品格和才能，人民大众则是一群"无知的群氓"，是英雄人物的"盲目追随者"；群众史观则认为决定历史的是"行动着的群众"。

▎习题与解析

习题1.【单选】习近平总书记指出，昨天的成功并不代表着今后能够永远成功，过去的辉煌并不意味着未来可以永远辉煌。时代是出卷人，我们是答卷人，人民是阅卷人。强调"人民是阅卷人"，从历史唯物主义看，是因为（　）

A. 人民是国家和社会的主人　　　　B. 价值观具有正确导向作用
C. 事物是不断发展变化的　　　　　D. 人民群众是历史的创造者

答案：D。解析：强调"人民是阅卷人"就是在强调马克思关于人民群众是历史的创造者的唯物史观。选项A不是哲学观点，选项B与选项C不符合题意。因此，本题应选D项。

习题2.【单选】有一回拿破仑过阿尔卑斯山说："我比阿尔卑斯山还要高！"对此，鲁迅先生说："这何等英雄，然而不要忘记他后面跟着许多士兵。"与鲁迅观点相一致的是（　）

A. 历史活动是群众的事业

B. 历史者英雄之舞台也，舍英雄几无历史

C. 假如没有热情，世界上一切伟大的事业都不会成功

D. 杰出人物是历史的创造者

答案：A。解析：选项B和选项D认为少数英雄或者杰出人物是历史的创造者，这是历史唯心主义的观点，是错误的。而题中鲁迅的观点认为人民群众才是真正的英雄，属于群众史观。因此，本题应选A项。

习题3.【多选】马克思主义从必然性与偶然性的辩证统一中理解杰出人物的历史作用，认为（　）

A. 杰出人物能修改历史发展的基本方向

B. 杰出人物的历史作用受到一定历史条件的制约

C. 杰出人物历史作用的形成和发挥与其顺应人民群众的意愿密不可分

D. 杰出人物会因其智慧、性格因素对社会进程发生影响

答案：BCD。解析：杰出人物会对历史发展起到一定的积极作用，但并不能决定和修改历史发展的基本方向和基本趋势，A选项错误。因此，本题应选BCD三个选项。

3. 人的属性

人的属性包括自然属性和社会属性。

所谓**自然属性**，就是指人的肉体存在及其特性。

所谓**社会属性**，就是指在实践活动的基础上人与人之间发生的各种关系。

自然属性是人存在的基础，但人之所以为人，不在于人的自然性，而在于人的**社会性**，人的本质属性就是**社会属性**。

马克思说："人的本质不是单个人所固有的抽象物，在其现实性上，它是一切**社会关系的总和**。"

4. 人的价值

人的价值是个人价值和社会价值的统一。

所谓**个人价值**，就是指社会对个人的满足。

所谓**社会价值**，就是指个人对社会的贡献。

人生真正的价值就在于创造价值，就在于对社会的贡献，即通过自己的活动满足自己所属的社会、集体以及他人的需要。

> **习题与解析**

习题1.【单选】人生价值之所以是社会价值和自我价值的统一，是由于人的存在具有两重性，这两重性是指（　　）

A. 人既具有自然性又具有社会性

B. 人既是作为个体而存在又作为社会成员而存在

C. 人既存在正当的个人利益又存在自私观念

D. 人既有社会性又有阶级性

答案：B。解析：人生价值之所以是社会价值和自我价值的统一，就是由于"人既是作为个体而存在又作为社会成员而存在"。人作为个体存在，他具有自我价值；人作为社会成员而存在，他必须具有社会价值。人作为个体存在与社会存在的统一体，决定了人的价值是社会价值和自我价值的统一。因此，本题应选 B 项。

习题2.【单选】半个多世纪以来，"塞罕坝人"持之以恒推进生态文明建设，一代接着一代干，驰而不息，久久为功，将曾经"黄沙遮天日，飞鸟无栖树"的荒漠沙地变为"河的源头，云的故乡，花的世界，林的海洋"，创造了令人震撼的绿色奇迹。塞罕坝的成功实践，靠的正是功成不必在我的境界与功成必定有我的担当。这告诉我们（　　）

A. 多数人的认可才是正确的价值选择　　B. 要牺牲自我价值才能实现社会价值

C. 要在价值选择基础上作出价值判断　　D. 人生的真正价值在于对社会的奉献

答案：D。解析："功成必定有我"指功绩事业的完成需要每一个人的努力付出，人生价值的本质是个人对社会的责任和贡献。选项 D 符合题意。C 项，价值判断是人们对事物能否满足主体需要以及满足程度所作出的判断，人们的价值选择是在价值判断的基础上形成的，故表述错误。因此，本题应选 D 项。

（四）坚持党的群众观点和群众路线

所谓**群众观点**，就是指坚信人民群众自己解放自己的观点，全心全意为人民服务的观点，一切向人民群众负责的观点，虚心向人民群众学习的观点。

所谓**群众路线**，即一切为了群众，一切依靠群众，从群众中来，到群众中去的路线。

党的十八大以来，以习近平同志为核心的党中央在全党连续开展了**多次**大规模的专题思想教育：

党的群众路线 教育实践活动 （2014年党的学习主题）	1. **切入点**：贯彻落实**中央八项规定** 2. **聚焦点**：反"四风"（**形式主义、官僚主义、享乐主义、奢靡之风**）
三严三实 （2015年党的学习主题）	严以修身、严以用权、严以律己 谋事要实、创业要实、做人要实
两学一做 （2016年党的学习主题）	学党章党规，学系列讲话，做合格党员
不忘初心，牢记使命 （2017年十九大以来党的学习主题）	1. **总要求**：守初心、担使命，找差距、抓落实 2. **根本任务**：深入学习贯彻习近平新时代中国特色社会主义思想，锤炼**忠诚干净担当**的政治品格，团结带领全国各族人民为实现伟大梦想共同奋斗 3. **具体目标**：理论学习有收获，思想政治受洗礼，干事创业敢担当，为民服务解难题，清正廉洁作表率
党史学习教育 （2021年党的学习主题）	**总要求**：学史明理、学史增信、学史崇德、学史力行

第二章 毛泽东思想概论

第一节 马克思主义中国化的三大理论成果

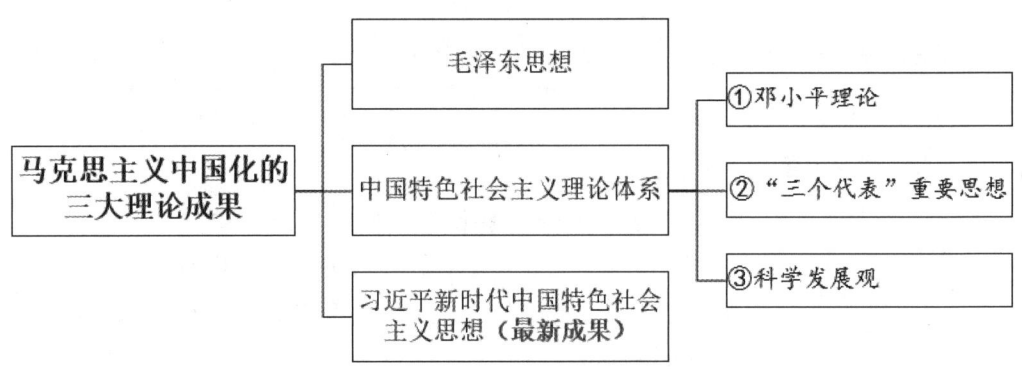

一、马克思主义中国化的提出背景

1. 马克思主义本身是一种关于社会变革的理论，反映了人类历史发展的需要，特别是契合了 20 世纪前 20 年中国社会历史变革的客观要求。

2. 到 20 世纪第二个十年为止，旧民主主义革命失败的历史表明尝试建立资本主义社会的历史进程已走到尽头。

3. 1915 年爆发**新文化运动**造就了自由的空气，为马克思主义在中国的传播创造了条件。1915 年 9 月 15 日《青年杂志》（次年改为《新青年》）在上海创刊，标志着新文化运动开始。

4. 1917 年**十月革命**的爆发和苏维埃政权的建立，促进了马克思主义在中国的传播。

5. 1919 **年五四运动**的爆发，标志着中国从旧民主主义革命迈向新民主主义革命，中国工人阶级第一次以独立姿态登上历史舞台，中国工人运动的发展为接受马克思主义提供了阶级基础。五四运动取得胜利的根本原因是**工人阶级**发挥了**主力军**作用。

6. 1921 年 7 月 23 日**中国共产党**的成立标志着马克思主义与**中国工人运动**的结合，同时也是马克思主义中国化的开端。1938 年，**毛泽东**在党的六届六中全会上作的题为《论新阶段》的政治报告中**最先**提出了"马克思主义中国化"这个命题。

习题与解析

习题 1.【单选】新文化运动兴起的标志是（ ）

A. 1915 年,《新青年》在上海创刊　　B. 1915 年,《青年杂志》在上海创刊

C. 1917 年,《新青年》迁到北京　　D. 1917 年,《青年杂志》迁到北京

答案：B。解析：1915 年 9 月 15 日，由陈独秀主办的《青年杂志》在上海创刊，是新文化运动兴起的标志。因此，本题应选 B 项。

二、马克思主义中国化的科学内涵

1. 马克思主义中国化就是运用马克思主义解决中国革命、建设和改革的实际问题。
2. 马克思主义中国化就是把中国革命、建设和改革的实践经验和历史经验提升为理论。
3. 马克思主义中国化就是把马克思主义植根于中国的优秀文化之中。

马克思主义中国化就是用马克思主义来解决中国的问题，同时使中国丰富的实践经验上升为理论，不断赋予中国马克思主义以鲜明的**实践特色、理论特色、民族特色、时代特色**。

三、马克思主义中国化的重要意义

1. 马克思主义中国化的理论成果指引着党和人民的伟大事业不断取得胜利。
2. 马克思主义中国化的理论成果提供了凝聚全党和全国各族人民的强大精神支柱。
3. 马克思主义中国化倡导和体现了对待马克思主义的科学态度和优良学风，不断开拓着马克思主义在中国发展的新境界。

第二节　毛泽东思想

一、毛泽东思想的形成和发展

（一）毛泽东思想的形成条件

1. 理论来源	马克思列宁主义（一元说）；马克思列宁主义和中华民族的优秀传统（二元说）；马克思列宁主义、中华民族的优秀传统以及孙中山的革命思想（多元说）
2. 实践基础	中国共产党领导的**革命**和**建设**的实践
3. **时代背景**	20 世纪上半叶，帝国主义**战争**与无产阶级**革命**的时代主题
4. 物质条件	20 世纪前 20 年，中国社会新的生产力的增长（两个方面：民族资本主义的产生和五四运动）

续 表

5. 社会思想条件	新文化运动后特别是十月革命后，马克思主义在中国的广泛传播
6. 毛泽东个人主观条件	对中国革命和中华民族命运的忠诚，对马克思主义的科学态度

（二）毛泽东思想的发展过程

1. 萌芽时期（1921年党的成立—1927年大革命失败）

两次会议	(1) 中共二大（制定了**党的最低纲领**，也叫民主革命纲领） (2) 中共四大（无产阶级对革命的领导权问题，工农联盟问题）
两篇文章	(1) 1925年12月《中国社会各阶级的分析》指出**分清敌友**是革命的**首要问题**。"谁是我们的敌人，谁是我们的朋友，这个问题是中国革命的首要问题。"在这篇文章中，**毛泽东初步提出了新民主主义革命的基本思想**：无产阶级要团结半无产阶级（主要是贫农）和小资产阶级（主要是中农），争取中产阶级（主要是民族资产阶级）的左翼，以打倒帝国主义、军阀、官僚、地主、买办阶级以及中产阶级的右翼，建立各革命阶级的联合统治 (2) 1926年9月《国民革命与农民运动》指出国民革命的**中心问题**是**农民问题**

2. 初步形成期（1927年大革命失败—1935年遵义会议土地革命前中期）

（1）1928年10月《中国的红色政权为什么能够存在》和1928年11月《井冈山的斗争》提出了工农武装割据（土地革命、武装斗争、农村革命根据地建设）的思想。

（2）1930年1月《星星之火，可以燎原》初步形成以乡村为中心的思想，实际上放弃了城市中心论。

（3）1929年12月**《古田会议决议》**集中讨论**建党**（把思想建设放在首位）和**建军**（重申保持党对人民军队的绝对领导权）两个问题。

（4）1930年5月《反对本本主义》，第一次鲜明地提出"没有调查，就没有发言权"，它是**第一篇反对教条主义的文献**。

> 习题与解析

习题1.【单选】毛泽东思想初步形成的重要标志是（　　）

A. 在分析中国社会各阶级的基础上，提出党在民主革命中的基本路线

B. 写《星星之火，可以燎原》等著作，提出走"农村包围城市武装夺取政权"的道路

C. 新民主主义革命路线的形成

D. 党的第七次全国代表大会的召开

答案：B。解析：《中国的红色政权为什么能够存在》等三篇文章的发表标志着毛泽东思想体系的**初步形成**，而新民主主义革命理论的形成是毛泽东思想**达到成熟的标志**。因此，本题应选 B 项。

习题2.【单选】1929 年 12 月下旬，红四军党的第九次代表大会在福建上杭县古田村召开，会议总结了红军创立以来的经验，通过了著名的古田会议决议。决议的中心思想是（ ）

A. 中国共产党必须服从共产国际的领导　B. 武装斗争是中国革命的主要形式

C. 在农村根据地广泛开展土地革命　　　D. 用无产阶级思想进行军队和党的建设

答案：D。解析：古田会议确立了人民军队建设的基本原则，核心内容是党指挥枪，重申了党对红军实行绝对领导。因此，本题应选 D 项。

3. 成熟期（1935 年遵义会议土地革命战争后期—1945 年抗日战争胜利）

载体：这个时期，毛泽东撰写了《论反对日本帝国主义的策略》《中国革命战争的战略问题》《实践论》《矛盾论》《抗日游击战争的战略问题》《论持久战》《战争和战略问题》《〈共产党人〉发刊词》《中国革命和中国共产党》《新民主主义论》《改造我们的学习》《在延安文艺座谈会上的讲话》《论联合政府》等著作。

（1）1939 年 10 月《〈共产党人〉发刊词》集中介绍了**三大法宝**。

（2）1939 年 12 月《中国革命和中国共产党》首次提出**新民主主义**概念和总路线的基本内容。

（3）1940 年《新民主主义论》阐述了新民主主义经济、政治和文化，标志着**新民主主义理论体系的完整形成**。

（4）1945 年中共七大的政治报告**《论联合政府》**把新民主主义经济政治文化与党的基本纲领联系起来具体阐述。

习题与解析

习题1.【单选】毛泽东思想达到成熟的标志是（ ）

A. 以农村包围城市的革命理论的形成　　B. 社会主义革命和建设理论的形成

C. 实事求是思想路线的形成　　　　　　D. 新民主主义理论科学体系的形成

答案：D。解析：新民主主义理论科学体系的形成是毛泽东思想达到成熟的标志，而以农村包围城市的革命理论的形成是毛泽东思想初步形成的标志。因此，本题应选 D 项。

4. 继续发展期（1945 年解放战争时期—1956 年三大改造完成时期）

（1）1948 年 4 月《在晋绥干部会议上的讲话》完整表述了新民主主义革命总路线的内容和土地改革路线，明确地把官僚资本主义同帝国主义、封建主义一起列为革命对象，**首次提出"中华人民共和国"**的概念。

（2）1949 年 6 月《论人民民主专政》：系统论述了人民民主专政理论，社会主义改造和社会主义基本制度的确立。

5. 曲折发展期（1957—1976 年"文化大革命"结束）

即使在"文化大革命"期间，**毛泽东仍然提出了一些比较正确的思想观点**。比如：

①**党际关系不应影响国家关系**；

②**"两个中间地带"**（"我们现在提出这么一个看法，就是有两个中间地带：亚洲、非洲、拉丁美洲是第一个中间地带；欧洲、北美加拿大、大洋洲是第二个中间地带。日本也属于第二个中间地带"）；

③**"三个世界划分"**（"美国、苏联是第一世界。中间派，日本、欧洲、澳大利亚、加拿大，是第二世界。咱们是第三世界。""亚洲除了日本，都是第三世界。整个非洲都是第三世界，拉丁美洲也是第三世界"）；

④**中国永远不称霸**等。

同时，在社会主义建设初期，毛泽东对如何建设社会主义进行了初步探索，其**初步探索的理论成果**主要包括：

第一，1956年4月，毛泽东作了《论十大关系》的重要讲话，**围绕把国内外一切积极因素都调动起来为社会主义事业服务的基本方针**，深刻论述了正确处理经济建设和社会发展中的一系列重大关系（重工业与农业、轻工业的关系，沿海工业与内地工业，经济建设与国防建设，国家、生产单位与生产者个人关系，中央与地方关系，汉族与少数民族关系，党与非党，革命与反革命，是非关系，中国与外国）。

第二，1956年9月，**党的八大召开**，强调要集中力量发展社会生产力，**实现国家工业化**，逐步满足人民的物质文化需要。

第三，1957年2月，毛泽东作了《**关于正确处理人民内部矛盾的问题**》的讲话，创造性地提出了社会主义社会**基本矛盾**和**两类矛盾**的学说，强调要严格区分和正确处理两类不同性质的矛盾，特别是要正确处理人民内部矛盾。

习题与解析

习题1.【单选】三大改造完成后，工人阶级同资产阶级的矛盾属于（　　）

A. 人民内部矛盾　　　　　　B. 主要矛盾

C. 敌我矛盾　　　　　　　　D. 社会主义基本矛盾

答案：A。解析：1957年2月毛泽东在《关于正确处理人民内部矛盾的问题》的讲话中指出，工人阶级同资产阶级的矛盾在三大改造完成后属于人民内部矛盾。因此，本题应选A项。

习题2.【单选】毛泽东第一次系统地阐述社会主义社会矛盾问题的著作是（　　）

A.《论十大关系》

B.《矛盾论》

C.《关于正确处理人民内部矛盾的问题》

D.《实践论》

答案：C。解析：1957年2月毛泽东在《关于正确处理人民内部矛盾的问题》中首次创造性地提出了社会主义社会基本矛盾和两类矛盾的学说。因此，本题应选C项。

习题3.【单选】在生产资料所有制的社会主义改造完成后，我国政治生活的主题是（　　）

A. 解决敌我矛盾　　　　　　　　B. 健全民主和法制
C. 正确处理人民内部矛盾　　　　D. 进行政治体制改革

答案：C。解析：1957年2月毛泽东在《关于正确处理人民内部矛盾的问题》中指出，在生产资料所有制的社会主义改造完成后，我国政治生活的主题就是正确处理人民内部矛盾。因此，本题应选C项。

二、毛泽东思想的科学体系和主要内容

"毛泽东思想"最早是1943年**王稼祥**在《解放日报》上发表《中国共产党与中国民族解放的道路》时提出的。1945年，**中共七大**通过的党章中正式确立毛泽东思想为我党的指导思想。

毛泽东思想的科学体系包括六部分独创性内容和三个活的灵魂：

六部分独创性内容	1. 关于新民主主义革命理论
	2. 关于社会主义革命和社会主义建设理论
	3. 关于革命军队建设和军事战略理论。制定了三大纪律八项注意，强调实行**政治、经济、军事三大民主**，实行官兵一致、军民一致和瓦解敌军的原则，提出和总结了一套军队政治工作的方针和方法
	4. 关于**政策和策略**理论
	5. 关于**思想政治工作**和文化工作理论
	6. 关于**党**的建设理论。针对历史上党内斗争中存在过的"残酷斗争、无情打击"的"左"倾错误，提出"**惩前毖后、治病救人**"的正确方针
三个活的灵魂	1. **实事求是**：①是党的**思想路线**；②是马克思列宁主义、毛泽东思想、中国特色社会主义理论体系的**精髓**；③是毛泽东思想活的灵魂和基本点。1930年5月，毛泽东在《**反对本本主义**》中第一次提出了思想路线的问题；1941年，毛泽东在《改造我们的学习》中明确界定了实事求是的科学含义："'实事'就是客观存在着的一切事物，'是'就是客观事物的内部联系，即规律性，'求'就是我们去研究。"**党的思想路线**的基本内容：一切从实际出发，理论联系实际，实事求是，在实践中检验和发展真理。其**前提和基础**是一切从实际出发，其**实质和核心**是实事求是
	2. **群众路线**：①是党的**根本工作路线**、政治路线和组织路线；②党的群众路线是建立在历史唯物主义的认识上的；③即一切为了群众，一切依靠群众，从群众中来，到群众中去的路线
	3. **独立自主**：①独立自主、自力更生是中国革命和建设的**基本立足点**，一国革命和建设的胜利主要是依靠本国的力量；②无产阶级的事业是相互支援的事业，我们不但不反对外援，而且还要争取外援，但我们不能依赖外援

习题与解析

习题 1.【单选】第一个提出"毛泽东思想"科学概念的是（ ）

A. 周恩来 B. 刘少奇

C. 朱德   D. 王稼祥

答案：D。解析："毛泽东思想"最早是 1943 年**王稼祥**在《解放日报》上发表《中国共产党与中国民族解放的道路》时提出的。因此，本题应选 D 项。

习题 2.【单选】毛泽东思想是中国共产党进行革命和社会主义建设的重要指导思想，把毛泽东思想确立为中国共产党的指导思想的会议是（ ）

A. 中共六届七中全会 B. 遵义会议

C. 中共十一届六中全会 D. 中共七大

答案：D。解析：1945 年，中共七大通过的党章中正式确立了毛泽东思想为我党的指导思想。因此，本题应选 D 项。

习题 3.【单选】我党第一次独立自主解决党内重大问题的会议是（ ）

A. 八七会议 B. 遵义会议

C. 中共三大 D. 中共六大

答案：B。解析：1935 年 1 月 15—17 日，在红军长征途中召开的遵义会议是中国共产党第一次在没有共产国际干预的情况下，自己解决自己的**军事、组织（不包括思想）**等问题的会议。遵义会议挽救了中国共产党、挽救了中国工农红军、挽救了中国革命，成为中国历史上一个生死攸关的转折点，标志着中国共产党在政治上开始走向成熟。因此，本题应选 B 项。

习题 4.【多选】毛泽东思想的活的灵魂，是贯穿于毛泽东思想全部内容及其各个部分的立场、观点和方法，其基本方面是（ ）

A. 实事求是 B. 群众路线

C. 统一战线 D. 独立自主

答案：ABD。解析：实事求是、群众路线和独立自主是毛泽东思想的活的灵魂。因此，本题应选 ABD 三个选项。

习题 5.【单选】中国共产党领导的中国革命和建设的基本立足点是（ ）

A. 实事求是 B. 独立自主

C. 党的建设 D. 统一战线

答案：B。解析：独立自主、自力更生是中国革命和建设的基本立足点。因此，本题应选 B 项。

习题 6.【单选】群众路线是中国共产党的根本工作路线，是中国共产党一切工作的根本出发点和归宿，是毛泽东思想的活的灵魂之一。群众路线的核心内容是（ ）

A. 一切为了群众，一切依靠群众 B. 从群众中来，到群众中去

C. 一切从实际出发，理论联系实际 D. 自力更生、艰苦奋斗

答案：A。解析：群众路线是指一切为了群众，一切依靠群众，从群众中来，到群众中去的路线，其核心是一切为了群众和一切依靠群众。因此，本题应选 A 项。

三、毛泽东思想的历史地位和指导意义

1. 马克思主义中国化第一次历史性飞跃的理论成果。
2. 中国革命和建设的科学指南。
3. 中国共产党和中国人民宝贵的精神财富。

第三节　新民主主义革命理论

新民主主义革命就是指无产阶级领导的新式的资产阶级民主主义革命。

1948 年毛泽东在《**在晋绥干部会议上的讲话**》中完整表述了**新民主主义革命总路线的内容**，即无产阶级领导的，人民大众的，反对帝国主义、封建主义和官僚资本主义的革命。

1. 革命对象	帝国主义、封建主义和官僚资本主义（有垄断性、封建性、买办性）
2. 革命动力	工人阶级，农民阶级，城市小资产阶级和民族资产阶级
3. 领导力量	工人阶级（实质是无产阶级）
4. 性质和前途	**性质**（不是无产阶级的社会主义革命，而是资产阶级的民主主义革命） **前途**（不是资本主义社会而是社会主义社会） 反对两种倾向：一次革命论（毕其功于一役）和二次革命论（放弃领导权），这两种倾向都混淆了新民主主义革命的任务
5. 基本纲领	**新民主主义革命的政治纲领**：推翻帝国主义和封建主义的统治，建立一个无产阶级领导的、以工农联盟为基础的、各革命阶级联合专政的新民主主义的共和国
	新民主主义革命的经济纲领：没收封建地主阶级的土地归农民所有，没收官僚资产阶级的垄断资本归新民主主义的国家所有，保护民族工商业
	新民主主义革命的文化纲领：新民主主义文化就是无产阶级领导的人民大众的反帝反封建的文化，即民族的科学的大众的文化。①"无产阶级领导的"是指：新民主主义文化是由无产阶级思想即共产主义思想领导的，以共产主义思想为指导的文化是新民主主义文化与旧民主主义文化相区别的根本标志。②"民族的"是指：这种文化反对帝国主义压迫的奴化思想，主张中华民族的尊严和独立，体现对历史文化的批判地继承。③"科学的"是指：其内容是科学的，反对封建思想和迷信思想，主张实事求是，理论和实践相统一。④"大众的"是指：文化的方向是为大众服务

续　表

6. 革命道路	①农村包围城市——与十月革命最大的不同点 ②武装夺取政权——与十月革命最大的相同点
7. 基本经验	统一战线、武装斗争和党的建设（1939年10月《〈共产党人〉发刊词》集中介绍了三大法宝）。**统一战线**和**武装斗争**是战胜敌人的**两个基本武器**，统一战线是实行武装斗争的统一战线，而**党的组织**是掌握这两个基本武器对敌冲锋陷阵的**英勇战士**

习题与解析

习题1.【单选】毛泽东提出的新民主主义革命总路线的核心是（　　）

A. 无产阶级的领导　　　　　　B. 人民大众的参与

C. 工农联盟的建立　　　　　　D. 共产党的建设

答案：A。解析：1948年毛泽东在《在晋绥干部会议上的讲话》中完整表述了新民主主义革命总路线的内容，即无产阶级领导的，人民大众的，反对帝国主义、封建主义和官僚资本主义的革命，其中，无产阶级的领导是核心。因此，本题应选A项。

习题2.【多选】新民主主义革命的对象有（　　）

A. 帝国主义　　　　　　　　　B. 封建主义

C. 官僚资本主义　　　　　　　D. 小资产阶级

答案：ABC。解析：新民主主义革命的对象包括帝国主义、封建主义和官僚资本主义。因此，本题应选ABC三个选项。

习题3.【单选】人民民主专政同其他国家无产阶级专政相比，最大特点是包括了（　　）

A. 小资产阶级　　　　　　　　B. 工人阶级

C. 民族资产阶级　　　　　　　D. 农民阶级

答案：C。解析：工人阶级、农民阶级、城市小资产阶级和民族资产阶级是新民主主义革命的动力。其中最鲜明的特点就是包含了民族资产阶级。因此，本题应选C项。

习题4.【单选】新民主主义革命的中心内容是（　　）

A. 没收封建地主阶级的土地归新民主主义国家所有

B. 保护民族工商业

C. 没收官僚垄断资本归新民主主义国家所有

D. 没收封建地主阶级的土地归农民所有

答案：D。解析：新民主主义革命的中心内容是没收封建地主阶级的土地归农民所有，而不是归新民主主义国家所有。因此，本题应选D项。

习题5.【多选】中国无产阶级所具有的自己的特殊优点和特点是（　　）

A. 人数众多，且与农民有天然的联系，便于发动广大农民群众

B. 深受帝国主义、封建主义和资本主义的三重压迫，具有革命的彻底性

C. 和农民有天然的联系，便于结成工农联盟

D. 人数虽不多，但集中在沿海、沿江大城市，便于组织

答案：BCD。解析：中国无产阶级除了具有世界无产阶级一般的优点以外，还有自己的优点和特点：①中国无产阶级深受三座大山压迫，具有革命的彻底性；②中国无产阶级比较集中，容易组织形成革命力量；③中国无产阶级与农民阶级有天然的联系，便于结成联盟。在当时，无产阶级的人数相对较少，中国最早的一批产业工人产生在外国资本经营的近代工商企业中。因此，本题应选 BCD 三个选项。

习题 6.【单选】作为新民主主义革命三大经济纲领之一，没收官僚资本具有（　　）

A. 社会主义革命性质

B. 民主革命性质

C. 新民主主义革命和社会主义革命的双重性质

D. 新民主主义革命性质

答案：C。解析：在新民主主义革命的经济纲领中，没收官僚资本具有新民主主义革命和社会主义革命的双重性质。因此，本题应选 C 项。

习题 7.【单选】1939 年 10 月，毛泽东发表《〈共产党人〉发刊词》一文，阐明了（　　）是中国革命的基本问题。

A. 武装斗争、土地革命、统一战线　　B. 武装斗争、统一战线、根据地建设

C. 统一战线、武装斗争、党的建设　　D. 统一战线、土地革命、根据地建设

答案：C。解析：统一战线、武装斗争和党的建设是中国革命的基本问题，也是战胜敌人的三大法宝。因此，本题应选 C 项。

第四节　社会主义改造理论

一、新民主主义社会的性质和特征

1. 新民主主义社会的性质

新民主主义社会是一个**过渡性**的社会，它不是一个独立的社会形态，但它属于社会主义体系。

习题与解析

习题 1.【单选】从中华人民共和国成立到社会主义改造基本完成，是我国从新民主主义到社会主义的过渡时期，新民主主义社会是一种特殊的社会形态，它具有（　　）

A. 社会主义性质　　　　　　　　B. 资本主义性质

C. 过渡性质　　　　　　　　　　D. 半殖民地半封建性质

答案：C。解析：新民主主义社会是一个过渡性的社会，它不是一个独立的社会形态。因此，本题应选 C 项。

2. 新民主主义社会的特征

（1）政治上实行工人阶级领导的各革命阶级联合专政的人民民主专政，民族资产阶级作为一个阶级还存在，并在国家政权中占有一定地位。

（2）经济上是国营经济领导下的**五种经济并存**的经济体制，其中**非社会主义经济**在整个国民经济中还占很大比重，**是主体经济成分**：

①国营经济（社会主义性质）；

②个体经济（资本主义性质）；

③合作社经济（个体私有、集体合办，半社会主义性质）；

④私人资本主义经济；

⑤国家资本主义经济（公私合营，有社会主义性质）。

（3）新民主主义社会是过渡性质的社会，它既有社会主义因素，又有非社会主义因素。

> 习题与解析

习题1.【多选】中华人民共和国的成立，标志着（　　）

A. 新民主主义革命已经取得基本胜利

B. 中国社会进入了新民主主义社会

C. 中国社会开始由资本主义社会向社会主义社会过渡

D. 中国进入社会主义社会

答案：AB。解析：中国没有资本主义社会，选项 C 表述错误；1956 年底三大改造的完成标志着我国进入社会主义社会，选项 D 错误。因此，本题应选 AB 两个选项。

习题2.【多选】新中国成立初期的新民主主义经济成分有（　　）

A. 国营经济　　　　　　　　B. 合作社经济

C. 个体经济　　　　　　　　D. 资本主义经济

答案：ABCD。解析：新中国成立初期，经济上是国营经济领导下的五种经济并存的经济体制，即国营经济、个体经济、合作社经济、私人资本主义经济和国家资本主义经济。因此，本题应选 ABCD 四个选项。

习题3.【判断】中华人民共和国的成立标志着我国进入社会主义初级阶段。（　　）

答案：×。1956 年底三大改造的完成标志着社会主义制度在我国基本确立，社会主义初级阶段也是从这个时候开始的。

二、党在过渡时期的总路线

1953 年 6 月，毛泽东在中央政治局会议上正式提出了过渡时期的总路线和总任务，同年 12 月形成关于总路线的完整的表述："从中华人民共和国成立，到社会主义改造基本完成，这是一个过渡时期。**党在这个过渡时期的总路线和总任务**，是要在一个相当长的时期内，逐步实现国家的社会主义工业化，并逐步实现国家对农业、对手工业和对资本主义工商业的社会主义改造。"

党在过渡时期的总路线的主要内容可以概括为**"一化三改"**，"一化"即社会主义工业化，"三改"即对个体农业、手工业和对资本主义工商业的社会主义改造，其中"一化"是主体，"三改"是两翼，即**"一体两翼"**。

三、适合中国特点的社会主义改造道路

1. 农业、手工业的社会主义改造

第一，积极引导农民组织起来，走互助合作的道路；

第二，遵循**自愿互利、典型示范和国家帮助**的原则，以互助合作的优越性吸引农民走互助合作道路；

第三，正确分析农村的阶级和阶层状况，制定正确的阶级政策；

第四，坚持积极领导、稳步前进的方针，采取循序渐进的步骤。

农业社会主义改造大体经历了互助组（具有社会主义萌芽性质）、初级社（具有半社会主义性质）和高级社（具有完全的社会主义性质）三个发展阶段，1956年底，农业社会主义改造基本完成。

手工业社会主义改造经历了由小到大、由低级到高级的三个步骤，即手工业供销小组（具有社会主义萌芽性质）、手工业供销合作社（具有半社会主义性质）和手工业生产合作社（具有完全的社会主义性质）。1956年底，手工业社会主义改造基本完成。

2. 资本主义工商业的社会主义改造

第一，用**和平赎买**的方法改造资本主义工商业；

第二，采取从低级到高级的**国家资本主义**的过渡形式。

初级形式的国家资本主义是国家对私营工商业实行委托加工、计划订货、统购包销、经销代销等，高级形式的国家资本主义是公私合营。

对资本主义工商业的社会主义改造经历了三个步骤：实行初级形式的国家资本主义、实行个别企业的公私合营、实行全行业的公私合营。

第三，把资本主义工商业者改造成自食其力的社会主义劳动者。

> **习题与解析**

习题1.【多选】我国对个体农业实行社会主义改造遵循的原则是（　　）

A. 自愿互利　　　　　　　　B. 典型示范

C. 国家帮助　　　　　　　　D. 公私兼顾

答案：ABC。解析：我国对个体农业实行社会主义改造遵循自愿互利、典型示范和国家帮助的原则。因此，本题应选 ABC 三个选项。

习题2.【单选】社会主义改造中党对资本主义工商业所采取的政策是（　　）

A. 限制 B. 征用
C. 赎买 D. 没收

答案：C。解析：在社会主义改造时期，我国政府用和平赎买的方法改造资本主义工商业。因此，本题应选 C 项。

习题 3.【单选】我国生产资料私有制社会主义改造基本完成后所有制结构呈现的状态是（ ）

A. 完全的国有制 B. 基本单一的公有制
C. 社会主义公有制为主、私有制为辅 D. 国营经济为主导，各种经济并存

答案：B。解析：1956 年底，三大改造基本完成以后，社会主义制度在我国基本确立，其所有制结构呈现出基本单一的公有制。因此，本题应选 B 项。

四、社会主义改造的历史经验

第一，坚持社会主义工业化建设与社会主义改造同时并举；

第二，采取积极引导、逐步过渡的方式；

第三，用和平方法进行改造。

五、确立社会主义制度的重大意义

1956 年底我国对农业、手工业和资本主义工商业的社会主义改造的基本完成，标志着中国历史上长达数千年的阶级剥削制度的结束，实现了由新民主主义向社会主义的转变，**社会主义基本制度在我国初步确立，我国的社会主义初级阶段就是从这时开始的。**

第一，社会主义基本制度的确立是中国历史上最深刻最伟大的社会变革，也是 20 世纪中国又一次划时代的历史巨变；

第二，社会主义基本制度的确立，为当代中国一切发展进步奠定了制度基础；

第三，社会主义基本制度的确立，使广大劳动人民真正成为国家的主人和社会生产资料的主人；

第四，中国社会主义基本制度的确立，使占世界人口四分之一的东方大国进入了社会主义社会，这是世界社会主义运动史上一个历史性的伟大胜利。

1. 按照**马克思**的观点，共产主义社会分为第一阶段和高级阶段
2. **列宁**将共产主义社会第一阶段改称为**社会主义社会**，而将共产主义社会高级阶段改称为共产主义社会
3. **毛泽东**认为社会主义这个阶段，又可能分为两个阶段，第一阶段是不发达的社会主义，第二阶段是比较发达的社会主义

习题与解析

习题1.【单选】新中国进入社会主义初级阶段的标志是（　　）

A. 中华人民共和国的成立　　　　B. 国民经济恢复
C. 社会主义改造的基本完成　　　D. 建国初期三大任务的完成

答案：C。解析：1956年底，三大改造的基本完成标志着社会主义制度在我国基本确立，社会主义初级阶段就是从这个时候开始的。因此，本题应选 C 项。

第三章 中国特色社会主义理论体系概论

第一节 邓小平理论

一、邓小平理论的形成和发展

（一）邓小平理论的形成条件

1. 理论来源：马克思列宁主义和毛泽东思想。
2. 历史依据：中外社会主义建设正反两方面的历史经验。
3. 实践基础：我国改革开放以来社会主义现代化建设新的实践。
4. 时代背景：时代主题的转换（**和平**与**发展**成为时代主题）。

（二）邓小平理论的发展过程

1. 毛泽东对社会主义道路的探索过程是邓小平理论的酝酿时期。
2. 从1976年"文革"结束到1982年党的十二大，是命题即"**建设有中国特色的社会主义**"提出的过程。
3. 从1982年到1987年党的十三大，提出社会主义初级阶段理论，党在社会主义初级阶段的基本路线以及"三步走"发展战略，并正式使用了"**建设有中国特色的社会主义理论**"。这是邓小平理论轮廓形成期。
4. 从1987年到1992年10月党的十四大，提出"**邓小平建设有中国特色的社会主义理论**"。这是邓小平理论在各个方面充分展开并**达到成熟**的时期。
5. 从1992年到1997年党的十五大，邓小平理论被写进党章。提出初级阶段的基本纲领和公有制实现形式的多样化、社会主义初级阶段的基本经济制度等，是邓小平理论的重大发展。

二、邓小平理论的科学体系和主要内容（分三个层次）

（一）回答了"什么是社会主义、怎样建设社会主义"的问题

邓小平理论初步回答了"什么是社会主义、怎样建设社会主义"这个被称作首要的基

本的理论问题。"三个代表"重要思想回答了"建设什么样的党、怎样建设党"的理论问题。科学发展观进一步回答了"实现什么样的发展、怎样发展"这一关系中国未来前途和命运的重大问题。以习近平同志为核心的党中央从理论和实践结合上系统回答新时代坚持和发展什么样的中国特色社会主义、怎样坚持和发展中国特色社会主义，建设什么样的社会主义现代化强国、怎样建设社会主义现代化强国，建设什么样的长期执政的马克思主义政党、怎样建设长期执政的马克思主义政党等重大时代课题。

（二）解决九个具体问题

1. 在社会主义发展道路问题上，提出把马克思主义基本原理与中国具体实践相结合，走自己的路，**建设有中国特色的社会主义**。

2. （**初级阶段论**）在社会主义发展阶段问题上，作出了我国还处于社会主义初级阶段的科学论断。

3. （**本质论**）在社会主义根本任务问题上，指出了**社会主义的本质是解放生产力，发展生产力，消灭剥削，消除两极分化，最终实现共同富裕**。

1992年初邓小平在**南方谈话**中明确提出：

①社会主义市场经济理论。

②社会主义本质理论。1980年5月，邓小平第一次提出"社会主义本质"这一概念；1992年初，邓小平在南方谈话中对社会主义本质问题作出了总结性的理论概括。

③"三个有利于"标准，反对抽象讨论姓"资"、姓"社"问题。

④**发展才是硬道理**，要抓住机遇，发展自己，隔几年上一个台阶。

（1）社会主义的**本质**	解放生产力，发展生产力
（2）社会主义的**根本目标**	实现共同富裕
（3）社会主义的**根本原则**	一个是公有制占主体，一个是共同富裕
（4）"**三个有利于**" （判断改革是非得失的标准）	①是否有利于发展社会主义社会的生产力（核心） ②是否有利于增强社会主义国家的综合国力 ③是否有利于提高人民的生活水平

4. （**改革论**）在社会主义发展动力问题上，强调改革也是一场革命，也是解放生产力，是中国现代化的必由之路。

> 习题与解析

习题1.【多选】邓小平指出，改革开放是一场伟大的革命，是中国的第二次革命，主要是指改革（　　）

A. 和革命一样是一个阶级推翻另一个阶级

B. 和革命一样具有根本性，是对传统计划经济的根本性变革

C. 和革命一样具有全面性、深刻性，是政治经济文化等社会生活各个领域的深刻

变化

D. 和革命的目的一样，是为了解放和发展生产力

答案：BCD。解析：革命往往是自下而上进行的，是一个阶级推翻另一个阶级、一种制度替代另一种制度；改革往往是自上而下进行的，是同一种社会制度内的自我完善和发展，选项 A 错误。因此，本题应选 BCD 三个选项。

5.（**开放论**）在社会主义建设的外部条件问题上，指出**和平与发展**是当今时代的主题，必须坚持独立自主的和平外交政策，为中国现代化建设争取有利的国际环境。

（1）正确处理改革、发展、稳定的关系：改革是动力，发展是目的，稳定是前提。

（2）1979 年 7 月以来，深圳（**最早**）、珠海、汕头、厦门相继成立经济特区；1988 年，海南（**最大**）成立经济特区；2010 年 5 月，中央新疆工作会议上，中央正式批准霍尔果斯、喀什设立经济特区。

6.（"三步走"论）在社会主义建设的**战略步骤**上，指出基本实现现代化分三步：

第一步，实现国民生产总值比一九八〇年翻一番，解决人民的温饱问题。这个任务已经基本实现。

第二步，到 20 世纪末，使国民生产总值再增长一倍，人民生活达到**小康水平**。

第三步，到 21 世纪中叶，人均国民生产总值达到中等发达国家水平，人民生活比较富裕，基本实现现代化。然后，在这个基础上继续前进。

7.（**四项基本原则**）在社会主义建设的**政治保证**问题上，**强调坚持社会主义道路，坚持人民民主专政，坚持中国共产党的领导，坚持马克思列宁主义、毛泽东思想**。

8. 在祖国统一问题上，提出"一国两制"的构想。

9. 在社会主义领导核心和依靠力量上，强调中国共产党是社会主义事业的领导核心，不断加强和改善党的领导。

（三）贯穿一个解放思想、实事求是的**思想路线**

1. 解放思想是实事求是的**前提**；

2. 实事求是是解放思想的**目的**。

小平 "四论"	（1）"猫论"——不管是白猫黑猫，逮住老鼠就是好猫
	（2）"摸论"——摸着石头过河
	（3）"抓论"——两手抓，两手都要硬
	（4）"不争论"——不要争论姓"资"姓"社"的问题，不争论是为争取时间

三、邓小平理论的历史地位和指导意义

1. 中国社会主义建设规律的科学认识。

2. 改革开放和社会主义现代化建设的科学指南。

3. 党和国家必须长期坚持的指导思想。

第二节 "三个代表"重要思想

一、"三个代表"重要思想的形成和发展

(一)"三个代表"重要思想的形成条件

1. 理论来源：马克思列宁主义、毛泽东思想和邓小平理论。
2. 现实依据：党的建设面临的新形势新任务。
3. 实践基础：改革开放以来特别是十三届四中全会以来党和人民建设中国特色社会主义的伟大探索。
4. 时代背景：国际局势和世界格局的深刻变化。

(二)"三个代表"重要思想的发展过程

1. 2000年2月，江泽民在广东考察时，第一次提出"三个代表"的要求，他指出，只要我们党始终代表中国先进生产力的发展要求，代表中国先进文化的前进方向，代表中国最广大人民的根本利益，我们党就能永远立于不败之地，永远得到全国各族人民的衷心拥护并带领人民不断前进。
2. 2000年5月，江泽民在一次讲话中指出："始终做到'三个代表'，是我们党的立党之本、执政之基、力量之源。"
3. 2001年7月，江泽民在纪念建党80周年大会上的讲话，全面阐述"三个代表"的科学内涵和基本内容，正确回答了在新的历史条件下"建设什么样的党、怎样建设党"这一重大问题。
4. 2002年11月，江泽民在党的十六大报告中进一步阐述"三个代表"重要思想的时代背景、历史地位、精神实质和指导意义，指出贯彻"三个代表"重要思想，**关键在坚持与时俱进**，**核心在坚持党的先进性**，**本质在坚持执政为民**。

2002年党的十六大把"三个代表"重要思想写进了党章并确定为党的指导思想。

二、"三个代表"重要思想的科学体系和主要内容

"中国共产党必须始终代表中国先进生产力的发展要求，代表中国先进文化的前进方向，代表中国最广大人民的根本利益。"这是对"三个代表"重要思想的集中概括。

1989年，在党的十三届四中全会上，江泽民当选中共中央总书记。

三、"三个代表"重要思想的历史地位和指导意义

1. 指导思想的又一次与时俱进。

2. 全面建成小康社会的根本指针。
3. 加强和改进党的建设、推进我国社会主义自我完善和发展的强大理论武器。

第三节 科学发展观

一、科学发展观的形成和发展

（一）科学发展观的形成条件

1. 理论来源：马克思列宁主义关于发展的丰富思想，党的三代中央领导集体关于我国社会主义发展的一系列重要思想。
2. 根本依据：我国处在社会主义初级阶段的基本国情。
3. 实践基础：我国新世纪新阶段的阶段性特征。
4. 重要借鉴：当今世界的发展实践和发展理念。

（二）科学发展观的发展过程

1. 2003年10月，党的十六届三中全会通过《中共中央关于完善社会主义市场经济体制若干问题的决定》指出："坚持以人为本，树立全面、协调、可持续的发展观，促进经济社会和人的全面发展。"这是党的文件中第一次提出科学发展观。

2. 2004年9月，党的十六届四中全会通过《中共中央关于加强党的执政能力建设的决定》，把树立和落实科学发展观作为提高党的执政能力的重要内容。

3. 2005年10月，党的十六届五中全会通过《中共中央关于制定国民经济和社会发展第十一个五年规划的建议》，强调要坚定不移地以科学发展观统领经济社会发展全局。

4. 2006年3月，全国人大十届四次会议通过的《中华人民共和国国民经济和社会发展第十一个五年规划纲要》指出，"十一五"时期促进国民经济持续快速协调健康发展和社会全面进步，关键是要牢固树立和全面落实科学发展观。

5. 2007年10月，胡锦涛总书记在党的十七大报告中进一步深刻阐述了科学发展观的时代背景、科学内涵、精神实质和根本要求。

2007年党的十七大把科学发展观写进了党章，2012年党的十八大把科学发展观确定为党的指导思想。

二、科学发展观的科学体系和主要内容

科学发展观	第一要义：发展
	核　　心：以人为本
	基本要求：全面协调可持续
	根本方法：统筹兼顾
解放思想、实事求是、与时俱进、求真务实，是科学发展观最鲜明的**精神实质**	

三、科学发展观的历史地位和指导意义

1. 科学发展观是马克思主义同当代中国实际和时代特征相结合的产物，是马克思主义关于发展的世界观和方法论的集中体现，对新形势下实现什么样的发展、怎样发展等重大问题作出了新的科学回答，把我们对中国特色社会主义规律的认识提高到新的水平，开辟了当代中国马克思主义发展新境界。

2. 科学发展观是中国共产党集体智慧的结晶，是指导党和国家全部工作的强大思想武器。

3. 科学发展观同马克思列宁主义、毛泽东思想、邓小平理论、"三个代表"重要思想一道，是党必须长期坚持的指导思想。

第四章 习近平新时代中国特色社会主义思想

第一节 习近平新时代中国特色社会主义思想的丰富内涵

一、习近平新时代中国特色社会主义思想的形成和发展

党的二十大报告强调，马克思主义是我们立党立国、兴党兴国的根本指导思想。实践告诉我们，**中国共产党为什么能，中国特色社会主义为什么好，归根到底是马克思主义行，是中国化时代化的马克思主义行。拥有马克思主义科学理论指导**是我们党坚定信仰信念、把握历史主动的根本所在。

党的二十大报告指出，推进马克思主义中国化时代化是一个**追求真理、揭示真理、笃行真理**的过程。以习近平同志为核心的党中央紧密结合新的时代条件和实践要求，**创立了习近平新时代中国特色社会主义思想**。这一重大思想的**核心要义**就是**坚持和发展中国特色社会主义**，具体体现在它从理论和实践结合上**系统回答**新时代**坚持和发展什么样的中国特色社会主义、怎样坚持和发展中国特色社会主义，建设什么样的社会主义现代化强国、怎样建设社会主义现代化强国，建设什么样的长期执政的马克思主义政党、怎样建设长期执政的马克思主义政党**等**重大时代课题**。2017年党的十九大的一个历史性贡献，就是把**习近平新时代中国特色社会主义思想**同马克思列宁主义、毛泽东思想、邓小平理论、"三个代表"重要思想、科学发展观一道，确立为党必须长期坚持的指导思想并写入党章，2018年十三届全国人大一次会议通过的宪法修正案把习近平新时代中国特色社会主义思想载入宪法，实现了党和国家指导思想的与时俱进。习近平新时代中国特色社会主义思想是当代中国马克思主义、二十一世纪马克思主义，是中华文化和中国精神的时代精华，实现了马克思主义中国化新的**飞跃**。**党确立习近平同志党中央的核心、全党的核心地位，确立习近平新时代中国特色社会主义思想的指导地位**，反映了全党全军全国各族人民共同心愿，对新时代党和国家事业发展、对推进中华民族伟大复兴历史进程具有**决定性意义**。

1. 1945年，党的七大把毛泽东思想写入党章并确立为党的指导思想。
2. 1997年，党的十五大把邓小平理论写入党章并确立为党的指导思想。
3. 2002年，党的十六大把"三个代表"重要思想写入党章并确立为党的指导思想。
4. 2007年，党的十七大把科学发展观写入了党章；2012年，党的十八大把科学发展

观确立为党的指导思想。

5. 2017年，党的十九大把习近平新时代中国特色社会主义思想写入党章并确立为党的指导思想。

二、习近平新时代中国特色社会主义思想的科学体系和主要内容

十九大、十九届六中全会提出的"十个明确""十四个坚持""十三个方面成就"概括了习近平新时代中国特色社会主义思想的主要内容，必须长期坚持并不断丰富发展。其中"十个明确"概括了这一思想的核心内容：

习近平新时代中国特色社会主义思想	1. **明确**中国特色社会主义**最本质的特征**是**中国共产党领导**，中国特色社会主义制度的**最大优势**是**中国共产党领导**，中国共产党是最高政治领导力量，全党必须增强"**四个意识**"、坚定"**四个自信**"、做到"**两个维护**"
	2. **明确**坚持和发展中国特色社会主义，**总任务**是实现社会主义现代化和中华民族伟大复兴，在全面建成小康社会的基础上，**分两步走**在本世纪中叶建成富强民主文明和谐美丽的社会主义现代化强国，以**中国式现代化**推进中华民族伟大复兴
	3. **明确**新时代我国社会**主要矛盾**是人民日益增长的**美好生活需要**和不平衡不充分的发展之间的矛盾，必须坚持**以人民为中心**的**发展思想**，发展**全过程人民民主**，推动人的全面发展、全体人民共同富裕**取得更为明显的实质性进展**
	4. **明确**中国特色社会主义事业**总体布局**是经济建设、政治建设、文化建设、社会建设、生态文明建设**五位一体**，**战略布局**是全面建设社会主义现代化国家、全面深化改革、全面依法治国、全面从严治党**四个全面**
	5. **明确**全面深化改革**总目标**是完善和发展中国特色社会主义**制度**、推进国家**治理体系和治理能力现代化**
	6. **明确**全面推进依法治国**总目标**是建设中国特色社会主义**法治体系**、建设社会主义**法治国家**
	7. **明确**必须坚持和完善**社会主义基本经济制度**，使市场在资源配置中起**决定性作用**，更好发挥政府作用，把握**新发展阶段**，贯彻创新、协调、绿色、开放、共享的**新发展理念**，加快构建以国内大循环为主体、国内国际双循环相互促进的**新发展格局**，推动**高质量发展**，统筹发展和安全
	8. **明确**党在新时代的强军目标是建设一支**听党指挥、能打胜仗、作风优良**的人民军队，把人民军队建设成为世界一流军队

习近平新时代中国特色社会主义思想	9. **明确**中国特色大国外交要服务民族复兴、促进人类进步，推动建设新型国际关系，推动构建人类命运共同体
	10. **明确**全面从严治党的战略方针，提出新时代**党的建设**总要求，全面推进党的**政治建设、思想建设**、组织建设、作风建设、纪律建设，把制度建设贯穿其中，深入推进反腐败斗争，落实管党治党政治责任，以**伟大自我革命**引领伟大社会革命

中国共产党人深刻认识到，只有**把马克思主义基本原理同中国具体实际相结合、同中华优秀传统文化相结合**，坚持运用**辩证唯物主义**和**历史唯物主义**，才能正确回答时代和实践提出的重大问题，才能始终保持马克思主义的蓬勃生机和旺盛活力。

坚持和发展马克思主义，必须同中国具体实际相结合。我们坚持以马克思主义为指导，是要运用其科学的世界观和方法论解决中国的问题，而不是要背诵和重复其具体结论和词句，更不能把马克思主义当成一成不变的教条。我们必须坚持**解放思想、实事求是、与时俱进、求真务实**，一切从实际出发，着眼解决新时代改革开放和社会主义现代化建设的实际问题，不断回答**中国之问、世界之问、人民之问、时代之问**，作出符合中国实际和时代要求的正确回答，得出符合客观规律的科学认识，形成与时俱进的理论成果，更好指导中国实践。**坚持和发展马克思主义，必须同中华优秀传统文化相结合**。只有植根本国、本民族历史文化沃土，马克思主义真理之树才能根深叶茂。中华优秀传统文化源远流长、博大精深，是中华文明的智慧结晶，其中蕴含的**天下为公、民为邦本、为政以德、革故鼎新、任人唯贤、天人合一、自强不息、厚德载物、讲信修睦、亲仁善邻**等，是中国人民在长期生产生活中积累的**宇宙观、天下观、社会观、道德观**的重要体现，同科学社会主义价值观主张具有高度契合性。我们必须坚定**历史自信、文化自信**，坚持古为今用、推陈出新，把马克思主义思想精髓同中华优秀传统文化精华贯通起来、同人民群众日用而不觉的共同价值观念融通起来，不断赋予科学理论鲜明的中国特色，不断夯实马克思主义中国化时代化的**历史基础**和**群众基础**，让马克思主义在中国牢牢扎根。

实践没有止境，理论创新也没有止境。不断谱写马克思主义中国化时代化新篇章，是当代中国共产党人的庄严历史责任。继续推进**实践基础上的理论创新**，首先要把握好习近平新时代中国特色社会主义思想的**世界观和方法论**，坚持好、运用好贯穿其中的**立场观点方法**（"六个必须坚持"）。

（一）**必须坚持人民至上**。**人民性**是马克思主义的本质属性，党的理论是来自人民、为了人民、造福人民的理论，**人民的创造性实践**是理论创新的不竭源泉。一切脱离人民的理论都是苍白无力的，一切不为人民造福的理论都是没有生命力的。我们要站稳**人民立场**、把握**人民愿望**、尊重**人民创造**、集中**人民智慧**，形成为人民所喜爱、所认同、所拥有的理论，使之成为指导人民认识世界和改造世界的强大思想武器。

（二）**必须坚持自信自立**。中国人民和中华民族从近代以后的深重苦难走向伟大复兴的光明前景，从来就没有教科书，更没有现成答案。党的百年奋斗成功道路是党领导人民独立自主探索开辟出来的，马克思主义的中国篇章是中国共产党人依靠自身力量实践出来的，贯穿其中的一个基本点就是中国的问题必须从中国基本国情出发，由中国人自己来解答。我们要坚持对马克思主义的坚定信仰、对中国特色社会主义的坚定信念，坚定道路自信、理论自信、制度自信、文化自信，以更加积极的历史担当和创造精神为发展马克思主义作出新的贡献，既不能刻舟求剑、封闭僵化，也不能照抄照搬、食洋不化。

（三）**必须坚持守正创新**。我们从事的是前无古人的伟大事业，守正才能不迷失方向、不犯颠覆性错误，创新才能把握时代、引领时代。我们要以科学的态度对待科学、以真理的精神追求真理，坚持马克思主义基本原理不动摇，坚持党的全面领导不动摇，坚持中国特色社会主义不动摇，紧跟时代步伐，顺应实践发展，以满腔热忱对待一切新生事物，不断拓展认识的广度和深度，敢于说前人没有说过的新话，敢于干前人没有干过的事情，以新的理论指导新的实践。

（四）**必须坚持问题导向**。问题是时代的声音，回答并指导解决问题是理论的根本任务。今天我们所面临问题的复杂程度、解决问题的艰巨程度明显加大，给理论创新提出了全新要求。我们要增强问题意识，聚焦实践遇到的新问题、改革发展稳定存在的深层次问题、人民群众急难愁盼问题、国际变局中的重大问题、党的建设面临的突出问题，不断提出真正解决问题的新理念新思路新办法。

（五）**必须坚持系统观念**。万事万物是相互联系、相互依存的。只有用普遍联系的、全面系统的、发展变化的观点观察事物，才能把握事物发展规律。我国是一个发展中大国，仍处于社会主义初级阶段，正在经历广泛而深刻的社会变革，推进改革发展、调整利益关系往往牵一发而动全身。我们要善于**通过历史看现实、透过现象看本质**，把握好**全局和局部、当前和长远、宏观和微观、主要矛盾和次要矛盾、特殊和一般**的关系，不断提高**战略思维、历史思维、辩证思维、系统思维、创新思维、法治思维、底线思维**能力，为前瞻性思考、全局性谋划、整体性推进党和国家各项事业提供科学思想方法。

（六）**必须坚持胸怀天下**。中国共产党是为中国人民谋幸福、为中华民族谋复兴的党，也是为人类谋进步、为世界谋大同的党。我们要拓展世界眼光，深刻洞察人类发展进步潮流，积极回应各国人民普遍关切，为解决人类面临的共同问题作出贡献，以海纳百川的宽阔胸襟借鉴吸收人类一切优秀文明成果，推动建设更加美好的世界。

三、习近平新时代中国特色社会主义思想的历史地位和指导意义

1. 是对马克思列宁主义、毛泽东思想、邓小平理论、"三个代表"重要思想、科学发展观的继承和发展。
2. 是马克思主义中国化**最新成果**。
3. 是党和人民实践经验和集体智慧的结晶。
4. 是全党全国人民为实现中华民族伟大复兴而奋斗的行动指南。

第二节　建设中国特色社会主义经济

一、社会主义市场经济体制的基本特征

1. 在所有制结构上，以公有制为主体、多种所有制经济共同发展，一切符合"三个有利于"标准的所有制形式都可以而且应该用来为社会主义服务。
2. 在分配制度上，以按劳分配为主体，多种分配方式并存。
3. 在宏观调控上，以实现最广大劳动人民利益为出发点和归宿，社会主义国家能够把人民的当前利益和长远利益、局部利益和整体利益结合起来，使市场在社会主义国家宏观调控下对资源配置起**决定性**作用，更好地发挥计划和市场两种手段的长处。

二、社会主义初级阶段的基本经济制度

党的十五大第一次明确提出，以公有制为主体，多种所有制经济共同发展，是我国社会主义初级阶段的**基本经济制度**，非公有制经济是我国**社会主义市场经济**的重要组成部分。党的十九届四中全会进一步提出，**公有制为主体、多种所有制经济共同发展，按劳分配为主体、多种分配方式并存，社会主义市场经济体制等社会主义基本经济制度，既体现了社会主义制度优越性，又同我国社会主义初级阶段社会生产力发展水平相适应，是党和人民的伟大创造**。多年来，我们把公有制为主体、多种所有制经济共同发展作为基本经济制度。十九届四中全会的一大创新，就是在此基础上，把按劳分配为主体、多种分配方式并存，社会主义市场经济体制上升为基本经济制度。**这三项制度，都是社会主义基本经济制度**。

非公有制经济在发展社会生产力中具有**不可替代**的地位和作用，这是我国必须毫不动摇**鼓励**、**支持**和**引导**非公有制经济发展的**根本原因**。

确立公有制为主体、多种所有制经济共同发展，按劳分配为主体、多种分配方式并存，社会主义市场经济体制的社会主义基本经济制度，其基本依据是：

第一，**公有制**是社会主义经济制度的**基础**，是社会主义生产关系区别于资本主义的**本质特征**，是劳动人民当家作主的经济基础，也是社会化大生产的**客观要求**。

第二，我国还处在社会主义初级阶段，生产力还不发达，生产社会化的程度还不高，发展还很不平衡，需要在公有制为主体的条件下发展多种所有制经济，以适应生产力的要求。

第三，一切符合"三个有利于"标准的所有制形式，都可以而且应该用来为发展社会主义服务。

公有制经济与非公有制经济：

公有制经济	公有制经济不仅包括国有经济和集体经济，还包括混合所有制经济中的国有成分和集体成分。公有制经济的**主体地位**主要体现在两个方面：第一，公有资产在社会总资产中占优势；第二，国有经济控制国民经济命脉，对经济发展起主导作用。国有经济起**主导作用**，主要体现在**控制力**上
非公有制经济	非公有制经济包括个体经济、私营经济、混合所有制经济中的非公有制成分等

党的十六大提出坚持和完善基本经济制度的原则是要做到**两个"毫不动摇"和一个"统一"**，即必须**毫不动摇**地巩固和发展公有制经济，必须**毫不动摇**地鼓励、支持和引导非公有制经济发展。坚持公有制为主体，促进非公有制经济发展，统一于社会主义现代化进程中，不能把这两者对立起来。

习题与解析

习题1.【多选】党的十九大报告强调，必须毫不动摇地巩固和发展公有制经济。在我国，社会主义公有制经济主要包括（　　）

A. 集体经济和国有经济

B. 混合所有制经济

C. 中外合资、中外合作经营企业中的境外资本部分

D. 混合所有制经济中的国有成分和集体成分

答案：AD。解析：公有制经济不仅包括国有经济和集体经济，还包括混合所有制经济中的国有成分和集体成分。因此，本题应选AD两个选项。

三、社会主义初级阶段的分配制度

党的十五大指出，以按劳分配为主体，多种分配方式并存，把按劳分配和按生产要素分配结合起来，是社会主义初级阶段的分配制度。

按劳分配	1. 生产资料**公有制**是实行按劳分配的**前提**
	2. 社会主义公有制条件下生产力发展水平是实行按劳分配的**物质基础**
	3. 社会主义条件下人们**劳动的性质和特点**（劳动还存在差别，劳动还是谋生的手段），是实行按劳分配的**直接原因**
	分配的依据：社会以劳动为尺度，包括劳动的质和量两方面
	分配的内容：向劳动者分配的是**个人消费品**不是其他产品
	分配过程的成果：多劳多得，少劳少得

续 表

其他方式分配	1. 按个体劳动者的劳动成果分配（个体经济不含农民收入）
	2. 按生产要素分配： ①**资本要素**：私营企业主生产经营取得的税后利润、债权人取得的利息收入、（资金）股息分红和债券、股票交易收入等 ②**知识、技术、信息要素**：科技工作者、信息工作者提供新技术和信息资料取得的收入 ③**土地要素**：出租土地、房屋取得的收入 ④**劳动力要素**：在私营企业和外资企业中劳动者所获得的工资收入
	3. 按社会保障制度分配

习题与解析

习题1.【单选】经济学上所推崇的"橄榄型"收入分配结构，是指低收入和高收入相对较少、中等收入占绝大多数的收入分配结构。我国正在采取措施，实施"提低、扩中、调高、打非、保困"的方针，使收入分配朝着"橄榄型"方向发展。这主要是为了促进（　　）

A. 生产的发展　　　　　　B. 效率的提高

C. 社会的公平　　　　　　D. 内需的扩大

答案：C。解析："橄榄型"的收入分配主要是促进社会的公平。因此，本题应选C项。

四、新时代新征程中国共产党的使命任务

党的二十大报告指出，从现在起，<u>中国共产党的中心任务就是团结带领全国各族人民全面建成社会主义现代化强国、实现第二个百年奋斗目标，以**中国式现代化**全面推进中华民族伟大复兴。中国式现代化，是中国共产党领导的社会主义现代化，既有各国现代化的共同特征，更有基于自己国情的中国特色</u>（中国式现代化五大特征）。

（一）中国式现代化是**人口规模巨大**的现代化。我国十四亿多人口整体迈进现代化社会，规模超过现有发达国家人口的总和，艰巨性和复杂性前所未有，发展途径和推进方式也必然具有自己的特点。我们始终从国情出发想问题、作决策、办事情，既不好高骛远，也不因循守旧，保持历史耐心，坚持**稳中求进、循序渐进、持续推进**。

（二）中国式现代化是**全体人民共同富裕**的现代化。<u>共同富裕是中国特色社会主义的本质要求，也是一个长期的历史过程</u>。我们坚持把实现人民对美好生活的向往作为现代化建设的出发点和落脚点，着力维护和促进社会公平正义，着力促进全体人民共同富裕，坚决防止两极分化。

（三）中国式现代化是物质文明和精神文明相协调的现代化。**物质富足、精神富有**是<u>社会主义现代化的根本要求。物质贫困不是社会主义，精神贫乏也不是社会主义</u>。我们不

断厚植现代化的物质基础，不断夯实人民幸福生活的物质条件，同时大力发展社会主义先进文化，加强理想信念教育，传承中华文明，促进**物的全面丰富**和**人的全面发展**。

（四）**中国式现代化是人与自然和谐共生的现代化**。人与自然是生命共同体，无止境地向自然索取甚至破坏自然必然会遭到大自然的报复。我们坚持可持续发展，坚持节约优先、保护优先、自然恢复为主的方针，像保护眼睛一样保护自然和生态环境，坚定不移走生产发展、生活富裕、生态良好的文明发展道路，实现中华民族永续发展。

（五）**中国式现代化是走和平发展道路的现代化**。我国不走一些国家通过战争、殖民、掠夺等方式实现现代化的老路，那种损人利己、充满血腥罪恶的老路给广大发展中国家人民带来深重苦难。我们坚定站在历史正确的一边、站在人类文明进步的一边，高举和平、发展、合作、共赢旗帜，在坚定维护世界和平与发展中谋求自身发展，又以自身发展更好维护世界和平与发展。

党的二十大报告指出，全面建成社会主义现代化强国，总的战略安排是分两步走：从二○二○年到二○三五年基本实现社会主义现代化，从二○三五年到本世纪中叶把我国建成富强民主文明和谐美丽的社会主义现代化强国。

到二○三五年，我国发展的总体目标是：经济实力、科技实力、综合国力大幅跃升，人均国内生产总值迈上新的大台阶，**达到中等发达国家水平**；实现高水平科技自立自强，**进入创新型国家前列**；**建成现代化经济体系**，形成新发展格局，基本实现新型工业化、信息化、城镇化、农业现代化；基本实现国家治理体系和治理能力现代化，全过程人民民主制度更加健全，**基本建成法治国家、法治政府、法治社会**；**建成教育强国、科技强国、人才强国、文化强国、体育强国、健康中国**，国家文化软实力显著增强；人民生活更加幸福美好，居民人均可支配收入再上新台阶，中等收入群体比重明显提高，基本公共服务实现均等化，农村基本具备现代生活条件，社会保持长期稳定，**人的全面发展、全体人民共同富裕取得更为明显的实质性进展**；广泛形成绿色生产生活方式，**碳排放达峰后稳中有降**，生态环境根本好转，美丽中国目标基本实现；国家安全体系和能力全面加强，**基本实现国防和军队现代化**。

在基本实现现代化的基础上，我们要继续奋斗，**到本世纪中叶**，把我国建设成为**综合国力和国际影响力领先**的**社会主义现代化强国**。

五、加快构建新发展格局，着力推动高质量发展

高质量发展是全面建设社会主义现代化国家的**首要任务**。**发展**是党执政兴国的**第一要务**。没有坚实的物质技术基础，就不可能全面建成社会主义现代化强国。必须完整、准确、全面贯彻新发展理念，坚持社会主义市场经济改革方向，坚持高水平对外开放，加快构建**以国内大循环为主体、国内国际双循环相互促进**的新发展格局。

我们要坚持以推动**高质量发展**为**主题**，把实施扩大内需战略同深化供给侧结构性改革有机结合起来，增强国内大循环内生动力和可靠性，提升国际循环质量和水平，加快建设

现代化经济体系，着力提高全要素生产率，着力提升产业链供应链韧性和安全水平，着力推进城乡融合和区域协调发展，推动经济实现质的有效提升和量的合理增长。

（一）**构建高水平社会主义市场经济体制**。推动国有资本和国有企业做强做优做大，提升企业核心竞争力。优化民营企业发展环境，促进民营经济发展壮大。完善中国特色现代企业制度，弘扬企业家精神。深化简政放权、放管结合、优化服务改革。构建全国统一大市场，完善产权保护、市场准入、公平竞争、社会信用等市场经济基础制度。着力扩大内需，增强消费对经济发展的基础性作用和投资对优化供给结构的关键作用。深化金融体制改革，建设现代中央银行制度。加强反垄断和反不正当竞争，破除地方保护和行政性垄断，依法规范和引导资本健康发展。

（二）**建设现代化产业体系**。坚持把发展经济的着力点放在实体经济上，推进新型工业化，加快建设制造强国、质量强国、航天强国、交通强国、网络强国、数字中国。支持专精特新企业发展，推动制造业高端化、智能化、绿色化发展。加快发展数字经济，促进数字经济和实体经济深度融合，打造具有国际竞争力的数字产业集群。优化基础设施布局、结构、功能和系统集成，构建现代化基础设施体系。

（三）**全面推进乡村振兴**。全面建设社会主义现代化国家，最艰巨最繁重的任务仍然在农村。加快建设农业强国，扎实推动乡村产业、人才、文化、生态、组织振兴。全面落实粮食安全党政同责，牢牢守住十八亿亩耕地红线，逐步把永久基本农田全部建成高标准农田，确保中国人的饭碗牢牢端在自己手中。完善农村承包地"三权分置"制度，衔接落实好第二轮土地承包到期后再延长 30 年的政策，让农民吃上长效"定心丸"。完善农民闲置宅基地和闲置农房政策，探索宅基地所有权、资格权、使用权"三权分置"，不得违规违法买卖宅基地，严格实行土地用途管制，严格禁止下乡利用农村宅基地建设别墅大院和私人会馆。

（四）**促进区域协调发展**。深入实施区域协调发展战略、区域重大战略、主体功能区战略、新型城镇化战略，优化重大生产力布局，构建优势互补、高质量发展的区域经济布局和国土空间体系。推进京津冀协同发展、长江经济带发展、长三角一体化发展，推动黄河流域生态保护和高质量发展。高标准、高质量建设雄安新区，推动成渝地区双城经济圈建设。坚持人民城市人民建、人民城市为人民，提高城市规划、建设、治理水平，加快转变超大特大城市发展方式，实施城市更新行动，打造宜居、韧性、智慧城市。

（五）**推进高水平对外开放**。依托我国超大规模市场优势，以国内大循环吸引全球资源要素，增强国内国际两个市场两种资源联动效应，提升贸易投资合作质量和水平。合理缩减外资准入负面清单，依法保护外商投资权益，营造市场化、法治化、国际化一流营商环境。推动共建"一带一路"高质量发展。加快建设海南自由贸易港，实施自由贸易试验区提升战略，扩大面向全球的高标准自由贸易区网络。有序推进人民币国际化。深度参与全球产业分工和合作，维护多元稳定的国际经济格局和经贸关系。

第三节 建设中国特色社会主义政治

一、发展全过程人民民主，保障人民当家作主

党的二十大报告强调，我国是工人阶级领导的、以工农联盟为基础的人民民主专政的社会主义国家，国家一切权力属于**人民**。**人民民主**是社会主义的生命，是全面建设社会主义现代化国家的**应有之义**。**全过程人民民主**是社会主义民主政治的本质属性，是**最广泛、最真实、最管用**的民主。必须坚定不移走中国特色社会主义政治发展道路，坚持**党的领导、人民当家作主、依法治国有机统一**，坚持人民主体地位，充分体现人民意志、保障人民权益、激发人民创造活力。我们要健全人民当家作主制度体系，扩大人民有序政治参与，保证人民依法实行**民主选举、民主协商、民主决策、民主管理、民主监督**，发挥人民群众积极性、主动性、创造性，巩固和发展生动活泼、安定团结的政治局面。

党的二十大报告指出，**全面依法治国**是国家治理的一场深刻革命，关系党执政兴国，关系人民幸福安康，关系党和国家长治久安。必须更好发挥**法治固根本、稳预期、利长远的保障作用**，在法治轨道上全面建设社会主义现代化国家。我们要坚持走中国特色社会主义法治道路，**建设中国特色社会主义法治体系、建设社会主义法治国家**，围绕保障和促进社会公平正义，坚持**依法治国、依法执政、依法行政**共同推进，坚持**法治国家、法治政府、法治社会**一体建设，全面推进科学立法、严格执法、公正司法、全民守法，全面推进国家各方面工作法治化。

二、选举制度

1. 普遍性原则

凡年满十八周岁的中国公民，并且没有被剥夺政治权利的人都享有选举权和被选举权。

精神病患者本身享有选举权和被选举权，但由于其患病失去了行为能力，丧失了行使政治权利的能力。因此，经选举委员会确认确实无法行使选举权利后，暂不行使其选举权利。

所谓**政治权利**，又称参政权或政治参加的权利、民主权利，是人们参与政治活动的一切权利和自由的总称。

政治权利的内容主要包括四个方面：

（1）选举权与被选举权；
（2）言论、出版、集会、结社、游行、示威自由的权利；
（3）担任国家机关职务的权利；

（4）担任国有公司、企事业单位和人民团体领导的权利。

2. 平等原则

每一选民在一次选举中只有一个投票权，不承认任何选民因民族、职业、财产状况、家庭出身、居住情况的不同而享有特权。此外，更加注重实质上的平等，即实行同票同权的原则，每一位代表所代表的**城乡人口数相同**。

3. 直接和间接选举并用原则

（1）间接选举

全国人民代表大会的代表，省、自治区、直辖市的人民代表大会的代表，设区的市、自治州的人民代表大会的代表，由下一级人民代表大会选举。

（2）直接选举

不设区的市、市辖区、县、自治县的人民代表大会的代表，乡、民族乡、镇的人民代表大会的代表，由选民直接选举。

以上所指的选举，仅指全国人民代表大会和地方各级人民代表大会的选举、监督等，不包括各级行政机关、监察机关、审判机关、检察机关以及村委会、居委会的产生以及领导人员的选举、任命。

4. 秘密投票原则

（1）无记名投票；

（2）投票形式包括赞成、反对和弃权；

（3）可以书面委托其他选民代为投票。

三、人民民主专政

所谓**人民民主专政**，就是指中国共产党领导的人民民主政权在人民内部实行民主，对境内外敌对势力和犯罪分子实行专政。

所谓**国体**，就是指社会各阶级在国家中的地位，它表明国家政权掌握在哪个阶级手里，哪个阶级是统治阶级，哪个阶级是被统治阶级。

《中华人民共和国宪法》第一条："中华人民共和国是工人阶级领导的、以工农联盟为基础的**人民民主专政**的社会主义国家。"（**国体：人民民主专政**）

四、人民代表大会制度

所谓**政体**，就是指统治阶级实现其阶级统治的具体组织形式，也就是政权构成形式。

人民代表大会制度是中国人民当家作主的**根本政治制度**，是我国的**政体**。

1954年9月，第一届全国人民代表大会第一次会议在北京召开，标志着人民代表大会制度在全国范围内建立起来。

所谓**国家结构形式**，就是指特定国家划分国家内部区域，调整整体与部分、中央和地方之间关系的原则与方式。

两大类：单一制和复合制。

近代复合制国家主要有邦联和联邦两种形式。我国是**单一制**，是统一的多民族国家。

习题与解析

习题 1.【单选】我国的国家结构形式是（　）

A. 联邦制　　　　　　　　　　B. 邦联制

C. 复合制　　　　　　　　　　D. 单一制

答案：D。解析：国家结构形式指特定国家划分国家内部区域，调整整体与部分、中央和地方之间关系的原则与方式。我国是单一制，是统一的多民族国家。因此，本题应选 D 项。

五、中国共产党领导的多党合作和政治协商制度

1949 年 9 月，中国共产党创建中国人民政治协商会议这一多党合作和政治协商的专门机构。

我国的政党制度是中国共产党领导的多党合作和政治协商制度。中国共产党是**执政党**，各民主党派是**参政党**，不是在野党，也不是反对党。各级人民政协每届任期都是 5 年，对其成员连选连任没有届数的限制。

1. 我国多党合作的**首要前提和根本保证**是坚持共产党领导。
2. 我国多党合作的**政治基础**是四项基本原则。
3. 我国多党合作的**基本方针**是"长期共存、互相监督、肝胆相照、荣辱与共"。其中，"长期共存、互相监督"的"八字方针"是毛泽东 1956 年 4 月 25 日在《论十大关系》中明确提出来的，他指出："究竟是一个党好？还是几个党好？现在看恐怕是几个党好。不但过去如此，而且将来也可以如此，就是长期共存、互相监督。"
4. 人民政协的**三大职能**是政治协商、民主监督、参政议政。
5. 人民政协的**两大主题**是团结和民主。

八个民主党派：

1. 中国国民党革命委员会	2. 中国民主同盟
3. 中国民主建国会	4. 中国民主促进会
5. 中国农工民主党	6. 中国致公党
7. 九三学社	8. 台湾民主自治同盟

习题与解析

习题 1.【单选】"尽职而不越位，帮忙而不添乱，切实而不表面"，"协商不代替，监督不对立，为了大目标，同唱一台戏"，概括了政协的主要职能是（　）

A. 维护国家主权和政治统一　　　B. 维护祖国的统一

C. 领导统一战线　　　　　　　　D. 政治协商、民主监督和参政议政

答案：D。解析：人民政协的主要职能是政治协商、民主监督、参政议政。因此，本题应选 D 项。

习题 2.【单选】中国共产党领导的多党合作和政治协商制度是中国特色社会主义的政党制度，也是当代中国的一项基本政治制度。这一制度的核心内容是（ ）

A. 中国共产党的领导 B. 长期共存、互相监督
C. 多党合作 D. 肝胆相照、荣辱与共

答案：C。解析：在中国共产党领导的多党合作和政治协商制度中，中国共产党的领导是首要前提和根本保证，多党合作是核心内容。因此，本题应选 C 项。

习题 3.【多选】下列关于中国共产党领导的多党合作和政治协商制度的说法，正确的有（ ）

A. 这一制度是我国的基本政治制度
B. 这一制度确立的标志是人民政协的成立
C. 我国多党合作的根本活动原则是遵守宪法和法律
D. 我国多党合作的首要前提和根本保证是坚持人民民主专政

答案：ABC。解析：我国多党合作的首要前提和根本保证是坚持共产党的领导，选项 D 表述错误。因此，本题应选 ABC 三个选项。

六、民族区域自治制度

民族区域自治制度是我们党解决民族问题的基本政策，是国家的一项基本政治制度。

1.《中华人民共和国宪法》第三十条：**民族自治地方**包括自治区、自治州、自治县。民族乡不是民族自治地方。

2.《中华人民共和国宪法》第一百一十二条："**民族自治地方的自治机关**是自治区、自治州和自治县的**人民代表大会**和**人民政府**。"不包括人民代表大会常务委员会、监察委员会、法院和检察院。民族自治地方的自治机关的自治权包括以下六个方面：①民族立法权（民族自治地方人大可以制定自治条例和单行条例）；②变通执行权；③财政经济自主权；④文化、语言文字自主权；⑤组织公安部队权（须经国务院批准）；⑥少数民族干部具有任用优先权。

3.《中华人民共和国宪法》第一百一十三条：自治区、自治州、自治县的人民代表大会常务委员会中应当由**实行区域自治的民族**的公民担任主任或者副主任。

4.《中华人民共和国宪法》第一百一十四条：自治区主席、自治州州长、自治县县长由实行区域自治的民族的公民担任。

5.《中华人民共和国宪法》第一百一十六条：民族自治地方的人民代表大会有权制定自治条例和单行条例。

6. 2018 年 3 月 11 日第五次宪法修正案规定：**平等团结互助和谐**的社会主义民族关系已经确立，并将继续加强。

习题与解析

习题1.【单选】我国现行的民族自治地方有（　　）

A. 自治区、自治州、民族乡　　　　B. 自治区、自治县、民族乡

C. 自治区、自治州、自治县　　　　D. 自治州、自治县、民族乡

答案：C。解析：宪法规定民族自治地方包括自治区、自治州、自治县。民族乡不是民族自治地方。因此，本题应选 C 项。

习题2.【多选】民族自治地方的自治机关是（　　）

A. 自治区人民代表大会　　　　　　B. 自治县人民政府

C. 自治区人民法院　　　　　　　　D. 自治区人民检察院

答案：AB。解析：宪法规定民族自治地方的自治机关是自治区、自治州和自治县的人民代表大会和人民政府，不包括人民代表大会常务委员会、法院和检察院。因此，本题应选 AB 两个选项。

习题3.【单选】根据我国宪法和有关法律的规定，下列构成违宪或违法的行为是（　　）

A. 国家主席代表中华人民共和国接受外国使节

B. 某自治州人民代表大会常务委员会制定本自治州的《自治条例》

C. 国务院某部发布《关于认真学习贯彻〈行政机关公务员处分条例〉的通知》

D. 国务院根据全国人民代表大会常务委员会的授权决定，对储蓄存款利息所得减征个人所得税

答案：B。解析：民族自治地方的人大有权制定自治条例和单行条例，不包括人大常委会。因此，本题应选 B 项。

习题4.【单选】根据我国宪法规定，下列说法正确的是（　　）

A. 副省长人选应由省长提名，由省人民代表大会决定

B. 选举产生的省人民检察院检察长，应由全国人大常委会批准

C. 自治州人民代表大会可以选举汉族公民担任本州州长

D. 自治县人大常委会主任必须由实行区域自治的民族的公民担任

答案：B。解析：省长、副省长的提名应由省人大主席团提名，由省人大决定，选项 A 表述错误；自治州州长必须由本民族公民担任，选项 C 表述错误；自治县人大常委会主任可以而不是必须由本民族公民担任，选项 D 表述错误。因此，本题应选 B 项。

七、基层群众自治制度

党的十七大首次把基层群众自治制度纳入中国特色社会主义民主政治制度的基本范畴。目前，我国已经建立了以农村村民委员会、城市居民委员会和企业职工代表大会为主要内容的基层民主自治体系。

第四节　建设中国特色社会主义文化

一、建设中国特色社会主义文化

全面建设社会主义现代化国家，必须坚持中国特色社会主义文化发展道路，增强文化自信，围绕举旗帜、聚民心、育新人、兴文化、展形象建设社会主义文化强国，发展面向现代化、面向世界、面向未来的，民族的科学的大众的社会主义文化，激发全民族文化创新创造活力，增强实现中华民族伟大复兴的精神力量。

我们要坚持马克思主义在意识形态领域指导地位的根本制度，坚持为人民服务、为社会主义服务，坚持百花齐放、百家争鸣，坚持创造性转化、创新性发展，以社会主义核心价值观为引领，发展社会主义先进文化，弘扬革命文化，传承中华优秀传统文化，满足人民日益增长的精神文化需求，巩固全党全国各族人民团结奋斗的共同思想基础，不断提升国家文化软实力和中华文化影响力。

（一）建设具有强大凝聚力和引领力的社会主义意识形态。意识形态工作是为国家立心、为民族立魂的工作。牢牢掌握党对意识形态工作领导权，全面落实意识形态工作责任制，巩固壮大奋进新时代的主流思想舆论。深入实施马克思主义理论研究和建设工程，加快构建中国特色哲学社会科学学科体系、学术体系、话语体系，培育壮大哲学社会科学人才队伍。

（二）广泛践行社会主义核心价值观。社会主义核心价值观是凝聚人心、汇聚民力的强大力量。弘扬以伟大建党精神为源头的中国共产党人精神谱系，用好红色资源，深入开展社会主义核心价值观宣传教育，深化爱国主义、集体主义、社会主义教育，着力培养担当民族复兴大任的时代新人。推动理想信念教育常态化制度化，持续抓好党史、新中国史、改革开放史、社会主义发展史宣传教育，引导人民知史爱党、知史爱国，不断坚定中国特色社会主义共同理想。坚持依法治国和以德治国相结合，把社会主义核心价值观融入法治建设、融入社会发展、融入日常生活。

（三）提高全社会文明程度。实施公民道德建设工程，弘扬中华传统美德，加强家庭家教家风建设，加强和改进未成年人思想道德建设，推动明大德、守公德、严私德，提高人民道德水准和文明素养。在全社会弘扬劳动精神、奋斗精神、奉献精神、创造精神、勤俭节约精神，培育时代新风新貌。加强国家科普能力建设，深化全民阅读活动。发挥党和国家功勋荣誉表彰的精神引领、典型示范作用，推动全社会见贤思齐、崇尚英雄、争做先锋。

（四）繁荣发展文化事业和文化产业。坚持以人民为中心的创作导向，推出更多增强人民精神力量的优秀作品，培育造就大批德艺双馨的文学艺术家和规模宏大的文化文艺人才队伍。坚持把**社会效益**放在首位、**社会效益和经济效益相统一**，深化文化体制改革，完善文化经济政策。广泛开展全民健身活动，加强青少年体育工作，促进群众体育和竞技体育全面发展，加快建设**体育强国**。

（五）**增强中华文明传播力影响力**。坚守中华文化立场，提炼展示中华文明的精神标识和文化精髓，加快构建中国话语和中国叙事体系，**讲好中国故事、传播好中国声音**，展现**可信、可爱、可敬**的中国形象。加强国际传播能力建设，全面提升国际传播效能，形成同我国综合国力和国际地位相匹配的国际话语权。深化文明交流互鉴，推动中华文化更好走向世界。

二、建设社会主义核心价值体系

社会主义核心价值体系（兴国之魂）	
1. 马克思主义指导思想	马克思主义指导思想是社会主义核心价值体系的**灵魂**
2. 中国特色社会主义共同理想	中国特色社会主义共同理想是社会主义核心价值体系的**主题**
3. 以**爱国主义**为核心的民族精神和以**改革创新**为核心的时代精神	民族精神和时代精神是社会主义核心价值体系的**精髓**
4. 社会主义荣辱观	社会主义荣辱观是社会主义核心价值体系的**基础**
社会主义核心价值观（3个层面12个词24个字）	
国家层面	倡导**富强、民主、文明、和谐**
社会层面	倡导**自由、平等、公正、法治**
公民层面	倡导**爱国、敬业、诚信、友善**

三、加强思想道德建设和教育科学文化建设

社会主义精神文明建设包括思想道德建设和教育科学文化建设。思想道德建设集中体现着精神文明建设的性质和方向，是精神文明建设的**核心内容和中心环节**。

第五节　构建社会主义和谐社会

一、构建社会主义和谐社会的科学含义

民主法治、公平正义、诚信友爱、充满活力、安定有序、人与自然和谐相处。

二、构建社会主义和谐社会的重要意义

1. 理论意义

第一，提出构建社会主义和谐社会，是对人类社会发展规律认识的深化，是对马克思主义关于社会主义社会建设理论的丰富和发展；

第二，提出构建社会主义和谐社会，是对社会主义建设规律认识的深化，丰富和发展了中国特色社会主义理论；

第三，提出构建社会主义和谐社会，是对共产党执政规律认识的深化，是党执政理念的升华。

2. 实践意义

第一，构建社会主义和谐社会是中国特色社会主义事业"五位一体"总体布局的重要组成部分，及时对构建社会主义和谐社会作出部署，有利于全面推进中国特色社会主义事业；

第二，使社会更加和谐是全面建成社会主义现代化强国的重要目标，切实做好构建社会主义和谐社会的各项工作，有利于全面建成社会主义现代化强国宏伟目标的实现；

第三，促进社会和谐是中国最广大人民的根本利益所在，把构建社会主义和谐社会的各项任务落到实处，有利于进一步解决好人民群众最关心最直接最现实的利益问题，实现好维护好发展好最广大人民的根本利益；

第四，社会和谐是应对外部挑战的重要条件，保持国内安定和谐的社会政治局面，有利于增强民族凝聚力和抗风险能力，更好地维护国家主权、安全和发展利益。

三、增进民生福祉，提高人民生活品质

江山就是人民，人民就是江山。中国共产党领导人民打江山、守江山，守的是**人民的心**。治国有常，利民为本。**为民造福**是立党为公、执政为民的本质要求。必须坚持在发展中保障和改善民生，鼓励共同奋斗创造美好生活，不断实现人民对美好生活的向往。

（一）完善分配制度。分配制度是促进共同富裕的基础性制度。坚持按劳分配为主体、多种分配方式并存，构建初次分配、再分配、第三次分配协调配套的制度体系。努力提高居民收入在国民收入分配中的比重，提高劳动报酬在初次分配中的比重。**坚持多劳多得，**

鼓励勤劳致富，促进机会公平，增加低收入者收入，扩大中等收入群体。加大税收、社会保障、转移支付等的调节力度。完善个人所得税制度，规范收入分配秩序，规范财富积累机制，保护合法收入，调节过高收入，取缔非法收入。引导、支持有意愿有能力的企业、社会组织和个人积极参与公益慈善事业。

（二）实施就业优先战略。就业是最基本的民生。强化就业优先政策，健全就业促进机制，促进高质量充分就业。统筹城乡就业政策体系，破除妨碍劳动力、人才流动的体制和政策弊端，消除影响平等就业的不合理限制和就业歧视，使人人都有通过勤奋劳动实现自身发展的机会。健全终身职业技能培训制度，推动解决结构性就业矛盾。健全劳动法律法规，完善劳动关系协商协调机制，完善劳动者权益保障制度，加强灵活就业和新就业形态劳动者权益保障。

（三）健全社会保障体系。社会保障体系是人民生活的安全网和社会运行的稳定器。健全覆盖全民、统筹城乡、公平统一、安全规范、可持续的多层次社会保障体系。扩大社会保险覆盖面，健全基本养老、基本医疗保险筹资和待遇调整机制，推动基本医疗保险、失业保险、工伤保险省级统筹。坚持男女平等基本国策，保障妇女儿童合法权益。坚持房子是用来住的、不是用来炒的定位，加快建立多主体供给、多渠道保障、租购并举的住房制度。

（四）推进健康中国建设。人民健康是民族昌盛和国家强盛的重要标志。把保障人民健康放在优先发展的战略位置，完善人民健康促进政策。优化人口发展战略，建立生育支持政策体系，降低生育、养育、教育成本。实施积极应对人口老龄化国家战略，推动实现全体老年人享有基本养老服务。深化以公益性为导向的公立医院改革，规范民营医院发展。发展壮大医疗卫生队伍，把工作重点放在农村和社区。重视心理健康和精神卫生。创新医防协同、医防融合机制，健全公共卫生体系，提高重大疫情早发现能力，加强重大疫情防控救治体系和应急能力建设，有效遏制重大传染性疾病传播。深入开展健康中国行动和爱国卫生运动，倡导文明健康生活方式。

（五）推进国家安全体系和能力现代化。国家安全是民族复兴的根基，社会稳定是国家强盛的前提。必须坚定不移贯彻总体国家安全观，把维护国家安全贯穿党和国家工作各方面全过程，确保国家安全和社会稳定。我们要坚持以人民安全为宗旨、以政治安全为根本、以经济安全为基础、以军事科技文化社会安全为保障、以促进国际安全为依托，统筹外部安全和内部安全、国土安全和国民安全、传统安全和非传统安全、自身安全和共同安全，统筹维护和塑造国家安全，夯实国家安全和社会稳定基层基础，完善参与全球安全治理机制，建设更高水平的平安中国，以新安全格局保障新发展格局。

第六节　大力推进生态文明建设

大自然是人类赖以生存发展的基本条件。**尊重自然、顺应自然、保护自然**，是全面建设社会主义现代化国家的**内在要求**。必须牢固树立和践行绿水青山就是金山银山的理念，站在**人与自然和谐共生**的高度谋划发展。

我们要推进美丽中国建设，坚持**山水林田湖草沙一体化保护和系统治理**，统筹产业结构调整、污染治理、生态保护、应对气候变化，协同推进**降碳、减污、扩绿、增长**，推进生态优先、节约集约、绿色低碳发展。

（一）加快发展方式绿色转型。**推动经济社会发展绿色化、低碳化**是实现高质量发展的关键环节。加快推动产业结构、能源结构、交通运输结构等调整优化。**实施全面节约战略，推进各类资源节约集约利用，加快构建废弃物循环利用体系。**完善支持绿色发展的财税、金融、投资、价格政策和标准体系，发展绿色低碳产业，健全资源环境要素市场化配置体系，加快节能降碳先进技术研发和推广应用，**倡导绿色消费，推动形成绿色低碳的生产方式和生活方式。**

（二）深入推进环境污染防治。坚持**精准治污、科学治污、依法治污**，持续深入打好**蓝天、碧水、净土保卫战**。加强污染物协同控制，基本消除重污染天气。统筹水资源、水环境、水生态治理，推动重要江河湖库生态保护治理，基本消除城市黑臭水体。加强土壤污染源头防控，开展新污染物治理。提升环境基础设施建设水平，推进**城乡人居环境整治**。全面实行排污许可制，健全现代环境治理体系。严密防控环境风险。深入推进中央生态环境保护督察。

（三）提升生态系统多样性、稳定性、持续性。以**国家重点生态功能区、生态保护红线、自然保护地**等为重点，加快实施重要生态系统保护和修复重大工程。推进以**国家公园为主体的自然保护地体系建设**。实施生物多样性保护重大工程。科学开展大规模国土绿化行动。深化集体林权制度改革。推行**草原森林河流湖泊湿地休养生息**，**实施好长江十年禁渔**，健全耕地休耕轮作制度。建立生态产品价值实现机制，完善生态保护补偿制度。加强生物安全管理，防治外来物种侵害。

（四）积极稳妥推进碳达峰碳中和。**实现碳达峰碳中和是一场广泛而深刻的经济社会系统性变革**。立足我国能源资源禀赋，坚持**先立后破**，有计划分步骤实施碳达峰行动。完善能源消耗总量和强度调控，重点控制化石能源消费，逐步转向**碳排放总量和强度"双控"制度**。推动能源清洁低碳高效利用，推进工业、建筑、交通等领域清洁低碳转型。深入推进能源革命，加强煤炭清洁高效利用，加大油气资源勘探开发和增储上产力度，加快规划建设新型能源体系，统筹水电开发和生态保护，积极安全有序发展核电，加强能源产供储销体系建设，确保能源安全。完善碳排放统计核算制度，健全碳排放权市场交易制度。提升生态系统碳汇能力。积极参与应对气候变化全球治理。

第七节　国际战略和外交政策

一、国际形势的发展及特点

1. **和平与发展**是当今时代的主题；
2. **世界多极化**和**经济全球化**趋势在曲折中发展；
3. 中国坚持走和平发展的道路。

二、独立自主的和平外交政策

第一，20 世纪 50 年代外交方针：毛泽东提出**"另起炉灶""打扫干净屋子再请客""一边倒"**三大外交方针。

第二，20 世纪 60 年代外交方针：**"两个拳头打人"**（"苏修""美帝"）。外交政策重心由"一边倒"调整为同时反对美苏两个超级大国到处侵略扩张、肆意干涉别国内政的霸权主义政策。

第三，20 世纪 70 年代外交方针：**"一条线"**。20 世纪 70 年代美苏争霸出现了苏攻美守的态势，毛泽东审时度势提出"一条线"的外交战略。即从东边起，日本、中国、欧洲国家、美国，加上同一条线上的第三世界各国，联合努力，共同对付苏联霸权主义。

第四，20 世纪 80 年代、90 年代外交方针：**"真正的不结盟""韬光养晦、有所作为"**。

第五，江泽民、胡锦涛、习近平推动独立自主的和平外交政策的实现。

三、独立自主和平外交政策的根本原则

1. **独立自主**是我国外交政策的**基本立场**；
2. **和平共处五项原则**是我国外交政策的**基本准则**；
3. 加强同发展中国家的团结与合作是我国外交政策的**基本立足点**；
4. 维护我国的独立和主权，促进世界的和平与发展是我国外交政策的**基本目标**。

中国坚持**对外开放的基本国策**，坚定奉行互利共赢的开放战略，不断以中国新发展为世界提供新机遇，推动建设开放型世界经济，更好惠及各国人民。中国坚持**经济全球化**正确方向，推动贸易和投资自由化便利化，推进双边、区域和多边合作，促进国际宏观经济政策协调，共同营造有利于发展的国际环境，共同培育全球发展新动能，**反对保护主义，反对"筑墙设垒""脱钩断链"，反对单边制裁、极限施压**。

中国积极参与全球治理体系改革和建设，践行**共商共建共享**的**全球治理观**，坚持真正的**多边主义**，推进国际关系民主化，推动全球治理朝着更加公正合理的方向发展。坚定维护以**联合国**为核心的国际体系、以国际法为基础的国际秩序、以联合国宪章宗旨和原则为

基础的国际关系基本准则，反对一切形式的单边主义，反对搞针对特定国家的阵营化和排他性小圈子。推动**世界贸易组织、亚太经合组织**等多边机制更好发挥作用，扩大**金砖国家、上海合作组织**等合作机制影响力，增强新兴市场国家和发展中国家在全球事务中的代表性和发言权。

构建人类命运共同体是世界各国人民前途所在。**万物并育而不相害，道并行而不相悖**。中国提出了**全球发展倡议、全球安全倡议**，愿同国际社会一道努力落实。中国坚持对话协商，推动建设一个**持久和平**的世界；坚持共建共享，推动建设一个**普遍安全**的世界；坚持合作共赢，推动建设一个**共同繁荣**的世界；坚持交流互鉴，推动建设一个**开放包容**的世界；坚持绿色低碳，推动建设一个**清洁美丽**的世界。

我们真诚呼吁，世界各国弘扬和平、发展、公平、正义、民主、自由的全人类共同价值，促进各国人民相知相亲，尊重世界文明多样性，**以文明交流超越文明隔阂、文明互鉴超越文明冲突、文明共存超越文明优越**，共同应对各种全球性挑战。

我们所处的是**一个充满挑战的时代，也是一个充满希望的时代**。中国人民愿同世界人民携手开创人类更加美好的未来！

第八节　中国特色社会主义事业的领导核心

全面建设社会主义现代化国家、全面推进中华民族伟大复兴，**关键在党**。我们党作为**世界上最大的马克思主义执政党**，要始终赢得人民拥护、巩固长期执政地位，**必须时刻保持解决大党独有难题的清醒和坚定**。经过十八大以来全面从严治党，我们解决了党内许多突出问题，但党面临的**执政考验、改革开放考验、市场经济考验、外部环境考验**（"四大考验"）将长期存在，**精神懈怠危险、能力不足危险、脱离群众危险、消极腐败危险**（"四种危险"）将长期存在。全党必须牢记，**全面从严治党永远在路上，党的自我革命永远在路上**，决不能有松劲歇脚、疲劳厌战的情绪，必须持之以恒推进全面从严治党，深入推进新时代党的建设新的伟大工程，以党的**自我革命引领社会革命**。

我们要落实新时代党的建设总要求，**健全全面从严治党体系**，全面推进党的**自我净化、自我完善、自我革新、自我提高**（"四自能力"），使我们党坚守初心使命，始终成为中国特色社会主义事业的坚强领导核心。

（一）坚持和加强党中央集中统一领导。党的领导是**全面的、系统的、整体的**，必须全面、系统、整体加以落实。健全总揽全局、协调各方的党的领导制度体系，完善党中央重大决策部署落实机制，确保全党在**政治立场、政治方向、政治原则、政治道路**上同党中央保持高度一致，确保党的团结统一。**加强党的政治建设**，严明政治纪律和政治规矩，落实各级党委（党组）主体责任，提高各级党组织和党员干部**政治判断力、政治领悟力、政治执行力**。坚持科学执政、民主执政、依法执政，贯彻民主集中制，创新和改进领导方式，提高党把**方向**、谋**大局**、定**政策**、促**改革**能力，调动各方面积极性。增强党内政治生活**政治性**、**时代性**、**原则性**、**战斗性**，用好批评和自我批评武器，持续净化党内政治生态。

（二）坚持不懈用习近平新时代中国特色社会主义思想凝心铸魂。用党的创新理论武装全党是党的思想建设的根本任务。全面加强党的思想建设，坚持用习近平新时代中国特色社会主义思想统一思想、统一意志、统一行动，组织实施党的创新理论学习教育计划，建设马克思主义学习型政党。加强理想信念教育，引导全党牢记党的宗旨，解决好**世界观**、**人生观**、**价值观**这个总开关问题，自觉做**共产主义远大理想**和**中国特色社会主义共同理想**的坚定信仰者和忠实实践者。坚持**学思用贯通**、**知信行统一**，把习近平新时代中国特色社会主义思想转化为坚定理想、锤炼党性和指导实践、推动工作的强大力量。坚持理论武装同常态化长效化开展**党史学习教育**相结合，引导党员、干部不断**学史明理**、**学史增信**、**学史崇德**、**学史力行**，传承红色基因，赓续红色血脉。

（三）完善党的自我革命制度规范体系。坚持制度治党、依规治党，**以党章为根本**，**以民主集中制为核心**，完善党内法规制度体系，增强党内法规权威性和执行力，形成坚持真理、修正错误，发现问题、纠正偏差的机制。健全党统一领导、全面覆盖、权威高效的**监督体系**，完善权力监督制约机制，以党内监督为主导，促进各类监督贯通协调，让权力在阳光下运行。推进政治监督具体化、精准化、常态化，增强对"一把手"和领导班子监督实效。发挥政治巡视利剑作用，加强巡视整改和成果运用。落实全面从严治党政治责任，用好问责利器。

（四）建设堪当民族复兴重任的高素质干部队伍。全面建设社会主义现代化国家，必须有一支**政治过硬**、**适应新时代要求**、**具备领导现代化建设能力**的干部队伍。坚持党管干部原则，坚持德才兼备、以德为先、五湖四海、任人唯贤，把新时代好干部标准落到实处。树立选人用人正确导向，选拔**忠诚干净担当**的高素质专业化干部，选优配强各级领导班子。**坚持把政治标准放在首位**，做深做实干部政治素质考察，突出把好**政治关**、**廉洁关**。加强实践锻炼、专业训练，注重在重大斗争中磨砺干部，增强干部**推动高质量发展本领**、**服务群众本领**、**防范化解风险本领**。加强干部斗争精神和斗争本领养成，着力增强防风险、迎挑战、抗打压能力，带头担当作为，做到**平常时候看得出来**、**关键时刻站得出来**、**危难关头豁得出来**。完善干部考核评价体系，引导干部树立和践行**正确政绩观**，推动**干部能上能下**、**能进能出**，形成**能者上**、**优者奖**、**庸者下**、**劣者汰**的良好局面。抓好后继**有人这个根本大计**，健全培养选拔优秀年轻干部常态化工作机制，把到基层和艰苦地区锻炼成长作为年轻干部培养的重要途径。坚持严管和厚爱相结合，加强对干部全方位管理和经常性监督，落实"三个区分开来"，激励干部敢于担当、积极作为。

（五）增强党组织政治功能和组织功能。严密的组织体系是党的优势所在、力量所在。各级党组织要履行党章赋予的各项职责，把党的路线方针政策和党中央决策部署贯彻落实好，把各领域广大群众组织凝聚好。坚持**大抓基层**的鲜明导向，抓党建促乡村振兴，加强城市社区党建工作，推进以**党建引领基层治理**，持续整顿软弱涣散基层党组织，把**基层党组织**建设成为有效实现党的领导的坚强战斗堡垒。加强**新经济组织**、**新社会组织**、**新就业群体**党的建设。

（六）**坚持以严的基调强化正风肃纪**。**党风问题**关系执政党的**生死存亡**。弘扬党的光荣传统和优良作风，促进党员干部特别是领导干部带头深入调查研究，扑下身子**干实事**、**谋实招**、**求实效**。锲而不舍落实中央八项规定精神，**抓住"关键少数"**以上率下，持续深化纠治"四风"，重点纠治形式主义、官僚主义，坚决破除特权思想和特权行为。把握作风建设地区性、行业性、阶段性特点，抓住普遍发生、反复出现的问题深化整治，推进作风建设常态化长效化。全面加强党的**纪律建设**，督促领导干部特别是高级干部严于律己、严负其责、严管所辖，对违反党纪的问题，发现一起坚决查处一起。坚持党性党风党纪一起抓，从思想上固本培元，提高党性觉悟，增强拒腐防变能力，涵养**富贵不能淫**、**贫贱不能移**、**威武不能屈**的浩然正气。

（七）**坚决打赢反腐败斗争攻坚战持久战**。**腐败**是危害党的生命力和战斗力的最大毒瘤，**反腐败是最彻底的自我革命**。只要存在腐败问题产生的土壤和条件，反腐败斗争就一刻不能停，必须永远吹冲锋号。**坚持不敢腐、不能腐、不想腐一体推进，同时发力、同向发力、综合发力**。以零容忍态度反腐惩恶，更加有力遏制增量，更加有效清除存量，坚决查处政治问题和经济问题交织的腐败，坚决防止领导干部成为利益集团和权势团体的代言人、代理人，坚决治理政商勾连破坏政治生态和经济发展环境问题，决不姑息。深化整治权力集中、资金密集、资源富集领域的腐败，坚决惩治群众身边的"蝇贪"，严肃查处领导干部配偶、子女及其配偶等亲属和身边工作人员利用影响力谋私贪腐问题，坚持受贿行贿一起查，惩治新型腐败和隐性腐败。

时代呼唤着我们，人民期待着我们，**唯有矢志不渝、笃行不怠，方能不负时代、不负人民**。**全党必须牢记，坚持党的全面领导**是坚持和发展中国特色社会主义的必由之路，**中国特色社会主义**是实现中华民族伟大复兴的必由之路，**团结奋斗**是中国人民创造历史伟业的必由之路，**贯彻新发展理念**是新时代我国发展壮大的必由之路，**全面从严治党**是党永葆生机活力、走好新的赶考之路的必由之路（五个"必由之路"）。这是我们在长期实践中得出的至关紧要的规律性认识，必须倍加珍惜、始终坚持，咬定青山不放松，引领和保障中国特色社会主义巍巍巨轮乘风破浪、行稳致远。

政治基础知识考点速记：

一个主体	**社会主义基本经济制度**包括**公有制**为**主体**、多种所有制经济共同发展，按劳分配为主体、多种分配方式并存，社会主义市场经济体制
一个主导	**国有经济**控制国民经济命脉，对经济发展起**主导**作用，主要体现在**控制力**上
一个基础	农业是国民经济的**基础**，要把饭碗牢牢端在自己的手中
"一国两制"	"一国两制"的**前提**是坚持一个中国原则，最早是**邓小平**针对**台湾问题**提出的**战略构想**，而在**香港问题**上**得到实践**
"二为"方向	为人民服务、为社会主义服务
"双百"方针	百花齐放、百家争鸣
"两个务必"	1949年3月5—13日七届二中全会提出："务必使同志们继续地保持谦虚、谨慎、不骄、不躁的作风，务必使同志们继续地保持艰苦奋斗的作风。"
两大历史任务	争取民族独立与人民解放，实现国家富强与人民富裕
"双重性质"	**没收官僚资本**具有双重革命性质：一方面反帝反封建、摧毁国民党反动政权的经济基础，是新民主主义革命的性质；另一方面解决大资产阶级与官僚资本问题，又有社会主义革命的性质
两大历史性课题	要进一步解决提高党的领导水平和执政水平、提高拒腐防变和抵御风险能力这两大历史性课题
两个根本原则	一个是**公有制**占**主体**，一个是**共同富裕**
两类不同性质的矛盾	1957年2月，毛泽东在《关于正确处理人民内部矛盾的问题》中指出社会主义社会中存在着两类不同性质的矛盾：敌我矛盾和人民内部矛盾
两个宣言书	新时期的两个宣言书：1978年邓小平《解放思想，实事求是，团结一致向前看》，1992年初邓小平南方谈话
两个毫不动摇	**毫不动摇**地坚持公有制经济的主体地位，**毫不动摇**地鼓励、支持、引导非公有制经济的发展
两个确立	党确立习近平同志党中央的核心、全党的核心地位，确立习近平新时代中国特色社会主义思想的指导地位
两个维护	**坚决维护**习近平总书记在党中央的核心、全党的核心地位，**坚决维护**党中央权威和集中统一领导

续表1

两个伟大革命	实践充分证明，中国共产党能够带领人民进行**伟大的社会革命**，也能够进行**伟大的自我革命**
政治"三力"	政治判断力、政治领悟力、政治执行力
三个活的灵魂	实事求是、群众路线、独立自主
三大法宝	统一战线、武装斗争、党的建设
三座大山	帝国主义、封建主义、官僚资本主义
三贴近	贴近实际、贴近生活、贴近群众
三大战役	辽沈战役、淮海战役、平津战役
三大作风	1945年毛泽东在**中共七大**上作**《论联合政府》**的政治报告，提出理论联系实际（核心）、密切联系群众、批评与自我批评
三篇文章	《中国的红色政权为什么能够存在》《井冈山的斗争》《星星之火可以燎原》：毛泽东思想**初步形成**
"三个代表"	中国共产党始终代表中国先进生产力的发展要求，代表中国先进文化的前进方向，代表中国最广大人民的根本利益
"三个有利于"	是否有利于发展社会主义社会的生产力（核心），是否有利于增强社会主义国家的综合国力，是否有利于提高人民的生活水平
"三步走"战略	1987年党的十三大首次提出
三驾马车	拉动我国经济增长的三驾马车：投资、出口、消费
三民主义	民族、民权、民生
三次"左"倾错误	党的历史上的三次"左"倾错误：以瞿秋白为代表的"左"倾盲动主义错误，以李立三为代表的"左"倾冒险主义错误，以王明为代表的"左"倾教条主义错误
"三通"	大陆和台湾全面实现双向"三通"（通航、通邮、通商）
"三会一课"	三会，支部党员大会、党支部委员会和党小组会；一课，党课
四个伟大	伟大斗争、伟大工程、伟大事业、伟大梦想
四自能力	自我净化、自我完善、自我革新、自我提高
四个意识	政治意识、大局意识、核心意识、看齐意识
四大考验	执政考验、改革开放考验、市场经济考验、外部环境考验
四种危险	精神懈怠、能力不足、消极腐败、脱离群众
四个自信	道路自信、理论自信、制度自信、文化自信

续表2

四大特色	实践特色、理论特色、民族特色、时代特色
四个现代化	工业现代化、农业现代化、国防现代化、科学技术现代化
四化协调	新型工业化、信息化、城镇化和农业现代化
四有公民	有理想、有道德、有文化、有纪律
四个全面	全面建设社会主义现代化国家、全面深化改革、全面依法治国、全面从严治党
四项基本原则	必须坚持社会主义道路，必须坚持人民民主专政，必须坚持中国共产党的领导，必须坚持马克思列宁主义、毛泽东思想
"四风"（形官享奢）	**形式主义**、**官僚主义**、享乐主义、奢靡之风
和平共处五项原则	1954年，由中国、印度和缅甸共同提倡：互相尊重主权和领土完整（基础）、互不侵犯、互不干涉内政、平等互利、和平共处
五位一体	经济建设、政治建设、文化建设、社会建设、生态文明建设
全过程人民民主	我国全过程人民民主实现了过程民主和成果民主、程序民主和实质民主、直接民主和间接民主、人民民主和国家意志相统一，是全链条、全方位、全覆盖的民主，是**最广泛**、**最真实**、**最管用**的社会主义民主。其中，全链条意味着**民主选举、民主协商、民主决策、民主管理、民主监督**等各环节紧密结合、相互关联

全科公共
基础知识

第二部分

经济基础知识

第一章　马克思主义政治经济学

所谓政治经济学，就是指研究经济现象及其发展规律的学科。马克思主义政治经济学的**研究对象**是**生产关系**，是阐明人类社会中支配物质资料生产、分配、交换及消费的客观规律的科学。被誉为"工人阶级的圣经"的马克思主义经典著作是《**资本论**》。

物质资料的生产是马克思主义政治经济学研究的**出发点**，它是人类社会生产和发展的基础，在这个基础上，才会有政治、文化、科技、教育、艺术等活动的存在和发展。物质资料生产的劳动过程，必须具备劳动者、劳动资料和劳动对象三个要素。

当代政治经济学不仅要研究社会基本经济制度，而且应该研究经济运行和经济发展。研究的基本方法为**科学抽象法**（从具体到抽象与从抽象到具体），此外，还包括**规范分析**（"应该是什么"或"不应该是什么"）与**实证分析**（"是什么"或"不是什么"）相结合的方法、定性分析与定量分析相结合的方法等。

第一节：资本主义是**商品经济**。马克思从**商品**说起，具体阐明了**商品二因素**和生产商品的**劳动二重性**、价值质和量的规定性及其**价值规律**、价值形式的发展及**货币**的起源、私有制基础上商品经济的基本矛盾等，形成了科学的**劳动价值论**。

第二节：资本主义追求**剩余价值**（剩余价值学说是认识和理解马克思主义政治经济学的核心抓手）。马克思具体谈到剩余价值产生的条件、**剩余价值的生产过程**以及**剩余价值的分配**（产业资本家，产业利润；商业资本家，商业利润；银行资本家，银行利润；借贷资本家，利息；土地所有者，地租）。马克思还谈到**资本**，主要涉及资本积累理论、资本有机构成理论、社会资本扩大再生产理论以及**资本的周转和循环**等，形成了科学的**剩余价值论**。

第三节：资本主义发展到**垄断阶段**。科学认识**国家垄断资本主义**和**经济全球化**，正确理解当代资本主义新变化的特点及实质，坚定**资本主义必然灭亡**、**社会主义必然胜利**的信念。

习题与解析

习题1.【单选】社会生产总过程的四个环节是（　　）

A. 生产、交换、管理、消费　　B. 生产、分配、交换、消费
C. 生产、流通、交换、分配　　D. 生产、分配、消费、再生产

答案：B。解析：**社会生产总过程**包括**生产、分配、交换和消费**四个环节。因此，本题应选 B 项。

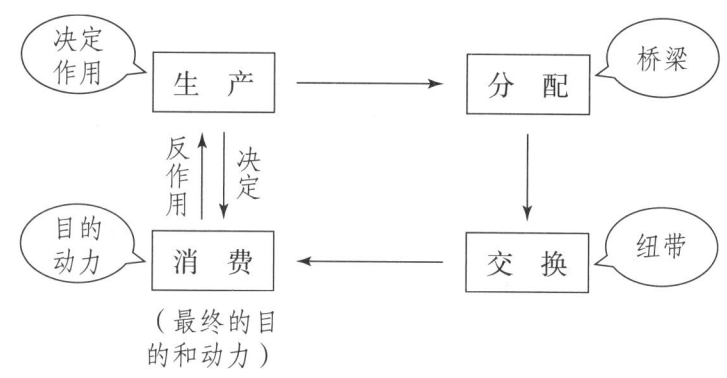

第一节 资本主义的形成及以私有制为基础的商品经济的基本矛盾

一、资本主义生产关系的产生和资本主义生产方式的形成

所谓资本原始积累,就是指生产者与生产资料相分离,货币资本迅速集中于少数人手中的历史过程。**资本原始积累**主要通过两个途径进行:

1. 用暴力手段剥夺农民土地;
2. 用暴力手段掠夺货币财富。

二、以私有制为基础的商品经济的基本矛盾

(一) 商品经济产生的历史条件

商品经济是以交换为目的而进行生产的经济形式。商品经济产生的历史条件有两个:一是社会分工的出现,社会分工产生了交换的必要性;二是生产资料和劳动产品属于不同的所有者,它使得交换从必要变为现实。

(二) 商品二因素和生产商品的劳动二重性

所谓**商品**,就是指用来交换的能够满足人们某种需要的劳动产品,具有使用价值和价值两个因素,是使用价值和价值的矛盾统一体。

所谓**使用价值**,就是指商品能够满足人们某种需要的属性,即商品的有用性,反映的是人与自然之间的物质关系,是商品的**自然属性**,是一切劳动产品所共有的属性。

所谓**价值**,就是指凝结在商品中的无差别的一般人类劳动,即人类脑力和体力的耗费,**价值是商品所特有的社会属性**,是商品的**最本质的因素**。

商品的价值和使用价值的辩证关系为:

对立性	商品的使用价值和价值是相互排斥的，二者不可兼得。要获得商品的价值，就必须放弃商品的使用价值；要得到商品的使用价值，就不能得到商品的价值。商品生产者只有将商品的使用价值让渡给商品购买者才能取得价值
统一性	作为商品，必须同时具有使用价值和价值两个因素。使用价值是价值的物质承担者，价值寓于商品的使用价值之中

商品二因素是由生产商品的劳动二重性决定的，**劳动二重性**包括具体劳动和抽象劳动。

所谓**具体劳动**，就是指生产一定使用价值的具体形式的劳动，马克思称之为有用劳动。

所谓**抽象劳动**，就是指撇开一切具体形式的、无差别的一般人类劳动，即人的体力和脑力消耗。无论是在哪一种具体形式下进行的劳动都要支出或消耗脑力和体力，这种脑力和体力的支出或消耗，对生产任何商品的劳动来说都是相同的。可见，抽象劳动只存在量的差别，所以，价值可以比较大小，使用价值不能比较大小。

具体劳动创造使用价值，抽象劳动形成价值。

劳动二重性学说是马克思的重大贡献，是理解马克思主义政治经济学的**枢纽**。

1. 只有商品才有价值。
2. 有使用价值的东西不一定有价值，有价值的东西一定有使用价值。
3. 没有价值的东西不一定没有使用价值，没有使用价值的东西一定没有价值。

习题与解析

习题1.【判断】商品必须是劳动产品，劳动产品也一定是商品。（　　）

答案：×。解析：商品是用于交换的劳动产品，劳动产品如果没有用于交换则不是商品。

习题2.【单选】马克思说："一切商品对它们的所有者都是非使用价值，对它们的非所有者是使用价值。"这句话应理解为（　　）

A. 商品不可能既有使用价值又有价值　　B. 商品所有者同时获得使用价值和价值

C. 使用价值是商品的本质属性　　D. 商品的使用价值和价值是相互排斥的

答案：D。解析：商品的二因素，即使用价值和价值，二者是对立统一的关系，既相互依存又相互分离，其中相互分离说的就是商品的使用价值和价值不能同时被同一个人所拥有。本题题干中马克思的话就体现了商品二因素相互分离的一面。因此，本题应选D项。

习题3.【单选】劳动二重性在商品生产中的作用是（　　）

A. 具体劳动和抽象劳动都创造使用价值

B. 具体劳动和抽象劳动都创造价值

C. 具体劳动创造使用价值，抽象劳动形成价值

D. 具体劳动形成价值，抽象劳动创造使用价值

答案：C。解析：在劳动二重性当中，具体劳动创造使用价值，抽象劳动形成价值。因此，本题应选 C 项。

（三）价值量与价值规律

商品的价值是质和量的统一。既然商品价值的质表现为人类一般劳动的凝结，那么，**商品价值量的大小**是由生产商品所耗费的劳动量来决定的。由于劳动量是按时间来计算的，因而商品的价值量则是由生产它所需要的劳动时间来决定的。但是，由于各个商品生产者的生产条件不同，他们生产同一种商品实际消耗的个别劳动时间也就不同。所以，**商品的价值量**不能由个别劳动时间来决定，只能由生产某种商品的**社会必要劳动时间决定**。

所谓社会必要劳动时间，就是指在现有的社会正常的生产条件下，在社会平均的劳动熟练程度和劳动强度下制造某种使用价值所需要的劳动时间。

所谓简单劳动，就是指不需要经过专门训练和培养的一般劳动者都能从事的劳动。

所谓复杂劳动，就是指需要经过专门训练和培养，具有一定文化知识和技术专长的劳动者所从事的劳动。

商品的价值量决定于生产商品的社会必要劳动时间，而社会必要劳动时间是以简单劳动为尺度的。

单位商品的价值量与社会必要劳动时间**成正比**，与社会劳动生产率**成反比**，与个别劳动时间和个别劳动生产率**无关**；个别劳动时间与个别劳动生产率成反比。

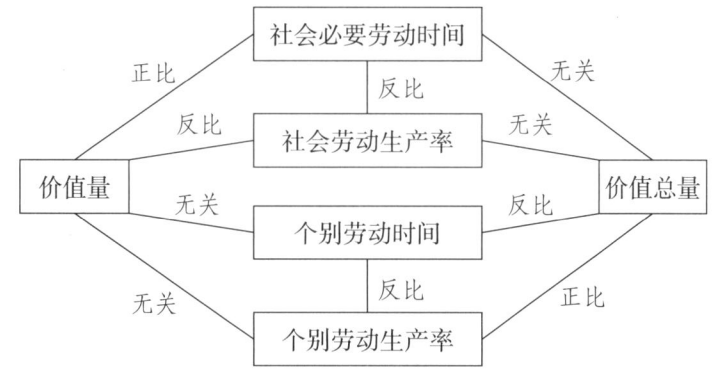

习题与解析

习题1.【单选】商品的价值量是由生产商品的社会必要劳动时间决定的，它是在（　　）

A. 同类商品生产者之间的竞争中实现的

B. 不同类商品生产者之间的竞争中实现的

C. 商品的生产者和消费者之间的竞争中实现的

D. 商品的生产者和售卖者之间的竞争中实现的

答案：A。解析：单位商品的价值量是由生产商品的社会必要劳动时间决定的，而这

是在同类商品生产者之间的竞争中实现的。因此，本题应选 A 项。

习题 2.【单选】某汽车厂在生产过程中引进先进生产设备，极大地提高了劳动生产率。如果假定工人的劳动量不变，那么在单位劳动时间内生产的商品数量和价值量之间变化为（　　）

A. 商品数量增加，价值量不变　　　　B. 商品数量不变，价值量增大

C. 商品数量增加，价值量减小　　　　D. 商品数量增加，价值量增大

答案：A。解析：题干中某汽车厂提高了劳动生产率，就意味着在一定的时间内生产的商品数量会增加，而单位商品的价值量是由社会必要劳动时间决定的，题干中社会必要劳动时间并没有改变，题干所涉及的是个别劳动生产率的提高从而降低个别劳动时间，故价值量不变。因此，本题应选 A 项。

习题 3.【判断】劳动生产率提高，商品的价值量不变。（　　）

答案：×。解析：单个商品生产者的个别劳动生产率提高，商品的价值量不变，社会劳动生产率提高，商品的价值量缩小。

所谓**价值规律**，就是指商品的价值量由生产商品的社会必要劳动时间决定，商品交换以价值量为基础，按照等价交换的原则进行。价值规律是贯穿于整个商品经济的**基本规律**，它既支配商品生产，又支配商品流通。**只要存在商品生产和商品交换，价值规律就必然存在并发挥作用。**

价值规律的**表现形式**：随着商品供求关系的变化，价格有时高于价值，有时低于价值，但价格总是围绕价值上下波动。

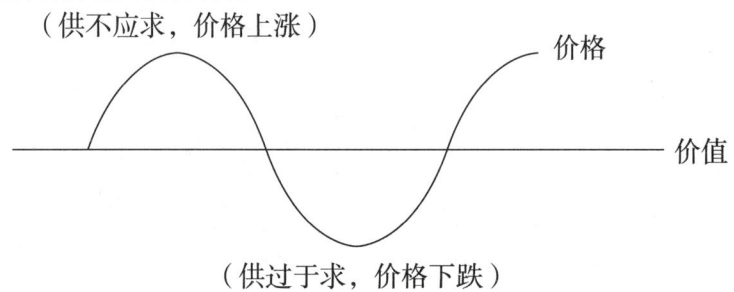

价值规律的作用表现为以下几个方面：

1. 自发地调节生产资料和劳动力在社会各生产部门之间的分配比例；

2. 自发地刺激社会生产力的发展；

3. 自发地调节社会收入的分配；

4. 可能导致垄断的发生，阻碍技术的进步；

5. 可能引起商品生产者的两极分化；

6. 价值规律自发调节社会资源在社会生产各个部门的配置，可能出现比例失调的状况，造成社会资源的浪费。

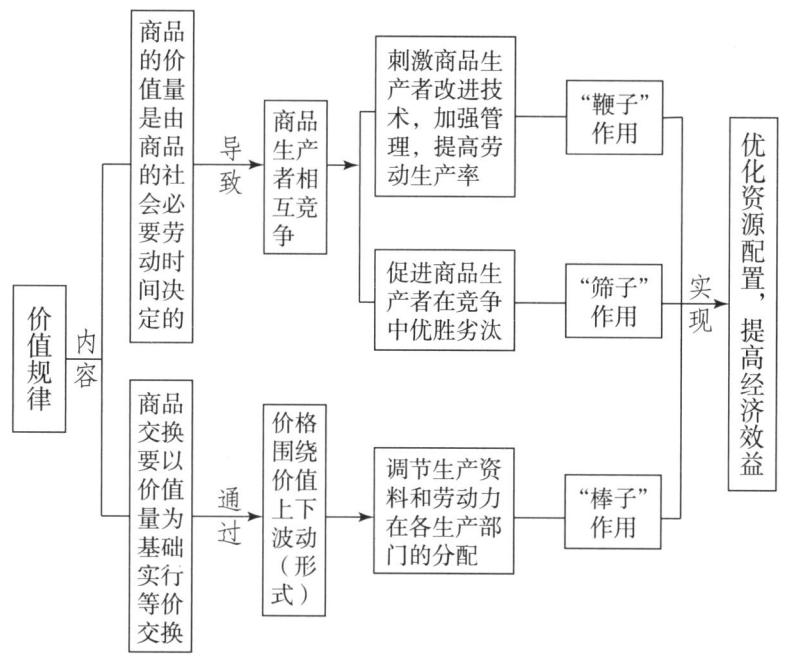

习题与解析

1.【判断】价格是价值的货币表现，价值是价格的基础。（ ）

答案：√。解析：价格以价值为基础，并且是价值的外在表现。

（四）价值形式的发展与货币的起源

简单价值形式→扩大的价值形式→一般的价值形式→货币形式。
所谓**货币**，就是指在长期交往过程中形成的固定充当一般等价物的商品。
作为一般等价物的货币，具有以下五种职能：

1. **价值尺度**

货币在表现和衡量商品价值时，执行着价值尺度职能。货币执行价值尺度职能，即人们为商品规定价格时，并不需要掌握现实的货币，而只需要观念或想象中的货币就行了。

2. **流通手段**

货币在商品交换中只起媒介作用时，执行着流通手段职能。作为流通手段的货币，不能是观念或想象中的货币，而必须是现实的货币，要求一手交钱，一手交货。如果没有现实的货币，买者是买不到任何商品的。

作为流通手段的货币，起初是贵金属，以后发展成铸币，最后出现了纸币。纸币是从货币作为**流通手段**的职能中产生的。

价值尺度和流通手段是货币的两个**基本职能**。

3. **贮藏手段**

把货币当作社会财富保存或价值积累时，它便执行着贮藏手段的职能。当然这种货币既不能是观念上的货币，也不能是不足值的货币或只是一种符号的纸币，它必须是一种足值的金属货币或是作为货币材料的贵金属。

4. 支付手段

当货币作为价值的独立运动形式进行单方面转移时，即用于**银行放款、偿还债务、支付工资、预交租金**以及**交纳税款**等场合时，货币执行着支付手段的职能。

5. 世界货币

当货币在国际市场上作为一般等价物发挥作用时，它便执行着世界货币的职能。作为世界货币的职能，具体包括以下三方面的内容：

第一，作为国际间的支付手段，用以平衡国际贸易差额；

第二，作为国际间的购买手段，用来购买外国商品和劳务；

第三，作为国际间社会财富转移的一种手段，比如战争赔款、对外援助等。

> 习题与解析

习题1.【单选】货币的基本职能包括（　　）

A. 价值尺度和流通手段

B. 价值尺度和支付手段

C. 价值尺度、流通手段和支付手段

D. 价值尺度、流通手段、支付手段和世界货币

答案：A。解析：价值尺度和流通手段是货币的两个基本职能。因此，本题应选A项。

（五）私有制基础上商品经济的基本矛盾

<u>私人劳动和社会劳动的矛盾是简单商品生产的基本矛盾</u>。这是因为，以私有制为基础的商品经济是以生产资料的私有制和社会分工为存在条件的。一方面，在私有制条件下，生产资料和劳动力都属于私人所有，他们生产的产品数量以及品种等完全由自己决定，劳动产品也归生产者自己占有和支配，或者说，商品生产者都是独立的生产者，他们要生产什么，怎样进行生产，生产多少，完全是他们个人的私事。因此，生产商品的劳动具有私人性质，是**私人劳动**。另一方面，由于社会分工，商品生产者之间又互相联系、互相依存，各个商品生产者客观上都要为满足他人和社会的需要而进行生产。因此，他们的劳动又都是社会劳动的组成部分。这样，生产商品的劳动具有社会的性质，是**社会劳动**。

私人劳动和社会劳动的矛盾构成私有制商品经济的基本矛盾。这一矛盾贯穿商品经济发展过程的始终，决定商品经济的各种内在矛盾及其发展趋势。首先，这一矛盾决定着商品经济的本质及其发展过程；其次，这一矛盾是商品经济其他一切矛盾的基础；最后，这一矛盾决定着商品生产者的命运。<u>私有制基础的商品经济的这一基本矛盾，在资本主义制度下进一步发展为资本主义的基本矛盾，即生产资料的资本主义私人占有和生产社会化之间的矛盾，正是这一矛盾运动推动资本主义最终被社会主义取代。</u>

三、马克思劳动价值论的意义

（一）马克思劳动价值论的理论和实践意义

第一，马克思劳动价值论扬弃了英国古典政治经济学的观点，为剩余价值论的创立奠定了基础。马克思在继承古典政治经济学劳动创造价值的理论的同时，创立了劳动二重性理论，第一次确定了什么样的劳动形成价值、为什么形成价值以及怎样形成价值，阐明了具体劳动和抽象劳动在商品价值形成中的不同作用，从而为揭示剩余价值的真正来源、创立剩余价值理论奠定了基础。

第二，马克思劳动价值论揭示了商品经济的一般规律，为社会主义市场经济的发展提供了理论指导。

（二）深化对马克思劳动价值论的认识

第一，深化对创造价值的劳动的认识，对生产性劳动作出新的界定（劳动范围）；

第二，深化对科技人员、经营管理人员在社会生产和价值创造中的作用的认识（价值主体）；

第三，深化对科技、知识、信息等新的生产要素在财富和价值创造中作用的认识（价值要素）；

第四，深化对价值创造与价值分配关系的认识。

第二节 资本主义经济制度的本质

一、劳动力成为商品与货币转化为资本

所谓劳动力，就是指人的劳动能力，也即是指人的体力和脑力的总和。劳动力的使用即劳动。

劳动力成为商品，要具备两个基本条件：

第一，劳动者是自由人，能够把自己的劳动力当作自己的商品来支配；

第二，劳动者没有别的商品可以出卖，自由得一无所有。

劳动力使用价值是价值的源泉。

劳动力价值包括三个组成部分：一是维持劳动者自身必要的生活资料价值；二是维持劳动力再生产，劳动者养活家属所必需的生活资料价值；三是劳动者的教育训练费用。

二、资本主义所有制

所谓资本主义所有制，就是指资本家占有生产资料并用以剥削雇佣劳动者的一种私有

制形式。它是资本主义生产关系的基础。

随着社会生产力的提高，资本主义所有制形式也有所发展。从历史上看，奴隶社会制度、封建社会制度和资本主义社会制度都是剥削制度，所不同的是，在不同的剥削制度下，劳动者与生产资料的结合方式不同。**在奴隶社会**，奴隶与生产资料的结合是以奴隶主对奴隶的完全**人身占有**为基础。**在封建社会**，农民与生产资料的结合是以农民对地主的**人身依附**为条件。**在资本主义制度下**，资本家占有生产资料和劳动产品，而劳动者则一无所有，只能靠出卖劳动力为生。与以往的剥削制度不同，资本家与工人的关系不是**完全占有**，也不是**人身依附**，而是基于劳动者的完全的人身自由。资本家只能通过购买劳动力的方式，将出卖了劳动力的劳动者与生产资料结合在一起进行生产并取得剩余价值。在这里，生产资料和货币采取了资本的形式，生产资料的所有者成为资本人格化的资本家，资本家与劳动者之间的关系是**资本雇佣劳动**的关系。资本家凭借对生产资料的占有，在等价交换原则的掩盖下雇佣工人从事劳动，**占有雇佣工人的剩余价值**，这就是资本主义所有制的实质。

三、生产剩余价值是资本主义生产方式的绝对规律

（一）剩余价值的生产过程和资本的不同部分在剩余价值生产中的作用

所谓**剩余价值**（m），就是指雇佣工人所创造的并被资本家无偿占有的超过劳动力价值的那部分价值，是雇佣工人**剩余劳动**的结晶，体现了资本家与雇佣工人之间**剥削**与**被剥削**的关系。

所谓**资本**，就是指可以带来剩余价值的价值。包括货币资本、生产资本和商品资本。商品流通形式是"商品——货币——商品"，用符号表示即 W—G—W。资本流通形式是"货币——商品——更多的货币"，即 G—W—G′。

所谓**不变资本**，就是指以**生产资料形态**存在的资本。以生产资料形态存在的资本在生产过程中只转变自己的物质形态而不改变自己的价值量，不发生增值，所以马克思把这部分资本叫作不变资本（C）。

所谓**可变资本**，就是指用来**购买劳动力**的那部分资本。以劳动力形式存在的这部分资本，在生产过程中发生了量的变化，使价值增值，所以叫作可变资本（V）。**可变资本是剩余价值的真正源泉**。

所谓**固定资本**，就是指以厂房、机器、设备和工具等劳动资料的形式存在的生产资本。固定资本是流动资本的对称，属于不变资本的一部分，它的物质形态全部参加生产过程，虽然受到磨损，但仍然长期保持固定的物质形态。

所谓**流动资本**，就是指在原料、燃料、辅助材料和购买劳动力上的那部分生产资本。它包括全部可变资本和一部分不变资本，流动资本的周转速度较固定资本快得多，在固定资本周转一次所需的时间内，流动资本往往可以周转几十次、几百次乃至更多次。

按在剩余价值生产中的作用划分	生产资本的组成部分	按价值周转方式划分
不变资本	厂房、机器、设备、工具	固定资本
	原料、燃料、辅助材料	流动资本
可变资本	工资	

马克思把**剩余价值**与**可变资本**的比率称为**剩余价值率**，用以反映可变资本的增值程度。用 C 代表不变资本，V 代表可变资本，m 代表剩余价值，m′代表剩余价值率，则剩余价值率的计算公式为：$m' = m/v$。工人在必要劳动时间中生产劳动力价值或可变资本价值，用剩余劳动时间生产剩余价值。因此，剩余价值率还可以用剩余劳动时间与必要劳动时间的比率来表示，即：剩余价值率 = 剩余劳动时间/必要劳动时间。

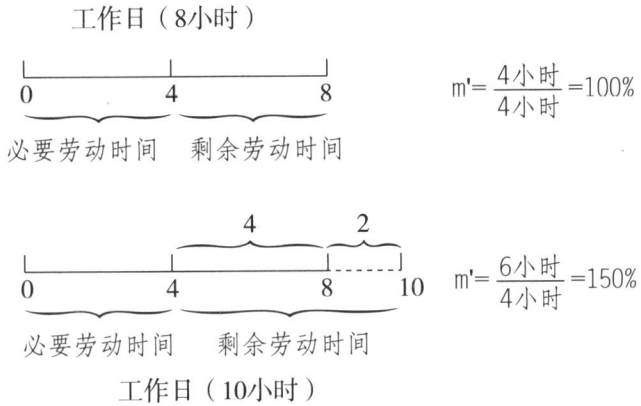

由于资本家拥有的资本特别是可变资本总量是有限的，要增加剩余价值绝对量，主要靠不断地提高剩余价值率，所以提高剩余价值率的方法也即剩余价值的生产方法。资本家通过提高剩余价值率增加剩余价值量的方法很多，但基本方法有两个：一是绝对剩余价值生产方法，二是相对剩余价值生产方法。

（二）生产剩余价值的两种基本方法

所谓**绝对剩余价值**，就是指在必要劳动时间不变的条件下，由于延长工作日的长度和提高劳动强度而生产的剩余价值。

由于延长劳动日的界限，特别是工人阶级为捍卫生存权利而进行的斗争，资本家通过延长工作日而攫取绝对剩余价值便越来越受到很大的限制，于是转而用其他更隐蔽的方法来提高剩余价值率，这就是相对剩余价值的生产。

所谓**相对剩余价值**，就是指在工作日长度不变的条件下，通过缩短必要劳动时间而相对延长剩余劳动时间生产的剩余价值。

相对剩余价值生产是以整个社会劳动生产率的提高为条件的，在现实经济运行中则是各个资本家追逐超额剩余价值的结果。个别资本家拼命改进技术，提高劳动生产率的直接目的不是降低劳动力价值，而是使自己商品的个别价值低于社会价值，以便获得超额剩余价值。

所谓**超额剩余价值**，就是指个别资本家通过提高劳动生产率使商品的个别价值低于社会价值而比一般资本家多得的那部分剩余价值。**个别资本家获得超额剩余价值是一种暂时的现象**。因为追求剩余价值的内在冲动与竞争的外在压力，迫使其他资本家也必须不断改进技术和提高劳动生产率，等到整个生产部门的劳动生产率普遍提高以后，商品的社会价值降低，原来由个别价值和社会价值差额形成的超额剩余价值就会消失。可见，相对剩余价值生产是无数资本家竞相追逐超额剩余价值而不断提高劳动生产率的结果。

需要注意的是，相对剩余价值的获得，提高的是**社会劳动生产率**；超额剩余价值的获得，提高的是**个别劳动生产率**。

（三）资本积累

所谓**资本积累**，就是指把剩余价值转化为资本，或者说，剩余价值的资本化。

资本的技术构成	从物质形态上看，由生产的技术水平所决定的生产资料和劳动力之间的比例，叫作资本的技术构成
资本的价值构成	从价值形式上看，资本可分为不变资本和可变资本，这两部分资本价值之间的比例，叫作资本的价值构成
资本的有机构成	由资本的技术构成决定并反映技术构成变化的资本价值构成，叫作资本的有机构成，通常用 C:V 来表示

所谓资本主义简单再生产，就是指资本家把剥削来的剩余价值全部用于个人消费，再生产在原有的规模上重复进行。

所谓资本主义扩大再生产，就是指资本家不是把剩余价值全部用于个人消费，而是把剩余价值的一部分转化为资本，用来购买追加的生产资料和劳动力，使生产在扩大的规模上重复进行。

企业扩大再生产可以分为内涵扩大再生产和外延扩大再生产两种类型：

内涵扩大再生产	指依靠改善生产要素的质量、提高劳动生产率扩大生产规模的再生产。这种扩大再生产方式，可以使企业以较少的资源消耗生产更多的产品，从而提高了资源的利用效率
外延扩大再生产	指单纯依靠增加生产要素数量扩大生产规模的再生产

（四）资本的循环周转与再生产

所谓资本循环，就是指资本从一种形式出发，经过一系列形式的变化，又回到原来出发点的运动（购买阶段：货币资本。生产阶段：生产资本。售卖阶段：商品资本）。

所谓资本周转，就是指周而复始、不断反复着的资本循环。

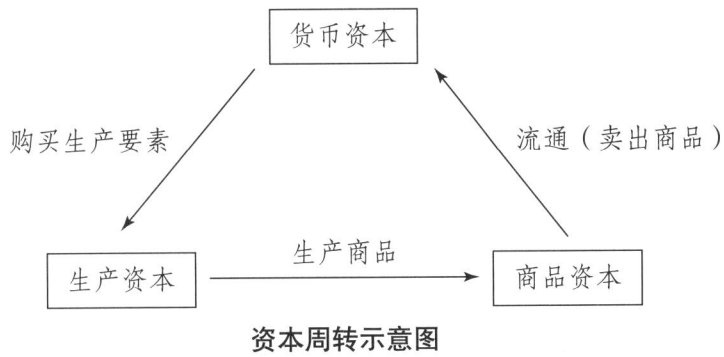

资本周转示意图

（五）工资与剩余价值的分配

资本主义工资是劳动力价值或价格的转化形式，却表现为劳动的价值或价格，掩盖了资本主义的剥削关系。资本主义工资的形式主要有**计时工资**和**计件工资**两种。

剩余价值的分配方式有以下几种形态：

（1）产业资本家：产业利润。
（2）商业资本家：商业利润。
（3）银行资本家：银行利润。
（4）借贷资本家：利息。
（5）土地所有者：地租。

资本主义地租有两种形态，即级差地租与绝对地租。

1. 级差地租

所谓级差地租，就是指租佃较好土地的农业资本家向该土地所有者缴纳的超额利润，是一个相对于绝对地租的概念。

级差地租又可分为因土地肥力和位置不同而产生的级差地租Ⅰ和因投资的生产率不同而产生的级差地租Ⅱ。

所谓**级差地租Ⅰ**，就是指并列地投在不同土地上的资本由于**肥沃程度**和**位置**不同造成生产率差异而形成的超额利润。

所谓**级差地租Ⅱ**，就是指连续在同一块土地上追加投资所产生的超额利润。

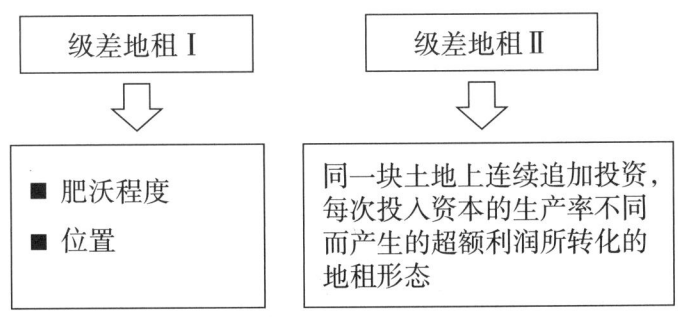

2. **绝对地租**

所谓**绝对地租**，就是指优、中、劣各类土地必须缴纳的地租。

（六）马克思剩余价值理论的意义

第一，马克思通过分析剩余价值的生产、积累、流通以及分配，揭示了剩余价值的运动规律及其作用，创立了剩余价值论。

第二，剩余价值论深刻揭露了资本主义生产关系的剥削本质，阐明了资产阶级与无产阶级之间阶级斗争的经济根源，指出了无产阶级革命的历史必然性。

第三，剩余价值论是马克思主义经济理论的基石，是无产阶级反对资产阶级、揭示资本主义制度剥削本质的锐利武器。由于唯物史观和剩余价值的发现，社会主义由空想变成科学。

第四，马克思在分析剩余价值的生产、积累、流通以及分配过程中，揭示了资本主义经济特殊规律的同时，也揭示了商品经济和社会化生产的一般规律，对发展社会主义市场经济也具有重大指导意义。

四、资本主义的基本矛盾与经济危机

1. **资本主义的基本矛盾**

所谓资本主义的基本矛盾，就是指**生产社会化**和资本主义私人占有形式之间的矛盾。

2. **资本主义的经济危机**

所谓经济周期，也称经济循环或商业循环，就是指经济处于生产和再生产过程中周期性出现的经济扩张与经济紧缩交替更迭、循环往复的一种现象。

<u>经济周期一般分为四个阶段：繁荣、衰退、萧条和复苏。</u>

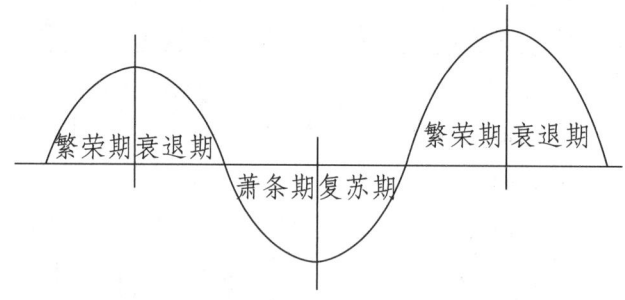

资本主义经济危机的**实质**，是**生产相对过剩**，而不是绝对过剩，即不是生产的商品确实超过了人们物质生活的需要，而是生产的商品相对于劳动人民有支付能力的需求的过剩。所以，资本主义经济危机，就是生产相对过剩的危机。

资本主义经济危机的**根源**，在于资本主义制度本身，即在于生产的社会化和生产资料的资本主义私人占有形式之间的矛盾。这一基本矛盾的表现就是资本主义生产具有无限扩大的趋势，而另一方面劳动人民有支付能力的需求相对缩小。资本家为了利润而尽量扩大生产，同时又为了利润而加重对雇佣工人的剥削，使工人有支付能力的商品需求受到限制。当两者的矛盾严重加剧，若干类重要商品大量积压时，就会形成生产相对过剩的经济危机。

第三节 资本主义发展的历史进程

一、从自由竞争资本主义到垄断资本主义

所谓**生产集中**，就是指生产资料、劳动力和商品的生产日益集中于少数大企业的过程，其结果是大企业所占的比重不断增加。

所谓**资本集中**，就是指大资本吞并小资本，或由许多小资本合并而成大资本的过程，其结果是越来越多的资本为少数大资本家所支配。

所谓**垄断**，就是指少数资本主义大企业，为了获得高额利润，通过相互协议或联合，对一个或几个部门商品的生产、销售和价格进行操纵和控制。

所谓**垄断组织**，就是指在一个经济部门或几个经济部门中，占据垄断地位的大企业联合。

所谓**金融资本**，就是指工业垄断资本和银行垄断资本融合在一起形成的一种垄断资本。

所谓**金融寡头**，就是指操纵国民经济命脉，并在实际上控制国家政权的少数垄断资本家或垄断资本家集团。

所谓**垄断利润**，就是指垄断资本家凭借其在社会生产和流通中的垄断地位而获得的超过平均利润的高额利润。

所谓**垄断价格**，就是指垄断组织在销售或购买商品时，凭借其垄断地位规定的、旨在保证获取最大限度利润的市场价格。垄断价格包括垄断高价和垄断低价。

二、垄断资本主义的发展

（一）国家垄断资本主义的形成及作用

所谓**国家垄断资本主义**，就是指国家政权和**私人垄断资本**融合在一起的垄断资本主义。

（二）垄断资本在世界范围的扩展

在资本输出的三种形式中，**商品资本**的输出在自由竞争资本主义阶段占主导地位，**借贷资本**和**生产资本**的输出则在垄断资本主义阶段占主导地位。

当代国际垄断同盟的形式以跨国公司和国家垄断资本主义的国际联盟为主。

(三) 垄断资本主义的实质

垄断资本主义的实质就是垄断资本凭借垄断地位，获取高额垄断利润。

三、经济全球化及其后果

1. 经济全球化的含义

所谓**经济全球化**，就是指在生产不断发展、科技加速进步、社会分工和国际分工不断深化、生产的社会化和国际化程度不断提高的情况下，世界各国、各地区的经济活动越来越超出一国和地区的范围而相互联系、相互依赖的一体化过程。

2. 经济全球化的表现

经济全球化表现为生产的全球化、贸易的全球化、金融的全球化、企业经营的全球化。其中，金融全球化是经济全球化的重要组成部分，并且推动了经济全球化的发展，金融全球化的进程实际上就是一个金融创新的过程。

3. 经济全球化的本质

经济全球化的本质为资本的跨国流动。

4. 经济全球化的动因

经济全球化的动因表现在：首先，科学技术的进步和生产力的发展；其次，跨国公司的发展；最后，各国经济体制的变革。

5. 经济全球化的后果

发达资本主义国家是经济全球化的主要受益者。

经济全球化对发展中国家的**积极影响**：资本、技术、管理。经济全球化对发展中国家的**消极影响**：环境、经济安全等。

6. 经济全球化的应对

充分利用有利条件，避免不利条件，**趋利避害**。

四、当代资本主义的新变化

1. 当代资本主义经济政治新变化的表现

（1）生产资料所有制的变化。个体资本所有制→私人股份资本所有制→国家资本所有制→法人资本所有制。

（2）劳资关系和分配关系的变化。

（3）社会阶层、阶级结构的变化。

（4）经济调节机制和经济危机形态的变化。

（5）政治制度的变化。

国家行政机构权限不断加强，政治制度多元化趋势，重视并加强法制，改良主义政党引人注目。

2. 当代资本主义经济政治新变化的原因

（1）科学技术和生产力的发展，是资本主义变化的根本推动力量；

（2）工人阶级争取自身权利和利益的斗争，是推动资本主义变化的重要力量；

（3）社会主义制度初步显示的优越性对资本主义产生了一定影响；

（4）主张改良主义的政党对资本主义制度的改革，对资本主义的变化发挥了重要作用。

3. 当代资本主义经济政治新变化的实质

（1）当代资本主义发生的变化从根本上说是人类社会发展一般规律和资本主义经济规律作用的结果；

（2）当代资本主义发生的变化是在资本主义制度基本框架内的变化，并不意味着资本主义生产关系的根本性质发生了变化。

五、资本主义的历史地位和发展趋势

1. 资本主义为社会主义所代替的必然性

（1）资本主义基本矛盾"包含着现代的一切冲突的萌芽"；

（2）资本积累推动资本主义基本矛盾不断激化并最终否定资本主义自身；

（3）国家垄断资本主义是资本社会化的更高形式，将成为社会主义的前奏；

（4）资本主义社会存在着资产阶级和无产阶级两大阶级。

2. 资本主义向社会主义过渡的长期性

（1）任何社会形态的存在都有相对稳定性，从产生到衰亡都要经过相当长的时间跨度；

（2）资本主义发展不平衡性决定了过渡的长期性；

（3）当代资本主义的发展，还显示出生产关系对生产力容纳的空间，说明资本主义为社会主义所代替是个长期的过程。

第二章　西方经济学

1. **威廉·配第**（1623—1687）《赋税论》（1662年）：英国古典政治经济学的创始人。首先提出劳动创造价值的基本原理，认为"劳动是财富之父，土地是财富之母"。

2. **亚当·斯密**（1723—1790）《国富论》（1776年）：英国古典政治经济学的集大成者。主张经济要自由放任，第一次提出市场经济会由**"看不见的手"** 自行调节的理论。

3. **大卫·李嘉图**（1772—1823）《政治经济学及赋税原理》（1817年）：英国古典政治经济学的完成者。继承和发展了亚当·斯密的经济自由主义理论。

4. **卡尔·马克思**（1818—1883）《资本论》（1867年）：看出自由经济产生**周期性**经济危机的必然性，提出用计划经济理论来解决的思路。

5. **阿尔弗雷德·马歇尔**（1842—1924）《经济学原理》（1890年）：作为新古典经济学的代表，为经济自由主义作了总结。

6. **凯恩斯**（1883—1946）《就业、利息和货币通论》（1936年）：标志着现代国家干预主义的开端。

习题与解析

习题1.【单选】提出"劳动是财富之父，土地是财富之母"的是（　　）

A. 威廉·配第　　　　　　　　B. 亚当·斯密

C. 大卫·李嘉图　　　　　　　D. 卡尔·马克思

答案：A。解析：威廉·配第认为，劳动和土地共同创造价值，"劳动是财富之父，土地是财富之母"。因此，本题应选A项。

习题2.【单选】经济学领域所谓的"看不见的手"的最初提出者是（　　）

A. 亚当·斯密　　　　　　　　B. 凯恩斯

C. 大卫·李嘉图　　　　　　　D. 萨谬尔森

答案：A。解析：英国古典政治经济学的集大成者亚当·斯密主张经济要自由放任，第一次提出市场经济会由"看不见的手"自行调节的理论。因此，本题应选A项。

习题3.【单选】在20世纪30年代资本主义经济危机爆发的背景下，西方经济学发生了一次新的国家干预主义占主导地位的（　　）

A. 边际效用学派革命　　　　　B. 瑞典学派革命

C. 萨缪尔森革命　　　　　　　D. 凯恩斯革命

答案：D。解析：A项，**边际效用学派**是在19世纪70年代初，作为传统经济学的对立面出现的。它的奠基者是几乎同时独立提出主观价值论的三位经济学家：杰文斯在1871

年发表的《政治经济学理论》中,提出了"最后效用程度"价值论;门格尔在同年出版的《国民经济学原理》中,提出物品价值取决于该物品所提供各种欲望满足中最不重要的欲望满足对人的福利所具有的意义;瓦尔拉斯则在《纯粹政治经济学纲要》中,提出稀少性价值论。他们以不同的术语与不尽相同的方法,论证了同一个原理:商品价值是人对商品效用的评价,价值量取决于物品满足最后的亦即最小欲望的那一单位的效用。1884年,维塞尔把这个效用称为"边际效用",此后,边际效用概念即被沿用。B项,**瑞典学派**的理论渊源是维克塞尔的累积过程理论。这一理论将资本边际利润率和利息率的差异及其相对变动视为宏观经济变动的基本决定因素。维克塞尔的累积过程理论和宏观货币政策主张,不仅是瑞典学派的理论渊源,而且开了现代国家干预主义经济学的先河,成为凯恩斯主义经济学的理论渊源之一。C项,萨缪尔森和他的导师汉森是凯恩斯主义在美国的主要代表人物。1970年,55岁的萨缪尔森成为第一个获得诺贝尔经济学奖的美国人。D项,凯恩斯革命以20世纪30年代经济危机为时代背景,凯恩斯在其著作《就业、利息和货币通论》中主张国家应该干预经济,它对西方国家经济的发展以及对经济学的发展都有巨大而深远的影响。因此,本题应选D项。

第一节 微观经济学

经济学家建立了考察经济的两种不同方法:微观经济学和宏观经济学。

微观经济学是集中于对家庭和厂商的决策、特定产业的价格和产量的具体研究,它研究单个经济体如何作出决策以及影响这些决策的因素。

宏观经济学集中研究经济作为一个整体的运行规律以及诸如就业、产量、经济增长、物价水平和通货膨胀这些总量指标的变化。

习题与解析

习题1.【单选】下面( )是微观经济学的基本假设。
A. 政府干预市场　　　　　　　　B. 完全理性
C. 信息不确定　　　　　　　　　D. 市场失灵

答案:B。解析:所谓**"理性经济人"**就是指在一切经济活动中追求**自我利益**最大化的人。因此,本题应选B项。

一、边际效用递减规律

所谓**边际效用**,就是指在一定时间内消费者增加一个单位商品或服务所带来的新增效用,也就是总效用的增量。在经济学中,效用是指商品满足人的欲望的能力,或者说,效用是指消费者在消费商品时所感受到的满足程度。

所谓**边际效用递减规律**,就是指在一定时间内,在其他商品的消费数量保持不变的条件下，随着消费者对某种商品消费量的增加，消费者从该商品连续增加的每一消费单位中所得到的效用增量即边际效用是递减的。

效用是消费者的心理感受，消费某种物品实际上就是提供一种刺激，使人有一种满足的感受，或心理上有某种反应。消费某种物品时，开始的刺激一定大，从而人的满足程度就高。但不断消费同一种物品，即同一种刺激不断反复时，人在心理上的兴奋程度或满足必然减少。或者说，随着消费数量的增加，效用不断累积，新增加的消费所带来的效用增加越来越微不足道。19世纪的心理学家韦伯和费克纳通过心理实验验证了这一现象，并命名为韦伯-费克纳边际影响递减规律。这一规律也可以用来解释边际效用递减规律。

二、机会成本、沉没成本与边际成本

所谓**机会成本**，就是指为了得到某种东西而所要放弃另一些东西的最大价值；也可以理解为在面临多方案择一决策时，被舍弃的选项中的最高价值者是本次决策的机会成本；还指厂商把相同的生产要素投入其他行业中可以获得的最高收益。例如，农民在获得更多土地时，如果选择养猪就不能选择养鸡，养猪的机会成本就是放弃养鸡的收益。

所谓**沉没成本**，就是指由于过去的决策已经发生了的，而不能由现在或将来的任何决策改变的成本。我们把这些已经发生不可收回的支出，如时间、金钱、精力等称为"沉没成本"，比如"覆水难收"。

在经济学和金融学中，**边际成本**指的是每一单位新增生产的产品（或者购买的产品）带来的总成本的增量。这个概念表明每一单位的产品的成本与总产品量有关。比如，仅生产一辆汽车的成本是极其巨大的，而生产第101辆汽车的成本就低得多，生产第10000辆汽车的成本就更低了（这是因为**规模经济**）。但是，考虑到机会成本，随着生产量的增加，边际成本可能会增加。如前，生产新的一辆车时，所用的材料可能有更好的用处，所以要尽量用最少的材料生产出最多的车，这样才能提高边际收益。

三、市场理论

根据市场主体在某一商品市场中的数量比例和竞争程度，可以把市场划分为四种基本类型，即完全竞争市场、完全垄断市场、垄断竞争市场以及寡头垄断市场。

（一）完全竞争市场

所谓**完全竞争市场**，就是指竞争充分而不受任何阻碍和干扰的一种市场结构。在这种市场类型中，**买卖人数众多；买者和卖者是价格的接受者；市场中同类商品同质，无差别，买者对任一厂商出售的商品都看作一样而无偏好**；各种生产资源可以自由流动而不受限制；市场信息是畅通的，厂商和消费者都可以获得完备的信息。

完全竞争的市场结构是一种纯理论模式，在现实生活中不存在（**农产品市场**可以看作近乎完全竞争市场），但完全竞争市场机制的理论是分析、研究其他市场结构的基础。

习题与解析

习题1.【单选】 以下各选项中,( )的市场更接近完全竞争市场。

A. 香烟 B. 电力
C. 农产品 D. 糖果

答案:C。解析:完全竞争市场最典型的特点是市场上具有众多的生产者和消费者,企业生产的产品是同质的。根据这个特点,农产品的市场比较接近完全竞争市场,香烟和糖果的市场接近垄断竞争市场,电力市场接近完全垄断市场。因此,本题应选 C 项。

习题2.【单选】 在完全竞争市场中,企业的主要竞争策略是( )

A. 广告促销 B. 涨价盈利
C. 降价促销 D. 降低成本

答案:D。解析:在完全竞争市场中厂商不能影响和决定价格,价格竞争不能成为厂商的竞争策略,同时产品的同质性假设决定了厂商不能通过广告促销来吸引客户,剩余的办法只有一种,也就是降低成本,树立成本优势,从而在既定的价格水平中获得比竞争对手更大的盈利空间。因此,本题应选 D 项。

(二) 完全垄断市场

所谓**完全垄断市场**,就是指在市场上只存在一个供给者和众多需求者的市场结构。

完全垄断市场的假设条件有三个特点:

第一,市场上只有唯一一个厂商生产和销售商品;

第二,该厂商生产的商品没有任何接近的替代品;

第三,其他厂商进入该行业都极为困难或不可能,所以垄断厂商可控制和操纵市场价格。

(三) 垄断竞争市场

所谓**垄断竞争市场**,就是指在一个市场中有许多厂商生产和销售有差别的同种商品的一种市场组织。

垄断竞争市场具有以下特征:

第一,各个厂商的产品不是同质的,但彼此间是非常接近的替代品;

第二,一个生产集团中有大量厂商,每个厂商所占市场份额都很小;

第三,厂商可以自由进入和退出一个生产集团。

习题与解析

习题1.【单选】 一旦进入市场时厂商已支付不变成本,竞争厂商所面临的基本决策是( )

A. 是否生产 B. 索价多少
C. 竞争对手卖出多少 D. 是否多生产或少生产一单位的产品

答案：D。解析：已经进行固定资产投资的厂商，不存在是否生产的问题，而是生产多少的问题。因此，本题应选 D 项。

习题 2.【单选】完全竞争市场和垄断竞争市场的主要区别在于（　）

A. 企业是否可以取得最大利润　　B. 产品是否具有差别性
C. 是否存在政府管制　　　　　　D. 消费者价格的弹性大小

答案：B。解析：完全竞争市场下产品没有差别，是同质的；垄断竞争市场下的产品具有差别性。因此，本题应选 B 项。

（四）寡头垄断市场

所谓**寡头垄断市场**，就是指极少数几家企业供给所在行业的绝大部分产品从而对产品的价格与产量具有决定性影响的市场结构。寡头垄断是很普遍的市场结构，比如汽车、钢铁、铝业、石油化工、电子设备等。

寡头垄断往往会抬高价格，损害消费者利益和社会经济福利，但寡头垄断有利于实现规模经济和促进科学技术进步，对经济的发展是有积极作用的。

四、洛伦茨曲线和基尼系数

洛伦茨曲线研究的是国民收入在国民之间的分配问题。

整个的洛伦茨曲线是一个正方形，正方形的底边即横轴代表收入获得者在总人口中的百分比，正方形的左边即纵轴显示的是各个百分比人口所获得的收入的百分比。从坐标原点到正方形相应另一个顶点的对角线为均等线，即收入分配绝对平等线，这一般是不存在的。实际收入分配曲线即洛伦茨曲线都在均等线的右下方。

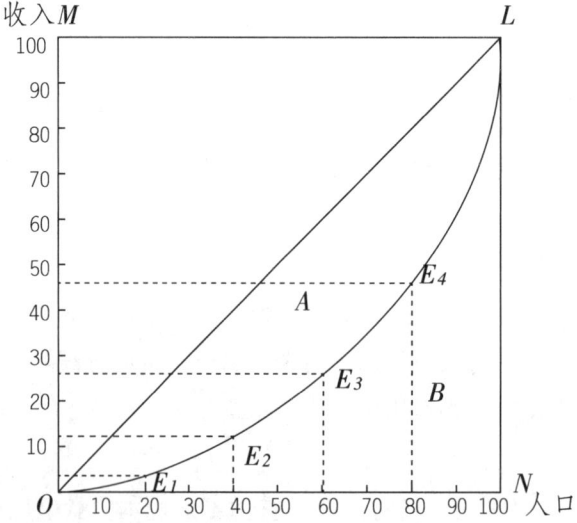

图中横轴 ON 表示人口（按收入由低到高分组）的累积百分比，纵轴 OM 表示收入的累积百分比，弧线（O－E1－E2－E3－E4－L）为洛伦茨曲线。

洛伦兹曲线的弯曲程度有重要意义。一般来讲，它反映了收入分配的不平等程度。弯曲程度越大，收入分配越不平等。特别是，如果所有收入都集中在一人手中，而其余人口均一无所获时，收入分配达到完全不平等，洛伦兹曲线成为折线 ONL；另一方面，若任一人口百分比均等于其收入百分比，从而人口累计百分比等于收入累计百分比，则收入分配是完全平等的，洛伦兹曲线成为通过原点的 45°线 OL。

一般来说，一个国家的收入分配，既不是完全不平等，也不是完全平等，而是介于两者之间。相应地，洛伦兹曲线既不是折线 ONL，也不是 45°线 OL，而是像图中这样向横轴凸出的弧线 OL，尽管凸出的程度有所不同。

洛伦兹曲线与 45°线之间的部分 A 叫作"不平等面积"，当收入分配达到完全不平等时，洛伦兹曲线成为折线 ONL，ONL 与 45°线之间的面积 A + B 叫作"完全不平等面积"。不平等面积与完全不平等面积之比称为**基尼系数**，是衡量一国贫富差距的标准。基尼系数 G = A/（A + B）（0≤G≤1），显然，基尼系数不会大于 1，也不会小于零。

基尼系数被西方经济学家普遍认为是一种反映收入分配平等程度的方法。

> **习题与解析**

习题1.【单选】如果收入是平均分配的，洛伦兹曲线将（ ）

A. 与横轴重合 B. 与 45°线重合

C. 与纵轴重合 D. 与横轴和纵轴重合

答案：B。解析：如果收入是平均分配的，洛伦兹曲线将与 45°线重合。因此，本题应选 B 项。

五、恩格尔系数与基尼系数

1. 恩格尔系数（Engel's Coefficient）

所谓**恩格尔系数**，就是指食品支出总额占个人消费支出总额的比重。19 世纪德国统计学家恩格尔根据统计资料，对消费结构的变化进行研究后得出一个规律：一个家庭收入越少，家庭收入中（或总支出中）用来购买食物的支出所占的比例就越大；随着家庭收入的增加，家庭收入中（或总支出中）用来购买食物的支出比例则会下降。推而广之，一个国家越穷，每个国民的平均收入中（或平均支出中）用于购买食物的支出所占比例就越大；随着国家的富裕，这个比例呈下降趋势。

可以看出，恩格尔系数越大，说明用于食物支出的所占金额越多；恩格尔系数越小，说明用于食物支出所占的金额越少，二者成正比。因此，恩格尔系数是衡量**居民生活水平高低**或**国家富裕程度**的主要标准之一。其计算公式如下：恩格尔系数 = 食物支出金额÷总支出金额×100%。

联合国根据恩格尔系数的大小，对世界各国的生活水平有一个划分标准，即一个国家平均家庭**恩格尔系数大于60%为贫穷**，50%—60%为温饱，40%—50%为小康，30%—40%属于相对富裕，20%—30%为富足，20%以下为极其富裕。中国恩格尔系数低于

30%，达到联合国划分的富足标准。

2. 基尼系数（Gini Coefficient）

所谓**基尼系数**，就是指在全部居民收入中，用于进行不平均分配的那部分收入占总收入的百分比。基尼系数是判断**收入分配公平程度**的指标。

基尼系数最大为"1"，最小等于"0"。前者表示居民之间的收入分配绝对不平均，即100%的收入被一个单位的人全部占有了；而后者则表示居民之间的收入分配绝对平均，即人与人之间收入完全平等，没有任何差异。但这两种情况只是在理论上的绝对化形式，在实际生活中一般不会出现。因此，基尼系数的实际数值只能介于0—1之间，基尼系数越小收入分配越平均，基尼系数越大收入分配越不平均。通常把0.4作为贫富差距的警戒线，根据黄金分割律，其准确值应为0.382，大于这一数值容易出现社会动荡。国家统计局公布2022年中国基尼系数为0.466。

基尼系数的**优点**：基尼系数由于给出了反映居民之间贫富差异程度的数量界线，可以较客观、直观地反映和监测居民之间的贫富差距，预报、预警和防止居民之间出现贫富两极分化，因此得到世界各国的广泛认同和普遍采用。

基尼系数的**缺点**：①没有显示出来在哪里存在分配不公；②国际上并无制定基尼系数的准则。一些问题如应否剔除税项，应否剔除公共援助受益者，应否剔除非本地居民，或应否加入政府的福利，并没有一致性，以致没有比较的准则。

习题与解析

习题1.【单选】 国际上用来综合考察居民间收入分配差异状况的一个重要分析指标是（　　）

A. 恩格尔系数　　　　　　　　B. 基尼系数
C. 道·琼斯指数　　　　　　　D. 纳斯达克指数

答案：B。解析：基尼系数是衡量居民间收入分配差距的指标，恩格尔系数是衡量国家富裕程度的指标。道琼斯指数，即道琼斯股票价格平均指数，是世界上最有影响、使用最广的股价指数，它以在纽约证券交易所挂牌上市的一部分有代表性的公司股票作为编制对象，由四种股价平均指数构成。纳斯达克综合指数是反映纳斯达克证券市场行情变化的股票价格平均指数，纳斯达克综合指数是代表各工业门类的市场价值变化的晴雨表。因此，纳斯达克综合指数相比标准普尔500指数、道·琼斯工业指数更具有综合性。因此，本题应选B项。

习题2.【单选】 按照国际惯例，基尼系数达到（　　）通常作为收入分配贫富差距的警戒线。

A. 0.2　　　　　　　　　　　B. 0.3
C. 0.4　　　　　　　　　　　D. 0.5

答案：C。解析：按照国际惯例，基尼系数达0.4通常作为收入分配贫富差距的警戒线。因此，本题应选C项。

六、帕累托最优

所谓**帕累托最优**，也称为帕累托效率，就是指资源分配的一种理想状态，假定固有的一群人和可分配的资源，从一种分配状态到另一种状态的变化中，在没有使任何人境况变坏的前提下，使得至少一个人变得更好。

帕累托最优状态就是不可能再有更多的帕累托改进的余地，换句话说，帕累托改进是达到帕累托最优的路径和方法。帕累托最优是公平与效率的"理想王国"。

习题与解析

习题1.【单选】帕累托最优意味着（ ）

A. 社会福利水平达到了最大

B. 社会分配最为公平

C. 生产效率最高

D. 相关主体不能在不减少他人福利的情形下增加自身福利水平

答案：D。解析：帕累托最优是指资源分配的一种状态，即在不使任何人境况变坏的情况下，不可能再使某些人的处境变好。因此，本题应选D项。

七、吉芬商品

所谓**吉芬商品**，就是指在其他因素不变的情况下，某种商品的价格如果上升，消费者对其需求量反而增加的商品。这是西方经济学研究需求的基本原理时，由19世纪英国经济学家罗伯特·吉芬对爱尔兰的土豆销售情况进行研究时定义的。生活中确实存在"吉芬商品"或者"吉芬现象"，如爱尔兰的土豆、雨天的雨伞、股票等。

八、市场失灵与政府失灵

（一）市场失灵

所谓市场失灵，就是指市场无法有效率地分配商品和劳务的情况。

导致市场失灵的原因包括垄断的存在、信息的不对称、道德风险、公共产品的问题和外部影响等。

市场失灵的表现为收入与财富分配不公、**外部负效应（指未能在价格中得以反映的，对交易双方之外的第三者所带来的成本。俗话说的"城门失火，殃及池鱼"就是现实生活中负外部效应的一种体现）**问题、市场垄断的形成、失业问题、公共产品供给不足、公共资源过度使用等。

公共产品具有**非竞争性**和**非排他性**。

所谓**非竞争性**，就是指一个人对公共物品的享用不影响另一个人的享用。以**国防**为例，尽管人口数量往往处于不断增长的状况，但没有任何人会因此而减少其所享受的国防所谓**非排他性**，也称消费上的非排斥性，就是指一个人在消费这类产品时，无法排除他人也同时消费这类产品，而且即使你不愿意消费这一产品，你也没有办法排斥。比如，你走在一条公路上，无法排除其他人也走这条公路；即使你不愿意受公路上的路灯的光照，只要走上这条有路灯的公路，你就必须受到照射。同时，公共物品的这种**非排他性**特征也决定了人们不用购买仍然可以进行消费，这种不用购买就可以消费的现象称为**搭便车**，比如，政府购买烟花进行燃放，市民都可观看且不用为此付出成本。

（二）政府失灵

所谓政府失灵，就是指政府的活动或干预措施缺乏效率，或者说政府作出了降低经济效率的决策或不能实施改善经济效率的决策。

导致政府失灵的原因包括政府决策的无效率、政府机构运转的无效率和政府干预的无效率。

政府失灵的表现为生产的短缺或过剩、信息不足、官僚主义、缺乏市场激励、政府政策频繁变化等。

九、互补品与替代品

商品之间的关系有两种：一种是**互补关系**，另一种是**替代关系**。

所谓**互补关系**，就是指两种商品共同满足一种欲望，它们之间是相互补充的。如，录音机和磁带就是互补关系，西装和领带也存在这种关系。这种有互补关系的商品，当一种商品（例如录音机）价格上升时，对另一种商品（例如磁带）的需求就减少，因为录音机价格上升，需求减少，对磁带的需求也会减少；反之，当一种商品价格下降时，对另一种商品的需求就增加。两种互补商品之间价格与需求呈**反方向**变动，经济学上称这两种商品互为互补品。

所谓**替代关系**，就是指两种商品可以互相代替来满足同一种欲望。如，牛肉和猪肉就是这种替代关系。当一种商品（牛肉）价格上升时，对另一种商品（猪肉）的需求就增加，因为牛肉价格上升，人们就会少消费牛肉而多消费猪肉；反之，当一种商品价格下降时，对另一种商品的需求就减少。两种替代商品之间价格与需求呈**同方向**变动，经济学上称这两种商品互为替代品。

第二节 宏观经济学

一、国内生产总值（GDP）与国民生产总值（GNP）

（一）国内生产总值（GDP）

所谓**国内生产总值**（Gross Domestic Product，简称GDP），就是指在一定时期内（通常为一年），一个国家或地区的经济中所产生出的全部最终产品和劳务的价值。GDP是最终产品（包括产品和劳务）的市场价值的总和，是用货币来计算的。

国内生产总值有三种计算方法，即生产法、收入法和支出法。**从支出角度来看，GDP由消费、投资和净出口三大部分构成**。具体包括消费支出或消费需求（C）、投资支出或投资需求（I）、政府支出或政府需求（G）和净出口，净出口是出口额（X）减去进口额（M）形成的差额。因此，用支出法核算GDP的公式为：$GDP = C + I + G + (X - M)$。这里需要注意的是，私人购买住房的支出，包含在投资的固定资本形成中，不包含在私人消费之中。

GDP增长率是反映一定时期经济发展水平变化程度的动态指标。用不变价格计算的GDP可用来计算经济增长速度，用现行价格计算的GDP可反映一个国家或地区的经济发展规模。

绿色GDP是一个衡量生活水平的指标，它从传统GDP中减去自然资源的减少，这一指标更好地说明某一经济活动是增加一国的财富，还是通过耗尽自然资源而减少财富。**习近平总书记："不能唯GDP论英雄。"**

（二）国民生产总值（GNP）

所谓**国民生产总值**（Gross National Product，简称GNP），就是指一个国家所拥有的生产要素在一定时期内所生产的所有最终产品和劳务的市场价值总和。GNP以国民（或要素）为标准，按国民原则统计，凡本国国民（指常住居民，包括本国公民以及常住外国但未加入外国国籍的居民）所创造的收入，不管生产要素是否在国内，都计入国民生产总值。

GDP与GNP的关系：GDP与GNP在统计思想上反映了是按**国土原则**还是按**国民原则**进行。它们在统计方法和主要内容上是一致的，其差额发生在国外要素支付净额这一项目。

> **习题与解析**
>
> 习题1.【单选】下列经济指标与衡量对象对应关系正确的是（ ）
> A. 赤字率——财政风险　　　　　　B. 恩格尔系数——收入分配差距
> C. 基尼系数——居民生活水平　　　D. 生产者物价指数——货币供应量

答案：A。解析：本题考查经济常识。B 项恩格尔系数衡量居民生活水平。C 项基尼系数衡量收入分配差距。D 项生产者物价指数（PPI）是衡量工业企业产品出厂价格变动趋势和变动程度的指数，是反映某一时期生产领域价格变动情况的经济指标。题中 BCD 三项均不正确，只有 A 项对应正确。因此，本题应选 A 项。

习题 2.【单选】1820 年中国的 GDP 约为英国的 7 倍，却在鸦片战争中惨败；1890 年中国的 GDP 约为日本的 5 倍，却在甲午战争中一败涂地。这说明（　　）

A．GDP 与国力成反比
B．GDP 的质量比总量更重要
C．GDP 总量与排名代表不了国家的综合实力
D．军费开支占 GDP 比重是决定战争胜败的关键

答案：C。解析：习近平总书记说"不能唯 GDP 论英雄"，在要求可持续发展的今天，GDP 总量与排名代表不了国家的综合实力。因此，本题应选 C 项。

二、失　业

1. 失业的含义

在经济学范畴中，一个人愿意并有能力为获取报酬而工作，但尚未找到工作的情况，即认为是**失业**。失业率是劳动人口里符合"失业条件"者所占的比例。

2. 失业的类型

（1）自愿性失业

所谓自愿性失业，就是指现行的工作条件能够就业、但不愿接受此工作条件而未被雇用所造成的失业。由于这种失业是由于劳动人口主观不愿意就业而造成的，所以被称为自愿失业。自愿失业无法通过经济手段和政策来消除，因此不是经济学所研究的范围。

（2）非自愿性失业

所谓非自愿性失业，就是指有劳动能力、愿意接受现行工资水平但仍然找不到工作的现象。这种失业是由客观原因造成的，因而可以通过经济手段和政策来消除。经济学中所讲的失业是指非自愿性失业，主要包括**摩擦性失业**、**结构性失业**、**技术性失业**和**周期性失业**等。

摩擦性失业	**指人们在转换工作过程中的失业**，即在生产过程中由于难以避免的摩擦而造成的短期、局部的失业。这种失业在性质上是过渡性的或短期性的
结构性失业	**指劳动力供给和需求不匹配造成的失业**，其特点是既有失业，又有空缺职位，失业者或者没有合适的技能，或者居住地不当，因此无法填补现有的职位空缺。结构性失业在性质上是长期的

续 表

技术性失业	**指技术进步引起的失业**,越来越先进的设备替代了工人的劳动,对劳动的需求相对减少,就会使失业增加
周期性失业	**指经济周期波动所造成的失业**,即经济周期中的衰退或萧条时,因需求下降而导致的失业。当经济中总需求减少从而降低了总产出时,就会引起整个经济体系的普遍失业

3. **失业的影响**

失业会造成很多方面的负面影响:失业使家庭的收入和生活水平下降,要求和需要得不到满足,家庭关系将因此受到伤害;使个人心理压力加大、技术荒废,并可能失去自尊和自信,最终在情感上受到严重打击;使生产者的产出和利润下降;使 GDP 和财政收入下降,政府福利支出增加。

4. **奥肯定律**

20世纪60年代,美国著名的经济学家阿瑟·奥肯根据美国的经济统计数据,发现了周期波动中经济增长率和失业率之间的经验关系,即当实际 GDP 增长相对于潜在 GDP 增长下降2%时,失业率上升大约为1%;当实际 GDP 增长相对于潜在 GDP 增长上升2%时,失业率下降大约为1%。这条经验法则以其发现者命名,称为**奥肯定律**。

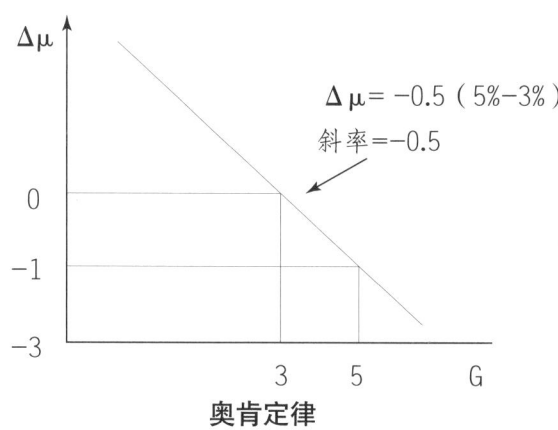

奥肯定律

需要注意的是,奥肯所提出的经济增长与失业率之间的具体数量关系只是对美国经济所做的描述,而且是对特定一段历史时期的描述,不仅其他国家未必与之相同,而且今天美国的经济也未必仍然依照原有轨迹继续运行。因此,奥肯定律的意义在于揭示了经济增长与就业增长之间的关系,而不在于其所提供的具体数值。

第三章 社会主义市场经济

一、市场经济

1. 市场经济的含义

自然经济	指生产是为了直接满足生产者个人或经济单位的需要，而不是为了交换的经济形式。简单地讲它就是自给自足的经济，没有商品交换。自然经济是商品经济的对立面，也是私有制经济的一种表现
商品经济	指直接以交换为目的的经济形式，包括商品生产和商品交换。由市场进行资源调配的商品经济就是市场经济，市场经济是商品经济发展的高级阶段

所谓**市场经济**，就是指由市场来配置资源的经济，即通过价格和市场体系对个人和企业的各种经济活动进行协调，使全社会的经济正常进行。需要注意的是，<u>市场经济属于社会资源配置的一种方式，而不具有社会制度属性</u>。它是通过市场机制的作用，将社会资源配置到社会需要的部门。而且，它总是与各国特有的历史条件和社会基本制度结合起来运行的，形成各具特色的市场经济体制。

所谓**计划经济**，就是指由国家来配置资源的经济。

<u>市场经济和计划经济是现代社会的两种**资源配置方式**</u>：市场经济从**微观**方面，引导企业生产要素的投向，实现社会资源的优化配置，对资源配置起**决定性**作用；计划经济从**宏观方面**，通过有计划地、自觉地保持总供求平衡，优化产业结构，完善生产力布局，实现社会资源的优化配置。在市场经济条件下，通过计划手段配置资源，必须依据市场机制的作用和在市场调节的基础上进行。

> **习题与解析**

习题1.【单选】与市场经济相对应的范畴是（　　）
A. 商品经济　　　　　　　　B. 自然经济
C. 计划经济　　　　　　　　D. 产品经济

答案：C。解析：与自然经济相对应的经济范畴是商品经济，与市场经济相对应的经济范畴是计划经济。因此，本题应选 C 项。

习题2.【判断】市场经济以市场作为资源配置的决定性手段，但它并不排斥国家对经济的宏观调控。（　　）

答案：√。解析：市场机制在社会资源配置中能有效地发挥作用，但它不是万能的，有其自身的弱点和不足，这就需要由国家宏观调控来解决。

习题3.【判断】在社会主义市场经济中，国家或政府对个人收入的调节，应集中在微观领域中进行。（　）

答案：×。解析：在社会主义市场经济中，国家或政府对个人收入的调节，应集中在宏观领域（再分配），而初次分配在微观领域中进行，是在市场上实现的。

2. 市场调节和市场机制

市场经济在配置资源中发挥着**市场调节**的作用，市场调节就是市场机制的调节。

所谓市场机制，就是指市场各要素，包括价格、供求、竞争等要素之间相互联系、相互制约，各自发挥功能，又共同发挥功能的有机联系。市场机制包括**价格机制、供求机制、竞争机制**等，价格机制是市场机制的**核心**。价格机制包括**价格形成机制**和**价格调节机制**，而价格形成机制是价格机制的**核心**。

二、社会主义市场经济

1. 市场经济的一般特征

（1）平等性；（2）竞争性；（3）法制性；（4）开放性。

2. 社会主义市场经济体制的基本特征

社会主义经济指的是公有制经济，不包括非公有制经济；**社会主义市场经济**不仅包括公有制经济，还包括非公有制经济即私有制经济。

社会主义市场经济体制，一方面，它必然体现社会主义的制度特征；另一方面，它具有市场经济的一般特征。作为社会主义的制度特征，主要表现在以下几个方面：

（1）在所有制结构上，以公有制为主体、多种所有制经济共同发展，一切符合"三个有利于"标准的所有制形式都可以而且应该用来为社会主义服务；

（2）在分配制度上，以按劳分配为主体、多种分配形式并存；

（3）在宏观调控上，以实现最广大劳动人民的根本利益为出发点和归宿，社会主义国家能够把人们的当前利益与长远利益、局部利益与整体利益结合起来，使市场在社会主义国家宏观调控下对资源配置起决定性作用，更好发挥计划和市场两种手段的长处。

三、社会主义市场经济体制的基本框架

所谓社会主义市场经济体制的基本框架，就是指在坚持以公有制为主体，多种所有制经济共同发展的基础上，由现代企业制度、全国统一的市场体系、健全的宏观调控体系、合理的个人收入分配制度和多层次的社会保障体系这五个主要环节构建而成，它体现了社会主义制度和市场经济的有机结合，具有我国社会主义初级阶段的鲜明特色。

（一）建立适应市场经济要求的现代企业制度

企业是市场活动最主要的主体，也是市场经济的微观基础。实现从传统的计划经济体

制向社会主义市场经济体制的根本性转变必须实现企业制度创新，建立现代企业制度，为新的经济体制创造相应的微观制度资源配置。

现代企业制度，也称现代公司制度，其基本的形式是股份制。建立现代企业制度的核心是按照公司化的要求改革国有企业的产权制度，形成明晰合理的企业产权关系。在社会主义市场经济条件下，大力发展股份制经济，就是要发展混合所有制经济。

以公有制为主体，**产权清晰、权责明确、政企分开、管理科学**的**现代企业制度**，是**社会主义市场经济体制建设的中心环节，是社会主义市场经济体制的基础**，也是国有企业改革的方向。国有企业建立现代企业制度的关键环节是建立法人治理结构。企业的经营方式有很多，公司制是其中的一种重要的形式，我国主要有有限责任公司和股份有限公司两种类型。

> **习题与解析**

习题1.【单选】社会主义市场经济体制的基础是（　　）

A. 以公有制为主体的现代企业制度

B. 统一、开放、竞争、有序的市场体系

C. 以间接手段为主体的完善的宏观调控体系

D. 合理的个人收入分配和社会保障制度

答案：A。解析：社会主义市场经济体制的**基础**是以公有制为主体的现代企业制度，社会主义市场经济体制的**核心**是建立统一、开放、竞争、有序的市场体系，社会主义市场经济体制的**调节器**是宏观调控，社会主义市场经济的**安全阀和稳定器**是社会保障。因此，本题应选A项。

（二）建立统一、开放、竞争、有序的市场体系

所谓**市场体系**，就是指商品交换关系中的各种市场密切联系、相互制约而形成的有机统一体。要尽快形成以商品市场为基础，以发展金融市场、劳动力市场、技术市场和信息市场等为重点，其他要素市场齐备的全国统一的开放的市场体系。同时，还要改善和加强市场的管理和监督，建立正常的市场准入、市场竞争和市场交易秩序；推进价格改革，建立以市场形成价格为主的价格形成机制。

> **习题与解析**

习题1.【单选】市场体系的三大支柱是（　　）

A. 商品市场、技术和信息市场、房地产市场

B. 商品市场、资本市场、劳动力市场

C. 商品市场、技术和信息市场、劳动力市场

D. 生产资料市场、期货市场、技术和信息市场

答案：B。解析：商品市场、资本市场和劳动力市场构成市场体系的最基本内容，是市场体系的三大支柱。因此，本题应选B项。

(三) 健全的宏观经济调控体系

转变政府职能的**根本途径**是**政企分开**，解除政府和企业的行政隶属关系，将属于微观经济的职能还给企业。政府对企业的管理由直接管理转向**间接管理**，政府从微观管理转向**宏观管理**。建立以间接手段为主，完善的宏观调控体系，这是社会主义市场经济体制的**调节器**。

（1）宏观调控的**原因**

由于市场经济自身存在**自发性、盲目性、滞后性**的弱点，所以需要国家适时地宏观调控。

（2）宏观调控的**目标**

宏观调控的主要目标是**稳定物价、促进经济增长、增加就业、保持国际收支平衡**。

（3）宏观调控的**手段**

宏观调控的手段主要包括**经济手段、法律手段、必要的行政手段**。政府在进行宏观调控时，必须注重经济政策的运用，它更体现宏观性和指导性。

习题与解析

习题1.【单选】宏观调控的经济政策目标之间存在一定的矛盾和冲突。因此，政府应该对政策目标进行选择。当经济运行处于衰退状态且出现经济停滞时候，政府应该（　　）

　　A. 实行适度从紧的货币政策和财政政策

　　B. 把稳定物价作为宏观调控的主要目标

　　C. 把经济增长作为宏观调控的主要目标

　　D. 把国际收支平衡作为宏观调控的主要目标

答案：C。解析：政府在选择政策目标时，首先要考虑本国经济运行周期的阶段性特征和社会所面临的紧迫任务。当经济运行处于衰退状态且出现经济停滞时，政府应该把经济增长作为宏观调控的主要目标，实行扩张性的财政政策和货币政策。因此，本题应选C项。

政府进行宏观调控所采取的政策包括**财政政策、货币政策、产业政策、收入政策**等。

1. 财政政策

（1）财政政策的含义

所谓**财政政策**，就是指根据稳定经济的需要，通过财政支出与税收政策来调节总需求。

财政由财政收入与财政支出构成。财政收入包括各项**税收（最主要来源）**、专项收入、其他收入等。财政支出包括维持国家政权建设的费用，支持科学、教育、文化、卫生等公共事业，维护社会保障体系的正常运转，投资于关系全局的基础设施建设，投资于关系国民经济命脉的重要行业和关键领域等的费用。

(2) 财政政策的类型

财政政策的类型包括扩张性财政政策、紧缩性财政政策和中性财政政策。

①扩张性财政政策

所谓扩张性财政政策，就是指通过财政分配活动来增加和刺激社会总需求的相关政策。实施扩张性财政政策的措施主要是**减税**和**增加财政支出**。

②紧缩性财政政策

所谓紧缩性财政政策，就是指政府通过**增加税收**和**减少财政支出或者不支出**以抑制社会总需求增长的政策。

③中性财政政策

所谓中性财政政策，就是指国家财政分配活动对社会总需求的影响保持中性，既不产生扩张也不产生紧缩后果的政策。一般而言，这种政策可以理解为收支平衡政策，按这一政策的要求，不宜有大量的结余，也不允许有大量的赤字。

习题与解析

习题1.【单选】在经济衰退时期，有利于扩大内需的政策措施是（　　）

A. 提高税率　　　　　　　　　　　B. 提高存款准备金率

C. 降低税率　　　　　　　　　　　D. 缩减财政支出

答案：C。解析：在经济衰退时期，政府应采取积极的财政政策和积极的货币政策，提高税率和缩减财政支出属于紧缩性财政政策，AD两个选项错误；提高存款准备金率属于紧缩性货币政策，B项错误；降低税率属于积极的财政政策，C项正确。因此，本题应选C项。

习题2.【单选】在经济运行中，当通货膨胀率持续上升时，一般会导致（　　）

A. 失业率上升　　　　　　　　　　B. 失业率保持稳定不变

C. 失业率下降　　　　　　　　　　D. 失业率波动不定

答案：C。解析：菲利普斯曲线认为，通货膨胀率与失业率之间存在负相关关系。也就是说，在一般情况下，当通货膨胀率上升，失业率会下降。因此，本题应选C项。

2. 货币政策

(1) 货币政策含义

所谓**货币政策**，就是指政府通过中央银行，为实现宏观调控目标而制定的各种管理和调控货币供应量及其结构的原则和措施。

习题与解析

习题1.【单选】中央银行为实现特定的经济目标而采取的各种控制调节货币供应量或信用量的方针政策措施的总称是（　　）

A. 信贷政策　　　　　　　　　　　B. 货币政策工具

C. 货币政策　　　　　　　　　　　D. 货币政策目标

答案：C。解析：中央银行为实现特定的经济目标而采取的各种控制调节货币供应量或信用量的方针政策措施的总称是货币政策。因此，本题应选 C 项。

（2）货币政策分类

按货币政策对经济发展影响的性质可将其划分为三类：

①扩张性货币政策

扩张性货币政策适用于社会有效需求不足、生产要素大量闲置、产品严重积压、市场明显疲软、国民经济处于停滞或慢速增长情况下。表现：扩大信贷规模、降低利率、降低存款准备金率、降低再贴现率、在公开市场上回购有价证券。

②紧缩性货币政策

紧缩性货币政策适用于总需求严重膨胀，总需求大于总供给的情况。表现：减少信贷规模、提高利率、提高存款准备金率、提高再贴现率、在公开市场上卖出有价证券。

③中性货币政策

中性货币政策主要目的在于保持原有的货币供应量与需求量的大体平衡。

习题与解析

习题1.【单选】货币政策是政府调控宏观经济的基本手段之一，当通货膨胀较为严重时，应该采取的货币政策是（　　）

A. 紧缩性货币政策　　　　　　B. 扩张性货币政策

C. 适度宽松货币政策　　　　　D. 积极的货币政策

答案：A。解析：当通货膨胀较为严重时，中央政府一般要采取紧缩性的货币政策。因此，本题应选 A 项。

习题2.【单选】中国人民银行决定，从 2019 年 4 月 25 日起，下调大型商业银行、股份制商业银行、城市商业银行、非县域农村商业银行、外资银行人民币存款准备金率 1 个百分点，这一政策属于（　　）

A. 紧缩性财政政策　　　　　　B. 紧缩性货币政策

C. 扩张性财政政策　　　　　　D. 扩张性货币政策

答案：D。解析：财政政策主要包括税收和政府财政投入两种，利率、公开市场业务及存款准备金属于货币政策，降低存款准备金率属于扩张性货币政策。因此，本题应选 D 项。

习题3.【单选】当经济出现停滞同时又存在通货膨胀即滞涨时国家应采取的政策组合为（　　）

A. 扩张性财政政策和扩张性货币政策组合

B. 紧缩性财政政策和紧缩性货币政策组合

C. 扩张性财政政策和紧缩性货币政策组合

D. 紧缩性财政政策和扩张性货币政策组合

答案：C。解析：当经济出现停滞不景气的时候，政府应该采取积极的财政政策；同时又存在通货膨胀的情况，央行应及时采取紧缩性货币政策。因此，本题应选 C 项。

(3) 货币政策目标

所谓货币政策目标，就是指通过货币政策的制定和实施所期望达到的最终目的，它是货币政策制定者——中央银行的最高行为准则。

宏观经济发展的最终目标一般包括四个，即稳定物价、充分就业、经济增长和国际收支平衡。这四大目标分别通过通货膨胀率、失业率、国内生产总值和国际收支等指标来衡量。

①稳定物价

所谓稳定物价，就是指将一般物价水平的变动控制在一个比较小的区间内，在短期内不发生显著的或急剧的波动。各国都把反通货膨胀、稳定物价当作主要目标。

衡量物价稳定的宏观经济指标是通货膨胀率。**通货膨胀**就是指普遍商品的物价水平在一段时间内持续的上涨。一般来说，当 CPI 大于 3% 的增幅时就是通货膨胀，当 CPI 大于 5% 的增幅时就是严重通货膨胀。观察通货膨胀的指标主要有三种：消费者物价指数（CPI）、生产者物价指数（PPI）、国内生产总值物价平减指数。在衡量通货膨胀时，消费者物价指数使用得最多、最普遍。通货膨胀首先严重损害工人和农民的利益，也严重影响一般公职人员和知识分子的生活，而通货膨胀却给垄断资产阶级带来极大利益。

②充分就业

所谓充分就业，就是指有工作能力且愿意工作的人能够找到工作，不是指 100% 的所有人都就业。**充分就业并不意味着失业率等于零**。充分就业的宏观经济衡量指标是失业率。失业率是指劳动力人口中失业人数所占的百分比，劳动力人口是指年龄在 16 周岁以上具有劳动能力的人的全体。

菲利普斯曲线 ⇨ 1958年，**菲利普斯**根据英国1861—1913年间失业率和货币工资变动率的经验统计资料，提出了一条用以表示失业率和货币工资变动率之间交替关系的曲线。这条曲线表明：当失业率较低时，货币工资增长率较高；反之，当失业率较高时，货币工资增长率较低，甚至是负数。根据成本推动的通货膨胀理论，货币工资可以表示通货膨胀率。因此，这条曲线就可以表示失业率与通货膨胀率之间的交替关系。即**失业率高表明**经济处于萧条阶段，这时工资与物价水平都较低，**通货膨胀率也就低**；反之，**失业率低表明**经济处于繁荣阶段，这时工资与物价水平都较高，**通货膨胀率也就高**。失业率和通货膨胀率之间存在着反方向变动的关系。

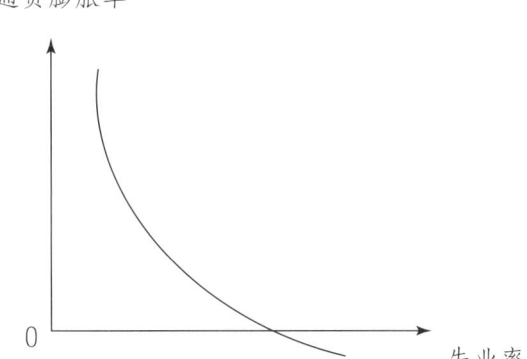

价格调整曲线或菲利普斯曲线

习题与解析

习题1.【单选】菲利普斯曲线揭示失业率和通货膨胀率之间存在（　）关系。

A. 正相关　　　　　　　　　　B. 负相关

C. 相等　　　　　　　　　　　D. 无相关

答案：B。解析：菲利普斯曲线揭示了失业率和通胀率之间存在负相关关系。当失业率降低时，通货膨胀率就会趋于上升；反之，当失业率上升时，通货膨胀率就会趋于下降。因此，本题应选B项。

③经济增长

所谓经济增长，就是指在一个特定时期内一国（或地区）经济产出和居民收入的增长，也就是指经济在一个较长的时期内始终处于稳定增长的状态中，一个时期比另一个时期更好一些，不出现大起大落，不出现衰退。

衡量经济增长的宏观经济指标是国内生产总值（GDP）。

④国际收支平衡

所谓国际收支平衡，就是指国际收支差额处于一个相对合理的范围内，既无巨额的国际收支赤字，又无巨额的国际收支盈余。

一国国际收支会出现三种情况：国际收支逆差、国际收支顺差或国际收支平衡。

在实际经济运行中，货币政策各个目标之间的矛盾是客观存在的，在一定时间内应该选择一个或两个目标作为货币政策的主要目标。

我国货币政策的目标是：保持货币币值稳定，并以此促进经济增长。

习题与解析

习题1.【多选】货币政策的最终目标是（　）

A. 经济增长　　　　　　　　　B. 稳定物价

C. 充分就业　　　　　　　　　D. 国际收支平衡

答案：ABCD。解析：宏观经济发展的最终目标一般包括四个，即稳定物价、充分就业、经济增长和国际收支平衡。因此，本题应选ABCD四个选项。

习题2.【单选】《中华人民共和国中国人民银行法》规定的货币政策的最终目标，其基本含义是（ ）

A. 致力于物价稳定　　　　　　　B. 侧重于经济增长

C. 稳定物价并实现货币供求平衡　　D. 稳定物价并以此促进经济增长

答案：D。解析：《中华人民共和国中国人民银行法》规定，我国的货币政策目标是保持货币币值稳定，并以此促进经济增长。因此，本题应选D项。

货币政策由**货币政策目标**和**货币政策工具**两部分内容构成。

货币政策目标包括操作目标、中介目标和最终目标。

制定和实施货币政策，首先必须明确货币政策最终要达到的目的，即货币政策的最终目标。中央银行通过货币政策工具操作直接引起操作目标的变动，操作目标的变动又通过一定的途径传导到整个金融体系，引起中介目标的变化，进而影响宏观经济运行，实现货币政策最终目标。

在具体实施货币政策的时候，从中央银行认识到需要采取货币政策，然后制定并实施货币政策，到所采取的货币政策发挥作用、对货币政策的最终目标产生影响，需要相当长的一段时间，这段时间被称为货币政策的**时滞**。为了缩短货币政策的时滞，提高货币政策的效果，需要在最终目标的框架内，进一步确定更便于中央银行制定和实施货币政策的操作目标和中介目标。

现阶段，我国货币政策的操作目标（也即近期目标）是存款准备金和**基础货币**，而中介目标（也即远期目标）是**货币供应量和利率**。

货币政策传导过程如下：

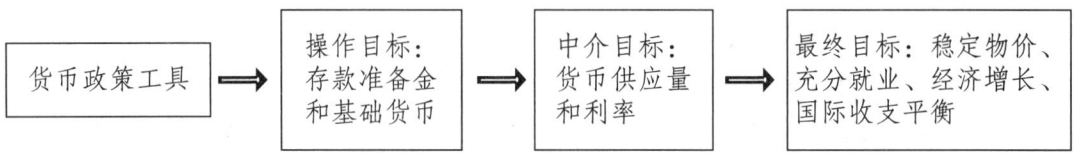

所谓**基础货币**，又称为高能货币或强力货币，就是指具有使货币总量成倍扩张或收缩能力的货币，它通常是指流通中的**现金**和商业银行在中央银行的**存款准备金**之和。我国的基础货币包括流通中的现金、存款准备金和金融机构的库存现金三个部分。

习题与解析

习题1.【单选】我国中央银行现阶段货币政策的中介目标是（ ）

A. 货币供应量　　　　　　　　B. 控制通货膨胀

C. 信贷规模　　　　　　　　　D. 充分就业

答案：A。解析：所谓货币供应量，就是指在某个时点上，全社会承担流通和支付手段的货币存量。现阶段我国货币政策的中介目标是货币供应量。因此，本题应选A项。

习题2.【判断】在我国，中国人民银行现阶段货币政策的中介目标是货币供应量。（ ）

答案：√。解析：现阶段我国货币政策的中介目标是货币供应量。

(4) 货币政策工具

中央银行的货币政策工具可分为一般性政策工具、选择性政策工具和补充性政策工具。

①一般性政策工具

一般性货币政策工具即传统的三大货币政策工具，也就是我们通常所说的"三大法宝"：再贴现、存款准备金和公开市场业务。一般性货币政策工具的实施对象是整体经济，而非个别部门或个别企业。

首先是**再贴现政策**。所谓再贴现政策，就是指中央银行对商业银行持有的未到期票据向中央银行申请再变现时所作的政策性规定。

当商业银行急需要资金的时候，可以以其对工商企业贴现的票据向中央银行进行再贴现。再贴现率实质上就是中央银行向商业银行的放款利率。中央银行提高再贴现率就是不鼓励商业银行向中央银行借款，限制商业银行的借款愿望。同时，商业银行会因融资成本上升提高对企业的放款利率，从而减少社会对借款的需求，达到收缩信贷规模和货币供给量的目的。反之，中央银行降低再贴现率，则会出现相反的效果。但是，再贴现政策也存在一定的局限性，比如再贴现的主动权并非在中央银行。同时，中央银行若经常调整再贴现率，将会引起市场利率的经常性波动加大利率风险，并干扰市场机制的动作，使企业或商业银行无所适从。

所谓**再贷款**，就是指中央银行对金融机构发放的贷款。中国人民银行发放的再贷款分为三类：一是为解决流动性不足的需要而发放的贷款，二是为处置金融风险的需要而发放的贷款，三是用于特定目的的贷款。

习题与解析

习题1.【判断】再贴现是指贴现银行在需要资金时，将未到期的贴现票据再向中央银行办理贴现的票据转让行为。（　）

答案：√。解析：再贴现就是指中央银行对商业银行持有的未到期票据向中央银行申请再变现时所作的政策性规定。

习题2.【单选】货币当局降低再贴现率会导致（　）

A. 货币供给增加　　　　　　　　B. 货币供给减少
C. 货币需求增加　　　　　　　　D. 货币需求减少

答案：A。解析：在通货紧缩时期，中央人民政府会采取积极的货币政策，如降低再贴现率，从而导致货币供应量的增加。因此，本题应选 A 项。

其次是**存款准备金政策**。所谓存款准备金，就是指商业银行为保证客户提取存款和资金清算需要而准备的资金，包括商业银行的库存现金和缴存中央银行的准备金存款两部分。1984 年，我国建立了存款准备金制度，20 多年来经历了多次调整和改革，2004 年，考虑到不同银行正处于改革和财务重组的不同阶段，我国开始实行差别存款准备金率制度。

存款准备金分为法定存款准备金和超额存款准备金。

法定存款准备金是商业银行按照其存款的一定比例向中央银行缴存的存款，这个比例通常是由中央银行决定的，被称为法定存款准备金率。

超额存款准备金是商业银行存放在中央银行、超出法定存款准备金的部分，主要用于支付清算、头寸调拨或作为资产运用的备用资金。

法定存款准备金率对货币乘数的影响很大，作用力度很强，往往被当作一剂"猛药"。但是，这一货币政策工具也存在明显的局限性，比如中央银行难以确定调整准备金率的时机和调整幅度，同时由于法定存款准备金变动可产生的强大冲击力，其调整对整个经济和社会心理预期会产生较大影响，所以这一政策工具一般只在少数场合下使用，而不能作为中央银行调控货币供给的日常性工具。

习题与解析

习题1.【单选】中国人民银行提高法定存款准备金率时，在市场上引起的反映为（　）

A. 商业银行可用资金增多，贷款上升，导致货币供应量增多

B. 商业银行可用资金增多，贷款下降，导致货币供应量减少

C. 商业银行可用资金减少，贷款上升，导致货币供应量增多

D. 商业银行可用资金减少，贷款下降，导致货币供应量减少

答案：D。解析：中国人民银行提高法定存款准备金率时，将使商业银行可用资金减少，从而使商业银行贷款能力下降，进一步导致货币供应量的减少。因此，本题应选D项。

最后是**公开市场业务**。所谓公开市场业务，就是指中央银行在金融市场上卖出或买进有价证券、吞吐基础货币，以改变商业银行等存款类金融机构的可用资金，进而影响货币供应量和利率，实现货币政策目标的一种政策措施。

中央银行买卖证券的目的不是盈利。当中央银行需要**松动银根**、增加货币供应量的时候，可利用公开市场操作买入证券，从而导致货币供应量的多倍增加。相反，当中央银行需要**紧缩银根**、减少货币供应量时，可进行反向操作，在公开市场上卖出证券，引起信用规模的收缩、货币供应量的减少、市场利率的上升。

公开市场业务作为中央银行最重要的货币政策工具之一，其优点在于中央银行的公开市场政策具有主动权，可以根据不同情况和需要，随时"主动出击"，而不是"被动等待"；同时，公开市场政策**灵活性高**，可以适时适量地进行调节，这种效果使社会对货币政策不易作出激烈反映。

上述三大手段是中央银行执行货币政策的最重要的手段，它们不仅可以单独使用，也可以配合使用。一般说来，由于调整法定准备金率对整个经济的影响程度很大，因而在实践中较少使用；变更再贴现率可以间接地控制商业银行的准备金，因而在实践中较为常

用；而公开市场业务不仅便于操作，而且很容易进行数量控制，因而在实践中**最为常用**。

> **习题与解析**

习题1.【单选】国家调控宏观经济时所运用的货币政策工具不包括（ ）

A. 调整法定准备金率　　　　　　B. 调整再贷款利率

C. 公开国债的买卖　　　　　　　D. 扩大基本建设投资规模

答案：D。解析：扩大基本建设投资规模属于政府经常使用的财政政策，而存款准备金、再贷款和公开市场业务均属于货币政策的范畴。因此，本题应选D项。

习题2.【单选】关于一般性货币政策工具，下列说法错误的是（ ）

A. 调整法定准备金率对货币乘数的作用力度很强

B. 调整法定准备金率成效快

C. 与法定存款准备金率相比，再贴现政策的作用力度较弱

D. 公开市场业务是比较灵活的金融调控工具

答案：B。解析：调整法定准备金率对货币供应量和信贷量的影响要通过商业银行的转存、贷，逐级递推而实现，成效较慢，时滞较长。因此，本题应选B项。

习题3.【判断】公开市场业务属于货币供给的直接宏观调控模式。（ ）

答案：×。解析：国家进行宏观调控时可采取的方式大致有两种：一是直接宏观调控。直接调控指国家主要运用行政手段，不通过市场机制，而是直接针对每个微观经济单位，强制约束其经济活动符合宏观调控目标的一种调控方式。二是间接宏观调控。间接宏观调控是指国家主要运用经济手段，通过市场机制调节利益关系，引导微观经济单位作出符合宏观调控目标的决策的一种调控方式。公开市场业务属于货币供给的间接宏观调控模式之一。

习题4.【判断】中央银行买卖证券既是为了获取一定的收益，又是出于宏观调控的需要。（ ）

答案：×。解析：中央银行买卖证券不是为了盈利，而是稳定物价以及发展经济的需要。

习题5.【判断】目前，越来越多国家的中央银行将公开市场业务作为其主要的货币政策工具。（ ）

答案：√。由于公开市场业务的灵活性，目前越来越多的国家将公开市场业务作为调控国家经济发展的主要工具。

习题6.【判断】中央银行贷款增加，是"银根"将有所放松的信号之一；反之，则是"银根"将可能紧缩的信号之一。（ ）

答案：√。解析：中央银行增加再贷款规模，是松动银根和扩大货币供应量的信号；如果是减少再贷款规模，则是紧缩银根和缩小货币供应量的信号。

②选择性政策工具

与一般性的货币政策工具不同，选择性的货币政策工具对货币政策与国家经济的运行

的影响不是全局性的而是局部性的，但也可以作用于货币政策的总体目标。选择性的货币政策工具是指中央银行针对个别部门、个别企业或某些特定用途的信贷所采用的货币政策工具，比如证券市场信用控制、不动产信用控制和消费者信用控制。

③补充性政策工具

首先是**直接信用控制工具**。所谓直接信用控制，就是指中央银行以行政命令的方式，直接对银行放款或接受存款的数量进行控制。最普遍的工具是银行贷款量的最高限额和银行存款利率的最高限额。目前，中国人民银行采用的利率工具主要有：调整中央银行基准利率，包括再贷款利率、再贴现利率、存款准备金利率、超额存款准备金利率；调整金融机构的法定存贷款利率；制定金融机构存贷款利率的浮动范围；制定相关政策对各类利率结构和档次进行调整等。

其次是**间接信用指导工具**。所谓间接信用指导，就是指中央银行通过道义劝告、窗口指导等办法来间接地影响商业银行等金融机构行为的做法。

所谓道义劝告，就是指中央银行利用其地位和权威，对商业银行和其他金融机构经常以发出书面通告、指示或口头通知，甚至与金融机构负责人面谈等形式向商业银行通报经济形势，劝其遵守金融法规，自动采取相应措施，配合中央银行货币政策的实施。

所谓窗口指导，就是指中央银行利用自己的地位与声望，使用口头或书面的方式，向金融机构通报金融形势，说明中央银行意图，劝其采取某些相应措施借以贯彻中央银行的货币政策，否则中央银行便削减甚至停止向商业银行再贷款。

3. 产业政策

所谓产业政策，就是指政府根据经济发展需要，促进各产业部门均衡发展而采取的政策措施及手段的总和，由产业布局政策、产业结构政策、产业技术政策和产业组织政策等组成。一项完整的产业政策，包括政策主体、政策目标、政策手段三个构成要素。

4. 收入政策

所谓收入政策，就是指政府根据既定目标而规定的个人收入总量及结构变动方向，以及政府调节收入分配的基本方针和原则。

（1）税收的特征

税收具有强制性、无偿性、固定性三个基本特征，三者紧密相连。

（2）税收的性质

社会主义国家的税收是取之于民用之于民的新型税收。我国税收体现的分配关系是在国家、集体、个人根本利益一致的基础上，整体利益与局部利益、长远利益与眼前利益的关系。

（3）税收的作用

①税收是组织财政收入的基本形式；

②税收是调节经济的重要杠杆；

③税收是国家实现经济监督的重要手段。

（四）建立合理的个人收入分配制度

建立以按劳分配为主体，效率优先、兼顾公平的收入<u>分配制度</u>是社会主义市场经济体制的**动力机制**。劳动者个人劳动报酬要引入竞争机制，打破平均主义。要改革工资制度，建立正常的工资增长机制。坚持鼓励一部分地区一部分人通过诚实劳动、合法经营先富起来的政策，允许和鼓励资本、技术等生产要素参与收益分配；提倡先富带动和帮助后富，逐步实现共同富裕。

（五）建立多层次的社会保障体系

社会保障体系是多层次的，它包括社会保险、社会救济、社会福利、社会优抚和社会互助等方面的内容，而以社会保险和社会救济为基本组成部分。建立多层次的社会保障制度，这是社会主义市场经济体制的**安全阀和稳定器**。

1. 社会保险	社会保险在社会保障体系中居于**核心地位**，它是社会保障体系的重要组成部分，是实现社会保障的基本纲领
2. 社会救济	社会救济也称社会救助，它属于社会保障体系的最低层次，是实现社会保障的最低纲领
3. 社会福利	社会福利是社会保障的最高层次，是实现社会保障的最高纲领
4. 社会优抚	社会优抚的对象是军人及其家属。社会优抚的基本特征是对军人及其家属的优待，社会优抚安置是社会保障的特殊构成部分，属于特殊阶层的社会保障，是实现社会保障的特殊纲领
5. 社会互助	社会互助是指在政府鼓励和支持下，社会团体和社会成员自愿组织和参与的扶弱济困活动。社会互助包括两个方面：一方面是为受助者提供资金的社会互助，包括社会（国内）捐赠、海外捐赠、互助基金和义演义赛义卖等；另一方面是为受助者提供服务的社会互助，包括邻里互助、团体互助和慈善事业等

习题与解析

习题1.【单选】建立完善的社会保障制度对促进经济发展和社会稳定，保证社会主义市场经济正常运行和国家长治久安都具有重大意义。社会保障制度的核心内容是（　）

  A. 社会保险   B. 社会福利

  C. 社会救济   D. 社会优抚与安置

  答案：A。解析：社会保险是社会保障的核心。因此，本题应选 A 项。

习题2.【单选】某地有一些无经济来源的孤寡残幼，政府关心并对他们提供基本的生活保障，这种情况应属于（　）

  A. 社会救助   B. 社会保险

C. 社会捐助　　　　　　　　D. 社会优抚

答案：A。解析：社会救济也称社会救助，它属于社会保障体系的最低层次。因此，本题应选 A 项。

习题 3.【单选】下列不属于收入再分配手段的是（　）
A. 最低工资保障　　　　　　B. 最低生活保障
C. 税收　　　　　　　　　　D. 社会保险

答案：A。解析：A 项中的最低工资保障属于初次分配的内容，B 项中的最低生活保障、C 项中的税收、D 项中的社会保险都属于收入再分配手段。因此，本题应选 A 项。

四、国际经济组织

1. 世界贸易组织（WTO）

世界贸易组织，1995 年 1 月 1 日正式开始运作，该组织负责管理世界经济和贸易秩序，总部设在瑞士日内瓦莱蒙湖畔，其基本原则是通过实施市场开放、非歧视和公平贸易等原则，来实现世界贸易自由化的目标。它的前身是 1947 年订立的关税及贸易总协定，1996 年 1 月 1 日，它正式取代关贸总协定临时机构。自 2001 年 12 月 11 日开始，中国正式加入 WTO，标志着中国的产业对外开放进入了一个全新的阶段。世界贸易组织（WTO）与国际货币基金组织（IMF）、世界银行（WB）一起被称为世界经济发展的三大支柱。

2. 国际货币基金组织（IMF）

国际货币基金组织，是根据 1944 年 7 月在布雷顿森林会议签订的《国际货币基金协定》，于 1945 年 12 月 27 日在华盛顿成立的。2015 年 11 月 30 日，国际货币基金组织正式宣布人民币于 2016 年 10 月 1 日加入 SDR（Special Drawing Right，特别提款权，又称"纸黄金"）。人民币是继美元、欧元、日元、英镑之后的第五种世界货币。

3. 世界银行（WB）

世界银行（World Bank），是联合国经营国际金融业务的专门机构，同时也是联合国的一个下属机构，由国际复兴开发银行、国际开发协会、国际金融公司、多边投资担保机构和国际投资争端解决中心五个成员机构组成。1945 年 12 月 27 日，世界银行在布雷顿森林会议后正式宣告成立；1946 年 6 月 25 日，世界银行开始运行。

4. 20 国集团（G20）

20 国集团，是一个国际经济合作论坛，于 1999 年 9 月 25 日由八国集团（G8）的财长在德国柏林成立，于华盛顿举办了第一届 G20 峰会，属于非正式对话的一种机制，由原八国集团以及其余 12 个重要经济体组成。

5. 博鳌亚洲论坛（BFA）

博鳌亚洲论坛，由 25 个亚洲国家和澳大利亚发起，于 2001 年 2 月 27 日在海南省琼海市万泉河入海口的博鳌镇召开大会，正式宣布成立。

6. 上海合作组织

上海合作组织，简称上合组织，是哈萨克斯坦共和国、中华人民共和国、吉尔吉斯共和国、俄罗斯联邦、塔吉克斯坦共和国、乌兹别克斯坦共和国于 2001 年 6 月 15 日在中国上海宣布成立的永久性政府间国际组织。

7. **金砖国家**（BRICS）

"金砖国家"，也常被称为"金砖五国"，指五个主要的新兴市场巴西（Brazil）、俄罗斯（Russia）、印度（India）、中国（China）和南非（South Africa）。这五个国家的英文国名首字母所组成的词的发音类似英文的"砖块"（brick）一词，因此被称为"金砖五国"。

8. **亚太经济合作组织**（APEC）

亚太经济合作组织，是亚太地区重要的经济合作论坛，也是亚太地区最高级别的政府间经济合作机构，其官方顾问机构是环太平洋大学联盟。目前亚太经合组织共有 21 个正式成员和 3 个观察员。

全科公共基础知识

第三部分

法律基础知识

第一章　法理学

法学是以法律现象为研究对象的各种科学活动及其认识成果的总称。而**法理学**是法学的一般理论、基础理论、方法论和意识形态。

法理学的理论内容可以概括为五类基本理论问题：

第一类	法是什么？也就是法的本体论问题。要回答"法是什么"，首先必须探讨法的概念、本质、特征和作用，法的要素、分类和渊源，法的形式、效力及法律体系等具体问题，还要探讨法律权利、法律义务、法律行为、法律关系、法律责任、法律程序等基本概念和范畴
第二类	法应当是什么？也就是法的价值论问题。法的价值论包括法的价值的概念以及法与秩序、自由、效率、正义、人权的关系问题
第三类	法的历史问题，实际上是在时间维度上继续回答"法是什么"以及"法应当是什么"的问题。法理学所研究的法的历史问题包括法的起源、法的历史类型、古代法律制度、近现代法律制度、法律发展、法制现代化等理论问题
第四类	法的运行问题，如果脱离法的实际运行来空谈法"是什么"和"应当是什么"，就会得出一些苍白、空洞的理论。此类问题具体包括立法、执法、司法、守法、法律职业、法律方法等问题
第五类	法与社会。具体包括法与经济、法与政治、法与文化、法与道德等问题

第一节 法的本体论问题

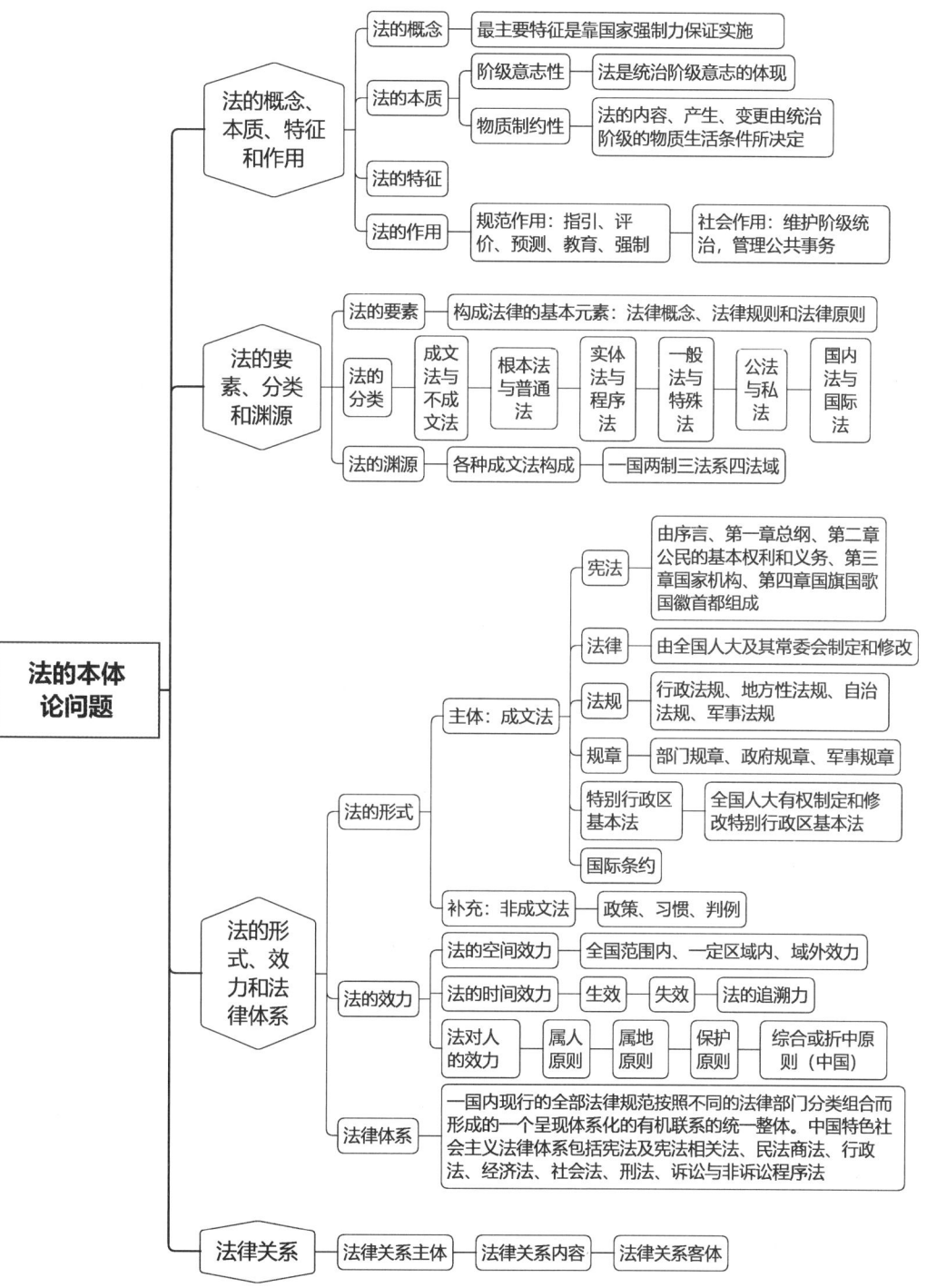

一、法的概念、本质、特征和作用

1. 法的概念

所谓**法**，就是指由国家**制定**、**认可**并**由国家保证实施**的，反映由特定物质生活条件所决定的统治阶级（或人民）意志，以权利和义务为内容，以确认、保护和发展统治阶级（或人民）所期望的社会关系和社会秩序为目的的**行为规范体系**。

习题与解析

习题1.【单选】法律是一种特殊的行为规则，其最主要的特征是（　）

A. 由国家制定或认可　　　　　　B. 对全体社会成员具有普遍约束力

C. 靠国家强制力保证实施　　　　D. 以规定权利义务为内容

答案：C。解析：依靠国家强制力保证实施是法最主要的特征。因此，本题应选C项。

习题2.【单选】法是由国家制定或认可，并且具有（　）的社会规范。

A. 特殊效力　　　　　　　　　　B. 普遍约束力

C. 一定强制力　　　　　　　　　D. 特定效力

答案：B。解析：我国宪法和法律规定，在法律面前人人平等，任何人都没有超越法律的特权，也就是说，法律具有普遍约束力。因此，本题应选B项。

习题3.【多选】法律与道德的共同性体现在（　）

A. 它们都是社会规范　　　　　　B. 它们都体现一定的社会价值

C. 它们都是社会调控的手段　　　D. 它们都具有程序性的特点

答案：ABC。解析：在我国，无论是法律还是道德，它们都是社会规范，都体现一定的社会价值，并且都是社会调控的手段。不同的是，法律具有程序性的特点，而道德不具备程序性的特点。因此，本题应选ABC三个选项。

2. 法的本质

（1）**阶级意志性**：法是统治阶级意志的体现。

（2）**物质制约性**：法的内容、产生、变更由统治阶级的物质生活条件所决定。

习题与解析

习题1.【单选】法的最终决定因素是（　）

A. 统治阶级意志　　　　　　　　B. 阶级斗争状况

C. 社会物质生活条件　　　　　　D. 历史传统

答案：C。解析：根据马克思主义基本原理，经济基础决定上层建筑，政治、法律、宗教、哲学等都属于上层建筑，它们的最终决定因素都是物质生活条件。因此，本题应选C项。

习题2.【判断】法所体现的统治阶级意志决定于统治阶级的物质生活条件。（　）

答案：√。解析：统治阶级的物质生活条件决定统治阶级的意志。

3. 法的特征

（1）法是调整人的行为和社会关系的社会规范

作为法的调整对象的行为是指人的外在行为，法与道德、社会舆论等社会调整手段的重要区别在于，法仅仅调整和约束人的外在行为，而不调整和约束人的内心思想、情感。譬如，法可以禁止和惩罚分裂国家、亵渎国旗的行为，但不能强制人们内心热爱祖国。不过，我们应当看到，法通过约束和规范人的行为，可以影响人的思想、观念。

（2）法是出自国家的社会规范

国家创立法的方式主要有两种：一是制定，即国家机关通过立法活动创制出新的规范；二是认可，即国家机关赋予某些既存的社会规范以法律效力，或者赋予先前的判决所确认的规范以法律效力。

（3）法是规定权利和义务的社会规范

权利意味着人们可以作或不作一定行为以及可以要求他人作或不作一定行为，义务意味着人们必须作或不作一定行为。义务包括作为义务和不作为义务，前者要求人们必须作出一定行为，如纳税的义务等；后者要求人们不得作出一定行为，如不得盗用他人注册商标的义务等。

（4）法是由国家保证实施的社会规范

是否具有国家强制性是衡量一项规则是否是法的决定性标准。必须指出，法依靠国家强制力保证实施，这是从终极意义上讲的，即从国家强制力是法的最后一道防线的意义上讲的，而非意味着每一个法律规范的实施都要借助于国家的系统化的暴力。如果一个国家的法仅仅依靠国家政权及其暴力系统来维护，这个国家的法就成为纯粹的暴力。

4. **法的作用**

法的作用可以分为**规范作用**和**社会作用**。**规范作用**是从法是调整人们行为的社会规范这一角度提出来的，而**社会作用**是从法在社会生活中要实现一种目的的角度来认识的。两者之间的关系为：**规范作用是手段，社会作用是目的**。这两种作用是**手段和目的**的关系，即法通过其**规范作用（作为手段）**而实现其**社会作用（作为目的）**。

规范作用：

作用	概　念	对　象	分　类
指　引	法律作为一种行为规范，为人们提供某种行为模式，指引人们可以这样行为、必须这样行为或者不得这样行为，从而对行为者本人的行为产生影响	本人的行为	1. **确定的指引**：人们必须根据法律规范的指示而行为（作为或不作为） 2. **有选择的指引**：人们的行为有选择的余地，可以这样行为或不这样行为
评　价	法律对人们的行为是否合法或违法以及程度，具有判断、衡量的作用	他人的行为	1. **专门的评价**：经法律专门授权的机关、组织及成员对他人行为所作的评价（产生法律拘束力） 2. **一般的评价**：普通主体对他人行为所作的评价（不产生法律拘束力）

续表

作用	概念	对象	分类
预测	人们可以根据法律规范的规定事先估计到当事人双方将如何行为及行为的法律后果，从而对自己的行为作出合理的安排	人们相互之间的行为	1. 对如何行为的预测 2. 对行为后果的预测
教育	通过法律实施，法律规范对人们今后的行为发生直接或间接的诱导	一般人的行为	1. **反面教育**：通过对违法行为实施制裁，起到警示和警诫的作用。比如，"杀鸡给猴看" 2. **正面教育**：通过对合法行为加以保护、赞许或奖励，起到表率和示范的作用
强制	法律为保障自己得以充分实现，运用国家强制力惩罚违法行为。法律的强制作用是法律其他作用的保证	违法犯罪行为	—

习题与解析

习题1.【单选】法的规范作用包括（ ）

A. 指引、评价、惩罚、强制、教育作用

B. 指引、评价、教育、预测、惩罚作用

C. 指引、教育、强制、鼓励、预测作用

D. 指引、评价、预测、教育、强制作用

答案：D。解析：法的规范作用包括指引、评价、预测、教育和强制作用。因此，本题应选D项。

社会作用：

（1）维护阶级统治；

（2）管理社会公共事务。

二、法的要素、分类和渊源

1. 法的要素

所谓法的要素，就是指构成法律的基本元素。包括法律概念、法律规则和法律原则。

2. 法的分类

(1) 国内法与国际法	这是以法的创制与适用主体的不同为标准对法所作的分类
(2) 成文法与不成文法	这是以法的创制和表现形式的不同为标准对法所作的分类 所谓**成文法**，就是指相关国家机关制定或认可的以规范化的成文形式出现的规范性法律文件 所谓**不成文法**，就是指相关国家机关认可的，不具有文字形式或虽有文字形式但却不具有规范化成文形式的法 法学上的成文法和不成文法的区分，不完全看法是否有文字表现形式，而要看是否有**规范化的成文形式**。不成文法不仅包括习惯法，也包括判例法、不成文宪法（英国宪法）等
(3) 根本法与普通法	这是以法的效力、内容和制定程序的不同为标准对法所作的分类，这种分类主要适用于成文宪法制国家，如美国、中国等
(4) 一般法与特别法	这是以法的空间效力、时间效力或对人的效力的不同为标准对法所作的分类。一般法，如民法、刑法等；特别法，如战争法、戒严法等
(5) 实体法与程序法	这是以法规定的具体内容的不同为标准对法所作的分类。实体法一般指以规定主体的权利和义务或职权和职责关系为主要内容的法，如民法、刑法、行政法等；程序法通常指以保证主体的权利和义务得以实现或保证主体的职权和职责得以履行所需程序为主要内容的法，如民事诉讼法、刑事诉讼法、行政诉讼法等。简单地说，实体法是规定权利和义务的法，程序法是规定实现权利和义务程序的法
(6) 公法与私法	这是以法调整对象、调整方式的不同为标准对法所作的分类。这种划分主要存在于民法法系。公法和私法的划分，最早是由古罗马法学家提出来的。公法是以保护国家利益为目的的法律，私法是以保护私人利益为目的的法律

> [!NOTE] 习题与解析

习题1.【判断】按照规定的内容、法律地位和制定的程序的不同，法律可以划分为根本法和普通法，其中根本法又称民法。（ ）

答案：×。解析：在我国，宪法是国家的根本大法。

习题2.【单选】刑事诉讼法属于（ ）

A. 程序法　　　　　　　　　　B. 实体法

C. 特别法　　　　　　　　　　D. 临时法

答案：A。解析：在我国，实体法，如民法、刑法、行政法等；程序法，如民事诉讼法、刑事诉讼法、行政诉讼法等。因此，本题应选A项。

习题3.【多选】根据法律规定的内容不同，可以将法律划分为实体法和程序法。下

列属于实体法的是（ ）

　　A.《中华人民共和国刑法》　　　　B.《中华人民共和国著作权法》
　　C.《中华人民共和国劳动商标法》　　D.《中华人民共和国民事诉讼法》

　　答案：ABC。解析：在我国，实体法，如民法、刑法、行政法等；程序法，如民事诉讼法、刑事诉讼法、行政诉讼法等。因此，本题应选 ABC 三个选项。

3. 法的渊源

我国法的渊源主要由各种成文法构成，即由宪法、法律、行政法规等各种规范性法律文件所构成，由国家认可的习惯、判例以及法理学说可以作为非正式的渊源。随着香港和澳门的回归，我国出现了"一国两制三法系四法域"的法制局面，在"一国两制"的格局下，香港地区沿用以前的普通法系，澳门地区和台湾地区沿用以前的大陆法系，我国大陆地区坚持社会主义法系。

三、法的形式、效力和法律体系

1. 法的形式

法的形式可以分为成文法和不成文法两大类别。

中国以成文法为主，包括**宪法、法律、法规、规章**、特别行政区法、国际条约，以不成文法为补充，包括政策、习惯、判例。

（1）宪　法

1908 年的《钦定宪法大纲》是中国历史上第一个宪法性文件，1912 年的**《中华民国临时约法》**是中国历史上唯一的一部资产阶级性质的宪法性文件。

宪法的修改应由全国人大常委会提议或者 1/5 以上的全国人大代表提议，并由全国人大以全体代表的 2/3 以上多数通过。全国人大通过法律案和其他议案，选举和罢免国家领导人，都要经过以下四个阶段：提出议案——审议议案——表决议案——公布法律、决议。法律议案通过后即成为法律，由国家主席以主席令的形式加以公布；选举结果以及重要议案由全国人民代表大会主席团以公告公布或者由国家主席以主席令的形式公布。

《中华人民共和国宪法》是我国的**根本大法**，拥有**最高法律效力**。中华人民共和国共制定过四部宪法（**分别是 1954 年宪法、1975 年宪法、1978 年宪法和 1982 年宪法**），现行的第四部宪法是在 1982 年由第五届全国人民代表大会通过，**并经过了 1988 年、1993 年、1999 年、2004 年和 2018 年 3 月 11 日五次修正**。现行宪法由序言、第一章"总纲"、第二章"公民的基本权利和基本义务"、第三章"国家机构"、第四章"国旗、国歌、国徽、首都"构成。

（2）法　律

法律由全国人大及其常委会制定和修改。法律分为**基本法律**和**基本法律以外的法律**两种。基本法律由全国人大制定和修改，在全国人大闭会期间，全国人大常委会也有权对其进行部分补充和修改。基本法律规定国家、社会和公民生活中具有重大意义的基本问题，如民法、刑法、行政法等。基本法律以外的法律由全国人大常委会制定和修改，规定由基本法律调整以外的国家、社会和公民生活中某一方面的基本问题，其调整面相对较窄，内容较具体，如国歌法、英雄烈士保护法等。**两种法律具有同等效力。**

法律由全国人大及其常委会制定和修改。

（3）法　规

①**行政法规**。国务院有权制定**行政法规**、决定和命令。行政法规低于宪法和法律，而高于地方性法规，地方性法规不得与行政法规相抵触。

②**地方性法规**。地方性法规由省、自治区、直辖市和设区的市、自治州的人大及其常委会制定。地方性法规不得与宪法、法律、行政法规相抵触。

③**自治法规**。各级民族自治地方的人大都有权制定自治条例和单行条例，但是下级不能与上级冲突，比如，自治州、自治县的自治条例和单行条例不能与自治区的相抵触。其中，**自治条例**是民族自治地方根据自治权制定的综合的规范性法律文件，**单行条例**是根据自治权制定的调整某一方面事项的规范性法律文件。自治法规是自治条例和单行条例的总称。

④**军事法规**。军事法规由中央军事委员会制定。

（4）规　章

①**部门规章**。部门规章由国务院各部委、中国人民银行、审计署（**部委行署**）和具有行政管理职能的直属机构制定。不得与宪法、法律、行政法规相抵触。

②**政府规章**。政府规章由省、自治区、直辖市和设区的市、自治州的人民政府制定。不得与宪法、法律、行政法规、同级和上级地方性法规相抵触。

③**军事规章**。军事规章由军内有关方面制定。

（5）特别行政区基本法

全国人民代表大会有权制定和修改特别行政区基本法，有权决定特别行政区的设立及其制度。

特别行政区是指在我国版图内，拥有特殊的法律地位，特别的政治、经济制度，由中央政府领导的一级地方行政单位，特别行政区享有的高度自治权：

①行政管理权；

②立法权；

③独立的司法权和终审权，但对**国防、外交**等国家行为无管辖权；

④自行立法禁止叛国、颠覆国家等行为。

（6）国际条约

所谓国际条约，就是指两个或两个以上国家或国际组织之间缔结的，确定相互关系中权利和义务的各种协议。

习题与解析

习题1.【单选】根据宪法和有关法律，下列说法正确的是（　　）

A. 只有全国人民代表大会才能制定法律

B. 全国人大常委会有权修改《中华人民共和国香港特别行政区基本法》

C. 国务院组成部门有权制定规章

D. 地方性法规由县级以上地方各级人大及其常委会制定

答案：C。解析：全国人大及其常委会都可以制定法律，选项 A 错误；只有全国人大有权制定和修改《中华人民共和国香港特别行政区基本法》，选项 B 错误；地方性法规由省、自治区、直辖市以及设区的市、自治州的人大及其常委会制定，选项 D 错误；国务院组成部门有权制定部门规章。因此，本题应选 C 项。

习题2.【多选】根据宪法和有关法律规定，吉林省延边朝鲜族自治州人民代表大会有权制定（　　）

A. 本自治州的地方性法规

B. 有权根据本州的具体情况和实际需要，为执行法律、行政法规作出具体的事项

C. 本自治州的自治条例和单行条例

D. 制定的自治条例和单行条例须报省人大常委会批准后才能生效，并报全国人大常委会备案

答案：ABCD。解析：地方性法规由省、自治区、直辖市以及设区的市、自治州的人大及其常委会制定，选项 A 正确，其他三个选项也符合法律规定。因此，本题应选 ABCD 四个选项。

习题3.【多选】民族自治地方的人民代表大会有权按照当地民族的政治、经济和文化的特点制定（　　）

A. 地方性法规　　　　　B. 行政法规

C. 单行条例　　　　　　D. 自治条例

答案：CD。解析：各级民族自治地方的人大都有权制定自治条例和单行条例，但是下级不能与上级冲突。因此，本题应选 CD 两个选项。

习题4.【单选】民族区域自治制度、特别行政区制度是我国宪法制度中具有自身特色的两项制度。下列对这两项制度的表述不正确的是（　　）

A. 民族自治地方包括自治区、自治州、自治县

B. 自治区可以制定自治条例、单行条例，报全国人大常委会批准后生效

C. 特别行政区行政长官在当地通过选举或协商产生，由中央人民政府任命

D. 特别行政区的高度自治权包括立法权、行政管理权、独立的司法权和终审权、独立的外交权

答案：D。解析：特别行政区对国防、外交等国家行为无管辖权。因此，本题应选 D 项。

习题5.【判断】行政法规在效力上仅次于宪法，但大于普通法律。（　　）

答案：×。解析：国务院制定的行政法规不能与宪法、法律相抵触。

2. 法的效力

所谓法的效力，就是指法的适用范围，即法在什么时间、什么地方、对什么人适用，即法的空间效力、时间效力和对人的效力。

①**法的空间效力**：有的法在全国范围内有效，如宪法；有的法在一定区域内有效，如地方性法规；有的法具有域外效力，如《中华人民共和国刑法》第七条规定，中国公民在中国领域外犯中国刑法规定之罪的，其最低刑为三年以上有期徒刑的适用我国刑法。

②**法的时间效力**：生效、失效以及法的溯及力。

生效：一是自公布之日起开始生效，二是公布后经过一段时间或具备一定条件生效。

失效：一是新法直接规定废除旧法，二是旧法规定与新法规定相抵触的，抵触部分失效。

所谓**法的溯及力**，就是指新法对它生效前所发生的行为和事件加以适用的效力。

各国法规定大体有这样几种情况：

1. 从旧原则	即新法没有溯及力
2. 从新原则	即新法有溯及力
3. 从轻原则	即比较新法和旧法，哪个处理轻些就按哪个法处理
4. 从新兼从轻原则	即新法原则上溯及既往，但旧法对行为人的处罚较轻时则从旧法
5. **从旧兼从轻原则**	即新法原则上不溯及既往，但新法对行为人处罚较轻时则从新法

中国现时期主要采取从旧兼从轻的原则，在特殊情况下法可以溯及既往。按照《中华人民共和国立法法》的规定，中国法的溯及力现行制度为："法律、行政法规、地方性法规、自治条例和单行条例、规章不溯及既往，但为了更好地保护公民、法人和其他组织的权利和利益而作的特别规定除外。"

习题与解析

习题1.【单选】我国对法律溯及力问题，实行的原则是（ ）

A. 法在任何情况下均溯及既往

B. 法在任何情况下均不溯及既往

C. 法在一般情况下均溯及既往，但为了更好地保护公民、法人或者其他组织的权利和利益而作的特别规定除外

D. 法在一般情况下不溯及既往，但为了更好地保护公民、法人或者其他组织的权利和利益而作的特别规定除外

答案：D。解析：我国刑法的溯及力采用的通例是从旧兼从轻原则，即新法原则上不溯及既往，但是新法不认为是犯罪或者处罚较轻的，适用新法。因此，本题应选D项。

③**法对人的效力**：包括自然人、法人和其他组织。法对人的效力所实行的原则包括以下四种：

1. 属人原则	以人的国籍和组织的国别为标准，本国的人和组织无论在国内还是国外，都受本国法的保护和约束。一国的法不适用在该国领域的外国人和组织
2. 属地原则	以地域为标准，一国法对它管辖地区内的一切人和组织，不论是本国的还是外国的，都有同样的效力。本国人和组织如不在本国，则不受本国法的保护和约束
3. 保护原则	以保护本国利益为标准，主张不论国籍或地域如何，侵害了哪国利益，就适用哪国法、受哪国法追究
4. 综合或折衷原则	即以上三种原则的结合而以属地原则为基础的综合性原则：**首先**，一国领域内的人和组织，无论是本国的还是外国的，一般适用该国的法；**其次**，外国人和组织以适用居住国的法为原则，但有关公民义务、婚姻、家庭、继承、特殊犯罪等，仍适用其本国的法；**最后**，依据国际条约和惯例，享有外交特权的人则适用其本国的法。"享有外交特权和豁免权的外国人"主要是指以下几种人：①外国驻中国的外交代表以及与其共同生活的不是中国公民的配偶及其未成年子女；②途经中国的外国驻第三国的外交代表和与其共同生活的配偶及其未成年子女；③来中国访问的外国国家元首、政府首脑、外交部长及其他同等身份的官员；④来中国参加联合国及其专门机构召开的国际会议的外国代表、临时来中国的联合国及其专门机构的官员和专家、联合国及其专门机构驻中国的代表机构和人员等

当今世界绝大多数国家都采用综合或折衷原则。**中国也实行综合或折衷原则。**

3. *法律体系*

所谓**法律体系**，就是指一国内现行的全部法律规范按照不同的**法律部门**分类组合而形成的一个呈现体系化的有机联系的统一整体。

所谓**法律部门**，就是指根据一定的标准和原则划分的同类法律规范的总称。

2011年3月10日上午，全国人大常委会委员长吴邦国在十一届全国人大四次会议第二次全体会议上宣布，**中国特色社会主义法律体系已经形成。**

所谓**中国特色社会主义法律体系**，就是指**以宪法为核心**的中国特色社会主义法律体系，包括七个主要的法律部门：宪法及宪法相关法、民法商法、行政法、经济法、社会法、刑法、诉讼与非诉讼程序法。

1. 宪法及宪法相关法	在中国特色社会主义法律体系中，宪法是根本大法，是国家活动的总章程
2. 民法商法	所谓**民法**，就是指调整**平等主体**的自然人、法人和非法人组织之间的**人身关系和财产关系**的法律规范的总称 所谓**商法**，就是指调整平等主体之间商事关系和商事行为的法律规范的总称

续 表

3. 行政法	指调整行政关系以及在此基础上产生的监督行政关系的法律规范和原则的总称
4. 经济法	指调整国家从社会整体利益出发对经济活动实行干预、管理和调控所产生的社会经济关系的法律规范的总称
5. 社会法	指调整有关劳动关系、社会保障和社会福利关系的法律规范的总称
6. 刑法	指规定犯罪、刑事责任和刑事刑罚的法律规范的总称
7. 诉讼与非诉讼程序法	指调整因诉讼活动和非诉讼活动而产生的社会关系的法律规范的总和。它包括民事诉讼、刑事诉讼、行政诉讼和仲裁等方面的法律

习题与解析

习题1.【单选】下列关于法律体系的表述中，不正确的是（ ）

A. 法律体系由法律部门组成

B. 我国社会主义法律体系已经形成

C. 中华法系也即我国的社会主义法律体系

D. 法律体系是一国法律有机联系的统一体

答案：C。解析：法系是指以某一国家法律制度为核心，并与受其深刻影响的其他国家法律制度共同构成的法律系统。中华法系是中国的封建法律和亚洲一些仿效这种法律的国家法律的总称，它是法制史上的一个概念，是世界五大法系之一。世界五大法系指的是大陆法系、英美法系、伊斯兰法系、印度法系和中华法系。其中印度法系和中华法系已经解体。社会主义法律体系则是改革开放以来，经过多年的法治发展与改革形成的以宪法为核心的社会主义法律体系，是当代中国的法律体系，二者具有本质区别。因此，本题应选C项。

四、法律权利、法律义务、法律行为、法律关系、法律责任

1. *法律权利*

所谓法律权利，就是指规定或隐含在法律规范中，实现于法律关系中，主体以相对自由的作为或不作为的方式获得利益的一种手段。

2. *法律义务*

所谓法律义务，就是指规定或隐含在法律规范中，实现于法律关系中，主体以相对抑制的作为或不作为的方式保障权利主体获得利益的一种约束手段。

3. *法律行为*

所谓**法律事实**，就是指法律规定的、能够引起法律关系产生、变更和消灭的客观现象。法律事实通常可以分为两类：

（1）**法律事件**。它是指能够导致一定法律后果，而又不以人的意志为转移的事件，如

出生、死亡等，这些事件能够在法律上导致一定权利和义务的产生、变更或消灭。比如人的死亡可以引起继承关系的产生和婚姻关系的消灭。

（2）**法律行为**。所谓**法律行为**，就是指人们所实施的，能够发生法律效力、产生一定法律效果的行为。法律行为具有多样性，有单方的（如遗嘱）、双方的（如合同）、共同的（如成立社团），有有偿的（如购销）和无偿的（如赠与）等形式。根据法律行为的性质可以分为合法行为与不合法行为。但法律行为的成立必须具有下列条件：

①必须是出于人们自觉的作为和不作为。无意识能力的幼年人、疯癫、白痴，精神病，以及一般人在暴力胁迫下的作为和不作为，都不能被视为法律行为。

②必须是基于当事人的意思而具有外部表现的举动，单纯心理上的活动不产生法律上的后果，如虽有犯罪意思而无犯罪行为的，不能视为犯罪，也不能视为法律行为。

③必须为法律规范所确认、而发生法律上效力的行为。不由法律调整、不发生法律效力的，如通常的社交、恋爱等不是法律行为。

4. 法律关系

所谓**法律关系**，就是指在调整人的行为过程中所形成的人们之间的**权利和义务**关系。法律关系由**法律关系主体**、**法律关系内容**与**法律关系客体**构成。

1. 法律关系主体	指在法律关系中享有权利和履行义务的**个人或组织**。比如，公民、法人与国家
2. 法律关系内容	指法律关系主体的**权利和义务**
3. 法律关系客体	指法律关系主体的权利和义务**所指向的对象**。比如，物，人身、人格，行为（演员表演、证人作证），精神产品（书本、磁带）等。需要注意的是，在现代社会，作为人身和人格之统一体的人是法律关系的主体，不允许作为法律关系的客体

其中，法律关系主体必须同时具有法律上所说的权利能力和行为能力。所谓权利能力，又称权利义务能力，就是指法律关系主体依法享有一定权利和承担一定义务的法律资格。公民根据**行为能力**划分为：

1. **完全行为能力人**	18 周岁（含）以上且精神正常
2. **限制行为能力人**	8 周岁（含）以上的未成年人，不能完全辨认自己行为的精神病人
3. **无行为能力人**	不满 8 周岁的未成年人，完全精神病人

> 习题与解析

习题1.【多选】法律关系的构成要素有（　　）

A. 主体　　　　　　　　　　B. 客体

C. 事件　　　　　　　　　　D. 内容

答案：ABD。解析：法律关系由主体、内容与客体构成。因此，本题应选 ABD 三个选项。

习题2.【多选】我国法律关系的主体有（ ）

A. 自然人　　　　　　　　　　B. 集体主体
C. 国家　　　　　　　　　　　D. 行为

答案：ABC。解析：法律关系主体就是指在法律关系中享有权利和履行义务的个人或组织，比如公民、法人与国家，行为属于法律关系客体。因此，本题应选 ABC 三个选项。

5. **法律责任**

所谓**法律责任**，就是指由违法行为或违约行为所引起的不利法律后果。法律责任的一般构成包括责任主体、违法行为或违约行为、损害结果、主观过错四个方面。法律责任大致可分为**民事法律责任**、**行政法律责任**、**刑事法律责任**和**违宪责任**四种。法律责任的承担方式包括惩罚、补偿、强制三种。

（1）**惩罚**。惩罚即法律制裁，是国家通过强制对责任主体的人身、财产和精神实施制裁的责任方式。**惩罚（法律制裁）包括以下四种：**

①**民事制裁**。主要内容包括在国家的强制下进行赔偿或支付违约金等。

②**行政制裁**。行政制裁包括行政处罚和政务处分。**劳动教养曾是行政制裁的一种，但2013年党的十八届三中全会明确废除劳动教养制度。**

行政处罚	包括警告、通报批评，罚款、没收违法所得、没收非法财物，暂扣许可证件、降低资质等级、吊销许可证件，限制开展生产经营活动、责令停产停业、责令关闭、限制从业，行政拘留
政务处分	包括警告、记过、记大过、降级、撤职、开除
党的处分	包括警告、严重警告、撤销党内职务、留党察看、开除党籍

③**刑事制裁**。刑罚有两类十种，即五种主刑和五种附加刑。

主　刑	包括管制、拘役、有期徒刑、无期徒刑、死刑
附加刑	包括罚金、剥夺政治权利、没收财产、驱逐出境（适用于外国人）以及剥夺奖章、勋章和荣誉称号（适用于军人）

④**违宪制裁**。主要包括撤销同宪法相抵触的法律、行政法规、地方性法规等。

（2）**补偿**。在我国，主要分为民事补偿和国家赔偿两类。

（3）**强制**。包括对人身的强制和对财产的强制。

第二节 法的历史问题

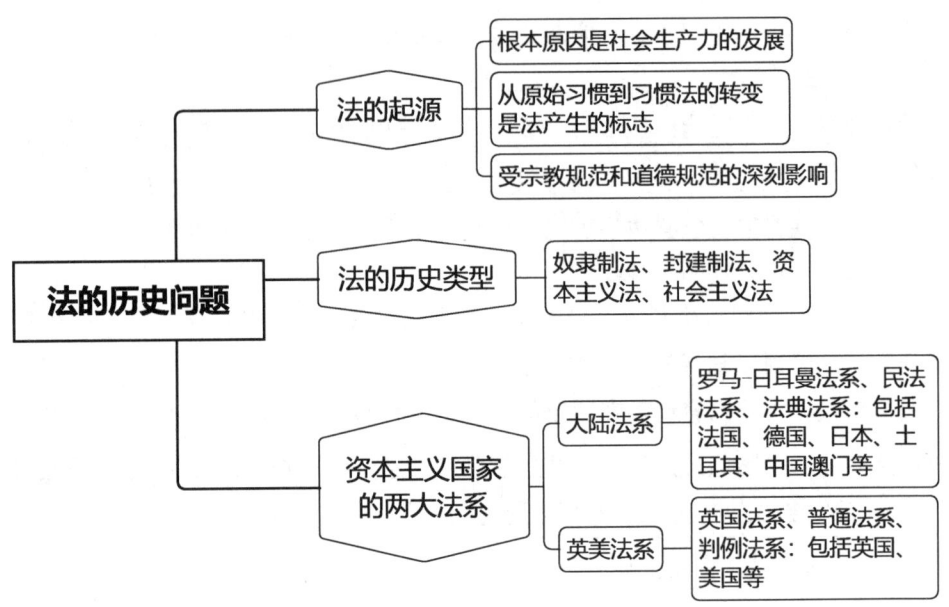

一、法的起源

受经济和社会条件制约,原始社会没有政治、国家和法律,它的社会秩序是通过**原始习惯**的调整来实现的。**法的起源的一般规律:**

(1) 首先,法的起源的**根本原因**是社会生产力的发展。

(2) 法的起源有一个从原始习惯到习惯法,又从习惯法到成文法的演变和发展过程。从原始习惯到习惯法的转变是质的飞跃,标志着法的产生。

(3) 法的起源过程受到宗教规范和道德规范的深刻影响。

二、法的历史类型

原始社会是一个没有法律的社会。与其他四种基本社会形态相适应,依次有四种不同历史类型的法,即奴隶制法、封建制法、资本主义法和社会主义法。

三、资本主义国家的两大法系

所谓**法系**,就是指根据世界上各个国家和地区法律体系的历史传统和外部特征而进行的一种分类,通常把形式上具有一定特点的、属于同一历史传统的若干个国家和地区的法律体系划为同一类别。资本主义国家法律体系分为大陆法系和英美法系。

(1) **大陆法系**。也称罗马－日耳曼法系、民法法系、法典法系等,是指以古罗马法为基础，以 1804 年公布实施的《法国民法典》和 1896 年制定的《德国民法典》为代表的法律。

大陆法系的区域除**法国**、**德国**外，还有中国的澳门特别行政区、日本、土耳其、英国的苏格兰、美国的路易斯安那州、加拿大的魁北克省等。

（2）**英美法系**。又称英国法系、普通法系、判例法系，是指以英国普通法为基础的，以及在其法律传统的影响下所形成的各个国家与地区的法律的总称，以判例法为主要的法律形式。英美法系的范围包括**英国，美国**，曾是英国的殖民地、附属国的许多国家和地区。

习题与解析

习题1.【多选】下列属于普通法系的国家是（　　）
A. 法国　　　　　　　　　　B. 英国
C. 德国　　　　　　　　　　D. 美国

答案：BD。解析：普通法系包括英国、美国等。因此，本题应选 BD 两个选项。

第三节　法的运行问题

一、立法（科学）

所谓**立法**，就是指由特定的主体，依据一定职权和程序、运用一定技术，制定法、认可法、修改法、补充法和废止法这种特定社会规范的活动。立法的基本原则包括：

①宪法原则；
②法治原则；
③民主原则；
④科学原则。

二、执法（严格）

所谓**执法**，就是指以国家的名义对社会进行全面的管理，具有权威性。执法的基本原则包括：

①合法原则；
②合理原则；
③效率原则；
④程序正当原则。

三、司法（公正）

所谓**司法**，就是指司法机关依据法定职权和法定程序，应用法律处理案件的专门活动。人民法院和人民检察院是我国的司法机关，分别行使审判权和检察权。司法的基本原则包括：

①司法法治原则；

②司法平等原则；

③司法独立原则；

④司法责任原则；

⑤司法公正原则。

四、守法（全民）

所谓**守法**，就是指国家机关、社会组织和公民个人依照法的规定，<u>行使权利（权力）和履行义务（职责）的活动</u>。从法的运行来看，**守法的主体最为广泛**。

> **习题与解析**

习题1.【判断】遵守法律就是认真履行法律规定的义务。（　　）

答案：×。解析：<u>守法既包括行使权利，又包括履行义务。</u>

习题2.【多选】法律的运行是一个从创制、实施到实现的过程。这个过程主要包括的环节有（　　）

A. 法律制定　　　　　　　　B. 法律遵守

C. 法律执行　　　　　　　　D. 法律适用

答案：ABCD。解析：<u>法的运行包括立法、守法、执法和司法这个整体过程</u>。因此，本题应选 ABCD 四个选项。

习题3.【单选】在法律运行中，对"守法"的理解不正确的是（　　）

A. 守法是依照法律规定行使权力和权利以及履行职责和义务的活动

B. 守法是指依法履行法律义务，不包括依法享有并行使权利

C. 守法是严格依法办事的活动和状态

D. 守法的主体最为广泛

答案：B。解析：所谓守法就是指国家机关、社会组织和公民个人依照法的规定，行使权利（权力）和履行义务（职责）的活动。从法的运行来看，守法的主体最为广泛。因此，本题应选 B 项。

第四节　法与社会

一、法与经济

经济基础决定法，法服务于经济基础。

二、法与政治

法直接受政治的制约，并为政治服务；法确认和调整政治关系，直接影响政治并促进政治发展。

三、法与国家

国家是法存在和发展的政治基础和强制保障，法是实现国家职能、完善国家机制、巩固与发展国家政权的重要手段和工具，二者相辅相成、无法脱离。

四、法与道德

二者均属社会规范，具有规范性；二者互为促进，但法律由国家强制力保障实施，道德依靠社会舆论和内心自律调整人的行为。

习题与解析

习题1.【单选】下列关于法律与道德关系的表述中，错误的是（　　）

A. 法律和道德都属于社会规范的范畴，均具有规范性

B. 法律由国家强制力保障实施，而道德主要通过社会舆论和内心自律得以实施

C. 违法行为一定是违反道德的，但违反道德的行为不一定都违法

D. 法律和道德可以互为促进

答案：C。解析：许多违法行为，是犯罪行为，同时也是违反道德的行为，但是，有些违法行为却不是违反道德的行为。例如，有些人不领结婚证而"结婚"（实为非法同居），但是在他们的道德观念里，只要办了结婚宴席就可以了，领不领结婚证没有多大关系。同样，有些违反道德的行为也不构成违法行为。例如，一个身强力壮的小伙与身怀六甲的妇女在拥挤的公共汽车上争抢座位，小伙的行为可谓严重违反道德，但法律对他却无可奈何。由此可知，C项的表述是错误的。因此，本题应选C项。

第二章 宪 法[①]

第一节 总 纲

一、宪法的概念和特征

1. **宪法的概念**

所谓**宪法**，就是指国家的**根本法**，具有**最高法律效力**。它规定国家的**根本制度**和根本任务，保障公民的基本权利，集中体现各种政治力量的对比关系，主要指不同阶级之间力量的对比关系。

习题与解析

习题1.【单选】下列关于宪法的说法不正确的是（　　）

A. 宪法是国家所有法律的总和

B. 宪法的变动必然会引起普通法律随之作出相应的修改

C. 宪法具有最高的法律效力

D. 宪法是国家的根本大法

答案：A。解析：宪法并不是国家所有法律的总和。因此，本题应选A项。

习题2.【判断】宪法之所以是国家的根本法，是因为它是全国人民代表大会制定的。（　　）

答案：×。解析：宪法之所以是国家的根本法，是因为它规定了国家的根本制度和根本任务，也规定了公民的基本权利和基本义务等。

2. **宪法的特征**

（1）宪法是国家的根本法

宪法是国家的根本法，主要体现在宪法规定的内容是**最根本**的，宪法的法律效力是**最高**的，宪法的制定和修改程序是**最严格**的。

（2）宪法具有最高法律效力

宪法具有最高法律效力是指法律、法规、规章不能与宪法的规定相抵触。

（3）宪法的制定和修改程序比普通法律更严格

---

① 参看《中华人民共和国宪法》（1982年12月4日施行，2018年3月11日修正）。

全国人大常委会提议或者 1/5 以上的全国人大代表提议，并由全国人大以全体代表的 2/3 以上多数通过；普通法律的制定和修改只需全体代表 1/2 以上通过。

（4）宪法是公民权利的保障书

宪法最主要的价值就是：保障公民的权利，限制国家的权力。

习题与解析

习题 1.【单选】根据我国宪法规定，法律和其他议案由全国人民代表大会以全体代表的（　　）通过。

A. 1/3 以上多数　　　　　　　　B. 过半数
C. 2/3 以上多数　　　　　　　　D. 3/4 以上多数

答案：B。解析：根据我国宪法规定，宪法的修改需要全体代表 2/3 以上多数通过，而普通法律的修改需要过半数通过即可。因此，本题应选 B 项。

习题 2.【单选】根据宪法规定，下列有权提议修改宪法的主体是（　　）

A. 中共中央　　　　　　　　　　B. 全国人大常委会
C. 国家主席　　　　　　　　　　D. 全国人大主席团

答案：B。解析：根据宪法的相关规定，1/5 以上全国人大代表提议或者全国人大常委会提议可以修改宪法。因此，本题应选 B 项。

习题 3.【多选】宪法的特征主要有（　　）

A. 宪法具有最高效力　　　　　　B. 宪法规定国家的根本性问题
C. 宪法的制定要通过特定的程序　D. 宪法的修改要通过特定的程序

答案：ABCD。解析：四个选项都是我国宪法的基本特征。因此，本题应选 ABCD 四个选项。

习题 4.【多选】下列属于国家宪法制定和修改程序组成部分的是（　　）

A. 1/5 以上的全国人大代表提议　　B. 全国人大常委会提议
C. 全体到会代表的 2/3 以上多数通过　D. 全体代表 2/3 以上多数通过

答案：ABD。解析：宪法修改应由全体人大代表 2/3 以上多数通过，而不是全体到会代表的 2/3。因此，本题应选 ABD 三个选项。

3. 宪法的几个常识问题

1. 世界上第一部资本主义性质的宪法性文件	1215 年英国《自由大宪章》
2. 世界上第一部成文宪法	1787 年美国宪法
3. 欧洲大陆第一部成文宪法	1791 年法国宪法
4. 世界历史上第一部社会主义性质宪法	1918 年苏俄宪法
5. 我国第一部社会主义性质宪法	1954 年宪法

二、宪法的基本原则

1. 人民主权原则	也叫主权在民原则,在社会主义国家也叫权力属于人民的原则
2. 基本人权原则	2004 年宪法修正案中指出:"国家尊重和保障人权。"
3. 法治原则	1999 年宪法修正案中指出:"中华人民共和国实行**依法治国**,建设社会主义法治国家。"
4. 权力制约原则	在资本主义社会,实行三权分立;在社会主义社会,人民政府、监察委员会、人民法院、人民检察院相互监督、相互制约

习题与解析

习题 1.【单选】我国在历届宪法中都规定了公民的基本权利和义务,2004 年我国宪法修改时引入人权概念,增加规定"国家尊重和保障人权"。它体现的宪法基本原则是( )

A. 人民主权原则　　　　　　　　B. 基本人权原则
C. 权力制约原则　　　　　　　　D. 法治原则

答案:B。解析:2004 年宪法修正案中指出:"国家尊重和保障人权。"这体现了我国宪法的基本人权原则。因此,本题应选 B 项。

《中华人民共和国宪法》**第一条**:"中华人民共和国是工人阶级领导的、以工农联盟为基础的人民民主专政的社会主义国家。**社会主义制度**是中华人民共和国的**根本制度**。**中国共产党领导**是中国特色社会主义**最本质**的特征。禁止任何组织或者个人破坏社会主义制度。"需要注意:

国　体	人民民主专政
政　体	人民代表大会制度
根本政治制度	人民代表大会制度
根本制度	社会主义制度

《中华人民共和国宪法》**第二条**:"中华人民共和国的一切权力属于**人民**。人民行使**国家权力的机关**是全国人民代表大会和地方各级人民代表大会。人民依照法律规定,通过各种途径和形式,管理国家事务,管理经济和文化事业,管理社会事务。"

《中华人民共和国宪法》**第三条**:"中华人民共和国的国家机构实行**民主集中制**的原则。全国人民代表大会和地方各级人民代表大会都由民主选举产生,对人民负责,受人民监督。**国家行政机关、监察机关、审判机关、检察机关**都由人民代表大会产生,对它负责,受它监督。中央和地方的国家机构职权划分,遵循在中央的统一领导下,充分发挥地方的**主动性、积极性**的原则。"

习题与解析

习题1.【单选】中央和地方的国家机构职权的划分,所遵循的原则是( )

A. 在中央的统一领导下,充分发挥地方的主动性、积极性

B. 在中央的统一领导下,充分发挥地方的主动性、创造性

C. 在中央的统一领导下,充分发挥地方的自主性、积极性

D. 在中央的统一领导下,充分发挥地方的自主性、创造性

答案:A。解析:《中华人民共和国宪法》第三条规定,中央和地方国家机构职权的划分遵循在中央的统一领导下,充分发挥地方的主动性、积极性的原则。因此,本题应选A项。

《中华人民共和国宪法》第四条:中华人民共和国各民族一律平等。国家保障各少数民族的合法的权利和利益,维护和发展各民族的平等团结互助和谐关系。各少数民族聚居的地方实行区域自治,设立自治机关,行使自治权。各民族自治地方都是中华人民共和国不可分离的部分。

习题与解析

习题1.【判断】宪法规定,各少数民族居住的地方实行区域自治,设立自治机关,行使自治权。( )

答案:×。解析:聚居与居住是两个不同的概念,聚居指少数民族集中连片聚集的意思。

《中华人民共和国宪法》第九条:"矿藏、水流、森林、山岭、草原、荒地、滩涂等自然资源,都属于国家所有,即全民所有;由法律规定属于集体所有的森林和山岭、草原、荒地、滩涂除外。"

《中华人民共和国宪法》第十条:城市的土地属于国家所有。农村和城市郊区的土地,除由法律规定属于国家所有的以外,属于集体所有;宅基地和自留地、自留山,也属于集体所有。

国家为了公共利益的需要,可以依照法律规定对土地实行征收或者征用并给予补偿。

任何组织或者个人不得侵占、买卖或者以其他形式非法转让土地。土地的使用权可以依照法律的规定转让。

《中华人民共和国宪法》第十二条:"社会主义的公共财产神圣不可侵犯。"

《中华人民共和国宪法》第十三条:"公民的合法的私有财产不受侵犯。"

《中华人民共和国宪法》第二十四条:"国家倡导社会主义核心价值观,提倡爱祖国、爱人民、爱劳动、爱科学、爱社会主义的公德,在人民中进行爱国主义、集体主义和国际主义、共产主义的教育,进行辩证唯物主义和历史唯物主义的教育,反对资本主义的、封建主义的和其他的腐朽思想。"

《中华人民共和国宪法》第二十七条:"国家工作人员就职时应当依照法律规定公开进行宪法宣誓。"

我国现阶段的所有制形式：

肯定国有	矿藏，水流，海域，城市的土地，无居民海岛，法律规定属于国家所有的野生动植物资源，法律规定属于国家的文物，遗失物自发布招领公告之日起一年内无人认领的归国家所有，国防资产，无线电频谱资源
肯定集体	宅基地和自留地、自留山
国家或集体	农村和城市郊区的土地，森林、山岭、草原、荒地、滩涂等自然资源

习题与解析

习题1.【多选】下列表述符合我国宪法规定的有（　　）

A. 退休人员的生活受到国家和社会的保障

B. 土地所有权可以依照法律的规定转让

C. 国家禁止破坏民族团结和创造民族分裂的行为

D. 我国国家机构实行民主集中制原则

答案：ACD。解析：《中华人民共和国宪法》第十条规定，土地所有权不可以转让，土地使用权可以依法转让。其他三项的表述都符合宪法的规定。因此，本题应选ACD三个选项。

习题2.【单选】下列哪项不专属于国家所有（　　）

A. 矿藏　　　　　　　　B. 水流

C. 草原　　　　　　　　D. 城市的土地

答案：C。解析：《中华人民共和国宪法》第九条规定，矿藏、水流、森林、山岭、草原、荒地、滩涂等自然资源，都属于国家所有，即全民所有；由法律规定属于集体所有的森林和山岭、草原、荒地、滩涂除外。因此，本题应选C项。

习题3.【判断】我国宪法规定，公民的合法私有财产不受侵犯。（　　）

答案：√。解析：《中华人民共和国宪法》第十三条规定，公民的合法的私有财产不受侵犯。国家为了公共利益的需要，可以依照法律规定对公民的私有财产实行征收或者征用并给予补偿。

第二节　公民的基本权利和基本义务

所谓公民，也称国民，就是指具有某个国家国籍的自然人。

《中华人民共和国宪法》第三十三条："凡具有中华人民共和国国籍的人都是中华人民共和国公民。"

一、公民的基本权利

平等权	《中华人民共和国宪法》第三十三条："中华人民共和国公民在法律面前一律平等。国家尊重和保障人权。任何公民享有宪法和法律规定的权利，同时必须履行宪法和法律规定的义务。"
政治权利和政治自由	《中华人民共和国宪法》第三十四条："中华人民共和国年满十八周岁的公民，不分民族、种族、性别、职业、家庭出身、宗教信仰、教育程度、财产状况、居住期限，都有选举权和被选举权；但是依照法律被剥夺政治权利的人除外。"
	《中华人民共和国宪法》第三十五条："中华人民共和国公民有言论、出版、集会、结社、游行、示威的自由。"
宗教信仰自由	《中华人民共和国宪法》第三十六条："中华人民共和国公民有宗教信仰自由。""任何国家机关、社会团体和个人不得强制公民信仰宗教或者不信仰宗教，不得歧视信仰宗教的公民和不信仰宗教的公民。"
人身自由	《中华人民共和国宪法》第三十七条："中华人民共和国公民的人身自由不受侵犯。"
人格尊严	《中华人民共和国宪法》第三十八条："中华人民共和国公民的人格尊严不受侵犯。禁止用任何方法对公民进行侮辱、诽谤和诬告陷害。"
住宅不受侵犯	《中华人民共和国宪法》第三十九条："中华人民共和国公民的住宅不受侵犯。禁止非法搜查或者非法侵入公民的住宅。"
通信自由通信秘密	《中华人民共和国宪法》第四十条："中华人民共和国公民的通信自由和通信秘密受法律的保护。除因国家安全或者追查刑事犯罪的需要，由公安机关或者检察机关依照法律规定的程序对通信进行检查外，任何组织或者个人不得以任何理由侵犯公民的通信自由和通信秘密。"
诉愿权	《中华人民共和国宪法》第四十一条："中华人民共和国公民对任何国家机关和国家工作人员，有提出批评和建议的权利；对于任何国家机关和国家工作人员的违法失职行为，有向有关国家机关提出申诉、控告或者检举的权利，但是不得捏造或者歪曲事实进行诬告陷害。"
劳动权	《中华人民共和国宪法》第四十二条："中华人民共和国公民有劳动的权利和义务。"
劳动者的休息权	《中华人民共和国宪法》第四十三条："中华人民共和国劳动者有休息的权利。""国家发展劳动者休息和休养的设施，规定职工的工作时间和休假制度。"

退休人员生活保障权	《中华人民共和国宪法》第四十四条:"国家依照法律规定实行企业事业组织的职工和国家机关工作人员的退休制度。退休人员的生活受到国家和社会的保障。"
物质帮助权	《中华人民共和国宪法》第四十五条:"中华人民共和国公民在<u>年老、疾病</u>或者<u>丧失劳动能力</u>的情况下,有从国家和社会获得物质帮助的权利。"
受教育权	《中华人民共和国宪法》第四十六条:"<u>中华人民共和国公民有受教育的权利和义务</u>。"

习题与解析

习题1.【多选】某区进行人大代表选举,经选举委员会确认,下列人员依法不具有选举权和被选举权的有( )

A. 李某,因冒充警察招摇撞骗依法被剥夺政治权利,正在执行刑罚

B. 肖某,17周岁,某市重点中学学生

C. 戴维,美国人,在某外国公司驻京代表处任首席代表

D. 蒋某,因吸毒被公安机关强制隔离戒毒

答案:ABC。解析:宪法规定,依法被剥夺政治权利的人不具有选举权和被选举权,选项A符合题意;不满18周岁的肖某也不具备选举的权利,选项B符合题意;戴维,是美国人,不具备选举的权利,选项C符合题意;蒋某虽然被强制戒毒,但依然具有选举权和被选举权。因此,本题应选ABC三个选项。

习题2.【单选】根据我国宪法,下列表述错误的是( )

A. 一切组织和个人都负有实施宪法和保证宪法实施的职责

B. 我国在普通地方、民族自治地方和特别行政区建立了相应的地方制度

C. 为追查刑事犯罪,公安机关、检察机关、审判机关可依法对公民的通信进行检查

D. 我国形成了人民代表大会制度、中国共产党领导的多党合作和政治协商制度以及基层群众自治制度等民主形式

答案:C。解析:《中华人民共和国宪法》第四十条规定,除因国家安全或者追查刑事犯罪的需要,由公安机关或者检察机关依照法律规定的程序对通信进行检查外,任何组织或者个人不得以任何理由侵犯公民的通信自由和通信秘密。在刑事诉讼中为了国家安全的需要,公安机关和检察机关可以依法对公民的通信内容进行检查,但这种检查要严格依据法定程序,防止滥用侵犯公民合法权利。ABD三项均正确,C选项说法错误。因此,本题应选C项。

习题3.【单选】《中华人民共和国宪法》规定,中华人民共和国公民有劳动的( )

A. 权利　　　　　　　　　　B. 权利和义务

C. 权利和责任　　　　　　　D. 责任

答案：B。解析：《中华人民共和国宪法》第四十二条规定："中华人民共和国公民有劳动的权利和义务。"因此，本题应选 B 项。

习题 4.【单选】根据《中华人民共和国宪法》规定，下列选项中不是公民获得物质帮助权条件的是（ ）

A. 公民在年老时　　　　　　　B. 公民在疾病时

C. 公民在遭受自然灾害时　　　D. 公民在丧失劳动能力时

答案：C。解析：《中华人民共和国宪法》第四十五条规定："中华人民共和国公民在年老、疾病或者丧失劳动能力的情况下，有从国家和社会获得物质帮助的权利。"因此，本题应选 C 项。

习题 5.【单选】根据《中华人民共和国宪法》规定，下列有关公民基本权利的宪法保护的表述，（ ）是正确的。

A. 一切公民都有选举权和被选举权

B. 宪法规定了对华侨、归侨权益的保护，但没有规定对侨眷权益的保护

C. 宪法对建立劳动者休息和休养的设施未加以规定

D. 公民合法财产的所有权和私有财产的继承权规定在宪法"总纲"部分

答案：D。解析：年满十八周岁的我国公民且没有被剥夺政治权利的均有选举权和被选举权，选项 A 错误；宪法不仅规定了对华侨、归侨权益的保护，还规定了对侨眷合法权益的保护，选项 B 错误；宪法明确规定建立劳动者休息和休养的设施，选项 C 错误；公民合法财产的所有权和私有财产的继承权在宪法"总纲"部分被明确规定。因此，本题应选 D 项。

二、公民的基本义务

《中华人民共和国宪法》第四十九条：夫妻双方有实行计划生育的义务；父母有抚养教育未成年子女的义务，成年子女有赡养扶助父母的义务。

《中华人民共和国宪法》第五十二条：维护国家统一和民族团结。

《中华人民共和国宪法》第五十三条：遵守宪法和法律，保守国家秘密，爱护公共财产，遵守劳动纪律，遵守公共秩序，尊重社会公德。

《中华人民共和国宪法》第五十四条：维护祖国的安全、荣誉和利益。

《中华人民共和国宪法》第五十五条：依法服兵役和参加民兵组织。

《中华人民共和国宪法》第五十六条：依法纳税。

习题与解析

习题 1.【单选】根据现行《中华人民共和国宪法》规定，关于公民权利和自由，下列说法正确的是（ ）

A. 劳动、受教育和依法服兵役既是公民的基本权利又是公民的基本义务

B. 休息权的主体是全体公民

C. 公民在年老、疾病或丧失劳动能力的情况下，没有从国家和社会获得物质帮助的权利

D. 2004年宪法修正案规定，国家尊重和保障人权

答案：D。解析：A项中，劳动、受教育既是公民的基本权利又是公民的基本义务，但是服兵役是公民的义务而非权利，A项错误。《中华人民共和国宪法》第四十三条规定，中华人民共和国劳动者有休息的权利。可见休息权的主体是劳动者而非全体公民，B项错误。《中华人民共和国宪法》第四十五条规定，中华人民共和国公民在年老、疾病或者丧失劳动能力的情况下，有从国家和社会获得物质帮助的权利，C项错误。2004年宪法修正案第二十四条和《中华人民共和国宪法》第三十三条规定，国家尊重和保障人权。因此，本题应选D项。

习题2.【单选】我国宪法规定了公民的基本权利和义务，公民在法律面前一律平等。下列关于我国公民基本权利的表述，不正确的是（ ）

A. 国家培养和选拔妇女干部，实行男女同工同酬

B. 年满18周岁，未被剥夺政治权利的中国公民均享有选举权和被选举权

C. 社会经济文化教育方面的权利不包括公民年老、疾病、丧失劳动能力时的物质帮助权

D. 国家保护华侨的正当权益，保护归侨和侨眷的合法权益

答案：C。解析：宪法明确规定了社会经济文化教育方面的权利包括公民年老、疾病、丧失劳动能力时的物质帮助权。其他三个选项都符合宪法规定。因此，本题应选C项。

习题3.【多选】宪法规定我国公民基本义务有（ ）

A. 依法纳税　　　　　　　　B. 保卫祖国

C. 依法服兵役　　　　　　　D. 参加民兵组织

答案：ABCD。解析：《中华人民共和国宪法》规定，保卫祖国、依法服兵役和参加民兵组织、依法纳税都是公民的基本义务。因此，本题应选ABCD四个选项。

第三节　国家机构

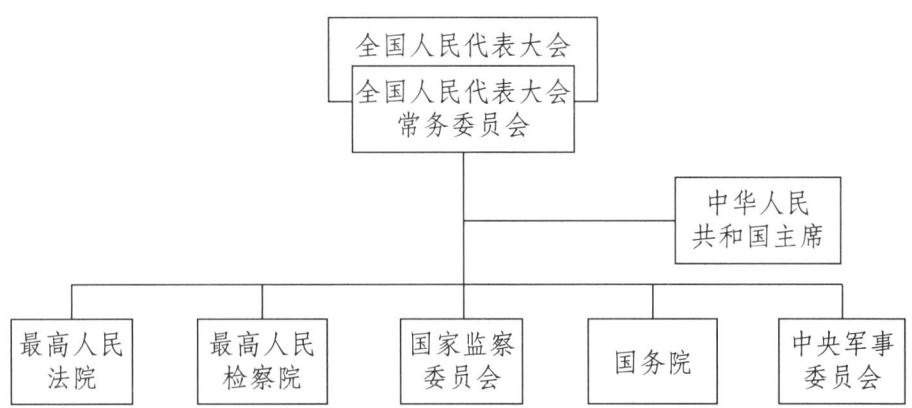

1. 党的机关	各级党组织
2. 国家权力机关	全国人民代表大会和地方各级人民代表大会及其常委会
3. 国家行政机关	国务院和各级人民政府（省、市、县、乡）及其各部门
4. 国家监察机关	国家监察委员会及省、市、县各级监察委员会
5. 国家审判机关	最高人民法院、地方各级人民法院和专门人民法院
6. 国家检察机关	最高人民检察院、地方各级人民检察院和专门人民检察院
7. 爱国统一战线组织	全国政协和地方各级政协
8. 基层群众自治组织	村民委员会、居民委员会
9. 人民团体	工会、妇联、共青团等

一、全国人民代表大会

全国人民代表大会是我国**最高国家权力机关**，具有最高立法权、最高决定权、最高任免权、最高监督权。

全国人民代表大会常务委员会是常设机关，全国人大闭会期间行使国家权力，与全国人大之间是**隶属关系**。

《中华人民共和国宪法》第六十五条："全国人民代表大会常务委员会由下列人员组成：委员长，副委员长若干人，秘书长，委员若干人。全国人民代表大会常务委员会组成人员中，应当有适当名额的**少数民族代表**。全国人民代表大会**选举**并有权罢免全国人民代表大会常务委员会的组成人员。全国人民代表大会常务委员会的组成人员不得担任国家行政机关、监察机关、审判机关和检察机关的职务。"其中，委员长、副委员长连续任职不得超过两届。

《中华人民共和国宪法》第六十九条："全国人民代表大会常务委员会对全国人民代表大会负责并报告工作。"全国人民代表大会常务委员会每届任期同全国人民代表大会每届任期相同，都是5年。

《中华人民共和国全国人民代表大会和地方各级人民代表大会选举法》第十六条："全国人民代表大会代表的名额不超过三千人。"

《中华人民共和国宪法》第六十二条规定，全国人民代表大会行使下列职权：

（一）**修改宪法**；

（二）**监督宪法的实施**；

（三）制定和修改刑事、民事、国家机构的和其他的**基本法律**；

（四）**选举中华人民共和国主席、副主席**；

（五）根据**中华人民共和国主席**的提名，**决定**国务院总理的人选；根据国务院总理的提名，**决定**国务院副总理、国务委员、各部部长、各委员会主任、审计长、秘书长的人选；

（六）**选举**中央军事委员会主席；根据中央军事委员会主席的提名，**决定**中央军事委员会其他组成人员的人选；

（七）**选举国家监察委员会主任**；

（八）**选举最高人民法院院长**；

（九）**选举最高人民检察院检察长**；

（十）审查和批准国民经济和社会发展计划和计划执行情况的报告；

（十一）审查和批准国家的预算和预算执行情况的报告；

（十二）改变或者撤销全国人民代表大会常务委员会不适当的决定；

（十三）**批准省、自治区和直辖市的建置**；

（十四）**决定特别行政区的设立及其制度**；

（十五）**决定战争和和平的问题**；

（十六）应当由最高国家权力机关行使的其他职权。

注意：

1. 由全国人大**选举**产生：选举国家主席、副主席，选举中央军事委员会主席，选举全国人大常委会委员长、副委员长、秘书长和委员，选举国家监察委员会主任，选举最高人民法院院长，选举最高人民检察院检察长。

2. 由全国人大**决定**产生：根据中华人民共和国主席的提名，决定国务院总理的人选；根据国务院总理的提名，决定国务院副总理、国务委员、各部部长、各委员会主任、审计长、秘书长的人选；根据中央军事委员会主席的提名，决定中央军事委员会其他组成人员的人选。

选举产生使用**选举票**，对选举票上的候选人，代表可以表示赞成、反对（可另选他人）、弃权；决定产生使用**表决票**，对表决票上的人选，代表可以表示赞成、反对（不能另提人选)、弃权。

《中华人民共和国宪法》第六十七条规定，全国人民代表大会常务委员会行使下列职权：

（一）**解释宪法，监督宪法的实施**；

（二）制定和修改除应当由全国人民代表大会制定的法律以外的其他法律；

（三）在全国人民代表大会闭会期间，对全国人民代表大会制定的法律进行部分补充和修改，但是不得同该法律的基本原则相抵触；

（四）**解释法律**；

（五）在全国人民代表大会闭会期间，审查和批准国民经济和社会发展计划、国家预算在执行过程中所必须作的部分调整方案；

（六）监督国务院、中央军事委员会、国家监察委员会、最高人民法院和最高人民检察院的工作；

（七）**撤销**国务院制定的同宪法、法律相抵触的行政法规、决定和命令；

（八）**撤销**省、自治区、直辖市国家权力机关制定的同宪法、法律和行政法规相抵触的地方性法规和决议；

（九）在全国人民代表大会闭会期间，根据国务院总理的提名，**决定**部长、委员会主任、审计长、秘书长的人选；

（十）在全国人民代表大会闭会期间，根据中央军事委员会主席的提名，决定中央军事委员会其他组成人员的人选；

（十一）根据国家监察委员会主任的提请，任免国家监察委员会副主任、委员；

（十二）根据最高人民法院院长的提请，任免最高人民法院副院长、审判员、审判委员会委员和军事法院院长；

（十三）根据最高人民检察院检察长的提请，任免最高人民检察院副检察长、检察员、检察委员会委员和军事检察院检察长，并且批准省、自治区、直辖市的人民检察院检察长的任免；

（十四）决定驻外全权代表的任免；

（十五）决定同外国缔结的条约和重要协定的批准和废除；

（十六）规定军人和外交人员的衔级制度和其他专门衔级制度；

（十七）**规定和决定授予国家的勋章和荣誉称号**；

（十八）**决定特赦**；

（十九）在全国人民代表大会闭会期间，如果遇到国家遭受武装侵犯或者必须履行国际间共同防止侵略的条约的情况，决定战争状态的宣布；

（二十）**决定全国总动员或者局部动员**；

（二十一）**决定全国或者个别省、自治区、直辖市进入紧急状态**；

（二十二）全国人民代表大会授予的其他职权。

习题与解析

习题1.【多选】全国人民代表大会的职权不包括（ ）

A. 立法权　　　　　　　　　　B. 司法权

C. 执法权　　　　　　　　　　D. 监督权

答案：BC。解析：全国人民代表大会是我国最高国家权力机关，具有最高立法权、最高决定权、最高任免权、最高监督权。因此，本题应选 BC 两个选项。

习题2.【单选】在我国，人大代表是通过会议的方式依法集体行使职权，而不是每个代表个人直接去处理问题。下列权力中属于我国人大代表职权的是（ ）

A. 立法权、决定权、任免权和监督权　　B. 审议权、表决权、提案权和质询权

C. 知情权、参与权、表达权和监督权　　D. 批评权、建议权、申诉权和控告权

答案：B。解析：在我国，人大代表依法享有的职权为审议权、表决权、提案权和质询权。《中华人民共和国全国人民代表大会和地方各级人民代表大会选举法》第四十八条规定：公民不得同时担任两个以上无隶属关系的行政区域的人民代表大会代表。也就是说，公民可以在有行政隶属关系的两个不同级地方人大同时担任人大代表，如某公民担任省级人大代表同时又是该省某县人大代表。因此，本题应选 B 项。

习题3.【单选】全国人大常委会与全国人大属于（ ）

A. 隶属关系　　　　　　　　　B. 代理关系

C. 平行关系　　　　　　　　　D. 委托关系

答案：A。解析：全国人民代表大会常务委员会是常设机关，全国人大闭会期间行使国家权力，与全国人大之间是隶属关系。因此，本题应选 A 项。

习题4.【单选】《中华人民共和国立法法》规定，法律的解释权归（ ）

A. 全国人民代表大会　　　　　B. 全国人民代表大会常务委员会

C. 国务院　　　　　　　　　　D. 最高人民法院

答案：B。解析：《中华人民共和国宪法》第六十七条规定，全国人民代表大会常务委员会负责解释宪法和法律。因此，本题应选 B 项。

习题5.【单选】根据我国国防动员法的有关规定，在国家的主权、统一、领土完整和安全遭受威胁时，决定全国总动员或局部动员和发布动员令的分别是（ ）

A. 全国人民代表大会、国务院总理

B. 国家主席、国务院总理

C. 全国人民代表大会常务委员会、国家主席

D. 全国人民代表大会常务委员会委员长、国家主席

答案：C。解析：全国人民代表大会常务委员会有解释宪法和法律、任免驻外全权代表、决定特赦、决定全国总动员或者局部动员、决定全国或者个别省、自治区、直辖市进入紧急状态的权力。动员令由国家主席发布。因此，本题应选 C 项。

习题6.【单选】按照完善我国人民代表大会制度的要求，人大代表中比例要提高的

是（ ）

A. 基层人大代表　　　　　　B. 工商界人大代表
C. 体育界人大代表　　　　　　D. 党政领导干部代表

答案：A。解析：根据人大代表制度的相关要求，我国要进一步提高基层人大代表的比例，降低党政领导干部人大代表的比例。因此，本题应选 A 项。

习题 7.【单选】下列不属于国家机构组成部分的是（ ）

A. 全国人大常委会　　　　　　B. 国家主席
C. 全国政协　　　　　　　　　D. 国务院

答案：C。解析：政协是爱国统一战线组织，不属于国家机构。因此，本题应选 C 项。

习题 8.【单选】重庆直辖市的建置是由下列哪个机构通过的（ ）

A. 国务院　　　　　　　　　　B. 全国人民代表大会常务委员会
C. 全国人民代表大会　　　　　D. 国家主席

答案：C。解析：《中华人民共和国宪法》第六十二条规定，全国人民代表大会有权批准省、自治区和直辖市的建置。因此，本题应选 C 项。

习题 9.【单选】根据宪法规定，有权修改宪法的国家机关是（ ）

A. 国务院　　　　　　　　　　B. 全国政协
C. 全国人大　　　　　　　　　D. 全国人民代表大会常务委员会

答案：C。解析：《中华人民共和国宪法》第六十二条规定，全国人民代表大会有权修改宪法。因此，本题应选 C 项。

习题 10.【单选】全国人大常委会有权（ ）国务院制定的同宪法、法律相抵触的行政法规、决定和命令。

A. 改变　　　　　　　　　　　B. 撤销
C. 改变或撤销　　　　　　　　D. 发回

答案：B。解析：全国人大常委会与国务院之间是监督关系，全国人大及其常委会与地方各级人大及其常委会之间也是监督关系，所以只能撤销不能改变；全国人大与全国人大常委会之间是隶属关系，所以既可以改变也可以撤销。因此，本题应选 B 项。

习题 11.【单选】关于人大代表的选举，党的十七大建议逐步实行（ ）

A. 阶层按相同人口比例选举人大代表　　B. 行政区划按相同人口比例选举人大代表
C. 职业按相同人口比例选举人大代表　　D. 城乡按相同人口比例选举人大代表

答案：D。解析：党的十七大报告建议城乡按相同人口比例选举人大代表。因此，本题应选 D 项。

二、中华人民共和国主席

国家主席是我国的**国家元首**，是一个国家机关，包括国家主席和副主席，是我国国家机构的重要组成部分。

《中华人民共和国宪法》第七十九条	中华人民共和国主席、副主席由全国人民代表大会**选举**
	有选举权和被选举权的年满**四十五周岁**的中华人民共和国公民可以被选为中华人民共和国主席、副主席。中华人民共和国主席、副主席每届任期同全国人民代表大会每届任期相同。国家主席同全国人大及常委会结合行使职权，主要采取主席令的形式
《中华人民共和国宪法》第八十四条	中华人民共和国主席缺位的时候，由副主席**继任**主席的职位。中华人民共和国副主席缺位的时候，由全国人民代表大会**补选**。中华人民共和国主席、副主席都缺位的时候，由全国人民代表大会补选；在补选前，由全国人民代表大会常务委员会委员长暂时**代理**主席职位

习题与解析

习题 1.【判断】根据宪法，中华人民共和国主席需要向全国人民代表大会报告工作。（　）

答案：×。解析：国家主席同全国人大及常委会结合行使职权，主要采取主席令的形式。

三、国务院

《中华人民共和国宪法》第八十五条：中华人民共和国国务院，即中央人民政府，是最高国家权力机关的**执行机关**，是**最高国家行政机关**。

1. 国务院的组成和任期

总理、副总理若干人、国务委员若干人、各部部长、各委员会主任、审计长、秘书长组成。每届任期5年，总理、副总理、国务委员连续任职不得超过两届。

2. 国务院的领导体制和工作制度

在我国，1982年宪法**首次确认**实行总理负责制，副总理、国务委员协助总理。各部委实行部长、主任负责制。

国务院会议分为国务院全体会议和国务院常务会议。

总理、副总理、国务委员、秘书长组成国务院常务会议。

3. 国务院的职权

（1）制定**行政法规**，发布决定、命令；

（2）向全国人大或常委会提出议案；

（3）**领导各部委和全国地方各级国家行政机关工作**；

（4）管理权；

（5）任免权；

（6）**依照法律规定决定省、自治区、直辖市的范围内部分地区进入紧急状态**；

（7）**改变**或者**撤销**各部、委、地方各级国家行政机关的不适当的决定和命令。

注意：

1. **全国人大有权批准省、自治区和直辖市的建置**；**国务院**有权批准省、自治区和直辖市的**区域划分**，批准自治州、县、自治县、市的**建置和区域划分**；省级人民政府有权批准乡、镇的建置和区域划分。

2. **全国人大常委会有权决定全国或者个别省、自治区、直辖市进入紧急状态**，**国务院**有权依照法律规定决定省、自治区、直辖市的范围内**部分地区进入紧急状态**。

《中华人民共和国宪法》第九十二条：国务院对全国人民代表大会负责并报告工作；在全国人民代表大会闭会期间，对全国人民代表大会常务委员会负责并报告工作。

习题与解析

习题1.【单选】我国有权制定行政法规的主体，限于（　　）

A. 国务院

B. 国务院和省级人民政府

C. 国务院及国务院各部、各委员会

D. 国务院和省级人民政府及较大市的人民政府

答案：A。解析：《中华人民共和国立法法》第五十六条规定国务院根据宪法和法律，制定行政法规。行政法规由总理签署、国务院令公布。因此，本题应选A项。

习题2.【单选】现行宪法规定，国务院对各部、各委员会发布的不适当命令、指示和规章有权（　　）

A. 改变　　　　　　　　　　B. 发回

C. 改变或者撤销　　　　　　D. 撤销

答案：C。解析：《中华人民共和国宪法》第八十九条规定，国务院的职权之一是改变或者撤销各部、各委员会发布的不适当命令、指示和规章。因此，本题应选C项。

习题3.【单选】下列属于国家行政机关的是（　　）

A. 县人大常委会　　　　　　B. 县人民法院

C. 县人民检察院　　　　　　D. 县司法局

答案：D。解析：人大常委会属于权力机关，人民法院属于审判机关，人民检察院属于检察机关，而县司法局属于行政机关。因此，本题应选D项。

习题4.【单选】（　　）有权决定省、自治区、直辖市范围内部分地区进入紧急状态。

A. 省、自治区、直辖市人民政府　　B. 国务院

C. 全国人民代表大会常务委员会　　D. 全国人民代表大会

答案：B。解析：全国人大常委会有权决定全国或者个别省、自治区、直辖市进入紧急状态，而国务院有权决定省、自治区、直辖市范围内部分地区进入紧急状态。因此，本题应选B项。

习题5.【判断】我国地方各级人民政府都是在国务院统一领导下的国家行政机关，都要服从国务院领导。（　　）

答案：√。解析：宪法规定我国地方各级人民政府都是在国务院统一领导下的国家行政机关，都要服从国务院领导。

四、中央军事委员会

中华人民共和国中央军事委员会领导全国武装力量，包括中国人民解放军和人民武装警察部队。

《中华人民共和国宪法》第九十四条：中央军事委员会主席对全国人民代表大会和全国人民代表大会常务委员会**负责**。

中国共产党中央军事委员会主席和中华人民共和国中央军事委员会主席一般都由中共中央总书记，也就是国家主席兼任，是同一个人。

中华人民共和国中央军事委员会主席及副主席、委员的连任届数在宪法里并没有限制，是一个不受宪法及法律所规限的职务。

习题与解析

习题1.【判断】中央军委领导全国武装力量，它有权决定战争与和平等有关国家政治生活的重大问题。（　）

答案：×。解析：全国人大有权决定战争与和平。

习题2.【多选】我国现行宪法规定，连续任职不得超过两届的有（　）

A. 国家主席　　　　　　　　　B. 全国人大常委会委员长

C. 中央军委主席　　　　　　　D. 国务院总理

答案：BD。解析：国家主席和副主席、中央军委主席、政协主席任职没有届数限制。因此，本题应选 BD 两个选项。

五、地方各级人民代表大会和地方各级人民政府

《中华人民共和国宪法》第九十六条	地方各级人民代表大会是地方国家权力机关，本级国家行政机关、监察机关、审判机关和检察机关都由它产生，在本行政区域内对它负责、受它监督。**县级以上地方各级人民代表大会设立常务委员会**
《中华人民共和国宪法》第一百一十一条	居民委员会和村民委员会是基层群众自治组织，不属于国家机关
《中华人民共和国地方各级人民代表大会和地方各级人民政府组织法》第五十五条	地方各级人民政府对本级人民代表大会和上一级国家行政机关负责并报告工作。全国地方各级人民政府都是国务院统一领导下的国家行政机关，都服从国务院

全国以及地方各级人民代表大会之间，没有组织上的上下级领导与被领导的关系，它们之间的关系是：法律上的监督关系、业务上的指导关系、工作上的联系关系。

习题与解析

习题1.【单选】在我国,乡、民族乡、镇人民政府与村民委员会的关系是( )

A. 领导与被领导关系　　　　　　B. 委托与被委托关系

C. 监督与被监督关系　　　　　　D. 指导与被指导关系

答案:D。解析:乡、民族乡、镇是一级政府机构,村民委员会是基层群众自治组织。乡、民族乡、镇人民政府与村民委员会之间是指导与被指导关系。因此,本题应选 D 项。

习题2.【单选】我国最基层人民政府是( )

A. 乡(镇)人民政府　　　　　　B. 街道办事处

C. 县人民政府　　　　　　　　　D. 村民委员会

答案:A。解析:我国的基层人民政府是乡、镇人民政府,街道办事处属于派出机关,而村民委员会属于基层群众自治组织。因此,本题应选 A 项。

习题3.【单选】根据宪法的规定,地方各级人民代表大会代表每届任期是( )

A. 1 年　　　　　　　　　　　　B. 3 年

C. 5 年　　　　　　　　　　　　D. 10 年

答案:C。解析:我国宪法规定,地方各级人民代表大会的代表每届的任期均是 5 年。因此,本题应选 C 项。

习题4.【单选】根据宪法规定,下列不属于国家机构的是( )

A. 全国人民代表大会　　　　　　B. 乡政府

C. 军事法院　　　　　　　　　　D. 村民委员会

答案:D。解析:村委会属于基层群众自治组织。因此,本题应选 D 项。

习题5.【多选】下列关于乡镇人民政府与村委会关系的观点中,正确的有( )

A. 村民委员会是乡镇人民政府的派出机关

B. 乡镇人民政府是村民委员会的上级领导机关

C. 乡镇人民政府指导、支持和帮助村民委员会的工作

D. 村民委员会协助乡镇人民政府开展工作

答案:CD。解析:村民委员会是基层群众自治组织,不是乡政府的派出机关,乡政府也不是村委会的上级领导机关。因此,本题应选 CD 两个选项。

六、监察委员会

《中华人民共和国宪法》第一百二十四条	中华人民共和国设立国家监察委员会和地方各级监察委员会。监察委员会主任每届任期同本级人民代表大会每届任期相同。国家监察委员会主任连续任职不得超过两届

续 表

《中华人民共和国宪法》第一百二十五条	中华人民共和国国家监察委员会是**最高监察机关**。国家监察委员会**领导**地方各级监察委员会的工作，上级监察委员会**领导**下级监察委员会的工作
《中华人民共和国宪法》第一百二十七条	监察委员会依照法律规定独立行使监察权，不受行政机关、社会团体和个人的干涉

七、人民法院和人民检察院

1. 人民法院的性质和地位

《中华人民共和国宪法》第一百二十九条	中华人民共和国设立最高人民法院、地方各级人民法院和军事法院等专门人民法院。地方各级人民法院包括基层人民法院、中级人民法院和高级人民法院。最高人民法院院长每届任期同全国人民代表大会每届任期相同，连续任职**不得超过两届**
《中华人民共和国宪法》第一百三十一条	人民法院依法独立行使审判权，不受行政机关、社会团体和个人的干涉
《中华人民共和国宪法》第一百三十二条	最高人民法院是国家**最高审判机关**。上下级人民法院之间是**监督**关系，不是领导关系

习题与解析

习题1. 【单选】我国人民法院系统内上下级之间的关系是（　　）

A. 监督与被监督关系　　　　B. 协作关系

C. 领导与被领导关系　　　　D. 指导与被指导关系

答案：A。解析：《中华人民共和国宪法》第一百三十二条规定，最高人民法院是国家最高审判机关。上下级人民法院之间是监督关系，不是领导关系。因此，本题应选A项。

2. 人民检察院的性质和地位

《中华人民共和国宪法》第一百三十五条	中华人民共和国设立最高人民检察院、地方各级人民检察院和军事检察院等专门人民检察院。最高人民检察院检察长每届任期同全国人民代表大会每届任期相同，连续任职**不得超过两届**
《中华人民共和国宪法》第一百三十六条	人民检察院依法独立行使检察权，不受行政机关、社会团体和个人的干涉
《中华人民共和国宪法》第一百三十七条	最高人民检察院是国家**最高检察机关**，也是专门的**法律监督机关**。上下级人民检察院之间是**领导**关系

习题与解析

习题1.【判断】我国的司法机关包括公安、司法、人民法院和人民检察院。（　）

答案：×。解析：人民法院和人民检察院是我国的司法机关。

习题2.【单选】在我国，专门的法律监督机关是指（　）

A. 人民法院　　　　　　　　　B. 人民检察院
C. 公安机关　　　　　　　　　D. 纪律检查委员会

答案：B。解析：在我国，专门的法律监督机关指的是检察院。因此，本题应选B项。

第四节　国旗、国歌、国徽、首都

《中华人民共和国宪法》第一百四十一条	中华人民共和国国旗是五星红旗 中华人民共和国国歌是《义勇军进行曲》
《中华人民共和国宪法》第一百四十二条	中华人民共和国国徽，中间是五星照耀下的天安门，周围是谷穗和齿轮
《中华人民共和国宪法》第一百四十三条	中华人民共和国首都是北京

第三章 行政法与行政诉讼法

一、行政法的概念

所谓**行政法**，就是指调整**行政关系**以及在此基础上产生的**监督行政关系**的法律规范和原则的总称。

习题与解析

习题1.【多选】行政法调整的对象是（ ）
A. 行政关系   B. 行政法律关系
C. 监督行政关系   D. 监督行政法律关系

答案：AC。解析：行政法是指调整行政关系以及在此基础上产生的监督行政关系的法律规范和原则的总称。因此，本题应选 AC 两个选项。

二、行政法的基本原则

（1）**合法行政原则**。合法行政原则是行政法的首要原则，合法行政原则包括行政机关对现行法律的遵守和依照法律授权活动两个方面。

（2）**合理行政原则**。它是指行政行为应当具有理性基础，禁止行政主体的武断专横和随意。最低限度的理性，是指行政行为应当具有一个有正常理智的普通人所能达到的合理与适当，并且能够符合科学公理和社会公德。

（3）**程序正当原则**。它包括以下三个方面的具体原则：一是行政公开原则，二是公众参与原则，三是回避原则。

（4）**高效便民原则**。它包括以下两个方面的具体原则：一是行政效率原则，二是便利当事人原则。

（5）**诚实守信原则**。它包括以下两个方面的具体原则：一是行政信息真实原则，二是保护公民信赖利益原则。

（6）**权责统一原则**。行政机关违法或者不当行使职权，应当依法承担法律责任。

三、行政法律关系

所谓**行政法律关系**，就是指经过行政法调整之后，具备了权利义务内容的行政管理关系。行政法律关系由行政法律关系主体、行政法律关系内容和行政法律关系客体构成。

（一）行政法律关系主体

所谓**行政法律关系主体**，亦称行政法律关系当事人，就是指行政法律关系中权利的享有者和义务的承担者,包括**行政主体**和**行政相对方**。

1. 行政主体

行政主体包括职权行政主体(国家行政机关)和授权行政主体(接受授权的组织),行政主体只能是组织,公务员不能成为行政主体。

(1) 职权行政主体

①派出机关(政府派出)

行政公署	省、自治区人民政府经国务院批准设立
区公所	县、自治县人民政府经省、自治区、直辖市人民政府批准设立
街道办事处	市辖区、不设区的市人民政府经上一级人民政府批准设立

习题与解析

习题1.【多选】下列不属于地方行政机关的派出机关的有( )

A. 村民委员会　　　　　　　　B. 区公所
C. 税务局所属的税务所　　　　D. 街道办事处

答案:AC。解析:在我国,行政机关的派出机关包括行政公署、区公所以及街道办事处。因此,本题应选 AC 两个选项。

②派出机构(政府职能部门派出)

所谓派出机构,就是指政府职能部门设立的分支机构或代表机构,它们只有在法律授权的情况下才为行政主体。比如公安机关的派出机构**派出所**,法律授权可以进行警告或500元以下的罚款,在此范围内,派出所即为行政主体。

(2) 授权行政主体(法律、法规授权的组织)

我国现有法律、法规授权的组织有:社会团体;事业单位;企业单位;基层群众自治组织;专门机构,如专利复审委员会、商标评审委员会等。以上组织可以根据授权获得行政主体资格,这里必须是**授权**,仅仅**委托**不产生主体资格的取得。

2. 行政相对方

行政相对方包括:①包括行政机关在内的国家机关;②公民、法人或者其他组织;③外国人、无国籍人或外国组织。

(二) 行政法律关系内容

所谓**行政法律关系内容**,就是指行政主体和相对方在行政法律关系中享有的权利和承担的义务。

(三) 行政法律关系客体

所谓**行政法律关系客体**,就是指行政法律关系主体的权利义务所指向的对象,包括物质财富;精神财富,如著作、专利、发明;行为,如征税、征地、违章建房。

习题与解析

习题1.【多选】 下列组织中不享有行政主体资格的有（　　）

A. 接受街道办事处委托从事计划生育管理工作的委员会

B. 国家工商行政管理局设立的商标评审委员会

C. 某区政府所属的街道办事处

D. 县政府的信访办公室

答案：AD。解析：A 选项是委托关系，受委托的组织不能成为行政主体，街道办事处才是行政主体；B 选项商标评审委员会属于法律法规授权的具有行政主体资格的组织；C 选项街道办事处属于行政机关的派出机关，具有行政主体资格；D 选项县政府下属的信访办公室的行政主体是县政府。因此，本题应选 AD 两个选项。

习题2.【多选】 下列主体中，能够成为行政主体的是（　　）

A. 行政机关

B. 行政机关的公务员

C. 权力机关

D. 法律、法规授权的具有管理公共事务职能的组织

答案：AD。解析：行政主体只能是组织，不能是公务员个人，选项 B 错误；权力机关指的是人大及其常委会，它不是行政主体，选项 C 错误；行政机关以及授权的相应社会组织可以成为行政主体。因此，本题应选 AD 两个选项。

第一节　行政行为

一、行政行为的概念和效力

1. 行政行为的概念

所谓**行政行为**，就是指**行政主体**在实施行政管理活动、**行使行政职权**过程中所作出的具有法律意义的行为。

判断行政行为的标准：

第一，行政行为必须是行政主体所为的行为；

第二，行政行为必须是行使行政职权的行为。

2. 行政行为的效力

（1）**公定力**。行政行为一经成立，除法律规定的绝对无效的情况外，都被推定为合法。

（2）**确定力**。行政主体不得随意改变和撤销其行为的内容。

（3）**拘束力**。行政行为对行政相对人有一种约束的效力。

(4) 执行力。行政主体在一定的情况下可强制执行。

习题与解析

习题1.【多选】下列行为中,属于行政行为的有( )

A. 行政机关购买办公用品

B. 行政机关制定规范性文件

C. 街道办事处与居委会签订卫生管理承包合同

D. 行政机关工作人员购买生活用品

答案:BC。解析:A项行政机关购买办公用品是其作为平等主体参与其中的行为,显然属于民事行为。B项行政机关制定规范性文件属于抽象行政行为。C项街道办与居委会的卫生管理合同明显具有行政性质,虽然具有协商性质,但更关键还是行政性质,属于行政合同。行政合同与民事合同的不同之处关键表现在标的内容。卫生管理显然不可能属于民事类。D项行政机关工作人员不属于行政主体,购买生活用品也不是在行使行政职权。因此,本题应选BC两个选项。

习题2.【多选】下列各项中,属于行政行为的是( )

A. 派出所传唤公民乙　　　　B. 税务局向房地产公司购买办公用房

C. 公安局委托印刷厂印制文件　　D. 消防局向某企业发出火灾隐患整改通知书

答案:AD。解析:行政行为是行政主体依职权作出的、影响行政相对人合法权益的行为。行政行为必须是行政主体行使行政职权的行为。行政机关所进行的一般民事活动、处理机关事务的活动、一般的宣传教育活动等均不属于行政行为。B项购买办公用房,C项委托印制文件,均属于民事行为。AD两个选项均是行政行为。因此,本题应选AD两个选项。

习题3.【判断】国家行政机关的各种行为,统称为行政行为。( )

答案:×。解析:行政行为是指行政主体行使行政职权、作出的能够产生行政法律效果的行为。

习题4.【判断】行政行为一经作出,不论合法还是违法,都推定为合法有效,相关的当事人都应当先加以遵守或服从。( )

答案:√。解析:行政行为的特征之一就是具有**效力先定性**,行政行为一经成立,不论是否合法,即具有被推定为合法而要求所有相关机关、组织或者个人表示尊重的一种法律行为。

二、行政行为的分类

1. 行政行为根据适用对象是否特定和能否反复适用分为**抽象行政行为**和**具体行政行为**。

判断标准:

(1) 适用对象:对象不特定为抽象行政行为,对象特定为具体行政行为。

（2）能否反复适用：能反复适用为抽象行政行为，不能反复适用为具体行政行为。

2. 行政行为根据行为受法律约束的程度可以分为羁束行政行为和裁量行政行为。

3. 行政行为根据行为启动方式可以分为依职权行政行为和依申请行政行为。

4. 行政行为根据行为是否对行政相对人有利可分为授益性行政行为和负担性行政行为。

习题与解析

习题1.【多选】下列关于抽象行政行为与具体行政行为的区别，正确的有（　　）

A. 抽象行政行为一般调整不特定的多数人和事，具体行政行为是针对特定的对象

B. 抽象行政行为针对未来发生的事，具体行政行为针对已经发生的事

C. 抽象行政行为主要表现为规范性，具体行政行为表现为确定性

D. 抽象行政行为可以反复适用，具体行政行为只适用一次

答案：ACD。解析：根据抽象行政行为和具体行政行为的定义及特点，并不能推出抽象行政行为针对的是未来发生的事，其他选项表述均正确。因此，本题应选ACD三个选项。

第二节　抽象行政行为

一、抽象行政行为的概念

所谓**抽象行政行为**，就是指国家行政机关针对**不特定的人和事**制定的具有普遍约束力并**可反复适用**的规范性文件，包括行政法规，行政规章，具有普遍约束力的决定、命令等。

抽象行政行为具有以下特征：

（1）对象的不特定性。针对不特定的人或事，具有普遍性。

（2）可反复适用性。对同一对象可以反复适用并产生同样的效力。

（3）不可诉性。大多数抽象行政行为不能成为行政诉讼的直接对象。

（4）准立法性。抽象行政行为主要表现为行政立法。

二、抽象行政行为的类型

1. 行政法规。制定主体是国务院。

2. 部门规章。制定主体是国务院各部、委员会、央行、审计署（部委行署）。

3. 政府规章。制定主体是省、自治区、直辖市以及设区的市、自治州的人民政府。

4. 其他规范性文件。是指具有普遍约束力的决定、命令。

第三节 具体行政行为

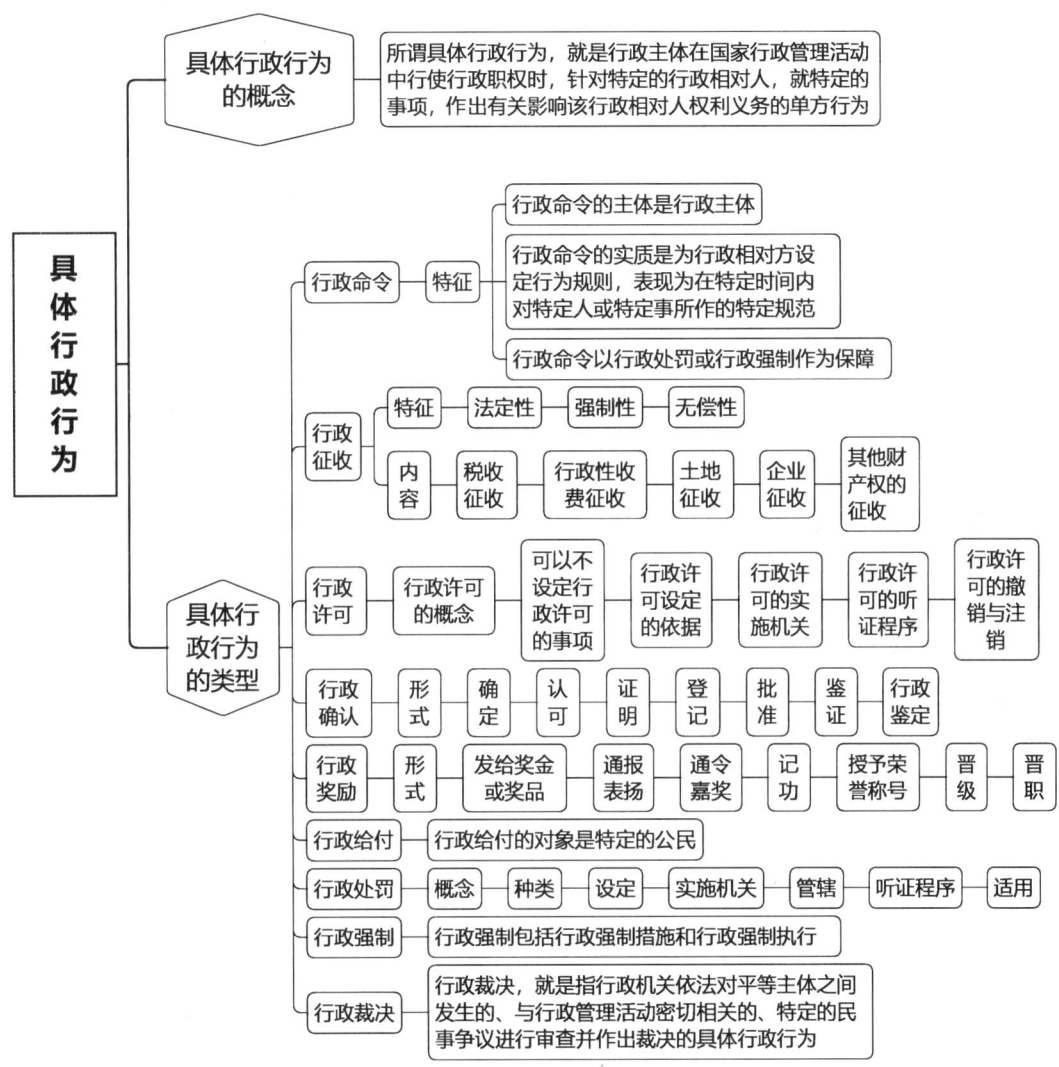

一、具体行政行为的概念

所谓**具体行政行为**，就是指行政主体在国家行政管理活动中行使行政职权时，**针对特定的行政相对人**，**就特定的事项**，作出有关影响该行政相对人权利义务的单方行为。

二、具体行政行为的类型

（一）行政命令

在现实生活中，公安机关命令某外国人限期离境，公安交通部门发布命令禁止车辆在城市街道某路段通行等，均为行政命令的表现形式。

行政命令具有以下特征：

(1) 行政命令的主体是行政主体；

(2) 行政命令的实质是为行政相对方设定行为规则，表现为在特定时间内对特定人或特定事所作的特定规范；

(3) 行政命令以行政处罚或行政强制作为保障。

（二）行政征收

所谓行政征收，就是指行政主体为了取得国家的财政收入及宏观调控经济活动的需要，根据国家法律、法规规定，依法向负有法定义务的行政相对方强制地、无偿地征集一定数额金钱或实物的具体行政行为。

行政征收具有以下特征：(1) 法定性；(2) 强制性；(3) 无偿性。

行政征收包括以下内容：

(1) 税收征收；

(2) 行政性收费征收（资源费、排污费、管理费等）；

(3) 土地征收，即根据公共利益需要，强制取得土地所有权并给予补偿的行政行为；

(4) 企业征收，即根据公共利益需要，强制取得中外合资经营企业、外资企业等所有权的行政行为（国有化的重要途径）；

(5) 其他财产权的征收，即根据公共利益的需要，对公民的私有财产进行征收并给予补偿。

（三）行政许可[①]

1. 行政许可的概念

所谓**行政许可**，就是指在法律一般禁止的情况下，行政主体根据行政相对人的**申请**，通过颁发**许可证或执照**等形式，依法赋予特定的行政相对人从事某种活动或实施某种行为的法律权利和资格的行政行为。

行政机关为确认民事财产关系、民事身份关系而进行的登记不是行政许可，如房地产

---

① 参看《中华人民共和国行政许可法》（2003年8月27日通过，2019年4月23日修正）。

登记、婚姻登记、抵押登记等。

> **习题与解析**

习题1.【单选】行政许可是一种（ ）

A. 依申请的行政行为　　　　　　B. 依职权的行政行为

C. 非要式的行政行为　　　　　　D. 强制性的行政行为

答案：A。解析：行政行为根据行为启动方式可以分为依职权行政行为和依申请行政行为，行政许可属于依申请的行政行为。因此，本题应选A项。

习题2.【单选】下列属于行政许可的一项是（ ）

A. 张某与妻子得到法院的离婚判决书后，到街道办事处办理离婚证

B. 政府发给农业科技之星的奖状

C. 化工厂申请得到的排污许可证

D. 气象局发布的天气预告

答案：C。解析：选项A属于行政确认，选项B属于行政奖励，选项D属于抽象行政行为，而化工厂依申请得到的排污许可证属于行政许可。因此，本题应选C项。

习题3.【单选】下列哪些行为属于行政许可行为（ ）

A. 司法部对通过国家司法考试的中华人民共和国公民颁发法律职业资格证书

B. 某县民政部门对王某和周某予以婚姻登记的行为

C. 专利局对赵某享有的专利强制许可他人使用

D. 中国人民银行批准外汇管理局出国访问事项

答案：A。解析：司法部对通过司法考试的我国公民颁发法律职业资格证书是赋予相对人从事法律职业的资格，为行政许可。婚姻登记是对民事身份关系的登记，不是行政许可，而是行政确认。专利局对专利的强制许可使用制度是行政强制措施。央行批准外汇管理局出国访问事项是内部行政管理活动，不是具体行政行为。因此，本题应选A项。

2. 可以不设定行政许可的事项

《中华人民共和国行政许可法》第十三条：

（1）公民、法人或者其他组织能够自主决定的；

（2）市场竞争机制能够有效调节的；

（3）行业组织或者中介机构能够自律管理的；

（4）行政机关采用事后监督等其他行政管理方式能够解决的。

3. 行政许可设定的依据

《中华人民共和国行政许可法》第十四、十五条：

（1）行政许可的正式设定依据：法律，行政法规，地方性法规。

（2）行政许可的临时设定依据：国务院的决定，各省、自治区、直辖市人民政府规章。临时性的行政许可实施**满一年**需要继续实施的，应当提请本级人民代表大会及其常务委员会制定地方性法规。

习题与解析

习题1.【单选】根据《中华人民共和国行政许可法》,下列说法不正确的是( )

A. 国务院可以通过决定的形式设定行政许可

B. 省级政府规章可以设定行政许可

C. 省级发改委可以设定临时的行政许可

D. 地方性法规可以设定行政许可

答案:C。解析:《中华人民共和国行政许可法》第十四条规定法律可以设定行政许可;第十六条规定行政法规可以在法律设定的行政许可事项范围内,对实施该行政许可作出具体规定;地方性法规可以在法律、行政法规设定的行政许可事项范围内,对实施该行政许可作出具体规定;规章可以在上位法设定的行政许可事项范围内,对实施该行政许可作出具体规定;法规、规章对实施上位法设定的行政许可作出的具体规定,不得增设行政许可;对行政许可条件作出的具体规定,不得增设违反上位法的其他条件。C项,省级发改委为省级政府职能部门,无权创设行政许可。因此,本题应选C项。

习题2.【多选】下列哪些行政机关不可设定临时性的行政许可( )

A. 国务院的决定　　　　　　　　B. 国务院各部门的规章

C. 省、自治区、直辖市政府规章　　D. 国务院批准的较大市的政府规章

答案:BD。解析:《中华人民共和国行政许可法》第十四、十五条规定,国务院的决定和各省、自治区、直辖市人民政府规章可以设定临时性行政许可。因此,本题应选BD两个选项。

习题3.【单选】下列规范性文件中不得设定行政许可的是( )

A. 法律　　　　　　　　　　　B. 县级政府的决定

C. 行政法规　　　　　　　　　D. 地方性法规

答案:B。解析:《中华人民共和国行政许可法》第十四、十五条规定,法律、行政法规和地方性法规可以设定行政许可,国务院的决定以及省、自治区、直辖市人民政府规章可以设定临时性行政许可。因此,本题应选B项。

4. 行政许可的实施机关

《中华人民共和国行政许可法》第二十二、二十三、二十四条:

(1)具有行政许可权的行政机关;

(2)法律、法规**授权**的具有管理公共事务职能的组织;

(3)依照法律、法规和规章的规定**委托**其他**行政机关**实施(**需公告,不得再委托**)。

实施行政许可不收取费用,法律、行政法规另有规定的除外。

习题与解析

习题1.【单选】下列关于委托实施行政许可的说法,不正确的是( )

A. 只有法律、法规或规章有规定时,行政机关才可在其法定职权范围内委托实施行政许可

B. 受委托实施行政许可的主体应当是具有管理公共事务职能的组织

C. 委托机关应当将受委托机关和受托实施行政许可的内容予以公告

D. 受委托机关不得再委托其他组织或个人实施行政许可

答案：B。解析：受委托实施行政许可的只能是行政机关而不能是具有管理公共事务职能的组织。因此，本题应选 B 项。

习题 2.【单选】行政机关在其法定职权范围内，依照法律、法规、规章的规定，可以委托下列哪一机关或者单位实施行政许可（　　）

A. 所属事业单位　　　　　　　　B. 其他行政机关

C. 其他国家机关　　　　　　　　D. 其他行政机关和所属事业单位

答案：B。解析：《中华人民共和国行政许可法》第二十四条规定，行政机关在其法定职权范围内，依照法律、法规、规章的规定，可以委托其他行政机关实施行政许可。委托机关应当将受委托行政机关和受委托实施行政许可的内容予以公告。因此，本题应选 B 项。

5. 行政许可的听证程序

《中华人民共和国行政许可法》第四十七、四十八条规定，听证的具体程序步骤一般分为：

（1）**申请**。行政机关在作出行政许可决定前，应告知申请人或利害关系人享有要求听证的权利，申请人或利害关系人在被告知听证权利之日起 5 日内提出听证申请；

（2）**组织听证**。行政机关应当自收到申请人或利害关系人听证申请之日起 20 日内组织听证，申请人、利害关系人不承担行政机关组织听证的费用；

（3）**通知有关事项**。行政机关应当于举行听证的 7 日前将举行听证的时间、地点通知申请人、利害关系人，必要时予以公告；

（4）**举行听证**。听证应当公开举行，行政机关应指定审查该行政许可申请的工作人员以外的人员为听证主持人，申请人、利害关系人认为主持人与该行政许可事项有直接利害关系的，有权申请回避；

（5）**决定**。行政机关应当**根据**听证笔录，并在法定的许可决定期限内作出是否准予行政许可的决定。

习题与解析

习题 1.【单选】关于实施行政许可过程中听证程序的说法，不正确的是（　　）

A. 听证过程可以对社会公众开放，允许公众参加旁听

B. 听证主持人与审查行政许可申请的人不能是同一个人

C. 申请人、利害关系人认为主持人与该行政许可有直接利害关系的，有权申请回避

D. 听证应当制作笔录，行政机关可以参照听证笔录作出行政许可决定

答案：D。解析：《中华人民共和国行政许可法》第四十八条规定，行政机关应当根据而不是参照听证笔录，作出行政许可决定。因此，本题应选 D 项。

6. 行政许可的撤销与注销

《中华人民共和国行政许可法》第六十九条规定行政许可的**撤销**：

（1）滥用职权、玩忽职守准予许可的；

（2）超越法定职权准予许可的；

（3）违反法定程序准予许可的；

（4）对不具备申请资格或不符合法定条件者准予许可的；

（5）被许可人以欺骗、贿赂等不正当手段取得许可的。

撤销可能对公共利益造成重大损害的，不予撤销；

因（1）—（4）撤销，被许可人权益受损，依法赔偿；

因（5）撤销，被许可人利益不受保护，且给予行政处罚。取得的行政许可直接关系公共安全、人身健康、生命财产安全事项的，三年内不得再次申请该行政许可。

《中华人民共和国行政许可法》第七十条规定行政许可的**注销**：

（1）有效期满未延续；

（2）赋予公民特定资格的许可，公民死亡或丧失行为能力；

（3）法人或其他组织依法终止；

（4）行政许可被依法撤销、撤回或许可证被吊销；

（5）因不可抗力致使行政许可事项无法实施。

> **习题与解析**

习题1.【多选】对行政机关撤销行政许可的理解，不正确的是（　　）

A. 存在可撤销情形的，行政机关可视情况不撤销该行政许可

B. 撤销行政许可，可能对公共利益造成重大损害的，不予撤销

C. 对已经准予的行政许可因申请人不具备申请资格而撤销时，被许可人的合法权益受到损害的，作出行政许可决定的行政机关不予赔偿

D. 因不可抗力导致行政许可事项无法实现的，应予撤销

答案：CD。解析：对已经准予的行政许可因申请人不具备申请资格而撤销时，被许可人的合法权益受到损害的，作出行政许可决定的行政机关给予赔偿，选项C错误；因不可抗力导致行政许可事项无法实现的，应予注销，选项D错误；选项A和选项B符合行政许可撤销的相关规定。因此，本题应选CD两个选项。

（四）行政确认

所谓**行政确认**，就是指行政主体依法对行政相对方的法律地位、法律关系和法律事实进行甄别，给予确定、认可、证明并予以宣告的具体行政行为。

行政确认的形式主要有以下几种：

1. 确定。如在颁发土地使用证、宅基地使用证、房屋产权证书中确定财产所有权，在颁发专利证书、商标专用证书中确认专利权、商标权等。

2. 认可。又称认证，如对无效经济合同的确认、企业性质的判定、产品质量是否合格的认证等。

3. 证明。如各种学历、学位证明，居民身份、货物原产地证明等。

4. 登记。如户口登记、社团登记、婚姻登记等。

5. 批准。如开办涉外"三资"企业须先经国家对外经济贸易主管部门审查批准后才能办理企业登记手续。

6. 鉴证。如工商管理机关对经济合同的鉴证。

7. 行政鉴定。如纳税鉴定、审计鉴定、会计鉴定等。

习题与解析

习题1.【单选】行政确认的外在表现形式往往以（ ）等形式出现。

A. 许可证　　　　　　　　B. 执照
C. 技术鉴定书　　　　　　D. 律师证

答案：C。解析：许可证、执照以及律师证都是行政许可的表现形式，而技术鉴定等属于行政确认的范畴。因此，本题应选C项。

（五）行政奖励

所谓行政奖励，就是指行政主体依照法定条件和程序，对为国家和社会作出重大贡献的公民、法人或其他组织，给予物质或精神奖励的具体行政行为。

行政奖励的形式主要有以下几种：

1. 发给奖金或奖品；
2. 通报表扬；
3. 通令嘉奖；
4. 记功；
5. 授予荣誉称号；
6. 晋级；
7. 晋职。

以上奖励形式既可单独使用，也可同时并用，并可发给某种证书、奖章作为证明。

（六）行政给付

所谓行政给付，又称行政物质帮助，就是指行政机关对公民在年老、疾病或丧失劳动能力等情况或其他特殊情况下，依照有关法律、法规、规章或政策等规定，赋予其一定的物质权益（如金钱或实物）或与物质有关的权益的具体行政行为。

行政给付的对象是特定的公民或组织。如抚恤金的发放对象是因战、因公伤残的人员，救灾物资及款项是发放给灾民的，社会福利是发放给社会福利机构或者直接发给残疾人、鳏寡孤独的老人和孤儿的，而有特殊贡献专家补贴、城市居民最低生活保障金等均是分别发送给相应的特定对象的。

行政给付的形式主要有以下几种：

1. **抚恤金；**
2. 特定人员离退休金；
3. **社会救济、福利金；**
4. 自然灾害救济金及救灾物资。

（七）行政处罚①

1. *行政处罚的概念*

所谓**行政处罚**，就是指行政机关依法对违反行政管理秩序的公民、法人或者其他组织，以**减损权益**或者**增加义务**的方式予以惩戒的行为。

2. *行政处罚的种类*

《中华人民共和国行政处罚法》第九条：

（1）警告、通报批评；

（2）罚款、没收违法所得、没收非法财物；

（3）暂扣许可证件、降低资质等级、吊销许可证件；

（4）限制开展生产经营活动、责令停产停业、责令关闭、限制从业；

（5）行政拘留。

> **习题与解析**

习题1.【单选】行政处罚是指行政机关依法对违反行政管理秩序的公民、法人或其他组织给予制裁的行政行为。据此下列属于行政处罚的是（　）

A. 暂扣违章司机的机动车驾驶证

B. 对醉酒的人约束至酒醒

C. 对严重违反《中华人民共和国公务员法》的公务员给予开除处分

D. 对到期不缴纳税款的纳税人，按日加收滞纳税款万分之五的滞纳金

答案：A。解析：暂扣违章司机的机动车驾驶证属于行政处罚，选项A正确。根据《中华人民共和国治安管理处罚法》规定，醉酒的人在醉酒状态中，对本人有危险或者对他人的人身、财产或者公共安全有威胁的，应当对其采取保护性措施约束至酒醒，因此对醉酒的人约束至酒醒属于行政强制，B项错误。C项属于行政内部处分，错误。D项滞纳金属于行政强制，D项错误。因此，本题应选A项。

习题2.【多选】下列选项属于行政处罚措施的是（　）

A. 罚款　　　　　　　　　　B. 警告

---

① 参看《中华人民共和国行政处罚法》（2021年1月22日修正，自2021年7月15日起施行）。

C. 行政拘留　　　　　　　　D. 拘役

答案：ABC。解析：根据《中华人民共和国行政处罚法》第九条，选项 ABC 均属于行政处罚的种类，而拘役属于刑罚中的主刑。因此，本题应选 ABC 三个选项。

习题3.【单选】以下行政处罚方式中，属于限制人身自由的是（　）

A. 收容教育　　　　　　　　B. 强制戒毒

C. 拘役　　　　　　　　　　D. 行政拘留

答案：D。解析：根据《中华人民共和国行政处罚法》第九条，行政处罚有六种，其中，限制人身自由的行政处罚只有行政拘留。因此，本题应选 D 项。

习题4.【单选】享有限制人身自由的行政处罚权的机关是（　）

A. 人民法院　　　　　　　　B. 人民检察院

C. 公安机关　　　　　　　　D. 国家安全机关

答案：C。解析：《中华人民共和国行政处罚法》第十八条规定，限制人身自由的行政处罚权只能由公安机关和法律规定的其他机关行使。因此，本题应选 C 项。

3. 行政处罚的设定

《中华人民共和国行政处罚法》第十条	**法律**可以设定各种行政处罚，限制人身自由的行政处罚，只能由**法律**设定
《中华人民共和国行政处罚法》第十一条	**行政法规**可以设定除限制人身自由以外的行政处罚
《中华人民共和国行政处罚法》第十二条	**地方性法规**可设定除限制人身自由、吊销营业执照以外的行政处罚
《中华人民共和国行政处罚法》第十三、十四条	**规章**可以设定警告、通报批评或者一定数额罚款的行政处罚

习题与解析

习题1.【单选】根据我国相关法律规定，（　）的行政处罚只能由法律设定。

A. 责令停产停业　　　　　　B. 吊销营业执照

C. 限制人身自由　　　　　　D. 降低资质等级

答案：C。解析：《中华人民共和国行政处罚法》第十条规定，法律可以设定各种行政处罚，限制人身自由的行政处罚，只能由法律设定。因此，本题应选 C 项。

习题2.【多选】部门规章可以设定的行政处罚有（　）

A. 限制人身自由　　　　　　B. 警告

C. 限制开展生产经营活动　　D. 罚款

答案：BD。解析：《中华人民共和国行政处罚法》第十三、十四条规定，规章可以设定警告、通报批评或者一定数量罚款的行政处罚。因此，本题应选 BD 两个选项。

习题3.【单选】根据我国行政处罚的规定，地方性法规可以设定的处罚是（　）

A. 限制人身自由的处罚 B. 吊销许可证的处罚
C. 吊销营业执照的处罚 D. 拘留与罚款的处罚

答案：B。解析：《中华人民共和国行政处罚法》第十二条规定，地方性法规可设定除限制人身自由、吊销营业执照以外的行政处罚。因此，本题应选 B 项。

4. 行政处罚的实施机关

我国行政处罚的实施机关包括行政机关，法律、法规授权的组织和受委托的组织。

《中华人民共和国行政处罚法》第二十一条规定，受委托组织必须符合以下条件：

（1）依法成立并具有管理公共事务职能；

（2）有熟悉有关法律、法规、规章和业务并取得行政执法资格的工作人员；

（3）需要进行技术检查或者技术鉴定的，应当有条件组织进行相应的技术检查或者技术鉴定。

受委托的组织以委托机关的名义实施，不得再转委托，委托者承担责任。

> 习题与解析

习题1.【多选】行政机关可以依法委托具有下列哪些条件的组织实施行政处罚权（　）

A. 依法成立的管理公共事务的事业组织

B. 经有关机关批准

C. 具有熟悉法律、法规、规章和业务的人员

D. 有条件组织进行相应的技术检查或者技术鉴定

答案：ACD。解析：《中华人民共和国行政处罚法》第二十一条规定受委托组织必须符合以下条件：①依法成立并具有管理公共事务职能；②有熟悉有关法律、法规、规章和业务并取得行政执法资格的工作人员；③需要进行技术检查或者技术鉴定的，应当有条件组织进行相应的技术检查或者技术鉴定。因此，本题应选 ACD 三个选项。

习题2.【单选】根据《中华人民共和国行政处罚法》的规定，下列各项不属于可以实施行政处罚行为的主体的是（　）

A. 享有行政处罚权的行政机关

B. 法律、法规授予行政处罚权的组织

C. 行政机关依法委托行使行政处罚权的组织

D. 具有公共管理职能的组织

答案：D。解析：具有公共管理职能的组织只有在接受委托的情况下才可以成为实施行政处罚行为的主体。因此，本题应选 D 项。

5. 行政处罚的管辖

地域管辖	《中华人民共和国行政处罚法》第二十二条：行政处罚由**违法行为发生地**的行政机关管辖 《中华人民共和国行政处罚法》第二十三条：行政处罚由**县级以上地方人民政府**具有行政处罚权的行政机关管辖 《中华人民共和国行政处罚法》第二十四条：省、自治区、直辖市根据当地实际情况，可以决定将基层管理迫切需要的县级人民政府部门的行政处罚权**交由能够有效承接的乡镇人民政府、街道办事处行使**，并定期组织评估
指定管辖	《中华人民共和国行政处罚法》第二十五条：**两个以上行政机关都有管辖权的，由最先立案的行政机关管辖**。对管辖发生争议的，应当协商解决，协商不成的，报请共同的上一级行政机关指定管辖；**也可以直接由共同的上一级行政机关指定管辖**

习题与解析

习题1.【单选】行政处罚由（ ）的享有行政处罚权的行政机关管辖。

A. 违法行为人住所地　　　　B. 违法行为人经常居住地

C. 违法行为发生地　　　　　D. 行政机关所在地

答案：C。解析：《中华人民共和国行政处罚法》第二十二条规定，行政处罚由违法行为发生地的行政机关管辖。违法行为发生地包括违法行为着手地、经过地、实施（发生）地和危害结果发生地。因此，本题应选C项。

习题2.【单选】钱某家住甲地，在乙地制作盗版光盘，经过丙地运输到丁地进行销售。对钱某的违法行为要进行处罚，除了哪项外，下列各项都有管辖权（ ）

A. 甲地依法享有处罚权的行政机关　　B. 乙地依法享有处罚权的行政机关

C. 丙地依法享有处罚权的行政机关　　D. 丁地依法享有处罚权的行政机关

答案：A。解析：《中华人民共和国行政处罚法》第二十二条规定，行政处罚由违法行为发生地的行政机关管辖。违法行为发生地包括违法行为着手地、经过地、实施（发生）地和危害结果发生地。因此，本题应选A项。

习题3.【单选】下列关于国家行政机关之间的说法正确的是（ ）

A. 各级国家行政机关都有权实施行政处罚

B. 行政诉讼实行举证责任倒置原则，因此，行政机关承担全部举证责任

C. 国家行政机关公务员被判处刑罚的，给予开除处分

D. 国务院的法定会议形式分为国务院常务会议、国务院全体会议、国务院办公会议

答案：C。解析：《中华人民共和国行政处罚法》第十七条规定，行政处罚由具有行政处罚权的行政机关在法定职权范围内实施。第二十二条规定，行政处罚由违法行为发生地的行政机关管辖。第二十三条规定，行政处罚由县级以上地方人民政府具有行政处罚权

的行政机关管辖。因此，并非各级国家行政机关都有权实施行政处罚。A项错误。行政诉讼中原告也负有一定的举证责任，比如在一并提起的行政赔偿诉讼中，证明因受被诉行为侵害而造成损失的事实。B项错误。《中华人民共和国公务员法》规定公务员依法被判处刑罚的，给予开除处分。C项正确。国务院会议分为国务院全体会议和国务院常务会议，D项错误。因此，本题应选C项。

6. 行政处罚的听证程序

《中华人民共和国行政处罚法》第六十三条规定，行政机关拟作出下列行政处罚决定，应当告知当事人有要求听证的权利，当事人要求听证的，行政机关**应当组织听证**：

（1）较大数额罚款；

（2）没收较大数额违法所得、没收较大价值非法财物；

（3）降低资质等级、吊销许可证件；

（4）责令停产停业、责令关闭、限制从业；

（5）其他较重的行政处罚。

《中华人民共和国行政处罚法》第六十四条规定，听证应当依照以下程序组织：

（1）当事人要求听证的，应当在行政机关告知后**五日**内提出；

（2）行政机关应当在举行听证的七日前，通知当事人及有关人员听证的时间、地点；

（3）除涉及国家秘密、商业秘密或者个人隐私依法予以保密外，听证公开举行；

（4）听证由行政机关**指定**的非本案调查人员主持；当事人认为主持人与本案有直接利害关系的，有权申请回避；

（5）当事人可以亲自参加听证，也可以委托一至二人代理；

（6）当事人及其代理人无正当理由拒不出席听证或者未经许可中途退出听证的，视为放弃听证权利，行政机关终止听证；

（7）举行听证时，调查人员提出当事人违法的事实、证据和行政处罚建议，当事人进行申辩和质证；

（8）听证应当制作笔录。笔录应当交当事人或者其代理人核对无误后签字或者盖章。当事人或者其代理人拒绝签字或者盖章的，由听证主持人在笔录中注明。

7. 行政处罚的适用

《中华人民共和国行政处罚法》第二十九条	对当事人同一个违法行为，不得给予两次以上**罚款**的行政处罚。同一个违法行为违反多个法律规范应当给予罚款处罚的，按照罚款数额高的规定处罚
《中华人民共和国行政处罚法》第三十条	不满十四周岁的未成年人有违法行为的，不予行政处罚，责令监护人加以管教；已满十四周岁不满十八周岁的未成年人有违法行为的，**应当从轻或者减轻行政处罚**

续 表

《中华人民共和国行政处罚法》第三十一条	精神病人、智力残疾人在不能辨认或者不能控制自己行为时有违法行为的，不予行政处罚，但应当责令其监护人严加看管和治疗。间歇性精神病人在精神正常时有违法行为的，应当给予行政处罚。尚未完全丧失辨认或者控制自己行为能力的精神病人、智力残疾人有违法行为的，可以从轻或者减轻行政处罚
《中华人民共和国行政处罚法》第三十六条	违法行为在二年内未被发现的，不再给予行政处罚；涉及公民生命健康安全、金融安全且有危害后果的，上述期限延长至五年。《中华人民共和国治安管理处罚法》规定的时效为六个月，两种以上违法行为合并执行拘留不得超过二十天
《中华人民共和国行政处罚法》第三十八条	行政处罚没有依据或者实施主体不具有行政主体资格的，行政处罚无效。违反法定程序构成重大且明显违法的，行政处罚无效
《中华人民共和国行政处罚法》第四十九条	发生重大传染病疫情等突发事件，为了控制、减轻和消除突发事件引起的社会危害，行政机关对违反突发事件应对措施的行为，依法快速、从重处罚
《中华人民共和国行政处罚法》第五十一条	违法事实确凿并有法定依据，对公民处以二百元以下、对法人或者其他组织处以三千元以下罚款或者警告的行政处罚的，可以当场作出行政处罚决定
《中华人民共和国行政处罚法》第五十五条	执法人员在调查或者进行检查时，应当主动向当事人或者有关人员出示执法证件。当事人或者有关人员有权要求执法人员出示执法证件。执法人员不出示执法证件的，当事人或者有关人员有权拒绝接受调查或者检查
《中华人民共和国行政处罚法》第六十七条	作出罚款决定的行政机关应当与收缴罚款的机构分离。除依照本法第六十八条、第六十九条的规定当场收缴的罚款外，作出行政处罚决定的行政机关及其执法人员不得自行收缴罚款。当事人应当自收到行政处罚决定书之日起十五日内，到指定的银行或者通过电子支付系统缴纳罚款。银行应当收受罚款，并将罚款直接上缴国库
《中华人民共和国行政处罚法》第六十八条	依照本法第五十一条的规定当场作出行政处罚决定，有下列情形之一，执法人员可以当场收缴罚款：（一）依法给予一百元以下罚款的；（二）不当场收缴事后难以执行的

习题与解析

习题1.【单选】下列关于行政处罚一事不再罚原则说法正确的是（　　）

A. 针对一个违法行为，不能进行两次或两次以上的罚款处罚

B. 针对一个违法行为，不能由两个以上的行政机关处罚

C. 针对一个违法行为，不能进行多种行政处罚

D. 针对一个违法行为，不能依据两个以上不同的法律规范进行处罚

答案：A。解析：《中华人民共和国行政处罚法》第二十九条规定，对当事人同一个违法行为，不得给予两次以上罚款的行政处罚。因此，本题应选A项。

（八）行政强制①

1. 行政强制的概念

《中华人民共和国行政强制法》第二条：行政强制包括行政强制措施和行政强制执行。

行政强制措施	指行政机关在行政管理过程中，<u>为制止违法行为、防止证据损毁、避免危害发生、控制危险扩大</u>等情形，依法对公民的人身自由实施暂时性限制，或者对公民、法人或者其他组织的财物实施暂时性控制的行为
行政强制执行	指行政机关**或者**行政机关申请人民法院，对不履行行政决定的公民、法人或者其他组织，依法强制履行义务的行为

2. 行政强制的种类

《中华人民共和国行政强制法》第九条规定，**行政强制措施的方式**主要有以下几种：

（1）限制公民人身自由（**盘问、留置、约束、强制带离现场**）；

（2）**查封**场所、设施或者财物；

（3）**扣押**财物；

（4）**冻结**存款、汇款；

（5）其他行政强制措施。

《中华人民共和国行政强制法》第十二条规定，**行政强制执行的方式**主要有以下几种：

（1）**加处罚款**或者**滞纳金**；

（2）**划拨**存款、汇款；

（3）**拍卖**或者依法处理查封、扣押的场所、设施或者财物；

（4）**排除妨碍、恢复原状**；

（5）**代履行**（代履行是指当事人拒绝履行或者没有能力履行义务时，行政机关决定<u>由行政机关或者委托没有利害关系的第三人代替当事人履行义务，履行费用由当事人承担</u>）；

---

① 参看《中华人民共和国行政强制法》（2011年6月30日通过，2012年1月1日起施行）。

（6）其他强制执行方式。

其中加处罚款或者滞纳金和代履行属于间接强制的执行方式；划拨存款、汇款，拍卖或者依法处理查封、扣押的场所、设施或者财物则直接作用于当事人的财产和人身，属于直接强制的执行方式。

（九）行政裁决

所谓**行政裁决**，就是指**行政机关**依法对平等主体之间发生的、与行政管理活动密切相关的、特定的**民事争议**进行审查并作出裁决的具体行政行为。

第四节　行政赔偿[①]

一、行政赔偿的概念

所谓**行政赔偿**，就是指行政机关及其工作人员在行使行政职权过程中违法侵犯公民、法人或其他组织的合法权益并造成损害时由国家承担的一种赔偿责任。

二、行政赔偿的范围

《中华人民共和国国家赔偿法》第三条规定，行政机关及其工作人员在行使行政职权时有下列侵犯**人身权**情形之一的，受害人有取得赔偿的权利：

（1）违法拘留或者违法采取限制人身自由的行政强制措施的；

（2）非法拘禁或以其他方法非法剥夺或限制公民人身自由的；

（3）以殴打、虐待等行为或者唆使、放纵他人以殴打、虐待等行为造成的公民身体伤害或者死亡的；

（4）违法使用武器、警械造成公民身体伤害或死亡的；

（5）造成公民身体伤害或死亡的其他违法行为。

《中华人民共和国国家赔偿法》第四条规定，行政机关及其工作人员在行使行政职权时有下列侵犯**财产权**情形之一的，受害人有取得赔偿的权利：

（1）违法实施罚款、吊销许可证和执照、责令停产停业、没收财物等行政处罚的；

（2）违法对财产采取查封、扣押、冻结等行政强制措施的；

（3）违法征收、征用财产的；

（4）造成财产损害的其他违法行为。

---

① 参看《中华人民共和国国家赔偿法》（2012年10月26日第二次修正，自2013年1月1日起施行）。

三、国家不予赔偿的情形

《中华人民共和国国家赔偿法》第五条规定属于下列情形之一的国家不承担赔偿责任：
（1）行政机关工作人员行使与行政职权无关的个人行为；
（2）因公民、法人或其他组织自己的行为致使损害发生的。

四、行政赔偿的义务机关

《中华人民共和国国家赔偿法》第七条规定，行政赔偿的义务机关分为：

单独赔偿义务机关	行政机关及其工作人员行使行政职权侵犯公民、法人和其他组织的合法权益造成损害的，**该行政机关**为赔偿义务机关
共同赔偿义务机关	两个以上行政机关共同行使行政职权时侵犯公民、法人和其他组织的合法权益造成损害的，**共同行使行政职权的行政机关**为共同赔偿义务机关
授权组织作为赔偿义务机关	法律法规授权的组织在行使授予的行政权力时侵犯公民、法人和其他组织的合法权益造成损害的，**授权的组织**为赔偿义务机关
委托的行政机关作为赔偿义务机关	受行政机关委托的组织或者个人在行使受委托的行政权力时侵犯公民、法人和其他组织的合法权益造成损害的，**委托的行政机关**为赔偿义务机关
行政机关被撤销情况下的赔偿义务机关	赔偿义务机关被撤销的，**继续行使其职权的行政机关**为赔偿义务机关；没有继续行使其职权的行政机关的，**撤销该赔偿义务机关的行政机关**为赔偿义务机关

五、行政赔偿的举证责任

《中华人民共和国国家赔偿法》第十五条：人民法院审理行政赔偿案件，赔偿请求人和赔偿义务机关对自己提出的主张，应当提供证据。**行政赔偿举证责任原则与民事赔偿举证责任原则相同，实行"谁主张、谁举证"原则。**

六、行政赔偿的方式

《中华人民共和国国家赔偿法》第三十二条：国家赔偿以**支付赔偿金**为主要方式。能够返还财产或者恢复原状的，予以返还财产或者恢复原状。

《中华人民共和国国家赔偿法》第三十四条规定，侵犯公民生命健康权的，应该进行如下赔偿：
（1）造成身体伤害的，应当支付医疗费、护理费，以及赔偿因误工减少的收入；
（2）造成部分或者全部丧失劳动能力的，应当支付医疗费、护理费、残疾生活辅助具费、康复费等因残疾而增加的必要支出和继续治疗所必需的费用，以及残疾赔偿金；

（3）造成死亡的，应当支付死亡赔偿金、丧葬费，总额为国家上年度职工年平均工资的二十倍。对死者生前扶养的无劳动能力的人，还应当支付生活费。

《中华人民共和国国家赔偿法》第三十五条：侵权行为致人精神损害的，应当在侵权行为影响范围内，为受害人消除影响，恢复名誉，赔礼道歉；造成严重后果的，应当支付相应的精神损害抚慰金。

《中华人民共和国国家赔偿法》第四十一条：赔偿请求人要求国家赔偿的，赔偿义务机关、复议机关和人民法院不得向赔偿请求人收取任何费用。对赔偿请求人取得的赔偿金不予征税。

习题与解析

习题1.【单选】根据《中华人民共和国国家赔偿法》规定，国家赔偿的主要方式是（ ）

A. 支付赔偿金　　　　　　　　B. 返还财产
C. 消除影响　　　　　　　　　D. 恢复原状

答案：A。解析：《中华人民共和国国家赔偿法》规定，国家赔偿以支付赔偿金为主要方式，能够返还财产或者恢复原状的，予以返还财产或者恢复原状。因此，本题应选A项。

第五节　行政复议与行政诉讼

一、行政复议①

（一）行政复议的概念

所谓**行政复议**，就是指公民、法人或者其他组织不服行政主体作出的**具体行政行为**，认为行政主体的具体行政行为侵犯了其合法权益，依法向法定的行政复议机关提出复议**申请**，行政复议机关依法对该具体行政行为进行**合法性、适当性**审查，并作出行政复议决定的行政行为。

行政复议具有以下特点：

（1）行政复议是行政机关的行政行为；

（2）行政复议是以**行政争议**为处理对象的行为；

---

① 参看《中华人民共和国行政复议法》（2017年9月1日修正，自2018年1月1日起施行）。

（3）行政复议是以具体行政行为为审查对象，并附带审查部分抽象行政行为的；

（4）行政复议是由行政相对人申请启动的；

（5）行政复议是一种行政司法行为。

（二）行政复议的受案范围

《中华人民共和国行政复议法》第六条规定，有下列情形之一的，公民、法人或其他组织可以依照本法申请行政复议：

（1）对行政机关作出的警告、罚款、没收违法所得、没收非法财物、责令停产停业、暂扣或者吊销许可证、暂扣或者吊销执照、行政拘留等**行政处罚**决定不服的；

（2）对行政机关作出的限制人身自由或者查封、扣押、冻结财产等**行政强制**措施决定不服的；

（3）对行政机关作出的有关**许可证**、执照、资质证、资格证等证书变更、中止、撤销的决定不服的；

（4）对行政机关作出的关于**确认**土地、矿藏、水流、森林、山岭、草原、荒地、滩涂、海域等自然资源的所有权或者使用权的决定不服的；

（5）认为行政机关侵犯合法的经营自主权的；

（6）认为行政机关变更或者废止农业承包合同，侵犯其合法权益的；

（7）认为行政机关违法集资、征收财物、摊派费用或者违法要求履行其他义务的；

（8）认为符合法定条件，申请行政机关颁发许可证、执照、资质证、资格证等证书，或者申请行政机关审批、登记有关事项，行政机关没有依法办理的；

（9）申请行政机关履行保护人身权利、财产权利、受教育权利的法定职责，行政机关没有依法履行的；

（10）申请行政机关依法发放抚恤金、社会保险金或者最低生活保障费，行政机关没有依法发放的；

《中华人民共和国行政复议法》第八条规定对行政机关的下列行为，不能申请复议：

（1）不服行政机关作出的**行政处分**或者其他人事处理决定的，依照有关法律、行政法规的规定提出申诉；

（2）不服行政机关对民事纠纷作出的调解或者其他处理，依法申请仲裁或者向人民法院提起诉讼。

（三）行政复议申请

《中华人民共和国行政复议法》第十条：依照本法申请行政复议的公民、法人或者其他组织是**申请人**。公民、法人或者其他组织对行政机关的具体行政行为不服申请行政复议的，作出具体行政行为的行政机关是**被申请人**。

《中华人民共和国行政复议法》第十二条	对县级以上**地方各级人民政府工作部门**的具体行政行为不服的,由申请人选择,可以向该部门的本级人民政府申请行政复议,也可以向上一级主管部门申请行政复议 对海关、金融、国税、外汇管理等实行垂直领导的行政机关和国家安全机关的具体行政行为不服的,向上一级主管部门申请行政复议
《中华人民共和国行政复议法》第十三条	对**地方各级人民政府**的具体行政行为不服的,向上一级地方人民政府申请行政复议 对省、自治区人民政府依法设立的派出机关所属的县级地方人民政府的具体行政行为不服的,向该派出机关申请行政复议
《中华人民共和国行政复议法》第十四条	对**国务院部门或者省、自治区、直辖市人民政府**的具体行政行为不服的,向作出该具体行政行为的国务院部门或者省、自治区、直辖市人民政府申请行政复议。对行政复议决定不服的,可以向人民法院提起行政诉讼;也可以向国务院申请裁决,国务院依照本法的规定作出最终裁决
《中华人民共和国行政复议法》第十五条	对县级以上地方人民政府依法设立的**派出机关**的具体行政行为不服的,向设立该派出机关的人民政府申请行政复议 对政府工作部门依法设立的**派出机构**依照法律、法规或规章规定,以自己的名义作出的具体行政行为不服的,向设立该派出机构的部门或者该部门的本级地方人民政府申请行政复议 对两个或两个以上行政机关以共同的名义作出的具体行政行为不服的,向其共同上一级行政机关申请行政复议。申请人对两个以上国务院部门共同作出的具体行政行为不服的,依照行政复议法第十四条的规定,可以向其中任何一个国务院部门提出行政复议申请,由作出具体行政行为的国务院部门共同作出行政复议决定 对被撤销的行政机关在撤销前所作出的具体行政行为不服的,向继续行使其职权的行政机关的上一级行政机关申请行政复议

习题与解析

习题1.【单选】某市政府所属 A 行政机关作出行政处罚决定后被撤销,其职能由市政府所属 B 行政机关继续行使。受到行政处罚的公民不服,准备提起行政复议。此时他应以( )为行政复议被申请人。

A. A 机关　　　　　　　　　B. B 机关
C. 市政府　　　　　　　　　D. 省政府

答案:B。解析:《中华人民共和国行政复议法》第十五条规定,对被撤销的行政机关在撤销前所作出的具体行政行为不服申请行政复议时,继续行使其职权的行政机关为行政复议被申请人。因此,本题应选 B 项。

（四）行政复议申请期间和复议决定期限

《中华人民共和国行政复议法》第二十一条	行政复议期间具体行政行为**不停止执行**
《中华人民共和国行政复议法》第九条	行政相对人自知道该具体行政行为之日起 **60 日**内提出
《中华人民共和国行政复议法》第三十一条	行政复议机关自受理之日起 **60 日**内作出决定，经行政复议机关负责人批准，可延长，不超过 30 日
《中华人民共和国行政复议法》第三十九条	行政复议机关受理行政复议申请不得向申请人收取任何费用

二、行政诉讼[①]

（一）行政诉讼的概念

所谓**行政诉讼**，就是指公民、法人或其他组织认为行政机关及其工作人员的行政行为，侵犯其合法权益，依照法定程序与要求向**人民法院**提起诉讼，并由人民法院对行政行为进行审查并作出裁决的活动。

行政诉讼的基本原则主要有以下几个方面：

（1）<u>**人民法院**特定主管原则</u>；
（2）<u>诉讼期间行政行为**不停止执行**原则</u>；
（3）<u>**被告负举证责任**原则</u>；
（4）<u>**一般不适用调解**原则</u>；
（5）<u>审查行政行为**合法性**的原则</u>；
（6）司法变更权有限原则。

<u>《中华人民共和国行政诉讼法》第三条：被诉行政机关负责人应当出庭应诉。不能出庭的，应当委托行政机关相应的工作人员出庭。</u>

<u>《中华人民共和国行政诉讼法》第三十四条：被告对作出的行政行为负有举证责任，应当提供作出该行政行为的证据和所依据的规范性文件。被告不提供或者无正当理由逾期提供证据，视为没有相应证据。</u>

<u>《中华人民共和国行政诉讼法》第六十条：人民法院审理行政案件，不适用调解。但是，行政赔偿、补偿以及行政机关行使法律、法规规定的自由裁量权的案件可以调解。调</u>

---

① 参看《中华人民共和国行政诉讼法》（2017 年 6 月 27 日修正，2017 年 7 月 1 日起施行）。

解应当遵循**自愿**、**合法**原则，不得损害国家利益、社会公共利益和他人合法权益。

> 习题与解析

习题1.【单选】我国行政复议与行政诉讼共同之处是（　　）

A. 都不审查具体行政行为的适当性　　B. 都适用司法程序

C. 审查具体行政行为的合法性　　D. 都适用调解原则

答案：C。解析：无论是行政复议还是行政诉讼，都要审查行政行为的合法性，选项C正确，选项A错误；行政复议不适用司法程序，选项B错误；行政诉讼遵循一般不适用调解原则，选项D错误。因此，本题应选C项。

习题2.【单选】行政诉讼中（　　）对作出的行政行为负有举证责任。

A. 被告　　B. 原告

C. 第三人　　D. 人民法院

答案：A。解析：在行政诉讼中，被告负有举证责任。因此，本题应选A项。

（二）行政诉讼的受案范围

《中华人民共和国行政诉讼法》第十二条规定人民法院受理公民、法人或者其他组织提起的下列诉讼：

（1）对行政拘留、暂扣或者吊销许可证和执照、责令停产停业、没收违法所得、没收非法财物、罚款、警告等**行政处罚**不服的；

（2）对限制人身自由或者对财产的查封、扣押、冻结等**行政强制措施**和**行政强制执行**不服的；

（3）申请行政许可，行政机关拒绝或者在法定期限内不予答复，或者对行政机关作出的有关**行政许可**的其他决定不服的；

（4）对行政机关作出的关于**确认**土地、矿藏、水流、森林、山岭、草原、荒地、滩涂、海域等自然资源的所有权或者使用权的决定不服的；

（5）对**征收、征用**决定及其补偿决定不服的；

（6）申请行政机关履行保护人身权、财产权等合法权益的法定职责，行政机关拒绝履行或者不予答复的；

（7）认为行政机关侵犯其经营自主权或者农村土地承包经营权、农村土地经营权的；

（8）认为行政机关滥用行政权力排除或者限制竞争的；

（9）认为行政机关违法集资、摊派费用或者违法要求履行其他义务的；

（10）认为行政机关没有依法支付抚恤金、最低生活保障待遇或者社会保险待遇的；

（11）认为行政机关不依法履行、未按照约定履行或者违法变更、解除政府特许经营协议、土地房屋征收补偿协议等协议的。

《中华人民共和国行政诉讼法》第十三条规定，人民法院不受理的案件包括：

（1）国防、外交等国家行为；

（2）抽象行政行为；

（3）内部行政行为；

（4）法律规定由行政机关最终裁决的具体行政行为；

（5）刑事司法行为；

（6）行政调解及仲裁；

（7）行政指导行为；

（8）驳回当事人对行政行为提起申诉的重复处理行为；

（9）对公民、法人或其他组织权利义务不产生实际影响的行为。

习题与解析

习题1.【单选】下列案件属于行政诉讼受案范围的是（　　）

A. 国防、外交等国家行为

B. 人民政府对其工作人员的开除决定

C. 人民政府关于禁止燃放烟花爆竹的决定

D. 人民政府责令某企业停产治理环境污染的决定

答案：D。解析：A项错误，国防、外交等国家行为人民法院不受理。B项错误，人民政府对其工作人员的开除决定属于行政机关对行政机关工作人员的奖惩、任免等决定，不属于行政诉讼受案范围。C项错误，人民政府关于禁止燃放烟花爆竹的决定是抽象行政行为，不属于行政诉讼受案范围。D项正确，行政处罚等具体行政行为，人民法院予以受理。因此，本题应选D项。

（三）行政诉讼的原告

《中华人民共和国行政诉讼法》第二十五条：行政行为的**相对人**以及其他与行政行为有利害关系的公民、法人或者其他组织，有权提起诉讼。有权提起诉讼的公民死亡，其近亲属可以提起诉讼。有权提起诉讼的法人或者其他组织终止，承受其权利的法人或者其他组织可以提起诉讼。

（四）行政诉讼的被告

1. 公民、法人或者其他组织直接向人民法院提起行政诉讼不经复议的案件，**作出行政行为的行政机关是被告**。

2. 经复议的案件，复议机关决定**维持**原行政行为的，**作出原行政行为的行政机关和复议机关是共同被告**。

3. 经复议的案件，复议机关**改变**原行政行为的，**复议机关是被告**。

4. 复议机关在法定期限内不决定，当事人对原具体行政行为不服，作出原具体行政行为的行政机关为被告；当事人对复议机关不作为不服，复议机关为被告。

5. 复议机关不受理，**复议机关为被告**。

6. 复议机关逾期作出复议决定，就原具体行政行为起诉的，该复议决定无效；如果尚未起诉，根据第 2、3 项规则处理。

7. 两个以上行政机关作出同一具体行政行为的，**共同作出具体行政行为的行政机关为共同被告**。

8. 行政机关与非行政机关共同作出具体行政行为，当事人不服起诉的，应以作出决定的行政机关为被告，非行政机关不能作为被告。但在行政赔偿案件中，法院应当通知非行政机关作为第三人参加。

9. 行政机关委托的组织作出的行政行为，**委托的行政机关**是被告。

10. 行政机关被撤销或者职权变更的，**继续行使其职权的行政机关**是被告。

11. 行政机关的内设机构或派出机构在没有法律、法规授权时以自己名义作出的具体行政行为，当事人不服起诉的，应以该行政机关为被告；经法律、法规授权的行政机关内设机构、派出机构或其他组织，超出法定授权范围实施行政行为，当事人不服起诉的，应当以实施该行为的机构或组织为被告。

《中华人民共和国行政诉讼法》第三十一条规定，当事人、法定代理人可以委托一至二人作为诉讼代理人。下列人员可以被委托为诉讼代理人：

（1）律师、基层法律服务工作者；

（2）当事人的近亲属或者工作人员；

（3）当事人所在社区、单位以及有关社会团体推荐的公民。

《中华人民共和国行政诉讼法》第四十六条：公民、法人或者其他组织直接向人民法院提起诉讼的，应当自知道或者应当知道作出行政行为之日起**六个月内**提出。法律另有规定的除外。因不动产提起诉讼的案件自行政行为作出之日起超过**二十年**，其他案件自行政行为作出之日起超过五年提起诉讼的，人民法院不予受理。

（五）行政诉讼管辖

1. 一般地域管辖

《中华人民共和国行政诉讼法》第十八条：行政案件由最初作出行政行为的行政机关所在地人民法院管辖。**经复议的案件**，也可以由复议机关所在地人民法院管辖。

经最高人民法院批准，高级人民法院可以根据审判工作的实际情况，确定若干人民法院跨行政区域管辖行政案件。

习题与解析

习题 1.【单选】经复议的案件，复议机关维持原具体行政行为，由（　）

A. 最初作出具体行政行为的行政机关所在的人民法院管辖

B. 复议机关所在地的人民法院管辖

C. 既可以由最初作出具体行政行为的行政机关所在地的人民法院管辖，也可以由复议机关所在地的人民法院管辖

D. 原告所在地的人民法院管辖

答案：C。解析：根据《中华人民共和国行政诉讼法》规定，经复议的案件，可以由最初作出具体行政行为的行政机关所在地的人民法院管辖，也可以由复议机关所在地的人民法院管辖。因此，本题应选C项。

2. 级别管辖

基层人民法院	基层人民法院管辖第一审行政案件（《中华人民共和国行政诉讼法》第十四条）
中级人民法院	中级人民法院管辖下列第一审行政案件：①对国务院部门或者县级以上地方人民政府所作的行政行为提起诉讼的案件；②海关处理的案件；③本辖区内重大、复杂的案件；④其他法律规定由中级人民法院管辖的案件（《中华人民共和国行政诉讼法》第十五条）
高级人民法院	高级人民法院管辖本辖区内重大、复杂的第一审行政案件（《中华人民共和国行政诉讼法》第十六条）
最高人民法院	最高人民法院管辖全国范围内重大、复杂的第一审行政案件（《中华人民共和国行政诉讼法》第十七条）

3. 特殊地域管辖

《中华人民共和国行政诉讼法》第十九条：对限制人身自由的行政强制措施不服提起的诉讼，由被告所在地或者原告所在地人民法院管辖。

习题与解析

习题1.【多选】华夏市安泰区张某外出旅游，被海天市宝华区卫生防疫部门检测出患有恶性传染病，送去强制治疗。张某对卫生防疫部门采取的强制措施不服提起诉讼，有管辖权的法院是（　　）

A. 华夏市中级人民法院　　　　　B. 海天市中级人民法院

C. 安泰区人民法院　　　　　　　D. 宝华区人民法院

答案：CD。解析：《中华人民共和国行政诉讼法》第十九条规定，对限制人身自由的行政强制措施不服提起的诉讼，由被告所在地或者原告所在地人民法院管辖。因此，本题应选CD两个选项。

4. 不动产的特殊地域管辖

《中华人民共和国行政诉讼法》第二十条：因不动产提起的行政诉讼，由不动产所在地人民法院管辖。

习题与解析

习题1.【单选】张某住北京市东城区，在朝阳区有一处商业用房，市拆迁办（在西城区）决定对其房屋拆迁，张某不服，诉至法院，（　　）应由受理。

A. 朝阳区法院　　　　　　　　　B. 东城区法院

C. 西城区法院 D. 以上三个法院都可以

答案：A。解析：《中华人民共和国行政诉讼法》第二十条规定，因不动产提起的行政诉讼，由不动产所在地人民法院管辖。因此，本题应选 A 项。

5. 选择管辖

《中华人民共和国行政诉讼法》第二十一条：两个以上人民法院都有管辖权的案件，原告可以选择其中一个人民法院提起诉讼。原告向两个以上有管辖权的人民法院提起诉讼的，由最先立案的人民法院管辖。

6. 移送管辖

《中华人民共和国行政诉讼法》第二十二条：人民法院发现受理的案件不属于本院管辖的应当移送有管辖权的人民法院，受移送的人民法院应当受理。受移送的人民法院认为受移送的案件按照规定不属于本院管辖的，应当报请上级人民法院指定管辖，不得再自行移送。

7. 指定管辖

《中华人民共和国行政诉讼法》第二十三条：有管辖权的人民法院由于特殊原因不能行使管辖权的，由上级人民法院指定管辖。人民法院对管辖权发生争议，由争议双方协商解决。协商不成的，报它们的共同上级人民法院指定管辖。

8. 管辖权转移

《中华人民共和国行政诉讼法》第二十四条：上级人民法院有权审理下级人民法院管辖的第一审行政案件。下级人民法院对其管辖的第一审行政案件，认为需要由上级人民法院审理或者指定管辖的，可以报请上级人民法院决定。

第四章 民法与民事诉讼法[①]

《中华人民共和国民法典》被称为"社会生活的百科全书","公民权利的保障书"。民法典共 7 编、1260 条,各编依次为总则、物权、合同、人格权、婚姻家庭、继承、侵权责任和附则,《婚姻法》《继承法》《民法通则》《收养法》《担保法》《合同法》《物权法》《侵权责任法》《民法总则》同时废止。

1. 民法的概念

《中华人民共和国民法典》第一条:为了保护民事主体的合法权益,调整民事关系,维护社会和经济秩序,适应中国特色社会主义发展要求,弘扬**社会主义核心价值观**,根据宪法,制定本法。

《中华人民共和国民法典》第二条:民法调整**平等主体**的自然人、法人和非法人组织之间的**人身关系**和**财产关系**。

> 习题与解析

习题1.【单选】我国民法是调整( )的自然人、法人和非法人组织之间的财产关系和人身关系的法律规范的总称。

A. 特殊主体　　　　　　　　B. 一般主体
C. 平等主体　　　　　　　　D. 财产主体

答案:C。解析:民法调整平等主体的自然人、法人和非法人组织之间的人身关系和财产关系。因此,本题应选 C 项。

习题2.【多选】我国民法的调整对象包括( )

A. 财产关系　　　　　　　　B. 人际关系
C. 人身关系　　　　　　　　D. 思想关系

答案:AC。解析:民法调整平等主体的自然人、法人和非法人组织之间的人身关系和财产关系。因此,本题应选 AC 两个选项。

2. 民法的基本原则

(1) **平等原则**。《中华人民共和国民法典》第四条:民事主体在民事活动中的法律地位一律平等。

(2) **自愿原则**。《中华人民共和国民法典》第五条:民事主体从事民事活动,应当遵

[①] 参看《中华人民共和国民法典》(2020 年 5 月 28 日通过,2021 年 1 月 1 日起施行)。

循自愿原则，按照自己的意思设立、变更、终止民事法律关系。

（3）**公平原则**。《中华人民共和国民法典》第六条：民事主体从事民事活动，应当遵循公平原则，合理确定各方的权利和义务。

（4）**诚信原则**。《中华人民共和国民法典》第七条：民事主体从事民事活动，应当遵循诚信原则，秉持诚实，恪守承诺。

（5）**守法与公序良俗原则**。《中华人民共和国民法典》第八条：民事主体从事民事活动，不得违反法律，不得违背公序良俗。

（6）**绿色原则**。《中华人民共和国民法典》第九条：民事主体从事民事活动，应当有利于节约资源、保护生态环境。

3. 民事法律关系

民事法律关系由民事法律关系主体、民事法律关系内容以及民事法律关系客体组成。其中，民事法律关系主体包含公民、法人、国家（特殊）等。

第一节　民事主体

所谓**民事主体**，就是指民事关系的参与者、民事权利的享有者、民事义务的履行者和民事责任的承担者，具体包括**自然人**、**法人**以及**非法人组织**。

一、公　民

（一）公民的概念

所谓**公民**，也称国民，就是指具有一国国籍的自然人。

《**中华人民共和国宪法**》第三十三条："凡具有中华人民共和国国籍的人都是中华人民共和国公民。"

> **习题与解析**

习题1.【单选】凡具有我国国籍的自然人就是我国的公民，这属于（　）

A. 政治概念　　　　　　　　B. 法律概念
C. 政治概念也是法律概念　　D. 不是政治概念也不是法律概念

答案：B。解析：公民是一个法律概念，而人民是一个政治概念。因此，本题应选B项。

习题2.【判断】中华人民共和国的一切权力属于公民。（　）

答案：×。解析：中华人民共和国的一切权力属于人民。

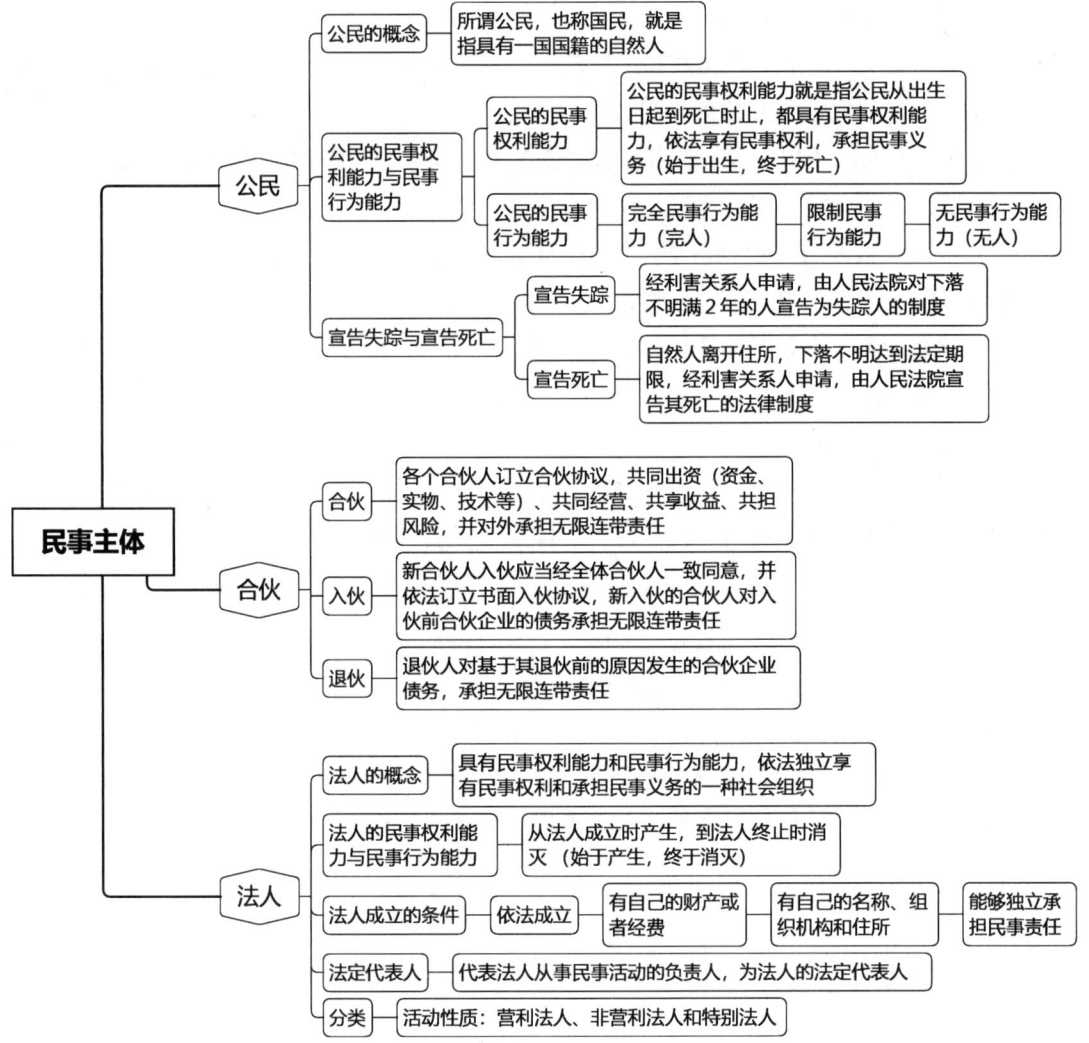

（二）公民的民事权利能力和民事行为能力

1. 公民的民事权利能力

《中华人民共和国民法典》第十三条：自然人从出生时起到死亡时止，具有民事权利能力，依法享有民事权利，承担民事义务（**始于出生，终于死亡**）。

> 习题与解析

习题1.【单选】我国公民的民事权利能力是（ ）

A. 自己能独立生活才具有　　　　　B. 18 周岁以上才具有

C. 始于出生，终于死亡　　　　　　D. 有一定的社会交往能力才具有

答案：C。解析：《中华人民共和国民法典》第十三条规定，自然人从出生时起到死亡时止，具有民事权利能力，依法享有民事权利，承担民事义务。因此，本题应选 C 项。

《中华人民共和国民法典》第十五条：自然人的出生时间和死亡时间，**以出生证明、**

死亡证明记载的时间为准；没有出生证明、死亡证明的，以户籍登记或者其他有效身份登记记载的时间为准。有其他证据足以推翻以上记载时间的，以该证据证明的时间为准。

《中华人民共和国民法典》第十六条：涉及**遗产继承、接受赠与**等胎儿利益保护的，胎儿视为具有民事权利能力。但是，胎儿娩出时为死体的，其民事权利能力自始不存在。

2. 公民的民事行为能力

根据公民的**年龄和精神状况**可以分为：

完全民事行为能力人（完人）	（1）18 周岁（包括 18 周岁）以上且精神正常的公民 （2）16 周岁（包括 16 周岁）以上不满 18 周岁的公民，但以自己的劳动收入为主要生活来源的人
限制民事行为能力人（限人）	（1）8 周岁（包括 8 周岁）以上的未成年人 （2）不能完全辨认自己行为的精神病人 他们实施民事法律行为由其法定代理人代理或经其法定代理人同意、追认，但可以独立实施纯获利益的民事法律行为或者与其年龄、智力相适应的民事法律行为
无民事行为能力人（无人）	（1）不满 8 周岁的未成年人 （2）不能辨认自己行为的精神病人

习题与解析

习题 1.【单选】16 周岁以上不满 18 周岁的自然人以自己的劳动收入作为主要生活来源，被视为（　　）

A. 无民事行为能力人　　　　　　B. 完全民事行为能力人
C. 限制民事行为能力人　　　　　D. 限制民事权利能力人

答案：B。解析：《中华人民共和国民法典》第十八条规定，十六周岁以上的未成年人，以自己的劳动收入为主要生活来源的，视为完全民事行为能力人。因此，本题应选 B 项。

习题 2.【单选】李某 16 岁，接受叔叔遗赠 10 万元，靠此丰衣足食，李某为（　　）

A. 完全民事行为能力人　　　　　B. 完全民事权利能力人
C. 限制民事行为能力人　　　　　D. 无民事行为能力人

答案：C。解析：《中华人民共和国民法典》第十九条规定，八周岁以上的未成年人为限制民事行为能力人，实施民事法律行为由其法定代理人代理或者经其法定代理人同意、追认，但是可以独立实施纯获利益的民事法律行为或者与其年龄、智力相适应的民事法律行为。因此，本题应选 C 项。

习题 3.【单选】在我国，8 岁以上的未成年人属于（　　）

A. 完全民事行为能力人　　　　　B. 限制民事行为能力人
C. 无民事行为能力人　　　　　　D. 民事代理人

答案：B。解析：《中华人民共和国民法典》第十九条规定，八周岁以上的未成年人为限制民事行为能力人。因此，本题应选 B 项。

习题4.【单选】依照《中华人民共和国民法典》的规定，下列成年人中，属于限制民事行为能力人或者无民事行为能力人的是（ ）

　　A. 聋人　　　　　　　　　　　B. 盲人
　　C. 智力障碍者　　　　　　　　D. 肢体残疾人

答案：C。解析：智力障碍者不能辨认自己的行为，根据《中华人民共和国民法典》第二十一条的规定视为无民事行为能力人。因此，本题应选 C 项。

习题5.【多选】按照《中华人民共和国民法典》规定，下面正确的说法有（ ）

　　A. 18 周岁以上的公民，具有完全民事行为能力

　　B. 16 周岁以上不满 18 周岁的公民，以自己的劳动收入为主要生活来源，视为完全民事行为能力人

　　C. 8 周岁以上的未成年人和不能辨认自己行为的精神病人是限制民事行为能力人

　　D. 不满 8 周岁的未成年人是无民事行为能力人

答案：BD。解析：十八周岁以上且智力健全的人视为完全民事行为能力人，选项 A 错误；不能辨认自己行为的精神病人属于无民事行为能力人，选项 C 错误；选项 B 和选项 D 的表述符合《中华人民共和国民法典》的规定。因此，本题应选 BD 两个选项。

（三）监　护

《中华人民共和国民法典》第二十七条：**父母是未成年子女的监护人。未成年人的父母已经死亡或者没有监护能力的，由下列有监护能力的人按顺序担任监护人：**

（1）祖父母、外祖父母；

（2）兄、姐；

（3）其他愿意担任监护人的个人或者组织，但是须经未成年人住所地的居民委员会、村民委员会或者民政部门同意。

《中华人民共和国民法典》第二十八条：**无民事行为能力或者限制民事行为能力的成年人**，由下列有监护能力的人**按顺序**担任监护人：

（1）配偶；

（2）父母、子女；

（3）其他近亲属；

（4）其他愿意担任监护人的个人或者组织，但是须经被监护人住所地的居民委员会、村民委员会或者民政部门同意。

（四）宣告失踪与宣告死亡

1. 宣告失踪

（1）宣告失踪的概念

所谓**宣告失踪**，就是指经利害关系人申请，由**人民法院**对下落不明满**二年**的人宣告为失踪人的制度。

宣告失踪必须满足以下条件：

①有下落不明的事实；

②下落不明必须满二年；

③必须由利害关系人向人民法院申请；

④必须经人民法院依照法定程序宣告。

（2）宣告失踪的法律后果

失踪人被人民法院依法宣告失踪后，失踪人的财产由其配偶、成年子女、父母或者其他愿意担任财产代管人的人**代管**。

> **习题与解析**

习题1.【单选】公民被宣告失踪所产生的法律后果是（　　）

A. 婚姻关系终止　　　　　　　　B. 其财产由特定人代管

C. 继承程序开始　　　　　　　　D. 是宣告死亡的必经程序

答案：B。解析：《中华人民共和国民法典》第四十二条规定，失踪人的财产由其配偶、成年子女、父母或者其他愿意担任财产代管人的人代管。失踪人被宣告失踪后婚姻关系继续存在，同时不能对失踪人的财产进行继承，宣告失踪也不是宣告死亡的必经程序。因此，本题应选B项。

（3）宣告失踪的撤销

《中华人民共和国民法典》第四十五条：失踪人重新出现，经本人或者利害关系人申请，人民法院应当撤销失踪宣告。失踪人重新出现，有权请求财产代管人及时移交有关财产并报告财产代管情况。

2. 宣告死亡

（1）宣告死亡的概念

所谓**宣告死亡**，就是指自然人离开住所，下落不明达到法定期限，经**利害关系人**申请，由人民法院宣告其死亡的法律制度。

宣告死亡必须满足以下条件：

①须经利害关系人申请。

②下落不明满一定期限（下落不明满**四年**；因意外事件下落不明满**二年**；因意外事件下落不明，经有关机关证明该自然人不可能生存的，申请宣告死亡**不受二年时间的限制**）。

③须由人民法院宣告。

申请宣告死亡的利害关系人有先后顺序之分，这里申请宣告死亡的"**利害关系人**"有：①配偶；②父母、子女；③兄弟姐妹、祖父母、外祖父母、孙子女、外孙子女；④其他有民事权利义务关系的人。与宣告失踪不同，申请宣告死亡的利害关系人是有顺序之分的，换而言之，当存在在先顺位人时，在后顺位人即无申请权。<u>2020 年 5 月 28 日通过的《中华人民共和国民法典》不再规定申请死亡宣告的顺序</u>。

（2）宣告死亡的法律后果

宣告死亡与自然死亡法律后果相同。

《中华人民共和国民法典》第四十九条：自然人被宣告死亡但是并未死亡的，不影响该自然人在被宣告死亡期间实施的民事法律行为的效力。

（3）宣告死亡的撤销

被宣告死亡人重新出现或者确知他没有死亡，经本人或利害关系人申请，法院应撤销对他的死亡宣告。宣告死亡的判决一经撤销发生以下法律后果：

①婚姻关系能否自行恢复。《中华人民共和国民法典》第五十一条：被宣告死亡的人的婚姻关系，自死亡宣告之日起消灭。死亡宣告被撤销的，婚姻关系自撤销死亡宣告之日起自行恢复。但是**其配偶再婚**或者向**婚姻登记机关书面声明不愿意恢复**的除外。

②收养关系有效。《中华人民共和国民法典》第五十二条：被宣告死亡的人在被宣告死亡期间，其子女被他人依法收养的，在死亡宣告被撤销后，不得以未经本人同意为由主张收养行为无效。

③有权请求返还财产。《中华人民共和国民法典》第五十三条：被撤销死亡宣告的人有权请求依照本法第六编（继承编）取得其财产的民事主体返还财产；无法返还的，应当给予适当补偿。

> 习题与解析

习题1.【单选】王某被宣告死亡后，其妻周某改嫁于张某，其后张某死亡。1 年后周某确知王某仍然在世，于是向法院申请撤销对王某的死亡宣告。依据我国法律，该死亡宣告撤销后，王某与周某原有的婚姻关系如何（　　）

A. 自行恢复　　　　　　　　B. 不得自行恢复

C. 经王某同意后恢复　　　　D. 经周某同意后恢复

答案：B。解析：被宣告死亡的人重新出现，如果其配偶再婚，婚姻关系不得自行恢复。因此，本题应选 B 项。

习题2.【单选】受理申请宣告公民失踪或死亡的机关是（　　）

A. 民政机关　　　　　　　　B. 司法行政机关

C. 人民法院　　　　　　　　D. 公证机关

答案：C。解析：宣告公民失踪或死亡的机关只能是人民法院。因此，本题应选 C 项。

（4）宣告失踪不是宣告死亡的必经程序

如果自然人下落不明满四年，但利害关系人只申请宣告失踪的，人民法院仍然只能作出失踪宣告,而不能作出死亡宣告;同时,利害关系人也可以直接申请宣告死亡。**在利害关系人中,有的申请宣告死亡,有的不同意宣告死亡,人民法院应当宣告死亡。**

习题与解析

习题1.【单选】甲因遭遇海难下落不明,3年后,甲的妻子乙( )

A. 只能申请宣告失踪

B. 可以申请宣告死亡

C. 只能申请宣告死亡

D. 应当先申请宣告失踪,然后再申请宣告死亡

答案:B。解析:意外事件导致下落不明满两年,利害关系人可以申请宣告失踪,也可以申请宣告死亡。因此,本题应选B项。

习题2.【单选】甲离开自己住所下落不明满5年。根据我国法律规定其配偶乙( )

A. 只能申请宣告甲失踪

B. 只能申请宣告甲死亡

C. 应当先申请宣告甲失踪,再申请宣告甲死亡

D. 既可以申请宣告甲失踪,也可以申请宣告甲死亡

答案:D。解析:离开自己住所下落不明满五年,利害关系人既可以申请宣告失踪,也可以申请宣告死亡。因此,本题应选D项。

二、合 伙[①]

《中华人民共和国民法典》第一百零二条:非法人组织是不具有法人资格,但是能够依法以自己的名义从事民事活动的组织。非法人组织包括个人独资企业、**合伙企业**、不具有法人资格的专业服务机构等。

1. 合 伙

所谓**合伙企业**,就是指各个合伙人订立合伙协议,共同出资(资金、实物、技术等)、共同经营、共享收益、共担风险,并对外**承担无限连带责任**的联合。

合伙企业包括普通合伙企业和有限合伙企业。

普通合伙企业	指由普通合伙人组成,合伙人对合伙企业债务承担无限连带责任
有限合伙企业	指由普通合伙人和有限合伙人组成,普通合伙人对合伙企业债务承担无限连带责任,有限合伙人以其认缴的出资额为限对合伙企业债务承担责任

《中华人民共和国合伙企业法》第十六条:普通合伙人可以用货币、实物、知识产权、土地使用权或者其他财产权利出资,也可以用**劳务**出资(有限合伙人不得以劳务出资)。

---

① 参看《中华人民共和国合伙企业法》(2006年8月27日修订,2007年6月1日起施行)。

合伙债务由全体合伙人以各自的财产承担偿还责任，各个合伙人按照合伙协议约定的比例承担债务的一部分，但是同时又对整个合伙债务负连带清偿责任。即对外，所有的合伙人均负有清偿所有合伙债务的责任，债权人可以向任何一个合伙人或所有合伙人请求清偿其所有债务。当对外清偿了债务之后，超过自己应当承担的份额的合伙人有权向其他合伙人追偿。

2. 入　伙

《中华人民共和国合伙企业法》第四十三、四十四条：新合伙人入伙应当经**全体合伙人一致同意**，并依法**订立书面入伙协议**，新入伙的合伙人对入伙前合伙企业的债务承担无限连带责任。

3. 退　伙

《中华人民共和国合伙企业法》第五十三条：退伙人对基于其退伙前的原因发生的合伙企业债务，承担无限连带责任。

三、法　人

（一）法人的概念

所谓**法人**，就是指具有民事权利能力和民事行为能力，依法独立享有民事权利和承担民事义务的一种**社会组织**。

（二）法人的民事权利能力和民事行为能力

法人的民事权利能力和民事行为能力，从法人成立时产生，到法人终止时消灭（**始于产生，终于消灭**）。

公民的民事权利能力是始于出生，终于死亡。根据公民的年龄和精神状况，公民可以分为完全民事行为能力人（完人）、限制民事行为能力人（限人）和无民事行为能力人（无人）。

（三）法人成立的条件

《中华人民共和国民法典》第五十八条、六十条规定，法人成立应当具备下列条件：

1. 依法成立；
2. 有自己的财产或者经费；
3. 有自己的名称、组织机构和住所；
4. 能够独立承担民事责任。

习题与解析

习题1.【单选】根据我国法律规定，成立法人应具备的条件不包括（　　）

A. 依照法定程序设立　　　　　　　　B. 具有独立的财产

C. 有自己的名称、组织机构和场所　　D. 设立董事会和监事会

答案：D。解析：《中华人民共和国民法典》第五十八条、六十条规定，法人成立应当具备下列条件：①依法成立；②有自己的财产或者经费；③有自己的名称、组织机构和住所；④能够独立承担民事责任。因此，本题应选D项。

（四）法定代表人

《中华人民共和国民法典》第六十一条：依照法律或者法人章程的规定，代表法人从事民事活动的负责人，为法人的**法定代表人**。**企业法人对它的法定代表人和其他工作人员的经营活动承担民事责任**，员工、股东、法定代表人不承担责任。对于法定代表人和其他工作人员的个人行为，企业法人概不负责。

（五）法人分支机构及其责任承担

《中华人民共和国民法典》第七十四条：法人可以依法设立分支机构。分支机构以自己的名义从事民事活动，**产生的民事责任由法人承担；也可以先以该分支机构管理的财产承担，不足以承担的，由法人承担**。

（六）法人的分类

以法人的活动性质为标准，可以将法人分为营利法人、非营利法人和特别法人。

《中华人民共和国民法典》第七十六条：以取得利润并分配给股东等出资人为目的成立的法人，为**营利法人**。营利法人包括有限责任公司、股份有限公司和其他企业法人等。

《中华人民共和国民法典》第八十七条：为公益目的或者其他非营利目的成立，不向出资人、设立人或者会员分配所取得利润的法人，为**非营利法人**。非营利法人包括事业单位、社会团体、基金会、社会服务机构等。

《中华人民共和国民法典》第九十六条：本节规定的**机关法人、农村集体经济组织法人、城镇农村的合作经济组织法人、基层群众性自治组织法人**，为**特别法人**。

（七）自然人与法人的区别

自然人	姓名权	隐私权	身份证	公安局	生死	死亡	遗产	结婚离婚	母子	遗嘱执行人
法　人	名称权	商业秘密权	营业执照	市场监督管理局	设立注销	破产	破产财产	合并分立	母公司子公司	破产清算人

（八）公司是典型的营利法人[①]

1. 公司的基本情况

（1）公司的界定

《中华人民共和国公司法》所称的公司指在中国设立的**有限责任公司**和**股份有限公司**。

所谓**有限责任公司**，就是指股东以其**认缴的出资额**为限对公司承担责任，公司以其**全部财产**对公司债务承担责任的企业法人。

所谓**股份有限公司**，就是指全部资本分成等额股份，股东以其**认购的股份**为限对公司承担责任，公司以其**全部财产**对公司债务承担责任的企业法人。

（2）公司的股东

《中华人民共和国公司法》第四条：公司股东依法享有资产收益、参与重大决策和选择管理者等权利。

（3）公司的成立

《中华人民共和国公司法》第七条：依法设立的公司，由公司登记机关发给公司营业执照，**公司营业执照签发日期为公司成立日期。**

（4）公司的名称

《中华人民共和国公司法》第八条：依照本法设立的有限责任公司，必须在公司名称中标明有限责任公司或者有限公司字样；依照本法设立的股份有限公司，必须在公司名称中标明股份有限公司或者股份公司字样。

（5）公司的住所

《中华人民共和国公司法》第十条：公司以其主要办事机构所在地为住所。

（6）分公司与子公司

《中华人民共和国公司法》第十四条：公司可以设立分公司，**分公司不具有法人资格**，其民事责任由公司承担。**分公司**是与**总公司**相对应的，是总公司的下属机构。

公司可以设立子公司，**子公司具有法人资格，依法独立承担民事责任。子公司**是与**母公司**相对应的，与母公司之间是被控股或者被控制经营管理的关系。

2. 有限责任公司（"五有"：有人有名有房有财有章程）

《中华人民共和国公司法》第二十三条规定，设立有限责任公司，应当具备下列条件：

（1）股东符合法定人数（50人以下）；

（2）有符合公司章程规定的全体股东认缴的出资额（**之前规定有限责任公司最低出资额为3万元人民币，一人有限责任公司最低出资额为10万元人民币，股份有限公司最低出资额为500万元人民币，新《公司法》均无规定**）；

[①] 参看《中华人民共和国公司法》（1993年12月29日通过，2018年10月26日修正）。

（3）股东共同制定公司章程；

（4）有公司名称，建立符合有限责任公司要求的组织机构（有限责任公司一般设立"三会"：股东会是权力机构，其中一人有限责任公司不设股东会；董事会是执行机构，不设董事会的可以设一名执行董事；监事会是监督机构，规模较小的有限责任公司可以设1—2名监事，不设监事会）；

（5）有公司住所。

3. **股份有限公司**（"六有"：*有人有名有房有财有法有章程*）

《中华人民共和国公司法》第七十六条规定，设立股份有限公司，应当具备下列条件：

（1）发起人符合法定人数（2人以上200人以下；股份有限公司的设立，可以采取发起设立或者募集设立的方式）；

（2）有符合公司章程规定的全体发起人认购的股本总额或者募集的实收股本总额；

（3）股份发行、筹办事项符合法律规定（股份有限公司的资本划分为股份，每一股的金额相等，公司的股份采取股票的形式；股票发行价格可以按票面金额，也可以超过票面金额，但不得低于票面金额；公司发行的股票可以为记名股票，也可以为无记名股票，公司向发起人、法人发行的股票应当为记名股票；记名股票由股东以背书等方式转让，无记名股票的转让，由股东将该股票交付给受让人后即发生转让的效力）；

（4）发起人制订公司章程，采用募集方式设立的经创立大会通过；

（5）有公司名称，建立符合股份有限公司要求的组织机构（股份有限公司一般设立"三会"，即股东会、董事会和监事会）；

（6）有公司住所。

第二节　民事行为

一、民事行为

所谓**民事行为**，又称法律行为，就是指以意思表示为要素发生民事法律后果的行为。

民事行为包括民事法律行为、无效民事行为、可撤销的民事行为以及效力待定的民事行为。

1. *民事法律行为*

《中华人民共和国民法典》第一百三十三条：**民事法律行为**是民事主体通过意思表示设立、变更、终止民事法律关系的行为。

《中华人民共和国民法典》第一百四十三条规定，具备下列条件的民事法律行为有效：

（1）行为人具有相应的民事行为能力（有能力）；

（2）意思表示真实（意思真）；

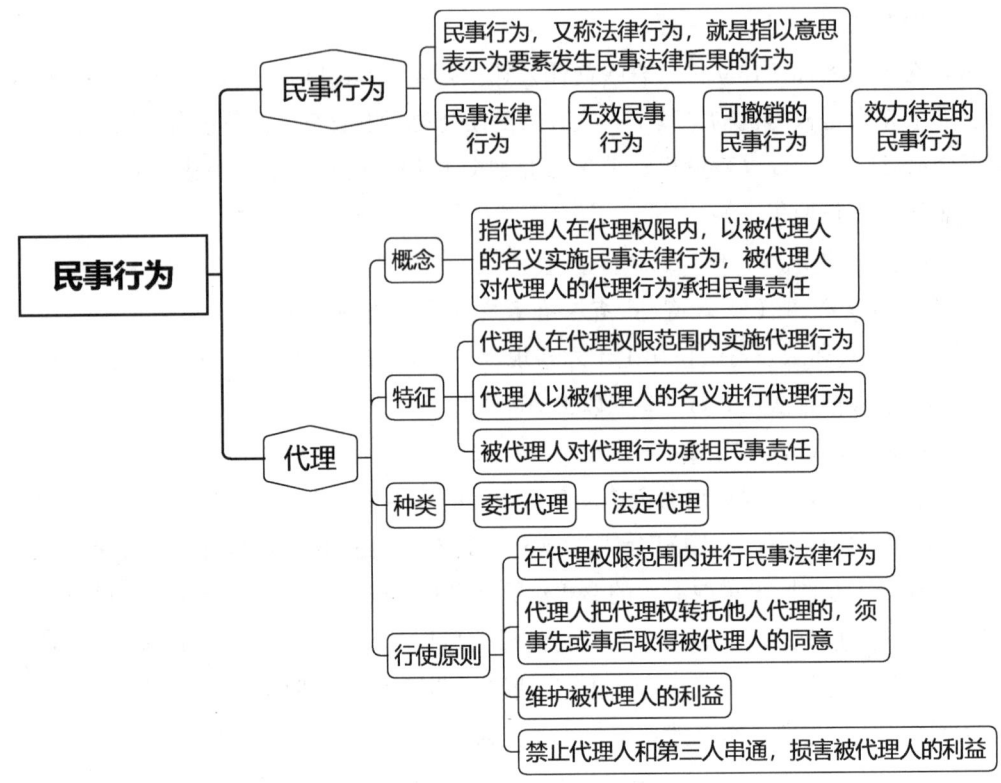

（3）不违反法律、行政法规的强制性规定，不违背公序良俗（不违法）。

2. **无效民事行为**

（1）无效民事行为的概念

所谓**无效民事行为**，就是指欠缺法律行为根本发生要件，自始、绝对和当然不发生行为人意思之预期效力的民事行为。

（2）无效民事行为的情形

<u>一般情况下</u>，凡是**违背国家利益**的民事行为均为无效民事行为。《中华人民共和国民法典》规定下列民事行为无效：

①无民事行为能力人实施的（**能力不足型**）。

②一方以欺诈（出售假冒伪劣产品、提供虚假的商品说明书）、胁迫（殴打对方、散布谣言、诽谤对方）的手段订立合同并且损害国家利益的（**欺诈胁迫型**）。

③恶意串通（代理人与第三人勾结订立合同损害被代理人利益等），损害国家、集体或者第三人利益的（**恶意串通型**）。

④损害社会公共利益的（**损害公益型**）。

⑤以合法形式掩盖非法目的的（当事人通过虚假的买卖行为达到隐匿财产、逃避债务的目的）（**伪装掩盖型**）。

⑥违反法律、行政法规的强制性规定的民事法律行为无效，但是该强制性规定不导致该民事法律行为无效的除外（**违反强规型**）。

无效民事行为，从行为开始起就没有法律约束力。

3. **可撤销的民事行为**

（1）可撤销的民事行为的概念

所谓**可撤销的民事行为**，又称为相对无效的民事行为，就是指依照法律的规定，可以由当事人请求人民法院或者仲裁机关予以撤销的民事行为。

（2）可撤销的民事行为的情形

欺 诈	指以使人发生错误认识为目的的故意行为。法律允许受欺诈的一方当事人撤销该项民事行为
胁 迫	指为达到非法目的，采用某种方法造成他人精神上的巨大压力或直接对他人肉体施加暴力强制的行为。胁迫的手段可以是肉体方面的，也可以是精神方面的，还可以是财产方面的
重大误解	指行为人因对行为的性质、对方当事人、标的物的品种、质量、规格和数量等发生错误认识，使行为的后果与自己的意思相悖，并造成较大损失的行为
显失公平	指一方当事人利用自己的优势或者对方缺乏经验，致使双方的权利和义务明显违反公平原则

《中华人民共和国民法典》第一百五十二条规定有下列情形之一的，撤销权消灭：

（1）当事人自知道或者应当知道撤销事由之日起**一年内**、重大误解的当事人自知道或者应当知道撤销事由之日起**三个月内**没有行使撤销权；

（2）当事人受胁迫，自胁迫行为终止之日起**一年内**没有行使撤销权；

（3）当事人知道撤销事由后明确表示或者以自己的行为表明放弃撤销权。

当事人自民事法律行为发生之日起**五年内**没有行使撤销权的，撤销权消灭。

可撤销民事法律行为的**除斥期间**分主观标准和客观标准，以主观标准衡量除斥期间是一年，一年期限届满，撤销权丧失；以客观标准衡量除斥期间为五年，五年是最长期间，五年期限届满，撤销权彻底丧失。其中变化较大的是对于因重大误解情形导致的可撤销的民事法律行为，其除斥期间新规为三个月。

4. **效力待定的民事行为**

（1）效力待定的民事行为的概念

所谓**效力待定的民事行为**，就是指在第三人意思表示前，效力处于不确定状态的民事行为。

（2）效力待定的民事行为的情形

①无权处分行为

无权处分行为是指无处分权人处分他人的财产，以引起财产权利变动为目的的行为。例如，擅自出卖他人的物，以他人的房产设立抵押，让与他人的债权等。无权处分行为经权利人追认的，自始发生效力；权利人不追认的，自始不发生效力。必须注意的是，权利人的追认应该用明显的方式作出，沉默和不作为都不视为追认。

②无权代理行为

《中华人民共和国民法典》第一百七十一条：行为人没有代理权、超越代理权或者代理权终止后以被代理人名义订立的合同，未经被代理人追认，对被代理人不发生效力，由行为人承担责任。相对人可以催告被代理人在一个月内予以追认，被代理人未作表示的，视为拒绝追认。

《中华人民共和国民法典》第一百七十二条：行为人没有代理权、超越代理权或者代理权终止后，仍然实施代理行为，相对人有理由相信行为人有代理权的，该代理行为有效。此代理行为称为**表见代理**。表见代理属于广义无权代理的一种，但又不完全等于无权代理，无权代理必须经过被代理人的追认才具有效力，表见代理不必经过被代理人的追认就当然具有效力。表见代理对于本人来说，产生与有权代理一样的效果，即在相对人与被代理人之间发生法律关系，被代理人因向第三人履行义务或者承担民事责任而遭受损失的，只能向表见代理人追偿。

③限制民事行为能力人超越民事行为能力的行为

这是指限制民事行为能力人实施超越其民事行为能力范围的行为。比如刚满8岁的孩子把自家的房子卖了，如果其法定代理人追认则为有效，其法定代理人不追认为无效。但纯获利益的合同或者与其年龄、智力、精神健康状况相适应而订立的合同，不必经法定代理人追认。

习题与解析

习题1.【单选】今年春节，9岁的辰辰收到了长辈给的压岁钱共计1万元。春节后，辰辰的父母协议离婚，辰辰由母亲抚养。关于1万元压岁钱的归属，下列说法正确的是（　　）

A. 压岁钱是长辈对辰辰个人的赠与，应归辰辰所有

B. 压岁钱是家长之间的财产交换，应由辰辰父母平均分配

C. 压岁钱是家庭共有财产，应由辰辰及其父母三人平均分配

D. 辰辰由母亲抚养，压岁钱应由辰辰与母亲共同共有

答案：A。解析：根据《中华人民共和国民法典》规定，纯粹获利的行为不受行为人年龄和精神状态的限制，压岁钱属于长辈对辰辰的个人赠与，应属于辰辰个人所有。因此，本题应选A项。

习题2.【单选】甲对乙新换的手机爱不释手，听丙说是进口高档手机，便主动以4000元购买。但事后确认该手机其实是地产普通手机，市场价仅为1000元。若甲反悔，以下说法正确的是（　　）

A. 是甲主动要求购买的，买卖合同有效

B. 乙欺骗了甲，买卖合同无效

C. 甲存在重大误解，买卖合同可以撤销

D. 丙欺骗了甲，买卖合同无效

答案：C。解析：重大误解就是指行为人因对行为的性质、对方当事人、标的物的品种、质量、规格和数量等发生错误认识，使行为的后果与自己的意思相悖，并造成较大损失的行为。本题案例系重大误解，属可撤销的民事行为。因此，本题应选 C 项。

习题3.【单选】朱某花 20 万元在某汽车 4S 店买了一辆小汽车，3 个月后，朱某到 4S 店保养汽车时，员工告诉他："你的车发生过事故，车门已整过。"朱某心想，自己开车至今未发生过事故，因而车辆并非新车。后经证实，该 4S 店给朱某的是一辆旧车。朱某与 4S 店之间签订的汽车买卖合同存在（   ）行为。

A. 欺诈　　　　　　　　　　B. 胁迫
C. 显失公平　　　　　　　　D. 乘人之危

答案：A。解析：4S 店属于典型的欺诈消费者的行为，对于欺诈的民事行为消费者可要求撤销。因此，本题应选 A 项。

习题4.【单选】下列关于 4S 店与朱某之间汽车买卖合同的说法，正确的是（   ）

A. 合同无效　　　　　　　　B. 合同有效
C. 合同可撤销　　　　　　　D. 合同效力待定

答案：C。解析：对于因欺诈、胁迫、重大误解以及显失公平的民事行为可撤销。因此，本题应选 C 项。

习题5.【单选】何某在某网店以 80 元的价格购买一个 64G 高速金属 U 盘，收货后检测发现该 U 盘的实际可使用容量只有 8G，卖家存在欺诈消费者的行为。关于何某能够向卖家索赔的金额，下列说法正确的是（   ）

A. 何某只能请求卖家赔偿货款的 2 倍　　B. 何某只能请求卖家赔偿货款的 3 倍
C. 何某只能请求卖家赔偿货款的 5 倍　　D. 何某有权请求卖家赔偿 500 元

答案：D。解析：《中华人民共和国消费者权益保护法》规定经营者提供商品或者服务有欺诈行为的，应当按照消费者的要求增加赔偿其受到的损失，增加赔偿的金额为消费者购买商品的价款或者接受服务费用的三倍；增加赔偿的金额不足五百元的，为五百元，法律另有规定的，依照其规定。因此，本题应选 D 项。

二、代　理

（一）代理的概念

所谓**代理**，就是指代理人在代理权限内，以**被代理人**的名义实施民事法律行为，被代理人对代理人的代理行为承担民事责任。

代理的主要特征是：

（1）代理人在代理权限范围内实施代理行为；
（2）代理人以被代理人的名义进行代理行为；

(3) 被代理人对代理行为承担民事责任。

习题与解析

习题1.【判断】代理人在代理权限内可以以自己的名义实施民事法律行为。（　　）

答案：×。解析：代理人只能在代理权限内以被代理人的名义实施民事法律行为。

（二）代理的种类

1. 委托代理；

2. 法定代理。

委托代理人按照被代理人的委托行使代理权，法定代理人依照法律的规定行使代理权。

（三）代理权的行使原则

1. 在代理权限范围内进行民事法律行为；

2. 代理人把代理权转托他人代理的，须事先或事后取得被代理人的同意；

3. 维护被代理人的利益；

4. 禁止代理人和第三人串通，损害被代理人的利益。

习题与解析

习题1.【单选】孙某委托吴某为代理人购买一批货物，吴某的下列行为中，违反法律法规的是（　　）

A. 吴某生重病，停止了购买货物事宜，并通知了孙某

B. 及时将购买货物过程中的情况报告给孙某

C. 经孙某同意，另行委托林某，办理购买事宜

D. 与陆某恶意串通，以明显不合理的高价格购入货物

答案：D。解析：《中华人民共和国民法典》明确规定禁止代理人和第三人串通，损害被代理人利益。因此，本题应选D项。

三、民事责任

《中华人民共和国民法典》第一百八十四条：因自愿实施紧急救助行为造成受助人损害的，救助人不承担民事责任。

《中华人民共和国民法典》第一百八十五条：侵害英雄烈士等的姓名、肖像、名誉、荣誉，损害社会公共利益的，应当承担民事责任。

《中华人民共和国民法典》第一百八十七条：民事主体因同一行为应当承担民事责任、行政责任和刑事责任的，承担行政责任或者刑事责任不影响承担民事责任；民事主体的财产不足以支付的，**优先用于承担民事责任**。

四、诉讼时效

（一）诉讼时效

1. 诉讼时效期限

《中华人民共和国民法典》第一百八十八条：向人民法院请求保护民事权利的诉讼时效期间为三年。诉讼时效期间自权利人知道或者应当知道权利受到损害以及义务人之日起计算。法律另有规定的，依照其规定。但是自权利受到损害之日起超过二十年的，人民法院不予保护。

《中华人民共和国民法典》第一百九十一条：未成年人遭受性侵害的损害赔偿请求权的诉讼时效期间，自受害人年满十八周岁之日起计算。

2. 诉讼时效中止和诉讼时效中断

《中华人民共和国民法典》第一百九十四条规定，在诉讼时效期间的**最后六个月内**，因下列障碍，不能行使请求权的，**诉讼时效中止**：

（1）不可抗力；

（2）无民事行为能力人或者限制民事行为能力人没有法定代理人，或者法定代理人死亡、丧失民事行为能力、丧失代理权；

（3）继承开始后未确定继承人或者遗产管理人；

（4）权利人被义务人或者其他人控制；

（5）其他导致权利人不能行使请求权的障碍。

自中止时效的原因消除之日起**满六个月**，诉讼时效期间届满。

《中华人民共和国民法典》第一百九十五条规定，有下列情形之一的，**诉讼时效中断**，从中断、有关程序终结时起，诉讼时效期间**重新计算**：

（1）权利人向义务人提出履行请求；

（2）义务人同意履行义务；

（3）权利人提起诉讼或者申请仲裁；

（4）与提起诉讼或者申请仲裁具有同等效力的其他情形。

从中止时效的原因消除之日起，诉讼时效期间**继续计算**。从中断时起，诉讼时效期间**重新计算**。

《中华人民共和国民法典》第一百九十六条规定，下列请求权不适用诉讼时效的规定：

（1）请求停止侵害、排除妨碍、消除危险；

（2）不动产物权和登记的动产物权的权利人请求返还财产；

（3）请求支付抚养费、赡养费或者扶养费；

（4）依法不适用诉讼时效的其他请求权。

习题与解析

习题1.【单选】下列请求权可以适用诉讼时效的是（ ）

A. 债权人甲请求债务人乙归还拖欠两年的货款

B. 房屋所有人甲请求被邻居乙强占的一间房屋

C. 未成年人甲请求再婚的父亲乙支付其抚养费

D. 甲请求楼下的乙清理走乙堆在楼梯口的杂物

答案：A。解析：诉讼时效是指权利人在法定期间内不行使权利就丧失请求人民法院保护民事权益的权利的法律制度。《中华人民共和国民法典》第一百九十六条规定，下列请求权不适用诉讼时效的规定：（一）请求停止侵害、排除妨碍、消除危险；（二）不动产物权和登记的动产物权的权利人请求返还财产；（三）请求支付抚养费、赡养费或者扶养费；（四）依法不适用诉讼时效的其他请求权。A项正确，债权人甲请求债务人乙归还拖欠两年的货款，甲享有债权请求权，可以适用诉讼时效的规定。B项错误，属于第二项规定的情形。C项错误，属于第三项规定的情形。D项错误，属于第一项规定的情形。因此，本题应选A项。

第三节　民事权利

所谓**民事权利**，就是指自然人、法人或其他组织在民事法律关系中享有的具体权益。《中华人民共和国民法典》规定的民事权利，主要有物权、债权、知识产权、人身权和继承权等。

一、物　权[①]

所谓**物权**，就是指权利人依法对特定的物享有直接支配和排他的权利。**物权可以分为所有权和他物权，区别在于所有人是否对物享有完整的物权**。他物权包括用益物权和担保物权。

（一）所有权

所谓**所有权**，就是指所有权人依法对自己的财产享有**占有、使用、收益**和**处分**的权利。

所有权具有支配物的所有权能，包括占有、使用、收益和处分。所有权在法律上属于绝对权，即**所有权人是特定的，而义务主体是不特定的**，除了所有人外其他人都有不侵犯

[①] 参看《中华人民共和国民法典》（2020年5月28日通过，2021年1月1日起施行）。

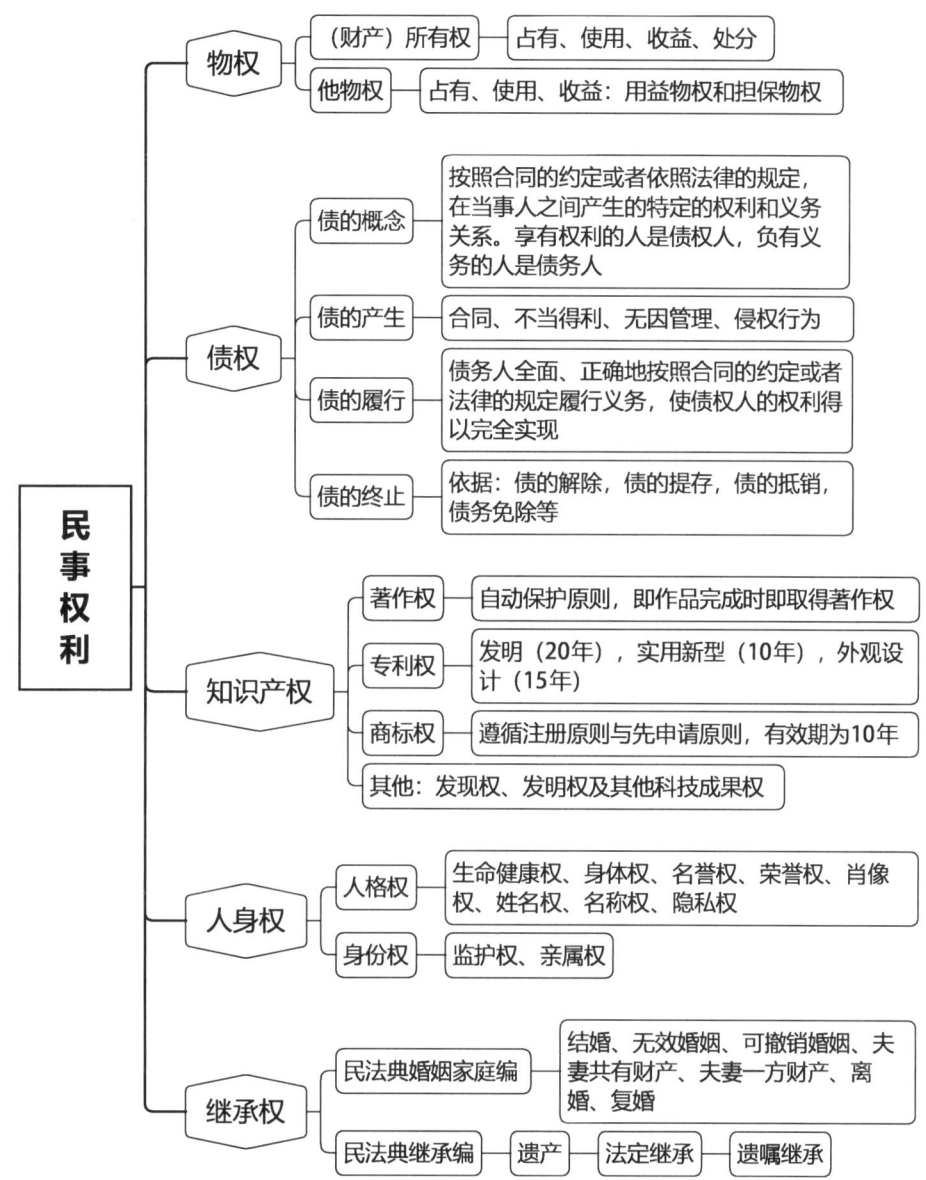

所有权和尊重所有权的义务。所有权因为是支配性权利，具有强烈的排他性，主要表现在一物之上不得存在两个所有权，即一物一权主义。

《中华人民共和国民法典》第二百四十三条：为了公共利益的需要，依照法律规定的权限和程序可以征收集体所有的土地和组织、个人的房屋以及其他不动产。征收组织、个人的房屋以及其他不动产，应当依法给予征收补偿，维护被征收人的合法权益；征收个人住宅的，还应当保障被征收人的居住条件。

《中华人民共和国民法典》第二百四十五条：因抢险救灾、疫情防控等紧急需要，依照法律规定的权限和程序可以征用组织、个人的不动产或者动产。被征用的不动产或者动产使用后，应当返还被征用人。组织、个人的不动产或者动产被征用或者征用后毁损、灭失的，应当给予补偿。

《中华人民共和国民法典》第二百七十四条：建筑区划内的道路，属于业主共有，但是属于城镇公共道路的除外。建筑区划内的绿地，属于业主共有，但是属于城镇公共绿地或者明示属于个人的除外。建筑区划内的其他公共场所、公用设施和物业服务用房，属于业主共有。

《中华人民共和国民法典》第二百七十五条：建筑区划内，规划用于停放汽车的车位、车库的归属，由当事人通过出售、附赠或者出租等方式约定。占用业主共有的道路或者其他场地用于停放汽车的车位，属于业主共有。

《中华人民共和国民法典》第二百八十二条：建设单位、物业服务企业或者其他管理人等利用业主的共有部分产生的收入，在扣除合理成本之后，属于业主共有。

所谓**善意取得**，就是指无权处分他人财产的占有人，在不法将其占有的他人财产让与第三人后，如果受让人在取得该财产时系出于**善意（系指不知情）**，即取得该财产的所有权，原财产所有人不得要求受让人返还。

《中华人民共和国民法典》第三百一十一条规定，无处分权人将不动产或者动产转让给受让人的，所有权人有权追回；除法律另有规定外，符合下列情形的，受让人取得该不动产或者动产的所有权：

（1）受让人受让该不动产或者动产时是善意；

（2）以合理的价格转让；

（3）转让的不动产或者动产依照法律规定应当登记的已经登记，不需要登记的已经交付给受让人。

受让人依据前款规定取得不动产或者动产的所有权的，原所有权人有权向无处分权人请求损害赔偿。

> **习题与解析**

习题1.【单选】甲因出国将一幅古画交给乙保管，乙将古画挂在自家墙上供来客欣赏，时间长了使得所有人都以为该画属于乙所有。一日客人丙提出购买该画，乙觉得价钱高便卖给丙。下列表述正确的是（　　）

A. 乙处分该画的行为无效　　　　B. 甲有权要求丙返还该画
C. 甲有权要求乙赔偿损失　　　　D. 甲不能承认乙行为有效

答案：C。解析：本题丙的行为属于善意取得，对古画具有所有权，但是甲可以要求乙赔偿损失。因此，本题应选C项。

习题2.【单选】甲承租乙的房屋，为了使用方便，乙将房屋产权证书交给了甲保管。甲未经乙同意，与丙订立买卖合同，并告知了丙租赁房屋的事实。现丙向甲支付了约定的房款，房款与市场价格大致相同。下列说法不正确的是（　　）

A. 丙基于善意取得而享有房屋的所有权　B. 甲的行为属于无权处分
C. 乙可以要求丙返还房屋　　　　　　　D. 乙可以解除与甲的租赁合同

答案：A。解析：善意取得的基础是善意，而丙明知房屋不属于甲所有还与其订立买卖合同，这属于恶意取得，因此不具备房屋的所有权。因此，本题应选 A 项。

习题 3.【判断】物权的权利主体特定，而义务主体则不是特定的。（ ）

答案：√。解析：物权的所有权人是特定的，而义务主体是不特定的，除了所有人外其他人都有不侵犯所有权和尊重所有权的义务。

（二）他物权

所谓**他物权**，就是指权利人根据法律规定或合同的约定，对他人之物享有的进行有限支配的物权，包括占有、使用、收益的权利。他物权包括用益物权和担保物权两类：

1. 用益物权

所谓**用益物权**，就是指用益物权人对他人所有的不动产或者动产，依法享有占有、使用和收益的权利。比如土地承包经营权、建设用地使用权、宅基地使用权、**居住权**（《中华人民共和国民法典》第三百六十六条：居住权人有权按照合同约定，对他人的住宅享有占有、使用的用益物权，以满足生活居住的需要。居住权不得转让、继承。设立居住权的住宅不得出租，但是当事人另有约定的除外）、地役权（利用他人的不动产，以提高自己不动产的效益的权利。他人的不动产为供役地，自己的不动产为需役地）、自然资源使用权（海域使用权、探矿权、采矿权、取水权和使用水域、滩涂从事养殖、捕捞的权利）[①]。

承包期	耕地：30 年。草地：30—50 年。林地：30—70 年
承包经营权 （第二十七条）	承包期内，发包方不得收回承包地 国家保护进城农户的土地承包经营权。不得以退出土地承包经营权作为农户进城落户的条件 承包期内，承包农户进城落户的，引导支持其按照自愿有偿原则依法在本集体经济组织内转让土地承包经营权或者将承包地交回发包方，也可以鼓励其流转土地经营权 承包期内，承包方交回承包地或者发包方依法收回承包地时，承包方对其在承包地上投入而提高土地生产能力的，有权获得相应的补偿
妇女的承包权 （第三十一条）	承包期内，妇女结婚，在新居住地未取得承包地的，发包方不得收回其原承包地；妇女离婚或者丧偶，仍在原居住地生活或者不在原居住地生活但在新居住地未取得承包地的，发包方不得收回其原承包地
经营权的流转 （第三十六条）	承包方可以自主决定依法采取出租（转包）、入股或者其他方式向他人流转土地经营权，并向发包方备案

2. 担保物权

所谓**担保物权**，就是指在借贷、买卖等民事活动中，债务人或债务人以外的第三人将

[①] 参看《中华人民共和国农村土地承包法》（2002 年 8 月 29 日通过，2019 年 1 月 1 日实施）。

特定的财产作为履行债务的担保。债务人未履行债务时，债权人依照法律规定的程序有就该财产优先受偿的权利。担保物权包括抵押权、质押权和留置权等。

（1）抵押权

所谓抵押权，就是指债权人对于债务人或者第三人**不转移占有**而提供担保的财产，在债务人不履行债务时，依法享有的就担保财产变价并优先受偿的权利。

《中华人民共和国民法典》第三百九十五条规定，债务人或者第三人有权处分的下列财产可以抵押：

（1）建筑物和其他土地附着物；

（2）建设用地使用权；

（3）**海域使用权**；

（4）生产设备、原材料、半成品、产品；

（5）正在建造的建筑物、船舶、航空器；

（6）交通运输工具；

（7）法律、行政法规未禁止抵押的其他财产。

《中华人民共和国民法典》第三百九十九条规定，下列财产不得抵押：

（1）**土地所有权**；

（2）**宅基地、自留地、自留山**等集体所有**土地的使用权**，但是法律规定可以抵押的除外；

（3）**学校、幼儿园、医疗机构**等为公益目的成立的非营利法人的教育设施、医疗卫生设施和其他公益设施；

（4）所有权、使用权**不明或者有争议**的财产；

（5）依法被**查封、扣押、监管**的财产；

（6）法律、行政法规规定不得抵押的其他财产。

《中华人民共和国民法典》第四百零五条：<u>抵押权设立前，抵押财产已经出租并转移占有的，原租赁关系不受该抵押权的影响</u>。

（2）质押权

所谓质押权，就是指为了担保债权的实现，债务人或者第三人将其**动产或者权利**移交给债权人占有，当债务人不履行债务时，债权人有就其占有的财产优先受偿的权利。

（3）留置权

所谓留置权，就是指债权人按照合同约定占有债务人的财产，在债务人逾期不履行债务时，有留置该财产，并有就该财产优先受偿的权利。

《中华人民共和国民法典》第四百一十五条：<u>同一财产既设立抵押权又设立质权的，拍卖、变卖该财产所得的价款按照登记、交付的时间先后确定清偿顺序</u>。

《中华人民共和国民法典》第四百五十六条：**同一动产上已经设立抵押权或者质权，该动产又被留置的，留置权人优先受偿**。

习题与解析

习题1.【单选】 下列情形中所反映的权利类别与其他三项不同的是（　　）

A. 李女士送修电动车，后拒不支付修车费，店老板遂留置电动车

B. 小张向老刘借款 6000 元，并将祖传玉镯交与老刘，二人约定三年内还钱取镯，否则老刘有权变卖玉镯获偿

C. 某银行向购房人王先生发放了一笔按揭贷款，贷款期限 25 年

D. 某公司在地方政府组织的拍卖会上拍得一块土地，用于日后的商业开发

答案：D。解析：选项 A 的情形符合《中华人民共和国民法典》中留置权的相关规定，而留置权属于担保物权；选项 B 的情形符合《中华人民共和国民法典》中质权的相关规定，而质权属于担保物权；选项 C，房屋由于不转移占有，故王先生与银行发生抵押关系，该情形符合《中华人民共和国民法典》中抵押权的相关规定，而抵押权属于担保物权；选项 D，根据《中华人民共和国民法典》的规定，某公司在地方政府组织的拍卖会上拍得土地，用于日后的商业开发，这属于建设用地使用权，而建设用地使用权属于用益物权。本题中 A 项、B 项、C 项中涉及的权利均为担保物权，而 D 项涉及的权利为用益物权。因此，本题应选 D 项。

习题2.【单选】 下列做法符合我国法律规定的是（　　）

A. 某公立大学以其教学大楼产权作抵押向银行申请贷款

B. 某乡镇企业以所属土地所有权作抵押向银行申请贷款

C. 某农民以所属宅基地的使用权作抵押向银行申请贷款

D. 某国有企业以所属土地使用权作抵押向银行申请贷款

答案：D。解析：A 项，教学楼属于以公益为目的的学校，不得抵押；B 项，土地所有权不得抵押；C 项，宅基地的使用权不得抵押；D 项，其他土地使用权可抵押。因此，本题应选 D 项。

（三）相邻关系

所谓**相邻关系**，就是指不动产的相邻各方，应当按照有利生产、方便生活、团结互助、公平合理的精神，正确处理截水、排水、通行、通风、采光等方面的关系。给相邻方造成妨碍或者损失的，应当停止侵害、排除妨碍、赔偿损失。

习题与解析

习题1.【单选】 陈某与陆某是邻居，陈某家建房挖地基，导致陆某房屋墙面出现裂缝，陆某遂找陈某要求修缮，遭到陈某拒绝。关于本案，下列说法正确的是（　　）

A. 陈某不可以挖地建房，因为挖地建房会损坏邻居陆某的房屋

B. 陆某家墙面出现裂缝，属于意外事件，陈某不需要承担责任

C. 陈某可以挖地建房，但对邻居陆某房屋造成的损害应当给予赔偿

D. 陈某在自家的地基上建房，造成陆某家的墙面出现裂缝，不需要承担责任

答案：C。解析：题中案例是典型的相邻关系，在相邻关系中，若给相邻方造成妨碍或损失的，应当停止侵害、排除妨碍、赔偿损失。因此，本题应选 C 项。

二、债　权

（一）债的概念

所谓**债**，就是指按照合同的约定或者依照法律的规定，在当事人之间产生的特定的权利和义务关系。享有权利的人是债权人，负有义务的人是债务人。

（二）债产生的依据

1. 合　同①

（1）合同的概念

所谓**合同**，就是指平等主体的自然人、法人、其他组织之间设立、变更、终止民事权利义务关系的协议。

合同具有以下特征：

①合同的主体是平等的自然人、法人和其他组织；

②合同是有关民事权利义务关系的协议；

③合同所确定的内容**符合法律**的规定。

（2）合同的成立

《中华人民共和国民法典》第四百七十一条：当事人订立合同，可以采取**要约、承诺**方式或者其他方式。

①要约

所谓**要约**，就是指当事人一方向对方发出的希望与对方订立合同的意思表示。发出要约的人称为要约人，接受要约的人称为受要约人。

所谓**要约邀请**，也称要约引诱，就是指希望他人向自己发出要约的意思表示。如寄送的价目表、拍卖公告、招标公告、招股说明书、商业广告等均为要约邀请。

②承诺

所谓**承诺**，就是指受要约人同意接受要约的全部条件以缔结合同的意思表示。

习题与解析

习题1.【单选】债最常见、最主要的发生原因是（　）

A. 合同　　　　　　　　　　B. 不当得利

C. 无因管理　　　　　　　　D. 侵权行为

---

① 参看《中华人民共和国民法典》（2020年5月28日通过，2021年1月1日起施行）。

答案：A。解析：债产生的原因主要有合同、不当得利、无因管理以及侵权行为，其中，**合同是债最常见、最主要的发生原因**。因此，本题应选 A 项。

习题2.【单选】下列属于要约的是（　　）

A. 投标书 B. 招标书

C. 招股说明书 D. 拍卖公告

答案：A。解析：BCD 三项均属于要约邀请。因此，本题应选 A 项。

习题3.【判断】合同当事人双方完全自愿订立的合同都是合法的。（　　）

答案：×。解析：合同成立的条件为主体合格、意思表示真实、内容合法。而题目中仅仅能说明当事人双方意思表示真实，而内容不一定是合法的。

（3）合同的履行

《中华人民共和国民法典》第五百八十五条：当事人可以约定一方违约时应当根据违约情况向对方支付一定数额的**违约金**，也可以约定因违约产生的损失赔偿额的计算方法。

《中华人民共和国民法典》第五百八十六条：当事人可以约定一方向对方给付**定金**作为债权的担保。定金的数额由当事人约定；但是，不得超过主合同标的额的**百分之二十**，超过部分不产生定金的效力。实际交付的定金数额多于或者少于约定数额的，视为变更约定的定金数额。

《中华人民共和国民法典》第五百八十八条：**当事人既约定违约金，又约定定金的，一方违约时，对方可以选择适用违约金或者定金条款。**

> 习题与解析

习题1.【单选】甲拟将其名下一套总价 150 万元的房子卖于乙，乙为表示诚意向甲交付了 10 万元定金。同时，双方在购房合同中规定，一旦一方出现违约，须赔偿给对方 20 万元违约金。后来，甲私自将房子转卖给了出价更高的丙，并且办理了不动产登记手续。关于本案，下列说法正确的是（　　）

A. 双方约定的定金数额超过了国家法定的定金限度

B. 丙的购房行为是合法有效的

C. 如果乙要求甲赔偿，则乙最多可以拿回违约金和定金共 20 万元

D. 对甲的违约行为，乙可以同时主张甲赔偿违约金和定金

答案：B。解析：A 项错误，《中华人民共和国民法典》规定："定金的数额由当事人约定；但是，不得超过主合同标的额的百分之二十。"B 项正确，《中华人民共和国民法典》规定："不动产物权的设立、变更、转让和消灭，经依法登记，发生效力；未经登记，不发生效力，但法律另有规定的除外。"甲虽与乙签订了购房合同，但是并未进行不动产登记，甲与丙之间的购房合同已经履行完毕，丙已实际取得该房的所有权。CD 项错误，《中华人民共和国民法典》规定："当事人既约定违约金，又约定定金的，一方违约时，对方可以选择适用违约金或者定金条款。"本题中，乙作为交付定金的非违约方，不能同时主张适用违约金和定金条款。乙可以选择要求违约方双倍返还定金，也可以选择要求违

约方支付违约金同时返还定金的本金。因此，本题应选 B 项。

(4) 合同的种类

①买卖合同

所谓**买卖合同**，就是指出卖人转移标的物的所有权于买受人，买受人支付价款的合同。

②供用电、水、气、热力合同

所谓**供用电合同**，就是指供电人向用电人供电，用电人支付电费的合同。供用水、供用气、供用热力合同，参照供用电合同的有关规定。

③赠与合同

所谓**赠与合同**，就是指赠与人将自己的财产无偿给予受赠人，受赠人表示接受赠与的合同。

《中华人民共和国民法典》第六百五十八条：赠与人在赠与财产的权利转移之前可以撤销赠与。**经过公证的赠与合同或者依法不得撤销的具有救灾、扶贫、助残等公益、道德义务性质的赠与合同，不适用前款规定。**

《中华人民共和国民法典》第六百六十条：**经过公证的赠与合同或者依法不得撤销的具有救灾、扶贫、助残等公益、道德义务性质的赠与合同，赠与人不交付赠与财产的，受赠人可以请求交付。**

④借款合同

所谓**借款合同**，就是指借款人向贷款人借款，到期返还借款并支付利息的合同。

《中华人民共和国民法典》第六百八十条：**禁止高利放贷**，借款的利率不得违反国家有关规定。借款合同对支付利息没有约定的，视为没有利息。借款合同对支付利息约定不明确，当事人不能达成补充协议的，按照当地或者当事人的交易方式、交易习惯、市场利率等因素确定利息；自然人之间借款的，视为没有利息。

⑤保证合同

所谓**保证合同**，就是指为保障债权的实现，保证人和债权人约定，当债务人不履行到期债务或者发生当事人约定的情形时，保证人履行债务或者承担责任的合同。

《中华人民共和国民法典》第六百八十三条：**机关法人不得为保证人**，但是经国务院批准为使用外国政府或者国际经济组织贷款进行转贷的除外。**以公益为目的的非营利法人、非法人组织不得为保证人。**

《中华人民共和国民法典》第六百八十六条：保证的方式包括**一般保证**和**连带责任保证**。当事人在保证合同中对保证方式没有约定或者约定不明确的，按照一般保证承担保证责任。

《中华人民共和国民法典》第六百八十七条：当事人在保证合同中约定，债务人不能履行债务时，由保证人承担保证责任的，为**一般保证**。

《中华人民共和国民法典》第六百八十八条：当事人在保证合同中约定保证人和债务

人对债务承担连带责任的，为**连带责任保证**。

⑥租赁合同

所谓**租赁合同**，就是指出租人将租赁物交付承租人使用、收益，承租人支付租金的合同。**租赁期限不得超过二十年，超过部分无效。**

《中华人民共和国民法典》第七百二十五条：**租赁物在承租人按照租赁合同占有期限内发生所有权变动的，不影响租赁合同的效力。**

《中华人民共和国民法典》第七百二十六条：**出租人出卖租赁房屋的，应当在出卖之前的合理期限内通知承租人，承租人享有以同等条件优先购买的权利；但是，房屋按份共有人行使优先购买权或者出租人将房屋出卖给近亲属的除外。**

⑦融资租赁合同

所谓**融资租赁合同**，就是指出租人根据承租人对出卖人、租赁物的选择，向出卖人购买租赁物，提供给承租人使用，承租人支付租金的合同。

一般来说，融资租赁合同涉及三方当事人，出租人、承租人和出卖人，通常由两个合同，即出租人与承租人之间的租赁合同、出租人与出卖人之间的买卖合同组成。与一般租赁合同不同，融资租赁合同以融物为表现形式，内容却是融资。出租人按照承租人的要求出资购买出租的财物，使承租人不必付出租赁物的价值，即可取得租赁物的使用收益，从而达到融资的效果。

⑧保理合同

所谓**保理合同，就是指应收账款债权人将现有的或者将有的应收账款转让给保理人，保理人提供资金融通、应收账款管理或者催收、应收账款债务人付款担保等服务的合同。**

⑨承揽合同

所谓**承揽合同**，就是指承揽人按照定作人的要求完成工作，交付工作成果，定作人给付报酬的合同。承揽包括加工、定作、修理、复制、测试、检验等工作。

⑩建设工程合同

所谓**建设工程合同**，就是指承包人进行工程建设，发包人支付价款的合同。建设工程合同包括工程勘察、设计、施工合同。

⑪运输合同

所谓**运输合同**，就是指承运人将旅客或者货物从起运地点运输到约定地点，旅客、托运人或者收货人支付票款或者运输费用的合同。

《中华人民共和国民法典》第八百一十五条：**旅客应当按照有效客票记载的时间、班次和座位号乘坐。旅客无票乘坐、超程乘坐、越级乘坐或者持不符合减价条件的优惠客票乘坐的，应当补交票款，承运人可以按照规定加收票款；旅客不支付票款的，承运人可以拒绝运输。实名制客运合同的旅客丢失客票的，可以请求承运人挂失补办，承运人不得再次收取票款和其他不合理费用。**

⑫技术合同

所谓**技术合同**，就是指当事人就技术开发、转让、咨询或者服务订立的确立相互之间权利和义务的合同。

⑬保管合同

所谓**保管合同**，就是指保管人保管寄存人交付的保管物，并返还该物的合同。寄存人到保管人处从事购物、就餐、住宿等活动，将物品存放在指定场所的，视为保管，但是当事人另有约定或者另有交易习惯的除外。寄存人应当按照约定向保管人支付保管费。

⑭仓储合同

所谓**仓储合同**，就是指保管人储存存货人交付的仓储物，存货人支付仓储费的合同。

⑮委托合同

所谓**委托合同**，就是指委托人和受托人约定，由受托人处理委托人事务的合同。

⑯物业服务合同

所谓**物业服务合同**，就是指物业服务人在物业服务区域内，为业主提供建筑物及其附属设施的维修养护、环境卫生和相关秩序的管理维护等物业服务，业主支付物业费的合同。

《中华人民共和国民法典》第九百四十四条：业主应当按照约定向物业服务人支付物业费。物业服务人已经按照约定和有关规定提供服务的，业主不得以未接受或者无需接受相关物业服务为由拒绝支付物业费。业主违反约定逾期不支付物业费的，物业服务人可以催告其在合理期限内支付；合理期限届满仍不支付的，物业服务人可以提起诉讼或者申请仲裁。**物业服务人不得采取停止供电、供水、供热、供燃气等方式催交物业费**。

⑰行纪合同

所谓**行纪合同**，就是指行纪人以自己的名义为委托人从事贸易活动，委托人支付报酬的合同。行纪人往往在一定领域内从事专门性行纪活动，比较了解行情，熟悉业务和供求关系，且手段简便、灵活，可以为委托人提供有效的服务，对扩大商品流通、促进贸易发展起着重要作用。

⑱中介合同（居间合同）

所谓**中介合同**，就是指中介人向委托人报告订立合同的机会或者提供订立合同的媒介服务，委托人支付报酬的合同。

⑲合伙合同

所谓**合伙合同**，就是指两个以上合伙人为了共同的事业目的，订立的共享利益、共担风险的协议。

⑳准合同

根据《中华人民共和国民法典》的规定，**不当得利**和**无因管理**被称为**准合同**。

2. 不当得利

所谓**不当得利**，就是指没有合法根据，取得不当利益并造成他人损失的法律现象。比如售货时多收货款、拾得遗失物据为己有等。取得利益的人称受益人，遭受损害的人称受害人。不当得利的取得，不是由于受益人针对受害人而为的违法行为，而是由于受害人或第三人的疏忽、误解或过错所造成的。受益人与受害人之间因此形成债的关系，受益人为债务人，受害人为债权人。

3. **无因管理**

所谓**无因管理**，就是指没有法定的或者约定的义务，为避免他人利益受损失进行管理或者服务的法律事实。管理他人事务的人，为管理人；事务被管理的人，为本人。无因管理之债发生后，管理人享有请求本人偿还因管理事务而支出的必要费用的债权，本人负有偿还该项费用的债务。

4. **侵权行为**

所谓**侵权行为**，就是指民事主体违反民事义务，侵害他人合法权益，依法应当承担民事责任的行为。

> 习题与解析

习题1.【单选】下列属于不当得利的是（　　）

A. 清偿债务　　　　　　　　B. 离婚之后，丈夫付给前妻的赡养费
C. 售票员多找给顾客的钱　　D. 大学接受校友的捐赠

答案：C。解析：不当得利是指没有合法根据，取得不当利益并造成他人损失的法律现象。售票员多找给顾客的钱符合不当得利的定义。因此，本题应选C项。

习题2.【单选】适用无因管理的情形是（　　）

A. 代人保管财物　　　　　　B. 窃贼管理赃物
C. 打扫公共场所　　　　　　D. 抢救落水儿童

答案：D。解析：无因管理是指没有法定的或者约定的义务，为避免他人利益受损失进行管理或者服务的法律事实。抢救落水儿童符合无因管理的定义。因此，本题应选D项。

（三）债的履行

所谓债的履行，就是指债务人全面、正确地按照合同的约定或者法律的规定履行义务，使债权人的权利得以完全实现。

（四）债的终止

所谓债的终止，就是指当事人之间所确立的债权债务关系不复存在，也即债的关系消灭。**债终止的依据**主要包括债的履行、债的解除、债务相互抵销、债的提存、债权和债务同归于一人、债务免除等。

三、知识产权

1. **知识产权的概念**

所谓**知识产权**，也称智力成果权，就是指公民、法人对自己创造性的智力活动成果依

法享有的包括人身权和财产权在内的民事权利。

知识产权包括著作权（版权）、专利权、商标权、发现权、发明权以及其他科技成果权。

2. 知识产权的特征

（1）知识产权同时包括人身权和财产权；

（2）客体有能为人所感知的客观表现形式；

（3）首创性、新颖性；

（4）具有专有性、时间性和地域性。

（一）著作权①

1. 著作权的概念

所谓**著作权，亦指版权**，就是指作者（公民、法人或其他组织）对其创作的文学、艺术和科学技术作品所享有的专有权利。著作权包括著作人身权和著作财产权。

2. 著作权的内容

《中华人民共和国著作权法》第十条规定，著作权包括下列人身权和财产权：

（一）**发表权**，即决定作品是否公之于众的权利；

（二）**署名权**，即表明作者身份，在作品上署名的权利；

（三）**修改权**，即修改或者授权他人修改作品的权利；

（四）**保护作品完整权**，即保护作品不受歪曲、篡改的权利；

（五）复制权，即以印刷、复印、拓印、录音、录像、翻录、翻拍、数字化等方式将作品制作一份或者多份的权利；

（六）发行权，即以出售或者赠与方式向公众提供作品的原件或者复制件的权利；

（七）出租权，即有偿许可他人临时使用视听作品、计算机软件的原件或者复制件的权利，计算机软件不是出租的主要标的的除外；

（八）**展览权，即公开陈列美术作品、摄影作品的原件或者复制件的权利**；

（九）表演权，即公开表演作品，以及用各种手段公开播送作品的表演的权利；

（十）放映权，即通过放映机、幻灯机等技术设备公开再现美术、摄影、视听作品等的权利；

（十一）广播权，即以有线或者无线方式公开传播或者转播作品，以及通过扩音器或者其他传送符号、声音、图像的类似工具向公众传播广播的作品的权利，但不包括本款第十二项规定的权利；

（十二）信息网络传播权，即以有线或者无线方式向公众提供作品，使公众可以在其

---

① 参看《中华人民共和国著作权法》（2020年11月11日第三次修正，2021年6月1日起施行）。

个人选定的时间和地点获得作品的权利;

(十三) 摄制权,即以摄制视听作品的方法将作品固定在载体上的权利;

(十四) 改编权,即改变作品,创作出具有独创性的新作品的权利;

(十五) 翻译权,即将作品从一种语言文字转换成另一种语言文字的权利;

(十六) 汇编权,即将作品或者作品的片段通过选择或者编排,汇集成新作品的权利;

(十七) 应当由著作权人享有的其他权利。

第(一)至(四)条属于**著作人身权**,第(五)至(十七)条属于**著作财产权**。

其中,作者的**署名权、修改权、保护作品完整权**的保护期不受限制。属于公民的作品,第(一)条规定的发表权以及第(五)至(十七)条规定的财产权的保护期为作者终生及其死亡后第 50 年的 12 月 31 日止。

3. 著作权法的适用范围

中国公民、法人或者其他组织的作品,不论是否发表均享有著作权,《中华人民共和国著作权法》所称的作品,是指文学、艺术和科学等领域内具有独创性并能以一定形式表现的智力成果,包括:

(1) 文字作品(小说、诗词、散文、论文等);

(2) 口述作品(即兴演说、授课、法庭辩论等);

(3) 音乐(歌曲、交响乐等)、戏剧(话剧、歌剧、地方戏等)、曲艺(相声、快书、大鼓、评书等)、舞蹈、杂技(魔术、马戏等)、艺术作品;

(4) 美术(绘画、书法、雕塑等)、建筑作品;

(5) 摄影作品(人物照片、风景照片、艺术摄影等);

(6) 视听作品;

(7) 工程设计图、产品设计图、地图、示意图等图形作品和模型作品;

(8) 计算机软件;

(9) 符合作品特征的其他智力成果。

不受《中华人民共和国著作权法》保护的对象包括:

(1) 法律、法规,国家机关的决议、决定、命令和其他具有立法、行政、司法性质的文件,及其官方正式译文;

(2) 单纯事实消息;

(3) 历法、通用数表、通用表格和公式。

4. 著作权的保护

我国著作权法对著作权保护采取**自动保护原则**,即作者在作品完成时即取得著作权,不论是否发表,也不需要履行任何手续,任何侵权行为都应当承担民事责任。著作权纠纷可以调解,也可以向仲裁机构申请仲裁,还可以直接向人民法院起诉。

习题与解析

习题 1.【单选】下列完全属于著作权保护客体的一组是( )

A. 民歌、历法、即兴演说　　　　B. 地图、公式、故事
C. 爵士乐、流行歌曲、时事新闻　　D. 空中飞人、民间杂耍、法庭辩论

答案：D。解析：A 项中的历法、B 项中的公式、C 项中的时事新闻不属于著作权法保护的对象。因此，本题应选 D 项。

习题 2.【单选】下列选项中，不受著作权法保护的是（　　）

A. 法律法规　　　　　　　　B. 计算机软件
C. 舞蹈作品　　　　　　　　D. 即兴演讲

答案：A。解析：法律法规不属于著作权法保护的对象。因此，本题应选 A 项。

习题 3.【单选】法律规定著作权自什么时候起产生（　　）

A. 作品发表之日　　　　　　B. 作品完成之日
C. 作品开始构思之日　　　　D. 自作者死后 50 年

答案：B。解析：《中华人民共和国著作权法》规定，著作权的取得是按照自动保护原则，也就是说，作者在作品完成时即取得著作权。因此，本题应选 B 项。

习题 4.【单选】下列说法符合我国著作权法规定的是（　　）

A. 中国公民未发表的作品不享有著作权

B. 外国人的作品首先在中国境内出版的，享有著作权

C. 美术作品出版后，该美术作品原件的展览权归出版人享有

D. 合作作品的著作权保护期截止于最早死亡的作者死亡后第五十年

答案：B。解析：A 项错误，B 项正确，《中华人民共和国著作权法》第二条规定，中国公民、法人或者其他组织的作品，不论是否发表，依照本法享有著作权。外国人、无国籍人的作品首先在中国境内出版的，依照本法享有著作权。C 项错误，《中华人民共和国著作权法》第十条规定，著作权包括展览权，即公开陈列美术作品、摄影作品的原件或者复制件的权利，所以展览权归著作权人所有，而不是出版人。D 项错误，《中华人民共和国著作权法》第二十一条规定，合作作品的著作权保护期，截止于最后死亡的作者死亡后第五十年的 12 月 31 日。因此，本题应选 B 项。

(二) 专利权[①]

1. **专利权的概念**

所谓**专利权**，就是指依照专利法的规定，权利人对其获得专利的发明创造（发明、实用新型和外观设计），在法定期限内所享有的独占权或专有权。专利应当遵循先申请原则，同样的发明创造只能授予一项专利权。

---

① 参看《中华人民共和国专利法》（2020 年 10 月 17 日第四次修正，2021 年 6 月 1 日起施行）。

发明创造的类别	概　念
发　　明	指产品、方法或者其改进所提出的新的技术方案
实用新型	指对产品的形状、构造或者其结合所提出的适于实用的新的技术方案。通常称为"小发明""小专利"
外观设计	指对产品的**整体或者局部**的形状、图案或者其结合以及色彩与形状、图案的结合所作出的富有美感并适于工业应用的新设计

2. 专利权的期限

《中华人民共和国专利法》第四十二条：发明专利权的期限为20年，实用新型专利权的期限为10年，外观设计专利权的期限为15年。专利权的期限即专利的有效期限，专利权均从申请日即专利局收到专利申请之日起计算。

（三）商标权①

1. 商标权的概念

所谓**商标权**，又称商标专用权，就是指商标所有人依法对自己注册的商标享有的专用权。

在我国，商标权的取得遵循<u>注册原则</u>和<u>先申请原则</u>。

2. 商标权的期限、续展、转让和使用许可

（1）注册商标的有效期为**十年**，自核准注册之日起计算。

（2）注册商标有效期满，需要继续使用的，商标注册人应当在期满前**十二个月**内按照规定办理续展手续；在此期间未能办理的，可以给予**六个月**的宽展期。每次续展注册的有效期为**十年**，自该商标上一届有效期满次日起计算。期满未办理续展手续的，注销其注册商标。

（3）转让注册商标的，转让人和受让人应当签订转让协议，并共同向商标局提出申请。

（4）商标注册人可以通过签订商标许可合同，许可他人使用其注册商标。商标使用许可合同应当报商标局备案。

《中华人民共和国商标法》第八条：任何能够将自然人、法人或者其他组织的商品与他人的商品区别开的标志，<u>包括文字、图形、字母、数字、三维标志、颜色组合和**声音**等</u>，以及上述要素的组合，均可以作为商标申请注册。

3. 商标的注册标记

使用注册商标，可以在商品、商品包装、说明书或者其他附着物上标明"注册商标"

---

① 参看《中华人民共和国商标法》（1983年3月1日起施行，2019年4月23日修正）。

或者注册标记。注册标记包括Ⓜ和®，其中 R 是 register 的缩写。使用注册标记，应当标注在商标的右上角或者右下角。

> 习题与解析

习题 1.【单选】按照《中华人民共和国商标法》的规定，不可以作为商标申请注册的是（ ）

A. 数字　　　　　　　　　　B. 图形
C. 气味　　　　　　　　　　D. 三维标志

答案：C。解析：《中华人民共和国商标法》规定，任何能够将自然人、法人或者其他组织的商品与他人的商品区别来的标志，包括文字、图形、字母、数字、三维标志、颜色组合和声音等，以及上述要素的组合，均可作为商标申请注册。其中不包括气味。因此，本题应选 C 项。

四、人身权

所谓**人身权**，就是指民事主体依法享有的与其人身不可分离的、以特定人身利益为内容的民事权利。

人身权分为**人格权**和**身份权**两大类。

（一）人格权

所谓人格权，就是指公民和法人作为民事权利主体所享有的人格尊严不受侵犯的一种民事权利。

人格权包括生命权、身体权、健康权（公民享有）、姓名权（公民享有）、名称权（法人享有）、肖像权（公民享有）、**名誉权**和**荣誉权**（公民和法人均享有）、隐私权和个人信息（公民享有）。

《中华人民共和国民法典》第一千零六条：完全民事行为能力人有权依法自主决定无偿捐献其人体细胞、人体组织、人体器官、遗体。任何组织或者个人不得强迫、欺骗、利诱其捐献。完全民事行为能力人依据前款规定同意捐献的，应当采用书面形式，也可以订立遗嘱。自然人生前未表示不同意捐献的，该自然人死亡后，其配偶、成年子女、父母可以共同决定捐献，决定捐献应当采用书面形式。

《中华人民共和国民法典》第一千零九条：从事与人体基因、人体胚胎等有关的医学和科研活动，应当遵守法律、行政法规和国家有关规定，不得危害人体健康，不得违背伦理道德，不得损害公共利益。

《中华人民共和国民法典》第一千零一十条：违背他人意愿，以言语、文字、图像、肢体行为等方式对他人实施性骚扰的，受害人有权依法请求行为人承担民事责任。机关、企业、学校等单位应当采取合理的预防、受理投诉、调查处置等措施，防止和制止利用职权、从属关系等实施性骚扰。

《中华人民共和国民法典》第一千零一十九条：**任何组织或者个人不得以丑化、污损，或者利用信息技术手段伪造等方式侵害他人的肖像权**。未经肖像权人同意，不得制作、使用、公开肖像权人的肖像，但是法律另有规定的除外。

《中华人民共和国民法典》第一千零二十三条：**对自然人声音的保护**，参照适用肖像权保护的有关规定。

《中华人民共和国民法典》第一千零三十二条：**自然人享有隐私权**。任何组织或者个人不得以刺探、侵扰、泄露、公开等方式侵害他人的隐私权。**隐私**是自然人的私人生活安宁和不愿为他人知晓的私密空间、私密活动、私密信息。

《中华人民共和国民法典》第一千零三十四条：自然人的个人信息受法律保护。**个人信息**是以电子或者其他方式记录的能够单独或者与其他信息结合识别特定自然人的各种信息，包括自然人的姓名、出生日期、身份证件号码、生物识别信息、住址、电话号码、**电子邮箱、健康信息、行踪信息**等。

《中华人民共和国民法典》第一千零三十九条：国家机关、承担行政职能的法定机构及其工作人员对于履行职责过程中知悉的自然人的隐私和个人信息，应当予以保密，不得泄露或者向他人非法提供。

习题与解析

习题1.【单选】下列关于肖像权的表述中，不正确的是（　　）

A. 法人也有肖像权

B. 公民的肖像权受到侵犯时，有权请求精神损害赔偿

C. 使用公民的肖像，应当按照合同约定的用途和规定进行

D. 公民享有肖像权，未经本人同意，不得以营利为目的使用公民的肖像

答案：A。解析：肖像权是自然人所享有的对自己肖像上所体现的人格利益为内容的一种人格权。法人是具有民事权利能力和民事行为能力，依法独立享有民事权利和承担民事义务的组织，是与自然人相对称的，不享有肖像权。因此，本题应选A项。

（二）身份权

所谓身份权，就是指民事主体因具有某种特定身份而依法享有的权利。

身份权主要包括配偶权、亲属权、监护权、探望权（探视权），著作权中的发表权、修改权、署名权、保护作品完整权，专利权中的发明权、发现权等。

人格权和身份权的**区别在于**：人格权为民事主体所固有的且人人平等享有，而身份权是因人而异。人格权是始于出生，而身份权的取得可能需要实施一定的行为，也可能因为某些行为而丧失。

五、继承权

(一) 婚 姻①

《中华人民共和国民法典》第一千零四十一条：婚姻家庭受国家保护。实行婚姻自由、一夫一妻、男女平等的婚姻制度。

《中华人民共和国民法典》第一千零四十二条：禁止包办、买卖婚姻和其他干涉婚姻自由的行为。禁止借婚姻索取财物。禁止重婚。禁止有配偶者与他人同居。禁止家庭暴力。禁止家庭成员间的虐待和遗弃。

《中华人民共和国民法典》第一千零四十三条：家庭应当树立优良家风，弘扬家庭美德，重视家庭文明建设。夫妻应当互相忠实，互相尊重，互相关爱；家庭成员应当敬老爱幼，互相帮助，维护平等、和睦、文明的婚姻家庭关系。

1. 结 婚

（1）结婚应当男女双方完全自愿，禁止任何一方对另一方加以强迫，禁止任何组织或者个人加以干涉。

（2）结婚年龄，男不得早于二十二周岁，女不得早于二十周岁。

（3）直系血亲或者三代以内的旁系血亲禁止结婚。其中，直系血亲是指父母子女之间，祖父母、外祖父母与孙子女、外孙子女之间等；三代以内的旁系血亲是指同源于父母的兄弟姊妹之间（包括同父异母、同母异父的兄弟姐妹）；叔、伯、姑、舅、姨与侄（女）、甥（女）之间。

（4）要求结婚的男女双方应当亲自到婚姻登记机关申请结婚登记。符合本法规定的，予以登记，发给结婚证。完成结婚登记，即确立婚姻关系。未办理结婚登记的，应当补办登记。对于现实中不登记即"结婚"的情况要区别对待，对于违反结婚实质要件的，《中华人民共和国民法典》已规定为无效婚姻；对于符合结婚实质要件，只是没有办理登记手续的，应当补办登记，补办后的婚姻效力自双方均符合结婚实质要件时起算。

（5）登记结婚后，根据男女双方约定，女方可以成为男方家庭成员，男方可以成为女方家庭成员。

习题与解析

习题1.【判断】《中华人民共和国民法典》规定，结婚年龄，男不得早于二十周岁，女不得早于十八周岁。（ ）

解析：×。《中华人民共和国民法典》规定，结婚年龄男方不得早于二十二周岁，女方不得早于二十周岁。

2. 无效婚姻

《中华人民共和国民法典》第一千零五十一条规定有下列情形之一的，婚姻无效：

---

① 参看《中华人民共和国民法典》（2020年5月28日通过，2021年1月1日施行）。

（1）重婚；

（2）有禁止结婚的亲属关系；

（3）未到法定婚龄。

未到法定婚龄的，是指《中华人民共和国民法典》规定，男不得早于二十二周岁结婚，女不得早于二十周岁结婚，否则婚姻关系无效。需要注意的是，这是指有关部门确认婚姻关系时，婚姻当事人仍未达到法定婚龄，才认定为无效。如果双方在结婚时实际年龄低于法定婚龄，确认时已达到法定婚龄的，不能确认为无效。

3. 可撤销婚姻

《中华人民共和国民法典》第一千零五十二条：**因胁迫结婚的，受胁迫的一方可以向人民法院请求撤销婚姻**。请求撤销婚姻的，应当自胁迫行为终止之日起**一年内**提出。被非法限制人身自由的当事人请求撤销婚姻的，应当自恢复人身自由之日起一年内提出。

《中华人民共和国民法典》第一千零五十三条：**一方患有重大疾病的，应当在结婚登记前如实告知另一方；不如实告知的，另一方可以向人民法院请求撤销婚姻**。请求撤销婚姻的，应当自知道或者应当知道撤销事由之日起**一年内**提出。

《中华人民共和国民法典》第一千零五十四条：无效的或者被撤销的婚姻自始没有法律约束力，当事人不具有夫妻的权利和义务。婚姻无效或者被撤销的，**无过错方有权请求损害赔偿**。

4. 夫妻共有财产

《中华人民共和国民法典》第一千零六十二条规定，夫妻在婚姻关系存续期间所得的下列财产，为夫妻的共同财产，归夫妻共同所有：

（1）工资、奖金、**劳务报酬**；

（2）生产、经营、**投资**的收益；

（3）知识产权的收益；

（4）继承或者受赠的财产，但是本法第一千零六十三条第三项规定的除外；

（5）其他应当归共同所有的财产。

夫妻对共同财产，有平等的处理权。

5. 夫妻一方财产

《中华人民共和国民法典》第一千零六十三条规定，下列财产为夫妻一方的个人财产：

（1）一方的婚前财产；

（2）一方因受到人身损害获得的赔偿或者补偿；

（3）遗嘱或者赠与合同中确定只归一方的财产；

（4）一方专用的生活用品；

（5）其他应当归一方的财产。

《中华人民共和国民法典》第一千零六十四条：**夫妻双方共同签名或者夫妻一方事后追认等共同意思表示所负的债务，以及夫妻一方在婚姻关系存续期间以个人名义为家庭日常生活需要所负的债务，属于夫妻共同债务。**夫妻一方在婚姻关系存续期间以个人名义超出家庭日常生活需要所负的债务，不属于夫妻共同债务**；但是，债权人能够证明该债务用于夫妻共同生活、共同生产经营或者基于夫妻双方共同意思表示的除外。

《中华人民共和国民法典》第一千零七十四条：有负担能力的祖父母、外祖父母，对于父母已经死亡或者父母无力抚养的未成年孙子女、外孙子女，有抚养的义务。有负担能力的孙子女、外孙子女，对于子女已经死亡或者子女无力赡养的祖父母、外祖父母，有赡养的义务。

6. 离　婚

我国的离婚制度分为**协议离婚**和**诉讼离婚**，协议离婚也叫"双方自愿离婚"，是指婚姻关系当事人达成离婚合意并通过婚姻登记程序解除婚姻关系的法律制度。

《中华人民共和国民法典》第一千零七十六条：**夫妻双方自愿离婚的，应当签订书面离婚协议**，并亲自到婚姻登记机关申请离婚登记。离婚协议应当载明双方自愿离婚的意思表示和对子女抚养、财产以及债务处理等事项协商一致的意见。

《中华人民共和国民法典》第一千零七十七条：**自婚姻登记机关收到离婚登记申请之日起三十日内**，任何一方不愿意离婚的，可以向婚姻登记机关撤回离婚登记申请。前款规定期限届满后**三十日内**，双方应当亲自到婚姻登记机关申请发给离婚证；未申请的，视为撤回离婚登记申请。

《中华人民共和国民法典》第一千零七十九条：夫妻一方要求离婚的，可以由有关组织进行调解或者直接向人民法院提起离婚诉讼。人民法院审理离婚案件，应当进行调解；如果感情确已破裂，调解无效的，应当准予离婚。

一方被宣告失踪，另一方提起离婚诉讼的，应当准予离婚。

经人民法院判决不准离婚后，双方又分居**满一年**，一方再次提起离婚诉讼的，应当准予离婚。

《中华人民共和国民法典》第一千零八十一条：现役军人的配偶要求离婚，应当征得军人同意，但是军人一方有重大过错的除外。

《中华人民共和国民法典》第一千零八十二条：**女方在怀孕期间、分娩后一年内或者终止妊娠后六个月内**，男方不得提出离婚；但是，女方提出离婚或者人民法院认为确有必要受理男方离婚请求的除外。

7. 复　婚

《中华人民共和国民法典》第一千零八十三条：离婚后，男女双方自愿恢复婚姻关系的，应当到婚姻登记机关重新进行结婚登记。

《中华人民共和国民法典》第一千零八十四条：离婚后，**不满两周岁的子女**，以由母亲直接抚养为原则。已满两周岁的子女，父母双方对抚养问题协议不成的，由人民法院根据双方的具体情况，按照最有利于未成年子女的原则判决。**子女已满八周岁的，应当尊重其真实意愿**。

8. 收 养

《中华人民共和国民法典》扩大了被收养人的范围，删除被收养的未成年人仅限于不满十四周岁的限制，**修改为符合条件的未成年人均可被收养。**

《中华人民共和国民法典》第一千零九十三条规定，下列**未成年人**，可以被收养：

（1）丧失父母的孤儿；

（2）查找不到生父母的未成年人；

（3）生父母有特殊困难无力抚养的子女。

《中华人民共和国民法典》第一千零九十八条规定，收养人应当同时具备下列条件：

（1）**无子女或者只有一名子女；**

（2）有抚养、教育和保护被收养人的能力；

（3）未患有在医学上认为不应当收养子女的疾病；

（4）无不利于被收养人健康成长的违法犯罪记录；

（5）**年满三十周岁。**

《中华人民共和国民法典》第一千一百条：**无子女的收养人可以收养两名子女；有子女的收养人只能收养一名子女。**

《中华人民共和国民法典》第一千一百零二条：无配偶者收养异性子女的，收养人与被收养人的年龄应当相差**四十周岁**以上。

（二）继 承①

《中华人民共和国民法典》第一千一百二十一条：继承从被继承人死亡时开始。

1. 遗 产

《中华人民共和国民法典》第一千一百二十二条：遗产是自然人死亡时遗留的**个人合法财产**。

《中华人民共和国民法典》第一千一百二十三条：继承开始后，按照法定继承办理；有遗嘱的，按照遗嘱继承或者遗赠办理；有遗赠扶养协议的，按照协议办理。**它们之间的继承顺序是：遗赠扶养协议＞遗嘱继承、遗赠＞法定继承。**

习题与解析

习题1.【单选】按照《中华人民共和国民法典》的规定，财产继承的效力顺位为（　　）

A. 遗嘱继承，遗赠抚养协议，法定继承

B. 法定继承，遗赠抚养协议，遗嘱继承

C. 遗赠抚养协议，遗嘱继承，法定继承

D. 遗赠抚养协议，法定继承，遗嘱继承

---

① 参看《中华人民共和国民法典》（2020年5月28日通过，2021年1月1日施行）。

答案：C。解析：本题考查法律常识。《中华人民共和国民法典》规定："继承开始后，按照法定继承办理；有遗嘱的，按照遗嘱继承或者遗赠办理；有遗赠扶养协议的，按照协议办理。"所以，遗赠扶养协议的效力最高，其次是遗赠或者遗嘱，效力最低的是法定继承。因此，本题应选 C 项。

2. 法定继承

所谓**法定继承**，就是指在被继承人没有对其遗产的处理立有遗嘱的情况下，由法律直接规定继承人的范围、继承顺序、遗产分配原则的一种继承形式。

《中华人民共和国民法典》第一千一百二十七条规定遗产按照下列顺序继承：

（1）**第一顺序：配偶、子女、父母**；

（2）第二顺序：兄弟姐妹、祖父母、外祖父母。

继承开始后，由第一顺序继承人继承，第二顺序继承人不继承；没有第一顺序继承人继承的，由第二顺序继承人继承。

本编所称子女，包括婚生子女、非婚生子女、养子女和有扶养关系的继子女。

本编所称父母，包括生父母、养父母和有扶养关系的继父母。

本编所称兄弟姐妹，包括同父母的兄弟姐妹、同父异母或者同母异父的兄弟姐妹、养兄弟姐妹、有扶养关系的继兄弟姐妹。

《中华人民共和国民法典》第一千一百二十九条：丧偶儿媳对公婆，丧偶女婿对岳父母，尽了主要赡养义务的，作为第一顺序继承人。

《中华人民共和国民法典》第一千一百三十条：同一顺序继承人继承遗产的份额，一般应当均等。对生活有特殊困难又缺乏劳动能力的继承人，分配遗产时，应当予以照顾。对被继承人尽了主要扶养义务或者与被继承人共同生活的继承人，分配遗产时，可以多分。有扶养能力和有扶养条件的继承人，不尽扶养义务的，分配遗产时，应当不分或者少分。继承人协商同意的，也可以不均等。

（1）代位继承

所谓**代位继承**，就是指被继承人的子女先于被继承人死亡的，由被继承人的子女的晚辈直系血亲代位继承。代位继承人一般只能继承他的父亲或者母亲有权继承的遗产份额。

（2）转继承

所谓**转继承**，就是指继承人在继承开始后遗产分割前死亡的，由其法定继承人继承该份额的制度。

代位继承是一次继承，而转继承是两次继承。

3. 遗嘱继承

所谓**遗嘱继承**，就是指遗嘱中所指定的继承人根据遗嘱对其应当继承的遗产种类、数额等规定，继承被继承人遗产的一种继承方式。

自书遗嘱	《中华人民共和国民法典》第一千一百三十四条：自书遗嘱由遗嘱人亲笔书写，签名，注明年、月、日
代书遗嘱	《中华人民共和国民法典》第一千一百三十五条：代书遗嘱应当有**两个以上见证人在场见证**
打印遗嘱	《中华人民共和国民法典》第一千一百三十六条：打印遗嘱应当有**两个以上见证人在场见证**
录音录像遗嘱	《中华人民共和国民法典》第一千一百三十七条：以录音录像形式立的遗嘱，应当有**两个以上见证人在场见证**
口头遗嘱	《中华人民共和国民法典》第一千一百三十八条：遗嘱人在危急情况下可以立口头遗嘱。口头遗嘱应当有**两个以上见证人**在场见证。危急情况消除后，遗嘱人能够以书面或者录音录像形式立遗嘱的，所立的口头遗嘱无效
公证遗嘱	《中华人民共和国民法典》第一千一百三十九条：公证遗嘱由遗嘱人经公证机构办理

《中华人民共和国民法典》第一千一百四十条规定，<u>下列人员不能作为遗嘱见证人</u>：①无民事行为能力人、限制民事行为能力人以及其他不具有见证能力的人；②继承人、受遗赠人；③与继承人、受遗赠人有利害关系的人。

《中华人民共和国民法典》第一千一百四十条：遗嘱人可以撤回、变更自己所立的遗嘱。立遗嘱后，遗嘱人实施与遗嘱内容相反的民事法律行为的，视为对遗嘱相关内容的撤回。<u>立有数份遗嘱，内容相抵触的，以最后的遗嘱为准。</u>

《中华人民共和国民法典》第一千一百五十五条：**遗产分割时，应当保留胎儿的继承份额。胎儿娩出时是死体的，保留的份额按照法定继承办理。**

《中华人民共和国民法典》第一千一百五十八条：<u>自然人可以与继承人以外的**组织或者个人**签订遗赠扶养协议。</u>按照协议，该组织或者个人承担该自然人生养死葬的义务，享有受遗赠的权利。

《中华人民共和国民法典》第一千一百六十条：**无人继承又无人受遗赠的遗产，归国家所有，用于公益事业**；死者生前是集体所有制组织成员的，归所在集体所有制组织所有。

习题与解析

习题1.【单选】万某育有二女一子，都已成家，万某留下亲笔遗嘱，指示其死后所有财产由其儿子继承，该遗嘱未经公证，也无证人见证。下列对该遗嘱的判定正确的是（　　）

A. 违反男女继承权平等原则，无效　　B. 无证人见证，无效

C. 符合法律规定，有效　　D. 未经公证，无效

答案：C。解析：自书遗嘱，不需要公证，也无须证人见证，万某的亲笔遗嘱符合法律规定，有效。因此，本题应选 C 项。

习题 2.【单选】一年半之前，孙某病危时曾当着 2 个儿子和 4 位医护人员的面说："我死后家里的一切财产都留给老大。"后经抢救治疗，孙某病愈出院。一年半后，孙某旧病复发死亡，孙某大儿子把孙某的全部遗产据为己有，理由是一年半前孙某病危时立了口头遗嘱。孙某的口头遗嘱（ ）

A. 有效　　　　　　　　　　　B. 无效
C. 由大儿子告知其他亲属后有效　　D. 经医护人员证明后有效

答案：B。解析：《中华人民共和国民法典》规定，遗嘱人在危急情况下，可以立口头遗嘱。口头遗嘱应当有两个以上见证人在场见证。危急情况解除后，遗嘱人能够用书面或者录音形式立遗嘱的，所立的口头遗嘱无效。因此，本题应选 B 项。

第四节　侵权责任①

一、侵权责任

所谓**侵权责任**，就是指民事主体侵害他人权益应当承担的法律后果。《中华人民共和国民法典》第七编"侵权责任"在总结实践经验的基础上，针对侵权领域出现的新情况，吸收借鉴司法解释的有关规定，对侵权责任制度作了必要的补充和完善。主要内容如下：

1. 过错责任原则

《中华人民共和国民法典》第一千一百六十五条：**行为人因过错侵害他人民事权益造成损害的，应当承担侵权责任。依照法律规定推定行为人有过错，其不能证明自己没有过错的，应当承担侵权责任。**

2. 无过错责任原则

《中华人民共和国民法典》第一千一百六十六条：**行为人造成他人民事权益损害，不论行为人有无过错，法律规定应当承担侵权责任的，依照其规定。**

3. 确立"自甘风险"规则

《中华人民共和国民法典》第一千一百七十六条：**自愿参加具有一定风险的文体活动，因其他参加者的行为受到损害的，受害人不得请求其他参加者承担侵权责任；但是，其他参加者对损害的发生有故意或者重大过失的除外。**

4. 规定"自助行为"制度

《中华人民共和国民法典》第一千一百七十七条：**合法权益受到侵害，情况紧迫且不**

---

① 参看《中华人民共和国民法典》（2020 年 5 月 28 日通过，2021 年 1 月 1 日施行）。

能及时获得国家机关保护，不立即采取措施将使其合法权益受到难以弥补的损害的，受害人可以在保护自己合法权益的必要范围内采取扣留侵权人的财物等合理措施；但是，应当立即请求有关国家机关处理。受害人采取的措施不当造成他人损害的，应当承担侵权责任。

5. 人身损害赔偿范围

《中华人民共和国民法典》第一千一百七十九条：<u>侵害他人造成人身损害的，应当赔偿医疗费、护理费、交通费、营养费、住院伙食补助费等为治疗和康复支出的合理费用，以及因误工减少的收入。造成残疾的，还应当赔偿辅助器具费和残疾赔偿金；造成死亡的，还应当赔偿丧葬费和死亡赔偿金。</u>

6. 完善精神损害赔偿制度

《中华人民共和国民法典》第一千一百八十三条：侵害自然人人身权益造成严重精神损害的，被侵权人有权请求精神损害赔偿。**因故意或者重大过失侵害自然人具有人身意义的特定物造成严重精神损害的，被侵权人有权请求精神损害赔偿。**

7. 加强对知识产权的保护

《中华人民共和国民法典》第一千一百八十五条：<u>故意侵害他人知识产权，情节严重的，被侵权人有权请求相应的**惩罚性赔偿**。</u>

8. 增加规定委托监护的侵权责任

《中华人民共和国民法典》第一千一百八十九条：无民事行为能力人、限制民事行为能力人造成他人损害，监护人将监护职责委托给他人的，监护人应当承担侵权责任；受托人有过错的，承担相应的责任。

9. 完善网络侵权责任制度

《中华人民共和国民法典》第一千一百九十五条：**网络用户**利用网络服务实施侵权行为的，**权利人**有权通知**网络服务提供者**采取删除、屏蔽、断开链接等必要措施。通知应当包括构成侵权的**初步证据及权利人的真实身份信息**。网络服务提供者接到通知后，应当及时将该通知转送相关网络用户，并根据构成侵权的初步证据和服务类型采取必要措施；<u>未及时采取必要措施的，**对损害的扩大部分与该网络用户承担连带责任**。</u>

10. 完善生产者、销售者召回缺陷产品的责任

《中华人民共和国民法典》第一千二百零六条：产品投入流通后发现存在缺陷的，生产者、销售者应当及时采取停止销售、警示、召回等补救措施；<u>未及时采取补救措施或者补救措施不力造成损害扩大的，对扩大的损害也应当承担侵权责任。**依据前款规定采取召回措施的，生产者、销售者应当负担被侵权人因此支出的必要费用。**</u>

11. 明确交通事故损害赔偿的顺序

《中华人民共和国民法典》第一千二百一十三条：<u>机动车发生交通事故造成损害，属于该机动车一方责任的，先由承保机动车强制保险的保险人在**强制保险**责任限额范围内予以赔偿；不足部分，由承保机动车**商业保险**的保险人按照保险合同的约定予以赔偿；仍然</u>

不足或者没有投保机动车商业保险的，由**侵权人**赔偿。

12. 进一步保障患者的知情同意权，加强医疗机构及其医务人员对患者隐私和个人信息的保护

《中华人民共和国民法典》第一千二百一十九条：医务人员在诊疗活动中应当向患者说明病情和医疗措施。需要实施手术、特殊检查、特殊治疗的，医务人员应当及时向患者具体说明医疗风险、替代医疗方案等情况，并取得其明确同意；不能或者不宜向患者说明的，应当向患者的近亲属说明，并取得其明确同意。医务人员未尽到前款义务，造成患者损害的，医疗机构应当承担赔偿责任。

《中华人民共和国民法典》第一千二百二十六条：**医疗机构及其医务人员应当对患者的隐私和个人信息保密。泄露患者的隐私和个人信息，或者未经患者同意公开其病历资料的，应当承担侵权责任。**

13. 饲养动物致害责任的一般规定

《中华人民共和国民法典》第一千二百四十五条：饲养的动物造成他人损害的，动物饲养人或者管理人应当承担侵权责任；但是，能够证明损害是因被侵权人故意或者重大过失造成的，可以不承担或者减轻责任。

《中华人民共和国民法典》第一千二百四十六条：违反管理规定，未对动物采取安全措施造成他人损害的，动物饲养人或者管理人应当承担侵权责任；但是，能够证明损害是因被侵权人故意造成的，可以减轻责任。

《中华人民共和国民法典》第一千二百四十八条：动物园的动物造成他人损害的，动物园应当承担侵权责任；但是，能够证明尽到管理职责的，不承担侵权责任。

14. 规定禁止从建筑物中抛掷物品

《中华人民共和国民法典》第一千二百五十四条：禁止从建筑物中抛掷物品。从建筑物中抛掷物品或者从建筑物上坠落的物品造成他人损害的，由**侵权人**依法承担侵权责任；经调查难以确定具体侵权人的，除能够证明自己不是侵权人的外，由可能加害的**建筑物使用人**给予补偿。可能加害的建筑物使用人补偿后，有权向侵权人追偿。**物业服务企业**等建筑物管理人应当采取必要的安全保障措施防止前款规定情形的发生；未采取必要的安全保障措施的，应当依法承担未履行安全保障义务的侵权责任。发生本条第一款规定的情形的，**公安等机关**应当依法及时调查，查清责任人。

第五节 民事诉讼①

所谓**民事诉讼**，就是指人民法院在当事人和其他诉讼参与人的参加下，依法审理和解决民事争议的活动。

《中华人民共和国民事诉讼法》第十六条：经当事人同意，民事诉讼活动可以通过信息网络平台在线进行。民事诉讼活动通过信息网络平台在线进行的，与线下诉讼活动具有同等法律效力。

一、民事诉讼管辖

（一）级别管辖

管辖法院	管辖案件
基层人民法院（第十八条）	基层人民法院管辖第一审民事案件
中级人民法院（第十九条）	中级人民法院管辖下列第一审民事案件：①重大涉外案件；②在本辖区有重大影响的案件；③最高人民法院确定由中级人民法院管辖的案件
高级人民法院（第二十条）	高级人民法院管辖在本辖区有重大影响的第一审民事案件
最高人民法院（第二十一条）	最高人民法院管辖下列第一审民事案件：①在全国有重大影响的案件；②认为应当由本院审理的案件

（二）地域管辖

1. 一般地域管辖

《中华人民共和国民事诉讼法》第二十二条	对公民提起的民事诉讼，由被告住所地人民法院管辖；被告住所地与经常居住地不一致的，由经常居住地人民法院管辖。对法人或其他组织提起的民事诉讼，由被告住所地人民法院管辖。同一诉讼的几个被告住所地、经常居住地在两个以上人民法院辖区的，各该人民法院都有管辖权

---

① 参看《中华人民共和国民事诉讼法》（1991年4月9日通过，2022年1月1日起施行）。

续　表

《中华人民共和国民事诉讼法》第二十三条	下列民事诉讼由**原告**住所地人民法院管辖；原告住所地与经常居住地不一致的，由原告经常居住地人民法院管辖：①对不在中华人民共和国领域内居住的人提起的有关身份关系的诉讼；②对下落不明或者宣告失踪的人提起的有关身份关系的诉讼；③对被采取强制性教育措施的人提起的诉讼；④对被监禁的人提起的诉讼

2. **特殊地域管辖**

合同纠纷管辖（第二十四条）	由被告住所地或合同履行地人民法院管辖
保险合同纠纷管辖（第二十五条）	由被告住所地或保险标的物所在地人民法院管辖
票据纠纷管辖（第二十六条）	由被告住所地或票据支付地人民法院管辖
公司诉讼管辖（第二十七条）	因公司设立、确认股东出资、分配利润、解散等纠纷由公司住所地人民法院管辖
运输合同纠纷管辖（第二十八条）	因铁路、公路、水上、航空运输和联合运输合同纠纷提起的诉讼由运输始发地、目的地或被告住所地法院管辖
侵权纠纷管辖（第二十九条）	由被告住所地或侵权行为地人民法院管辖
交通事故管辖（第三十条）	因铁路、公路、水上和航空事故请求损害赔偿提起的诉讼，由事故发生地或车辆、船舶最先到达地、航空器最先降落地或被告住所地人民法院管辖
海损事故管辖（第三十一条）	因船舶碰撞或其他海事损害事故请求损害赔偿提起的诉讼，由碰撞发生地、碰撞船舶最先到达地、加害船舶被扣留地或被告住所地人民法院管辖
海难救助费用管辖（第三十二条）	由救助地或被救助船舶最先到达地人民法院管辖
共同海损管辖（第三十三条）	由船舶最先到达地、共同海损理算地或航程终止地管辖

3. **专属管辖**

《中华人民共和国民事诉讼法》第三十四条规定，下列案件，由本条规定的人民法院专属管辖：

（1）因不动产纠纷提起的诉讼，由**不动产所在地人民法院**管辖；

（2）因港口作业中发生纠纷提起的诉讼，由港口所在地人民法院管辖；

（3）因继承遗产纠纷提起的诉讼，由被继承人死亡时住所地或主要遗产所在地法院管辖。

4. **共同管辖**

《中华人民共和国民事诉讼法》第三十六条：两个以上人民法院都有管辖权的诉讼，原告可以向其中一个人民法院起诉；原告向两个以上有管辖权的人民法院起诉的，由最先立案的人民法院管辖。

5. 移送管辖

《中华人民共和国民事诉讼法》第三十七条：人民法院发现受理的案件不属于本院管辖的，应当移送有管辖权的人民法院，受移送的人民法院应当受理。受移送的人民法院认为受移送的案件依照规定不属于本院管辖的，应当报请上级人民法院指定管辖，不得再自行移送。

6. 指定管辖

《中华人民共和国民事诉讼法》第三十八条：有管辖权的人民法院由于特殊原因，不能行使管辖权的，由上级人民法院指定管辖。人民法院之间因管辖权发生争议，由争议双方协商解决；协商解决不了的，报请它们的共同上级人民法院指定管辖。

7. 管辖权转移

《中华人民共和国民事诉讼法》第三十九条：上级人民法院有权审理下级人民法院管辖的第一审民事案件；确有必要将本院管辖的第一审民事案件交下级人民法院审理的，应当报请其上级人民法院批准。下级人民法院对它所管辖的第一审民事案件，认为需要由上级人民法院审理的，可以报请上级人民法院审理。

《中华人民共和国民事诉讼法》第四十条：适用简易程序审理的民事案件，由审判员一人独任审理。基层人民法院审理的基本事实清楚、权利义务关系明确的第一审民事案件，可以由审判员一人适用普通程序独任审理。

《中华人民共和国民事诉讼法》第四十一条：中级人民法院对第一审适用简易程序审结或者不服裁定提起上诉的第二审民事案件，事实清楚、权利义务关系明确的，经双方当事人同意，可以由审判员一人独任审理。

《中华人民共和国民事诉讼法》第四十二条：人民法院审理下列民事案件，不得由审判员一人独任审理：

（一）涉及国家利益、社会公共利益的案件；

（二）涉及群体性纠纷，可能影响社会稳定的案件；

（三）人民群众广泛关注或者其他社会影响较大的案件；

（四）属于新类型或者疑难复杂的案件；

（五）法律规定应当组成合议庭审理的案件；

（六）其他不宜由审判员一人独任审理的案件。

《中华人民共和国民事诉讼法》第四十三条：人民法院在审理过程中，发现案件不宜由审判员一人独任审理的，应当裁定转由合议庭审理。

当事人认为案件由审判员一人独任审理违反法律规定的，可以向人民法院提出异议。人民法院对当事人提出的异议应当审查，异议成立的，裁定转由合议庭审理；异议不成立的，裁定驳回。

二、民事诉讼证据

所谓民事诉讼证据,就是指证明民事案件客观事实存在与否的根据,它是诉讼主体进行诉讼活动的前提条件,是人民法院查明案件真相、当事人维护自身合法权益的重要手段。我国民事诉讼立法从证据的表现形式或证据存在的形态把证据分为以下八种:

证据种类	证据概念
1. 当事人陈述	指当事人向人民法院所作的与本案有关事实的主张或陈述
2. 书证	指以文字、符号、图案等所记载的内容和表达的思想对案件事实进行证明的书面文件或其他物品
3. 物证	指以其外部特征、物质属性、存在状况等证明案件事实的证据。物证是一种客观实在,不反映人的主观意志;而书证是一定主体制作的,反映了人的主观的意志
4. 视听资料	指利用录音、录像所反映出的声音、图像以及利用计算机所储存的数据来证明案件事实的证据。视听资料通常具有形象、生动、信息量大等特点,能够比较直观地反映案件事实
5. 电子数据	指通过电子技术或数字技术和电脑等电子设备,以电子文件形式存在的能够证明案件相关事实的证据
6. 证人证言	指当事人之外的第三人对其亲身感知的案件事实向法院所作的陈述
7. 鉴定意见	指鉴定人运用科学技术或专门知识对诉讼涉及的专门性问题进行鉴别、判断后所得出的意见
8. 勘验笔录	指审判人员在诉讼过程中对与争议有关的现场、物品进行查验、测量、拍照后制作的笔录,是通过勘查、检验等方法形成的证据

三、民事诉讼审判

《中华人民共和国民事诉讼法》第九条:人民法院审理民事案件,应当根据**自愿**和**合法**的原则进行调解;调解不成的,应当及时判决。

《中华人民共和国民事诉讼法》第十条:人民法院审理民事案件,依照法律规定实行**合议、回避、公开审判**和**两审终审制度**。

合　议	指三名以上为奇数的审判人员组成审判庭，以人民法院的名义，对民事案件进行审理并作出裁判的制度，也称为合议制
回　避	指在民事诉讼中相关人员在遇有法律规定的情形时退出该案诉讼程序的制度（相关人员：**审判员、陪审员、书记员、翻译人员、鉴定人、勘验人**）
公开审判	指人民法院在审理案件时，应当将其审判活动向社会公开的制度
两审终审	**指民事案件经过两级人民法院审理和判决即告终结的制度。最高人民法院实行一审终审制**

《中华人民共和国民事诉讼法》第九十条：**经受送达人同意，人民法院可以采用能够确认其收悉的电子方式送达诉讼文书**。通过电子方式送达的判决书、裁定书、调解书，受送达人提出需要纸质文书的，人民法院应当提供。**采用前款方式送达的，以送达信息到达受送达人特定系统的日期为送达日期**。

《中华人民共和国民事诉讼法》第九十五条：受送达人下落不明，或者用本节规定的其他方式无法送达的，公告送达。自发出公告之日起，**经过三十日**，即视为送达。

《中华人民共和国民事诉讼法》第一百零九条规定，人民法院对下列案件，根据当事人的申请，可以裁定**先予执行**：

（1）追索赡养费、扶养费、抚育费、抚恤金、医疗费用的；

（2）追索劳动报酬的；

（3）因情况紧急需要先予执行的。

《中华人民共和国民事诉讼法》第一百三十七条：人民法院审理民事案件，除涉及国家秘密、个人隐私或者法律另有规定的以外，应当公开进行。离婚案件、涉及商业秘密的案件，当事人申请不公开审理的，可以不公开审理。

《中华人民共和国民事诉讼法》第一百三十八条：人民法院审理民事案件，根据需要进行**巡回审理**，就地办案。党的十八届四中全会指出最高人民法院设立**巡回法庭**。巡回法庭是指法院为方便群众诉讼，在辖区设置巡回地点，定期或不定期到巡回地点受理并审批案件的制度。

《中华人民共和国民事诉讼法》第一百四十七条：被告经传票传唤，无正当理由拒不到庭的，或者未经法庭许可中途退庭的，可以**缺席判决**。

《中华人民共和国民事诉讼法》第一百五十一条：人民法院对公开审理或者不公开审理的案件，**一律公开宣告判决**。当庭宣判的，应当在十日内发送判决书；定期宣判的，宣判后立即发给判决书。宣告判决时，必须告知当事人上诉权利、上诉期限和上诉的法院。宣告离婚判决，必须告知当事人在判决发生法律效力前不得另行结婚。

四、审　限

第一审普通程序	人民法院适用普通程序审理的案件，应当在立案之日起**六个月**内审结。有特殊情况需要延长的，由本院院长批准，可以延长六个月；还需要延长的，报请上级人民法院批准
简易程序审限	人民法院适用简易程序审理案件，应当在立案之日起**三个月**内审结
第二审审限	人民法院审理对判决的上诉案件，应当在第二审立案之日起**三个月**内审结。有特殊情况需要延长的，由本院院长批准；人民法院审理对裁定的上诉案件，应当在第二审立案之日起**三十日**内作出终审裁定
特别程序审限	人民法院适用特别程序审理的案件，应当在立案之日起**三十日**内或者公告期满后三十日内审结
上诉期限 （第一百七十一条）	当事人不服地方人民法院第一审判决的，有权在判决书送达之日起**十五日**内向上一级人民法院提起上诉；当事人不服地方人民法院第一审裁定的，有权在裁定书送达之日起**十日**内向上一级人民法院提起上诉
《中华人民共和国民事诉讼法》第一百六十条：**基层人民法院**和它派出的法庭审理事实清楚、权利义务关系明确、争议不大的简单的民事案件，**适用简易程序**	

第五章 刑法与刑事诉讼法[①]

1. **刑法的概念**

所谓**刑法**，就是指规定犯罪、刑事责任和刑事刑罚的法律规范的总称。

2. **刑法的基本原则**

（1）罪刑法定原则，即法无明文规定不为罪；

（2）刑法面前人人平等原则；

（3）罪责刑相适应原则。

> **习题与解析**

习题1.【多选】我国刑法的基本原则有（　　）

A. 罪刑法定原则　　　　　　　　B. 平等适用原则

C. 罪责刑相适应原则　　　　　　D. 刑法个别化原则

答案：ABC。解析：我国刑法坚持的基本原则为罪刑法定原则、刑法面前人人平等原则以及罪责刑相适应原则。因此，本题应选ABC三个选项。

习题2.【单选】下列表述中，体现罪刑法定原则的是（　　）

A. 责任自负　　　　　　　　　　B. 法无明文规定不为罪

C. 罪责均衡　　　　　　　　　　D. 法律类推适用

答案：B。解析：罪刑法定原则的基本含义是"法无明文规定不为罪，法无明文规定不处罚"，即犯罪法定化与刑罚法定化。因此，本题应选B项。

3. **刑法的适用范围**

属地管辖 （第六条）	凡在我国领域内犯罪的，除法律有特别规定的以外，都适用本法。凡在我国船舶或者航空器内犯罪的，也适用本法。犯罪的行为或者结果有一项发生在我国领域内的，就认为是在我国领域内犯罪
属人管辖 （第七条）	我国公民在我国领域外犯本法规定之罪的，适用本法，但是按本法规定的最高刑为三年以下有期徒刑的，可以不予追究。我国国家工作人员和军人在我国领域外犯本法规定之罪的，适用本法

[①] 参看《中华人民共和国刑法》（2020年12月26日修正，2021年3月1日起施行）。

续 表

保护管辖（第八条）	外国人在我国领域外对中华人民共和国国家或者公民犯罪，而按本法规定的最低刑为三年以上有期徒刑的，可以适用本法，但是按照犯罪地的法律不受处罚的除外
普遍管辖（第九条）	对于中华人民共和国缔结或者参加的国际条约所规定的罪行，中华人民共和国在所承担条约义务的范围内行使刑事管辖权的，适用本法
外交代表刑事管辖豁免（第十一条）	享有外交特权和豁免权的外国人的刑事责任，通过外交途径解决

习题与解析

习题1.【单选】我国刑法规定在我国领域内的犯罪是指（　　）

A. 受害人居住地在我国领域内

B. 犯罪人居住在我国领域内

C. 犯罪行为或者结果有一项发生在我国领域内

D. 受害人与犯罪人均居住在我国领域内

答案：C。解析：《中华人民共和国刑法》第六条规定，犯罪的行为或者结果有一项发生在中华人民共和国领域内的，就认为是在中华人民共和国领域内犯罪。因此，本题应选 C 项。

第一节　犯　罪

一、犯罪的概念与特征

所谓**犯罪**，就是指危害统治阶级利益，由掌握政权的统治阶级以国家意志的形式在法律上规定应受刑罚处罚的行为。

犯罪具有以下三个方面的特征：

（1）**犯罪的严重社会危害性（本质特征）**；

（2）犯罪的刑事违法性；

（3）犯罪的应受刑罚处罚性。

习题与解析

习题1.【单选】犯罪最本质的特征是（　　）

A. 应受处罚性　　　　　　　　B. 罚当其罪性

C. 刑事违法性　　　　　　　　D. 严重的社会危害性

答案：D。解析：犯罪的严重社会危害性，即指行为对于我国刑法所保护的各种利益

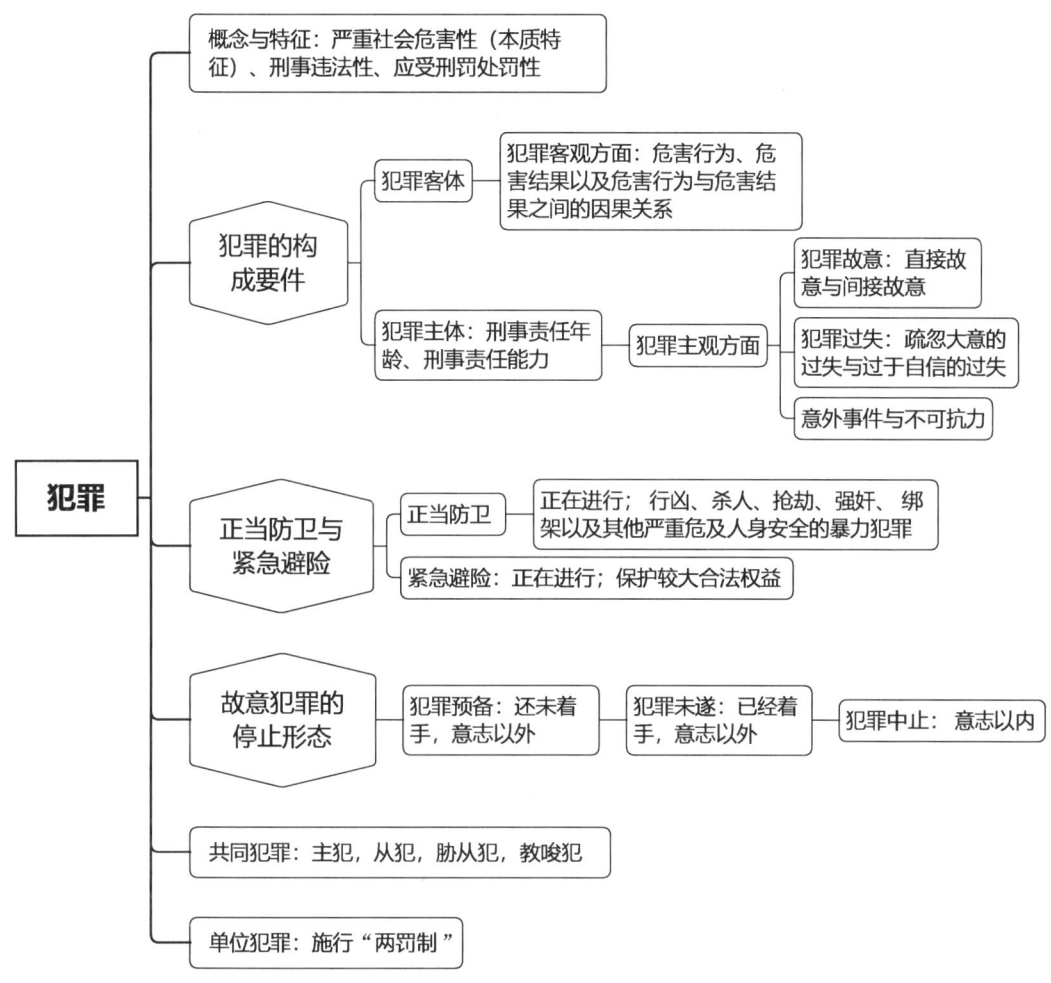

及其整体的危害，它是犯罪最本质的特征。因此，本题应选 D 项。

二、犯罪的构成要件

犯罪由犯罪客体、犯罪客观方面、犯罪主体以及犯罪主观方面四个部分组成。

（一）犯罪客体

所谓**犯罪客体**，就是指我国刑法所保护而为犯罪行为所侵犯的社会关系。而**犯罪对象**指的是具体的人或物，是行为人具体侵犯的对象。比如，杀人罪，犯罪对象是被杀的人，犯罪客体是生命权；抢劫罪，犯罪对象是钱或物，犯罪客体是财产权。一个犯罪行为，一定有犯罪客体，但不一定都有犯罪对象，比如，非法集会、游行、示威，就没有明确的犯罪对象，但一定侵犯了一定的社会关系。

（二）犯罪客观方面

所谓犯罪客观方面，就是指犯罪行为及其危害结果的客观外在表现。它包括三个基本要件：危害行为（包括作为和不作为。作为是指行为人用积极行动实施为我国刑法所禁止的行为，不作为是指负有特定义务实施某种行为而又能履行这种义务的人消极地不履行义务而造成危害社会的结果）、危害结果以及危害行为与危害结果之间的因果关系。

（三）犯罪主体

所谓犯罪主体，就是指实施危害社会行为依法应当承担刑事责任的**人和单位**。

自然人作为犯罪主体，必须达到：

（1）法定刑事责任年龄；

（2）具有刑事责任能力；

（3）实施危害社会的行为，触犯刑律。

刑事责任年龄：

所谓刑事责任年龄，就是指刑法所规定的，行为人对自己的犯罪行为承担刑事责任必须达到的年龄。**刑事责任年龄可以划分为完全负刑事责任年龄、相对负刑事责任年龄和完全不负刑事责任年龄三个阶段：**

完全负刑事责任年龄	已满十六周岁的人犯罪，应当负刑事责任
相对负刑事责任年龄	已满十四周岁不满十六周岁的人，犯故意杀人、故意伤害致人重伤或者死亡、强奸、抢劫、贩卖毒品、放火、爆炸、投放危险物质罪的（"**两故两抢两毒两爆**"），应当负刑事责任
	已满十二周岁不满十四周岁的人，犯故意杀人、故意伤害罪，致人死亡或者以特别残忍手段致人重伤造成严重残疾，情节恶劣，经最高人民检察院核准追诉的，应当负刑事责任
完全不负刑事责任年龄	不满十二周岁的人不管实施何种危害社会的行为都不负刑事责任

不满十八周岁的人犯罪，**应当从轻或者减轻处罚**。因不满十六周岁不予刑事处罚的，责令其父母或者其他监护人加以管教；在必要的时候，依法进行专门矫治教育。

已满七十五周岁的人故意犯罪的，**可以从轻或者减轻处罚**；过失犯罪的，**应当从轻或者减轻处罚**。

又聋又哑的人或者盲人犯罪，**可以从轻、减轻或者免除处罚**。

刑事责任能力：

所谓刑事责任能力，就是指行为人在刑法意义上辨认和控制自己行为的能力。

精神病人在不能辨认或者不能控制自己行为的时候造成危害结果，经法定程序鉴定确认的，不负刑事责任，但是应当责令他的家属或者监护人严加看管和医疗；在必要的时候，由政府强制医疗。

间歇性精神病人精神正常时造成危害社会的结果，应当负刑事责任。

醉酒的人犯罪，应当负刑事责任。

习题与解析

习题1.【判断】不满15周岁的人犯罪,不负刑事责任。( )

答案:×。解析:已满14周岁不满16周岁的人,犯故意杀人、故意伤害致人重伤或者死亡、强奸、抢劫、贩卖毒品、放火、爆炸、投放危险物质罪的,应当负刑事责任。

习题2.【判断】根据我国刑法的规定,任何自然人都能够成为犯罪的主体。( )

答案:×。解析:犯罪主体应当达到法定的刑事责任年龄并且具备相应的刑事责任能力。

习题3.【单选】下列情形中,行为人不负刑事责任的是( )

A. 十四周岁的张某,贩卖冰毒0.2克

B. 十五周岁的周某,因过失导致他人伤残

C. 二十周岁的周某,醉酒后殴打他人致人重伤

D. 三十五周岁的聋哑人宋某,入户盗窃现金5000元

答案:B。解析:A项,"已满十四周岁不满十六周岁的人犯故意杀人、故意伤害致人重伤或者死亡、强奸、抢劫、贩卖毒品、放火、爆炸、投放危险物质罪的,应当负刑事责任",故张某要负刑事责任。B项,李某的行为是过失致他人伤残,故不负刑事责任。C项,周某为完全刑事责任能力人,对其所犯罪行要担责。D项,宋某虽然是聋哑人,但根据我国刑法规定,聋哑人犯罪可以从轻、减轻或免除处罚,不是一定不承担责任。因此,本题应选B项。

习题4.【单选】王某患有间歇性精神病,一日到农家菜馆喝醉酒后将该饭馆老板打成重伤,在警察赶来抓捕时,王某因惊恐而精神病发作。王某应( )

A. 负刑事责任,但可以从轻处罚　　B. 负刑事责任,但可以减轻处罚

C. 不负刑事责任,因其是精神病人　　D. 负刑事责任

答案:D。解析:《中华人民共和国刑法》第十八条规定醉酒的人应当负刑事责任,但没有规定可以从轻或者减轻处罚。因此,本题应选D项。

习题5.【单选】下列情形符合法律规定的是( )

A. 甲乙二人自由恋爱,因两人均年满20周岁,经双方父母同意,两人可以结婚

B. 丙12岁,玩火酿成火灾,造成重大财产损失,但丙不承担失火罪的刑事责任

C. 丁6岁,春节收到红包若干,其母认为丁尚年幼,红包里的钱应归监护人所有

D. 19岁的大学生戊,认为父母有义务支付他的教育费及生活费至其独立工作为止

答案:B。解析:A选项中结婚的年龄应当是男性满22岁,女性满20岁;B选项中丙为12岁,为完全不负刑事责任年龄,B选项正确;C选项中丁6岁,是完全无民事责任年龄,许多事情不可以做,但是纯获利的行为是有效的,因此红包所有权应归属于丁;D选项中虽然戊在上大学,但他已经成年,已达我国完全民事行为能力人的标准,完全通过自身行为取得权利、承担义务,故他的父母没有义务支付费用到他独立工作为止。因此,本题应选B项。

（四）犯罪主观方面

所谓犯罪主观方面，就是指犯罪主体对自己所实施的危害社会的行为引起的危害社会的结果所持的故意或者过失的心理态度。它包括犯罪的故意、过失以及犯罪的目的和动机等。

1. 犯罪故意

犯罪故意包括**直接故意**与**间接故意**。

直接故意	指明知自己的行为**会**发生危害社会的结果，并且**希望**这种结果发生的心理态度
间接故意	指明知自己的行为**可能**发生危害社会的结果，并且**放任**这种结果发生的心理态度

2. 犯罪过失

所谓**犯罪过失**，就是指应当预见自己的行为可能发生危害社会的结果，因为疏忽大意而没有预见，或者已经预见而轻信能够避免，以致发生这种结果的心理态度。

犯罪过失包括**疏忽大意的过失（应当预见而没有预见）**与**过于自信的过失（已经预见但轻信能够避免）**。

3. 意外事件与不可抗力

意外事件	指行为在客观上虽然造成了损害结果，但是不是出于故意或者过失，而是由于**不能预见到的原因**所引起的，不认为是犯罪
不可抗力	指行为在客观上虽然造成了损害结果，但是不是出于故意或者过失，而是由于**不能抗拒的原因**所引起的，不认为是犯罪

> **习题与解析**

习题1.【单选】 护士林某在给病人王某注射青霉素时，忘了做皮试而导致王某过敏死亡，林某的行为属（ ）

A. 间接故意犯罪　　　　　　B. 过于自信过失犯罪
C. 疏忽大意过失犯罪　　　　D. 意外事件

答案：C。解析：犯罪过失是指应当预见自己的行为可能发生危害社会的结果，因为疏忽大意而没有预见，或者已经预见而轻信能够避免，以致发生这种结果的心理态度。护士林某因为忘记做皮试而导致病人死亡属于疏忽大意的过失犯罪。因此，本题应选C项。

习题2.【单选】 甲欲杀死乙，在乙饭碗里投放毒药，不料朋友丙分食了乙的饭菜，甲为杀死乙，没有阻止丙，结果导致乙和丙均中毒死亡。甲对丙死亡所持的心理态度（ ）

A. 过于自信的过失　　　　　B. 疏忽大意的过失
C. 间接故意　　　　　　　　D. 直接故意

答案：C。解析：间接故意是指行为人明知自己的行为可能发生危害社会的结果，并且放任这种结果发生的心理态度。放任，是指行为人对危害结果虽然没有希望、积极地追求，但也没有阻止、反对，而是放任自流，任其发生。本题甲对乙属于直接故意杀人，甲对丙属于间接故意杀人。因此，本题应选 C 项。

习题 3.【多选】每一个犯罪构成都包括（　　）

A. 犯罪客体　　　　　　　　　　B. 犯罪客观方面
C. 犯罪主体　　　　　　　　　　D. 犯罪主观方面

答案：ABCD。解析：犯罪由犯罪客体、犯罪客观方面、犯罪主体以及犯罪主观方面四个部分组成。因此，本题应选 ABCD 四个选项。

三、正当防卫与紧急避险

（一）正当防卫

所谓**正当防卫**，就是指为了使国家、公共利益、本人或者他人的人身、财产和其他权利免受**正在进行**的不法侵害，而采取的制止不法侵害并对不法侵害人造成损害的行为。

因采取正当防卫而使不法侵害人造成损害的，不负刑事责任。

对正在进行行凶、杀人、抢劫、强奸、绑架以及其他严重危及人身安全的暴力犯罪，采取防卫行为，造成不法侵害人伤亡的，不属于防卫过当，不负刑事责任。

习题与解析

习题 1.【单选】甲是精神病患者，一日突然手持匕首追杀某乙，甲将乙逼到一房屋的角落里，乙在无处可逃的情况下，顺手将桌上的花瓶抬起扔向甲，致使甲右眼失明。乙的行为是（　　）

A. 正当防卫　　　　　　　　　　B. 紧急避险
C. 防卫过当　　　　　　　　　　D. 犯罪行为

答案：A。解析：《中华人民共和国刑法》第二十条规定了正当防卫制度，其适用的对象是正在进行的不法侵害，至于这种不法侵害是来自什么样的人的伤害，法律并没有限定。所以对于精神病人的不法侵害，也可以成为防卫的对象，符合正当防卫的基本特征。因此，本题应选 A 项。

习题 2.【单选】王某持匕首抢劫张某，在争斗中王某头部撞击墙角昏迷倒地，匕首掉在地上。张某见状，捡起匕首往王某心脏部位猛刺数下，导致王某死亡。对于张某用匕首刺死王某的行为，下列说法正确的是（　　）

A. 属于正当防卫，不负刑事责任　　B. 属于意外事件，不负刑事责任
C. 属于防卫过当，应负刑事责任　　D. 属于故意杀人，应负刑事责任

答案：D。解析：王某头部撞击墙角昏迷倒地，已经丧失了攻击能力，张某已经不存在进行防卫的前提条件了，此时他再去捡起匕首往王某心脏部位猛刺数下，导致王某死亡，显然是故意杀人，应当负刑事责任。因此，本题应选 D 项。

习题 3.【单选】甲乙有仇，甲扬言准备了工具要报复乙。乙听说后决定先下手，遂

持棍棒闯入甲家，将甲打成重伤。乙的行为属于（ ）

　　A. 正当防卫　　　　　　　B. 紧急避险

　　C. 防卫过当　　　　　　　D. 故意犯罪

答案：D。解析：正当防卫、紧急避险、防卫过当，都是指国家、公共利益，本人或他人利益的人身、财产和其他权利正在遭受到不法侵害，这是重要的要件。而甲扬言要报复乙，但并未实施，乙却先下手，将甲打成重伤，这属于故意犯罪。因此，本题应选 D 项。

（二）紧急避险

所谓**紧急避险**，就是指为了使国家、公共利益、本人或者他人的人身、财产和其他权利免受**正在发生**的危险，在紧急情形下不得已而采取的**损害较小合法权益**，以**保护较大合法权益**的行为。

紧急避险超过必要限度造成不应有的损害的，应当负刑事责任，但是应当减轻或者免除处罚。

习题与解析

习题1.【单选】下列行为中构成犯罪的是（ ）

　　A. 张某，20 岁，遇人抢劫奋起反击，将对方打成重伤

　　B. 王某，30 岁，为了躲避仇人追杀，抢了路人的摩托车逃跑

　　C. 刘某，13 岁，盗窃价值人民币 50 万元的财物

　　D. 赵某，30 岁，醉酒驾驶撞死路人

答案：D。解析：A 项张某遇抢反抗，明显属于正当防卫；B 项王某抢路人的摩托车，是危急情况下的权宜之计，属于紧急避险；C 项刘某的年龄不满 14 周岁，不具有刑事责任能力，不构成犯罪。D 项赵某醉酒驾驶撞死路人，犯交通肇事罪（醉酒不是免责事由）。因此，本题应选 D 项。

四、故意犯罪的停止形态

（一）犯罪预备

所谓**犯罪预备**，就是指为了犯罪，准备工具、制造条件，但由于意志以外的原因而未能着手实施犯罪的情形。

对于预备犯，**可以**比照既遂犯从轻、减轻或者免除处罚。

习题与解析

习题1.【单选】有关犯罪预备，错误的说法是（ ）

　　A. 犯罪预备包含着严重的社会危害性

　　B. 刑法规定对犯罪预备予以必要的处罚

　　C. 犯罪预备已经造成犯罪客体的实际损害

D. 刑法规定对预备犯可以比照既遂犯从轻、减轻或者免除处罚

答案：C。解析：由于犯罪预备仅处于犯罪的预备阶段，尚未着手实施犯罪，犯罪结果也未发生，也就不会造成犯罪客体的实际损害。因此，本题应选 C 项。

（二）犯罪未遂

所谓**犯罪未遂**，就是指已经着手实施犯罪，由于犯罪分子意志以外的原因而未得逞实施犯罪的情形（**欲达目的而不能**）。

对于未遂犯，**可以比照既遂犯从轻或者减轻处罚**。

习题与解析

习题1.【单选】《中华人民共和国刑法》规定，已经着手实施犯罪，但由于犯罪分子意志以外的原因而未得逞的犯罪行为属于（　　）

A. 犯罪预备　　　　　　　　B. 犯罪未遂
C. 犯罪中止　　　　　　　　D. 犯罪终止

答案：B。解析：犯罪未遂是指已经着手实施犯罪，由于犯罪分子意志以外的原因而未得逞实施犯罪的情形。因此，本题应选 B 项。

习题2.【判断】我国刑法规定，对未遂犯可以比照既遂犯从轻或减轻处罚。（　　）

答案：√。解析：《中华人民共和国刑法》第二十三条规定，对于未遂犯，可以比照既遂犯从轻或者减轻处罚。

（三）犯罪中止

所谓**犯罪中止**，就是指在犯罪过程中，自动放弃犯罪或者自动有效地防止犯罪结果发生的行为（**能达目的而不欲**）。

对于中止犯，没有造成损害的，**应当免除处罚**；造成损害的，**应当减轻处罚**。

犯罪中止可以发生在犯罪预备阶段，也可以成立在犯罪过程中，但是不能在犯罪后。犯罪行为实施完成后，如果犯罪嫌疑人有自动消除犯罪后果，举报他人的，为自首或立功行为。该阶段，犯罪已经终结。

习题与解析

习题1.【单选】公民甲是某单位的会计，他为了盗窃本单位保险柜里的现金而设法配制了该柜的钥匙。后来甲在盗窃过程中因害怕被发现而将配制的钥匙丢弃，没有窃取现金。甲的行为属于（　　）

A. 犯罪预备　　　　　　　　B. 犯罪既遂
C. 犯罪中止　　　　　　　　D. 犯罪未遂

答案：C。解析：犯罪中止是指在犯罪过程中，自动放弃犯罪或者自动有效地防止犯罪结果发生的行为。会计甲是因为意志以内的原因自愿放弃犯罪，属于犯罪中止。因此，本题应选 C 项。

五、共同犯罪

(一) 共同犯罪的概念

所谓**共同犯罪**,就是指二人以上**共同故意犯罪**。二人以上共同过失犯罪的,不以共同犯罪论处;应当负刑事责任的,按照他们所犯的罪分别处罚。

习题与解析

习题1.【单选】李某将与其有私仇的王某打昏在地后逃跑,此时张某路过,见王某不省人事,遂将其手表、钱物偷走。本案中( )

A. 李某、张某构成共同犯罪

B. 李某构成故意伤害罪,张某构成盗窃罪

C. 李某构成故意伤害罪,张某构成抢劫罪

D. 李某、张某共同构成故意伤害罪、盗窃罪

答案:B。解析:李某与张某没有共同犯罪故意,二人不构成共同犯罪。李某将王某打昏构成故意伤害罪;张某仅实施了盗窃财物的行为,所以构成盗窃罪。因此,本题应选B项。

(二) 共同犯罪人的种类

共同犯罪人可分为主犯、从犯、胁从犯、教唆犯四种。

主犯	**组织、领导**犯罪集团进行犯罪活动的或者在共同犯罪中起**主要**作用的,是主犯。三人以上为共同实施犯罪而组成的较为固定的犯罪组织,是**犯罪集团**
从犯	在共同犯罪中起**次要**或者**辅助**作用的,是从犯。对于从犯,**应当从轻、减轻处罚或者免除处罚**
胁从犯	被胁迫参加犯罪的,是胁从犯。对于被迫参加犯罪的,**应当按照他的犯罪情节减轻处罚或者免除处罚**
教唆犯	故意教唆他人犯罪的,是教唆犯。教唆未成年人犯罪的,应当从重处罚

习题与解析

习题1.【多选】下列属于共同犯罪中的从犯是( )

A. 在共同犯罪中起次要作用的人
B. 在集团犯罪中的非组织者
C. 在共同犯罪中起辅助作用的人
D. 被教唆实施犯罪的人

答案:AC。解析:从犯是指在共同犯罪中起次要或辅助作用的人,选项A和选项C正确;二人以上为共同实施犯罪而组成的较为固定的犯罪组织叫作犯罪集团,在集团犯罪中的非组织者不一定就是从犯,也可能是主犯,还可能是胁从犯等,选项B错误;被教唆实施犯罪的人也可能不是从犯,被教唆人犯被教唆罪的,按共犯处罚;被教唆人没有犯被

教唆罪，可以从轻减轻处罚，选项D错误。因此，本题应选AC两个选项。

六、单位犯罪

所谓**单位犯罪**，就是指公司、企业、事业单位、机关、团体为**本单位**牟取非法利益，由单位集体或其负责人作出犯罪决定，故意实施危害社会的行为。

单位犯罪施行"**两罚制**"原则，即对单位判处罚金，并对其直接负责的主管人员和其他直接责任人员判处刑罚。

第二节 刑 罚

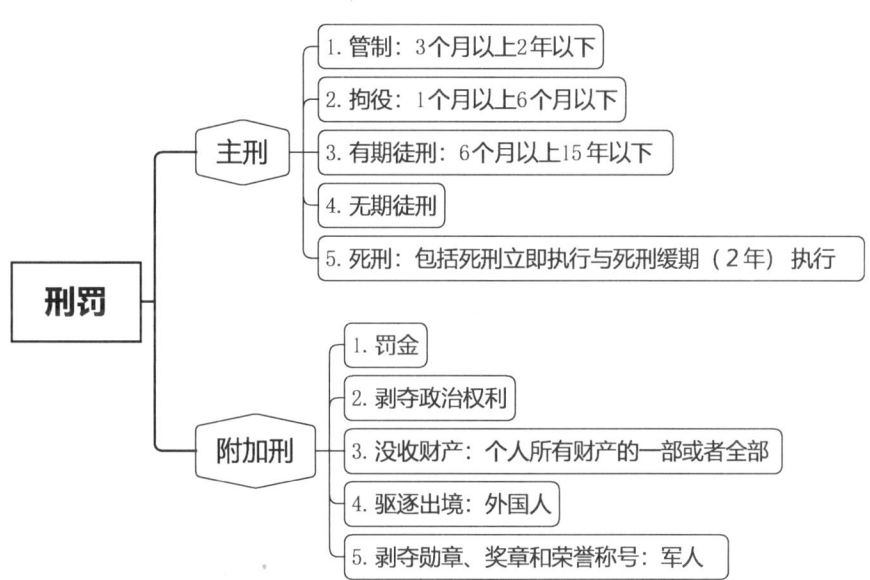

所谓**刑罚**，就是指刑法明文规定的，由国家审判机关依法对犯罪人适用的限制或剥夺其某种权益的最严厉的强制性法律制裁方法。

我国刑罚分为主刑和附加刑两类。主刑只能独立适用，不能附加适用，既不能用来补充其他主刑，也不能用来补充附加刑；附加刑既能独立适用，也能作为主刑的附加刑适用。

（一）主刑

1. 管制	所谓管制，就是指对犯罪分子不予关押，但限制一定自由的一种刑罚方法；管制的期限为3个月以上2年以下，数罪并罚最高不超过3年（期限）；对于被判处管制的犯罪分子，由司法局依法实行社区矫正（执行方式），在劳动中应当同工同酬
2. 拘役	拘役的期限为1个月以上6个月以下，数罪并罚最高不超过1年（期限）；被判处拘役的犯罪分子由公安机关就近执行（执行方式）；每月可以回家一天至两天，参加劳动的可以酌量发给报酬
3. 有期徒刑	有期徒刑为6个月以上15年以下，数罪并罚最高不超过25年（期限）；被判处有期徒刑、无期徒刑的犯罪分子，在监狱或者其他执行场所执行（执行方式）；凡有劳动能力的，都应当参加劳动，接受教育和改造
4. 无期徒刑	无期徒刑是介于有期徒刑和死刑之间的一种严厉的刑罚。无期徒刑是剥夺犯罪分子终身自由的刑罚方法。无期徒刑的刑期从判决宣判之日起计算，判决宣判前先行羁押的日期不能折抵刑期，无期徒刑减为有期徒刑后，执行有期徒刑，先行羁押的日期也不予折抵刑期
5. 死刑	死刑包括死刑立即执行和死刑缓期（2年）执行。《中华人民共和国刑法》第四十八条：死刑除依法由最高人民法院判决的以外，都应当报请最高人民法院核准 《中华人民共和国刑法》第四十九条：犯罪的时候不满18周岁的人和审判的时候怀孕的妇女不适用死刑；审判的时候已满75周岁的人（但以特别残忍的手段致人死亡的除外），不适用死刑 《中华人民共和国刑法》第五十条：判处死刑缓期执行的，在死刑缓期执行期间，如果没有故意犯罪，两年期满以后，减为无期徒刑；如果确有重大立功表现，两年期满以后，减为二十五年有期徒刑；如果故意犯罪，查证属实的，由最高人民法院核准，执行死刑

（二）附加刑

1. 罚金
2. 剥夺政治权利

《中华人民共和国刑法》第五十四条规定剥夺政治权利是剥夺下列权利：
（1）选举权和被选举权；
（2）言论、出版、集会、结社、游行、示威自由的权利；
（3）担任国家机关职务的权利；

(4) 担任国有公司、企业、事业单位和人民团体领导职务的权利。

3. 没收财产

《中华人民共和国刑法》第五十九条：没收财产是没收犯罪分子**个人所有**财产的一部或者全部。没收全部财产的，应当对犯罪分子个人及其抚养的家属保留必需的生活费用。在判处没收财产的时候，不得没收属于犯罪分子家属所有或者应有的财产。

4. 驱逐出境（适用于外国人）

5. 剥夺奖章、勋章和荣誉称号（适用于军人）

习题与解析

习题1.【判断】在道路上醉酒驾驶机动车的，处拘役并处罚金。（　）

答案：√。解析：《中华人民共和国刑法》规定，在道路上驾驶机动车追逐竞驶，情节恶劣的，或者在道路上醉酒驾驶机动车的，处拘役，并处罚金。

习题2.【单选】下列哪种刑罚既可以单独使用，也可附加使用（　）

A. 有期徒刑　　　　　　　　B. 管制

C. 剥夺政治权利　　　　　　D. 拘役

答案：C。解析：只有附加刑既可以单独使用，也可以附加使用，选项A、选项B和选项D都属于主刑，不可以附加使用。因此，本题应选C项。

习题3.【单选】下列说法正确的是（　）

A. 肖某明知自己的自行车车闸不好使，却自以为技术过硬而飞速行驶，当行至一交叉路口时，将一幼儿当场撞死，肖某的行为属于间接故意犯罪

B. 某单位犯行贿罪，应依法对单位判处罚金，并对直接负责的主管人员和其他直接责任人员判刑

C. 吴某被取保候审，在此期间吴某不得行使选举权

D. 某公司承诺向灾区捐款，该公司可以在交付捐款前撤销承诺

答案：B。解析：A项中肖某属于过失犯罪；C项中取保候审不剥夺政治权利，即还具备选举权。《中华人民共和国慈善法》规定具有救灾、扶贫等社会公益、道德义务性质的赠与合同或者经过公证的赠与合同，不得任意撤销。《中华人民共和国民法典》规定："赠与人的经济状况显著恶化，严重影响其生产经营或者家庭生活的，可以不再履行赠与义务。"D项中该公司的对外承诺即可看作赠与合同，又没有发生特殊情况，所以不得撤销。《中华人民共和国刑法》第三百九十三条规定，单位为谋取不正当利益而行贿，对单位判处罚金，并对其直接负责的主管人员和其他直接责任人员判刑，B项正确。因此，本题应选B项。

第三节 刑罚裁量

一、累犯

一般累犯	《中华人民共和国刑法》第六十五条:"被判处**有期徒刑**以上刑罚的犯罪分子,刑罚执行完毕或者赦免以后,在**五年以内**再犯应当判处有期徒刑以上刑罚之罪的,是累犯,应当从重处罚,但是过失犯罪和不满十八周岁的人犯罪的除外。"
特别累犯	《中华人民共和国刑法》第六十六条:"危害国家安全犯罪、恐怖活动犯罪、黑社会性质的组织犯罪的犯罪分子,在刑罚执行完毕或者赦免以后,**在任何时候**再犯上述任一类罪的,都以累犯论处。"

二、自首与立功

自首	《中华人民共和国刑法》第六十七条:"犯罪以后自动投案,如实供述**自己的**罪行的,是自首。被采取强制措施的犯罪嫌疑人、被告人和正在服刑的罪犯,如实供述司法机关还未掌握的**本人其他罪行的**,以自首论。"
立功	《中华人民共和国刑法》第六十八条:"犯罪分子犯罪后揭发他人的犯罪行为,查证属实,或者提供重要线索,从而得以侦破其他案件,以及其他对国家和社会有突出贡献的行为。"

三、缓刑

所谓缓刑,就是指对原判刑罚有条件地不执行的一项刑罚制度。

《中华人民共和国刑法》第七十二条规定:对于被判处拘役、三年以下有期徒刑的犯罪分子,可以宣告缓刑,对其中不满十八周岁的人、怀孕的妇女和已满七十五周岁的人,应当宣告缓刑。

缓刑不是刑种,而是刑罚具体运用的一项制度。

四、假释

所谓假释,就是指对被判处有期徒刑或者无期徒刑的犯罪分子,在执行了一定的刑期以后,如果确有悔改表现,不致再危害社会,附条件地予以**提前释放**的制度。

五、追诉时效

所谓追诉时效,就是指对犯罪分子追究刑事责任的有效期限。在此期限内,司法机关有权追究犯罪人的刑事责任，期限届满后，就不得再对该犯罪分子提起诉讼。

《中华人民共和国刑法》第八十七条规定犯罪经过下列期限不再追诉：

1. 法定最高刑为不满 5 年有期徒刑的，经过 5 年；
2. 法定最高刑为 5 年以上不满 10 年有期徒刑的，经过 10 年；
3. 法定最高刑为 10 年以上有期徒刑的，经过 15 年；
4. 法定最高刑为无期徒刑、死刑的，经过 20 年，如果 20 年以后认为必须追诉的，须报请**最高人民检察院**核准。

《中华人民共和国刑法》第八十八条：在人民检察院、公安机关、国家安全机关立案侦查或者在人民法院受理案件以后，逃避侦查或者审判的，不受追诉期限的限制。被害人在追诉期限内提出控告，人民法院、人民检察院、公安机关应当立案而不予立案的，不受追诉期限的限制。

第四节 具体犯罪

危害公共安全罪	**交通肇事罪**：违反道路交通管理法规，发生重大交通事故，致人重伤、死亡或者使公私财产遭受重大损失，依法被追究刑事责任的犯罪行为。交通肇事罪是一种**过失**危害公共安全的犯罪（第一百三十三条）
	危险驾驶罪：在道路上驾驶机动车追逐竞驶，情节恶劣的；在道路上醉酒驾驶机动车的；从事校车业务或者旅客运输，严重超过定额乘员载客，或者严重超过规定时速行驶的；违反危险化学品安全管理规定运输危险化学品，危害公共安全的行为（第一百三十三条）
破坏金融管理秩序罪	**持有、使用假币罪**：明知是伪造的货币而持有、使用，数额较大的行为。**持有**，是指将假币置于行为人事实上的支配之下，不要求行为人实际上握有假币；**使用**，是指将假币作为真币使用。需要注意的是，使用可以是以外表合法的方式使用，如购买商品、兑换他种货币、存入银行、赠与他人、缴纳罚款等，也可以是以非法的方式使用，如用于赌博等。不过，使用应指使假币直接进入流通领域，如将假币作为资信证明给别人察看，应不属于本罪使用的范畴（第一百七十二条）
强奸罪	**强奸罪**：违背女性意志，使用暴力、胁迫或者其他手段，强行与妇女发生性交的行为或者与不满十四周岁的幼女发生性交的行为。行为人明知是**不满十四周岁**的幼女而与其发生性关系，不论幼女是否自愿，均应以强奸罪定罪处罚（第二百三十六条）

续表1

侵犯公民人身权利罪	**非法拘禁罪**：以拘押、禁闭或者其他强制方法，非法剥夺他人人身自由的犯罪行为。非法拘禁罪的主体既可以是国家工作人员，也可以是一般公民（第二百三十八条）	
	绑架罪：以勒索财物或满足其他不法要求为目的，使用暴力、胁迫或者其他方法绑架他人，或者绑架他人作为人质的行为（第二百三十九条）	
侵犯财产罪	**诈骗罪**：以非法占有为目的，用<u>虚构事实</u>或<u>隐瞒真相</u>的方法，骗取数额较大的公私财物的行为（第二百六十六条）	
	盗窃罪：以非法占有为目的，秘密窃取公私财物数额较大或者多次盗窃公私财物的行为（第二百六十四条）	
	抢夺罪：以非法占有为目的，乘人不备，公开夺取数额较大的公私财物的行为（第二百六十七条）	
	抢劫罪：以非法占有为目的，对财物的所有人、保管人当场使用暴力、胁迫或其他方法，强行将公私财物抢走的行为（第二百六十三条）	
	转化的抢劫罪：犯盗窃、诈骗、抢夺罪，为窝藏赃物、**抗拒抓捕**或者毁灭罪证而当场使用暴力或者以暴力相威胁的，依照抢劫罪定罪处罚（第二百六十九条）	
	侵占罪：以非法占有为目的，**将他人交给自己保管的财物、遗忘物或者埋藏物非法占为己有**，数额较大，拒不交还的行为（第二百七十条）	
	职务侵占罪：公司、企业或者其他单位的人员，利用职务上的便利，将**本单位财物非法占为己有**，数额较大的行为（第二百七十一条）	
	挪用资金罪：公司、企业或者其他单位的人员，利用职务上的便利，挪用本单位资金归个人使用或者借贷给他人，数额较大，超过三个月未还的，或者虽未超过三个月，但数额较大，进行营利活动的，或者进行非法活动的行为（第二百七十二条）	
	挪用特定款物罪：违反特定款物专用的财经管理制度，挪用国家用于救灾、抢险、防汛、优抚、扶贫、移民、救济款物，情节严重，致使国家和人民群众利益遭受重大损害的行为。注意：本罪挪用款物给公用（第二百七十三条）	
	挪用公款罪：国家工作人员利用职务上的便利，挪用公款归个人使用，进行非法活动的，或者挪用公款数额较大、进行营利活动的，或者挪用公款数额较大、超过三个月未还的行为（第三百八十四条）	
	敲诈勒索罪：行为人对被害人实施威胁或要挟的方法，迫使其交付数额较大的财物或者多次敲诈勒索的行为（第二百七十四条）	

续表 2

1. **绑架罪与抢劫罪的区别**：(1) 主观方面不尽相同。在抢劫罪中，行为人一般出于直接非法占有他人财物而实施抢劫行为；在绑架罪中，行为人既可能为勒索他人财物而实施绑架行为，也可能出于其他非经济目的实施绑架行为。(2) 行为手段不尽相同。抢劫罪表现为行为人劫取财物一般应在同一时间、同一地点，具有"当场性"；绑架罪表现为行为人以杀害、伤害等方式向被绑架人的亲属或其他人发出威胁，索取赎金或提出其他非法要求，劫取财物一般不具有"当场性"

2. **敲诈勒索罪与抢劫罪、敲诈勒索罪与绑架罪的区别**：(1) 敲诈勒索罪的威胁行为仅使被害人产生畏惧心理，并以交出公私财物为限，被害人尚有相当程度的意志自由，还有延缓的余地；而在抢劫罪中，被害人的人身安全受到现实的威胁，已没有延缓的余地。(2) 敲诈勒索罪是以威胁或要挟的方法迫使被害人交付财物，而绑架罪是绑架劫持人质限制其自由，并以杀害、伤害被劫持人等威胁其家属或者单位交付财物

3. **绑架罪与非法拘禁罪的区别**：非法拘禁罪是通过限制人身自由的方式把人限制在一个固定区域内使其无法自由行动，绑架罪则是以非法占有他人财物为目的采用暴力限制他人人身自由索要钱财。也就是说，非法拘禁的目的是限制其自由，而绑架的目的是勒索

扰乱公共秩序罪	**妨害公务罪**：以暴力、威胁方法阻碍国家机关工作人员依法执行职务的行为。暴力袭击正在依法执行职务的人民警察的，处三年以下有期徒刑、拘役或者管制；使用枪支、管制刀具，或者以驾驶机动车撞击等手段，严重危及其人身安全的，处三年以上七年以下有期徒刑（第二百七十七条）
	招摇撞骗罪：为谋取非法利益，假冒国家机关工作人员的身份或职称，进行诈骗，损害国家机关的威信及其正常活动的行为。本罪的主体为一般主体，即任何达到刑事责任年龄、具备刑事责任能力的人都可以成为本罪的主体，非国家工作人员和国家工作人员均可构成本罪（第二百七十九条）
	使用虚假身份证件、盗用身份证件罪：在依照国家规定应当提供身份证明的活动中，使用伪造、变造的或者盗用他人的居民身份证、护照、社会保障卡、驾驶证等依法可以用于证明身份的证件，情节严重的，处拘役或者管制，并处或者单处罚金。盗用、冒用他人身份，顶替他人取得的高等学历教育入学资格、公务员录用资格、就业安置待遇的，处三年以下有期徒刑、拘役或者管制，并处罚金（第二百八十条）

续表3

扰乱公共秩序罪	组织考试作弊罪	在法律规定的国家考试中组织作弊，以及为组织作弊提供作弊器材或者其他帮助的行为（第二百八十四条）
	投放虚假危险物质罪	投放虚假的爆炸性、毒害性、放射性、传染病病原体等物质，严重扰乱社会秩序的行为。<u>从建筑物或者其他高空抛掷物品，情节严重的，处一年以下有期徒刑、拘役或者管制，并处或者单处罚金</u>（第二百九十一条）
	寻衅滋事罪	行为人实施肆意挑衅，随意殴打、骚扰他人或任意损毁、占用公私财物等行为，或者在公共场所起哄闹事，造成了严重破坏社会秩序的损害结果，从而构成的犯罪（第二百九十三条）
	侮辱国旗、国徽、国歌罪	在公共场合，故意以焚烧、毁损、涂划、玷污、践踏等方式侮辱中华人民共和国国旗、国徽的，处三年以下有期徒刑、拘役、管制或者剥夺政治权利。在公共场合，故意篡改中华人民共和国国歌歌词、曲谱，以歪曲、贬损方式奏唱国歌，或者以其他方式侮辱国歌，情节严重的，依照前款的规定处罚。**侮辱、诽谤或者以其他方式侵害英雄烈士的名誉、荣誉，损害社会公共利益，情节严重的，处三年以下有期徒刑、拘役、管制或者剥夺政治权利**（第二百九十九条）
	赌博罪	**以营利为目的，聚众赌博或者以赌博为业的行为**。本罪侵犯的客体是社会主义的社会风尚（第三百零三条）
危害公共卫生罪	妨害传染病防治罪	违反传染病防治法的规定，引起甲类传染病以及依法确定采取甲类传染病预防、控制措施的传染病传播或者有传播严重危险的行为（第三百三十条）

所谓**职务犯罪**，就是指国家机关、国有公司、企业事业单位、人民团体工作人员利用已有职权，贪污、贿赂、徇私舞弊、滥用职权、玩忽职守，侵犯公民人身权利、民主权利，破坏国家对公务活动的规章规范，依照刑法应当予以刑事处罚的犯罪，包括《中华人民共和国刑法》规定的"贪污贿赂罪""渎职罪"和国家机关工作人员利用职权实施的侵犯公民人身权利、民主权利犯罪

续表4

贪污贿赂罪	**贪污罪**：国家工作人员和受国家机关、国有公司、企业、事业单位、人民团体委托管理、经营国有财产的人员，利用职务上的便利，侵吞、窃取、骗取或者以其他手段非法占有公共财物的行为（第三百八十二条）
	受贿罪：国家工作人员利用职务上的便利，索取他人财物，或者非法收受他人财物，为他人谋取利益的行为（第三百八十五条）
	单位受贿罪：国家机关、国有公司、企业、事业单位、人民团体，索取、非法收受他人财物，为他人谋取利益，情节严重，或者在经济往来中，在账外暗中收受各种名义的回扣、手续费的行为（三百八十七条）
	行贿罪：为谋取不正当利益，给予国家工作人员以财物的行为（第三百八十九条）
	单位行贿罪：单位为谋取不正当利益而行贿，或者违反国家规定，给予国家工作人员以回扣、手续费，情节严重的行为（第三百九十三条）
	巨额财产来源不明罪：国家工作人员的财产或者支出明显超过合法收入，差额巨大，本人不能说明其来源是合法的行为（第三百九十五条）
渎职罪	**滥用职权罪**：国家工作人员不依法正当行使职权或者任意扩大自己的职务权限，致使公共财产、国家和人民利益遭受重大损失的行为。<u>滥用职权罪主观方面为**故意**</u>（第三百九十七条）
	玩忽职守罪：国家工作人员严重不负责任，不履行或者不正确地履行自己的工作职责，致使公共财产、国家和人民利益遭受重大损失的行为。<u>玩忽职守罪主观方面为**过失**</u>（第三百九十七条）
	徇私枉法罪：司法工作人员（指有侦查、检察、审判、监督职责的工作人员）徇私枉法、徇情枉法，对明知是无罪的人而使他受到追诉、对明知是有罪的人而故意包庇不使他受到追诉，或者在刑事审判活动中故意违背事实和法律作枉法裁判的行为。<u>徇私枉法罪主观方面为**故意**</u>（第三百九十九条）

第五节　刑事诉讼①

一、刑事诉讼法的任务和基本原则

《中华人民共和国刑事诉讼法》第二条：中华人民共和国刑事诉讼法的任务，是保证准确、及时地查明犯罪事实，正确应用法律，惩罚犯罪分子，保障无罪的人不受刑事追究，教育公民自觉遵守法律，积极同犯罪行为作斗争，维护社会主义法制，尊重和保障人权，保护公民的人身权利、财产权利、民主权利和其他权利，保障社会主义建设事业的顺利进行。

《中华人民共和国刑事诉讼法》第三条：对刑事案件的**侦查、拘留、执行逮捕、预审**，由**公安机关**负责。**检察、批准逮捕、检察机关直接受理的案件的侦查、提起公诉**，由**人民检察院**负责。**审判**由**人民法院**负责。除法律特别规定的以外，其他任何机关、团体和个人都无权行使这些权力。

《中华人民共和国刑事诉讼法》第五条：人民法院依照法律规定独立行使审判权，人民检察院依照法律规定独立行使检察权，不受行政机关、社会团体和个人的干涉。

《中华人民共和国刑事诉讼法》第八条：人民检察院依法对刑事诉讼**实行法律监督**。

《中华人民共和国刑事诉讼法》第十条：人民法院审判案件，实行**两审终审制**。

两审终审制是人民法院审判案件的一项重要制度。根据这一制度，在一般情况下，一个案件经过两级人民法院审判即告审判终结，判决和裁定即发生法律效力。具体来讲，审判第一审案件所作出的判决和裁定，在法律规定的期限内，被告人不服提出**上诉**，或者人民检察院认为判决和裁定有错误提出**抗诉**的，上一级人民法院对上诉、抗诉案件应当进行审判，第二审人民法院作出的判决和裁定，就是终审的判决和裁定，**是发生法律效力的判决和裁定**。第一审案件的判决和裁定，如果在上诉期限内被告人不上诉、人民检察院不抗诉，**也是发生法律效力的判决和裁定**。作为例外的情况，最高人民法院审判的第一审案件的判决和裁定，**即终审的判决和裁定**。

对于发生法律效力的判决和裁定，如果被告人仍不服的，**不能再上诉，只能提出申诉**。需要特别说明的是，对于死刑案件的判决，不论是经过一审还是两审，都要由最高人民法院经过死刑复核程序予以核准才发生法律效力。这一程序是专门为死刑案件所设置的特殊程序，体现了慎重适用、严格控制死刑的政策。对于发生法律效力的判决和裁定，人民检察院认为有错误的，只能按照审判监督程序**提出抗诉**，但不能停止判决和裁定的

---

① 参看《中华人民共和国刑事诉讼法》（1979年7月1日通过，2018年10月26日第三次修正）。

执行。

《中华人民共和国刑事诉讼法》第十一条：人民法院审判案件，**除本法另有规定的以外，一律公开进行**。被告人有权获得**辩护**，人民法院有义务保证被告人获得辩护。

其中，"本法另有规定的"，是指本法第一百八十八条、第二百八十五条规定的**不公开审理的三类案件**，即：

（1）对于涉及有关国家秘密或者个人隐私的案件，不公开审理；
（2）对于涉及商业秘密的案件，当事人申请不公开审理的，可以不公开审理；
（3）对于审判的时候被告人不满十八周岁的案件，不公开审理。

无论是公开审理的一审案件，还是不公开审理的一审案件，**宣判都必须向社会公开**。

所谓**辩护**，就是指被告人针对被指控的犯罪进行申辩，提出说明自己无罪、罪轻或者减轻、免除其刑事责任的材料和意见，以维护自己的合法权益。**辩护权，可以由被告人自己行使，也可以委托他人行使**。从立案侦查、审查起诉到审判的各个诉讼阶段，犯罪嫌疑人、被告人自己都可以行使辩护权。

《中华人民共和国刑事诉讼法》第十二条：未经人民法院依法判决，对任何人都不得确定有罪。

刑事诉讼法规定在人民检察院向人民法院提起公诉以前，将被指控实施犯罪的人称为**犯罪嫌疑人**，起诉到法院以后称为**被告人**。犯罪嫌疑人、被告人不是罪犯，只是涉嫌犯罪。经人民法院审判，对于证据不足，不能认定被告人有罪的，应当作出证据不足、指控的犯罪不能成立的无罪判决。

《中华人民共和国刑事诉讼法》第十三条：人民法院审判案件，依照本法实行**人民陪审员陪审**的制度。人民陪审员在人民法院执行职务，是他所参加的合议庭的组成人员，**同审判员有同等的权利**。

《中华人民共和国刑事诉讼法》第十五条：犯罪嫌疑人、被告人自愿如实供述自己的罪行，承认指控的犯罪事实愿意接受处罚的，**可以依法从宽处理**。

《中华人民共和国刑事诉讼法》第十七条：对于外国人犯罪应当追究刑事责任的，适用本法的规定。**对于享有外交特权和豁免权的外国人犯罪应当追究刑事责任的，通过外交途径解决**。

二、刑事诉讼管辖

（一）立案管辖

《中华人民共和国刑事诉讼法》第十九条规定：

1. 刑事案件的**侦查**由**公安机关**进行，法律另有规定的除外；
2. 人民检察院在对诉讼活动实行法律监督中发现的**司法工作人员利用职权实施的非法拘禁、刑讯逼供、非法搜查**等侵犯公民权利、损害司法公正的犯罪，可以由**人民检察院**

立案侦查。对于公安机关管辖的国家机关工作人员利用职权实施的重大犯罪案件，需要由人民检察院直接受理的时候，经省级以上人民检察院决定，可以由**人民检察院立案侦查**；

3. 自诉案件由**人民法院直接受理**。

《中华人民共和国刑事诉讼法》第四条：**国家安全机关依照法律规定，办理危害国家安全**的刑事案件，行使与公安机关相同的职权。

《中华人民共和国刑事诉讼法》第三百零八条：**军队保卫部门对军队内部发生的刑事案件行使侦查权**。**中国海警局**履行海上维权执法职责，对海上发生的刑事案件行使**侦查权**。对罪犯在监狱内犯罪的案件由**监狱进行侦查**。军队保卫部门、中国海警局、监狱办理刑事案件，适用本法的有关规定。

《中华人民共和国刑事诉讼法》第二百一十条规定自诉案件包括：

（1）告诉才处理的案件；

（2）被害人有证据证明的轻微刑事案件；

（3）被害人有证据证明对被告人侵犯自己人身、财产权利的行为应当依法追究刑事责任，而公安机关或者人民检察院不予追究被告人刑事责任的案件。

（二）级别管辖

管辖法院	管辖案件
基层人民法院（第二十条）	基层人民法院管辖第一审普通刑事案件。"普通刑事案件"是指除危害国家安全、恐怖活动案件和可能判处无期徒刑以上重刑的案件以外的其他刑事案件
中级人民法院（第二十一条）	中级人民法院管辖下列第一审刑事案件：①危害国家安全、恐怖活动案件；②可能判处无期徒刑、死刑的案件
高级人民法院（第二十二条）	高级人民法院管辖的第一审刑事案件，是全省（自治区、直辖市）性的重大刑事案件
最高人民法院（第二十三条）	最高人民法院管辖第一审刑事案件是全国性的重大刑事案件

（三）地域管辖

1. **犯罪地法院管辖**。《中华人民共和国刑事诉讼法》第二十五条：刑事案件由**犯罪地**的人民法院管辖。如果由被告人居住地的人民法院审判更为适宜的，可以由**被告人居住地**的人民法院管辖。

2. **优先管辖与移送管辖**。《中华人民共和国刑事诉讼法》第二十六条：几个同级人民法院都有权管辖的案件，由**最初受理的人民法院**审判。在必要的时候，可以**移送主要犯罪地的人民法院**审判。

3. **指定管辖**。《中华人民共和国刑事诉讼法》第二十七条：上级人民法院可以指定下级人民法院审判管辖不明的案件，也可以指定下级人民法院将案件移送其他人民法院审判。

4. **专门管辖**。《中华人民共和国刑事诉讼法》第二十八条：专门人民法院案件的管辖另行规定。专门人民法院包括军事法院和海事法院、知识产权法院、金融法院等。

三、刑事诉讼回避

所谓**回避**，就是指审判人员、检查人员、侦查人员、鉴定人、书记员、翻译人员等与案件有法定利害关系或者其他可能影响案件公正处理的关系，不得参加办理该案件或者参与该案件的其他诉讼活动的制度。

《中华人民共和国刑事诉讼法》第二十九条规定**审判人员、检察人员、侦查人员**有下列情形之一的，应当自行回避，当事人及其法定代理人也有权要求他们回避：

（一）是本案的当事人或者是当事人的近亲属的；
（二）本人或者他的近亲属和本案有利害关系的；
（三）担任过本案的证人、鉴定人、辩护人、诉讼代理人的；
（四）与本案当事人有其他关系，可能影响公正处理案件的。

《中华人民共和国刑事诉讼法》第三十二条：本章关于回避的规定适用于**书记员、翻译人员**和鉴定人。

四、刑事诉讼辩护

（一）自行辩护

（二）委托辩护

《中华人民共和国刑事诉讼法》第三十三条规定，犯罪嫌疑人、被告人除**自己行使辩护权**以外，还可以**委托一至二人作为辩护人**。下列的人可以被委托为辩护人：

（1）律师；
（2）人民团体或者犯罪嫌疑人、被告人所在单位推荐的人；
（3）犯罪嫌疑人、被告人的监护人、亲友。

正在被执行刑罚或者依法被剥夺、限制人身自由的人，不得担任辩护人。**被开除公职和被吊销律师、公证员执业证书的人，不得担任辩护人，但系犯罪嫌疑人、被告人的监护人、近亲属的除外**。

《中华人民共和国刑事诉讼法》第三十四条：犯罪嫌疑人自被侦查机关第一次讯问或者采取强制措施之日起，有权委托辩护人；**在侦查期间，只能委托律师作为辩护人**。被告人有权随时委托辩护人。

（三）指派辩护

《中华人民共和国刑事诉讼法》第三十五条：犯罪嫌疑人、被告人因经济困难或者其他原因没有委托辩护人的，本人及其近亲属可以向法律援助机构提出申请。对符合法律援助条件的，法律援助机构应当**指派**律师为其提供辩护。

犯罪嫌疑人、被告人是盲、聋、哑人，或者是尚未完全丧失辨认或者控制自己行为能力的精神病人，没有委托辩护人的，人民法院、人民检察院和公安机关应当通知法律援助机构**指派**律师为其提供辩护。

犯罪嫌疑人、被告人可能被判处无期徒刑、死刑，没有委托辩护人的，人民法院、人民检察院和公安机关应当通知法律援助机构**指派**律师为其提供辩护。

《中华人民共和国刑事诉讼法》第三十六条：法律援助机构可以在人民法院、看守所等场所派驻**值班律师**。犯罪嫌疑人、被告人没有委托辩护人，法律援助机构没有指派律师为其提供辩护的，由值班律师为犯罪嫌疑人、被告人提供法律咨询、程序选择建议、申请变更强制措施、对案件处理提出意见等法律帮助。人民法院、人民检察院、看守所应当告知犯罪嫌疑人、被告人有权约见值班律师，并为犯罪嫌疑人、被告人约见值班律师提供便利。

《中华人民共和国刑事诉讼法》第四十条：**辩护律师**自人民检察院对案件审查起诉之日起，**可以查阅、摘抄、复制本案的案卷材料**。其他辩护人经人民法院、人民检察院许可，也可以查阅、摘抄、复制上述材料。

五、刑事诉讼证据

《中华人民共和国刑事诉讼法》第五十条规定可以用于证明案件事实的材料，都是证据。证据具有**客观性**、**关联性**和**合法性**等特征。我国刑事诉讼立法从证据的表现形式或证据存在的形态方面把证据分为以下**八种**：

（一）物证；

（二）书证；

（三）证人证言；

（四）被害人陈述；

（五）犯罪嫌疑人、被告人供述和辩解；

（六）鉴定意见；

（七）勘验、检查、辨认、侦查实验等笔录；

（八）视听资料、电子数据。

证据必须经过查证属实，才能作为定案的根据。

《中华人民共和国刑事诉讼法》第五十一条：**公诉案件**中被告人有罪的举证责任由人民检察院承担，**自诉案件**中被告人有罪的举证责任由自诉人承担。

《中华人民共和国刑事诉讼法》第五十六条规定，应当排除的非法证据有两类：第一类是**采用刑讯逼供等非法方法**收集的犯罪嫌疑人、被告人供述和**采用暴力、威胁等非法方法**收集的证人证言、被害人陈述，**应当予以排除**。第二类是**收集物证、书证不符合法定程序**，可能严重影响司法公正的，应当予以补正或者作出合理解释；不能补正或者作出合理解释的，对该证据应当予以排除。

《中华人民共和国刑事诉讼法》第六十二条：凡是知道案件情况的人，都有作证的义务。生理上、精神上有缺陷或者年幼，不能辨别是非、不能正确表达的人，不能作证人。其中，"不能辨别是非、不能正确表达"是最核心和决定性的条件。虽然属于生理、精神上有缺陷，或者年幼，但能够辨别是非、正确表达的，仍可以作证人。如间歇性精神病患者在未犯病期间，或虽年幼，但识别能力、表达能力均正常的人，可以作证人。

《中华人民共和国刑事诉讼法》第六十五条：证人因履行作证义务而支出的交通、住宿、就餐等费用，应当给予补助。证人作证的补助列入司法机关业务经费，由同级政府财政予以保障。有工作单位的证人作证，所在单位不得克扣或者变相克扣其工资、奖金及其他福利待遇。

六、刑事强制措施

1. 拘传	人民法院、人民检察院或公安机关对未被羁押的犯罪嫌疑人、被告人，依法强制其到案接受讯问的一种强制措施 **执行机关**：公安机关、检察机关和人民法院都有执行拘传的权力 **时间**：拘传持续时间最长不超过 24 小时
2. 取保候审	人民法院、人民检察院或公安机关责令犯罪嫌疑人、被告人**交纳保证金**或**提出保证人**，并出具保证书，保证其不逃避或妨碍侦察、起诉和审判，并随传随到的一种强制措施 **执行机关**：取保候审由**公安机关**执行 **时间**：取保候审最长不得超过十二个月
3. 监视居住	人民法院、人民检察院或公安机关为防止犯罪嫌疑人、被告人逃避侦查、起诉和审判，而限定其不得离开住所或者指定居所，并监视其行动的一种强制措施 **执行机关**：监视居住由**公安机关**执行 **时间**：监视居住最长不得超过六个月
4. 拘留	公安机关、检察机关对于现行犯或重大犯罪嫌疑分子，在遇有法定紧急情况时，临时限制其人身自由的强制措施 **执行机关**：拘留由**公安机关**执行（公安机关拘留人的时候，必须出具**拘留证**） **时间**：拘留后，应当立即将被拘留人送看守所羁押，至迟不得超过 24 小时

5. 逮捕	**司法机关**对符合法定条件的犯罪嫌疑人、被告人,剥夺其人身自由,收押于看守所强制进行审查的一种最严厉的强制措施,公安机关没有决定逮捕的权力 **执行机关**:逮捕由**公安机关执行**(公安机关逮捕人的时候,必须出具**逮捕证**) **时间**:逮捕后,应立即将被逮捕人送看守所羁押

七、立 案

所谓**立案**,就是指公安机关、人民检察院或者人民法院依法接受**报案、控告、举报**和**自首**,并且按照管辖范围,对报案、控告、举报和自首的材料进行审查,确认有无犯罪事实,决定是否作为刑事案件进行侦查或者审判的诉讼活动而追究刑事责任。立案是刑事诉讼活动的开始,是刑事诉讼的必经阶段。

(一)立案来源

公安机关或者人民检察院发现犯罪事实或者犯罪嫌疑人,应当按照管辖范围,立案侦查;任何单位和个人发现有犯罪事实或者犯罪嫌疑人,有权利也有义务向公安机关、人民检察院或者人民法院**报案**或者**举报**;被害人对侵犯其人身、财产权利的犯罪事实或者犯罪嫌疑人,有权向公安机关、人民检察院或者人民法院**报案**或者**控告**。

公安机关、人民检察院或者人民法院对于报案、控告、举报,都应当接受。对于不属于自己管辖的,应当移送主管机关处理,并且通知报案人、控告人、举报人;对于不属于自己管辖而又必须采取紧急措施的,应当先采取紧急措施,然后移送主管机关。犯罪人向公安机关、人民检察院或者人民法院**自首**的,适用前款规定。

(二)立案条件

(1)认为有犯罪事实;
(2)达到刑事案件立案标准;
(3)属于本单位管辖。

人民法院、人民检察院或者公安机关对于报案、控告、举报和自首的材料,应当按照管辖范围,迅速进行审查,认为有犯罪事实需要追究刑事责任的时候,应当立案;认为没有犯罪事实,或者犯罪事实显著轻微,不需要追究刑事责任的时候,不予立案,并且将不立案的原因通知控告人。控告人如果不服,可以申请复议。

(三)立案监督

《中华人民共和国刑事诉讼法》第一百一十三条:人民检察院认为公安机关对应当立案侦查的案件而不立案侦查的,或者被害人认为公安机关对应当立案侦查的案件而不立案侦查,向人民检察院提出的,人民检察院应当要求公安机关说明不立案的理由。人民检察院认为公安机关不立案理由不能成立的,应当通知公安机关立案,公安机关接到通知后应当立案。

八、侦 查

《中华人民共和国刑事诉讼法》第一百一十五条:公安机关对已经立案的刑事案件,应当进行侦查,收集、调取犯罪嫌疑人有罪或者无罪、罪轻或者罪重的证据材料。所谓**侦查**,就是指公安机关、检察院在办理案件过程中,依照法律进行的专门调查工作和有关的强制措施,是公诉案件的必经程序,公诉案件只有经过侦查,才能决定是否进行起诉和审判。**侦查行为**是侦查机关在办理案件过程中,依照法律进行的各种专门的调查活动。

法律规定的侦查行为包括以下九种:

(一)讯问犯罪嫌疑人

讯问犯罪嫌疑人,是侦查人员为了查明案件事实,依照法定程序对犯罪嫌疑人进行讯问的一种侦查行为。

讯问犯罪嫌疑人必须由人民检察院或者公安机关的侦查人员进行,讯问时**侦查人员不得少于二人**,应让犯罪嫌疑人陈述有罪的情节或无罪的辩解,应制作讯问笔录。犯罪嫌疑人被送交看守所羁押以后,侦查人员对其进行讯问,应当在看守所内进行。对不需要逮捕、拘留的犯罪嫌疑人,可以传唤到犯罪嫌疑人所在市、县内的指定地点或者到他的住处进行讯问,但是应当出示人民检察院或者公安机关的证明文件。对在现场发现的犯罪嫌疑人,经出示工作证件,可以口头传唤,但应当在讯问笔录中注明。

传唤、拘传持续时间**不得超过十二小时**,案情特别重大、复杂,需要采取拘留、逮捕措施的,传唤、拘传持续的时间**不得超过二十四小时**。不得以连续传唤、拘传的形式变相拘禁犯罪嫌疑人。传唤、拘传犯罪嫌疑人,应当保证犯罪嫌疑人的饮食和必要的休息时间。

在侦查机关第一次讯问后或对犯罪嫌疑人采取强制措施之日起,犯罪嫌疑人可以聘请律师为其提供法律咨询,代理申诉、控告,并记录在案。犯罪嫌疑人被逮捕的,聘请的律师可以为其申请取保候审。

讯问不满十八周岁的未成年犯罪嫌疑人时,应当由熟悉未成年人的身心特点、善于做未成年人思想教育工作、具有一定办案经验的侦查人员进行。应当通知其法定代理人到场。无法通知、法定代理人不能到场或法定代理人是共犯的,也可以通知未成年犯罪嫌疑人的其他成年亲属,所在学校、单位、居住地基层组织,或者未成年人保护组织的代表到场,到场的法定代理人可以代为行使未成年犯罪嫌疑人的诉讼权利。

讯问女性未成年犯罪嫌疑人,应当有女工作人员在场。

讯问聋、哑的犯罪嫌疑人时,应当有通晓聋、哑手势的人参加。

讯问同案的犯罪嫌疑人,应当个别进行。犯罪嫌疑人对侦查人员的讯问,应当如实回答。但是与本案无关的问题,有拒绝回答的权利。

讯问犯罪嫌疑人，在文字记录的同时，**可以对讯问过程进行录音或录像**。对于可能被判处无期徒刑、死刑的案件或其他重大案件，**应当对讯问过程进行录音或录像**。对讯问过程进行录音录像，应当每一次讯问全程不间断进行，保持完整性，不得选择性地录制，不得剪接、删改。

（二）询问证人、被害人

询问证人、被害人，是侦查人员依照法定程序以言辞方式向证人、被害人调查了解案件情况的一种侦查行为。

询问证人、被害人只能由侦查人员进行，可以在现场进行，也可以是证人、被害人的所在单位、住处或者证人、被害人提出的地方，必要时也可以通知证人、被害人到人民检察院或者公安机关提供证言。询问未成年证人、被害人，应当选择未成年人住所或者其他让未成年人心理上感到安全的场所进行。侦查人员必须出示侦查机关的证明文件。询问证人、被害人应当个别进行，应制作笔录。

询问证人、被害人，应当告知其应当如实地提供证据、证言和有意作伪证或者隐匿罪证要承担的法律责任。**询问未成年的证人、被害人，应当通知其法定代理人到场。**

侦查人员不得向证人、被害人泄露案情或表示对案情的看法，严禁采用暴力、威胁等非法方法询问证人、被害人。

（三）勘验、检查、辨认、侦查实验

勘验、检查，是指侦查人员对与犯罪有关的场所、物品、人身、尸体进行勘验或者检查，以发现和收集犯罪活动所遗留的痕迹和物品、生物样本等证据材料的一种侦查活动。

1. **现场勘验**。指侦查人员对犯罪现场进行观察、摄像、拍照，对现场遗留的与犯罪有关的物品进行提取、保全的活动。其目的是查明犯罪现场的情况，发现和收集证据，以研究分析案情，判断案件性质，确定侦查方向和范围，为破案提供线索和证据。任何单位和个人，都有义务保护犯罪现场，并且立即通知公安机关派员勘验。

2. **物证检验**。指侦查人员对收集到的物证进行检验、核对，确定其特征，进而确定该物证在刑事诉讼中的作用的活动。物证检验应由侦查机关的侦查人员进行，必要时可以指派或聘请具有专门知识的人，在侦查人员主持下进行检验。

3. **尸体检验**。指通过尸体解剖和尸表检验，确定或判断死亡时间、死亡原因、致死工具、致死方法等，以分析案情、获取证据的一种侦查方法。尸体检验应在侦查人员的主持下，由法医或者医师进行。为了确定死因，经县级以上公安机关负责人批准，可以解剖尸体。对于死因不明的尸体，公安机关有权决定解剖，但应通知死者家属到场。

4. **人身检查**。为确定被害人、犯罪嫌疑人的某些特征、伤害情况或者生理状态，侦查机关可以对其人身进行检查，可以提取指纹信息，采集血液、尿液等生物样本。如果犯罪嫌疑人拒绝检查，而侦查人员又认为有必要检查时，经办案部门负责人批准，可以强制

检查。强制检查只适用于犯罪嫌疑人，不适用于被害人。进行人身检查时，应当由侦查人员进行。检查妇女的身体，应当由女工作人员或医师进行。

5. **辨认**。为了查明案情，在必要时，侦查人员让被害人、证人以及犯罪嫌疑人对与犯罪有关的物品、文件、场所或者犯罪嫌疑人进行辨认的一种侦查行为。

公安机关、人民检察院在各自管辖案件的侦查过程中，需要辨认犯罪嫌疑人的，应当分别经办案部门负责人或者检察长批准。

对于辨认的经过和结果，应当制作辨认笔录，由侦查人员、辨认人、见证人签字或盖章。

辨认时，应当将辨认对象混杂在其他人员或物品中，不得给辨认人以任何暗示。几名辨认人对同一辨认对象进行辨认时，应当由辨认人个别进行。

公安机关侦查的案件，在辨认犯罪嫌疑人时，被辨认的人数不得少于7人；辨认照片时，被辨认的照片不得少于10张，辨认物品时，被辨认的物品不得少于5个。

6. **侦查实验**。指为了查明或确定与案件有关的某一事实或情节在某种条件下能否发生或如何发生，而在同等条件下将该事实或情节人为地加以重演的一种侦查行为。侦查实验必须是为了查明案情，在必要时，并经县级以上公安机关负责人批准才能进行。

侦查实验禁止一切足以造成危险、侮辱人格或者有伤风化的行为。

如条件许可，类同的侦查实验应当进行二次以上。

侦查实验的经过和结果，应当制作侦查实验笔录，由参加侦查实验的人员签名或者盖章。

（四）搜 查

搜查，是指为了收集犯罪证据、查获犯罪人，侦查人员对犯罪嫌疑人以及可能隐藏罪犯或者犯罪证据的人的身体、物品、住处和其他有关的地方进行搜查的一种侦查行为。

搜查必须由侦查人员进行，执行搜查的侦查人员不得少于二人，搜查时，应当有被搜查人或者他的家属、邻居或者其他见证人在场。

进行搜查，必须向被搜查人出示搜查证。在执行逮捕、拘留的时候，遇有紧急情况，不另用搜查证也可以进行搜查。

搜查妇女的身体，应当由女工作人员进行。

室内搜查注意事项：①应当从室内最可能发现目的物的部位或地段开始。难以确定重点部位的，应当确定搜查方向。②注意某个物体或某个地段和部位状况发生某些变化的特征。③需对室内建筑设施和物品进行破坏性搜查时，应当经办案部门负责人批准。

室外搜查注意事项：①应当先了解地形，划定范围，并把人们较少接触的地点作为搜查重点。②注意新翻动的地面、新变动的堆物和新移动的物品。③对范围较大的露天场所，可以用杆、旗作为划分线条和引导搜索方向的标志；对范围较小的场所，可以用绳索或自然标志作为区分和搜索的标志。

（五）查封、扣押物证、书证

查封、扣押物证、书证，是指侦查机关依法强制收取和扣留与案件有关的物品、文件的一种侦查方法。其目的是取得和保全证据，防止证据被毁损或被隐匿。因此必须依法定程序及时主动进行，以多方面获取能够证实犯罪嫌疑人有罪或者无罪以及犯罪情节轻重的一切事实。

执行查封、扣押物品、文件的侦查人员不得少于二人，并持有有关法律文书或者侦查人员工作证件。对查封、扣押的物证、书证，要查点清楚，当场开列清单一式三份，由侦查人员、见证人和持有人签名或者盖章后，一份交给持有人，一份交给公安机关保管人员，一份附卷（对于需要作为证据但是不便提取或者不需要查封、扣押的财物、文件，在登记、拍照或者录像估价后，可以让持有人保管或封存，开具清单一式两份）。

在侦查活动中发现的可用以证明犯罪嫌疑人有罪或者无罪的各种财物、文件应当扣押。在现场勘查或者搜查中需要扣押财物、文件的，由现场指挥人员决定。对于涉及国家秘密的证据，应当严格保密。对于与案件无关的财物、文件，不得扣押。对违禁品，无论是否与案件有关，都应扣押，并及时送交有关部门处理。

对于不能随案移送的物证，应当拍成照片；对容易损坏、变质的物证、书证，应当用笔录、绘图、拍照、录像、制作模型等方法加以保全。不能加封的物品，应当责成专人负责保管。

需要扣押犯罪嫌疑人的邮件、电子邮件、电报的，经县级以上公安机关负责人批准后，通知邮电机关检交扣押。

应当妥善保管或封存，不得使用、调换或损毁。经查明与案件无关的，应当三日内解除查封、扣押，予以退还。

（六）查询、冻结

人民检察院、公安机关根据侦查犯罪的需要，可以依照规定查询、冻结犯罪嫌疑人的存款、汇款、债券、股票、基金份额等财产。有关单位和个人应当配合。犯罪嫌疑人的存款、汇款、债券、股票、基金份额等财产已被冻结的，不得重复冻结。

（七）鉴定

鉴定，是指侦查机关为了查明案情，指派或聘请有专门知识的人对案件中的专门性问题进行鉴别、判断的一种侦查活动。

鉴定的范围，包括刑事技术鉴定、人身伤害的医学鉴定、精神病的医学鉴定、扣押物品价格鉴定、文物鉴定、珍稀动植物及其制品鉴定、违禁品与危险品鉴定等。刑事技术鉴定的范围，必须是与查明案件有关的物品、文件、电子数据、痕迹、人身、尸体等。

对犯罪嫌疑人作精神病鉴定的时间不计入办案期限，其他鉴定时间应当计入办案期间。

刑事技术鉴定，由县级以上公安机关刑事技术部门或者其他专职人员负责进行。

需要聘请有专门知识的人进行鉴定，应当经县级以上公安机关负责人批准后，制作鉴定聘请书。鉴定人应当按照鉴定规则，运用科学方法独立进行鉴定。鉴定后，应当出具鉴定意见，并在鉴定意见书上签名，同时附上鉴定机构和鉴定人的资质证明或者其他证明文件。多人参加鉴定，鉴定人有不同意见的，应当注明。

对鉴定意见，办案部门或者侦查人员以及犯罪嫌疑人、被害人有异议的，经县级以上公安机关负责人批准，可以补充鉴定或者重新鉴定。

补充鉴定的情形：①鉴定内容有明显遗漏的；②发现新的有鉴定意义的证物的；③对鉴定证物有新的鉴定要求的；④鉴定意见不完整，委托事项无法确定的；⑤其他需要补充鉴定的情形。

重新鉴定的情形：①鉴定程序违法或者违反相关专业技术要求的；②鉴定机构、鉴定人不具备鉴定资质和条件的；③鉴定人故意做虚假鉴定或者违反回避规定的；④鉴定意见依据明显不足的；⑤检材虚假或被损坏的；⑥其他应当重新鉴定的情形。

（八）技术侦查措施

技术侦查措施，是指公安机关对于严重危害社会的犯罪案件，经过严格批准，为了侦查犯罪的需要，根据法律规定，借助于现代技术和设备，对犯罪嫌疑人、被告人以及与犯罪活动直接关联的人员，实施记录监控、行踪监控、通信监控、场所监控等的一种特殊的侦查手段。

侦查人员对采取技术侦查措施过程中知悉的国家秘密、商业秘密和个人隐私，应当保密；对采取技术侦查措施获取的与案件无关的材料，必须及时销毁。采取技术侦查措施获取的材料，只能用于对案件的侦查起诉和审判，不得用于其他用途。

公安机关依法采取技术侦查措施，有关单位和个人应当配合，并对有关情况予以保密。

为了查明案件，在必要的时候，经县级以上公安机关负责人决定，可以由有关人员隐匿其身份实施侦查。但是，不得诱使他人犯罪，不得采取有可能危害公共安全或者发生重大人身危险的方法。

对涉及交付毒品等违禁品或者财物的犯罪活动，公安机关根据侦查犯罪的需要，经县级以上公安机关负责人批准，可以依照规定实施控制下交付。

（九）通　缉

通缉，是指公安机关在侦查过程中，对应当逮捕而在逃的犯罪嫌疑人、越狱逃跑的犯罪嫌疑人、被告人或罪犯，通令缉拿归案的一种侦查方法。

应当逮捕的犯罪嫌疑人如果在逃，各级公安机关在自己管辖的地区内，可以直接发布通缉令；超出自己管辖的地区，应当报请有决定权的上级机关发布。有关公安机关接到通缉令后，应当及时布置查缉。抓获犯罪嫌疑人后，应当迅速通知通缉令发布机关核实。

通缉的适用范围：①经侦查已经查明嫌疑且应当逮捕，但尚在潜逃的犯罪嫌疑人；②已经拘捕，但在讯问、押解和关押期间逃跑的犯罪嫌疑人；③在审判期间逃跑的被告人；④在服刑期间逃跑的罪犯。

通缉令的种类：按通缉的方式分为①通缉令；②悬赏通告（必要时，经县级以上公安机关负责人批准，可以发布悬赏通告）；③边控通告。通缉令可以布告的形式发布，也可通过广播、电视、报刊等新闻媒体发布，还可在公安部计算机网络上发布进行网上追逃。

九、提起公诉

《中华人民共和国刑事诉讼法》第一百六十九条：凡需要提起公诉的案件，一律由人民检察院审查决定。

人民检察院对于监察机关移送起诉的案件，依照本法和监察法的有关规定进行审查。人民检察院经审查，认为需要补充核实的，应当退回监察机关补充调查，必要时可以自行补充侦查。

对于监察机关移送起诉的已采取留置措施的案件，人民检察院应当对犯罪嫌疑人先行拘留，留置措施自动解除。人民检察院应当在拘留后的十日以内作出是否逮捕、取保候审或者监视居住的决定。在特殊情况下，决定的时间可以延长一日至四日。人民检察院决定采取强制措施的期间不计入审查起诉期限。

《中华人民共和国刑事诉讼法》第一百七十一条规定，人民检察院审查案件的时候，必须查明：

（一）犯罪事实、情节是否清楚，证据是否确实、充分，犯罪性质和罪名的认定是否正确；

（二）有无遗漏罪行和其他应当追究刑事责任的人；

（三）是否属于不应追究刑事责任的；

（四）有无附带民事诉讼；

（五）侦查活动是否合法。

《中华人民共和国刑事诉讼法》第一百七十二条：人民检察院对于监察机关、公安机关移送起诉的案件，应当在**一个月以内**作出决定，重大、复杂的案件，可以延长十五日；犯罪嫌疑人认罪认罚，符合速裁程序适用条件的，应当在**十日以内**作出决定，对可能判处的有期徒刑超过一年的，可以延长至十五日。人民检察院审查起诉的案件，改变管辖的，从改变后的人民检察院收到案件之日起计算审查起诉期限。

《中华人民共和国刑事诉讼法》第一百七十五条：人民检察院审查案件，可以要求公安机关提供法庭审判所必需的证据材料；认为可能存在以非法方法收集证据情形的，可以要求其对证据收集的合法性作出说明。人民检察院审查案件，对于需要补充侦查的，可以退回公安机关**补充侦查**，也可以**自行侦查**。对于补充侦查的案件，应当在**一个月以内**补充**侦查完毕**。补充侦查以二次为限。补充侦查完毕移送人民检察院后，人民检察院重新计算审查起诉期限。对于二次补充侦查的案件，人民检察院仍然认为证据不足，不符合起诉条件的，应当作出不起诉的决定。

《中华人民共和国刑事诉讼法》第一百七十六条：人民检察院认为犯罪嫌疑人的犯罪事实已经查清，证据确实、充分，依法应当追究刑事责任的，应当作出起诉决定，按照审判管辖的规定，向人民法院提起公诉，并将案卷材料、证据移送人民法院。犯罪嫌疑人认罪认罚的，人民检察院应当就主刑、附加刑、是否适用缓刑等提出量刑建议，并随案移送认罪认罚具结书等材料。

十、审　判

人民法院审判案件，实行两审终审制。两审终审制，是指一个案件至多经过两级人民法院审判即告终结的制度，对于第二审人民法院作出的终审判决、裁定，当事人等不得再提出上诉，人民检察院不得按照上诉审程序提出抗诉。

（一）第一审程序

人民法院审判第一审案件应当公开进行。但是有关国家秘密或者个人隐私的案件，不公开审理；涉及商业秘密的案件，当事人申请不公开审理的，可以不公开审理。不公开审理的案件，应当当庭宣布不公开审理的理由。

1. 简易程序

适用简易程序审理案件，**对可能判处三年有期徒刑以下刑罚的**，可以组成合议庭进行审判，也可以由审判员一人独任审判；**对可能判处的有期徒刑超过三年的**，应当组成合议庭进行审判。适用简易程序审理公诉案件，人民检察院应当派员出席法庭。

《中华人民共和国刑事诉讼法》第二百一十四条规定基层人民法院管辖的案件，符合下列条件的，可以适用简易程序审判：

（1）案件事实清楚、证据充分的；
（2）被告人承认自己所犯罪行，对指控的犯罪事实没有异议的；
（3）被告人对适用简易程序没有异议的。

人民检察院在提起公诉的时候，可以建议人民法院适用简易程序。

《中华人民共和国刑事诉讼法》第二百一十四条规定有下列情形之一的，不适用简易程序：

（1）被告人是盲、聋、哑人，或者是尚未完全丧失辨认或者控制自己行为能力的精神病人的；
（2）有重大社会影响的；
（3）共同犯罪案件中部分被告人不认罪或者对适用简易程序有异议的；

（4）其他不宜适用简易程序审理的。

适用简易程序审理案件，人民法院应当在受理后二十日以内审结；对可能判处的有期徒刑超过三年的，可以延长至一个半月。

2. 速裁程序

基层人民法院管辖的**可能判处三年有期徒刑以下刑罚**的案件，案件事实清楚、证据确实、充分，被告人认罪认罚并同意适用速裁程序的，可以适用速裁程序，**由审判员一人独任审判**。

人民检察院在提起公诉的时候，可以建议人民法院适用速裁程序。

《中华人民共和国刑事诉讼法》第二百二十三条规定有下列情形之一的，不适用速裁程序：

（1）被告人是盲、聋、哑人，或者是尚未完全丧失辨认或者控制自己行为能力的精神病人的；

（2）被告人是未成年人的；

（3）案件有重大社会影响的；

（4）共同犯罪案件中部分被告人对指控的犯罪事实、罪名、量刑建议或者适用速裁程序有异议的；

（5）被告人与被害人或者其法定代理人没有就附带民事诉讼赔偿等事项达成调解或者和解协议的；

（6）其他不宜适用速裁程序审理的。

适用速裁程序审理案件，人民法院应当在受理后十日以内审结；对可能判处的有期徒刑超过一年的，可以延长至十五日。

（二）第二审程序

第二审程序，是指人民法院对上诉、抗诉案件进行审理并且作出裁判的程序。

1. 启 动

（1）启动原因：上诉或抗诉。

（2）启动主体：上诉的主体为被告人、自诉人及其法定代理人，被告人的辩护人和近亲属经被告人同意可以是上诉主体；附带民事诉讼的当事人及其法定代理人也是上诉主体。抗诉的主体为地方各级人民检察院，被害人及其法定代理人没有上诉权，对一审判决不服，只能申请人民检察院抗诉。

（3）启动期限：不服判决的上诉、抗诉期限是 10 天，不服裁定的上诉、抗诉期限是 5 天，从接到判决书、裁定书的第二日起算。

（4）启动途径：上诉既可以向原审人民法院提出，也可以直接向上级人民法院提出；抗诉只能向原审人民法院提出，不能直接向第二审人民法院提出。

2. 审 理

第二审人民法院对上诉案件，应当组成合议庭，开庭审理。合议庭经过阅卷，讯问被告人，听取其他当事人、辩护人、诉讼代理人的意见，对事实清楚的案件，可以不开庭审理。

《中华人民共和国刑事诉讼法》第二百四十六条：死刑由最高人民法院核准。

《中华人民共和国刑事诉讼法》第二百四十八条：中级人民法院判处死刑缓期二年执行的案件，由高级人民法院核准。

十一、执　行

（一）执行的概念

所谓**执行**，就是指将已生效的判决和裁定所确定的内容付诸实现的诉讼活动，它是刑事诉讼的最后程序。

（二）执行的依据

《中华人民共和国刑事诉讼法》第二百五十九条规定判决和裁定在发生法律效力后执行。下列判决和裁定是发生法律效力的判决和裁定：

（1）已过法定期限没有上诉、抗诉的判决和裁定；
（2）终审的判决和裁定；
（3）最高人民法院核准的死刑的判决和高级人民法院核准的死刑缓期二年执行的判决。

（三）执行的机关

执行机关	执行种类
人民法院	负责死刑立即执行、罚金和没收财产等刑罚以及无罪或者免除刑罚的判决的执行
监　狱	负责死刑缓期二年执行、无期徒刑、有期徒刑等刑罚的执行
公安机关	负责送交执行时**余刑不足3个月**的有期徒刑和拘役、剥夺政治权利等刑罚的执行
未成年犯管教所	负责未成年犯被判处刑罚的执行
社区矫正机构	负责管制、缓刑、假释或者暂予监外执行等刑罚的执行

《中华人民共和国刑事诉讼法》第二百六十三条：人民法院在交付执行死刑前，应当通知同级人民检察院派员临场监督。**死刑采用枪决或者注射等方法执行**。死刑可以在刑场或者指定的羁押场所内执行。

《中华人民共和国刑事诉讼法》第二百六十五条规定对被判处有期徒刑或者拘役的罪犯，有下列情形之一的，可以暂予监外执行：

（1）有严重疾病需要保外就医的；

（2）怀孕或者正在哺乳自己婴儿的妇女；

（3）生活不能自理，适用暂予监外执行不致危害社会的。

对被判处无期徒刑的罪犯，有前款第二项规定情形的，可以暂予监外执行。

对适用保外就医可能有社会危险性的罪犯，或者自伤自残的罪犯，不得保外就医。

第六章　公务员法与事业单位人事管理条例

中华人民共和国公务员法

(2018年12月29日修订，自2019年6月1日起施行)

第一章　总　则

第一条　为了规范公务员的管理，保障公务员的合法权益，加强对公务员的监督，<u>促进公务员正确履职尽责，建设信念坚定、为民服务、勤政务实、敢于担当、清正廉洁的高素质专业化公务员队伍</u>，根据宪法，制定本法。

第二条　本法所称**公务员**，是指依法履行公职、纳入国家行政编制、由国家财政负担工资福利的工作人员。

<u>公务员是干部队伍的重要组成部分，是社会主义事业的中坚力量，是人民的公仆。</u>

习题与解析

习题1.【单选】第一个建立起现代公务员制度的西方国家是（　　）

A. 美国　　　　　　　　　　B. 英国

C. 日本　　　　　　　　　　D. 法国

答案：B。解析：世界上第一个建立起现代公务员制度的西方国家是英国。因此，本题应选B项。

习题2.【单选】根据《中华人民共和国公务员法》第二条对公务员范围的界定，公务员最本质的特征是（　　）

A. 依法处理公务　　　　　　B. 依法履行公职

C. 由国家财政负担工资福利　　D. 纳入国家行政编制

答案：B。解析：《中华人民共和国公务员法》第二条规定，本法所称公务员，是指依法履行公职、纳入国家行政编制、由国家财政负担工资福利的工作人员。公务员是干部队伍的重要组成部分，是社会主义事业的中坚力量，是人民的公仆。其中依法履行公职是公务员最本质的特征。因此，本题应选B项。

第四条　**公务员制度坚持中国共产党领导**，坚持以马克思列宁主义、毛泽东思想、邓小平理论、"三个代表"重要思想、**科学发展观、习近平新时代中国特色社会主义思想为指导，贯彻社会主义初级阶段的基本路线，贯彻新时代中国共产党的组织路线**，坚持党管干部原则。

第五条 公务员的管理，坚持**公开、平等、竞争、择优**的原则，依照法定的权限、条件、标准和程序进行。

第六条 公务员的管理，坚持监督约束与激励保障并重的原则。

第七条 公务员的任用，坚持德才兼备、以德为先，坚持五湖四海、任人唯贤，坚持事业为上、公道正派，突出政治标准，注重工作实绩。

第九条 **公务员就职时应当依照法律规定公开进行宪法宣誓。**

第十条 公务员依法履行职责的行为，受法律保护。

第十一条 公务员工资、福利、保险以及录用、奖励、培训、辞退等所需经费，列入财政预算，予以保障。

习题与解析

1、【单选】根据我国公务员法的规定，公务员的（　　）受法律保护。

A. 行政行为　　　　　　　　B. 依法履行职务的行为

C. 依法履行公务的行为　　　D. 职务行为

答案：B。解析：《中华人民共和国公务员法》第十条规定，公务员依法履行职务的行为，受法律保护。因此，本题应选B项。

第二章　公务员的条件、义务与权利

第十三条 公务员应当具备下列**条件**：

（一）具有中华人民共和国国籍；

（二）年满十八周岁；

（三）拥护中华人民共和国宪法，拥护中国共产党领导和社会主义制度；

（四）具有良好的政治素质和道德品行；

（五）具有正常履行职责的身体条件和心理素质；

（六）具有符合职位要求的文化程度和工作能力；

（七）法律规定的其他条件。

第十四条 公务员应当履行下列**义务**：

（一）忠于宪法，模范遵守、自觉维护宪法和法律，自觉接受中国共产党领导；

（二）忠于国家，维护国家的安全、荣誉和利益；

（三）忠于人民，全心全意为人民服务，接受人民监督；

（四）忠于职守，勤勉尽责，服从和执行上级依法作出的决定和命令，按照规定的权限和程序履行职责，努力提高工作质量和效率；

（五）保守国家秘密和工作秘密；

（六）带头践行社会主义核心价值观，坚守法治，遵守纪律，恪守职业道德，模范遵守社会公德、家庭美德；

（七）清正廉洁，公道正派；

（八）法律规定的其他义务。

第十五条 公务员享有下列**权利**：

（一）获得履行职责应当具有的工作条件；

（二）非因法定事由、非经法定程序，不被免职、降职、辞退或者处分；

（三）获得工资报酬，享受福利、保险待遇；

（四）参加培训；

（五）对机关工作和领导人员提出批评和建议；

（六）提出申诉和控告；

（七）申请辞职；

（八）法律规定的其他权利。

第三章 职务、职级与级别

第十六条 国家实行公务员职位分类制度。

公务员职位类别按照公务员职位的性质、特点和管理需要，划分为**综合管理类**、**专业技术类**和**行政执法类**等类别。根据本法，对于具有职位特殊性，需要单独管理的，可以增设其他职位类别。各职位类别的适用范围由国家另行规定。

第十七条 国家实行公务员**职务**与**职级**并行制度，根据公务员职位类别和职责设置公务员领导职务、职级序列。

第十八条 公务员领导职务根据宪法、有关法律和机构规格设置。

领导职务层次分为：国家级正职、国家级副职、省部级正职、省部级副职、厅局级正职、厅局级副职、县处级正职、县处级副职、乡科级正职、乡科级副职。

第十九条 公务员职级在厅局级以下设置。

综合管理类公务员职级序列分为：一级巡视员、二级巡视员、一级调研员、二级调研员、三级调研员、四级调研员、一级主任科员、二级主任科员、三级主任科员、四级主任科员、一级科员、二级科员。

综合管理类以外其他职位类别公务员的职级序列，根据本法由国家另行规定。

第二十一条 公务员的领导职务、职级应当对应相应的级别。公务员领导职务、职级与级别的对应关系，由国家规定。

根据工作需要和领导职务与职级的对应关系，公务员担任的领导职务和职级可以互相转任、兼任；符合规定资格条件的，可以晋升领导职务或者职级。

公务员的级别根据所任领导职务、职级及其德才表现、工作实绩和资历确定。公务员在同一领导职务、职级上，可以按照国家规定晋升级别。

公务员的领导职务、职级与级别是确定公务员工资以及其他待遇的依据。

习题与解析

习题1.【多选】《中华人民共和国公务员法》第十六条规定，公务员实行职位分类制度，其划分的类别包括（　　）

A. 综合管理类　　　　　　　　　B. 专业技术类

C. 行政执法类　　　　　　　　　D. 垂直管理类

答案：ABC。解析：《中华人民共和国公务员法》第十六条规定，公务员职位类别按照公务员职位的性质、特点和管理需要，划分为综合管理类、专业技术类和行政执法类等类别。因此，本题应选 ABC 三个选项。

习题 2.【单选】《中华人民共和国公务员法》规定，公务员的职务应当对应相应的级别。对此，下列理解正确的是（　　）

A. 同一职务上的公务员其级别相同

B. 公务员职务与级别的对应关系可以根据机关职能确定

C. 公务员在不晋升职务的情况下可以晋升级别

D. 公务员的级别根据其工作实绩确定

答案：C。解析：同一职务上的公务员可以有不同的级别，选项 A 错误；公务员的职位可以根据机关职能确定，选项 B 错误；公务员的级别根据所任职务及其德才表现、工作实绩和资历确定，选项 D 错误；公务员在不晋升职务的情况下可以晋升级别，选项 C 正确。因此，本题应选 C 项。

第四章　录　用

第二十三条　录用担任**一级主任科员**以下及其他相当职级层次的公务员，采取公开考试、严格考察、平等竞争、择优录取的办法。

第二十五条　报考公务员，除应当具备本法第十三条规定的条件以外，还应当具备省级以上公务员主管部门规定的拟任职位所要求的资格条件。

国家对行政机关中初次从事行政处罚决定审核、行政复议、行政裁决、法律顾问的公务员实行统一法律职业资格考试制度，由国务院司法行政部门商有关部门组织实施。

第二十六条　**下列人员不得录用为公务员：**

（一）因犯罪受过刑事处罚的；

（二）**被开除中国共产党党籍的；**

（三）被开除公职的；

（四）**被依法列为失信联合惩戒对象的；**

（五）有法律规定不得录用为公务员的其他情形的。

第二十七条　录用公务员，应当在规定的编制限额内，并有相应的职位空缺。

第三十四条　新录用的公务员试用期为**一年**。试用期满合格的，予以任职；不合格的，取消录用。

习题与解析

习题 1.【单选】《中华人民共和国公务员法》第二十七条规定，录用公务员，必须在规定的编制限额内进行，并有相应的（　　）

A. 职位空缺　　　　　　　　　　B. 计划空缺

C. 职务空缺　　　　　　　　　　D. 职数空缺

答案：A。解析：《中华人民共和国公务员法》第二十七条规定，录用公务员，必须在规定的编制限额内，并有相应的职位空缺。因此，本题应选 A 项。

第五章　考　核

第三十五条　公务员的考核应当按照管理权限，全面考核公务员的德、能、勤、绩、廉，重点考核**政治素质**和**工作实绩**。考核指标根据不同职位类别、不同层级机关分别设置。

第三十六条　公务员的考核分为**平时考核**、**专项考核**和**定期考核**等方式。定期考核以平时考核、专项考核为基础。

第三十八条　定期考核的结果分为**优秀**、**称职**、**基本称职**和**不称职**四个等次。

定期考核的结果应当以书面形式通知公务员本人。

第六章　职务、职级任免

第四十条　公务员领导职务实行选任制、委任制和**聘任制**。公务员职级实行委任制和聘任制。

领导成员职务按照国家规定实行**任期制**。

第七章　职务、职级升降

第四十五条　公务员晋升领导职务，应当具备拟任职务所要求的政治素质、工作能力、文化程度和任职经历等方面的条件和资格。

公务员领导职务应当逐级晋升。特别优秀的或者工作特殊需要的，可以按照规定破格或者越级晋升。

第四十七条　厅局级正职以下领导职务出现空缺且本机关没有合适人选的，可以通过适当方式面向社会选拔任职人选。

第四十九条　公务员职级应当逐级晋升，根据个人德才表现、工作实绩和任职资历，参考民主推荐或者民主测评结果确定人选，经公示后，按照管理权限审批。

第五十条　公务员的职务、职级实行能上能下。对不适宜或者不胜任现任职务、职级的，应当进行调整。

公务员在**年度考核**中被确定为不称职的，按照规定程序降低一个职务或者**职级层次**任职。

第八章　奖　励

第五十一条　对工作表现突出，有显著成绩和贡献，或者有其他突出事迹的公务员或者公务员集体，给予奖励。奖励坚持**定期奖励**与**及时奖励**相结合，精神奖励与物质奖励相结合、以精神奖励为主的原则。

第五十三条 奖励分为：嘉奖、记三等功、记二等功、记一等功、授予称号。

对受奖励的公务员或者公务员集体予以表彰，并对受奖励的个人给予一次性奖金或者其他待遇。

第五十五条 按照国家规定，可以向参与特定时期、特定领域重大工作的公务员颁发纪念证书或者纪念章。

习题与解析

习题1.【单选】《中华人民共和国公务员法》第三十五条规定，对公务员考核的内容包括德、能、勤、绩、廉五个方面，重点考核（　　）

A. 思想道德　　　　　　　　B. 廉洁自律

C. 业务能力　　　　　　　　D. 政治素质和工作实绩

答案：D。解析：《中华人民共和国公务员法》第三十五条规定，对公务员的考核，按照管理权限，全面考核公务员的德、能、勤、绩、廉，重点考核政治素质和工作实绩。因此，本题应选D项。

习题2.【单选】领导职务按照国家规定实行（　　）

A. 退休制　　　　　　　　　B. 选举制

C. 任期制　　　　　　　　　D. 轮换制

答案：C。解析：《中华人民共和国公务员法》第四十条规定，公务员领导职务实行选任制、委任制和聘任制。公务员职级实行委任制和聘任制。领导成员职务按照国家规定实行任期制。因此，本题应选C项。

第九章　监督与惩戒

第五十七条 机关应当对公务员的思想政治、履行职责、作风表现、遵纪守法等情况进行监督，开展勤政廉政教育，建立日常管理监督制度。

对公务员监督发现问题的，应当区分不同情况，予以谈话提醒、批评教育、责令检查、诫勉、组织调整、处分。

对公务员涉嫌职务违法和职务犯罪的，应当依法移送监察机关处理。

第五十八条 公务员应当自觉接受监督，按照规定请示报告工作、报告个人有关事项。

第五十九条 公务员应当遵纪守法，不得有下列行为：

（一）散布有损宪法权威、中国共产党和国家声誉的言论，组织或者参加旨在反对宪法、中国共产党领导和国家的集会、游行、示威等活动；

（二）组织或者参加非法组织，组织或者参加罢工；

（三）挑拨、破坏民族关系，参加民族分裂活动或者组织、利用宗教活动破坏民族团结和社会稳定；

（四）不担当，不作为，玩忽职守，贻误工作；

（五）拒绝执行上级依法作出的决定和命令；

（六）**对批评、申诉、控告、检举进行压制或者打击报复；**

（七）弄虚作假，误导、欺骗领导和公众；

（八）**贪污贿赂**，利用职务之便为自己或他人谋取私利；

（九）违反财经纪律，浪费国家资财；

（十）滥用职权，侵害公民、法人或者其他组织的合法权益；

（十一）泄露国家秘密或者工作秘密；

（十二）在对外交往中损害国家荣誉和利益；

（十三）参与或者支持色情、吸毒、赌博、迷信等活动；

（十四）违反职业道德、社会公德和**家庭美德**；

（十五）**违反有关规定参与禁止的网络传播行为或者网络活动；**

（十六）违反有关规定从事或者参与营利性活动，在企业或者其他营利性组织中兼任职务；

（十七）旷工或者因公外出、请假期满无正当理由逾期不归；

（十八）违纪违法的其他行为。

第六十条　公务员执行公务时，认为上级的决定或者命令有错误的，可以向上级提出改正或者撤销该决定或者命令的意见；上级不改变该决定或者命令，或者要求立即执行的，公务员应当执行该决定或者命令，执行的后果由上级负责，公务员不承担责任；但是，公务员执行明显违法的决定或者命令的，应当依法承担相应的责任。

第六十一条　公务员因违纪违法应当承担纪律责任的，依照本法给予处分或者由监察机关依法给予政务处分；违纪违法行为情节轻微，经批评教育后改正的，可以免予处分。

对同一违纪违法行为，监察机关已经作出政务处分决定的，公务员所在机关不再给予处分。

第六十二条　**处分分为：警告、记过、记大过、降级、撤职、开除。**

第六十四条　公务员在受处分期间不得晋升职务、职级和级别，其中受记过、记大过、降级、撤职处分的，不得晋升工资档次。

受处分的期间为：警告，六个月；记过，十二个月；记大过，十八个月；降级、撤职，二十四个月。

受撤职处分的，按照规定降低级别。

第六十五条　公务员受开除以外的处分，在受处分期间有悔改表现，并且没有再发生违纪违法行为的，处分期满后自动解除。

解除处分后，晋升工资档次、级别和职务、职级不再受原处分的影响。但是，解除降级、撤职处分的，不视为恢复原级别、原职务、原职级。

处分	是否影响其现已有的待遇	受处分期间是否能晋升待遇	受处分期
警告	不影响现有的职务、职级、级别和工资档次	不得晋升职务、职级和级别	6个月
记过	不影响现有的职务、职级、级别和工资档次	不得晋升职务、职级、级别和工资档次	12个月
记大过	不影响现有的职务、职级、级别和工资档次	不得晋升职务、职级、级别和工资档次	18个月
降级	级别降低（意味着同时降低工资档次）	不得晋升职务、职级、级别和工资档次	24个月
撤职	撤去现职，同时按照规定降低级别（意味着同时降低工资档次）	不得晋升职务、职级、级别和工资档次	24个月

习题与解析

习题1.【单选】以下不属于《中华人民共和国公务员法》第六十二条中对公务员处分的种类是（　）

A. 警告　　　　　　　　　　B. 记大过

C. 开除　　　　　　　　　　D. 降职

答案：D。解析：《中华人民共和国公务员法》第六十二条规定，处分分为：警告、记过、记大过、降级、撤职、开除。因此，本题应选D项。

习题2.【单选】下列对公务员的处分的说法中，不正确的一项是（　）

A. 处分种类包括警告、记过、记大过、降级、撤职、开除六种

B. 处分决定应当以书面的形式通知公务员本人

C. 受处分期间，公务员不得晋升职务、职级和级别，不得晋升工资档次

D. 警告的受处分期间为六个月

答案：C。解析：《中华人民共和国公务员法》第六十四条规定，公务员在受处分期间不得晋升职务、职级和级别，其中受记过、记大过、降级、撤职处分的，不得晋升工资档次。因此，本题应选C项。

习题3.【单选】根据《中华人民共和国公务员法》第六十四条规定，下列关于公务员受处分的法律后果理解不正确的是（　）

A. 受警告处分的，在受处分期间不得晋升工资档次

B. 受记过处分的，在受处分期间不得晋升职务、职级和级别

C. 受降级处分的，在受处分期间不仅不能晋升职务、职级和级别，也不能晋升工资档次

D. 受开除处分的，不得再次被录用为公务员

答案：A。解析：《中华人民共和国公务员法》第六十四条规定，公务员在受处分期

间不得晋升职务、职级和级别，其中受记过、记大过、降级、撤职处分的，不得晋升工资档次。说明公务员受警告处分期间可以晋升工资档次。因此，本题应选 A 项。

第十章 培 训

第六十七条 机关对新录用人员应当在试用期内进行**初任培训**；对晋升领导职务的公务员应当在任职前或者任职后一年内进行**任职培训**；对从事专项工作的公务员应当进行**专门业务培训**；对全体公务员应当进行提高政治素质和工作能力、更新知识的**在职培训**，其中对专业技术类公务员应当进行**专业技术培训**。

国家有计划地加强对**优秀年轻公务员**的培训。

> 习题与解析

习题1.【单选】根据公务员工作职责和提高素质的需要，对公务员应当进行分级分类培训，机关对新录用的公务员应当在（ ）

A. 录用后三个月内进行初任培训　　B. 录用后半年内进行初任培训
C. 录用后一个月内进行初任培训　　D. 试用期内进行初任培训

答案：D。解析：《中华人民共和国公务员法》第六十七条规定，机关对新录用人员应当在试用期内进行初任培训。因此，本题应选 D 项。

第十一章 交流与回避

第六十九条 国家实行公务员交流制度。

公务员可以在公务员和参照本法管理的工作人员队伍内部交流，也可以与国有企业和不参照本法管理的事业单位中从事公务的人员交流。

交流的方式包括**调任**、**转任**。

第七十条 国有企业、高等院校和科研院所以及其他不参照本法管理的事业单位中从事公务的人员，可以调入机关担任领导职务或者四级调研员以上及其他相当层次的职级。

调任人选应当具备本法第十三条规定的条件和拟任职位所要求的资格条件，并不得有本法第二十六条规定的情形。调任机关应当根据上述规定，对调任人选进行严格考察，并按照管理权限审批，必要时可以对调任人选进行考试。

第七十一条 公务员在不同职位之间**转任**应当具备拟任职位所要求的资格条件，在规定的编制限额和职数内进行。

对省部级正职以下的领导成员应当有计划、有重点地实行跨地区、跨部门转任。

对担任机关内设机构领导职务和其他工作性质特殊的公务员，应当有计划地在本机关内转任。

上级机关应当注重从基层机关公开遴选公务员。

第七十二条 根据工作需要，机关可以采取挂职方式选派公务员承担重大工程、重大项目、重点任务或者其他专项工作。

公务员在挂职期间，不改变与原机关的人事关系。

第七十四条 公务员之间有夫妻关系、直系血亲关系、三代以内旁系血亲关系以及近姻亲关系的，不得在同一机关双方直接隶属于同一领导人员的职位或者有直接上下级领导关系的职位工作，也不得在其中一方担任领导职务的机关从事组织、人事、纪检、监察、审计和财务工作（**任职回避**）。

公务员不得在其配偶、子女及其配偶经营的企业、营利性组织的行业监管或者主管部门担任领导成员。

第七十五条 公务员担任乡级机关、县级机关、**设区的市级机关**及其有关部门主要领导职务的，应当按照有关规定实行地域回避（**地域回避**）。

第七十六条 公务员执行公务时，有下列情形之一的，应当回避（**公务回避**）：

（一）涉及本人利害关系的；

（二）涉及与本人有本法第七十四条第一款所列亲属关系人员的利害关系的；

（三）其他可能影响公正执行公务的。

习题与解析

习题1.【多选】公务员回避制度的种类包括（ ）

A. 任职回避　　　　　　　　B. 工作性质回避

C. 公务回避　　　　　　　　D. 地域回避

答案：ACD。《中华人民共和国公务员法》第七十四、七十五和七十六条规定，公务员的回避制度包括任职回避、地域回避以及公务回避。因此，本题应选ACD三个选项。

第十二章 工资、福利与保险

第七十九条 公务员实行国家统一规定的工资制度。

第八十条 公务员工资包括**基本工资**、**津贴**、**补贴**和**奖金**。

公务员工资应当按时足额发放。

第八十二条 公务员按照国家规定享受福利待遇。国家根据经济社会发展水平提高公务员的福利待遇。

公务员执行国家规定的工时制度，按照国家规定享受休假。公务员在法定工作日之外加班的，应当给予相应的补休，**不能补休的按照国家规定给予补助**。

第八十三条 公务员依法参加社会保险，按照国家规定享受保险待遇。公务员因公牺牲或者病故的，其亲属享受国家规定的抚恤和优待。

第十三章 辞职与辞退

第八十六条 公务员有下列情形之一的，**不得辞去公职**：

（一）未满国家规定的最低服务年限的；

（二）在涉及国家秘密等特殊职位任职或者离开上述职位不满国家规定的脱密期限的；

（三）重要公务尚未处理完毕，且须由本人继续处理的；

（四）正在接受审计、纪律审查、**监察调查**，或者涉嫌犯罪，司法程序尚未终结的；

（五）法律、行政法规规定的其他不得辞去公职的情形。

习题与解析

习题1.【单选】关于我国公务员制度，下列叙述正确的是（ ）

A. 正在接受纪律审查的公务员不得辞去公职

B. 我国公务员培训基地是党校

C. 公务员对降职不服，可以向人民法院提出申诉

D. 公务员考核的基本内容包括德、能、勤、绩、才

答案：A。解析：《中华人民共和国公务员法》第八十六条规定，正在接受审计、纪律审查、监察调查，或者涉嫌犯罪，司法程序尚未终结的不得辞去公职。公务员对降职不服，可以向同级主管部门或上一级部门申请复核或提出申诉。我国公务员培训基地是国家行政学院，党校一般是干部培训基地。公务员考核的基本内容包括德、能、勤、绩、廉。因此，本题应选A项。

第八十八条　公务员有下列情形之一的，**予以辞退**：

（一）在年度考核中，**连续两年**被确定为**不称职**的；

（二）不胜任现职工作，又不接受其他安排的；

（三）因所在机关调整、撤销、合并或者缩减编制员额需要调整工作，本人拒绝合理安排的；

（四）不履行公务员义务，不遵守法律和公务员纪律，经教育仍无转变，不适合继续在机关工作，又不宜给予开除处分的；

（五）旷工或者因公外出、请假期满无正当理由逾期不归**连续超过十五天**，或者一年内**累计超过三十天**的。

第八十九条　对有下列情形之一的公务员，**不得辞退**：

（一）因公致残，被确认丧失或者部分丧失工作能力的；

（二）患病或者负伤，在规定的医疗期内的；

（三）女性公务员在孕期、产假、哺乳期内的；

（四）法律、行政法规规定的其他不得辞退的情形。

习题与解析

习题1.【多选】下列选项中，不具备被辞退的条件是（ ）

A. 在年度考核中被确定为不称职的

B. 不胜任本职工作又不接受其他安排的

C. 旷工一年累计超过二十天的

D. 因单位调整需要缩减编制员额的，本人拒绝合理安排

答案：AC。解析：《中华人民共和国公务员法》第八十八条规定，连续两年被确定为不称职的予以辞退，选项A错误；一年内旷工累计超过三十天的予以辞退，选项C错误；选项B和选项D的表述符合公务员法的相关规定。因此，本题应选AC两个选项。

第十四章 退 休

第九十三条 公务员符合下列条件之一的，本人自愿提出申请，经任免机关批准，**可以提前退休**：

（一）工作年限满三十年的；

（二）距国家规定的退休年龄不足五年，且工作年限满二十年的；

（三）符合国家规定的可以提前退休的其他情形的。

第十五章 申诉与控告

<u>第九十五条 公务员对涉及本人的下列人事处理不服的，可以自知道该人事处理之日起三十日内向原处理机关申请**复核**；对复核结果不服的，可以自接到复核决定之日起**十五日内**，按照规定向同级公务员主管部门或者作出该人事处理的机关的**上一级机关提出申诉**；也可以不经复核，自知道该人事处理之日起三十日内直接提出申诉</u>：

（一）处分；

（二）辞退或者取消录用；

（三）降职；

（四）定期考核定为不称职；

（五）免职；

（六）申请辞职、提前退休未予批准；

（七）不按照规定确定或者扣减工资、福利、保险待遇；

（八）法律、法规规定可以申诉的其他情形。

对省级以下机关作出的申诉处理决定不服的，可以向作出处理决定的上一级机关提出再申诉。

<u>受理公务员申诉的机关应当组成公务员申诉公正委员会，负责受理和审理公务员的申诉案件。</u>

公务员对监察机关作出的涉及本人的处理决定不服向监察机关申请复审、复核的，按照有关规定办理。

第九十六条 原处理机关应当自接到复核申请书后的三十日内作出复核决定，并以书面形式告知申请人。受理公务员申诉的机关应当自受理之日起六十日内作出处理决定；案情复杂的，可以适当延长，但是延长时间不得超过三十日。

复核、申诉期间不停止人事处理的执行。

公务员不因申请复核、提出申诉而被加重处理。

习题与解析

习题1.【单选】某公务员由于工作失误被单位予以警告处分，若该公务员不服，可以要求（　　）

A. 重新处理　　　　　　　　　　B. 申诉

C. 控告　　　　　　　　　　D. 信访

答案：B。解析：《中华人民共和国公务员法》第九十五条规定，公务员对涉及本人的人事处理不服的，可以自知道该人事处理之日起三十日内向原处理机关申请复核；对复核结果不服的，可以自接到复核决定之日起十五日内按照规定向同级公务员主管部门或者作出该人事处理的机关的上一级机关提出申诉。因此，本题应选 B 项。

第十六章　职位聘任

第一百条　机关根据工作需要，经省级以上公务员主管部门批准，可以对专业性较强的职位和辅助性职位实行**聘任制**。

前款所列职位涉及国家秘密的，不实行聘任制。

第十七章　法律责任

第一百零六条　对有下列违反本法规定情形的，由县级以上领导机关或者公务员主管部门按照管理权限，区别不同情况，分别予以责令纠正或者宣布无效；对负有责任的领导人员和直接责任人员，根据情节轻重，给予批评教育、责令检查、诫勉、组织调整、处分；构成犯罪的，依法追究刑事责任：

（一）不按照编制限额、职数或者任职资格条件进行公务员录用、调任、转任、聘任和晋升的；

（二）不按照规定条件进行公务员奖惩、回避和办理退休的；

（三）不按照规定程序进行公务员录用、调任、转任、聘任、晋升以及考核、奖惩的；

（四）违反国家规定，更改公务员工资、福利、保险待遇标准的；

（五）在录用、公开遴选等工作中发生泄露试题、违反考场纪律以及其他严重影响公开、公正行为的；

（六）不按照规定受理和处理公务员申诉、控告的；

（七）违反本法规定的其他情形的。

第一百零七条　公务员辞去公职或者退休的，原系领导成员、**县处级以上领导职务**的公务员在离职**三年内**，其他公务员在离职**两年内**，不得到与原工作业务直接相关的企业或者其他营利性组织任职，不得从事与原工作业务直接相关的营利性活动。

第一百零九条　在公务员录用、聘任等工作中，有隐瞒真实信息、弄虚作假、考试作弊、扰乱考试秩序等行为的，由公务员主管部门根据情节作出考试成绩无效、取消资格、限制报考等处理；情节严重的，依法追究法律责任。

第十八章　附　则

第一百一十三条　本法自 2019 年 6 月 1 日起施行。

事业单位人事管理条例

中华人民共和国国务院令

第 652 号

《事业单位人事管理条例》已经 2014 年 2 月 26 日国务院第 40 次常务会议通过，现予公布，自 2014 年 7 月 1 日起施行。

总理 李克强

2014 年 4 月 25 日

第一章 总 则

第一条 为了规范事业单位的人事管理，保障事业单位工作人员的合法权益，建设高素质的事业单位工作人员队伍，促进**公共服务**发展，制定本条例。

习题与解析

习题1.【单选】下列对于事业单位表述正确的是（ ）

A. 民间团体组织　　　　　　　　B. 政府组织
C. 以营利为目的组织　　　　　　D. 社会服务组织

答案：D。解析：**事业单位，是指国家为了社会公益目的，由国家机关举办或者其他组织利用国有资产举办的**，从事教育、科技、文化、卫生等活动的**社会服务组织**。根据国家事业单位分类改革精神，事业单位不再分为全额拨款事业单位、差额拨款事业单位、自收自支事业单位。根据职责任务、服务对象和资源配置方式等情况，将从事公益服务的事业单位细**分为两类：承担义务教育、基础性科研、公共文化、公共卫生及基层的基本医疗服务**等基本公益服务，不能或不宜由市场配置资源的，划入**公益一类**；承担**高等教育、非营利医疗等公益服务**，可部分由市场配置资源的，划入**公益二类**。因此，本题应选D项。

习题2.【单选】事业单位设立的宗旨是（ ）

A. 实施政府政策　　　　　　　　B. 为了社会公益事业
C. 发展教育事业　　　　　　　　D. 培养专业技术人才

答案：B。解析：事业单位是以政府职能、公益服务为主要宗旨的一些公益性单位、非公益性职能部门等。它参与社会事务管理，履行管理和服务职能，**宗旨是为社会服务**，主要从事教育、科技、文化、卫生等活动。**事业单位具有以下特征：（1）属于非公共权力机构**。事业单位所从事的事业多是政府职能所派生出来的具体事务，但它却不属于公共行政权力机关，不具有公共行政权力，同类事业单位之间也不能存在领导与被领导的关系，它对于行政区划内的其他部门或个人也不具有行政管理的职能，只能利用自身的专业知识和专门技术向社会提供诸如教育文化、医疗卫生等方面的服务，专业性服务是事业单位基本的社会职能。(2) **公益性**。以社会公益为主要发展方向。(3) **公立公有性**。我国的事业单位基本上由国家财政统一拨给各项事业经费，随着事业单位体制改革的深化和发展，事业单位的经费来源日趋呈现多元化的态势，但来自国家的财政拨款在事业单位的经费中仍然占主导地位。现阶段，我国事业单位经费来源主要包括财政补助和非财政补助两类。(4) **知识密集性**。绝大多数事业单位是以脑力劳动为主体的知识密集型组织，专业人才是事业单位的主要人员构成，利用科技文化知识为社会各方面提供服务是事业单位基本的社会职能。(5) **服务性**。事业单位的范围涉及教育、科学、技术、文化、卫生、体育等行业部位和领域。其主体具有多元性，其规模具有宏大性。因此，本题应选 B 项。

习题3.【单选】事业单位和企业单位的根本区别是（　　）

A．是否以营利为目的 B．以人员多少为标准

C．以工资多少为标准 D．以社会认可为标准

答案：A。解析：事业单位是相对于企业单位而言的，与企业单位相比，事业单位有以下特征：一是不以营利为目的，二是财政及其他单位拨入的资金主要不以经济利益的获取为回报。因此，本题应选 A 项。

习题4.【单选】事业单位及其管理体制改革的基本原则是（　　）

A．党政分开 B．政事分开

C．行业统筹 D．精简效能

答案：B。解析：《中共中央 国务院关于分类推进事业单位改革的指导意见》指出，事业单位改革的指导思想是高举中国特色社会主义伟大旗帜，以邓小平理论和"三个代表"重要思想为指导，深入贯彻落实科学发展观，按照**政事分开、事企分开和管办分离**的要求，以促进**公益事业发展**为目的，以**科学分类**为基础，以**深化体制机制改革**为核心，**总体设计、分类指导、因地制宜、先行试点、稳步推进**，进一步增强事业单位活力，不断满足人民群众和经济社会发展对**公益服务**的需求。因此，本题应选 B 项。

习题5.【单选】事业单位及其管理体制改革的基本方式是（　　）

A．分区域改革 B．分类改革

C．分阶段改革 D．分级改革

答案：B。解析：《中共中央 国务院关于分类推进事业单位改革的指导意见》指出，事业单位改革的基本原则包括以下几个方面：(1) **坚持以人为本**，把提高公益服务水平、满足人民群众需求作为出发点和落脚点；(2) **坚持分类指导**，根据不同类别事业单位的特点，实施改革和管理；(3) **坚持开拓创新**，破除影响公益事业发展的体制机制障碍，鼓励进行多种形式的探索和实践；(4) **坚持着眼发展**，充分发挥政府主导、社会力量参与和市场机制的作用，实现公益服务提供主体多元化和提供方式多样化；(5) **坚持统筹兼顾**，充分发挥中央和地方两个积极性，注意与行业体制改革、政府机构改革等相衔接，妥善处理改革发展稳定的关系。因此，本题应选 B 项。

习题6.【判断】事业单位管理体制改革的目标是转变政府职能，建立新型公共事业管理体制。（　）

答案：√。解析：事业单位管理体制改革的目标是转变政府职能，建立新型公共事业管理体制。到2020年，建立起功能明确、治理完善、运行高效、监管有力的管理体制和运行机制，形成基本服务优先、供给水平适度、布局结构合理、服务公平公正的中国特色公益服务体系。

习题7.【判断】事业单位是我国第一大社会组织，集聚了所有专业技术人才。（　）

答案：×。解析：社会组织是人们为了有效地达到特定目标，按照一定的宗旨、制度、系统建立起来的共同活动集体，比如政党、政府、企业、商店、工厂、公司、学校等。其中企业是我国的第一大社会组织。

第二条 事业单位人事管理，坚持党管干部、党管人才原则，全面准确贯彻民主、公开、竞争、择优方针。

国家对事业单位工作人员实行**分级分类管理**。

> 习题与解析

习题1.【单选】事业单位经县级以上人民政府及有关主管部门批准成立后，应当依法登记或备案。国家对事业单位工作人员实行（　）管理。

A. 分批次　　　　　　　　　　B. 分部门
C. 分批次、分部门　　　　　　D. 分级分类

答案：D。

第三条 中央事业单位人事综合管理部门负责全国事业单位人事综合管理工作。

县级以上地方各级事业单位人事综合管理部门负责本辖区事业单位人事综合管理工作。

事业单位主管部门具体负责所属事业单位人事管理工作。

第四条 事业单位应当建立健全**人事管理制度**。

事业单位制定或者修改人事管理制度，应当通过**职工代表大会**或者其他形式听取工作人员意见。

> 习题与解析

习题1.【单选】事业单位人事制度改革的基本思路是（　）

A. 脱钩、分类、放权、搞活　　　B. 集中、分类、放权、搞活
C. 定编、定责、分类、搞活　　　D. 公开、公正、分类、搞活

答案：A。解析：**事业单位人事制度改革坚持"脱钩、分类、放权、搞活"的原则**，以转换用人机制和搞活用人制度为核心，以健全聘用制度和岗位管理制度为重点，**建立权责清晰、分类科学、机制灵活、监管有力**的事业单位人事管理制度。加快推进职称制度改革。对不同类型事业单位实行分类人事管理，依据编制管理办法分类设岗，实行公开招聘、竞聘上岗、按岗聘用、合同管理。因此，本题应选A项。

第二章 岗位设置

第五条 国家建立事业单位岗位管理制度,明确岗位类别和等级。

第六条 事业单位根据职责任务和工作需要,按照国家有关规定设置岗位。

岗位应当具有明确的名称、职责任务、工作标准和任职条件。

第七条 事业单位拟订岗位设置方案,应当报人事综合管理部门备案。

第三章 公开招聘和竞聘上岗

第八条 事业单位新聘用工作人员,应当面向社会公开招聘。但是,国家政策性安置、按照人事管理权限由上级任命、涉密岗位等人员除外。

第九条 事业单位公开招聘工作人员按照下列程序进行:

(一)制定公开招聘方案;
(二)公布招聘岗位、资格条件等招聘信息;
(三)审查应聘人员资格条件;
(四)考试、考察;
(五)体检;
(六)公示拟聘人员名单;
(七)订立聘用合同,办理聘用手续。

第十条 事业单位内部产生岗位人选,需要竞聘上岗的,按照下列程序进行:

(一)制定竞聘上岗方案;
(二)在本单位公布竞聘岗位、资格条件、聘期等信息;
(三)审查竞聘人员资格条件;
(四)考评;
(五)在本单位公示拟聘人员名单;
(六)办理聘任手续。

第十一条 事业单位工作人员可以按照国家有关规定进行交流。

第四章 聘用合同

第十二条 事业单位与工作人员订立的聘用合同,期限一般不低于3年。

第十三条 初次就业的工作人员与事业单位订立的聘用合同期限3年以上的,试用期为12个月。

第十四条 事业单位工作人员在本单位连续工作满10年且距法定退休年龄不足10年,提出订立聘用至退休的合同的,事业单位应当与其订立聘用至退休的合同。

第十五条 事业单位工作人员连续旷工超过15个工作日,或者1年内累计旷工超过30个工作日的,事业单位可以解除聘用合同。

习题与解析

习题1.【单选】在事业单位管理中，受聘人员如果连续旷工超过（　　），聘用单位可以随时单方面解除聘用合同。

A. 10个工作日　　　　　　　　B. 15个工作日

C. 20个工作日　　　　　　　　D. 25个工作日

答案：B。解析：《事业单位人事管理条例》规定，事业单位工作人员连续旷工超过15个工作日，或者1年内累计旷工超过30个工作日的，事业单位可以解除聘用合同。因此，本题应选B项。

第十六条　事业单位工作人员**年度考核不合格且不同意调整工作岗位**，或者**连续两年年度考核不合格的**，事业单位**提前30日书面通知**，可以解除聘用合同。

第十七条　**事业单位工作人员提前30日书面通知事业单位，可以解除聘用合同。但是，双方对解除聘用合同另有约定的除外。**

第十八条　事业单位工作人员受到开除处分的，解除聘用合同。

第十九条　自聘用合同依法解除、终止之日起，事业单位与被解除、终止聘用合同人员的人事关系终止。

第五章　考核和培训

第二十条　事业单位应当根据聘用合同规定的岗位职责任务，全面考核工作人员的表现，**重点考核工作绩效**。考核应当听取服务对象的意见和评价。

第二十一条　考核分为**平时考核、年度考核**和**聘期考核**。**年度考核的结果可以分为优秀、合格、基本合格和不合格等档次，聘期考核的结果可以分为合格和不合格等档次。**

第二十二条　考核结果作为调整事业单位工作人员岗位、工资及续订聘用合同的依据。

第二十三条　事业单位应当根据不同岗位的要求，编制工作人员培训计划，对工作人员进行分级分类培训。

工作人员应当按照所在单位的要求，参加**岗前培训、在岗培训、转岗培训**和为完成特定任务的**专项培训**。

第二十四条　培训经费按照国家有关规定列支。

第六章　奖励和处分

第二十五条　事业单位工作人员或者集体有下列情形之一的，**给予奖励**：

（一）长期服务基层，爱岗敬业，表现突出的；

（二）在执行国家重要任务、应对重大突发事件中表现突出的；

（三）在工作中有重大发明创造、技术革新的；

（四）在培养人才、传播先进文化中作出突出贡献的；

（五）有其他突出贡献的。

第二十六条　奖励坚持精神奖励与物质奖励相结合、**以精神奖励为主**的原则。

第二十七条　奖励分为**嘉奖、记功、记大功、授予荣誉称号**。

第二十八条　事业单位工作人员有下列行为之一的，**给予处分**：

（一）损害国家声誉和利益的；

（二）失职渎职的；

（三）利用工作之便谋取不正当利益的；

（四）挥霍、浪费国家资财的；

（五）严重违反职业道德、社会公德的；

（六）其他严重违反纪律的。

第二十九条　处分分为**警告、记过、降低岗位等级或者撤职、开除**。

受处分的期间为：**警告，6个月；记过，12个月；降低岗位等级或者撤职，24个月**。

第三十条　给予工作人员处分，应当事实清楚、证据确凿、定性准确、处理恰当、程序合法、手续完备。

第三十一条　工作人员受开除以外的处分，在受处分期间没有再发生违纪行为的，处分期满后，由处分决定单位解除处分并以书面形式通知本人。

第七章　工资福利和社会保险

第三十二条　国家建立**激励与约束相结合**的事业单位工资制度。

事业单位工作人员工资包括基本工资、绩效工资和津贴补贴。

事业单位工资分配应当结合不同行业事业单位特点，体现岗位职责、工作业绩、实际贡献等因素。

第三十三条　国家建立事业单位工作人员工资的正常增长机制。

事业单位工作人员的工资水平应当与国民经济发展相协调、与社会进步相适应。

第三十四条　事业单位工作人员享受国家规定的福利待遇。

事业单位执行国家规定的工时制度和休假制度。

第三十五条　事业单位及其工作人员依法参加社会保险，工作人员依法享受社会保险待遇。

第三十六条　事业单位工作人员符合国家规定退休条件的，应当退休。

第八章　人事争议处理

第三十七条　事业单位工作人员与所在单位发生人事争议的，依照《中华人民共和国劳动争议调解仲裁法》等有关规定处理。

第三十八条　事业单位工作人员对涉及本人的考核结果、处分决定等不服的，可以按照国家有关规定申请**复核**、提出**申诉**。

第三十九条　负有事业单位聘用、考核、奖励、处分、人事争议处理等职责的人员履行职责，有下列情形之一的，**应当回避**：

（一）与本人有利害关系的；

（二）与本人近亲属有利害关系的；

（三）其他可能影响公正履行职责的。

第四十条　对事业单位人事管理工作中的违法违纪行为，任何单位或者个人可以向事业单位人事综合管理部门、主管部门或者监察机关投诉、举报，有关部门和机关应当及时调查处理。

第九章　法律责任

第四十一条　事业单位违反本条例规定的，由县级以上事业单位人事综合管理部门或者主管部门责令限期改正；逾期不改正的，对直接负责的主管人员和其他直接责任人员依法给予处分。

第四十二条　对事业单位工作人员的人事处理违反本条例规定给当事人造成名誉损害的，应当赔礼道歉、恢复名誉、消除影响；造成经济损失的，依法给予赔偿。

第四十三条　事业单位人事综合管理部门和主管部门的工作人员在事业单位人事管理工作中滥用职权、玩忽职守、徇私舞弊的，依法给予处分；构成犯罪的，依法追究刑事责任。

第十章　附　则

第四十四条　本条例自2014年7月1日起施行。

全科公共
基础知识

第四部分

管理基础知识

第一节 公共行政

一、公共行政的含义

所谓公共行政，就是指国家行政机关依法对国家事务、社会公共事务以及自身内部事务实施管理的活动。公共行政包含五大基本要素：

（1）公共行政的**基础**是公共行政权力；
（2）公共行政的**主体**是公共行政组织；
（3）公共行政的**目的**是满足公共需要、促进公共利益；
（4）公共行政的**核心活动**是处理公共事务、履行公共责任；
（5）公共行政的**功能**是提供公共物品和公共服务。

习题与解析

习题1.【单选】公共行政的根本和唯一的目标在于追求（　　）

A. 公共利益　　　　　　　　B. 国家利益
C. 民族利益　　　　　　　　D. 个人利益

答案：A。解析：公共行政的根本的和唯一的目标立于社会公共利益。政府不应当有单独的利益，而应以追求社会公共利益为唯一目标。因此，本题应选A项。

二、公共行政的主体

所谓公共行政的主体，就是指实施公共行政管理行为的当事人，即享有行政管理权力，能以自己的名义实施有关管理行为，并承担相应法律责任的组织。

公共行政的主体是特定的，在我国就是各级人民政府及其所属的各类行政机构，立法、司法机关不属于公共行政的主体，人民团体、群众组织、民间社团、企业等更不属于公共行政的主体。公共行政组织具有以下几个方面的特征：

（1）**政治性**。政治性是一切国家组织的共同属性。对国家行政组织而言，其政治性体现在两个方面：一是反映国家行政组织本质特征的阶级性，二是由国家行政组织在国家公共管理治理结构中居于的强大决策地位所决定的决策性。

（2）**社会性**。社会性由国家的社会职能所决定，主要指国家行政组织所承担的社会一般公共事务管理的职能。服务性和管理性是其内涵中相互联系的两个层次。

（3）**权威性**。行政组织作为社会公共权力结构中最重要的主体，以人类社会发展过程中的强力和契约关系为基础，凭借宪法、法律和国家武装力量为后盾，使其行政行为具有以约束性和强制性为特点的权威性。

（4）**法制性**。法制性的实质是"依法行政"，具体表现为两个方面：一是行政组织自身的组织宗旨、人员编制、机关设置、财政预算等都必须严格按照法律办事，二是行政组织的行政行为或行政管理的内容和方式必须遵从宪法和法律的要求。

（5）**系统性**。系统性是指国家行政组织从上到下形成一个具有极强整体性的有机系统。该系统表现出结构性和有序性两个特征，结构性是指行政组织根据社会分工建立起来的机关权责体系的特征，有序性是指由行政组织系统内一定的序列和等级体系所显现出来的特性。

（6）**发展性**。发展性是指行政组织适应社会历史的进步，主动采取各种措施和方法调整自身的宗旨、职能、结构、行为方式，以实现与社会之间交互作用的动态平衡。这一特征包括适应性和动态性两个互为表里的方面。

三、公共行政的客体

公共行政的对象主要包括两类：一是与广大民众相关的**公共产品**和**公共服务**，二是与公共行政机关自身有关的事务。前者对应的是政府对外的管理，后者对应的是政府内部的管理。

（一）公共产品

公共产品和私人产品的区别集中在排他性和竞争性两种属性上，**公共产品具有非竞争性和非排他性。公共产品可分为以下两种：**

（1）**纯公共产品**。纯公共产品就是指每个人对这种产品的消费，都不会导致其他人对该产品消费的减少。严格地讲，它是在消费过程中具有非竞争性和非排他性的产品，是任何一个人对该产品的消费都不减少别人对它进行同样消费的物品与劳务。如国防、治安、义务教育、环境保护等。

（2）**准公共产品**。准公共产品就是指具有有限的非竞争性或有限的非排他性的公共产品，它介于纯公共产品和私人产品之间。如教育、文化、广播、电视、医院、应用科学研究、体育、公路、农林技术推广等事业单位，其向社会提供的属于准公共产品。此外，实行企业核算的自来水、供电、邮政、市政建设、铁路、港口、码头、城市公共交通等，也属于准公共产品的范围。

（二）公共服务

公共服务包括狭义的公共服务和广义的公共服务。

所谓狭义的公共服务，就是指与经济调节、市场监管、社会管理并列的政府发展社会事业方面的职能，主要是指发展教育、科技、文化、卫生、体育等公共事业。

所谓广义的公共服务，就是指政府满足社会公共需要、方便企业和居民生产生活、提供公共产品的劳务和服务的总称。

根据内容和形式，公共服务可以分为以下几种：

（1）基础性公共服务。它是指那些公民及其组织从事经济和社会活动或者生产、生活、发展和娱乐等活动都需要的，有某种政府行为介入的基础性服务，如供水、电、气，交通与通讯基础设施，邮电与气象等。

（2）经济性公共服务。它是指通过某种政府行为的介入为公民及其组织即企业从事经济或生产活动所提供的服务，如科技推广、咨询服务，以及政策性信贷等。

（3）社会性公共服务。它是指通过某种政府行为的介入为公民的生活、发展与娱乐等社会性直接需求提供的服务，如公办教育、公办医疗、公办福利以及环境保护等。

（4）公共安全服务。它是指通过某种政府行为的介入为公民提供的安全服务，如军队、警察和消防等服务。

（三）政府自身事务

为了有效地提供公共产品和公共服务，公共行政主体必须搞好自身建设。政府自身事务从静态角度看，主要包括政府机构设置、行政区划、行政体制设计、公务人员、公共财政资源、后勤档案等内容；从动态角度看，主要包括行政信息、行政决策、行政执行、行政监督、行政评估等内容。政府自身建设的目标是降低行政成本，提高行政效率，形成行为规范、运转协调、公正透明、廉洁高效的行政管理体制。

四、公共行政的职能（行政主体的职能）

在社会主义市场经济条件下，政府的主要职能是经济调节、市场监管、社会管理和公共服务四个方面。落实科学发展观，必须加快政府职能转变，全面、正确地履行政府职能。

习题与解析

习题1.【单选】政府角色定位的集中体现是（　　）

A. 政府机构　　　　　　　　B. 政府职能
C. 政府性质　　　　　　　　D. 政府权力

答案：B。解析：政府职能是政府角色定位的集中体现。因此，本题应选B项。

习题2.【单选】科学建立行政组织的根本依据是（　　）

A. 经济职能　　　　　　　　B. 文化职能
C. 政府职能　　　　　　　　D. 管理职能

答案：C。解析：政府职能，亦称行政职能，是国家行政机关依法对国家和社会公共事务进行管理时应承担的职责和所具有的功能。政府职能反映着公共行政的基本内容和活动方向，是公共行政的本质表现。政府职能的作用有：①政府职能规定了国家行政活动的基本方向。②政府职能是建立行政组织和进行机构设置、人员配备的最基本依据。③行政职能的变化必然带来行政机构、人员编制以及运作方式的调整或改造。因此，本题应选C项。

公共行政的职能可以分为基本职能和运行职能两类。

（一）基本职能

所谓基本职能，就是指依据政府管理的事务性质横向划分的政府职能。**公共行政的基本职能包括以下四个方面：**

（1）**政治职能**。比如行使国家安全、社会秩序（包括军事保卫、外交、治安、民主政治建设）等职能。

（2）**经济职能**。比如行使宏观调控、提供公共产品和服务、市场监督等职能。

（3）**文化职能**。比如行使科学技术、教育、文化、卫生、体育、新闻出版、广播影视等职能。

（4）**社会职能**。比如行使社会保障、生态环境、计划生育、其他社会公共性的职能等。

> **习题与解析**

习题1.【单选】我国政府的四大政治职能是（　　）

A. 军事保卫、外交、治安、民主政治建设

B. 对外战争、外交、环境、法制政治建设

C. 军事保卫、科技、治安、民主政治建设

D. 对外战争、科技、环境、法制政治建设

答案：A。解析：A项正确，政治职能是指政府为维护国家统治阶级的利益，对外保护国家安全，对内维持社会秩序的职能。我国政府主要有四大政治职能：①军事保卫职能；②外交职能；③治安职能；④民主政治建设职能。BD两项错误，保护环境是社会管理职能。C项错误，发展科技是文化职能。因此，本题应选A项。

（二）运行职能

所谓运行职能，也称具体职能，就是指按照行政管理的过程来划分的行政职能。**公共行政的运行职能包括以下四个方面：**

（1）**计划职能**。计划职能是管理活动的**首要职能**，是管理活动的起点，是确定管理目标的第一个步骤，是实现管理目标并使管理由此岸到彼岸的桥梁。

（2）**组织职能**。组织是管理的前提和载体，组织职能是管理活动得以顺利实现的**必要环节**。

（3）**领导职能**。领导职能是管理过程的**灵魂**，是集中体现管理者素质和管理能力的活动，是取得管理效率和效果的关键职能，因此常常被认为是管理的**核心环节**。

（4）**控制职能**。控制职能是管理过程的**调节器**，包括制定各种控制标准、检查工作是否按计划进行、是否符合既定的标准。若工作发生偏差要及时发出信号，然后分析偏差产生的原因，纠正偏差或制定新的计划，以确保实现组织目标。

> **习题与解析**

习题1.【单选】（　　）实现管理效率和效果的灵魂，是管理过程中的核心环节。

A. 计划职能 B. 领导职能
C. 控制职能 D. 组织职能

答案：B。解析：领导职能就是管理者按照组织目标和任务，运用管理权力，主导和影响被管理者，使之为了组织目标的实现而贡献力量和积极行动的活动。领导职能是管理过程的灵魂，是集中体现管理者素质和管理能力的活动，是取得管理效率和效果的关键职能。所以领导职能常常被人们看作是管理的核心环节。因此，本题应选 B 项。

习题2.【单选】从时间顺序看，下列四种管理职能的排列方式，哪一种更符合逻辑（　　）

A. 组织　计划　控制　领导　　　　B. 计划　组织　领导　控制
C. 计划　领导　组织　控制　　　　D. 组织　领导　计划　控制

答案：B。解析：四大管理职能依次为计划职能是指管理者为实现组织目标对工作所进行的筹划活动；组织职能是管理者为实现组织目标而建立与协调组织结构的工作过程；领导职能是指管理者指挥、激励下级，以有效实现组织目标的行为；控制职能是指管理者为保证实际工作与目标一致而进行的活动。因此，本题应选 B 项。

第二节　公共政策

一、公共政策的含义

所谓公共政策，就是指社会公共权威在一定的条件下，针对一定的对象、为达到一定的目标而制定的行动方案或行为规则。

二、公共政策的功能

公共政策的功能主要包括以下几个方面：
（1）管制功能；
（2）引导功能；
（3）调控功能；
（4）分配功能。

在我国，社会监督是来自群众的监督，它的基本方式是对行政机关及其工作人员提出批评、建议、申诉、控告和检举。具体来说，它可以通过下列渠道进行：
（1）人民群众的监督；
（2）社会团体和群众性自治组织的监督；
（3）社会舆论监督；
（4）信访制度的监督。

全科公共基础知识

第五部分

公文写作基础知识

第一节 公文的概念与特征

一、公文的概念

所谓公文,就是公务文书的简称。

《党政机关公文处理工作条例》第三条:**党政机关公文**是党政机关实施领导、履行职能、处理公务的具有特定效力和规范体式的文书,是传达贯彻党和国家的方针政策,公布法规和规章,指导、布置和商洽工作,请示和答复问题,报告、通报和交流情况等的重要工具

为了适应中国共产党机关和国家行政机关工作需要,推进党政机关公文处理工作**科学化、制度化、规范化**,2012 年 4 月 16 日,中共中央办公厅、国务院办公厅联合印发了《党政机关公文处理工作条例》,同时废止了 1996 年 5 月 3 日中共中央办公厅印发的《中国共产党机关公文处理条例》和 2000 年 8 月 24 日国务院印发的《国家行政机关公文处理办法》。

习题与解析

习题 1.【单选】《党政机关公文处理工作条例》自( )起施行。

A. 2012 年 7 月 1 日 B. 2012 年 8 月 1 日
C. 2012 年 9 月 1 日 D. 2012 年 10 月 1 日

答案:A。解析:《党政机关公文处理工作条例》第四十二条规定,本条例自 2012 年 7 月 1 日起施行。因此,本题应选 A 项。

习题 2.【多选】中共中央办公厅、国务院办公厅联合印发《党政机关公文处理工作条例》,目的是推进党政机关公文处理工作的( )

A. 科学化 B. 制度化
C. 规范化 D. 标准化

答案:ABC。解析:《党政机关公文处理工作条例》第一条:为了适应中国共产党机关和国家行政机关工作需要,推进党政机关公文处理工作科学化、制度化、规范化,制定本条例。因此,本题应选 ABC 三个选项。

习题 3.【单选】制发公文的目的和要求,一般是由( )确定的。

A. 撰写者本人或团体 B. 机关党政负责人
C. 行文对象及行文内容 D. 作者的上级机关

答案:C。解析:制发公文的目的和宗旨是解决人民群众的实际问题,所以是否制发公文由行文对象以及行文内容来决定。因此,本题应选 C 项。

二、公文的特征

（1）**法定的权威性**；

（2）作者的法定性；

（3）特定的程式性；

（4）明显的时效性；

（5）**语言的庄重性**。

`习题与解析`

习题1.【单选】行政公文作者是指（ ）

A. 制发该公文的机关或机关的法定领导人

B. 草拟该公文的秘书人员

C. 参与该公文形成过程的有关处（科）室

D. 审核该公文的办公室负责人

答案：A。解析：公文的权威来自制发机关，而制发公文的作者也是制发该公文机关或者该机关的法定领导人，不是秘书科或者科室秘书人员。因此，本题应选 A 项。

第二节　公文的分类与种类

一、公文的分类

（1）按公开范围	**对外公开文件**：内容不涉及国家秘密，可以直接对国内外公开发布的文件	
	限国内公开文件：内容虽不涉及国家秘密，但是内容不宜或不必向国外公开，而只在国内公开发布的文件	
	内部使用文件：内容不涉及国家秘密，但不宜对社会公开而只限在机关或系统内部使用的文件	
（2）按涉密程度	**秘密文件**：内容涉及国家**一般秘密**，一旦泄露会使国家的安全和利益**遭受损害**的文件	
	机密文件：内容涉及国家**重要秘密**，一旦泄露会使国家的安全和利益**遭受严重损害**的文件	
	绝密文件：内容涉及国家**核心秘密**，一旦泄露会使国家的安全和利益**遭受特别严重损害**的文件	

续　表

(3) 按处理时限	**加急文件**：内容重要、紧急而须优先传递处理的文件
	特急文件：内容非常重要并特别紧急，须立即优先传递处理的文件
(4) 按行文方向	**上行文**：向所属上级机关呈送的公文
	下行文：向所属下级机关发送的公文
	平行文：同级机关或不相隶属机关之间往来的公文，如函、议案等
(5) 按公文来源	在一个机关内部可将公文分为**收文**和**发文**两种
(6) 按使用范围	**通用公文**：各级各类机关、团体、单位都共同使用的公文
	专用公文：某一行业、某个部门根据专门工作的特殊需要而使用的，具有该行业或该部门特定内容和规定格式的公文
(7) 按性质作用	公文可分规范性、指导性、公布性、商洽性公文等

习题与解析

习题1.【单选】下列关于公文分类的说法正确的是（　　）

A.《党政机关公文处理工作条例》按适用范围将公文分为17种

B. 按公文的来源，可分为收文和发文两种

C. 按涉及机密程度，保密公文分为绝密件、秘密件和普通件

D. 按办文时限要求，公文分为紧急件、加急件和平件

答案：B。解析：公文的文种有15种，选项A错误；根据涉密程度，公文分为秘密、机密和绝密，选项C错误；根据紧急程度，公文分为特急和加急公文，选项D错误；根据公文来源，公文分为收文和发文两种。因此，本题应选B项。

二、公文的种类

2012年4月16日，中共中央办公厅、国务院办公厅联合下发了《党政机关公文处理工作条例》（2012年7月1日生效实施），其中规定党政机关公文的**文种有15种**。

1. 决　议

决议适用于会议讨论通过的重大决策事项。

尽管《党政机关公文处理工作条例》把中国共产党公文和国家行政机关公文的文种合并，但是决议仍然是党的机关才使用的文种。决议是经过党的会议讨论通过才能生效并由党的领导机关发布的，决议的内容事关重要决策事项，一经公布，全党、全国上下都必须坚决执行。

一般情况下，决议的标题由发文机关（或会议名称）、事由和文种构成。**决议的成文**

日期是决议正式通过的日期，一般放在标题下，在小括号内注明会议名称及通过时间，也可以只写年、月、日。

例如：

中国共产党第二十次全国代表大会关于《中国共产党章程（修正案）》的决议
（2022年10月22日中国共产党第二十次全国代表大会通过）
中共中央关于党的百年奋斗重大成就和历史经验的决议
（2021年11月11日中国共产党第十九届中央委员会第六次全体会议通过）

决议是下行文。

2. **决　定**

决定适用于对重要事项作出决策和部署、奖惩有关单位和人员、变更或者撤销下级机关不适当的决定事项。

根据对象的不同，可以将决定划分为三种：

（1）重要事项的决定。对重要事项或事关全局的重大行动作出决策和部署，一般要阐述基本原则，提出工作任务、方案、措施和要求等。

（2）**奖惩性决定**。主要是对一些事迹突出、有典型意义的先进个人或集体进行表彰，对一些影响较大、群众关心的事故进行处理。奖惩性决定与用于奖惩的命令和通报层次规格不同，决定低于命令而高于通报，一般性的奖惩或基层单位的奖惩用通报即可。

（3）法规政策性决定。对下级机关不适当的决定事项或有关事项做变更或撤销处理。

决定和决议是近似文种，行政机关只有决定，党的机关两种都有，决定和决议主要不同表现在以下几个方面：

（1）程序方面。决议形成必须经过会议讨论通过，决定没有硬性规定。

（2）内容方面。决议原则性、理论性较强，决定相对比较具体，实践性更强。

（3）成文日期方面。决议成文日期用小括号标写在标题下方，有时候还包括会议名称。决定也可以如此标写（如党的机关的决定），也可以像一般公文一样，将成文日期标写在正文之后。

（4）作用方面。决议一律要求下级机关执行，而部署性决定要求下级机关执行，宣告性决定只起知照性作用，一般不要求下级机关执行。

例如：

《中共中央关于全面推进依法治国若干重大问题的决定》
（2014年10月23日中国共产党第十八届中央委员会第四次全体会议通过）
《中共中央 国务院 中央军委关于授予杨利伟同志航天英雄荣誉称号的决定》

决定是下行文。

3. **命　令（令）**

命令适用于公布行政法规和规章、宣布施行重大强制性措施、批准授予和晋升衔级、

嘉奖有关单位和人员。

命令（令）的使用具有严格的限制规定，并不是所有的行政机关都有权发布命令（令），按照《中华人民共和国宪法》和《中华人民共和国各级人民代表大会和地方各级人民政府组织法》的有关规定，只有全国人民代表大会的常务委员会、委员长，国家主席，国务院和国务院总理，国务院各部部长、各委员会主任，地方各级人民代表大会和各级人民政府及其首脑才有权发布命令（令），其他任何单位和个人均无权发布命令（令）。党的领导机关可以和同级人民政府联合发布命令（令），但是要以行政公文的形式出现。

命令（令）的主要类型包括任免令、发布令、行政令、嘉奖令等。

（1）任免令。任免令一般仅限于中央层面，其他级别不能使用任免令。例如，根据中华人民共和国第十二届全国人民代表大会第一次会议通过的决定，任命李克强为中华人民共和国国务院总理。

（2）发布令。国家主席令一般发布法律，例如，中华人民共和国主席令（第五十五号），发布《中华人民共和国合伙企业法》；国务院令一般发布法规规章，例如，中华人民共和国国务院令（第四百七十四号），发布《中华人民共和国风景名胜区条例》。

（3）行政令。行政令主要用于公布重大的强制性行政措施。例如，国务院1984年4月13日发布《关于严格保护珍贵稀有野生动物的通令》。属于行政令的还有动员令、特赦令、戒严令等。

（4）**嘉奖令**。嘉奖令是奖励的最高级别，用于奖励贡献突出的个人或集体，表彰功勋业绩、授予荣誉称号。例如，《国务院 中央军委关于授予钱学森同志国家杰出科学家荣誉称号的命令》（国发〔1991〕51号）。

命令是一种具有最高权威的下行文。

4. 公 报

公报适用于公布重要决定或者重大事项。

公报可以分为会议公报、事项公报、联合公报等。

（1）会议公报。报道重要会议或会谈的决定和情报。例如，《中国共产党第十九届中央委员会第五次全体会议公报》（2022年10月23日中国共产党第二十届中央委员会第一次全体会议通过）。

（2）事项公报。发布重大情况、重要事件。例如，《中华人民共和国2022年国民经济和社会发展统计公报》。

（3）联合公报。发布国家之间、党政之间、团体之间经过会议达成的某种协议。例如，《中华人民共和国和美利坚合众国联合公报》。

可见，公报作为文种，并不是一般党政机关能够使用的，普通基层单位不能使用公报。

公报是下行文。

5. 公 告

公告适用于向国内外宣布重要事项或者法定事项。

公告具有如下特点：

（1）发文权力限制在高层行政机关及其职能部门的范围之内，只有最高国家权力机关（全国人大及其常委会），最高国家行政机关（国务院），各省、自治区、直辖市行政领导机关，某些法定机关，如税务局、中国人民银行、海关、法院、检察院等有制发公告的权力。其他地方行政机关一般不能发布公告，党团组织、社会团体、企事业单位不能发布公告。

（2）发布范围面向国内外。

（3）内容和传播方式具有新闻性，内容新近发生，一般不张贴、不用红头文件的方式传播，而是通过通讯社、电台、报刊等传播。

公告是下行文。

6. 通 告

通告适用于在一定范围内公布应当遵守或者周知的事项。

公告和通告的区别主要有如下几点：

（1）发文机关不同。公告一般由高级别行政机关发布，而通告各级均可使用。

（2）发布范围不同。公告面向国内外各类人群，通告虽然也是公开发布，但面向特定区域的特定人群。

（3）发布方式不同。公告多数通过报刊、电台等传播，一般不用红头文件的方式下发，也不公开张贴，而通告以上方式均可以。

通告可分为法规性通告和知照性通告：

（1）法规性通告强制性措施较多，一旦违反将受到惩处。例如，《北京市人民政府关于发布本市第十四阶段控制大气污染措施的通告》（京政发〔2020〕4号）。

（2）知照性通告的主要目的是通知事项，没有强制性措施，受众一般接受所通知的事实。例如，《北京市发展和改革委员会关于发布北京市2021—2022年度能源审计专门机构推荐名单的通告》。

公报、公告、通告、通知都属于知照性公文。

通告是下行文。

7. 意 见

意见适用于对重要问题提出见解和处理办法。

习题与解析

习题1.【单选】从行文方向来看，（　　）既可以是下行文，也可以是上行文或平行文。

A. 通知　　　　　　　　　B. 公告
C. 意见　　　　　　　　　D. 报告

答案：C。解析：在15种文种中只有意见可以上行、下行和平行。因此，本题应选C项。

意见可以是上行文、下行文和平行文。

8. 通　知

通知适用于发布、传达要求下级机关执行和有关单位周知或者执行的事项，批转、转发公文。

通知的种类有以下几种：

（1）指示类通知。这类通知用来发布指示、布置工作。凡需对某一事项进行处理、对某问题作出指示，又不适合用命令、决定的形式行文时，文种均可采用通知。

（2）发布类通知。除重要的法律性文件用命令颁布外，多数法规和规章性文件，如条例、规定、办法、细则、实施方案等，都适用通知颁发。例如，《人事部关于印发〈人事争议仲裁员管理办法〉的通知》（人发〔1999〕99号）。

（3）批转、转发类通知

①批转类通知。将下级机关报来的文件（主要是建议性报告或工作报告）转发给有关下级机关，叫作"批转"。例如，《国务院批转煤电油运和抢险抗灾应急指挥中心关于抢险抗灾工作及灾后重建安排报告的通知》。

②转发类通知。将上级机关下发的文件，或不相隶属机关发来的文件（主要是意见、通知）等转发给下级机关，叫作"转发"。例如，《国务院办公厅转发国家经贸委等部门关于清理整顿小炼油厂和规范原油成品油流通秩序意见的通知》。

批转性、转发性通知标题中，"批转""转发"词语之前不加"关于"二字，避免标题中出现两个"关于"，且不会出现歧义，而其他通知的事由之前，应加介词"关于"。例如，《河南省人民政府转发国务院关于搞好人口普查决定的通知》。

（4）知照类通知。这类通知一般只有告知性，没有指导性。例如，《国务院办公厅关于成立国家信息化工作领导小组的通知》。

（5）会议类通知。会议通知可以用于下行文，也可以用于平行文。

通知可以是下行文，也可以是平行文。

9. 通　报

通报适用于表彰先进、批评错误、传达重要精神和告知重要情况。

通报可以分为三类：

（1）表彰通报。用于在一定范围内表扬好人好事。例如，《国务院关于国家科委等单位长年深入基层开展扶贫工作的通报》。

（2）批评通报。用于在一定范围内批评错误，纠正不良倾向。例如《国务院办公厅关于浙江省兰溪市非法成立金融机构并引发挤兑事件的通报》。

（3）情况通报。用于向有关方面知照应该掌握和了解的信息及动态以供工作参考，多作下行文，也兼作平行文。

通报可以是下行文，也可以是平行文。

10. 报　告

报告适用于向上级机关汇报工作、反映情况，回复上级机关的询问。

报告的结尾可以写:"特此报告。"

报告是上行文。

11. 请 示

请示适用于向上级机关请求指示、批准。

写作请示必须符合行文规则:一文一事、不越级请示、不得抄送下级机关、不得用"请示报告"字眼作标题。"请示"应当在附注处注明联系人和联系电话。

请示包括以下特点:①内容的针对性;②请求的回复性;③事项的单一性。

请示的结尾可以写:"以上请示,请批复。"

请示是上行文。

12. 批 复

批复适用于答复下级机关请示事项。

批复必须针对请示予以答复,批复是公文中唯一完全被动发出的文种,下级有请示,上级才会有批复。批复的结尾可以写:"特此批复。"

批复是下行文。

13. 议 案

议案适用于各级人民政府按照法律程序向同级人民代表大会或者人民代表大会常务委员会提请审议事项。

议案的结尾可以写:"提请审议。"

议案是平行文。

14. 函

函适用于不相隶属机关之间商洽工作、询问和答复问题、请求批准和答复审批事项。

函可以从不同角度进行分类:

(1)按性质分,函可以分为**公函**和**便函**两种。公函用于机关单位正式的公务活动往来,便函则用于日常事务性工作的处理。便函不属于正式公文,没有公文格式要求,甚至可以不要标题,不用发文字号,只需要在尾部署上机关单位名称、成文时间并加盖公章即可。

(2)按发文目的分,函可以分为**发函**和**复函**两种。发函即主动提出商洽事项所发出的函,一般在发函的结尾会标注"**盼复**"。复函则是为回复对方所发出的函,一般在复函的结尾会有"**此复**""**特此函复**"等惯用语。

(3)从内容和用途上分,函还可以分为商洽事宜函、通知事宜函、催办事宜函、邀请函、请示答复事宜函、转办函、催办函、报送材料函等。

总之,函要有一定的格式,用语要得体,要讲礼貌,不亢不卑,不能用命令的口吻、粗暴的语气。

函是平行文。

15. 纪 要

纪要适用于记载会议主要情况和议定事项。

纪要标题中常见的写法有两种：第一，规范式标题，即由机关名称、会议名称（或事由）和文种组成。例如，××市统计局党组第九次会议纪要。第二，省略式标题，即省去机关名称，由会议内容和文种两部分组成。例如，关于××问题的会议纪要。

《党政机关公文处理工作条例》把"会议纪要"改为"纪要"。**纪要不用加盖印章。**

公文文种记忆口诀：

两决两公三个通，令议报请批复中；意见纪要还有函，十五公文都来全。

三、公文写作的基本要求

（1）要保证公文内容在政治上的正确性；

（2）要实事求是，在业务上符合客观规律；

（3）**在文字表述上准确、庄重、朴实、严谨、精练、符合语法逻辑；**

（4）公文起草要符合统一规定的体式与程序；

（5）**要注意选用书写的载体材料与字迹材料。**

第三节　公文格式

版心内的公文格式各要素可以分成版头、主体、版记三个部分。

版　头	公文首页红色分隔线（含）以上的部分称为**版头**
主　体	公文首页红色分隔线（不含）以下、公文末页首条分隔线（不含）以上的部分称为**主体**
版　记	公文末页首条分隔线以下、末条分隔线以上的部分称为**版记**。页码位于版心外

公文版头（即文件头）部分格式

1. 份号；
2. 密级和保密期限；
3. 紧急程度；
4. 发文机关标志；
5. 发文字号；
6. 签发人；
7. 版头中的分隔线。

000001
机密★1年
特急

安阳市人民政府办公室文件

安政办发〔2022〕8号　　　　　　　　　　签发人：李改平

安阳市人民政府办公室
关于整修市政府有关部门综合楼的请示

省发改委：

　　……。

附件：1.……………………………
　　　2.……………………………

发文机关署名（印章）
2022 年 3 月 8 日

（联系人：×××；联系电话：×××）

抄送：……，……，……。

安阳市人民政府办公室　　　　　　　　　　2022 年 3 月 10 日印发

（一）份号

份号是公文印制份数的顺序号，涉密（秘密、机密和绝密）公文应当标注份号。

公文份数序号，用6位3号阿拉伯数字顶格标识在版心左上角第1行。份号数字前要编虚位，编号应该从1开始，连续编号，例如"000001""000002"等。

习题与解析

习题1.【单选】《党政机关公文格式》规定，公文份号使用（　　）位阿拉伯数字。

A. 3　　　　　　　　　　　　B. 4
C. 5　　　　　　　　　　　　D. 6

答案：D。解析：公文份数序号用6位3号阿拉伯数字顶格标识在版心左上角第1行。因此，本题应选D项。

（二）密级和保密期限

需要保密的公文，应根据保密程度注明密级，**密级分为秘密、机密和绝密三种**。

如需标识秘密等级，用3号黑体字，顶格标识在版心左上角第2行，两字之间空1字。在此需要说明的是，如果不标识保密期限，秘密等级两字之间应空1字距离，如果需要同时标识秘密等级和保密期限，秘密等级两字之间不用空格，同时秘密等级和保密期限之间用"★"隔开。保密期限中的数字用阿拉伯数字标注。

凡未标明或未通知保密期限的国家秘密事项，其保密期限按照绝密级事项30年、机密级事项20年、秘密级事项10年认定。

习题与解析

习题1.【单选】下列公文格式中哪一项不属于保密等级（　　）

A. 绝密　　　　　　　　　　B. 机密
C. 秘密　　　　　　　　　　D. 保密

答案：D。解析：需要保密的公文，应根据保密程度注明密级，密级分为秘密、机密和绝密三种。因此，本题应选D项。

（三）紧急程度

紧急程度是对文件送达和办理速度的要求。

紧急程度用3号黑体顶格标识在版心左上角，如果只标注紧急程度，则紧急程度顶格标识在版心左上角第一行，表达紧急程度的两个汉字之间空一个字；如果只标注份号、紧急程度，则紧急程度顶格标识在版心左上角第二行，表达紧急程度的两个汉字之间空一个字；如果同时标注份号、密级、紧急程度，则紧急程度标识在版心左上角第三行，表达紧急程度的两个汉字之间空一个字；如果同时标注份号、密级和保密期限、紧急程度，则紧急程度标识在版心左上角第三行，表达紧急程度的两个汉字之间不空格。

根据紧急程度，紧急公文应当分别标注"特急""加急"，电报应当分别标注"特提""特急""加急""平急"。

（四）发文机关标志

发文机关标志由发文机关全称或规范化简称加"文件"二字组成，也可用发文机关全称或规范化简称。如"河北省人民政府文件""中共中央文件""河南省人民政府"等。

发文机关标志一般使用小标宋体字，用红色标识，人们常把法定公文称为"红头文件"，居中印在文件首页上端。

发文机关标志上边缘至版心上边缘为35mm。字号由发文机关以醒目美观为原则酌定，但最大不能等于或大于22mm×15mm。

联合行文时，发文机关标志可以并用联合**发文机关**名称，也可以单独用**主办机关**名称。

联合行文的条件：行文的各机关部门必须是**同级**的；联合行文应当确有必要，且单位不宜过多。

联合行文：

（1）同级政府可以联合行文；

（2）同级政府各部门可以联合行文；

（3）政府部门与该政府的下一级政府可以联合行文；

（4）政府与同级党委和军队机关可以联合行文；

（5）政府部门与相应的党组织和军队机关可以联合行文；

（6）政府部门与同级人民团体和具有行政职能的事业单位也可以联合行文。

习题与解析

习题1.【多选】下列机关可以联合行文的是（ ）

①中共苏州市委

②苏州市政府

③苏州市人事局

④中共苏州市委组织部

A. ①与②　　　　　　　　　　B. ②与③

C. ③与④　　　　　　　　　　D. ①与④

答案：AC。解析：在联合行文当中，行文的各机关部门必须是同级的。因此，本题应选AC两个选项。

习题2.【单选】在下列机关部门中，可以联合行文的是（ ）

A. 省委办公厅、省人民政府办公厅

B. 市人民政府、市民政局、市公安局

C. 省公安厅、市公安局、市人民政府办公室

D. 市人大、市教育局、市经贸委

答案：A。解析：在联合行文中，行文各机关部门必须是同级的。因此，本题应选A项。

（五）发文字号

发文字号是一个机关同一年度制发公文的顺序号，简称"文号"，<u>位于文件头正下方</u>。

<u>发文字号编排在发文机关标志下空二行位置，用3号宋体，如果是平行文、下行文，居中排布，如果是上行文，则居左排布，并且左空一个字，与最后一个签发人姓名同处一行。</u><u>联合行文，只标明主办机关的发文字号</u>。

发文字号由发文机关代字、年份和发文顺序号三个部分组成，如中共中央2022年发的第10号文件，其文号应写成"中发〔2022〕10号"。其中，年份、发文顺序号用阿拉伯数字标注；年份应该用全称，用六角括号"〔〕"括入；发文顺序号不加"第"字，不编虚位（即1不编为01），主要是讲究实用，尽量减少公文的字数。在阿拉伯数字后加"号"字。

发文字号又称发文编号、文号，它是发文机关在某一年度内所发各种不同文件总数的顺序编号。发文字号由发文机关的办公厅（室）负责统一编排。发文字号的作用在于为检索和引用文件提供专指性较强的代码，为统计和管理公文提供依据。<u>发文字号是唯一的，是一件公文区别于其他公文最强的特指性标识</u>。

机关代字一般由两个层次组成。第一个层次是发文机关代字，第二个层次是发文机关主办文件的部门的代字。如教育部文件的机关代字有"教办""教财"等，"教"代表教育部，"办""财"代表主办这份教育部文件的教育部的办公部门、财务部门。有的机关代字还包含其他的层次，如国务院发文的机关代字有"国发""国函"，"国"代表国务院，而"发"和"函"则代表"国务院文件"和"国务院函"这两种发文形式。有的文件机关代字有七八个、十几个字之多，可能各有所代表的层次，但尽量以简化为好。

发文字号之下4mm处印一条与版心等宽的红色反线。

习题与解析

习题1.【单选】下列发文字号正确的是（　　）

A. ×改发〔21〕27号　　　　　　B. ×改发〔2021〕27号

C. ×改发〔2021〕第27号　　　　D. ×改办函［2021］27号

答案：B。解析：发文字号是由发文机关代字、年份和发文顺序号三个部分组成，其中，年份、发文顺序号用阿拉伯数字标注；年份应该用全称，用六角括号"〔〕"括入；发文顺序号不加"第"字，不编虚位（即1不编为01）。因此，本题应选B项。

（六）签发人

<u>上行文应当标注签发人的姓名</u>。

由"签发人"三字加全角冒号和签发人姓名组成，居右空一字，编排在发文机关标志

下空二行位置。"签发人"三字用 3 号仿宋字体，签发人姓名用 3 号楷体字。

如果有多个签发人，签发人姓名按照发文机关的排列顺序从左到右、自上而下依次均匀编排，一般每行排两个姓名，回行时与上一行第一个签发人姓名对齐。

作为公文格式要素之一的"签发人"，是签发上行文的机关主要负责人。主要负责人指各级机关的正职或主持工作的负责人。单一机关或者两个机关联合上行文，签发人编排在发文字号右侧，同处一行。需要注意的是，并排的两个签发人姓名之间空一个字，如果姓名是两个字，则中间空一个字，如果是四个字以上，则单独排列。

联合发文由所联署机关的负责人会签，一般由主办机关先签署意见，其他单位依次会签。

（七）版头中的分隔线

版头中的分隔线也称红色反线。在发文字号之下 4mm 处，与版心等宽，用于隔开文头和正文。

公文主体部分格式

1. 标题；
2. 主送机关；
3. 正文；
4. 附件说明；
5. 发文机关署名；
6. 成文日期；
7. 印章；
8. 附注；
9. 附件。

（一）公文标题

公文标题由发文机关名称、事由和文种组成。例如国务院关于颁发《会计人员职权条例》的通知。公文标题中，除批转的法规、规章名称加书名号外，一般不用标点符号。

公文标题一般用 2 号小标宋体字，编排于红色分隔线下空二行位置，分一行或多行居中排布；回行时要做到词意完整，排列对称，长短适宜，间距恰当，形式美观。公文标题排列应该用梯形或菱形。

习题与解析

习题 1.【多选】公文标题由以下几部分构成（　　）

A. 发文机关名称　　　　　　　　B. 公文接受单位名称

C. 公文事由　　　　　　　　　　D. 公文文种

答案：ACD。解析：公文标题由发文机关名称、事由和文种组成。因此，本题应选ACD三个选项。

习题2.【单选】公文标题中不能使用的标点符号是（ ）

A. 顿号 B. 破折号
C. 引号 D. 逗号

答案：D。解析：公文标题一般不使用标点符号，有一些特殊情况也有使用标点的情形，比如会用到顿号、破折号、书名号、双引号等，但一般不会用到逗号、句号、冒号、分号、感叹号等。因此，本题应选D项。

（二）主送机关

主送机关是公文的主要受理机关，应当使用机关全称、规范化简称或者同类型机关统称。

主送机关编排在标题之下空一行处，靠左顶格（回行时仍顶格）用3号仿宋体字书写，最后一个机关名称后加全角冒号。

主送机关较多的时候，一般按照重要程度顺序，在各类别之间用逗号隔开，各类别之内用顿号隔开，最后一个主送机关名称后标全角冒号。

习题与解析

习题1.【单选】主送机关是指公文的主要（ ）

A. 发文机关 B. 公文起草机关
C. 受理机关 D. 下级机关

答案：C。解析：主送机关是公文的主要受理机关，考生需要切记的是主送机关不一定是制发公文的上级机关。因此，本题应选C项。

（三）正　文

公文首页必须显示正文，**一般用3号仿宋体字**，正文是公文的主体和核心，位于主送机关之下，每一段首行一律空两个字书写，回行时顶格书写。数字、年份不能回行。

正文中结构层次序数依次可以用"一、""（一）""1.""（1）"标注，层次序数可以越级使用，例如，公文结构层次只有两层，第一层用"一、"，第二层可以选用"1."。一般第一层用黑体字，第二层用楷体字，第三层和第四层用仿宋体字标注。

习题与解析

习题1.【单选】作为一般性公文的结构层次序数，正确的是（ ）

A. 一、1、① B. 一、（一）1.（1）
C. （一）、（1）、① D. 一、（一）、1、①

答案：B。解析：正文中结构层次序数依次可以用"一、""（一）""1.""（1）"标注，层次序数可以越级使用。因此，本题应选B项。

（四）附件说明

公文如果有附件，在正文下空一行左空二字编排"附件"二字，后标全角冒号和附件名称。如果有多个附件，使用阿拉伯数字标注附件顺序号（如"附件：1.×××××"）；**附件名称后不加标点符号，附件一般不用加书名号**。附件名称较长需要回行时，应当与上一行附件名称的首字对齐。

（五）发文机关署名

<u>公文的发文机关又称落款</u>，是公文的**法定作者**。在正文之后偏右处，应用发文机关全称或规范化简称。

几个机关联合发文，应将主办机关排列在前。以领导人的名义发文，应在领导人的名义前冠以职务名称。

（六）成文日期

成文日期位于发文机关名称之下，一般**右空四字**编排，纪要、决定、决议等不标注主送机关的公文，成文日期可用括号标注于标题下方居中位置。

成文日期要**书写完整**，用**阿拉伯数字**将年、月、日标全，年份应标全称，月、日不标虚位（即1不编为01）。

<u>成文日期以会议通过或发文机关负责人签发的日期为准，联合行文以最后签发机关负责人的签发日期为准，电报以发出日期为准。</u>

习题与解析

习题1.【单选】以下成文日期，书写规范的是（ ）

A．2018.1.28　　　　　　　　B．18年1月28日

C．2018年1月28日　　　　　　D．二〇一八年一月二十八日

答案：C。解析：成文日期要书写完整，用阿拉伯数字将年、月、日标全，年份应标全称，月、日不标虚位（即1不编为01）。因此，本题应选C项。

（七）印　章

公文中有发文机关署名的，应当加盖发文机关印章，并与署名机关相符。
有特定发文机关标志的普发性公文可以不加盖印章，纪要和电报不加盖印章。

1. 加盖印章的公文

单一机关行文时，一般在成文日期之上，以成文日期为准居中编排发文机关署名，印章端正、居中下压发文机关署名和成文日期。

联合行文时，一般将各发文机关署名按照发文机关顺序整齐排列在相应位置，并将印章一一对应、端正、居中下压发文机关署名，最后一个印章端正、居中下压发文机关署名

和成文日期，**印章之间排列整齐、互不相交或相切，每排印章两端不得超出版心**。

印章要盖在发文机关署名和成文日期上，**做到上不压正文、下要骑年盖月**。以印章的下半边缘压盖成文日期，一般以压盖4—7个字为宜。

当公文排版后所剩空白处不能容下印章或签发人签名章、成文日期时，**可以采取调整行距、字距的措施解决**，务使印章与正文同处一面，不得采取标识"此页无正文"的方法解决。

2. *不加盖印章的公文*

单一机关行文时，在正文（或附件说明）下空一行右空二字编排发文机关署名，在发文机关署名下一行编排成文日期，首字比发文机关署名首字右移二字，如果成文日期长于发文机关署名，应当使成文日期右空二字编排，并相应增加发文机关署名右空字数。

联合行文时，应当先编排主办机关署名，其余发文机关署名依次向下编排。

3. *加盖签发人签名章的公文*

单一机关制发的公文加盖签发人签名章时，在正文（或附件说明）下空二行右空四字加盖签发人签名章，签名章左空二字标注签发人职务，签发人如果是副职，签发人职务中"副"字不能少，以签名章为准上下居中排布，在签发人签名章下空一行右空四字编排成文日期。

联合行文时，应当先编排主办机关签发人职务、签名章，其余机关签发人职务、签名章依次向下编排，与主办机关签发人职务、签名章上下对齐；每行只编排一个机关的签发人职务、签名章，签发人职务应当标注全称。

联合行文时，发文机关都应当加盖印章。

> 习题与解析

习题1.【单选】下列有关印章的使用，说法错误的是（　　）

A.《党政机关公文处理工作条例》规定有特定发文机关标志的普发性公文和电报可以不加印章

B. 联合上报的公文，至少有两个以上联合行文机关加盖印章

C. 联合下发的公文，发文机关都应加盖印章

D. 电报注明落款，不盖印章

答案：B。解析：联合行文时，发文机关都应当加盖印章，选项B表述错误，其他三个选项表述符合规定。因此，本题应选B项。

（八）附　注

附注是公文印发传达范围等需要说明的事项，不是对正文内容的注释或解释。

如果有附注，居左空二字加圆括号编排在**成文日期**下一行。比如（此件发至县团级）、（此件发至各街道、乡）。用3号仿宋体字，居左空二字加圆括号标识。

报上级的请示、意见、报告，必须在"附注"处标注联系人及联系电话，例如"（联

系人：×××；联系电话：×××）"，以便上级询问。

> 习题与解析

习题 1.【单选】（ ）用以说明公文的印发传达范围或使用时需注意的事项。

A. 尾语　　　　　　　　　　B. 版记

C. 附注　　　　　　　　　　D. 附件

答案：C。解析：附注是公文印发传达范围等需要说明的事项，不是对正文内容的注释或解释。因此，本题应选 C 项。

（九）附　件

附件应当另面编排，并在版记之前，与公文正文一起装订。"附件"二字及附件顺序号用 3 号黑体字顶格编排在版心左上角第一行。附件标题居中编排在版心第三行。附件顺序号和附件标题应当与附件说明的表述一致。附件格式要求同正文一样。

如果附件与正文不能一起装订，应当在附件左上角第一行顶格编排公文的发文字号并在其后标注"附件"二字及附件顺序号。

注意：不是所有的公文都有附件。

公文版记部分格式

1. 版记中的分隔线；
2. 抄送机关；
3. 印发机关和印发日期。

（一）版记中的分隔线

版记中的分隔线与版心等宽，首条分隔线和末条分隔线用粗线（高度为 0.35mm），中间的分隔线用细线（高度为 0.25mm），首条分隔线位于版记中的第一个要素之上，末条分隔线与公文最后一面的版心下边缘重合。

（二）抄送机关

抄送机关是用以标明需要了解公文内容的机关名称。

公文如有抄送机关，左右各空一字，用 4 号仿宋体字标识"抄送"，后标全角冒号。**抄送机关间用逗号隔开，回行时与冒号后的抄送机关对齐，在最后一个抄送机关后标句号。**

对上级机关或同级机关用"抄送"，对下级机关不得用"抄送"。

（三）印发机关和印发日期

印发机关和印发日期位于抄送机关之下，占一行位置，印发机关左空一字，印发日期右空一字。印发机关均用单位全称。印发时间以公文付印的日期为准，用阿拉伯数字将年、月、日标全，年份应标全称，月、日不编虚位，后加印发二字。

版心外有页码：

页码一般用4号半角宋体阿拉伯数字，编排在公文版心下边缘之下，页码数字左右两边各空一个半角空格，然后再各放一条"—"字线。公文附件和正文一起装订时，页码应当连续编排。

《党政机关公文处理工作条例》第九条规定，公文一般由份号、密级和保密期限、紧急程度、发文机关标志、发文字号、签发人、标题、主送机关、正文、附件说明、发文机关署名、成文日期、印章、附注、附件、抄送机关、印发机关和印发日期、页码等组成。

不同的文种、不同的格式（如信函式、命令式），对公文要素有不同的要求。

一般情况下，发文机关、公文标题、正文、发文机关署名、成文日期这五个要素是必不可少的。

公文格式其他要求

1. 公文用纸规格

公文用纸采用国际标准A4型，供张贴的公文用纸幅度尺寸，可根据实际需要确定。

2. 公文页边与版心尺寸

公文用纸天头（上白边）为37mm±1mm；

公文用纸订口（左白边）为28mm±1mm；

版心尺寸为156mm×225mm（不含页码）。

3. 公文中图文的颜色

未作特殊说明公文中图文的颜色均为黑色。

公文在一般情况下，除了发文机关标志、版头的分隔线和发文机关印章为红色外，其余部分均为黑色。

4. 排版规格

正文用3号仿宋体字，文中如有小标题可用3号小标宋体字或黑体字，一般每面排22行，每行排28个字。

习题与解析

习题1.【单选】在字体字号的选用上，公文的正文一般用（　　）

A. 3号仿宋体字　　　　　　　B. 4号宋体字

C. 4号楷体字　　　　　　　　D. 5号黑体字

答案：A。解析：正文用3号仿宋体字，文中如有小标题可用3号小标宋体字或黑体字，一般每面排22行，每行排28个字。因此，本题应选A项。

5. 装订要求

公文应左侧装订，不掉页。

6. 公文引用

引用公文应当先引标题，后引发文字号。例如，《北京市人民政府关于报请审批北京城市总体规划的请示》（京政文〔2004〕85号）。

习题与解析

习题1.【单选】引用公文应当（ ）

A. 先引发文字号，后引标题　　　B. 先引标题，后引发文字号

C. 只引发文字号　　　　　　　　D. 只引标题

答案：B。解析：引用公文应当先引标题，后引发文字号。因此，本题应选B项。

第四节　公文处理

党政机关公文处理工作条例

第一条　为了适应中国共产党机关和国家行政机关（以下简称**党政机关**）工作需要，推进党政机关公文处理工作**科学化、制度化、规范化**，制定本条例。

第二条　本条例适用于各级党政机关公文处理工作。

第三条　**党政机关公文**是党政机关实施领导、履行职能、处理公务的具有特定效力和规范体式的文书，是传达贯彻党和国家的方针政策，公布法规和规章，指导、布置和商洽工作，请示和答复问题，报告、通报和交流情况等的重要工具。

第四条　**公文处理工作**是指公文**拟制、办理、管理**等一系列相互关联、衔接有序的工作。

第五条　公文处理工作应当坚持**实事求是、准确规范、精简高效、安全保密**的原则。

第六条　各级党政机关应当高度重视公文处理工作，加强组织领导，强化队伍建设，设立**文秘部门**或者由**专人负责**公文处理工作。

第七条　**各级党政机关办公厅（室）主管本机关的公文处理工作**，并对下级机关的公文处理工作进行业务指导和督促检查。

习题与解析

习题1.【多选】公文处理工作包括（ ）

A. 公文拟制　　　　　　　　　　B. 公文审核

C. 公文办理　　　　　　　　　　D. 公文管理

答案：ACD。解析：《党政机关公文处理工作条例》第四条规定，公文处理工作是指公文拟制、办理、管理等一系列相互关联、衔接有序的工作。因此，本题应选ACD三个选项。

习题2.【多选】2012年7月1日生效实施的《党政机关公文处理工作条例》中规定，公文处理工作应当坚持（ ）的原则。

A. 实事求是 B. 准确规范
C. 精简高效 D. 安全保密

答案：ABCD。解析：《党政机关公文处理工作条例》第五条规定，公文处理工作应当坚持实事求是、准确规范、精简高效、安全保密的原则。因此，本题应选 ABCD 四个选项。

第八条 <u>公文种类主要有十五种</u>。

第九条 公文一般由份号、密级和保密期限、紧急程度、发文机关标志、发文字号、签发人、标题、主送机关、正文、附件说明、发文机关署名、成文日期、印章、附注、附件、抄送机关、印发机关和印发日期、页码等组成。

第十条 公文的版式按照《党政机关公文格式》国家标准执行。

第十一条 公文使用的汉字、数字、外文字符、计量单位和标点符号等，按照有关国家标准和规定执行。民族自治地方的公文，可以并用汉字和当地通用的少数民族文字。

第十二条 公文用纸幅面采用**国际标准 A4 型**。特殊形式的公文用纸幅面，根据实际需要确定。

第十三条 行文应当确有必要，**讲求实效**，注重针对性和可操作性。

习题与解析

习题1.【单选】行文应当确有必要，（ ），注重针对性和可操作性。

A. 领导决定 B. 讲求实效
C. 注意效用 D. 强调准确

答案：B。解析：《党政机关公文处理工作条例》第十三条规定，行文应当确有必要，讲求实效，注重针对性和可操作性。因此，本题应选 B 项。

第十四条 行文关系根据隶属关系和职权范围确定。<u>一般不得越级行文，特殊情况需要越级行文的，应当同时抄送</u>**被越过的机关**。

第十五条 **向上级机关行文**，应当遵循以下规则：

（一）<u>原则上主送一个上级机关</u>，根据需要同时抄送相关上级机关和同级机关，不抄送下级机关。

（二）党委、政府的部门向上级主管部门请示、报告**重大事项**，应当经本级党委、政府同意或者授权；属于部门职权范围内的事项应当直接报送上级主管部门。

（三）下级机关的请示事项，如需以本机关名义向上级机关请示，应当提出**倾向性意见**后上报，不得原文转报上级机关。

（四）**请示应当一文一事。不得在报告等非请示性公文中夹带请示事项**。

（五）除上级机关负责人直接交办事项外，不得以本机关名义向**上级机关负责人**报送公文，不得以**本机关负责人**名义向上级机关报送公文。

（六）<u>受双重领导的机关向一个上级机关行文，必要时抄送另一个上级机关</u>。

> 习题与解析

习题1.【单选】下列有关公文处理工作的行文规则表述错误的是（ ）

A. 向上行文一般只主送一个上级机关，根据需要同时抄送相关上级机关和同级机关，不抄送下级机关

B. 下级机关的请示事项，如需以本机关名义向上级机关请示，应当提出倾向性意见后上报，不得原文转报上级机关

C. 请示应当一文一事，不得在报告等非请示性公文中夹带请示事项

D. 公文写作中，可以本机关名义向上级机关负责人报送公文，也可以本机关负责人名义向上级机关报送公文

答案：D。解析：《党政机关公文处理工作条例》第十五条规定，除上级机关负责人直接交办事项外，不得以本机关名义向上级机关负责人报送公文，不得以本机关负责人名义向上级机关报送公文。因此，本题应选D项。

习题2.【单选】《党政机关公文处理工作条例》第十五条规定："党委、政府的部门向上级主管部门请示、报告（ ），应当经本级党委、政府同意或者授权。"

A. 重要工作　　　　　　　　B. 紧急工作
C. 重大事项　　　　　　　　D. 特殊事项

答案：C。解析：《党政机关公文处理工作条例》第十五条规定，党委、政府的部门向上级主管部门请示、报告**重大事项**，应当经本级党委、政府同意或者授权；属于部门职权范围内的事项应当直接报送上级主管部门。因此，本题应选C项。

习题3.【单选】下级机关的请示事项，如需以本机关名义向上级机关请示，应当提出（ ）后上报，不得原文转报上级机关。

A. 建设性意见　　　　　　　B. 倾向性意见
C. 具体性意见　　　　　　　D. 可行性意见

答案：B。解析：《党政机关公文处理工作条例》第十五条规定，下级机关的请示事项，如需以本机关名义向上级机关请示，应当提出**倾向性意见**后上报，不得原文转报上级机关。因此，本题应选B项。

第十六条　**向下级机关行文**，应当遵循以下规则：

（一）主送受理机关，根据需要抄送相关机关。重要行文应当同时抄送发文机关的直接上级机关。

（二）<u>党委、政府的办公厅（室）根据本级党委、政府授权，可以向下级党委、政府行文</u>，其他部门和单位不得向下级党委、政府发布指令性公文或者在公文中向下级党委、政府提出指令性要求。须经政府审批的具体事项，经政府同意后可以由政府职能部门行文，文中须注明已经政府同意。

（三）党委、政府的部门在各自职权范围内可以向下级党委、政府的相关部门行文。

（四）涉及多个部门职权范围内的事务，部门之间未协商一致的，不得向下行文；擅

自行文的，上级机关应当责令其纠正或者撤销。

（五）上级机关向受双重领导的下级机关行文，必要时抄送该下级机关的另一个上级机关。

第十七条　同级党政机关、党政机关与其他同级机关必要时可以联合行文。属于党委、政府各自职权范围内的工作，不得联合行文。

党委、政府的部门依据职权可以相互行文。

部门内设机构除办公厅（室）外不得对外正式行文。

> 习题与解析

习题1.【单选】下列有关公文处理工作的行文规则表述正确的是（　　）

A. 公文写作一般不得越级行文，特殊情况需要越级行文的，不用同时抄送被越过的机关

B. 党政机关与其他同级机关不可以联合行文

C. 下级党委和政府部门可以和上级党委和政府部门联合行文

D. 上级党委和政府部门可以和下级党委和政府联合行文

答案：D。解析：公文写作一般不得越级行文，如需越级行文应同时抄送被越过的机关，选项A错误；党政机关与其他同级机关可以联合行文，选项B错误；下级党委和政府部门不可以和上级党委和政府部门联合行文，选项C错误；上级党委和政府部门可以和下级党委和政府联合行文，选项D正确。因此，本题应选D项。

习题2.【单选】联合行文时，作者应是（　　）

A. 同级机关　　　　　　　　　B. 同一系统的机关

C. 三个以上的机关　　　　　　D. 行政主管机关与业务指导机关

答案：A。解析：联合行文必须是在同级机关之间进行。因此，本题应选A项。

有关公文稿本的种类：

（1）**草稿**。又称"草案""未定稿"，指公文的原始稿件，是尚未成熟和定型的公文，无实际执行效用，只是修改、讨论和审批的基础。

（2）**定稿**。又称"原稿""底稿""正稿"，指送审稿经负责人签发或经会议正式讨论通过的最后完成稿。

（3）**副本**。亦称"抄本"，指根据公文正本复制或誊抄的文本，是相对正本而言。

（4）**试行本**。指在规定的试行期间推行的，具有正式公文效力的特殊文本。试行本在试行期满之后可能会予以修订，并最终形成正式的文本。

（5）**暂行本**。指暂时推行的版本公文，在规定期限内暂时试行的具有正式公文效力的文本。试行本与暂行本的区别在于，试行本是在特殊时期推行的一种文本，主要是在经验不足、考虑不够全面或者探索性的文本中使用，此类文本一般会在标题后面加小括号，并标注"试行"二字。暂行本是暂定期限内推行的公文文本，在很大程度上属于过渡性使用，一般会直接在标题中添加"暂行"二字。

（一）公文拟制

第十八条　公文拟制包括公文的**起草、审核、签发**等程序。

第十九条　公文**起草**应当做到：

（一）符合党的理论路线方针政策和国家法律法规，完整准确体现发文机关意图，并同现行有关公文相衔接。

（二）一切从实际出发，分析问题实事求是，所提政策措施和办法切实可行。

（三）内容简洁，主题突出，观点鲜明，结构严谨，表述准确，文字精练。

（四）文种正确，格式规范。

（五）深入调查研究，充分进行论证，广泛听取意见。

（六）公文涉及其他地区或者部门职权范围内的事项，起草单位必须征求相关地区或者部门意见，力求达成一致。

（七）**机关负责人**应当主持、指导重要公文起草工作。

第二十条　公文文稿签发前，应当由发文机关办公厅（室）进行审核。**审核**的重点是：

（一）行文理由是否充分，行文依据是否准确。

（二）内容是否符合党的理论路线方针政策和国家法律法规；是否完整准确体现发文机关意图；是否同现行有关公文相衔接；所提政策措施和办法是否切实可行。

（三）涉及有关地区或者部门职权范围内的事项是否经过充分协商并达成一致意见。

（四）文种是否正确，格式是否规范；人名、地名、时间、数字、段落顺序、引文等是否准确；文字、数字、计量单位和标点符号等用法是否规范。

（五）其他内容是否符合公文起草的有关要求。

<u>需要发文机关审议的重要公文文稿，审议前由**发文机关办公厅（室）**进行**初核**。</u>

第二十一条　经审核不宜发文的公文文稿，应当退回起草单位并说明理由；符合发文条件但内容需作进一步研究和修改的，由**起草单位**修改后重新报送。

习题与解析

习题1.【单选】需要发文机关审议的重要公文文稿，审议前由（　　）进行初核。

A. 机关负责人　　　　　　　B. 发文机关办公厅（室）
C. 文秘部门　　　　　　　　D. 本部门负责人

答案：B。解析：《党政机关公文处理工作条例》第二十条规定，需要发文机关审议的重要公文文稿，审议前由发文机关办公厅（室）进行初核。因此，本题应选B项。

第二十二条　公文应当经**本机关负责人**审批**签发**。**重要公文和上行文由机关主要负责人**签发。党委、政府的办公厅（室）根据党委、政府授权制发的公文，由受权机关主要负责人签发或者按照有关规定签发。签发人签发公文，应当签署意见、姓名和完整日期；圈阅或者签名的，视为同意。<u>联合发文由所有联署机关的负责人**会签**。</u>

习题与解析

习题1.【多选】公文拟制包括公文的（　　）等程序。

A. 起草　　　　　　　　　　B. 审核

C. 拟办　　　　　　　　　　D. 签发

答案：ABD。解析：《党政机关公文处理工作条例》第十八条规定，公文拟制包括公文的起草、审核、签发等程序。因此，本题应选 ABD 三个选项。

习题2.【单选】（　　）应当主持、指导重要公文起草工作。

A. 机关负责人　　　　　　　B. 发文机关办公厅（室）

C. 文秘部门　　　　　　　　D. 本部门负责人

答案：A。解析：《党政机关公文处理工作条例》第十九条规定，机关负责人应当主持、指导重要公文起草工作。因此，本题应选 A 项。

习题3.【单选】（　　）和上行文由机关主要负责人签发。

A. 上行公文　　　　　　　　B. 平行公文

C. 下行公文　　　　　　　　D. 重要公文

答案：D。解析：《党政机关公文处理工作条例》第二十二条规定，重要公文和上行文由机关主要负责人签发。因此，本题应选 D 项。

习题4.【单选】两个或两个以上机关联合行文时必须做好（　　）工作。

A. 审核　　　　　　　　　　B. 签发

C. 会商　　　　　　　　　　D. 会签

答案：D。解析：《党政机关公文处理工作条例》第二十二条规定，联合发文由所有联署机关的负责人会签。因此，本题应选 D 项。

（二）公文办理

第二十三条 公文办理包括**收文办理、发文办理和整理归档**。

习题与解析

习题1.【多选】公文办理包括（　　）等程序。

A. 收文办理　　　　　　　　B. 发文办理

C. 审核办理　　　　　　　　D. 整理归档

答案：ABD。解析：《党政机关公文处理工作条例》第二十三条规定，公文办理包括收文办理、发文办理和整理归档。因此，本题应选 ABD 三个选项。

第二十四条　**收文办理**主要程序是：

（一）**签收**。对收到的公文应当逐件清点，核对无误后签字或者盖章，并注明签收时间。

（二）**登记**。对公文的主要信息和办理情况应当详细记载。

（三）**初审**。对收到的公文应当进行初审。初审的重点是：是否应当由本机关办理，是否符合行文规则，文种、格式是否符合要求，涉及其他地区或者部门职权范围内的事项是否已经协商、会签，是否符合公文起草的其他要求。经初审不符合规定的公文，**应当及时退回来文单位并说明理由**。

（四）**承办**。阅知性公文应当根据公文内容、要求和工作需要确定范围后分送。批办性公文应当提出拟办意见报本机关负责人批示或者转有关部门办理；需要两个以上部门办理的，应当明确主办部门。紧急公文应当明确办理时限。承办部门对交办的公文应当及时办理，有明确办理时限要求的应当在规定时限内办理完毕。

（五）**传阅**。根据领导批示和工作需要将公文及时送传阅对象阅知或者批示。办理公文传阅应当随时掌握公文去向，不得漏传、误传、延误。

（六）**催办**。及时了解掌握公文的办理进展情况，督促承办部门按期办结。紧急公文或者重要公文应当由专人负责催办。

（七）**答复**。公文的办理结果应当及时答复来文单位，并根据需要告知相关单位。

第二十五条　**发文办理**主要程序是：

（一）**复核**。已经发文机关负责人签批的公文，印发前应当对公文的审批手续、内容、文种、格式等进行复核；需作实质性修改的，**应当报原签批人复审**。

（二）**登记**。对复核后的公文，应当确定发文字号、分送范围和印制份数并详细记载。

（三）**印制**。公文印制必须确保质量和时效。涉密公文应当在符合保密要求的场所印制。

（四）**核发**。公文印制完毕，应当对公文的文字、格式和印刷质量进行检查后分发。

> **习题与解析**

习题1.【多选】发文办理包括公文的（　　）等程序。

A. 复核　　　　　　　　　　B. 登记
C. 印制　　　　　　　　　　D. 核发

答案：ABCD。解析：《党政机关公文处理工作条例》第二十五条规定，发文办理包括公文的复核、登记、印制以及核发。因此，本题应选ABCD四个选项。

习题2.【单选】《党政机关公文处理工作条例》第二十五条规定，发文办理的最后一环节是（　　）

A. 复核　　　　　　　　　　B. 登记
C. 印制　　　　　　　　　　D. 核发

答案：D。解析：《党政机关公文处理工作条例》第二十五条规定，发文办理包括公文的复核、登记、印制以及核发。因此，本题应选D项。

第二十六条　涉密公文应当通过**机要交通、邮政机要通信、城市机要文件交换站**或者**收发件机关机要收发人员**进行传递，通过密码电报或者符合国家保密规定的计算机信息系统进行传输。

习题与解析

习题 1.【多选】涉密公文应当通过（　　）进行传递。

A. 机要交通　　　　　　　　B. 邮政机要通信
C. 城市机要文件交换站　　　D. 收发件机关机要收发人员

答案：ABCD。解析：《党政机关公文处理工作条例》第二十六条规定，涉密公文应当通过机要交通、邮政机要通信、城市机要文件交换站或者收发件机关机要收发人员进行传递。因此，本题应选 ABCD 四个选项。

第二十七条　需要归档的公文及有关材料，应当根据有关档案法律法规以及机关档案管理规定，及时收集齐全、**整理归档**。两个以上机关联合办理的公文，原件由**主办机关**归档，相关机关保存复制件。机关负责人兼任其他机关职务的，在履行所兼职务过程中形成的公文，由其兼职机关归档。

习题与解析

习题 1.【判断】两个以上机关联合办理的公文，原件由主办机关归档，相关机关无需保存相关文件。（　　）

答案：×。解析：《党政机关公文处理工作条例》第二十七条规定，两个以上机关联合办理的公文，原件由主办机关归档，相关机关保存复制件。

（三）公文管理

第二十八条　各级党政机关应当建立健全本机关公文管理制度，确保管理严格规范，充分发挥公文效用。

第二十九条　党政机关公文由文秘部门或者专人统一管理。设立党委（党组）的县级以上单位应当建立机要保密室和机要阅文室，并按照有关保密规定配备工作人员和必要的安全保密设施设备。

第三十条　公文确定密级前，应当按照拟定的密级先行采取保密措施。确定密级后，应当按照所定密级严格管理。绝密级公文应当由**专人管理**。

公文的密级需要变更或者解除的，由原确定密级的机关或者其上级机关决定。

第三十一条　公文的印发传达范围应当按照发文机关的要求执行；需要变更的，应当经发文机关批准。涉密公文公开发布前应当履行解密程序。公开发布的时间、形式和渠道，由发文机关确定。经批准公开发布的公文，同发文机关正式印发的公文**具有同等效力**。

第三十二条　复制、汇编机密级、秘密级公文，应当符合有关规定并经本机关负责人批准。绝密级公文一般不得复制、汇编，确有工作需要的，应当经发文机关或者其上级机关批准。复制、汇编的公文视同原件管理。

复制件应当加盖复制机关戳记。翻印件应当注明翻印的机关名称、日期。汇编本的密级按照编入公文的最高密级标注。

第三十三条　公文的撤销和废止，由发文机关、上级机关或者权力机关根据职权范围和有关法律法规决定。**公文被撤销的视为自始无效；公文被废止的视为自废止之日起失效**。

第三十四条　涉密公文应当按照发文机关的要求和有关规定进行清退或者销毁。

第三十五条　不具备归档和保存价值的公文，经批准后可以销毁。销毁涉密公文必须严格按照有关规定履行审批登记手续，确保不丢失、不漏销。个人不得私自销毁、留存涉密公文。

第三十六条　**机关合并时，全部公文应当随之合并管理；机关撤销时，需要归档的公文经整理后按照有关规定移交档案管理部门**。工作人员离岗离职时，所在机关应当督促其将暂存、借用的公文按照有关规定移交、清退。

第三十七条　**新设立的机关应当向本级党委、政府的办公厅（室）提出发文立户申请**。经审查符合条件的，列为发文单位，机关合并或者撤销时，相应进行调整。

第三十八条　党政机关公文含电子公文。电子公文处理工作的具体办法另行制定。

第三十九条　法规、规章方面的公文，依照有关规定处理。外事方面的公文，依照外事主管部门的有关规定处理。

第四十条　其他机关和单位的公文处理工作，可以参照本条例执行。

第四十一条　本条例由中共中央办公厅、国务院办公厅负责解释。

第四十二条　**本条例自2012年7月1日起施行**。1996年5月3日中共中央办公厅发布的《中国共产党机关公文处理条例》和2000年8月24日国务院发布的《国家行政机关公文处理办法》停止执行。

> 习题与解析

习题1.【多选】下列有关公文处理工作说法错误的是（　　）

A. 绝密公文一般情况下可以复制和汇编

B. 汇编本的密级按照编入公文的最低密级标注

C. 复制和汇编的公文无须视同原件管理

D. 公文被撤销的，自撤销之日起失效；公文被废止的，视为自始无效

答案：ABCD。解析：绝密公文一般情况下不可以复制和汇编，选项A错误；汇编本的密级按照编入公文的最高密级标注，选项B错误；复制和汇编的公文视同原件管理，选项C错误；公文被撤销的，视为自始无效，公文被废止的，视为自废止之日起失效，选项D错误。因此，本题应选ABCD四个选项。

第五节　公文写作

公文写作也就是起草的过程，是公文形成的第一步，是公文处理工作的"始发站"，具有很强的政治性和业务性。

（一）起草准备

1. 明确发文目的；
2. 认真领会领导意图；
3. 收集整理有关材料。

（二）基本要求

1. 符合上级机关的有关指示、规定；
2. 符合党和国家的路线、方针、政策和法律法规；
3. 同现行有关公文相衔接；
4. 完整、准确地体现机关和领导同志的意图；
5. 全面、准确、客观地反映实际情况；
6. 提出的政策、措施切实可行。

（三）语言表述

1. 观点明确；
2. 条理清晰；
3. 内容充实；
4. 结构严谨；
5. 表述准确。

（四）文字要求

精确、简练、朴实、庄重和规范。

（五）公文写作实例

写一篇某省教育厅关于开展校车工作调研的通知。
要求：按照公文格式书写。

河南省教育厅文件

豫教发〔2022〕9号

河南省教育厅
关于开展校车安全工作调研的通知

各省辖市教育局、省直管县教育局：

为切实加强我省义务教育阶段校车安全工作，省教育厅决定于2022年5月15日至6月16日在全省范围内开展校车安全调研活动。现将有关事宜通知如下：

一、高度重视。

二、狠抓落实。

三、及时形成调研报告。

发文机关署名（印章）

2022年3月8日

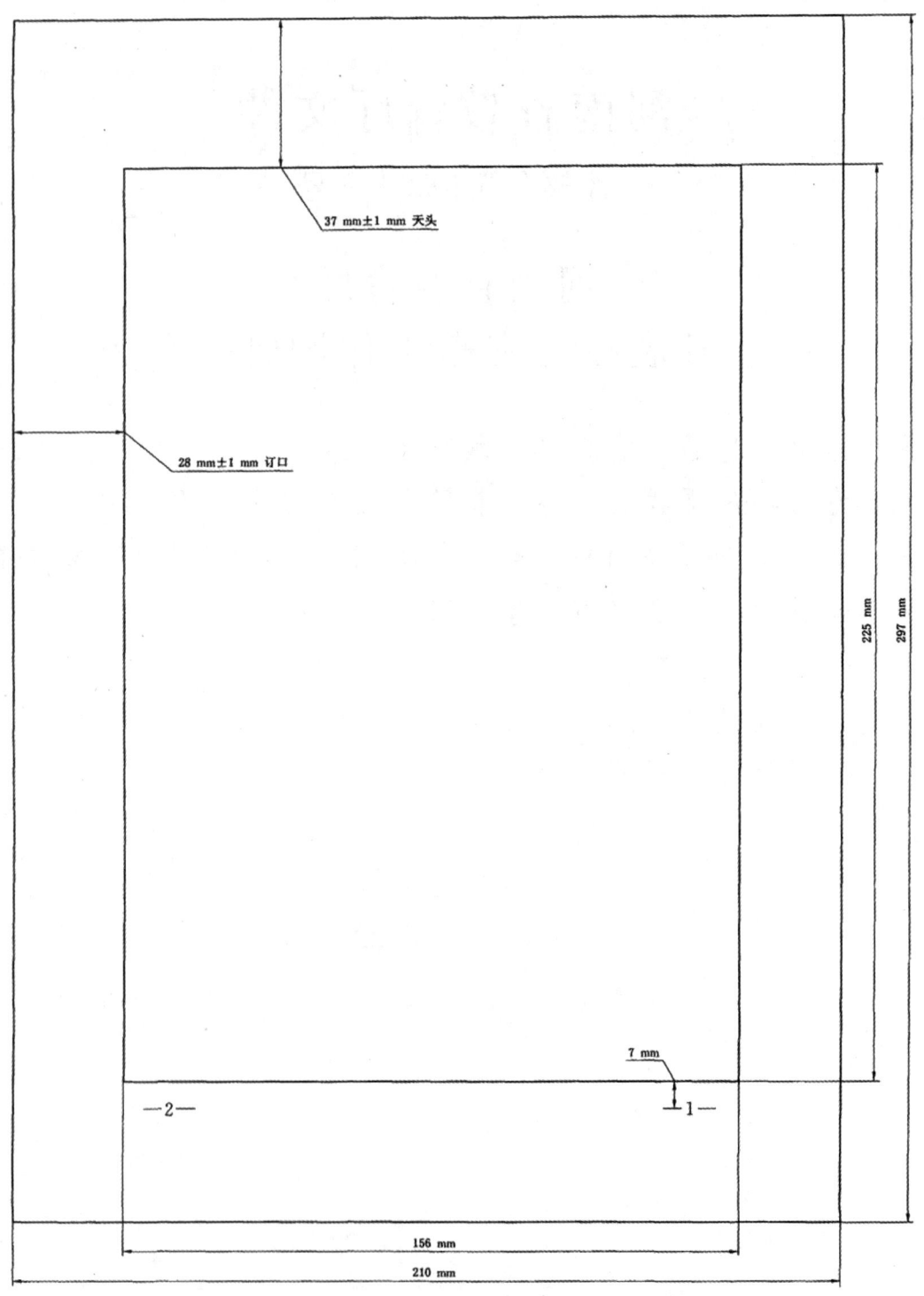

图 1 A4 型公文用纸页边及版心尺寸

```
000001
机密★1年
特急
```

×××××文件

×××〔2012〕10 号

×××××关于××××××的通知

××××××××：

　　××××××××××××××××××××××××××××
××××××××××××××××××××××××××××
××××××××××××××××××××××××××××
××××。
　　××××××××××××××××××××××××××××
××××××××××××。
　　××××××××××××。
　　××××××。××××××××××××××××××××
××××××××××××
××××××××××××××××

— 1 —

图 2　公文首页版式

注：版心实线框仅为示意，在印制公文时并不印出。

```
000001
机密★1年
特急

           ××××××

           ×   ×   ×   文件

           ××××××


                    ×××〔2012〕10号


         ××××××关于×××××××的通知

    ××××××××：
         ××××××××××××××××××××××。
         ×××××××××××××××××××××××
    ×××××××××××××××××××××××××
    ×××××××××××××××××××××××××
    ××××。
         ×××××××××××××××××××××××
```

图3　联合行文公文首页版式1

注：版心实线框仅为示意，在印制公文时并不印出。

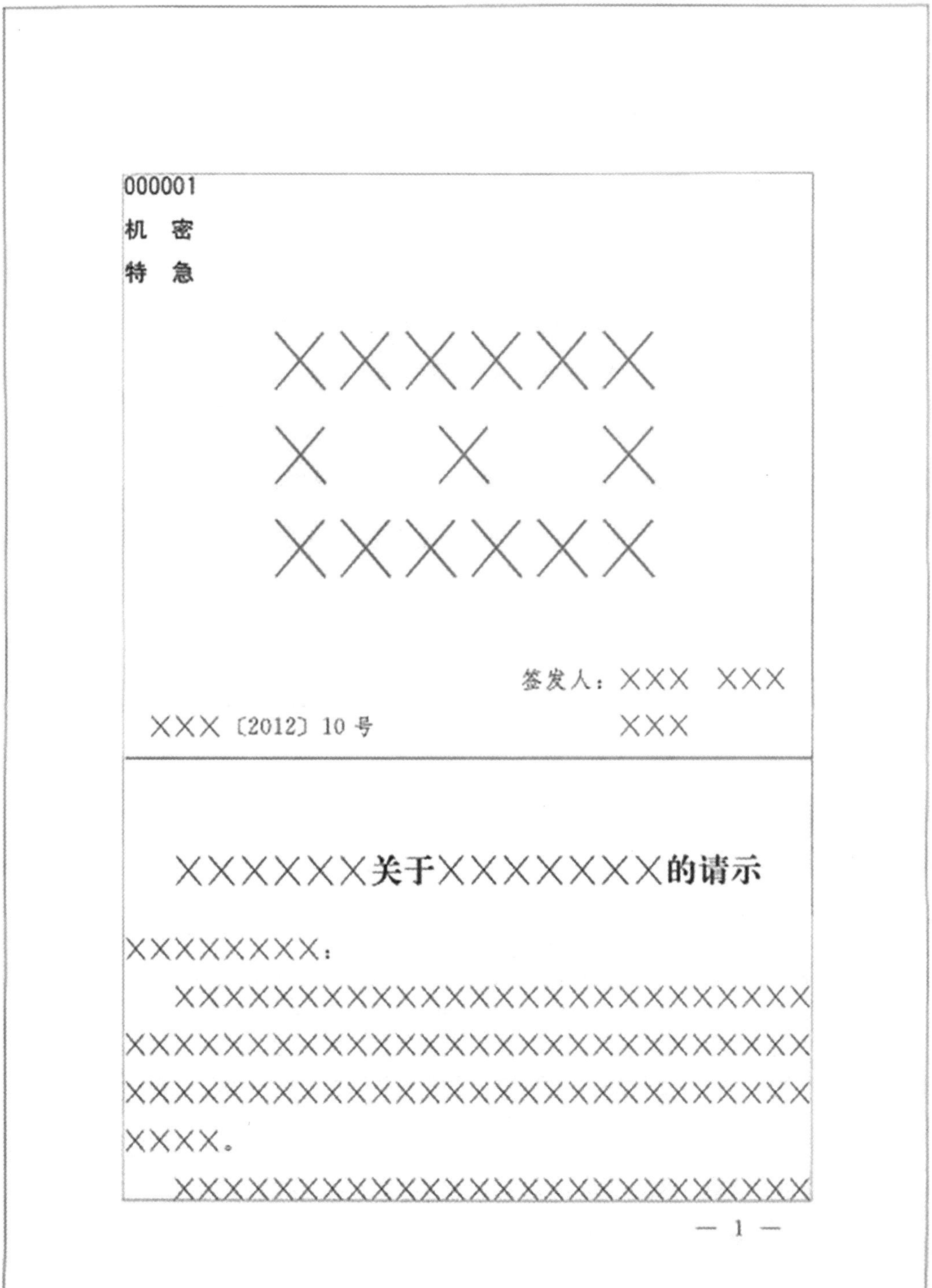
000001
机 密
特 急

XXXXXX
X X X
XXXXXX

签发人：XXX XXX
XXX〔2012〕10 号 XXX

XXXXXX关于XXXXXXX的请示

XXXXXXXX：
XXXXXXXXXXXXXXXXXXXXXXXXXX
XXXXXXXXXXXXXXXXXXXXXXXXXXXX
XXXXXXXXXXXXXXXXXXXXXXXXXXXX
XXXX。
XXXXXXXXXXXXXXXXXXXXXXXXXX

— 1 —

图 4 联合行文公文首页版式 2

注：版心实线框仅为示意，在印制公文时并不印出。

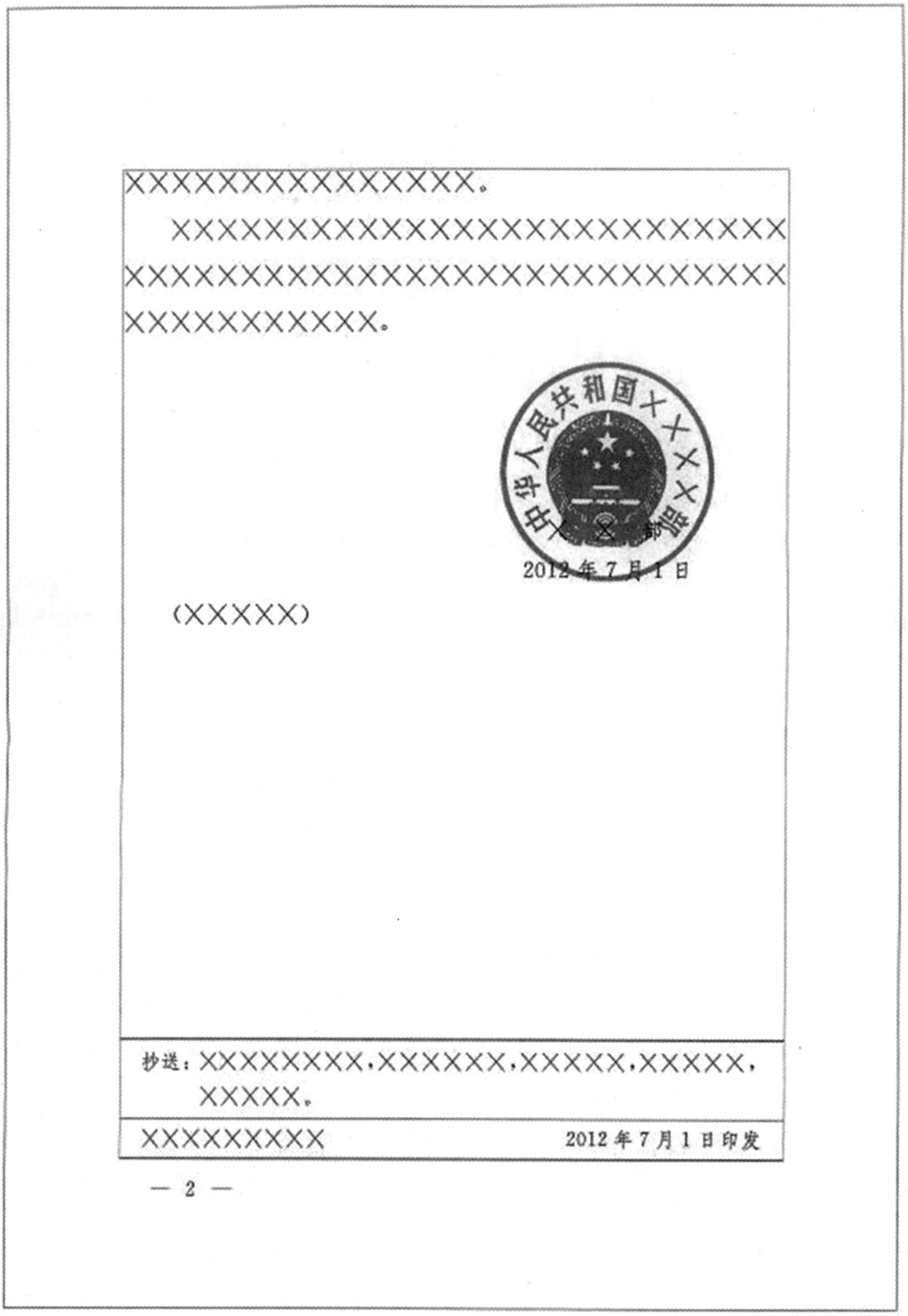

图5 公文末页版式1

XXXXXXXXXXXXXXX。

　　XXXXXXXXXXXXXXXXXXXXXXXXXX

XXXXXXXXXXXXXXXXXXXXXXXXXXXX

XXXXXXXXX。

XXXXXXXXXXX

2012 年 7 月 1 日

（XXXXX）

抄送：XXXXXXXX，XXXXXX，XXXXX，XXXXX，
　　　XXXXX。

XXXXXXXXX　　　　2012 年 7 月 1 日印发

— 2 —

图 6　公文末页版式 2

注：版心实线框仅为示意，在印制公文时并不印出。

图7 联合行文公文末页版式1

注：版心实线框仅为示意，在印制公文时并不印出。

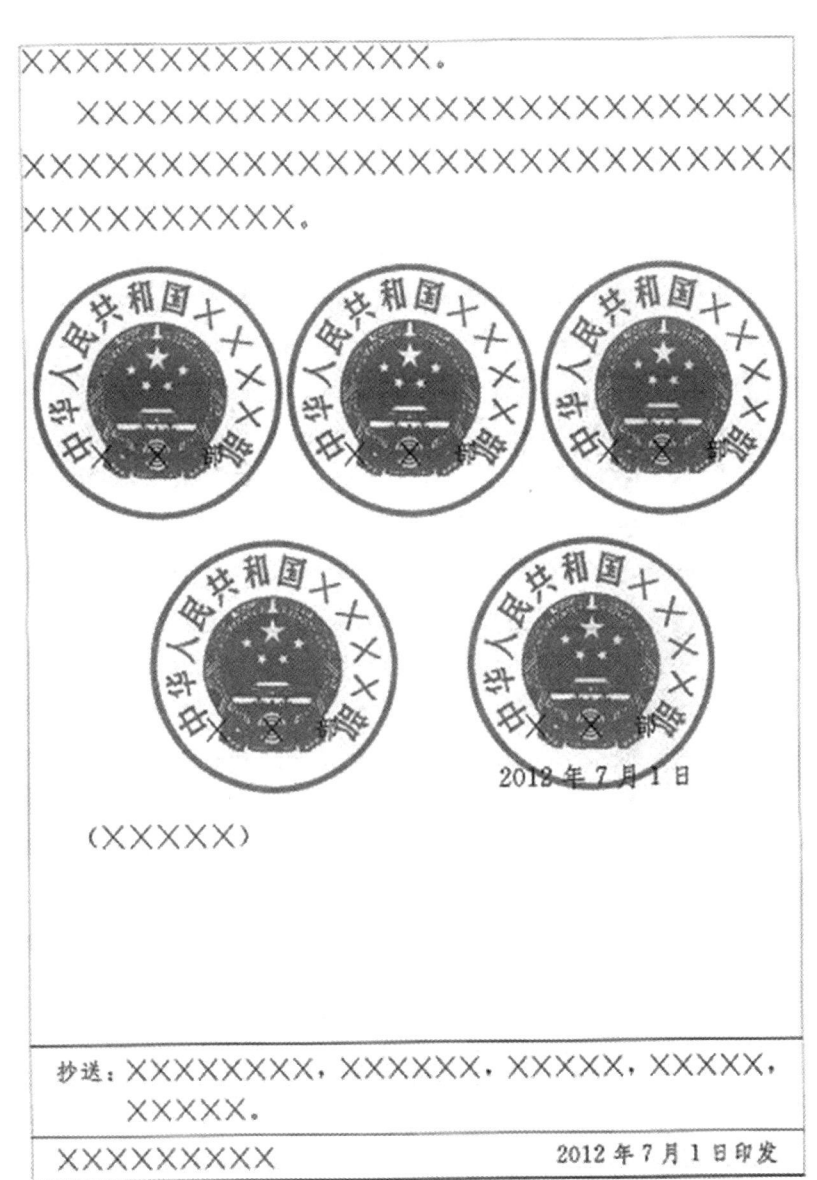

图 8　联合行文公文末页版式 2

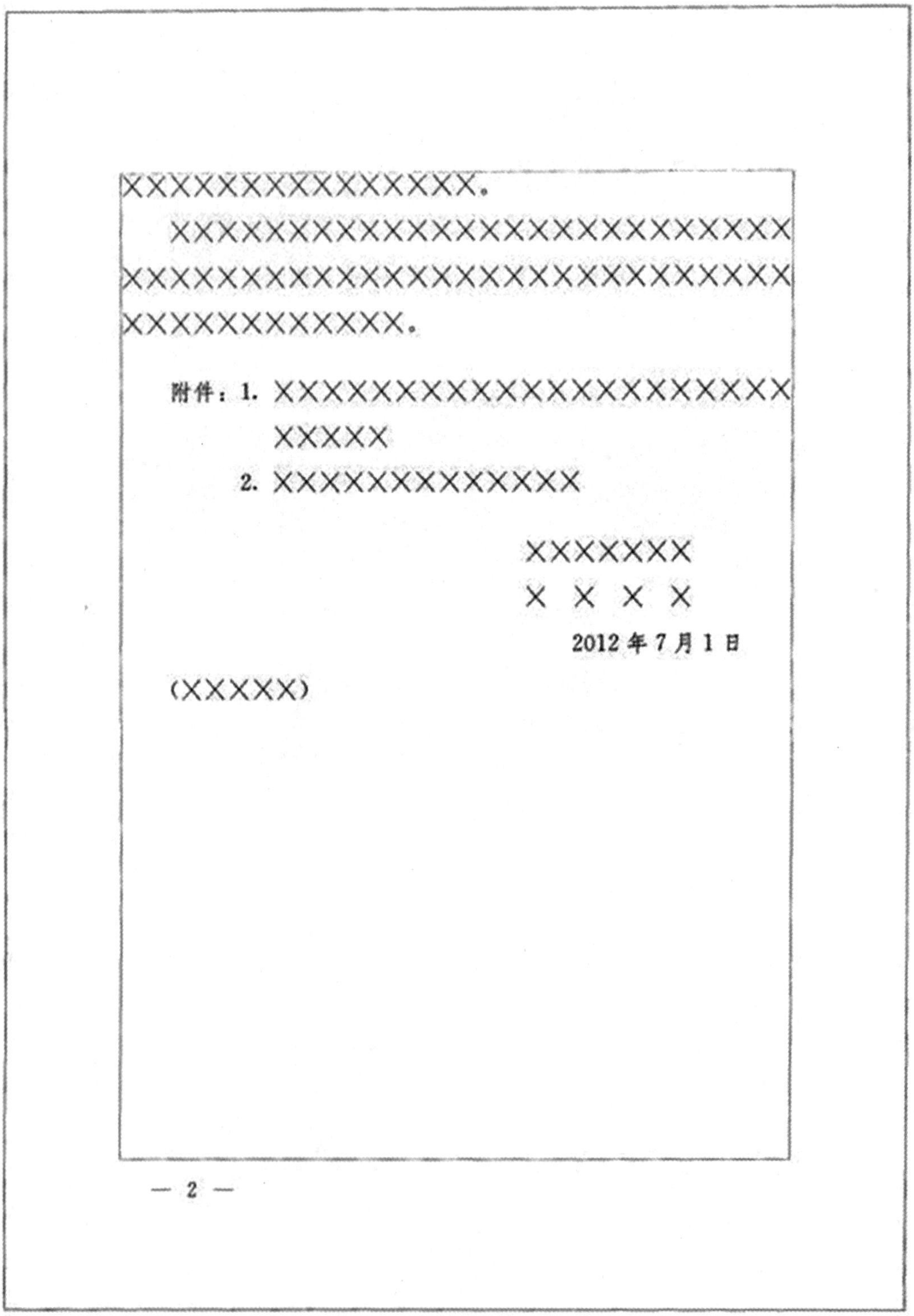

××××××××××××。
　　××××××××××××××××××××
××××××××××××××××××××
×××××××××××。

　　附件：1. ××××××××××××××××
　　　　　　×××××
　　　　　2. ×××××××××××

　　　　　　　　　　　　　×××××××
　　　　　　　　　　　　　× × × ×
　　　　　　　　　　　　　2012年7月1日

（×××××）

— 2 —

图9　附件说明页版式

注：版心实线框仅为示意，在印制公文时并不印出。

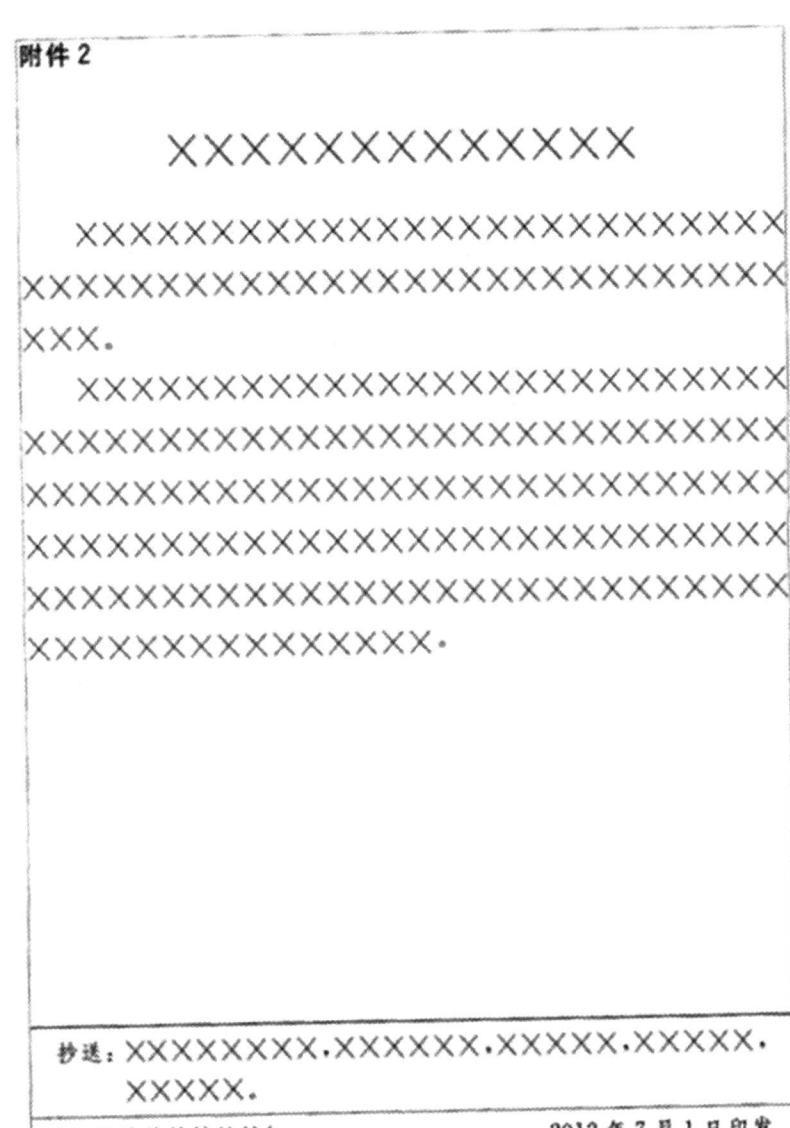

图10 带附件公文末页版式

中华人民共和国×××××部

000001　　　　　　　　　　　　　　×××〔2012〕10号

机　密

特　急

×××××关于×××××××的通知

×××××××：
　　××。
　　××。
　　××。

图11　信函格式首页版式

注：版心实线框仅为示意，在印制公文时并不印出。

图 12　命令(令)格式首页版式

注：版心实线框仅为示意，在印制公文时并不印出。

第六部分 历史基础知识

第一节 中国古代史

一、早期人类

1. 元谋人	云南省元谋县，距今约 170 万年，是我国境内已知的最早人类
2. 蓝田人	陕西省蓝田县，距今约 115 万—70 万年，属早期直立人
3. 北京人	北京周口店龙骨山，距今约 70 万—20 万年，已具备了人类的基本体质特征（四肢），但仍保留着一些猿类的特点（头部）。能制造和使用工具（这是人和动物的根本区别），使用打制石器（被称为"旧石器"）。食物来源于打猎和采集，住山洞，**会使用天然火**（取暖、照明、烧烤食物、驱赶野兽）
4. 山顶洞人	北京周口店龙骨山顶部的洞穴里，距今约 3 万年，模样同现代人基本一样，已经掌握磨制、钻孔技术，**能人工取火**、缝制兽皮衣服

二、三皇五帝

三皇	1. 燧人。华夏文明**钻木取火**的发明者（今河南商丘，因此商丘被称为"火文化"发源地）
	2. 伏羲。发明创造八卦，结束了"结绳记事"的历史
	3. 神农。即炎帝，中国远古传说中的太阳神，被世人尊称为"药祖""五谷先帝""神农大帝"等，传说中的农业和医药的发明者。他遍尝百草，有"**神农尝百草**"的传说
五帝	1.（轩辕）**黄帝**。发明指南车，建造房屋，创制衣服、车船等。"三月三，生轩辕"
	2. 颛顼
	3. 帝喾
	4. 尧。开创**禅让制**，尧把部落联盟首领的全部职权让给舜，即"尧舜禅让"
	5. 舜。舜把部落联盟首领的职权禅让给禹

三、夏（公元前21世纪—前16世纪）、商（公元前16世纪—前11世纪）、西周（公元前11世纪—前771年）

夏	1. 禹。禹是中国第一个王朝——夏朝的建立者。我国早期国家政治制度起源于夏朝；**大禹治水"三过家门而不入"（治理黄河）**；禹年老时沿用禅让的惯例选举继位人，但禹死后，他的儿子启夺得王位，并传位给自己的后代，打破禅让制度，开创了子继父位的**世袭制度，从而使"公天下"变成"家天下"**
	2. 桀。历史上著名的暴君，夏朝第17代君主，也是最后一个。夏朝延续400多年
	3. 夏朝开始有了历法，人们把中国古老的传统历法叫夏历，夏历是按月亮的运行周期制定的，又称阴历。由于历法中有节气变化和农事安排，所以又称农历
商	1. 汤。公元前1600年，伊尹辅助汤建立我国第二个奴隶制国家——商；**"商人"最早出自商朝**
	2. 纣。商朝第30代君主，也是最后一个；宠信妲己，"以酒为池，悬肉为林"
	3. **后母戊大方鼎（原称司母戊大方鼎）**。商朝后期制造，重达875公斤，是世界上迄今考古发现最大的出土青铜器。四羊方尊是商朝晚期青铜礼器，祭祀用品
	4. **甲骨文**。商朝晚期王室用于占卜祭祀而在龟甲或兽骨上契刻的文字，是中国已知最早的成体系的文字
西周	1. 周文王（姬昌）。拜姜子牙（"谋圣"）为军师；"文王拘而演《周易》"
	2. 周武王（姬发）。**牧野之战（以少胜多）**中打败商纣王，建立中国历史上最长的一个朝代——周朝，开启了奴隶制社会最兴盛的时代
	3. 国人暴动：周厉王残暴不仁，国人奋起反抗，周厉王出逃，周公、召公"共和行政"。共和元年（公元前841年）是我国历史有确切纪年的开始
	4. 周幽王。西周末代君主；宠信褒姒，"烽火戏诸侯"
	5. **分封制**。由共主或中央王朝给王室、贵族和功臣分封领地的制度。分封制源于周朝，规定诸侯必须服从周天子的命令。秦始皇统一全国后**废除分封制和宗法制，实行郡县制**
	6. 井田制。井田制是我国古代社会的土地国有制度，西周时盛行，井田属周天子所有，分配给庶民使用
	7. **商高（西周初年）**。商高在公元前1000年发现**勾股定理**的一个特例：勾三，股四，弦五。此发现早于毕达哥拉斯定理500—600年。勾股定理是中国数学家的独立发明，在中国早有记载

习题与解析

习题1.【单选】中国历史上的第一个王朝是（ ）

A. 夏朝 B. 商朝

C. 周朝 D. 秦朝

答案：A。解析：根据史书记载，夏朝是禹的儿子启废除传统的部落"禅让"制，杀死益而称王，建立的中国历史上第一个国家。因此，本题应选A项。

习题2.【单选】人类最早使用的金属是（ ）

A. 铜 B. 铁

C. 银 D. 铅

答案：A。解析：<u>自然界存在天然铜，是人类最早使用的金属</u>。因此，本题应选A项。

四、东周（公元前770—前221年）：春秋（公元前770—前476年）、战国（公元前475—前221年）

政　治	1. 前770年，周平王将都城东迁**洛阳**（素有"十三朝古都、八代陪都"之说，**是我国建都时间最长的千年帝都**），名为"东周"，分为"春秋"和"战国"两个时期
	2. **春秋五霸**：齐桓公（葵丘会盟、**管仲改革**，"尊王攘夷"。任管仲为相。管仲："仓廪实而知礼节，衣食足而知荣辱""管鲍之交"）、晋文公（**城濮之战，晋楚之间——退避三舍**、**寒食节——介子推**）、楚庄王（**楚王问鼎、一鸣惊人**）、吴王阖闾、越王勾践（**卧薪尝胆**。任用范蠡。范蠡："商圣"，中华道商的鼻祖。西施：**沉鱼**，越王勾践将其献给吴王夫差） 春秋五霸另一种说法：齐桓公、晋文公、楚庄王、宋襄公、秦穆公
	3. **战国七雄**：齐、楚、燕、韩、赵、魏、秦
	4. **战国四君子**：齐国**孟尝君**田文（**狡兔三窟**）、赵国**平原君赵胜**（**毛遂自荐、从谏如流**）、魏国**信陵君**魏无忌（**窃符救赵**）、楚国**春申君**黄歇（**移花接木**）
	5. **桂陵之战**：魏国围攻赵都邯郸，齐国孙膑通过**围魏救赵**，大败魏军，桂陵之战是历史上一次著名**截击战**
	6. **马陵之战**：魏国发兵攻打韩国，齐国发兵救援，在马陵伏击魏军并将其歼灭
	7. **纸上谈兵**：常用于形容**长平之战**失利的**赵括**。据《史记·廉颇蔺相如列传》记载，战国时赵国名将赵奢的儿子赵括，年轻时学兵法，谈起兵事父亲也难不倒他。后来他接替廉颇成为赵将，在长平之战中，只知道根据兵书办，不知道变通，贸然进攻，结果被秦军打败
	8. **秦孝公**：公元前356年，**秦孝公任用商鞅实行变法**

续表1

政　治	9. **李悝变法**：战国时期魏国的魏文侯当政时，任用李悝为相，进行变法改革。李悝著有《法经》一书
	10. （战国）名医**扁鹊**：《难经》，采用"望闻问切"四诊法诊断疾病，后世尊其为"脉学之宗"
	11. 《山海经》：成书于战国时期至汉代初期，包含着关于上古地理、历史、神话、天文、动物、植物、医学、宗教以及人类学、民族学、海洋学和科技史等方面的诸多内容，是一部上古社会生活的百科全书。《山海经》《易经》《黄帝内经》并称为上古三大奇书
	12. **都江堰**：战国时期秦国蜀守**李冰父子**主持修建，坐落在成都平原西部的**岷江**上，是当今世界年代久远、唯一留存、以无坝引水为特征的宏大水利工程
	13. **郑国渠**：韩国水工郑国在秦国修建的水利工程，使关中平原成为千里沃野
道　家	1. 老子。道家学派创始人；著有《道德经》（又名《老子》《五千文》）；老子思想的精华是朴素辩证法，如"祸兮福之所倚，福兮祸之所伏"；政治上主张**无为而治**（"治大国若烹小鲜"），**顺其自然，上善若水**。道教是我国土生土长的宗教，老子所言的"道"属于**客观唯心主义**范畴
	2. 庄子。道家学派代表人物；著有《庄子》（又名《南华真经》）；主张"无为"，放弃生活中的一切争斗，追求一种"天地与我并生，万物与我为一"的主观精神境界；**天人合一**、清静无为；**齐物我**；逍遥游；**窃钩者诛，窃国者为诸侯**；典故"大鹏展翅""庄周梦蝶""庖丁解牛"均出自《庄子》
儒　家	1. 孔子（**至圣**）。儒家学派创始人；修订《春秋》，编纂"五经"；《论语》是记录孔子及其弟子言行的书，**并非孔子本人所作**。政治："正名"，"仁"者，爱人，己所不欲、勿施于人。教育：兴办私学，有教无类，从"学在官府"到"学在民间"
	2. 孟子（**亚圣**）。著有《孟子》；**民贵君轻**；主张**"性本善"**（认为教育的宗旨只是要使这本来的善性充分发挥，因此提倡自觉自发的教育，不主张被动和逼迫的教育）；**孟母三迁**；孟子曰："君子有三乐，而王天下不与存焉。父母俱存，兄弟无故，一乐也；仰不愧于天，俯不怍于人，二乐也；**得天下英才而教育之**，三乐也"，"劳心者治人，劳力者治于人"；"穷则独善其身，达则兼济天下"；"老吾老以及人之老，幼吾幼以及人之幼"；得道多助，失道寡助；鱼与熊掌不可得兼；舍生取义；生于忧患，死于安乐

儒家	3. 荀子。在人性问题上主张"**性恶论**",认为人性善是教化的结果;主张**人定胜天**;"天行有常,不为尧存,不为桀亡";"**水则载舟,水则覆舟**";第一个使用赋的名称,与屈原并称"辞赋之祖"
	4. 曾子。"吾日三省吾身"。著有《大学》,内容为"**三纲领**"(大学之道,在明明德,在亲民,在止于至善),"**八条目**"(格物、致知、诚意、正心、修身、齐家、治国、平天下)
	5. 子思。孔子嫡孙,著有《中庸》。南宋朱熹称《论语》《孟子》《中庸》《大学》为四书,五经是指《诗》《书》《礼》《易》《春秋》
墨家	墨子。《墨子》是战国时期墨家著作的总集,是墨翟(人称墨子)和他的弟子们写的,而《墨经》是《墨子》书中的重要部分,《墨经》中记载了丰富的关于**小孔成像**、力的平衡以及杠杆原理等物理学知识;墨子是墨家学派创始人,主张**兼爱、非攻、尚贤、节用**。墨家提倡节俭,反对奢侈浪费,其思想代表**平民百姓**的愿望,在当时影响很大。墨家在战国时期是一个重要学派,与儒家并称"**显学**"
法家	韩非子。法家思想集大成者,提倡法治。经济上主张废井田,重农抑商、奖励耕战;政治上主张废分封,设**郡县**,实行君主专制。韩非子的思想被秦始皇采纳,为中国第一个统一专制的中央集权制国家的诞生提供了理论依据。"**国无常强,无常弱。奉法者强则国强,奉法者弱则国弱**""**刑过不避大臣,赏善不遗匹夫**"
兵家	1. **孙武(春秋)**。春秋时期的军事家,尊称**兵圣**,被誉为"百世兵家之师"。著有《孙子兵法》,**世界上最早最著名**的兵法。"兵者,国之大事,死生之地,存亡之道,不可不察也""不战而屈人之兵,善之善者也;上兵伐谋,其次伐交,其次伐兵,其下攻城""投之亡地然后存,陷之死地然后生"
	2. **孙膑(战国)**。著有《孙膑兵法》,是孙武的后代。主张重视战争,慎重地对待战争,"强兵"必先"富国",战争必须顺应民心军心,要做到"得众""取众"
阴阳家	邹衍。运用阴阳消长模式来论证社会人事。《周易》(也称《易》或《易经》)中说:"易有太极,始生两仪。两仪生四象,四象生八卦。"其中,两仪,即阴阳;八卦,即乾、坤、震、巽、坎、离、艮、兑。五行相生相克。五行:水、木、火、土、金。原则:彼相生、间相克。水生木,木生火,火生土,土生金,金生水;水克火,火克金,金克木,木克土,土克水。古代用五行相生相克解释朝代变迁。汉之前讲究相克说,之后讲究相生说

习题与解析

习题1.【单选】我国古代有许多伟大的思想家,其中提出"民为贵,社稷次之,君为轻"的是（ ）

A. 董仲舒 B. 老子
C. 孟子   D. 庄子

答案：C。解析："民为贵,社稷次之,君为轻"出自《孟子·尽心下》。因此,本题应选C项。

习题2.【单选】孔子思想的核心是（ ）

A. 仁   B. 义
C. 孝   D. 信

答案：A。解析：孔子主张实行仁政,其核心思想即是"仁"。因此,本题应选A项。

习题3.【单选】我国先秦诸子提出了许多重要主张。下列对应正确的是（ ）

A. 孔子——道法自然   B. 墨子——兼相爱,交相利
C. 老子——夫子之道,忠恕而已矣 D. 韩非——阴阳者,天地之道也

答案：B。解析：B项正确,"兼相爱,交相利"是墨家的核心思想,意思是爱是相互的,利也是相互的；A项错误,"道法自然"出自《老子》；C项错误,"夫子之道,忠恕而已矣"出自《论语》；D项错误,"阴阳者,天地之道也"出自《黄帝内经·素问》,就是指以阴阳学说指导医疗的应用和实践。韩非是法家学派的代表人物。因此,本题应选B项。

习题4.【单选】主张"人性善"的是（ ）

A. 孔子   B. 孟子
C. 荀子   D. 韩非子

答案：B。解析：孟子主张人性善,认为教育的宗旨只是要使这本来的善性充分发挥,因此提倡自觉自发的教育,不主张被动和逼迫的教育。因此,本题应选B项。

习题5.【单选】孟子曰："君子有三乐。"下列（ ）不在其"三乐"之列。

A. 父母俱存,兄弟无故   B. 仰不愧于天,俯不怍于人
C. 乡人无不称其善也   D. 得天下英才而教育之

答案：C。解析：孟子曰："君子有三乐,而王天下不与存焉。父母俱存,兄弟无故,一乐也；仰不愧于天,俯不怍于人,二乐也；得天下英才而教育之,三乐也。"出自《孟子·尽心上》。因此,本题应选C项。

习题6.【单选】孔子在中国历史上留下光辉文化遗迹,以下关于孔子说法正确的是（ ）

A. 著作《论语》由孔子及其弟子编撰
B. 孔子的核心思想是"仁政",提出民贵君轻
C. "罢黜百家,独尊儒术"使孔子一跃成为当时的名家

D. 孔子在教育上的贡献是打破公学，创办私学

答案：D。解析：《论语》是孔子弟子及再传弟子编写的；民贵君轻是孟子的思想；"罢黜百家，独尊儒术"由董仲舒提出；在孔子之前，学校被官府垄断，只有贵族子弟才可以读书，孔子兴办私学，打破了官府对教育的垄断，从"学到官府"到"学在民间"，这也是孔子在教育上的最大贡献——有教无类。因此，本题应选 D 项。

习题7.【单选】下列哪一典故与《庄子》无关（　　）

A. 鹏程万里　　　　　　　　B. 庖丁解牛

C. 庄生梦蝶　　　　　　　　D. 刻舟求剑

答案：D。解析：A 项，鹏程万里出自《庄子·逍遥游》："鹏之徙于南冥也，水击三千里，抟扶摇而上者九万里。"B 项，庖丁解牛出自《庄子·养生主》："庖丁为文惠君解牛，手之所触，肩之所倚，足之所履，膝之所踦，砉（huā）然向然，奏刀騞（huō）然，莫不中音。"比喻掌握事物客观规律的人，技术纯熟神妙，做事得心应手。C 项，庄周梦蝶典出《庄子·齐物论》，其中庄子运用浪漫的想象力和美妙的文笔，通过对梦中变化为蝴蝶和梦醒后蝴蝶复化为己的事件的描述与探讨，提出人不可能确切地区分真实与虚幻和生死物化的观点。D 项，刻舟求剑比喻不懂事物已发展变化而仍静止地看问题，典出《吕氏春秋·察今》。因此，本题应选 D 项。

习题8.【单选】"性善、性恶"是我国古代哲学中的一对对立的概念，讨论的是人的本性天生是善良的还是恶的。下列话语属于性恶论的是（　　）

A. 人之性善也，犹水之就下也，人无有不善，水无有不下

B. 若夫目好色、耳好声、口好味、心好利、骨体肤理好愉佚，是皆生于人之情性者也

C. 恻隐之心，人皆有之；善恶之心，人皆有之；恭敬之心，人皆有之；是非之心，人皆有之

D. 仁义忠信，乐此不倦，此天爵也

答案：B。解析：孟子主张性善论，ACD 三个选项均出自《孟子》，均是性善论的言论。与孟子相对立的是荀子，荀子提出性恶论，B 项出自《荀子·性恶》。因此，本题应选 B 项。

五、秦（公元前221—前206年）

秦	1. **秦始皇**。公元前230—前221年，**先后**灭韩、赵、魏、楚、燕、齐，建立第一个封建制国家——秦朝，定都**咸阳**；**秦始皇首创皇帝制度**，这是中国封建专制制度的重要特征；废除分封制实行**郡县制**；统一文字（**小篆**）、货币、**度量衡**、车辆形制，修筑长城等；焚书坑儒
	2. **秦朝实行三公九卿制**：设置丞相、御史大夫、太尉，丞相——帮助皇帝处理全国政事，**御史大夫——监察百官**，太尉——负责全国军务。下设诸卿负责具体事务，三者相互配合牵制，便于皇帝集权
	3. 秦朝实行**郡县制**：郡的长官是郡守，县的长官称县令或县长，均由皇帝直接任免，加强了对地方的控制，奠定了中国古代大一统王朝的基础
	4. **吕不韦**。辅助秦始皇登上帝位，组织编纂**《吕氏春秋》**，又名**《吕览》**，"**一字千金**""**刻舟求剑**"
	5. **陈胜吴广起义**：公元前209年，陈胜、吴广起义（安徽大泽乡），是中国历史上**第一次大规模**的农民起义。公元前206年，秦朝被刘邦领导的武装力量推翻
	6. 项羽。**巨鹿之战——破釜沉舟**，秦朝末年项羽破秦，**以少胜多**；**垓下之战（属于追击战）**——十面埋伏、四面楚歌、乌江自刎

六、汉（公元前202—公元220年）：西汉（公元前202—公元9年）、东汉（公元25—220年）

政治	1. **汉初三杰**：韩信、萧何、张良
	2. **汉高祖**：刘邦，在楚汉相争中打败项羽，公元前202年定都**长安**。公元8年，**王莽篡权**，实行新政，西汉灭亡
	3. "**文景之治**"：汉高祖之后，汉文帝、**汉景帝**继续推行休养生息的政策，经过汉初六七十年的努力，中国出现了政治升平、经济繁荣的盛世，史称"**文景之治**" **七国之乱**：它是发生在中国西汉**汉景帝**时期的一次诸侯国叛乱。汉景帝即位后，御史大夫**晁错**提议削弱诸侯王势力、加强中央集权。这时吴王**刘濞**就联合刘姓宗室诸侯王，以"清君侧"为名发动叛乱，叛乱最终在三个月内被平定
	4. **黄老之学**：始于战国盛于西汉，"黄"是传说中的黄帝，"老"是春秋道家学派的创始人老子，这一学派主要的思想特点便是"无为而治"，通过"无为"进而达到"有为"

续表1

政 治	5. **汉武帝**（刘彻）：统治期间**董仲舒**建议**罢黜百家、独尊儒术**，提出"道之大原出于天，天不变，道亦不变""君权神授""天人感应""阳尊阴卑""**三纲五常**"（三纲，君为臣纲、父为子纲、夫为妻纲；五常，仁义礼智信）等主张；张骞曾**两次**出使西域开通"**丝绸之路**"（以**长安**为起点，经甘肃河西走廊，过玉门关、阳关，分南北两路到中亚、西亚，并联结地中海各国）；卫青、**霍去病**（封狼居胥）抵抗匈奴；设刺史监察地方
	6. **察举制**：西汉主要实行的选官制度，就是由州、郡等地方官在自己管辖区域内进行考察，发现统治阶级需要的人才，以"**孝廉**""**茂才异等**""**贤良方正**"等名目推荐给中央政府，史称"**四科取士**"："一曰德行高妙，志节清白；二曰学通行修，经中博士；三曰明达法令……四曰刚毅多略……皆有**孝悌廉公**之行"
	7. **刺史制度**：汉代中央政府对地方政府所实行的一种较为完备、系统的**监察制度**
	8. **汉光武帝**（刘秀，河南南阳人，东汉王朝开国皇帝，因此南阳被称为"帝乡"）：**光武中兴**。公元25年，定都**洛阳**。220年，汉献帝禅位，**曹丕称帝**，改国号为"魏"，东汉灭亡
	9. **黄巾起义**：领导者**张角**，**东汉末年**的农民起义，也是中国历史上规模最大的一次以宗教形式组织的民变，使东汉名存实亡
	10. **昭君出塞**（落雁）
科 技	1. **蔡伦**（东汉）：公元105年，**改进和创新造纸术**，使中国结束了"竹帛"时代
	2. **张衡**（东汉）：发明水运浑天仪与地动仪（地动仪上有**八条龙**），在《灵宪》中**首次解释月食成因**，提出了"月光生于日之所照"的科学论断。被称为"**科圣**"
	3. **《周髀算经》**：中国最古老的**天文学**和**数学**著作，约成书于公元前1世纪，主要阐明当时的**盖天说**和**四分历法**。其中，在数学上介绍并证明了勾股定理；在天文学上揭示日月星辰的运行规律，囊括四季更替、气候变化，包含南北有极、昼夜相推的道理
	4. **《黄帝内经》**：分为《灵枢》和《素问》，编撰于战国，成书于西汉，在黄老道家理论基础上建立了中医学上的"阴阳五行学说""藏象学说""养生学说""经络治疗学说""病理病因学说"等，是**中国传统医学四大经典**之首

续表2

科 技	5. 《神农本草经》：是汉代众多医学家搜集、总结、整理当时药物学经验成果的专著，是对中医药的第一次系统总结，也是**我国第一部完整的药物学著作**
	6. 张仲景（东汉）：被称为"**医圣**"，著有《伤寒杂病论》，全面阐述了中医理论和治病原则，奠定了中医治疗学（临床学）的基础
	7. 华佗（东汉）：著有《**青囊经**》，在世界上首次使用**全身麻醉**进行外科手术，被后世称为**外科鼻祖**。五禽戏：华佗总结了前人模仿鸟兽动作以锻炼身体的传统做法，创编了一套保健体操，包括**虎、鹿、熊、猿、鸟**的动作和姿态。2011年5月23日，华佗五禽戏经国务院批准列入第三批**国家级非物质文化遗产**名录
	8. 王充（东汉）：《论衡》解释万物的异同，对社会的颓风陋俗进行针砭；他提出"元气"是天地万物的原始的物质基础
	9. 《太初历》（西汉）：是我国保存下来的第一部完整历法，也是当时世界上最先进的历法。**《太初历》第一次把二十四节气编入历法**
	10. 《汉书·五行志》："成帝河平元年（公元前28年）三月乙未，日出黄，有黑气，大如钱，居日中央。"详细叙述了黑子出现的时间和位置，这是现今世界上公认的**最早的太阳黑子记录**
文 学	1. 许慎（东汉）：被称为文宗字祖，著有《说文解字》，这是**我国第一部以六书理论系统分析字形、解释字义的字典**。第一部词典是《尔雅》
	2. 贾谊：《吊屈原赋》《过秦论》
	3. 刘安（汉武帝时期）：《**淮南子**》，又名《**淮南鸿烈**》，西汉淮南王刘安组织编纂，录有神话女娲补天、后羿射日、共工怒触不周山、嫦娥奔月、大禹治水等。"**塞翁失马，焉知祸福**"
	4. 司马迁（西汉）：《史记》是我国第一部**纪传体通史**，被鲁迅称为"史家之绝唱，无韵之《离骚》"。司马迁提出"究天人之际，通古今之变，成一家之言"的著史目标
	5. 班固（东汉）：作品有《汉书》，开创断代的纪传体史书体例，是第一部**纪传体断代史**，与《史记》《后汉书》《三国志》并称"**前四史**"

习题与解析

习题1.【单选】下列说法错误的是（　　）

A. 成语"南橘北枳"与晏婴出使楚国有关

B. 苏武牧羊的地点在今天的贝加尔湖一带

C. 东汉使者班超同时也是《汉书》的作者

D. 西汉张骞与唐代鉴真出行的方向不同

答案：C。解析：《汉书》作者是东汉班固，选项 C 错误；"南橘北枳"是讲晏子出使楚国的故事，选项 A 正确；汉苏武出使北匈奴，被扣留，后来流放到北海即贝加尔湖一带牧羊，选项 B 正确；张骞出使西域与鉴真东渡方向相反，选项 D 正确。因此，本题应选 C 项。

习题 2.【单选】下列名医与著作的对应关系不正确的是（　　）

A. 华佗——《伤寒杂病论》　　　　B. 葛洪——《抱朴子》

C. 孙思邈——《千金方》　　　　　D. 李时珍——《本草纲目》

答案：A。解析：张仲景著《伤寒杂病论》，华佗著《青囊经》。因此，本题应选 A 项。

习题 3.【单选】"文景之治"出现在哪个朝代（　　）

A. 周　　　　　　　　　　　　　　B. 汉

C. 唐　　　　　　　　　　　　　　D. 宋

答案：B。解析：汉高祖之后，汉文帝、汉景帝继续推行休养生息的政策，经过汉初六七十年的努力，中国出现了政治升平的盛世，史称"文景之治"。因此，本题应选 B 项。

习题 4.【单选】我国历史上推行"罢黜百家，独尊儒术"的皇帝是（　　）

A. 秦始皇　　　　　　　　　　　　B. 汉高祖

C. 汉文帝　　　　　　　　　　　　D. 汉武帝

答案：D。解析：汉武帝时期，董仲舒提出"罢黜百家，独尊儒术"的理论，并被汉武帝大力推行。因此，本题应选 D 项。

习题 5.【单选】以下关于我国的科技史，不正确的是（　　）

A. 1965 年，我国首次人工合成了结晶牛胰岛素

B. 世界上首次对哈雷彗星作出确切记录的是《春秋》

C. 我国古代最初采用的计算工具是算筹

D. "月光生于日之所照，魄生于日之所蔽，当日则光盈，就日则光尽"，是元朝天文学家郭守敬对日食现象作出的科学解释

答案：D。解析："月光生于日之所照，魄生于日之所蔽，当日则光盈，就日则光尽。"是张衡对月食作出的科学解释。因此，本题应选 D 项。

习题 6.【单选】以下文学作品不属于汉代的是（　　）

A.《过秦论》　　　　　　　　　　B.《淮南子》

C.《后汉书》　　　　　　　　　　D.《史记》

答案：C。解析：A 项《过秦论》为汉代贾谊所著，B 项《淮南子》的作者为西汉刘安，C 项**《后汉书》为南朝历史学家范晔所作**，D 项《史记》则是西汉著名史学家司马迁所著的中国第一部纪传体通史。因此，本题应选 C 项。

七、三国两晋南北朝（公元 220—589 年）

政　治	1. 三国。魏武帝曹操：**官渡之战以少胜多**大破袁绍，**赤壁之战**被孙权和刘备的联军**以少胜多**（东汉末年三大战役：**官渡之战奠定曹操统一中国北方的基础，赤壁之战奠定三国鼎立的基础，夷陵之战**）。昭烈帝刘备：**三顾茅庐**得诸葛亮辅助（**卧龙**，被称为"**智圣**"，躬耕于南阳），**桃园三结义**（刘备，关羽——"**武圣**"，张飞）。东吴大帝孙权：孙坚次子、孙策之弟，周瑜为其贤将 **夷陵之战**：又称**猇亭之战**。章武元年（221 年）七月，即刘备称帝三个月后，刘备为给关羽报仇挥兵攻打东吴，气势强劲。孙权求和不成后，决定一面向曹魏称臣，避免两线作战，一面任命**陆逊**为总指挥率军应战。陆逊与刘备相持七八个月后，最终于夷陵一带打败蜀汉军。夷陵之战的惨败，是蜀汉继关羽失荆州后又一次实力大损。**夷陵之战（火烧连营）**是中国历史上著名的**以逸待劳**的战例 **六朝古都**：金陵城从三国的东吴开始近 400 年间，连续有六个朝代（**东吴，东晋，南朝宋、齐、梁、陈**）在南京建都，后人称**南京**为"**六朝古都**"
	2. 两晋。西晋开国君主为晋武帝司马炎。晋武帝本人是继承司马懿、司马师、司马昭三代的基业而称帝的，公元 265 年取代曹魏政权，定都**洛阳**。东晋开国君主为司马睿，定都**建康**（今南京） **八王之乱**：是发生于**西晋时期**的一场皇族为争夺中央政权而引发的内乱，当时社会经济遭到严重的破坏，导致了西晋亡国以及近三百年的动乱，使之后的中原北方进入十六国（**五胡乱华**）时期 **五胡乱华**：指塞外众多游牧民族趁西晋八王之乱、国力衰弱之际，陆续建立数个非汉族政权，形成与南方政权对峙的时期。"**五胡**"主要指**匈奴、鲜卑、羯、氐、羌**五个胡人大部落 **淝水之战**：公元 383 年，东晋十六国时期北方统一政权**前秦**向南方**东晋**发起的侵略吞并的一系列战役中的决定性战役，前秦苻坚出兵伐晋，于淝水（现今安徽省寿县的东南方）交战，最终东晋仅以八万军力大胜八十余万前秦军。其典故有**投鞭断流、风声鹤唳、草木皆兵**。淝水之战是中国历史上著名的**以少胜多**的战例
	3. 南北朝。北朝先后经历**北魏、东魏、西魏、北齐、北周**五个朝代（北魏分裂为东魏和西魏，北齐代东魏，北周代西魏，北周灭北齐。**581 年，杨坚受禅代周称帝，改国号为隋，北周亡**），南朝先后经历**宋、齐、梁、陈**四个朝代
	4. **北魏孝文帝改革**：**迁都洛阳**，以更好地学习和接受汉族先进文化；学汉语；穿汉服；用汉姓；与汉族联姻；采用汉族的官制、律令；学习汉族的礼法

续表1

政　治	5. **九品中正制**：是**魏晋南北朝时期**重要的选官制度，从曹魏至隋唐科举的确立，约存在四百年之久。九品中正制，**注重门第出身**，后来出现了"上品无寒门，下品无势族"的门阀士族垄断政权的局面。九品中正制上承两汉**察举制**，下启隋唐之**科举制**，在中国古代政治制度史上占有十分重要的地位，乃**中国封建社会三大选官制度之一**
	6. 魏晋时期哲学为**玄学**，核心为《老子》《庄子》《周易》
科技文化	1. 祖冲之（南朝）：世界上第一次把圆周率数值精确推算到小数点后第七位。他编撰的《**大明历**》是当时最科学最进步的历法
	2. **贾思勰（北朝）**：《齐民要术》是**我国现存第一部完整的农书**。它系统地总结了六世纪以前**黄河中下游地区**劳动人民农牧业生产经验、食品的加工与贮藏、野生植物的利用，以及治荒的方法，详细介绍了季节、气候，和不同土壤与不同农作物的关系，被誉为"**中国古代农业百科全书**"。**中国四大农书**指《氾胜之书》《齐民要术》《王祯农书》《农政全书》
	3. **郦道元（北魏）**：《水经注》是我国古代比较完整的一部以记载河道水系为主的**综合性地理著作**，至今仍是研究我国古代地理的重要著作
	4. 刘徽（魏晋）：著有《九章算术》，奠定了中国古代数学以计算为中心的特点
	5. **范缜（南朝）**：著有《神灭论》，"神即形也，形即神也，是以形存则神存，形谢则神灭"。这种无神论的唯物主义观点从根本上否定了佛教所宣传的因果报应
	6. 白马寺是**西汉末年佛教传入我国**以后兴建的第一座寺院；龙门石窟是**北魏孝文帝**迁都洛阳后，为纪念母亲营造的
文　学	1. 曹操：代表作有《观沧海》《蒿里行》《短歌行》《龟虽寿》，与其子曹丕、曹植合称"**三曹**"。相关典故有"横槊赋诗""捉刀"，名句有"何以解忧？唯**有杜康**""老骥伏枥，志在千里"等
	2. 曹丕：代表作《燕歌行》是现存最早的完整的文人七言诗，《典论》是现存最早的文学专论
	3. 曹植：代表作有《白马篇》、《洛神赋》（翩若惊鸿，婉若游龙）等。"**七步之才**"（煮豆燃豆萁，豆在釜中泣。**本是同根生，相煎何太急**？）
	4. "建安七子"：孔融、陈琳、王粲、徐干、阮瑀、应玚、刘桢。其中王粲有名篇《登楼赋》

续表 2

文学	5. "**竹林七贤**"：嵇康《**广陵散**》、阮籍、阮咸、山涛、向秀、刘伶、王戎。他们放旷不羁，常于竹林下酣歌纵酒
	6. **诸葛亮**：代表作有前后《**出师表**》（鞠躬尽瘁，死而后已）、《**诫子书**》（**非淡泊无以明志，非宁静无以致远**）；发明木牛流马、孔明灯等。死后被追谥为忠武侯，后世文人常以"**武侯**"称之
	7. **王羲之**（东晋）：书法家，"**书圣**"，作品《**兰亭序**》（又名《**临河序**》《兰亭集序》《**禊帖**》等），28 行，324 字，米芾誉之为"**天下行书第一**"。真迹殉葬昭陵，有摹本、临本传世，以"**神龙本**"最佳。与王羲之有关的成语：入木三分、东床快婿、书成换鹅等
	8. **顾恺之**（东晋）：**画家**，代表作有《**女史箴图**》《**洛神赋图**》
	9. **陶渊明**（东晋）：名潜，字元亮，别号**五柳先生**，卒后亲友私谥靖节，世称**靖节先生**。被誉为"**隐逸诗人之宗**""**田园诗派之鼻祖**"。作品有《**桃花源记**》、《归园田居》、《**归去来兮辞**》（**悟已往之不谏，知来者之可追**）、《**饮酒**》（**采菊东篱下，悠然见南山**）等
	10. 干宝：搜集整理的《**搜神记**》是古代志怪小说最高成就，有"干将莫邪""董永"等神话
	11. 刘义庆：《**世说新语**》是**南朝宋**时期记述魏晋人物言谈轶事的笔记小说
	12. **元嘉三大家**：南朝宋文帝元嘉年间三位著名的诗人谢灵运（**山水诗派鼻祖**）、颜延之和鲍照的并称
	13. **刘勰**（南朝）：主要作品有《**文心雕龙**》，是**我国第一部文学评论专著**

习题与解析

习题 1.【单选】下列不是父子关系的是（　　）

A. 苏洵、苏辙　　　　　　　　　　B. 晏殊、晏几道

C. 阮籍、阮咸　　　　　　　　　　D. 王羲之、王献之

答案：C。解析：本题考查人文常识。阮咸系阮籍之侄，与阮籍并称"大小阮"，与嵇康、阮籍、山涛、向秀、刘伶、王戎并称"竹林七贤"。因此，本题应选 C 项。

八、隋（公元581—618年）、唐（公元618—907年）

政　治	1. 隋文帝（杨坚）：**开皇之治**
	2. 隋炀帝（杨广）：开创**科举制**，开凿**大运河**
	3. **科举制**：（1）隋唐科举制的创立完善：隋文帝废除九品中正制，开始采用分科考试的方法选拔官员；隋炀帝时，始设进士科，**科举制形成**；贞观年间，增加考试科目，以进士、明经两科为主；武则天时，增加科举取士的人数，**首创武举和殿试**；开元年间，任用高官主持考试，提高科举考试地位，后成定制。（2）宋朝科举制的发展：考试分为乡试、省试、殿试三级，严格科举考试程序，举人经礼部考试后须经殿试才算合格，录取权由皇帝直接掌握，殿试成为定制；建立了完善的弥封**誊录制**，即采用**糊名、誊录**的方法防止舞弊。（3）明清科举制度的变化：明朝沿袭了前代科举取士制度，为控制士人思想，科举试卷仅从儒家的四书五经中命题，而且只准用程朱理学的观点，称为"八股文"。20世纪初，由于国内形势剧变，封建科举制度已不适应形势的需要。1905年，清政府废除了科举制度
	4. 公元618年，唐高祖李渊定都**长安**
	5. 唐太宗（李世民）："**玄武门之变**"，"**贞观之治**"，当时的少数民族尊其为"天可汗"，"以铜为镜，可以正衣冠；以人为镜，可以明得失；以史为镜，可以知兴替"
	6. **大明宫**：唐长安城三座主要宫殿"三大内"（大明宫、太极宫、兴庆宫）中规模最大的一座，称为"东内"。自唐高宗起，先后有**17位唐朝皇帝**在此处理朝政，历时达240余年
	7. **武则天**：中国历史上唯一的女皇帝，死后碑文上无字（**无字碑**）
	8. 唐玄宗（李隆基）："**开元盛世**"，宠爱杨贵妃（**羞花**）
	9. **安史之乱**：公元755—763年发生的一场由安禄山与史思明二人主导的政治叛乱，是唐**由盛转衰**的转折点，也造成了唐后期藩镇割据的局面
	10. 马嵬之变：公元755年，安史之乱爆发，次年唐玄宗逃至马嵬驿，随行将士处死宰相杨国忠，并强迫杨玉环自尽
	11. 黄巢起义：公元878—884年黄巢领导的**唐末农民起义**，率众几十万，转战十几省，持续十几年，是中国历史上一场空前宏伟壮烈的农民革命战争，在中国农民战争史上写下光辉的篇章。黄巢：《菊花》（待到秋来九月八，我花开后**百花杀**。冲天香阵透长安，满城尽带黄金甲）、《题菊花》（飒飒西风满院栽，蕊寒香冷蝶难来。**他年我若为青帝，报与桃花一处开**）
	12. 文成公主：远嫁吐蕃，对西藏的开发起到了积极作用

续表1

政　治	13. **五代十国**（902—979年）：是中国历史上的一段大分裂时期。**五代**是指唐朝灭亡后依次定都于中原地区的五个政权，即**后梁、后唐、后晋、后汉**和**后周**。十国是指中原地区之外存在的**前蜀、后蜀、南吴、南唐、吴越、闽国、南楚、南汉、南平（荆南）、北汉**等割据政权
科技文化	1. **京杭大运河**：605年，隋炀帝下令开凿贯通南北的大运河。大运河以洛阳为中心，南至余杭（今浙江杭州），北达涿郡（今北京），全长2000多公里，贯通海河、黄河、淮河、长江、钱塘江五大水系，是世界上**最早最长**的大运河。中国大运河是中国第46处**世界遗产**项目
	2. **赵州桥**：**隋朝**工匠李春营造（原名安济桥，在今河北），是中国历史上最著名的石拱桥，也是世界上现存最古老的石拱桥
	3. **僧一行**：**唐代天文学家**，原名张遂，他大规模实测了**子午线**的长度，这在世界上是第一次
	4. **《唐本草》**：中国第一部由国家颁布的药典，也是世界上最早的药典
	5. **孙思邈（唐）**：被称为"**药王**"，其著作《千金方》系统总结了唐以前的医学和药物学知识
	6. **《金刚经》**：公元868年，唐朝印制的《金刚经》，是世界上现存最早的、标有确切日期的**雕版印刷品**
	7. **阎立本**：擅长人物故事画，**《步辇图》**《历代帝王图》
	8. **张旭**：唐代书法家，擅长草书，被称为"**草圣**"，世称"**张颠**"，与**怀素**并称"颠张醉素"
	9. **吴道子**：被称为"**画圣**"，开后世写意画的先河，《送子天王图》
	10. **玄奘**："若不至天竺，终不东归一步"
	11. **鉴真东渡**：指僧人鉴真前往东瀛传授佛教。鉴真曾**六次**前往东瀛，辛勤不懈地传播唐朝多方面的文化成就，并带去了大量书籍文物
	12. **慧能**："非风动，非幡动，仁者心动"
文　学	**第一阶段**：初唐诗歌是唐代诗歌走向兴盛的准备阶段。初唐，自高祖武德元年到玄宗开元初年（618—712年）
	1. **王勃**："初唐四杰"之一（另外三位是杨炯、卢照邻、骆宾王），主要作品《送杜少府之任蜀州》（**城阙辅三秦**，风烟望**五津**。与君离别意，同是宦游人。**海内存知己，天涯若比邻**。无为在歧路，儿女共沾巾）、《滕王阁序》（**落霞与孤鹜齐飞，秋水共长天一色**）等

续表2

文　学	2. **贺知章**："**诗狂**",自号四明狂客,主要作品《咏柳》（碧玉妆成一树高,万条垂下绿丝绦。**不知细叶谁裁出,二月春风似剪刀**）、《回乡偶书二首》（**少小离家老大回,乡音无改鬓毛衰。儿童相见不相识,笑问客从何处来**）等
	第二阶段：盛唐诗歌是唐代诗歌的极度繁荣时期。盛唐,自玄宗开元初年到代宗大历初年（713—765年）。盛唐时期是唐诗发展到顶峰的时期,题材广阔,流派众多,出现"**田园诗派**"和"**边塞诗派**"等。伟大的**浪漫主义诗人**李白和伟大的**现实主义诗人**杜甫,即是这一时期最杰出的代表
	3. **王维**：字摩诘,号摩诘居士,"**诗佛**",苏轼赞其作品为"**诗中有画画中有诗**",作品有《送元二使安西》（渭城朝雨浥轻尘,客舍青青柳色新。**劝君更尽一杯酒,西出阳关无故人**）、《九月九日忆山东兄弟》（**独在异乡为异客,每逢佳节倍思亲**。遥知兄弟登高处,遍插茱萸少一人）、《使至塞上》（**大漠孤烟直,长河落日圆**）等
	4. **孟浩然**：与王维齐名,世称"**王孟**",作品有《过故人庄》（故人具鸡黍,邀我至田家。**绿树村边合,青山郭外斜**。开轩面场圃,把酒话桑麻。待到重阳日,还来就菊花）、《春晓》（春眠不觉晓,处处闻啼鸟。夜来风雨声,花落知多少）等
	5. **高适**：与岑参齐名,并称"**高岑**",作品有《别董大二首》（千里黄云白日曛,北风吹雁雪纷纷。**莫愁前路无知己,天下谁人不识君**）等
	6. **岑参**：作品有《白雪歌送武判官归京》（北风卷地白草折,胡天八月即飞雪。**忽如一夜春风来,千树万树梨花开**）等
	7. **王昌龄**：作品有《出塞》（秦时明月汉时关,万里长征人未还。**但使龙城飞将在,不教胡马度阴山**）、《芙蓉楼送辛渐》（洛阳亲友如相问,一片冰心在玉壶）。其七绝写得"深情幽怨,意旨微茫",被称为**七绝圣手**
	8. **王之涣**：边塞诗派,作品有《凉州词》（黄河远上白云间,一片孤城万仞山。**羌笛何须怨杨柳,春风不度玉门关**）、《登鹳雀楼》（白日依山尽,黄河入海流。欲穷千里目,更上一层楼）等
	9. **李白**："**诗仙**",与杜甫齐名,人称"**李杜**",字太白,号青莲居士,作品有《梦游天姥吟留别》（**安能摧眉折腰事权贵,使我不得开心颜**）、《蜀道难》（一夫当关,万夫莫开。其中"关"指四川剑门关）、《望天门山》（天门中断楚江开,碧水东流至此回。**两岸青山相对出,孤帆一片日边来**）、《将进酒》（人生得意须尽欢,莫使金樽空对月。天生我材必有用,千金散尽还复来……陈王昔时宴平乐,斗酒十千恣欢虐）、《行路难》（行路难,行路难!多歧路,今安在?**长风破浪会有时,直挂云帆济沧海**）等。韩愈称赞说："李杜文章在,光焰万丈长"

文学	**10. 杜甫**："诗圣"，其作品为**现实主义诗歌艺术的高峰，被称为"诗史"**，字子美，自号少陵野老，作品有《春望》（**国破山河在，城春草木深**。感时花溅泪，恨别鸟惊心。烽火连三月，家书抵万金。白头搔更短，浑欲不胜簪）、《茅屋为秋风所破歌》（八月秋高风怒号，卷我屋上三重茅……安得广厦千万间，大庇天下寒士俱欢颜，风雨不动安如山）、《望岳》（会当凌绝顶，一览众山小）、《春夜喜雨》（好雨知时节，当春乃发生。随风潜入夜，润物细无声）、《蜀相》（三顾频烦天下计，两朝开济老臣心。出师未捷身先死，长使英雄泪满襟）、"三吏"（《新安吏》《石壕吏》《潼关吏》）、"三别"（《新婚别》《垂老别》《无家别》）等
	第三阶段：**中唐诗歌是唐代诗歌的继续繁荣时期**。中唐，自代宗大历初年到文宗太和九年（766—835 年）
	11. 孟郊：与贾岛并称，而苏轼称其为"**郊寒岛瘦**"，是著名的苦吟诗人，作品有《游子吟》（**慈母手中线，游子身上衣**。临行密密缝，意恐迟迟归。谁言寸草心，报得三春晖）、《登科后》（**春风得意马蹄疾，一日看尽长安花**）等。孟郊作诗苦心孤诣，惨淡经营，元好问曾称之为"诗囚"
	12. 韩愈：又称韩昌黎，字退之，唐代**古文运动倡导者，唐宋八大家之首**，苏轼称其为"**文起八代之衰**"，与柳宗元并称"**韩柳**"。主要作品有《师说》（"古之学者必有师，师者，所以**传道受业解惑也**。人非生而知之者，孰能无惑？惑而不从师，其为惑也，终不解矣""**闻道有先后，术业有专攻**"）、《进学解》（业精于勤荒于嬉，行成于思毁于随）等
	唐宋八大家：韩愈、柳宗元、曾巩、王安石、欧阳修、苏洵、苏轼、苏辙
	13. 柳宗元：祖籍河东郡（今山西省运城市永济、芮城一带）人，世称"**柳河东**""河东先生"，因官终柳州刺史，又称"**柳柳州**""柳愚溪"。与韩愈并称"韩柳"，唐宋八大家之一，唐代古文运动倡导者。作品有《捕蛇者说》、"三戒"（包括《黔之驴》等）、《永州八记》（包括《小石潭记》等）、《童区寄传》等散文，《渔翁》、《江雪》（千山鸟飞绝，万径人踪灭。孤舟蓑笠翁，独钓寒江雪）等诗
	14. 刘禹锡：与柳宗元合称"刘柳"，与白居易合称"刘白"。作品**《陋室铭》**（山不在高，有仙则名。水不在深，有龙则灵。斯是陋室，惟吾德馨）、《乌衣巷》（朱雀桥边野草花，乌衣巷口夕阳斜。旧时王谢堂前燕，飞入寻常百姓家）等

文学	15. **白居易**：字乐天，号香山居士，又号醉吟先生，有"诗魔""诗王"之称，与元稹共同倡导**新乐府**运动，世称"**元白**"，与刘禹锡并称"**刘白**"。所作《秦中吟》《新乐府》共60首，代表性著作有《**卖炭翁**》、《**长恨歌**》（汉皇重色思倾国，御宇多年求不得。**杨家有女初长成**，养在深闺人未识。天生丽质难自弃，一朝选在君王侧。**回眸一笑百媚生，六宫粉黛无颜色**……后宫佳丽三千人，三千宠爱在一身……**在天愿作比翼鸟，在地愿为连理枝。天长地久有时尽，此恨绵绵无绝期**）、《**琵琶行**》（**千呼万唤始出来，犹抱琵琶半遮面**……别有幽愁暗恨生，**此时无声胜有声**……**同是天涯沦落人，相逢何必曾相识**）、《**大林寺桃花**》（**人间四月芳菲尽，山寺桃花始盛开**）、《**钱塘湖春行**》（**乱花渐欲迷人眼，浅草才能没马蹄。最爱湖东行不足，绿杨阴里白沙堤**）等
	16. **李贺**：世称"**诗鬼**"、鬼才，作品有《**雁门太守行**》（**黑云压城城欲摧，甲光向日金鳞开**。角声满天秋色里，塞上燕脂凝夜紫。半卷红旗临易水，霜重鼓寒声不起。**报君黄金台上意，提携玉龙为君死**）、《**金铜仙人辞汉歌**》（衰兰送客咸阳道，**天若有情天亦老**）等
	第四阶段：晚唐诗歌是唐代诗歌的衰落时期。晚唐，自文宗太和以后到唐朝灭亡（836—907年）
	17. **李商隐**：字义山，号玉溪生，晚唐最著名的诗人，有《李义山诗集》传世，作品有《**乐游原**》（向晚意不适，驱车登古原。**夕阳无限好，只是近黄昏**）、《**锦瑟**》（锦瑟无端五十弦，一弦一柱思华年。庄生晓梦迷蝴蝶，望帝春心托杜鹃。沧海月明珠有泪，蓝田日暖玉生烟。**此情可待成追忆？只是当时已惘然**）、《**无题**》（**相见时难别亦难，东风无力百花残。春蚕到死丝方尽，蜡炬成灰泪始干**。晓镜但愁云鬓改，夜吟应觉月光寒。蓬山此去无多路，青鸟殷勤为探看）等。有"**七律圣手**"之称
	18. **杜牧**：字牧之，号樊川居士，与李商隐齐名，并称"**小李杜**"。作品包括《**阿房宫赋**》（呜呼！**灭六国者六国也，非秦也；族秦者秦也，非天下也**）、《**江南春**》（千里莺啼绿映红，水村山郭酒旗风。**南朝四百八十寺，多少楼台烟雨中**）、《**清明**》（**清明时节雨纷纷，路上行人欲断魂。借问酒家何处有？牧童遥指杏花村**）、《**泊秦淮**》（烟笼寒水月笼沙，夜泊秦淮近酒家。**商女不知亡国恨，隔江犹唱后庭花**）、《**过华清宫绝句**》（长安回望绣成堆，山顶千门次第开。**一骑红尘妃子笑，无人知是荔枝来**）、《**秋夕**》（银烛秋光冷画屏，轻罗小扇扑流萤。天阶夜色凉如水，卧看牵牛织女星）等

文　学	19. **温庭筠**：花间词派奉温庭筠为鼻祖
	20. **李煜**：五代时南唐后主，世称"千古词帝"。作品有《虞美人》（春花秋月何时了？往事知多少。小楼昨夜又东风，故国不堪回首月明中。**雕栏玉砌应犹在，只是朱颜改**。问君能有几多愁？恰似一江春水向东流）、《相见欢》（无言独上西楼，月如钩。寂寞梧桐深院锁清秋。**剪不断，理还乱，是离愁。别是一般滋味在心头**）、《浪淘沙令》（独自莫凭栏，无限江山，别时容易见时难。**流水落花春去也，天上人间**）

习题与解析

习题1.【单选】下面作家是唐宋散文八大家中的四位，属于唐朝的一位是（　　）

A. 韩愈　　　　　　　　　　B. 欧阳修

C. 苏洵　　　　　　　　　　D. 王安石

答案：A。解析：唐宋八大家指韩愈、柳宗元、苏洵、苏轼、苏辙、欧阳修、曾巩、王安石。其中韩愈和柳宗元是唐朝的。因此，本题应选 A 项。

习题2.【单选】关于唐代诗歌及诗人，下列说法不正确的是（　　）

A. "小李杜"指的是李商隐、杜牧

B. 王维和孟浩然是边塞诗的代表作家

C. 杜甫的诗因为反映了安史之乱时的社会现实而被称为"诗史"

D. "海内存知己，天涯若比邻"是王勃的名句

答案：B。解析：王维与孟浩然为盛唐时杰出的山水田园派诗人。因此，本题应选 B 项。

九、宋：北宋（公元960—1127年）、南宋（公元1127—1279年）

政　治	1. **陈桥兵变（黄袍加身）**：960年正月初一，传闻契丹联合北汉南下攻周，宰相范质等未辨真伪，急遣赵匡胤统率诸军北上御敌。周军行至陈桥驿，赵匡胤和赵普等密谋策划，发动兵变，众将以黄袍加在赵匡胤身上，拥立他为皇帝，赵匡胤即位后，改国号为"宋"，仍定都开封
	2. **"杯酒释兵权"**：宋太祖**赵匡胤**为加强中央集权，设酒宴解除石守信等人的兵权。北宋定都**汴梁**（今**开封**，素有**八朝古都**之称，它是世界上唯一一座城市中轴线从未变动的都城，城摞城遗址在世界考古史和都城史上少有），南宋定都**临安**（今**杭州**），南宋与金朝、西辽、大理、西夏、吐蕃及13世纪初兴起的蒙古帝国为并存政权

续表 1

政治	3. **澶渊之盟**：公元 1004 年，辽朝萧太后与**辽圣宗**亲率大军南下深入宋境。宰相**寇准**力劝**宋真宗**至澶州督战。1005 年，宋与辽订立和约，规定宋每年送给辽岁币银 10 万两、绢 20 万匹。此后宋、辽之间百余年间不再有大规模战事
	4. **庆历新政**：指公元 1041—1048 年**宋仁宗庆历年间**进行的改革。**范仲淹**主持。主要内容：澄清吏治，富国强兵，厉行法治。结果：社会矛盾并未缓和，土地兼并日益严重，冗兵资费更是加倍，民族矛盾十分尖锐
	5. **王安石变法（熙宁变法、熙丰变法）**：北宋宋神宗时期，王安石发动的旨在改变北宋建国以来积贫积弱局面的一场社会改革运动，颁布了农田水利法、青苗法、募役法、市易法、方田均税法，并推行保甲法和将兵法以强兵。但新法触动了大地主阶级的根本利益，所以遭到他们的强烈反对
	6. **方腊起义**：宣和二年（1120），方腊揭竿而起，威震东南，使富庶的江浙一带千疮百孔，本就被冗兵拖累的大宋国库更是雪上加霜，为五年后的靖康之乱埋下了伏笔
	7. **靖康之变**：公元 1126—1127 年，金军攻破东京（今河南开封），烧杀抢掠，俘虏了**宋徽宗**（赵佶，自创一种书法字体，被后人称为"瘦金体"）、宋钦宗父子，北宋灭亡。南宋岳飞《满江红》："靖康耻，犹未雪，臣子恨，何时灭！"
	8. **南宋建立**：公元 1127 年，**赵构**在应天府（今河南商丘）继承皇位，后迁都临安（杭州），史称南宋
	9. **绍兴和议**：公元 1141 年南宋与金订立合约，割地纳贡，并**杀害岳飞**。宋金对峙局面正式形成（宋金对峙线为东起淮水，西至大散关）
	10. **崖山海战**：公元 1279 年，南宋军队与蒙古军队在崖山进行的大规模海战，也是古代中国少见的大海战。此次战役之后，南宋残余势力彻底灭亡，蒙元最终统一整个中国。这是中国第一次整体被北方游牧民族所征服
科技文化	1. **《清明上河图》**：北宋张择端，描绘北宋**东京汴河**沿岸的风光和繁华景象
	2. 早在**战国时期**我国就发明了"司南"，是世界上最早的指南仪器。北宋时制成指南针，用于航海事业，后来传入欧洲为欧洲航海家的航海活动创造了条件
	3. 火药是我国古代炼丹家发明的，**唐朝末年开始用于军事，宋元时期广泛用于战争**，13、14 世纪火药和火药武器传入阿拉伯和欧洲，为欧洲资产阶级革命提供了条件
	4. **毕昇（北宋）**：发明**活字印刷术**

科技文化	5. **沈括（北宋）**：著有《梦溪笔谈》一书，总结了中国古代特别是北宋的科技成就，**英国科学史家李约瑟评价其为"中国科学史上的里程碑"**
	6. **《陈旉农书》**：宋代陈旉著，被认为"我国现存最早总结江南水稻地区栽培技术的一部农书"
	7. **"交子"**：出现于四川地区，是世界上最早的纸币
	8. 《洗冤集录》：中国第一部系统的法医学著作
	9. 《大藏经》：宋太祖下令雕版刻印《大藏经》，这是中国历史上第一次大规模印刷佛经
	10. **张载**："为天地立心，为生民立命，为往圣继绝学，为万世开太平"
	11. **朱熹（南宋）**：宋代理学集大成者，继承了北宋程颐、程颢的理学，完成了客观唯心主义的体系。他认为理是世界的本质，"理在先，气在后"，提出"**存天理，灭人欲**"，程朱理学在明清时成为官方哲学。（理学：创始于北宋，盛行于南宋、元、明，清中期以后逐渐衰落）
文 学	1. **司马光（北宋）**：主持编写**《资治通鉴》**，是我国第一部编年体通史
	2. **范仲淹（北宋）**：《岳阳楼记》，"先天下之忧而忧，后天下之乐而乐"
	3. **晏殊**：作品有《浣溪沙》（**无可奈何花落去，似曾相识燕归来**）、《蝶恋花》（**昨夜西风凋碧树，独上高楼，望尽天涯路**）等
	4. **欧阳修**：自号**醉翁**，晚年号**六一居士**，唐宋八大家之一。领导了北宋诗文革新运动，与韩愈、柳宗元、苏轼被后人合称"**千古文章四大家**"。作品有《醉翁亭记》（**醉翁之意不在酒，在乎山水之间也**）、《秋声赋》等
	5. **苏洵**：唐宋八大家之一，与苏轼、苏辙合称"三苏"
	6. **苏轼**："**诗神**"，"**词圣**"，字子瞻，又字和仲，号铁冠道人、东坡居士，唐宋八大家之一，在书法上与**黄庭坚、米芾、蔡襄**并称"**宋代四大书法家**"。主要作品有《赤壁赋》、《念奴娇》、《水调歌头》（**人有悲欢离合，月有阴晴圆缺，此事古难全。但愿人长久，千里共婵娟**）等
	7. **苏辙**：唐宋八大家之一，作品集《栾城集》
	8. **曾巩**：唐宋八大家之一，作品集《元丰类稿》（以年号命名）
	9. **王安石**：唐宋八大家之一，作品有《游褒禅山记》、《泊船瓜洲》（京口瓜洲一水间，钟山只隔数重山。**春风又绿江南岸，明月何时照我还**）等

文学	10. **柳永**：原名柳三变，婉约派代表人物。其作品传播范围广泛，人称"凡有井水饮处，皆能歌柳词"。作品有**《蝶恋花》（衣带渐宽终不悔，为伊消得人憔悴）**、《雨霖铃》（多情自古伤离别，更那堪冷落清秋节！今宵酒醒何处？杨柳岸，晓风残月。此去经年，应是良辰好景虚设。便纵有千种风情，更与何人说？）、《八声甘州》等
	11. **陆游**：号放翁，存诗9000多首，是我国**现有存诗最多的诗人**。作品有《书愤》、《示儿》（死去元知万事空，但悲不见九州同。王师北定中原日，家祭无忘告乃翁）、《游山西村》（莫笑农家腊酒浑，丰年留客足鸡豚。**山重水复疑无路，柳暗花明又一村**）、《临安春雨初霁》（世味年来薄似纱，谁令骑马客京华？**小楼一夜听春雨，深巷明朝卖杏花**）、《除夜雪》（半盏屠苏犹未举，灯前小草写桃符）、《卜算子·咏梅》（驿外断桥边，寂寞开无主。已是黄昏独自愁，更着风和雨。无意苦争春，一任群芳妒。**零落成泥碾作尘，只有香如故**）等
	12. **李清照**：著名女词人，**宋代婉约词派**中成就最高者。号**易安居士**，山东济南人，与济南历城人辛弃疾并称"济南二安"。作品有《如梦令》（常记溪亭日暮，沉醉不知归路。兴尽晚回舟，误入藕花深处。**争渡，争渡，惊起一滩鸥鹭**）、《声声慢》（**寻寻觅觅，冷冷清清，凄凄惨惨戚戚**。乍暖还寒时候，最难将息。三杯两盏淡酒，怎敌他、晚来风急？雁过也，正伤心，却是旧时相识……**这次第，怎一个愁字了得**）等，集为《漱玉词》
	13. **辛弃疾**：字幼安，号稼轩，山东济南人，与苏轼并称"**苏辛**"，与李清照并称"济南二安"，人称"词中之龙"。作品集《稼轩长短句》，名篇有《丑奴儿》（少年不识愁滋味，爱上层楼。爱上层楼，为赋新词强说愁。而今识尽愁滋味，欲说还休。欲说还休，却道天凉好个秋）、《青玉案·元夕》（**众里寻他千百度，蓦然回首，那人却在，灯火阑珊处**）、《破阵子·为陈同甫赋壮词以寄之》（**醉里挑灯看剑，梦回吹角连营**。八百里分麾下炙，五十弦翻塞外声，**沙场秋点兵**）、《摸鱼儿》、《永遇乐》、《清平乐》等
	14. **文天祥**：南宋，作品有《正气歌》、《过零丁洋》（惶恐滩头说惶恐，零丁洋里叹零丁。**人生自古谁无死，留取丹心照汗青**）等
	15. **岳飞**：南宋时期抗金名将，**《满江红》**（怒发冲冠，凭栏处、潇潇雨歇。抬望眼，仰天长啸，壮怀激烈。**三十功名尘与土，八千里路云和月**。莫等闲、白了少年头，空悲切）。"**青山有幸埋忠骨，白铁无辜铸佞臣**"

习题与解析

习题1.【单选】"暖风熏得游人醉，直把杭州作汴州"诗句中的"汴州"指的是（　　）

A. 开封　　　　　　　　　　　　B. 安阳

C. 洛阳　　　　　　　　　　D. 许昌

答案：A。解析：此诗出自《题临安邸》，全诗如下："山外青山楼外楼，西湖歌舞几时休？暖风熏得游人醉，直把杭州作汴州。"此诗作于北宋灭亡，南宋迁都临安（今杭州）后，汴州指北宋都城开封。"直把杭州作汴州"讽刺了南宋政府偏安江南一隅，无心收复北国失地。因此，本题应选 A 项。

习题2.【单选】《资治通鉴》成书于（　　）

A. 西汉　　　　　　　　　　B. 东汉
C. 北宋　　　　　　　　　　D. 南宋

答案：C。解析：北宋时期司马光主持编纂了《资治通鉴》一书。因此，本题应选 C 项。

习题3.【单选】《清明上河图》反映了我国哪个朝代的都市生活（　　）

A. 北宋　　　　　　　　　　B. 南宋
C. 明朝　　　　　　　　　　D. 元朝

答案：A。解析：《清明上河图》是中国十大传世名画之一，是北宋画家张择端的存世精品，属一级国宝，现存于北京故宫博物院。《清明上河图》生动地记录了中国 12 世纪城市生活的面貌，这在中国乃至世界绘画史上都是独一无二的。这幅画栩栩如生地描绘了北宋都城汴京（今开封）的繁荣景象，表现了当时的日常社会生活与习俗风情，是汴京当年繁荣的见证，也是北宋城市经济情况的写照。因此，本题应选 A 项。

习题4.【单选】四大发明的先后顺序是（　　）

A. 造纸术——活字印刷术——指南针——火药和火器
B. 活字印刷术——造纸术——火药和火器——指南针
C. 造纸术——指南针——火药和火器——活字印刷术
D. 指南针——造纸术——火药和火器——活字印刷术

答案：D。解析：战国时期就发明了司南，是世界上最早的指南仪器；造纸术在西汉就发明了；火药最早起源于春秋时期的炼丹术，后在隋朝被真正发明，在唐朝被用于军事，火器最早出现在唐代；活字印刷术发明于北宋。因此，本题应选 D 项。

习题5.【单选】宋代范仲淹《岳阳楼记》中脍炙人口的话是（　　）

A. 落霞与孤鹜齐飞，秋水共长天一色　　B. 世事洞明皆学问，人情练达即文章
C. 匹夫而为百世师，一言而为天下法　　D. 先天下之忧而忧，后天下之乐而乐

答案：D。解析："先天下之忧而忧，后天下之乐而乐"出自范仲淹《岳阳楼记》。"落霞与孤鹜齐飞，秋水共长天一色"出自初唐诗人王勃的《滕王阁序》。"世事洞明皆学问，人情练达即文章"出自《红楼梦》第五回中的一副对联，其大意是：明白世事，掌握其规律，这些都是学问；恰当地处理事情，懂得道理，总结出来的经验就是文章。"匹夫而为百世师，一言而为天下法"出自宋朝苏轼《潮州韩文公庙碑》，意思就是：普普通通的人可以成为百代师表，一句至理名言就可以成为天下的法规。因此，本题应选 D 项。

十、元朝（公元1206—1368年）

政治	1. **元太祖成吉思汗**：名铁木真，统一蒙古。1206年，铁木真被推举为蒙古的大汗，尊称为"成吉思汗"。其孙忽必烈1271年建立元朝，为元世祖，次年迁都燕京，称大都（又被称为汗八里，意思为"大汗之城"）
	2. **行省制度**：元朝在地方实行行省制度，它的创立，是中国古代地方行政制度的重大变革，**是中国省制的开端**
	2. **澎湖巡检司**：管辖澎湖、台湾地区，是我国在台湾附近岛屿设立专门政权机构的开始
	4. **红巾军起义**：指1351年由**韩山童、刘福通、徐寿辉**等领导的元末农民大起义，因起义军头裹红巾，故称"红巾军"，又因其烧香聚众，亦称"香军"
科技文化	1. **黄道婆**：推广了黎族人民先进的棉纺技术
	2. **马可·波罗**：意大利旅行家，到达**元朝大都**（今北京），口述《马可·波罗游记》一书
	3. 福建**泉州港**（古称刺桐港）：元朝最大的港口，与当时埃及的亚历山大港并列为世界第一大港，**泉州是海上丝绸之路的起点**
	4. **郭守敬**：天文学家，测定黄赤交角为23度33分34秒，制订的**《授时历》**是我国古代一部很精良的历法
文学	1. **关汉卿**：与郑光祖、白朴、马致远并称**"元曲四大家"**（元曲可分为杂剧和散曲两种形式），后世称其为**"曲圣"**。作品有**《窦娥冤》《救风尘》《望江亭》《单刀会》**等
	2. **王实甫**：作品有**《西厢记》**，讲述了书生张生与**崔莺莺**的爱情故事。"愿天下有情人都成了眷属"
	3. 郑光祖：作品有《倩女离魂》，讲述了书生王文举与张倩女的爱情故事
	4. 马致远：被后人誉为"马神仙""曲状元"，"元曲四大家"之一，杂剧**《汉宫秋》**（取材于王昭君出塞的历史故事），散曲**《天净沙·秋思》**（枯藤老树昏鸦，小桥流水人家，古道西风瘦马，夕阳西下，断肠人在天涯）被称为**秋思之祖**
	5. 中国十大古典悲剧：《窦娥冤》（元·关汉卿），《汉宫秋》（元·马致远），《赵氏孤儿》（元·纪君祥），《琵琶记》（元·高则诚），《精忠旗》（明·冯梦龙），《娇红记》（明·孟称舜），《清忠谱》（清·李玉），《桃花扇》（清·孔尚任），《长生殿》（清·洪昇），《雷峰塔》（清·方成培）

习题与解析

习题1.【单选】下列有关文学常识的表述不正确的是（ ）

A. "骚体"又称"楚辞体"，得名于屈原的《离骚》，特点之一是多用"兮"字

B. 散曲包括套曲和杂剧，是盛行于元代的一种曲子形式，形式比较自由

C. 《白洋淀纪事》是孙犁最负盛名和最能代表他创作风格的一部作品集

D. 惠特曼是美国伟大诗人，他的诗对我国五四以来的新诗影响很大

答案：B。解析：元曲的种属关系应该是：元曲，包括散曲和杂剧；散曲，包括小令和套曲。因此，本题应选B项。

十一、明朝（公元1368—1644年）

政治	1. **明太祖朱元璋**：明朝开国皇帝，定都于**应天府**（今南京）；**明太祖时，中国的宰相制度被废除**
	2. **洪武之治**：又称洪武盛世，是明太祖朱元璋在位期间所出现的治世
	3. **靖难之役**：又称靖难之变，是建文元年到建文四年（1399—1402）明朝统治阶级内部争夺帝位的战争。燕王朱棣篡位登基，建元永乐，迁都北京
	4. **明成祖朱棣**：年号永乐，《**永乐大典**》，它是明永乐年间由明成祖朱棣先后命**解缙、姚广孝**等主持编纂的一部集中国古代典籍于大成的**类书**，被称为"**世界有史以来最大的百科全书**"
	5. **郑和**：永乐、宣德年间，于1405—1433年**七下西洋**，从刘家港出发，**最远到达非洲东海岸和红海沿岸**
	6. **土木堡之变**：1449年，蒙古瓦剌部首领也先大举进兵明境，**明英宗朱祁镇**亲率大军出征，八月回师退至土木堡时被也先率军包围，军队死伤惨重，英宗被也先俘去，兵部尚书邝埜、户部尚书王佐等66名大臣战死，史称"土木堡之变"
	7. **张居正改革**（又称万历中兴）：**明神宗**时期，内阁首辅张居正为挽救明王朝，缓和社会矛盾，在政治、经济、国防等各方面进行的一场变法革新运动。创制"**考成法**"，严格考查各级官吏贯彻朝廷诏旨情况，要求定期向内阁报告地方政事，提高内阁实权；"**一条鞭法**"的内容是将各州县的田赋、徭役以及其他杂征总为一条，合并征收银两，按亩折算缴纳，大大简化了征收手续，同时使地方官员难于作弊
	8. **戚继光**：训练新军，抗击倭寇，修筑长城
	9. 李自成：1644年李自成领导的农民军攻破北京城，结束明朝统治。驻守山海关的明朝将领**吴三桂**（**恸哭六军俱缟素，冲冠一怒为红颜**）引清军入关，击败农民军，在北京开始了大清帝国的统治

续 表

科 技	1. **李时珍**："药圣"，写出药物学巨著《**本草纲目**》，创立了当时世界最先进的药物分类法，总结了16世纪以前的中国医药学，《本草纲目》被誉为"**东方医药巨典**"
	2. **利玛窦**：意大利传教士，**明朝时期**来到中国
	3. **徐光启**：编著《农政全书》
	4. **宋应星**：编著《天工开物》一书，总结了明代农业、手工业生产技术，**被誉为"中国17世纪的工艺百科全书"**
	5. **徐霞客**：明朝地理学家，写出了《**徐霞客游记**》一书，记述了石灰岩溶蚀地貌，比欧洲早约两个世纪
	6. **明朝时期**：**玉米、辣椒、花生、甘薯、马铃薯、西红柿、南瓜、苦瓜、烟草**等传入中国
文 学	1. **施耐庵**：作品《忠义水浒传》，简称《水浒》，描写了北宋末年以宋江为首的108位好汉在梁山聚义，以及聚义之后接受招安、四处征战的故事。是我国第一部反映农民起义的长篇章回体小说，对后世农民起义产生了巨大影响
	2. **罗贯中**：号湖海散人，被称为**中国章回小说的鼻祖**，作品《三国志通俗演义》（简称《三国演义》），以陈寿的《三国志》为蓝本，是我国第一部长篇章回体历史小说
	3. **吴承恩**：作品《**西游记**》（"使神魔皆有人情，精魅亦通世故"），是著名长篇章回体神魔小说，是古典文学中最辉煌的神话作品，标志着浪漫主义文学的新高峰
	4. **兰陵笑笑生**：《金瓶梅》，"四大奇书"之首，是中国文学史上第一部由文人独立创作的长篇小说，对《红楼梦》影响甚深。 明朝人称《三国演义》《水浒传》《西游记》《金瓶梅》为**四大奇书**
	5. **归有光**：《震川文集》
	6. **汤显祖**："东方的莎士比亚"。代表作"玉茗堂四梦"：《牡丹亭》《紫钗记》《邯郸记》《南柯记》。其中《**牡丹亭**》讲述了**杜丽娘**与柳梦梅的爱情故事
	7. **冯梦龙**：小说集"三言"《喻世明言》《醒世恒言》《警世通言》，"三言"与**明朝凌濛初**的《初刻拍案惊奇》《二刻拍案惊奇》合称"**三言二拍**"

十二、清朝（公元 1616—1911 年）

政　治	1. **清太祖**：名**努尔哈赤**，八旗兵创建者
	2. **清太宗**：名**皇太极**，清朝建立者
	3. **清圣祖**：年号康熙，**在位 61 年**，中国历史上**在位时间最长**的皇帝；组织编写《康熙字典》《古今图书集成》；"**康乾盛世**"，又称**康雍乾**盛世，是清朝的鼎盛时期，经历了康熙、雍正、乾隆**三代皇帝**，持续时间长达一百三十四年
	4. **清世宗**：年号**雍正**，设置**军机处**，标志着封建君主专制制度发展到了顶峰
	5. **清高宗**：年号**乾隆**，主持编撰**《四库全书》**。《四库全书》是在乾隆主持下，由纪昀等 360 多位高官、学者编撰，3800 多人抄写，耗时 13 年编成的**丛书**，分经、史、子、集四部，故名四库
	6. **溥仪**：清朝最后一位皇帝，1912 年 2 月 12 日退位
	7. **收复台湾**：1662 年**郑成功**打败荷兰殖民者收复台湾岛；1683 年，康熙皇帝命**施琅**收复台湾；1684 年，清廷在台湾设置台湾府，隶属于福建省
	8. **西藏**：1728 年雍正在西藏设驻藏大臣，同达赖和班禅共同管理西藏。1792 年乾隆确立西藏宗教和政治领袖达赖和班禅须经中央政府册封的"**金瓶掣签**"制度
文　学	1. **顾炎武**："天下兴亡，匹夫有责"，提倡"经世致用"
	2. **明末清初"三大儒"**：王夫之、顾炎武、黄宗羲
	3. **洪昇**：代表作**《长生殿》**（唐玄宗和杨贵妃），与孔尚任并称"**南洪北孔**"
	4. **孔尚任**：作品有**《桃花扇》**，主人翁为**李香君**与侯方域，写南明王朝灭亡的历史剧，"借离合之情，写兴亡之感"
	5. **蒲松龄**：作品有**《聊斋志异》**，古典文言短篇小说的巅峰。"写鬼写妖高人一等，刺贪刺虐入木三分"，"鬼狐有性格，笑骂成文章"
	5. **吴敬梓**：作品有**《儒林外史》**（范进中举），它代表着中国古代讽刺小说的高峰，开创了以小说直接评价现实生活的范例。"一部儒林，终之以琴，滔滔天下，谁是知音"
	6. **曹雪芹**：作品有**《红楼梦》**（又名**《石头记》**，"满纸荒唐言，一把辛酸泪"），以贾宝玉、林黛玉、薛宝钗的爱情故事为主线，描写了贾、史、王、薛四大家族的兴衰，是中国古典小说的巅峰之作，"中国封建社会的百科全书"
	7. **姚鼐**：方苞、姚鼐和刘大櫆合称"**桐城三祖**"，有《惜抱轩全集》
	8. **李汝珍**：作品有**《镜花缘》**

文　学	9. 袁枚：作品有《小仓山房文集》和《随园诗话》等
	10. 龚自珍：作品有《病梅馆记》、《己亥杂诗》（浩荡离愁白日斜，吟鞭东指即天涯。**落红不是无情物，化作春泥更护花**。九州生气恃风雷，万马齐喑究可哀。**我劝天公重抖擞，不拘一格降人才**）等
	11. 吴沃尧：作品有《二十年目睹之怪现状》，谴责小说
	12. 李伯元：字宝嘉，作品有《官场现形记》，近代第一部在报刊上连载并取得社会轰动效应的长篇章回小说，开近代小说批判现实的风气
	13. 刘鹗：作品有《老残游记》
	14. 曾朴：作品有《孽海花》。《二十年目睹之怪现状》《官场现形记》《老残游记》《孽海花》合称**晚清四大谴责小说**
	15. 梁启超：作品有《谭嗣同传》、《少年中国说》（故今日之责任，不在他人，而全在少年。**少年智则国智，少年富则国富，少年强则国强**）等

第二节　中国近现代史

从鸦片战争到新中国成立这100多年，是中华民族最动荡、最屈辱的历史时期，也是中国人民最悲惨、最痛苦的历史时期。为了改变中华民族的命运，中国人民和无数仁人志士进行了千辛万苦的探索和不屈不挠的斗争。从林则徐、魏源的"睁眼看世界"到"自强、求富"的洋务运动，从太平天国起义到义和团运动，从戊戌维新运动到孙中山领导的辛亥革命，这些探索和斗争每一次都在一定程度上推动了中国的发展和进步，但一次又一次难以避免失败的命运。

鸦片战争	1. **林则徐**：《四洲志》。1839年6月，清朝钦差大臣林则徐将缴获的英、美走私商110多万公斤的鸦片在广东虎门海滩全部当众销毁，史称"**虎门销烟**"。林则徐被称为清朝"**开眼看世界的第一人**"
	2. **魏源**：1843年编纂《海国图志》，记述了世界各国的地理、历史、经济、政治、军事和科学技术乃至宗教、文化等情况，并附有世界地图、各大洲地图和分国地图等，目的是"**师夷长技以制夷**"
	3. **严复**：译著的《天演论》（物竞天择、适者生存、优胜劣汰）
	4. **徐继畬**：著有《瀛寰志略》，《纽约时报》称其为东方伽利略

续表 1

鸦片战争	第一次鸦片战争时间：1840 年 6 月，英国发动 第一次鸦片战争结局：1842 年 8 月签订《南京条约》，规定了割让香港岛、赔款，开广州、厦门、福州、宁波、上海五处为通商口岸，协定关税等条款。这是中国近代史上第一个不平等条约。1843 年英国政府又强迫清政府订立了《五口通商章程》和《五口通商附粘善后条款》（《虎门条约》）作为《南京条约》的附约，增加了领事裁判权、片面最惠国待遇等条款，它使中国领土完整和主权遭到破坏，中国的封建经济日益解体，使中国开始沦为半殖民地半封建社会，成为中国近代史的开端。近代中国半殖民地半封建的社会性质，决定了社会主要矛盾是帝国主义和中华民族的矛盾、封建主义和人民大众的矛盾，而帝国主义和中华民族的矛盾又是各种矛盾中最主要的矛盾
太平天国	1843 年洪秀全创立"拜上帝教"，秘密进行反清活动。1851 年 1 月 11 日，洪秀全在广西桂平金田村武装起义，建号"太平天国"，起义军称太平军，于 1853 年 3 月攻克南京，宣布南京为天京，然后颁布《天朝田亩制度》，正式建立与清王朝对峙的农民政权。1859 年，太平天国颁布由洪仁玕提出的改革内政、建设国家的新方案——《资政新篇》，这是先进的中国人首次提出的在中国发展资本主义的设想
洋务运动	19 世纪 60 年代到 90 年代，中央以恭亲王奕䜣，地方以曾国藩、李鸿章、左宗棠、张之洞为代表。运动前期，洋务派以"自强"为口号，采用西方先进生产技术，创办了安庆内军械所（曾国藩）、江南制造总局（李鸿章）、福州船政局（左宗棠）等一批近代军事工业；洋务运动后期，洋务派以"求富"为口号，开办一些民用工业，主要有李鸿章在上海创办的轮船招商局以及开平矿务局、张之洞创办的汉阳铁厂、湖北织布局等
百日维新	公车上书：1895 年，康有为率梁启超等数千名举人联名上书光绪帝，反对在甲午战争中败于日本的清政府签订丧权辱国的《马关条约》的事件。公车上书被认为是维新派登上历史舞台的标志，也被认为是中国群众政治运动的开端 时间：1898 年 6 月到 9 月 代表人物：康有为、梁启超 主要内容：政治上，改革政治机构，裁撤冗官，任用维新人士；经济上，鼓励私人工矿企业；文化教育方面，开办新式学堂培养人才，翻译西方书籍，传播新思想，创办报刊，开放言论；军事上，训练新式军队

续表2

辛亥革命	1894年11月，孙中山在美国檀香山率先组织了第一个资产阶级**革命团体——兴中会**。1905年7月，孙中山在日本东京成立了第一个全国性的资产阶级**革命政党——同盟会**，确立同盟会的革命纲领是"驱除鞑虏，恢复中华，创立民国，平均地权" 1911年10月10日，**武昌起义**胜利，清政府瓦解，史称"**辛亥革命**" 20世纪三次历史性巨变：第一次是1911年孙中山领导的辛亥革命，第二次是1949年成立了中华人民共和国，第三次是1978年进行了改革开放 1912年元旦，孙中山在南京宣誓就任中华民国临时大总统，宣告中华民国成立，这是旧民主主义革命发展的最高峰 袁世凯篡夺革命果实，孙中山被迫辞去临时大总统职务，标志着辛亥革命的失败
新文化运动	从1915年起，陈独秀、李大钊、胡适、鲁迅等先进的知识分子，高举"**民主**"和"**科学**"两面大旗，以《新青年》杂志为主要阵地，掀起了新文化运动 1919年李大钊发表《我的马克思主义观》（**李大钊是高举社会主义大旗的第一人**）
文　学	1. **鲁迅**：作品有小说集**《呐喊》《彷徨》《故事新编》**。其中，《呐喊》收录了《阿Q正传》、《故乡》、《狂人日记》（**中国第一部现代白话文小说**）、《孔乙己》（**继《狂人日记》之后的第二篇白话小说**）、《药》（讲述茶馆主人**华老栓**夫妇为儿子小栓买人血馒头治病的故事）等14篇小说，反映了辛亥革命前后到五四时期的中国社会现实，深刻地揭露了封建宗法制度和封建礼教吃人的本质和虚伪，痛苦地解剖了中国沉默的国民灵魂，批判了国民的劣根性。《彷徨》收录了《祝福》《在酒楼上》《伤逝》等11篇小说，**作品表达了作者彻底的不妥协地反对封建主义的精神，是中国革命思想的镜子**。《故事新编》是鲁迅的最后创新之作，其中8篇有5篇写于鲁迅生命的最后时期，很多篇都表现着"庄严"与"荒诞"两种色彩和语调，互相补充、渗透和消解。散文集**《朝花夕拾》**（《藤野先生》《范爱农》）
	2. **郭沫若**：作品有诗集**《女神》**，历史剧作《棠棣之花》《屈原》《虎符》《高渐离》《孔雀胆》《蔡文姬》《武则天》等
	3. **叶圣陶**：我国**现代儿童文学的奠基人**，堪称真正意义上的"**中国童话第一人**"。作品有长篇小说《倪焕之》，短篇小说有《多收了三五斗》《夜》等，童话集有《稻草人》《古代英雄的石像》
	4. **茅盾**：作品有**蚀三部曲**（《幻灭》《动摇》《追求》）和**农村三部曲**（《春蚕》《秋收》《残冬》），代表作**《林家铺子》《子夜》**等

续表3

文 学	5. **郁达夫**：作品有《沉沦》《春风沉醉的晚上》《薄奠》等
	6. **徐志摩**：《新月》的创办者和**新月派**的代表人物，作品有诗集《志摩的诗》《猛虎集》等，著名篇目有**《再别康桥》**《在病中》《沙扬娜拉》《偶然》等
	7. **林徽因**：中国第一位女性建筑学家。《你是人间的四月天》："我说你是人间的四月天；笑响点亮了四面风；轻灵在春的光艳中交舞着变"
	8. **田汉**：**《义勇军进行曲》**（田汉作词、聂耳作曲，是电影《风云儿女》的主题歌，创作于1935年，现为国歌）。剧作有《咖啡店之一夜》《名优之死》《丽人行》《关汉卿》《文成公主》，京剧有《白蛇传》《谢瑶环》等。
	9. **朱自清**：作品有诗和散文合集《踪迹》，散文集《背影》《欧游杂记》《你我》，学术著作《经典常谈》，著名篇目有**《背影》《绿》《荷塘月色》**《桨声灯影里的秦淮河》《生命的价格——七毛钱》等
	10. **闻一多**：作品有诗集《红烛》《死水》，著名篇目有《太阳吟》《洗衣歌》《发现》《一句话》《死水》等，学术著作有《神话与诗》《古典新义》等
	11. **老舍**：原名**舒庆春**，字舍予，新中国第一位获得"人民艺术家"称号的作家。作品有小说《骆驼祥子》《四世同堂》、剧本《龙须沟》《茶馆》等。浓郁的地方色彩，生动活泼的北京口语的运用，通俗而不乏幽默，形成了老舍的风格，是"**京味小说**"的开创者
	12. **冰心**：原名**谢婉莹**，作品有诗集《繁星》《春水》，散文集《寄小读者》《樱花赞》
	13. **夏衍**：作品有剧本《秋瑾传》《上海屋檐下》《法西斯细菌》，改编的电影剧本有《祝福》《我的一家》等，报告文学《包身工》。创作了我国最早的电影文学剧本《狂流》
	14. **巴金**：作品有长篇小说**激流三部曲**（《家》《春》《秋》）和**爱情三部曲**（《雾》《雨》《电》），中篇小说《寒夜》《憩园》等，散文集《保卫和平的人们》《随想录》等。《家》等是我国现代文学史上描写封建家庭历史最成功的作品。1982年获意大利"但丁国际奖"
	15. **赵树理**：作品有小说**《小二黑结婚》**《李有才板话》《李家庄的变迁》等。《小二黑结婚》被茅盾誉为"解放区文艺的代表作之一"；《李有才板话》被茅盾誉为"走向民族形式的里程碑"，是"**山药蛋派**"的代表作
	16. **曹禺**：戏剧家，主要作品有剧本**《雷雨》《日出》**《原野》《北京人》《明朗的天》《胆剑篇》《王昭君》等

续表4

文　学	17. **艾青**：原名蒋正涵，字养源，号**海澄**。作品有《大堰河——我的保姆》《黎明的通知》《雪落在中国的土地上》《北方》《手推车》《光的赞歌》**《我爱这土地》**（"为什么我的眼里常含泪水，因为我对这土地爱得深沉"）
	18. **周立波**：作品有《暴风骤雨》《山乡巨变》。《暴风骤雨》是我国解放战争时期出现的最成功的文学作品之一
	19. **孙犁**：作品有长篇小说《风云初记》、短篇小说**《荷花淀》**等。作品充满诗情画意，有"诗体小说"之称。**"白洋淀派"创始人**
	20. **柳青**：作品有长篇小说《种谷记》《铜墙铁壁》《创业史》
	21. **李季**：作品有长诗《王贵与李香香》、长篇叙事诗《杨高传》。前者以信天游形式歌颂陕北人民的革命斗争，在我国现代诗歌史上占有重要地位
	22. **杨沫**：作品有长篇小说《青春之歌》
	23. **曲波**：作品有长篇小说《林海雪原》
	24. **罗广斌、杨益言**：作品有长篇小说《红岩》
	25. **戴望舒**：现代派（也称象征派）诗人，他的新诗**《雨巷》**很含蓄地描述了爱情，因此被称为**"雨巷诗人"**

习题与解析

习题1.【单选】下列关于中国近现代史上的事件表述不正确的是（　　）

A. 北洋水师是19世纪末中国建立的第一支近代海军舰队

B. 第五次反"围剿"失败后，中国工农红军开始长征

C. 中国人民解放军第二炮兵组建于20世纪60年代中期

D. 日军在东北发动的"七七事变"标志着全面侵华战争的开始

答案：D。解析：日军发动"七七事变"的地点不是在东北，而是在华北的卢沟桥，因此也称为卢沟桥事变。因此，本题应选D项。

习题2.【单选】我国教育近代化之先河开启于哪一时期（　　）

A. 洋务运动时期　　　　　　B. 戊戌变法时期

C. 辛亥革命时期　　　　　　D. 南京临时政府时期

答案：A。解析：早在洋务运动时期，就开始派遣留学生到国外深造，开启我国教育近代化之先河。因此，本题应选A项。

习题3.【单选】晚清时期有感于民族危机的到来，提出了"师夷长技以制夷"的救国主张的是（　　）

A. 林则徐　　　　　　　　　B. 康有为

C. 魏源　　　　　　　　　　D. 张之洞

答案：C。解析：魏源提出"师夷长技以制夷"的思想。因此，本题应选C项。

习题 4.【单选】下列诗句反映的历史事件，按时间先后排序正确的是（ ）

①北师覆没威海卫，签订条约在马关

②鸦片带来民族难，销烟虎门海滩前

③武装起义占三镇，武昌汉口和汉阳

A. ①③② B. ②③①

C. ①②③ D. ②①③

答案：D。解析："北师覆没威海卫，签订条约在马关"反映甲午战争和签订《马关条约》，发生在1895年。"鸦片带来民族难，硝烟虎门海滩前"反映1839年林则徐虎门销烟。"武装起义占三镇，武昌汉口和汉阳"反映1911年武昌起义。因此，本题应选D项。

习题 5.【单选】分别由田汉、聂耳作词谱曲的电影（ ）的主题歌《义勇军进行曲》成为广大群众久唱不衰的革命歌曲，后来成为中华人民共和国国歌。

A.《渔光曲》 B.《风云儿女》

C.《十字街头》 D.《大路》

答案：B。解析：《义勇军进行曲》由田汉作词、聂耳作曲，是电影《风云儿女》的主题歌，被称为"中华民族解放的号角"，自1935年在民族危亡的关头诞生以来，对激励中国人民的爱国主义精神起了巨大作用，后成为中华人民共和国国歌。2004年《中华人民共和国宪法修正案》正式将《义勇军进行曲》作为国歌载入宪法。因此，本题应选B项。

中国历史记忆顺口溜：

炎黄虞夏商，周到战国亡，秦朝并六国，嬴政称始皇，

楚汉鸿沟界，最后属刘邦，西汉孕新莽，东汉迁洛阳，

末年黄巾出，三国各称王，西晋变东晋，迁都到建康，

拓跋入中原，国分南北方，北朝十六国，南朝宋齐梁，

南陈被隋灭，杨广输李唐，大唐曾改周，武后则天皇，

残唐有五代，伶官舞后庄，华夏分十国，北宋火南唐，

金国俘二帝，南宋到苏杭，蒙主称大汗，最后被明亡，

明到崇祯帝，大顺立闯王，金田太平国，时适清道光，

九传至光绪，维新有康梁，换位至宣统，民国废末皇，

五四风雨骤，建国存新纲，抗日反内战，五星红旗扬。

第三节　中共党史

1. 中国共产党第一次全国代表大会

1921年7月23日，中国共产党第一次全国代表大会在<u>上海</u>开幕（最后一天的会议转到<u>浙江嘉兴南湖</u>举行）。大会宣告中国共产党正式成立，中国革命运动的发展从此进入一个崭新的阶段。

历史背景：中国共产党第一次全国代表大会于1921年7月23日至31日在上海法租界贝勒路树德里3号（后称望志路106号，现改为兴业路76号）召开。国内各地党组织和旅日党组织共派出13名代表出席。他们是：上海小组李达、李汉俊，武汉小组董必武、陈潭秋，长沙小组<u>毛泽东</u>、何叔衡，济南小组王尽美、邓恩铭，北京小组张国焘、刘仁静，广州小组陈公博，旅日小组周佛海，此外，还有一名由陈独秀指定的代表包惠僧。他们平均年龄只有28岁，代表着全国50多名党员。当时，对党的创立作出重要贡献的李大钊、陈独秀因各在北京和广州工作脱不开身，而没有出席大会。大会地点开始选在李汉俊哥哥李书城的住所，而后又因有法国搜查人员介入，会议被迫终止，转至<u>嘉兴南湖</u>一艘船（红船）上进行，最终圆满落幕。

2005年6月21日，时任中共浙江省委书记习近平在《光明日报》发表署名文章《弘扬"红船精神"，走在时代前列》，首次公开提出"红船精神"的概念，并对"红船精神"的内涵进行了概括和论述，认为<u>开天辟地、敢为人先的首创精神，坚定理想、百折不挠的奋斗精神，立党为公、忠诚为民的奉献精神</u>，是中国革命精神之源，也是'红船精神'的深刻内涵"。

主要内容：大会的中心议题是正式建立中国共产党。党的一大起草和通过了《中国共产党第一个纲领》和《中国共产党第一个决议》这两份重要文件。

党的一大通过的《中国共产党第一个纲领》的主要内容有：革命军队必须与无产阶级一起推翻资本家阶级的政权；承认无产阶级专政，直到阶级斗争结束，即直到消灭社会的阶级区分；消灭资本家私有制，没收机器、土地、厂房和半成品等生产资料，归社会公有；联合共产国际。纲领明确提出要把工人、农民和士兵组织起来，并确定党的根本政治目的是实行社会革命。党的一大通过的纲领，表明中国共产党从建党开始就旗帜鲜明地把实现社会主义、共产主义作为自己的奋斗目标。

大会选举陈独秀、张国焘、李达组成**中央局**，选举<u>陈独秀</u>担任**中央局书记**，张国焘负责组织工作，李达负责宣传工作。

<u>最早提出"中国共产党"这一名称的是蔡和森</u>。

历史地位：党的第一次全国代表大会正式宣告中国共产党的诞生。从此，在中国出现了一个完全崭新的、以马克思列宁主义为其行动指南的、统一的无产阶级政党。中国的无

产阶级因此有了战斗的司令部，中国的劳苦大众从此有了翻身解放的希望，中国的革命从此焕然一新。

2. 中国共产党第二次全国代表大会

1922 年 7 月 16 日至 23 日，中国共产党第二次全国代表大会在上海举行。**大会制定了党的民主革命纲领，决定加入共产国际，制定通过了第一部党章。**

历史背景：中国共产党第二次全国代表大会于 1922 年 7 月 16 日至 23 日在上海英租界南成都路辅德里 625 号（现成都北路 7 弄 30 号）举行。出席大会的代表共 12 人，他们是：中央局代表陈独秀、张国焘、李达，上海代表杨明斋，北京代表罗章龙，山东代表王尽美，湖北代表许白昊，湖南代表蔡和森，广东代表谭平山，中国劳动组合书记部代表李震瀛，青年团临时中央局代表施存统，另有一人姓名不详。他们代表着**全国 195 名党员**。

1922 年 5 月 5 日，在广州举行中国社会主义青年团第一次代表大会，通过了团的纲领和章程以及各种决议案，并选举施存统任团中央书记，**宣告中国社会主义青年团正式成立**。

党成立后，在浙江萧山地区开展农民运动，正式成立党领导的全国第一个农民团体——萧山衙前农民协会，这是中国共产党最早领导农民运动的一次有益尝试。

中国共产党早期三大农民运动领袖是毛泽东、彭湃、韦拔群。

主要内容：这次大会的中心议题是进一步讨论和确定党在民主革命时期的纲领问题。大会经过认真讨论，通过《中国共产党章程》，发表《中国共产党第二次全国代表大会宣言》。

《中国共产党第二次全国代表大会宣言》实际上制定了中国共产党的**最低纲领和最高纲领**。党的最低纲领，即党在民主革命阶段的主要纲领是：（一）消除内乱，打倒军阀，建设国内和平；（二）推翻国际帝国主义的压迫，达到中华民族完全独立；（三）统一中国为真正的民主共和国。党的最高纲领是：组织无产阶级，用阶级斗争的手段，建立劳农专政的政治，铲除私有财产制度，渐次达到一个共产主义社会。

宣言不仅规定了党的最高纲领和最低纲领，而且认识到两者密不可分的关系，就是只有完成党在现阶段的基本任务，然后才能创造条件实现党的最高纲领。

中共二大通过了第一个比较完备的《中国共产党章程》。

中共二大审议通过的《关于"民主的联合战线"的议决案》是党关于**统一战线**的第一个专门文件。

党的二大依据《中国共产党章程》的规定，选举产生了**中央执行委员会**。陈独秀、邓中夏、张国焘、蔡和森、高君宇被选为中央执行委员会委员，李汉俊、李大钊、向警予（女）为候补委员。**陈独秀**被**中央执行委员会**推选为**委员长**，张国焘为中央组织部部长，蔡和森为中央宣传部部长，向警予为中央妇女部部长。

历史地位：党的二大最主要的贡献，是制定党的民主革命纲领，即党的最低纲领；党的二大通过了《中国共产党加入第三国际决议案》，决定正式加入共产国际，从此中国共产党成为共产国际的一个支部;党的二大制定了《中国共产党章程》,这是中国共产党依据马克思主义的建党学说和列宁的建党原则制定的第一个党章。

3. 中国共产党第三次全国代表大会

1923年6月12日至20日,中国共产党第三次全国代表大会在广州举行。**大会确定国共合作的方针,决定共产党员以个人身份加入国民党。**这次大会推动了第一次国共合作的步伐。

历史背景:中国共产党第三次全国代表大会于1923年6月12日至20日在广州恤孤院后街31号召开。出席大会的有陈独秀、李大钊、**毛泽东**、蔡和森、瞿秋白、张太雷、张国焘等30多人,代表**全国420名党员**。

统一战线是中国共产党在民主革命时期战胜敌人的三大法宝之一。1923年2月**京汉铁路大罢工**的失败使中国共产党从实践中认识到建立革命统一战线的重要。为统一全党思想,妥善解决共产党与国民党合作,建立革命统一战线的问题,共产党召开了第三次全国代表大会。

在20世纪20年代初的中国各派政治势力代表人物中,苏俄最初看好的联合对象是南方军阀陈炯明和北洋军阀吴佩孚,而不是孙中山和国民党。1922年6月陈炯明在广州发动叛乱,使苏俄放弃了同他结盟的想法。与此同时,吴佩孚控制的北京政府不顾苏俄的反对参加了华盛顿会议,特别是吴佩孚镇压京汉铁路工人大罢工,制造二七惨案,这使苏俄认识到吴佩孚是极端反动的军阀刽子手。至此,苏俄决定全力支持孙中山和国民党,促成国共合作。

主要内容:这次大会的**中心议题**是讨论全体共产党员加入国民党,建立国共合作统一战线的问题。大会**决定采取共产党员以个人身份加入国民党的形式实现国共合作,同时保持共产党在政治上、思想上和组织上的独立性**。但是,会议并没明确提出无产阶级的领导权问题。

大会选举新的中央领导机构,陈独秀、李大钊、**毛泽东**、蔡和森、王荷波、谭平山、罗章龙、朱少连、项英9人当选中央执行委员会委员;李汉俊、邓中夏、邓培、徐梅坤、张连光为候补委员。**中央执行委员会**的常设机构是**中央局**,由陈独秀、毛泽东、罗章龙、蔡和森、谭平山5人组成,**陈独秀**当选为中央执行委员会**委员长**。**毛泽东**为**秘书**,负责中央日常工作。

历史地位:党的三大是党的历史上**第一次专门研究统一战线问题**的全国代表大会,大会正式决定采取共产党员以个人身份加入国民党的方式实现国共合作的方针。

1924年1月20日至30日,国民党第一次全国代表大会在广州举行,由孙中山主持。国民党一大事实上确立了**联俄、联共、扶助农工**的三大革命政策,标志着第一次国共合作正式开始,革命统一战线正式建立。

党的三大第一次修改了党的章程,首次规定新党员有候补期的制度,并根据候补党员不同的社会职业规定不同的候补期。党开始注意发挥地方党委的作用,尤其是在审批新党员手续这一环节上，党小组通过申请人入党后，地方党委有审批权，而无须上报中央执行委员会。

4. 中国共产党第四次全国代表大会

1925年1月11日至22日，中国共产党第四次全国代表大会在**上海**举行，第一次明确提出**无产阶级在民主革命中的领导权问题**和**工农联盟问题**，阐明了新民主主义革命的基本思想，为迎接以五卅运动为标志的大革命高潮的到来，作了政治上、思想上和组织上的准备。

五卅运动：1925年5月30日，震惊中外的五卅运动在上海爆发，并很快席卷全国。五卅运动是中国共产党领导下的群众性反帝爱国运动，是中国共产党直接领导的以工人阶级为主力军的中国人民反帝革命运动，标志着国民大革命高潮的到来。

历史背景：中国共产党第四次全国代表大会于1925年1月11日至22日在上海举行。出席这次大会的代表有陈独秀、蔡和森、瞿秋白、陈潭秋、张太雷、周恩来、彭述之、李立三、罗章龙等20人，代表**全国994名党员**。

1924年5月，国民党陆军军官学校（黄埔军校）开学。孙中山自任军校总理，委任蒋介石为校长，周恩来被任命为政治部主任。

主要内容：党的四大研究和讨论**无产阶级在民主革命中的领导权问题**和**工农联盟问题**。

党的四大通过的《中国共产党第二次修正章程》决定将原党章中有五人以上方可组织党小组的规定，改为"**有三人以上即可组织支部**"。党的四大通过的党章第一次明确规定以支部作为党的基本组织，强调党支部建设应当引起全党的高度重视。新的党章规定"中央执行委员会须互推总书记一人总理全国党务，各级执行委员会及干事会均须互推书记一人总理各级党务，其余委员协同总书记或各级书记分掌党务"。这是在中国共产党历史上第一次把党的最高领导人的称谓规定为"**总书记**"，这也是今天中国共产党实行的党的总书记称谓和领导制度的历史源头。

党的四大选举了新的**中央执行委员会**，陈独秀、瞿秋白、蔡和森、张国焘、彭述之、李大钊、谭平山、李维汉、项英9人当选为中央执行委员，邓培、王荷波、张太雷、罗章龙、朱锦堂5人为候补委员。会后，中央执行委员会选举陈独秀、张国焘、彭述之、蔡和森、瞿秋白5人组成**中央局**，**陈独秀**为中央执行委员会**总书记**。

历史地位：党的四大关于**无产阶级在民主革命中领导权问题**和**工农联盟问题**的阐述表明党已把新民主主义革命基本思想的要点提出来了，党对中国革命规律的认识又前进了一步。

1925年1月下旬，中国社会主义青年团在上海召开团的三大，决定把中国社会主义青年团改称为中国共产主义青年团。

5. 中国共产党第五次全国代表大会

历史背景：中国共产党第五次全国代表大会于1927年4月27日至5月9日在当时革

命的中心**武汉**召开。出席大会的代表有陈独秀、瞿秋白、蔡和森、李维汉、**毛泽东**、张国焘、李立三等82人，代表**全国**57967**名党员**。

1925年5月，第二次全国劳动大会在广州召开，成立了全国工人阶级的统一领导机构——中华全国总工会，推动了全国工运新高潮的到来。

中国共产党第五次全国代表大会是在蒋介石集团发动四一二反革命政变之后半个月，武汉汪精卫集团日趋反动，中国革命处于危急关头召开的。

主要内容：大会的主要任务是接受共产国际执委会第七次扩大会议关于**中国问题**的决议案，纠正陈独秀的机会主义错误，并决定党的重大方针政策。

毛泽东为了抵制陈独秀在农民问题上的错误，1927年一二月间调研了长沙、醴陵等县的农民组织和政治情况，并向中央写了书面意见，同时写了《湖南农民运动考察报告》一文，主张把农民组织起来和武装起来，事实上批评了陈独秀在农民问题上的右倾错误。这些意见遭到陈独秀的拒绝，没能提交大会讨论。

党的五大通过了《中国共产党第三次修正章程决议案》，该党章修正案第一次明确宣布"党部的指导原则为民主集中制"，还特别增加了"监察委员会"一章，大会在党的历史上第一次选举产生中央监察委员会。

党的五大选举了新的**中央委员会**，选出陈独秀等29名中央委员和毛泽东等11名候补中央委员。新的中央委员会仍选举**陈独秀**为**总书记**，选举陈独秀、张国焘、蔡和森为**中央政治局常务委员会委员**。大会选举了**中央监察委员会**。

历史地位：党的第五次全国代表大会虽然召开在革命的危急关头，却没有承担起挽救革命的任务。但周恩来、任弼时等一批对陈独秀的右倾错误有所认识、有所抵制的同志，被选进了新的中央委员会，这为后来纠正陈独秀的右倾错误，提供了组织上的准备。

6. 中国共产党第六次全国代表大会

历史背景：中国共产党第六次全国代表大会于1928年6月18日至7月11日在**莫斯科**召开。出席这次大会的各地代表142人（其中有表决权者84人），代表**全国党员4万多人**。

1927年4月12日，蒋介石在上海发动**四一二反革命政变**。

1927年7月15日，汪精卫在武汉发动**七一五反革命政变**，第一次国内革命战争失败。

1927年8月1日，在**周恩来**、贺龙、叶挺、朱德、刘伯承、谭平山等的领导下举行了**南昌起义**，向国民党反动派打响第一枪。

1927年8月7日，党中央在汉口召开了紧急会议（八七会议），纠正和结束了陈独秀右倾机会主义路线的错误，确定了开展**土地革命**和**武装反抗国民党反动派**的总方针，毛泽东提出"须知政权是由枪杆子中取得的"。

1927年9月初，毛泽东领导了湖南**秋收起义**，随后在井冈山建立了第一个农村革命根据地——井冈山革命根据地。从此，中国革命进入了创建红军、进行土地革命战争的新时期。正是在这样的革命转变关头，中国共产党召开了第六次全国代表大会。

1927年9月29日至10月3日，毛泽东在江西永新县三湾村，领导了举世闻名的"**三湾改编**"，它创造性地确立了"**党指挥枪**""**支部建在连上**""**官兵平等**"等一整套崭新的治军方略，是中国共产党建设新型人民军队最早的一次成功探索和实践。

主要内容：党的六大选举了新的**中央委员会**，随后，六届一中全会选举了**中央政治局**及其**常务委员会**，向忠发、周恩来、苏兆征、项英、蔡和森为中央政治局常委。中央政治局会议选举**向忠发**为中央政治局**主席**兼中央政治局常委会主席。

党的六大通过新的《中国共产党党章》。其最大变化是**不再设中央委员会总书记职务**。

历史地位：党的六大集中解决了当时困扰党的两大问题：一是在中国社会性质和革命性质问题上，指出中国的社会性质仍然是半殖民地半封建社会，中国现阶段的革命是资产阶级民主革命；二是在革命形势和党的任务问题上，明确了革命处于低潮，确定党的总路线是争取群众。这次大会的路线基本上是正确的，对后来中国革命的发展起了积极的作用。

1934年**第五次反围剿失败**，红军开始长征。红军第一方面军在1934年10月从福建西部的长汀、宁化和江西的瑞金等地出发，经过福建、江西、广东、湖南、广西、贵州、四川、云南、西康、甘肃、陕西等11个省。**长征基本路线**：瑞金→突破敌四道防线→强渡乌江→**占领遵义**→四渡赤水→巧渡金沙江→强渡大渡河→飞夺泸定桥→翻雪山→过草地→陕北吴起镇会师（1935年10月）→**甘肃会宁会师**（1936年10月，宣告长征的胜利结束）。

伟大长征精神，就是把全国人民和中华民族的根本利益看得高于一切，坚定革命的理想和信念，坚信正义事业必然胜利的精神；就是为了救国救民，不怕任何艰难险阻，不惜付出一切牺牲的精神；就是坚持独立自主、实事求是，一切从实际出发的精神；就是顾全大局、严守纪律、紧密团结的精神；就是紧紧依靠人民群众，同人民群众生死相依、患难与共、艰苦奋斗的精神。

习题与解析

习题1.【单选】长征时期，中央红军通过（　　），突出重围摆脱了数十万敌军的围追堵截。

A. 湘江之战　　　　　　　　B. 四渡赤水
C. 巧渡金沙江　　　　　　　D. 飞夺泸定桥

答案：C。解析：本题考查中共党史。遵义会议后，红军在毛泽东、周恩来、朱德等指挥下，利用7条木船在7天7夜的时间里全部渡过金沙江，从此摆脱了数十万敌军的围追堵截，取得了战略转移中具有决定意义的胜利。因此，本题应选C项。

1935年1月15日至17日（**遵义会议**）：纠正王明在军事上、组织上（思想上没有及时纠正）的"左"倾错误，事实上确立了毛泽东在党中央的领导。

1935年12月17日**瓦窑堡会议**确定了建立**抗日民族统一战线**的政策。

1936年12月12日**西安事变（张学良、杨虎城）**。西安事变的和平解决，为**抗日民族**

统一战线的形成奠定了基础，成为由国内战争走向抗日民族战争的转折点，是扭转时局的枢纽。

1937年9月，国民党公布了共产党提交的《国共合作宣言》和蒋介石发表庐山谈话，标志着以国共第二次合作为主体的抗日民族统一战线正式形成。

1937年8月22日至25日，中共中央在陕北洛川召开政治局扩大会议，在会议上由毛泽东提议并通过《抗日救国十大纲领》，彻底体现了中国共产党的人民战争路线。洛川会议决定把党的工作重心放在战区和敌后，在敌后放手发动群众，开展独立自主的游击战争，开辟敌后战场，建立敌后抗日根据地。

1937年12月13日，日军攻陷南京以后，对南京的和平居民进行了惨绝人寰的大屠杀，六周之内，屠杀手无寸铁的南京平民和已放下武器的军人超过三十万人。

1937年9月25日，八路军在平型关为了配合第二战区友军作战，阻挡日军攻势，由115师师长林彪、副师长聂荣臻指挥，充分发挥近战和山地战的特长，首次集中较大兵力对日军进行的一次成功伏击战，八路军在平型关取得首战大捷。平型关大捷打破了日军"不可战胜"的神话，粉碎了国内一些人的"恐日病"和抗日"亡国论"，极大地振奋了人心，增强了全国人民和各爱国武装力量坚持抗战的信心和决心。

1938年3月14日至4月15日的台儿庄战役是抗日战争以来中国军队取得的最大胜利，打击了日本侵略者的嚣张气焰，坚定了全国军民坚持抗战的信心。

1940年8月20日，由彭德怀指挥的八路军在华北敌后发动百团大战，重击了日伪军的反动气焰，有力地配合了国民党军正面战场的作战，极大地振奋了全国的抗战信心。

1941年5月，毛泽东同志在延安高级干部会议上作《改造我们的学习》的报告，标志着整风运动的开始。延安整风运动的内容是反对主观主义以整顿学风、反对宗派主义以整顿党风、反对党八股以整顿文风，而其中最主要的是反对主观主义以整顿学风；其方针是"惩前毖后，治病救人"；具体方法是先精读马列著作和中央文件，然后对照检查，进行批评和自我批评，总结经验，以达到改造思想和整顿三风的目的。

1941年11月，毛泽东在《在陕甘宁边区参议会的演说》中指出："中国社会是一个两头小中间大的社会，无产阶级和地主大资产阶级都只占少数，最广大的人民是农民、城市小资产阶级以及其他的中间阶级。"

7. 中国共产党第七次全国代表大会

历史背景：中国共产党第七次全国代表大会于1945年4月23日至6月11日在延安杨家岭中央大礼堂召开。出席大会的正式代表547人，候补代表208人，代表全国121万党员。党的七大历时50天，成为党的历史上时间最长的一次全国代表大会。

主要内容：毛泽东《论联合政府》的政治报告是这次大会的中心议题。

党的七大提出党的三大作风，即：理论联系实践，密切联系群众，批评与自我批评。

党的七大将毛泽东思想写入党章并确定为党的指导思想。

党的七大选举产生了新的中央委员会。6月19日七届一中全会选举出13名中央政治局成员，选举了**毛泽东、朱德、刘少奇、周恩来、任弼时**为中央书记处书记，毛泽东为中央委员会主席、中央政治局主席、中央书记处主席。

历史地位：这次大会是新民主主义革命时期最重要、最成功的一次大会，具有深远的历史意义，为争取抗日战争的胜利和新民主主义革命在全国的胜利提供了最可靠的保证。

1945年8月28日（**重庆谈判**），毛泽东等抵达重庆，与国民党进行和平谈判，并签署了《**双十协定**》。但国共双方对人民军队和解放区政权的合法地位未能达成协议。

1948年9月至1949年1月**三大战役**：辽沈战役、淮海战役、平津战役。

1949年4月21日，中国人民解放军第二、第三野战军先后发起**渡江战役**。1949年4月23日，中国人民解放军第三野战军一部解放了南京，**南京国民政府垮台**。渡江战役的胜利，为解放军继续南进，解放南方各省创造了有利条件。

1949年3月5日至13日，中国共产党在河北省平山县西柏坡村召开**七届二中全会**（**西柏坡会议**），毛泽东同志在大会上指出：

（1）**一个炮弹**：共产党人要警惕糖衣炮弹的攻击。

（2）**两个务必**："务必使同志们继续地保持谦虚、谨慎、不骄、不躁的作风，务必使同志们继续地保持艰苦奋斗的作风。"

（3）**三个转折**：党的工作重心必须由乡村转移到城市，中国要由农业国转变为工业国，中国要由新民主主义社会转变为社会主义社会。

1949年9月21日至30日，**中国人民政治协商会议第一届全体会议**在北平召开，讨论新中国成立问题（《共同纲领》、国旗、国歌、首都、领导）。其中，通过的《**共同纲领**》具有临时宪法的作用。

1949年10月1日，中华人民共和国成立。

1954年**中华人民共和国第一届全国人民代表大会**召开，制定《中华人民共和国宪法》。

祖国大陆完成统一的标志是西藏和平解放。1951年5月，中央政府和西藏地方政府签订了十七条协议，标志着西藏和平解放。1965年成立西藏自治区。最早的自治区是1947年成立的内蒙古自治区。

"**三反**""**五反**"运动是1951年底到1952年10月，中华人民共和国在党政机关工作人员中开展的"**反贪污、反浪费、反官僚主义**"和在私营工商业者中开展的"**反行贿、反偷税漏税、反盗骗国家财产、反偷工减料、反盗窃国家经济情报**"的斗争的统称。

8. 中国共产党第八次全国代表大会

1956年9月15日至27日，中国共产党第八次全国代表大会**在北京**隆重举行。会议宣告了社会主义革命的基本完成和社会主义制度的基本确立，宣告了全面建设社会主义新时期的开始，明确提出了党在今后的根本任务是把全党的工作重心适时转移到集中力量发展生产力上来。党的八大在探索中国自己的建设社会主义道路上迈出了重要一步。

历史背景：中国共产党第八次全国代表大会于1956年9月15日至27日在北京政协礼

堂召开。出席大会的正式代表 1026 人，候补代表 107 人，代表**全国 1073 万党员**。

1956 年 4 月 25 日，毛泽东在中央政治局扩大会议上作《论十大关系》报告，在报告中，他就如何以苏联为鉴戒讲了十个方面的关系，即重工业和轻工业、农业，沿海工业和内地工业，经济建设和国防建设，国家、生产单位和生产者个人，中央和地方，汉族和少数民族，党和非党，革命和反革命，是与非，中国和外国等。

主要内容：党的八大完全肯定党中央七大以来的路线是正确的。

党的八大提出生产资料私有制的社会主义改造基本完成以后，国内的**主要矛盾**不再是工人阶级和资产阶级之间的矛盾，而是人民对于建立先进的工业国的要求同落后的农业国的现实之间的矛盾，是人民对于经济文化迅速发展的需要同当前经济文化不能满足人民需要的状况之间的矛盾。解决这个矛盾的办法是发展社会生产力，实行大规模的经济建设。

党的八大提出党和国家的**工作重点**必须转移到社会主义建设上来。

党的八大提出继续坚持既反保守又反冒进，即在综合平衡中稳步前进的**经济建设方针**。

党的八大选举产生了第八届**中央委员会**，中央委员 97 人，候补中央委员 73 人。同时，根据党的事业发展的需要，八大决定中央委员会增设副主席和常委，中央书记处增设总书记和候补书记，并加强中央监察委员会的机构，设书记、副书记。

历史地位：八大制定的党的路线是正确的，提出的许多新的方针和设想是富于创造精神的。当然，由于实践的时间还很短，理论上和思想上还不可能很成熟，许多新的观念和方针还不可能牢固地确立并取得深刻的共识。许多新的设想还没有付诸实施，或者没有充分付诸实施，很快又发生反复。但是，八大对中国自己的建设社会主义道路的探索，毕竟取得了初步成果，历史证明这些成果对于党的事业的发展有长远的重要意义。

9. 中国共产党第九次全国代表大会

历史背景：中国共产党第九次全国代表大会于 1969 年 4 月 1 日至 24 日在北京举行。出席大会的代表 1512 人，代表**全国 2200 万党员**。党的九大全面系统地发展了"文化大革命"以来的"左"倾错误，对党和国家历史发展产生了特别严重的消极影响。

到 1968 年 9 月，全国 29 个省、市、自治区先后建立起新的政权机构——"**革命委员会**"，实现了所谓"全国山河一片红"。

由于当时各地党组织处于瘫痪状态，无法正常进行代表的选举，多数代表由革命委员会同各造反组织的头头协商决定或上级指定，以致很多品质恶劣的帮派骨干、打砸抢分子，林彪、江青一伙的爪牙，成了九大代表。有的人是在确定为九大代表之后，才赶办入党手续，或在赴京列车上突击入党的。相当多的原八届中央委员和候补中央委员处在被审查或监禁中，未能作为代表出席九大。

主要内容：**毛泽东**主持开幕式，并致开幕词。**林彪**代表中共中央作政治报告。报告以"**无产阶级专政下继续革命的理论**"为核心，全面肯定"文化大革命"，称"无产阶级文化大革命"是一场真正的无产阶级革命，是对马列主义理论和实践的一个伟大的新贡献；

把党的全部历史说成是两条路线斗争的历史,即所谓"毛主席的马克思列宁主义路线,同党内右的和'左'的机会主义路线斗争的历史",虚构了以刘少奇为头子的"资产阶级司令部",肯定了强加给刘少奇的种种罪名;对中国社会的形势以及党的政治状况作错误的估计,在此基础上提出了所谓"斗、批、改"的新任务。报告对战争到来的可能性作了紧迫和夸大估计,过分强调要准备打仗。

党的九大通过的新党章<u>错误地把"无产阶级专政下继续革命的理论"和林彪"是毛泽东同志的亲密战友和接班人"写进了总纲</u>;对毛泽东思想作了歪曲的阐述;砍掉了原党章中党员权利一节,取消了党员的预备期,取消了中央书记处,取消了中央监察委员会等机构;

党的九大选举出第九届**中央委员会**委员 170 人,候补中央委员 109 人,其中原八届中央委员和候补中央委员只有 53 人。在大会选举新的中央委员会过程中,林彪、江青一伙暗中操纵选举,使其集团主要成员几乎全部进入中央委员会,而许多久经考验的老干部却被排除在外。

历史地位:九大自始至终被强烈的个人崇拜和"左"倾狂热气氛所笼罩。它加强了林彪、江青等人在党中央的地位,使"文化大革命"的错误理论和实践更加合法化。实践证明,九大在思想上、政治上和组织上的指导方针都是错误的。

10. 中国共产党第十次全国代表大会

历史背景:中国共产党第十次全国代表大会于 1973 年 8 月 24 日至 28 日在北京召开。参加大会的代表共 1249 人,代表**全国 2800 万党员**。党的十大在总体上继续了九大的"左"倾错误,使在"文化大革命"中发展起来的江青集团的势力得到加强。

<u>**1971 年 10 月 25 日**,**第 26 届**联合国大会以压倒多数的票数通过决议,恢复中华人民共和国在联合国的合法席位。</u>

1971 年 7 月,尼克松总统的国家安全事务助理基辛格秘密访问中国,同周恩来总理举行会谈。1972 年 2 月,尼克松总统访问中国。**1979 年,中美两国正式建立外交关系**。1972 年,刚刚出任日本首相的田中角荣应周恩来的邀请访华,签署了建立外交关系的联合声明。

这次大会是在粉碎林彪反革命集团以后,周恩来主持中央日常工作,全国各方面形势有了好转的情况下召开的。

主要内容:**毛泽东**同志主持了大会。**周恩来**代表中央作的政治报告是由张春桥、姚文元等主持起草的。该报告没有正确地分析林彪事件发生的原因,总结必要的教训,反而肯定"九大的政治路线和组织路线都是正确的",号召全党"坚持无产阶级专政下的继续革命",坚持"无产阶级文化大革命",还把"天下大乱,达到天下大治。过七八年又来一次"认定为"客观规律",预言"党内两条路线斗争将长期存在",把批判林彪的"极右实质"列为首要任务等,这就全面肯定和继承了九大的错误,使"左"倾思潮延续下去。

党的十大选出了 195 名**中央委员**和 124 名候补中央委员。一些在"文化大革命"中遭到打击，被排斥在九届中央委员会之外的老干部，如邓小平、王稼祥、乌兰夫、李井泉、谭震林、廖承志等被选为中央委员。虽然江青集团的骨干分子更多地进入新的中央委员会，但一批众望所归的老同志入选，毕竟反映了党内健康力量的增强。

11. 中国共产党第十一次全国代表大会

历史背景：中国共产党第十一次全国代表大会于1977年8月12日至18日在北京举行。到会的代表有1510名，代表着全国3500多万党员。党的十一大宣布，以粉碎"四人帮"为标志，历时10年的"文化大革命"已经结束。

1976年，当"文化大革命"进入第10个年头的时候，党和国家三位重要领导人相继逝世。1月8日，国务院总理周恩来逝世。7月6日，全国人大常委会委员长朱德逝世。9月9日，中央委员会主席、中央军事委员会主席毛泽东逝世。

1976年10月6日，作恶多端的"四人帮"在华国锋、叶剑英的领导下被一举粉碎。

1977年2月7日，《人民日报》、《红旗》杂志、《解放军报》在《学好文件抓好纲》的社论中，公开提出"凡是毛主席作出的决策，我们都坚决维护，凡是毛主席的指示，我们都始终不渝地遵循"的方针（后被称为"两个凡是"）。

主要内容：华国锋代表中央向大会作了政治报告，主要内容是：第一，总结了同江青反革命集团的斗争，批判了他们炮制的"老干部是'民主派'，'民主派'就是走资派"的反动公式，揭发了他们篡党夺权、策动反革命武装叛乱的阴谋，宣告"文化大革命"以粉碎"四人帮"为标志而结束；第二，继续强调"以阶级斗争为纲"，认为"第一次无产阶级文化大革命的胜利结束，决不是阶级斗争的结束，决不是无产阶级专政下继续革命的结束"。因此，今后依然要以两个阶级、两条道路斗争为纲；第三，重申在本世纪内把我国建设成为社会主义现代化强国是新时期党的根本任务。

党的十一大选举了第十一届中央委员会，其中中央委员201人，候补委员132人。

历史地位：1981年6月，党的十一届六中全会通过《关于建国以来党的若干历史问题的决议》，对党的十一大作出评价："一九七七年八月召开的党的第十一次全国代表大会，在揭批'四人帮'和动员全党建设社会主义现代化强国方面起了积极作用。""这次大会没有能够纠正'文化大革命'的错误理论、政策和口号，反而加以肯定。"

纠正"文化大革命"错误、为实现历史转折制定正确的路线方针的任务，直到1978年12月召开的党的十一届三中全会才得以完成。

12. 中国共产党第十二次全国代表大会

历史背景：中国共产党第十二次全国代表大会于1982年9月1日至11日在北京召开。参加这次大会的正式代表1600人（出席开幕式1545人），候补代表160人（出席开幕式145人），代表着全国3965万党员。

1978年12月13日，邓小平作了《解放思想，实事求是，团结一致向前看》的重要讲话，实际上成为随后召开的党的十一届三中全会的主题报告，是开辟新时期新道路的宣言书。

1978年12月18日至22日,党的**十一届三中全会**在北京隆重举行。全会及时果断地决定把全党工作重点转移到**改革开放和社会主义现代化建设**上来;全面彻底否定"两个凡是"的方针,重新确立了解放思想、实事求是的指导思想;全会审查和解决了历史上遗留的一批重大问题和一些重要领导人的功过是非问题,**开始了**系统清理重大历史是非的**拨乱反正**;全会强调在党的生活和国家政治生活中加强民主,决定加强党的领导机构,成立了中央纪律检查委员会。党的十一届三中全会标志着党重新确立了马克思主义的思想路线、政治路线和组织路线,实现了新中国成立以来党的历史上具有**深远意义**的伟大转折,开启了中国改革开放和社会主义现代化建设历史新时期。

随着拨乱反正的全面展开,党的十一届三中全会作出的改革开放决策也逐步付诸实施,经济体制改革首先在**农村**取得成功。

1981年6月,党的十一届六中全会通过《关于建国以来党的若干历史问题的决议》,对新中国成立32年来的历史作了科学总结,彻底否定了"文化大革命";同时实事求是地评价毛泽东的历史地位,充分论述了毛泽东思想作为党的指导思想的伟大意义。《**决议**》的通过,标志着党在指导思想上**拨乱反正任务的完成**。

1979年7月,中共中央、国务院同意在广东省的**深圳、珠海、汕头**三市和福建省的**厦门**试办出口特区;1980年,五届全国人大常委会批准深圳、珠海、汕头和厦门设立经济特区。

主要内容: 胡耀邦代表第十一届中央委员会向大会作了《全面开创社会主义现代化建设新局面》的报告。

党的十二大提出"建设有中国特色的社会主义"的新命题。

党的十二大制定了新的党章,新党章规定,党中央**不设主席,只设总书记**,中央和省一级设立顾问委员会。

党的十二大选出由210名中央委员和138名候补中央委员所组成的第十二届**中央委员会**,同时选出了由172人组成的**中央顾问委员会**和132人组成的**中央纪律检查委员会**。胡耀邦被选为中央委员会总书记。

历史地位: 党的十二大总结了拨乱反正的经验,制定了全面开创社会主义现代化建设新局面的正确纲领,制定了新的完善的党章,是党的历史上一次重要的代表大会。

13. 中国共产党第十三次全国代表大会

1987年10月25日至11月1日,中国共产党第十三次全国代表大会在北京召开。大会第一次提出"建设有中国特色的社会主义理论"的概念,并作了初步的归纳、阐释;大会系统地阐述了社会主义初级阶段理论;完整地概括了党在社会主义初级阶段的"一个中心、两个基本点"的基本路线;制定了到21世纪中叶分三步走、实现社会主义现代化的发展战略;作出了一系列进一步加快和深化改革的重大战略部署。

历史背景: 中国共产党第十三次全国代表大会于1987年10月25日至11月1日在北京举行。参加这次大会的正式代表1936人,特邀代表61人(出席大会开幕式的共1953

人），代表着**全国 4600 多万名党员**。

改革和建设的顺利进行，需要强有力的思想和政治保证。**党提出一系列"两手抓"的战略方针**，强调一手抓改革开放，一手抓打击犯罪；一手抓经济建设，一手抓民主法制；一手抓物质文明，一手抓精神文明。

主要内容：赵紫阳向大会作《沿着有中国特色的社会主义道路前进》的工作报告。

党的十三大正式提出**建设有中国特色的社会主义理论**的新命题。

党的十三大提出**社会主义初级阶段理论**，并指出我国目前正处在社会主义的初级阶段。社会主义初级阶段包括两层含义：第一，我国社会已经是社会主义社会，我们必须坚持而不能离开社会主义；第二，我国的社会主义还处在初级阶段，我们必须从这个实际出发，而不能超越这个阶段。报告认为，社会主义初级阶段，**不是泛指任何国家进入社会主义都会经历的起始阶段**，而是特指我国在生产力落后、商品经济不发达条件下建设社会主义客观必然要经历的特定阶段。我国从 20 世纪 50 年代生产资料私有制的社会主义改造完成，到社会主义现代化的实现，至少需要上百年时间，都属于社会主义初级阶段。

党的十三大提出**党在社会主义初级阶段的基本路线**，这就是：领导和团结各族人民，以经济建设为中心，坚持四项基本原则，坚持改革开放，自力更生，艰苦创业，为把我国建设成为富强、民主、文明的社会主义现代化国家而奋斗。这条基本路线，可以概括为"一个中心，两个基本点"，即以经济建设为中心，坚持四项基本原则，坚持改革开放。

党的十三大提出我国经济发展**战略部署**大体分**"三步走"**：第一步，从 1981 年到 1990 年实现国民生产总值比 1980 年翻一番，解决人民的温饱问题；第二步，从 1991 年到 20 世纪末，使国民生产总值再增长一倍，人民生活达到小康水平；第三步，到 21 世纪中叶，人均国民生产总值达到中等发达国家水平，人民生活比较富裕，基本实现现代化。然后，在这个基础上继续前进。

党的十三大首次采用差额选举方式选举出 175 名中央委员和 110 名候补中央委员组成的第十三届**中央委员会**，选举出由 200 人组成的**中央顾问委员会**和 69 人组成的**中央纪律检查委员会**。赵紫阳被选为中央委员会总书记。

历史地位：1989 年政治风波后，中央明确宣告，党的基本路线和十三大的决策是正确的，绝不因为发生这场政治风波而动摇。邓小平也曾不止一次地强调："要继续贯彻执行十一届三中全会以来的路线、方针、政策，连语言都不变。十三大政治报告是经过党的代表大会通过的，一个字都不能动。"

14. 中国共产党第十四次全国代表大会

历史背景：中国共产党第十四次全国代表大会于 1992 年 10 月 12 日至 18 日在北京举行。参加这次大会的正式代表 1989 人，代表**全国 5100 万党员**。

1989 年，党的十三届四中全会选出新的中央领导集体，**江泽民**担任中共中央总书记。

1992 年 1 月 18 日至 2 月 21 日，邓小平先后视察武昌、深圳、珠海、上海等地。视察途中，他多次发表谈话强调，不坚持社会主义，不改革开放，不发展经济，不改善人民生活，只能是死路一条；**党的基本路线要管一百年，动摇不得**；改革开放胆子要大一些，敢于试验；判断的标准，应该主要看是否有利于发展社会主义社会的生产力，是否有利于增强社会主义国家的综合国力，是否有利于提高人民的生活水平；**发展才是硬道理**；**计划多一点还是市场多一点，不是社会主义与资本主义的本质区别**；社会主义的本质，是解放生产力，发展生产力，消灭剥削，消除两极分化，最终达到共同富裕；我们搞社会主义才几十年，还处在初级阶段，巩固和发展社会主义，需要几代人、十几代人，甚至几十代人坚持不懈地努力奋斗。邓小平南方谈话是把改革开放和现代化建设推向新阶段的又一个解放思想、实事求是的**宣言书**。

主要内容：江泽民作了题为《加快改革开放和现代化建设步伐，夺取有中国特色的社会主义事业的更大胜利》的报告。

党的十四大提出用"邓小平建设有中国特色的社会主义理论"武装全党。

1992年10月党的十四大确定我国经济体制改革的目标是建立**社会主义市场经济体制**。

党的十四大选出新一届**中央委员会**和**中央纪律检查委员会**，大会同意关于不再设立**中央顾问委员会**的建议。中国共产党十四届一中全会选举出新一届中央领导机构及其成员，选举江泽民、李鹏、乔石、李瑞环、朱镕基、刘华清、**胡锦涛**为中央政治局常委，江泽民为中央委员会总书记。

15. 中国共产党第十五次全国代表大会

1997年9月12日至18日，中国共产党第十五次全国代表大会在北京召开。大会把"三步走"发展战略的第三步进一步具体化为三个阶段性目标；着重阐述邓小平理论的**历史地位和指导意义**；提出党在社会主义初级阶段的基本纲领；明确公有制为主体、多种所有制共同发展是我国社会主义初级阶段的基本经济制度；强调依法治国，建设社会主义法治国家。

历史背景：中国共产党第十五次全国代表大会于1997年9月12日至18日在北京召开。这次大会应到正式代表2048人，代表**全党5800多万党员**。

1997年7月1日，中国恢复对香港行使主权。
1999年12月20日，中国恢复对澳门行使主权。
1997年2月19日，中国改革开放和现代化建设的总设计师邓小平逝世。

主要内容：江泽民同志代表第十四届中央委员会向大会作了题为《高举邓小平理论伟大旗帜，把建设有中国特色社会主义事业全面推向二十一世纪》的报告。

党的十五大把**邓小平理论**写入党章并确定为党的指导思想。

党的十五大制定了党在社会主义初级阶段的**基本纲领**，党的十七大进一步丰富了基本纲领的内容。

党的十五大把**依法治国**确定为党领导人民治理国家的基本方略。

党的十五大把坚持公有制为主体、多种所有制经济共同发展，坚持按劳分配为主体、多种分配方式并存，确定为我国在社会主义初级阶段的**基本经济制度**和**分配制度**。

党的十五大把"三步走"发展战略的第三步进一步具体化为**三个阶段性目标**，21世纪"第一个十年实现国民生产总值比2000年翻一番，使人民的小康生活更富裕，形成比较完善的社会主义市场经济体制；再经过十年的努力，到建党一百周年时，使国民经济更加发展，各项制度更加完善；到世纪中叶建国一百周年时，基本实现现代化，建成富强、民主、文明的社会主义国家"，从而使"三步走"的战略和步骤更加具体明确。

大会选举新的中央委员会和中央纪律检查委员会。党的十五届一中全会选举江泽民、李鹏、朱镕基、李瑞环、**胡锦涛**、尉健行、李岚清为中央政治局常委，**江泽民**为中央委员会总书记。

16. 中国共产党第十六次全国代表大会

历史背景：中国共产党第十六次全国代表大会于 2002 年 11 月 8 日至 14 日在北京召开。这次大会应到正式代表2114名，代表**全党6600多万党员**。

<u>2001年，我国加入世界贸易组织。</u>

主要内容：**江泽民**同志代表第十五届中央委员会向大会作了题为《全面建设小康社会，开创中国特色社会主义事业新局面》的报告。

党的十六大系统总结了十三年来党领导人民推进中国特色社会主义伟大事业的基本经验。这十条经验，覆盖了改革发展稳定、内政外交国防、治党治国治军等各个方面，标志着我们党对共产党执政规律、社会主义建设规律和人类社会发展规律的认识水平进一步提高。十条**基本经验**，同我们党在新时期的**基本理论、基本路线、基本纲领**一道，对于党和国家事业的发展具有长远的指导意义。

<u>党的十六大把"三个代表"重要思想写入党章并确立为党的指导思想，提出贯彻"三个代表"重要思想，**关键**在坚持与时俱进，**核心**在坚持党的先进性，**本质**在坚持执政为民。</u>

<u>党的十六大提出**全面建设小康社会**的奋斗目标。</u>

大会选举了新的中央委员会和中央纪律检查委员会。十六届一中全会选举胡锦涛、吴邦国、温家宝、贾庆林、曾庆红、黄菊、吴官正、李长春、罗干为中央政治局常委，**胡锦涛**为中央委员会总书记。

17. 中国共产党第十七次全国代表大会

历史背景：中国共产党第十七次全国代表大会于 2007 年 10 月 15 日至 21 日在北京召开。大会正式代表2213人，代表**全国7300多万名党员**。

主要内容：**胡锦涛**代表第十六届中央委员会向大会作了题为《高举中国特色社会主义伟大旗帜，为夺取全面建设小康社会新胜利而奋斗》的报告。

党的十七大的突出贡献，是对**科学发展观**的时代背景、科学内涵和精神实质进行深刻阐述，对深入贯彻落实科学发展观提出了明确要求。

<u>2007年党的十七大把科学发展观**写入了党章**。</u>

<u>2012年党的十八大把科学发展观**确立为党的指导思想**。</u>

党的十七大对全面建设小康社会提出了新要求，指出全面建设小康社会目标要在2020

年实现。大会选举了新的中央委员会和中央纪律检查委员会。党的十七届一中全会选举胡锦涛、吴邦国、温家宝、贾庆林、李长春、**习近平**、**李克强**、贺国强、周永康为中央政治局常委，**胡锦涛**为中央委员会总书记。

18. 中国共产党第十八次全国代表大会

历史背景：中国共产党第十八次全国代表大会于 2012 年 11 月 8 日在北京召开。中央确定，党的十八大代表名额共 2270 名，代表全国 8000 多万名党员。

主要议题：（一）听取和审议党的十七届中央委员会的报告；（二）审议中央纪律检查委员会的工作报告；（三）审议并通过《中国共产党章程（修正案）》；（四）选举党的十八届中央委员会；（五）选举中央纪律检查委员会。

主要内容：明确了科学发展观是党必须长期坚持的指导思想，并写入党章。提出了**全面建成小康社会**目标。制定了坚持走中国特色社会主义政治发展道路和推进政治体制改革前进方向。回答了坚定不移走中国特色社会主义道路政策立场。十八大报告有一个大亮点，就是提出经济建设、政治建设、文化建设、社会建设、生态文明建设"五位一体"。同时十八大首次提出"四化"同步的观点，即工业化、信息化、城镇化和农村现代化"四化"同步发展。

历史地位：中国共产党第十八次全国代表大会 2012 年 11 月 14 日胜利闭幕。中国共产党第十八次全国代表大会，是在我国进入全面建成小康社会决定性阶段召开的一次十分重要的大会。胡锦涛同志的主题报告主题鲜明、内涵丰富、高屋建瓴，具有很强的思想性、前瞻性、战略性、可操作性，是新的历史条件下夺取中国特色社会主义新胜利的政治纲领，为全面建成小康社会指明了方向。

19. 中国共产党第十九次全国代表大会

历史背景：中国共产党第十九次全国代表大会于 2017 年 10 月 18 日至 24 日在北京召开。习近平代表第十八届中央委员会向大会作了题为《决胜全面建成小康社会 夺取新时代中国特色社会主义伟大胜利》的报告。

主要内容：这次大会的主题是不忘初心，牢记使命，高举中国特色社会主义伟大旗帜，决胜全面建成小康社会，夺取新时代中国特色社会主义伟大胜利，为实现中华民族伟大复兴的中国梦不懈奋斗。

历史地位：党的十九大是在全面建成小康社会决胜阶段、中国特色社会主义发展关键时期召开的一次十分重要的大会。承担着谋划决胜全面建成小康社会、深入推进社会主义现代化建设的重大任务，事关党和国家事业继往开来，事关中国特色社会主义前途命运，事关最广大人民根本利益。

2017 年 10 月 24 日，中国共产党第十九次全国代表大会在选举产生新一届中央委员会和中央纪律检查委员会，通过关于十八届中央委员会报告的决议、关于十八届中央纪律检查委员会工作报告的决议、关于《中国共产党章程（修正案）》的决议后，在人民大会堂胜利闭幕。

20. 中国共产党第二十次全国代表大会

历史背景：中国共产党第二十次全国代表大会于 2022 年 10 月 16 日至 22 日在北京召开。全国各选举单位选举产生代表共 2296 名。习近平代表第十九届中央委员会向大会作了题为《高举中国特色社会主义伟大旗帜 为全面建设社会主义现代化国家而团结奋斗》的报告。

主要内容：大会主题是高举中国特色社会主义伟大旗帜，全面贯彻新时代中国特色社会主义思想，弘扬伟大建党精神，自信自强、守正创新，踔厉奋发、勇毅前行，为全面建设社会主义现代化国家、全面推进中华民族伟大复兴而团结奋斗。

历史地位：中国共产党第二十次全国代表大会是在全党全国各族人民迈上全面建设社会主义现代化国家新征程、向第二个百年奋斗目标进军的关键时刻召开的一次十分重要的大会。大会明确宣示党在新征程上举什么旗、走什么路、以什么样的精神状态、朝着什么样的目标继续前进，对全面建成社会主义现代化强国两步走战略安排进行宏观展望，科学谋划未来 5 年乃至更长时期党和国家事业发展的目标任务和大政方针。

2022 年 10 月 22 日，中国共产党第二十次全国代表大会通过了关于十九届中央委员会报告的决议、关于十九届中央纪律检查委员会工作报告的决议、关于《中国共产党章程（修正案）》的决议，中国共产党第二十次全国代表大会胜利闭幕。

中共党史记忆顺口溜：
一大党，二大纲，三大联国搞合作，四大定位领导权，
五大批陈打酱油，六大苏联找帮忙，八一南昌第一枪，
秋收起义建地忙，八七政权要靠枪，三湾改编立军权，
遵义会议转折点，瓦窑建统来抗日，洛川敌后抗日忙，
七大老毛思想立，七届二中进城忙，八大主矛搞建设，
九大十大不用讲，十一三中搞开放，解是原则记心上，
十一六中评价毛，十二小平提中特，十三一中两基本，
初级阶段路很长，小平南方提本质，坚持不动科学强，
十四泽民建市场，十五小平进党章，十六小康三代表，
十七科观入党章，十八五位共一体，全面建设改建成，
经改核心两只手，政府市场清关系，反腐环保美名扬。

全科公共
基础知识

第七部分

常

识

第一节 人文常识

一、外国文化

（一）希腊神话（十二主神）

宙　斯	众神之王（天神）	雅典娜	智慧女神
赫　拉	众神之后（天后）	阿瑞斯	战　神
波塞冬	海洋之王	赫菲斯托斯	火　神
得墨忒耳	农林女神	赫斯提亚	灶　神
阿波罗	太阳神	赫耳墨斯	神　使
阿尔忒弥斯	月亮女神	阿弗洛狄忒	爱与美之女神

（二）宗　教

	佛　教	基督教	伊斯兰教
产生时间	公元前6世纪	公元1世纪	公元7世纪
出现地区	古代印度	巴勒斯坦地区	阿拉伯半岛上的**麦加**
创始人	乔达摩·悉达多	传说中的耶稣	穆罕默德
主要教义	佛教宣扬"众生平等"，认为世间万物都有**因果缘由**；人生老病死都是苦，人必须消灭欲望，刻苦修行	传道者宣传说，耶稣就是"救世主"。耶稣教人忍受苦难，死后可以升入"天堂"	宇宙间唯一的神是"真主"安拉，伊斯兰教徒称为穆斯林，意思是信仰"真主"的人
宗教经典	佛经	《圣经》	《古兰经》
著名建筑		巴黎圣母院	麦加大清真寺
五大佛教名山	山西五台山（文殊菩萨）、四川峨眉山（普贤菩萨）、浙江普陀山（观音菩萨）、安徽九华山（地藏王菩萨）、**贵州梵净山**（中国第五大佛教名山。2018年7月2日，贵州铜仁梵净山成功列入世界自然遗产名录）		
四大道教名山	湖北武当山（道教第一名山）、江西龙虎山、安徽齐云山、四川青城山		

（三）外国文学

英　国	**1. 莎士比亚：四大悲剧指《哈姆雷特》《奥赛罗》《李尔王》《麦克白》** 《哈姆雷特》讲述了叔叔克劳狄斯谋害哈姆雷特的父亲，篡取王位，并娶国王的遗孀乔特鲁德，哈姆雷特王子因此向叔叔复仇的故事。《哈姆雷特》是莎士比亚所有戏剧中篇幅最长的一部，也是莎士比亚最负盛名的剧本，具有深刻的悲剧意义、复杂的人物性格以及丰富完美的悲剧艺术手法，**代表着整个西方文艺复兴时期文学的最高成就** 《奥赛罗》讲述了摩尔人贵族**奥赛罗**由于听信手下伊阿古的谗言，掐死了无辜的妻子**苔丝狄蒙娜**，随后自己也悔恨自杀。奥赛罗是个襟怀坦荡、英勇豪爽的战士，苔丝狄蒙娜天真痴情，不顾家庭反对和社会歧视，同他结了婚。但是，他们的爱情虽然战胜了种族歧视，却没有逃脱伊阿古的阴谋陷害。伊阿古假装忠诚，心地奸诈，由于升不上副将，就对奥赛罗怀恨在心，千方百计害死奥赛罗夫妇，最后自己也得不到好下场。通过这个形象，莎士比亚对原始积累时期新兴资产阶级中的极端利己主义进行了深刻的揭露和批判 《李尔王》讲述了年事已高的国王**李尔王**退位后，被大女儿高纳里尔和二女儿里根赶到荒郊野外。成为法兰西王后的三女儿**考狄利娅**率军救父，却被杀死，李尔王伤心地死在她身旁 《麦克白》讲述了野心家麦克白将军从战场上立功凯旋，由于野心的驱使和妻子的怂恿弑君而自立。最后，这个血腥的篡位者被邓肯的儿子和贵族麦克德夫所战败而死去。他的妻子也因精神分裂而死。这出悲剧深刻地揭示出个人野心对人所起的腐蚀作用，是莎士比亚心理描写的杰作 **四大喜剧指《威尼斯商人》《仲夏夜之梦》《第十二夜》《皆大欢喜》** 《威尼斯商人》讲述了威尼斯富商安东尼奥为成全好友巴萨尼奥的婚事，向犹太人高利贷者**夏洛克**借债。安东尼奥贷款给人从不要利息，并帮夏洛克的女儿私奔，怀恨在心的夏洛克乘机报复，佯装也不要利息，但若逾期不还要从安东尼奥身上割下一磅肉。不巧传来安东尼奥的商船失事的消息，安东尼奥无力偿还贷款。夏洛克去法庭控告，要安东尼奥履行诺言。为救安东尼奥的性命，巴萨尼奥的未婚妻鲍西娅假扮律师出庭。她答允夏洛克的要求，但要求所割的一磅肉必须正好是一磅肉，不能多也不能少，更不准流血。夏洛克因无法执行而败诉，害人不成反而失去财产。这部剧作的一个重要文学成就，就是塑造了**夏洛克**这一唯利是图、冷酷无情的高利贷者的典型形象

续表1

英国	《仲夏夜之梦》讲述了一个有情人终成眷属的爱情故事。虽然剧中的故事发生在古希腊时代，但人物的思想感情、道德标准却完全是以当时英国现实生活为依据的。莎士比亚在剧中满腔热情地描绘了资产阶级新女性争取自由恋爱和婚姻自主的权力、反抗父权制的斗争，并通过现实与自然的对比，表达了人与人平等相处、人与自然和谐共处的人文主义理想 《第十二夜》讲述了塞巴斯蒂安和薇奥拉这一对孪生兄妹，在一次海上航行途中不幸遇难，他们俩各自侥幸脱险，流落到伊利里亚。薇奥拉女扮男装给公爵奥西诺当侍童，她暗中爱慕着公爵，但是公爵爱着一位伯爵小姐奥丽维娅。可是奥丽维娅不爱他，反而爱上了代替公爵向自己求爱的薇奥拉。经过一番有趣的波折之后，薇奥拉与奥西诺、奥丽维娅与塞巴斯蒂安双双结成良缘。尽管奥丽维娅原先爱的不是塞巴斯蒂安，但他的面孔与薇奥拉全然相同，这也算满足了她的心愿。这部作品以抒情的笔调、浪漫喜剧的形式，再次讴歌了人文主义对爱情和友谊的美好理想，表现了生活之美、爱情之美 《皆大欢喜》讲述了被流放的公爵的女儿罗瑟琳到森林寻父和她的爱情故事。剧名《皆大欢喜》表明剧中受迫害的好人全都得到好报，恶人受到感化，有情人双双喜结良缘。这反映了莎士比亚理想中的以善胜恶的美好境界
	2. **笛福**：《鲁滨逊漂流记》
	3. **雪莱**：《解放了的普罗米修斯》《西风颂》《云雀颂》《自由颂》
	4. **狄更斯**：《大卫·科波菲尔》、《艰难时世》、《双城记》（巴黎和伦敦）
	5. **萧伯纳**：《华伦夫人的职业》《鳏夫的房产》《巴巴拉少校》《苹果车》。"你有一个苹果，我有一个苹果，彼此交换一下，我们仍然是各有一个苹果；但你有一种思想，我有一种思想，彼此交换，我们就都有了两种思想，甚至更多"

续表2

法　国	1. 莫里哀：《伪君子》、《悭吝人》（又译**《吝啬鬼》**，阿巴贡为典型守财奴）
	2. 雨果：19世纪前期积极浪漫主义文学的代表作家，法国文学史上卓越的资产阶级民主作家，被人们称为"**法兰西的莎士比亚**"。1831年，雨果的长篇小说《巴黎圣母院》问世，这是雨果最富有浪漫主义的小说。小说通过描写善良的吉卜赛少女**爱斯梅拉达**在中世纪封建专制下受到摧残和迫害的悲剧，反映了专制社会的黑暗、反动教会的狷狯和司法制度的残酷，突出了反封建的主题。小说中有纯洁善良的爱斯梅拉达、阴险刻毒的克洛德、放荡无情的弗比斯……然而，给我们留下最深刻印象的人物还是圣母院的敲钟人——**卡西莫多** **冉·阿让**是雨果的名著《悲惨世界》的男主角。他是一个伐木工人的儿子，从小就成了孤儿，27岁时为了抚养姐姐的7个孩子而偷窃面包，被判苦役19年。出狱后被米里哀主教感化而成为一个善人，当上了市长。他乐善好施，满怀仁爱之心，收养了孤女珂赛特。后来，他因救助别人而暴露身份，遭到通缉，到处漂泊，受尽不白之冤，在痛苦和孤独中度过晚年，临终时才得到亲友的理解
	3. 司汤达：《红与黑》
	4. 巴尔扎克：《人间喜剧》，包括《高老头》《欧也妮·葛朗台》《贝姨》《邦斯舅舅》等
	四大吝啬鬼：莎士比亚《威尼斯商人》中的**夏洛克**，莫里哀《悭吝人》中的**阿巴贡**，巴尔扎克《欧也妮·葛朗台》中的**葛朗台**，果戈理《死魂灵》中的**泼留希金**
	5. 都德：《小东西》记叙了作者青少年时期因家道中落，不得不为生计而奔波的经历，以俏皮和幽默的笔调描绘资本主义社会人与人之间的冷酷关系。《**最后一课**》描写普法战争后被割让给普鲁士的阿尔萨斯省中的一所乡村小学，向祖国语言告别的最后一堂法语课，通过一个童稚无知的小学生的叙述，生动地表现了法国人民遭受异国统治的痛苦和对自己祖国的热爱。《柏林之围》以1870年普法战争为背景，叙述普鲁士军队围攻巴黎期间，一个法国普通军人**儒弗上校**的爱国故事，塑造了一个具有浓厚爱国主义精神的法兰西军人的形象。小说构思新颖，通过一个病重的老军人故事，将巴黎被普鲁士围困攻陷的苦难现实与主人公想象中的法军攻克柏林的胜利对照起来，表现了人物的强烈爱国主义情感，又使小说具有一种悲剧色彩

法国	6. **莫泊桑**：与俄国的**契诃夫**、美国的**欧·亨利**以及美国的**马克·吐温**并称"世界四大短篇小说巨匠"。短篇的主题大致可归纳为三个方面：第一是讽刺虚荣心和拜金主义，如《项链》《我的叔叔于勒》。《项链》讲述了小公务员的妻子**玛蒂尔德**为参加一次晚会，向朋友借一串钻石项链来炫耀自己的美丽。不料，项链在回家途中不慎丢失。她只好借钱买了新项链还给朋友。为了偿还债务，她为别人打短工，整整劳苦了十年。最后，得知所借的项链原来是一串假钻石项链。小说揭露了资产阶级骄奢淫逸的糜烂生活和唯利是图的道德观念。《我的叔叔于勒》刻画了菲利普夫妇在发现富于勒变成穷于勒时的不同表现和心理，通过菲利普夫妇对待于勒的不同态度揭示并讽刺了在阶级社会中人与人之间关系的疏远情形。**第二是描写劳动人民的悲惨遭遇，赞颂其正直、淳朴、宽厚的品格，如《归来》**。《归来》的主人公是法国一个普通下层劳动妇女，嫁给一个姓马丹的水手后，人们喊她**马丹大婶**。婚后两年，马丹出海捕鱼，船只失踪。马丹大婶等了马丹十年，含辛茹苦地把两个女儿拉扯大。后来，当地一个姓莱维斯格的渔夫，死了妻子，拖着一个男孩向马丹大婶求婚，她嫁给了他，在三年里又给他生了两个孩子。尽管"马丹大婶能够吃苦耐劳，莱维斯格捕鱼的本领谁也比不上"，这个重新组合在一起的七口之家日子仍然很艰难。这种贫穷而又平静的生活不久随着一个人的出现而被打破——水手马丹归来了。马丹历经艰辛，满怀喜悦地回到家乡，渴望与妻子、女儿团聚，可等待他的却是妻子已另嫁他人，并为别人生了孩子。《归来》中，马丹、莱维斯格、马丹大婶三人见了面，没有争吵、打斗，虽然内心都波涛汹涌，却都尽量为别人考虑。《归来》让人们在普通劳动者身上看到了希望，在物欲横流的社会里看到了一线光明。**第三是描写普法战争，反映法国人民爱国情绪，如《羊脂球》**。它以1870—1871年普法战争为背景，通过代表当时法国社会各阶层的十个人同乘一辆马车逃往一个港口的故事，形象地反映出资产阶级在这场战争中所表现出的卑鄙自私和出卖人民的丑恶嘴脸。羊脂球是一个有爱国心的妓女，在马车上尽管那些贵族资产阶级老爷太太对她表示了轻视和侮辱，可当他们饥饿难耐时，羊脂球慷慨地请他们分享自己的食物
	7. **欧仁·鲍狄埃**：**巴黎公社**的主要领导人之一，《国际歌》的词作者
	8. **罗曼·罗兰**：批判现实主义作家，音乐评论家，1915年诺贝尔文学奖得主，他的小说特点被人们归纳为"**用音乐写小说**"。《约翰·克利斯朵夫》
	9. **儒勒·凡尔纳**：被称作"**科幻小说之父**"。《海底两万里》，该作品通过描写各个人物面对灾难、强大的恶势力时团结一致、互相帮助的情谊，告诉人们真正重要的正是朋友、亲人、爱人等，而不是那看起来吸引人眼球的财富，告诫人们不要被欲望、贪婪蒙蔽了心灵，错过了生命中真正美好的东西

续表4

德 国	1. **歌德**：《少年维特之烦恼》《浮士德》
	2. **海涅**：《西里西亚的纺织工人》《德国，一个冬天的童话》。德国著名抒情诗人和散文家，被称为"德国古典文学的最后一位代表"。海涅早在20岁时就开始了文学创作，他的早期诗作《青春的苦恼》《抒情插曲》《还乡集》《北海集》等组诗，多以个人遭遇和爱情苦恼为主题，反映了封建专制下个性所受到的压抑以及找不到出路的苦恼
	3. **席勒**：《欢乐颂》、《阴谋与爱情》（剧本）
俄 国 苏 联	1. **普希金**：《自由颂》《青铜骑士》**《渔夫和金鱼的故事》**
	2. **果戈理**：《钦差大臣》**《死魂灵》**
	3. **屠格涅夫**：《罗亭》《父与子》《贵族之家》《猎人笔记》
	4. **列夫·托尔斯泰**：《战争与和平》《安娜·卡列尼娜》《复活》。列宁称列夫·托尔斯泰的作品是"俄国革命的一面镜子"
	5. **契诃夫**：《小公务员之死》**《变色龙》《套中人》**《第六病室》《海鸥》
	6. **高尔基**：《童年》《在人间》《我的大学》（**自传三部曲**），《母亲》《海燕》
	7. **肖洛霍夫**：《静静的顿河》。它展示了1912到1922年间，俄国社会的独特群体——顿河地区**哥萨克人**在**第一次世界大战**、二月革命和十月革命以及国内战争中的苦难历程
美 国	1. **马克·吐温**：《百万英镑》《哈克贝利·费恩历险记》《汤姆·索亚历险记》《竞选州长》
	2. **欧·亨利**：**《麦琪的礼物》《警察与赞美诗》**《最后一片叶子》。欧·亨利的小说在艺术处理上的最大特点就是它们的"意外结局"，只有到了最后一刻，"谜底"才最终解开，这就是所谓**"含泪的微笑"**，即"欧·亨利式结尾"
	3. **海明威**：1954年，因**《老人与海》**获诺贝尔文学奖。2001年，**《太阳照常升起》**和**《永别了，武器》**被美国现代图书公司列入"20世纪百大英文小说"
	4. **斯托夫人**：《汤姆叔叔的小屋》。这是一部反对奴隶制度的长篇小说，在某种程度上激化了导致美国内战的地区局部冲突。当林肯接见斯托夫人时，曾说道："你就是那位引发了一场大战的小妇人。"
	5. **霍桑**：《红字》
	6. **玛格丽特·米切尔**：《飘》。这部作品以1861—1865年美国南北战争为背景，后改编为电影《乱世佳人》

续表 5

意大利	1. 但丁：《神曲》，由《地狱》《炼狱》《天堂》三部分组成。"走自己的路，让别人去说吧！"
	2. 薄伽丘：《十日谈》。但丁、彼特拉克、薄伽丘被称为"文艺复兴前三杰"，达·芬奇、米开朗基罗和拉斐尔被称为"文艺复兴后三杰"
西班牙	塞万提斯：《堂·吉诃德》
丹麦	安徒生：《丑小鸭》《皇帝的新装》《卖火柴的小女孩》。安徒生的童话《海的女儿》中的"美人鱼"雕像现坐落在丹麦首都哥本哈根
匈牙利	裴多菲：《民族之歌》《反对国王》
挪威	易卜生：挪威戏剧家，欧洲近代戏剧创始人，《玩偶之家》《人民公敌》
印度	泰戈尔：1913 年，他以《吉檀迦利》成为第一位获得诺贝尔文学奖的亚洲人。代表作还包括《飞鸟集》《新月集》《沉船》《人民的意志》
哥伦比亚	马尔克斯：《百年孤独》《霍乱时期的爱情》

（四）世界各国文化符号

美国《新闻周刊》根据美国、加拿大、英国等国家的网民投票，评选出进入 21 世纪以来世界最具影响力的 12 大国家文化以及这 12 个国家文化的 20 大形象符号，以下是其中 6 个国家文化及形象符号：

1. **美国文化**：**华尔街、百老汇、好莱坞**、麦当劳、NBA、可口可乐、**希尔顿**、万宝路（香烟）、迪士尼、**硅谷**、哈佛大学、**感恩节**、超人（动作漫画）、**自由女神像**、芭比娃娃、**白宫**、橄榄球、爵士乐、**星巴克、沃尔玛**。

2. **英国文化**：英语、**白金汉宫**（英国皇家宫殿和女王办公的地方）、威斯敏斯特宫（英国国会所在地）、**大英博物馆、巨石阵**、牛津大学、**格林尼治天文台、达尔文**（物竞天择，适者生存，优胜劣汰）、**牛顿、莎士比亚**、甲壳虫乐队、英联邦、**绅士风度**、维多利亚女王、劳斯莱斯、芝华士（调和威士忌）、哈利·波特、丘吉尔、BBC、贝克汉姆。

3. **法国文化**：法语、**埃菲尔铁塔、卢浮宫**、凡尔赛宫、**巴尔扎克、雨果、轩尼诗**（白兰地）、**拿破仑、路易威登（LV）**、欧莱雅、家乐福、克里斯汀·迪奥（女装）、皮尔卡丹、圣米歇尔山（基督教圣地）、**圣女贞德**、香榭丽舍大街、**《红与黑》、启蒙主义、香奈儿**（香水）。

4. **德国文化**：宝马、包豪斯建筑、科隆大教堂（天主教堂）、勃兰登堡门、**俾斯麦**、查理曼帝国、保时捷（德国汽车）、**波恩大学**（马克思）、格林童话（德国童话）、**贝多芬**、西门子、马丁·路德、柏林墙、**慕尼黑啤酒节**、马克思、麦德龙（德国最大超市）、贝塔斯曼（主营广播电视、图书出版）、阿迪达斯、维尔茨堡宫、**万宝龙**（精品钢笔、手表及配件）。

5. 日本文化：**菊与刀**（爱美而黩武）、武士道、天皇、**东照宫**、**浮世绘**、**富士山**、**樱花**、法隆寺、**桂离宫**、日本沐浴文化、日本料理、姬路城、**相扑**、空手道、神道教及神社、柔道、能剧、和服、索尼、三宅一生（服装、香水品牌）、**新干线文化**（日本高速铁路）。

6. 韩国文化：景福宫、庆州石窟庵及佛国寺、高丽参（植物）、太极八卦①、围棋王国、高丽药膳、江陵端午祭、水原华城、**三星**、乐金（LG）、巨济海金刚（公园）、智异山、韩服、韩国料理、跆拳道、儒学治国、假面舞、宗庙祭祖大典、盘索里史诗说唱、鲜京（SK，主营能源化工、信息通讯）。

二、中国传统文化

（一）汉　字

1. 造字法

汉字六书：象形、指事、形声、会意、转注、假借。其中象形、指事、会意、形声主要是造字法，转注、假借是用字法。

象形：用文字的线条或笔画，把要表达物体的外形特征，具体地勾画出来。它是一种最原始的造字方法。

指事：与象形的主要区别是，指事字含有绘画中较抽象的东西。例如"刃"字是在"刀"的锋利处加上一点，以作标示；这些字的勾画，都有较抽象的部分。

形声：形声字由两部分组成：形旁（又称"义符"）和声旁（又称"音符"）。形旁是指示字的意思或类属，声旁则表示字的相同或相近发音。例如"樱"字，形旁是"木"，表示它是一种树木；声旁是"婴"，表示它的发音与"婴"字相同。

会意：会意字由两个或多个独体字组成，以所组成的字形或字义合并起来表达此字的意思。例如"酒"字，以酿酒的瓦瓶"酉"和液体"水"合起来表达字义。

2. 汉字演变

甲骨文—金文—大篆—小篆—隶书—楷书—草书—行书。

甲骨文	殷商时代写在龟甲和兽骨上的占卜文字，最早出土于河南安阳（殷墟）
金　文	商、周时期刻铸在钟、鼎及其他青铜器上的铭文，又称"钟鼎文"
大　篆	春秋战国到秦朝时期通行的字体
小　篆	秦朝李斯统一文字为小篆

---

① "太极八卦"实为中华文化符号。这些文化符号为美国、加拿大、英国等国网络投票选出，不代表本书意见。

续 表

隶书	由小篆演变而来，产生于秦，通行于汉，为后世楷书、草书、行书的产生和演变奠定了基础
楷书	又称正书或真书，出现于汉末，魏晋南北朝时期通行，**特点是横平竖直**
草书	直接从隶书演变而来，汉初始有草书，**特点是结构简省、笔画连绵**
行书	形成于两晋，是介于楷书、草书之间的一种字体

3. **书法绘画艺术**

古代书法名家名作			
秦	**李斯**	小篆	《泰山刻石》《会稽刻石》等
东汉	**张芝**	章草	有"草书之祖"之称
	蔡邕	隶书	创"飞白书"，《熹平石经》
魏	**钟繇**	楷书	"楷书之祖"，《宣示表》《荐季直表》
东晋	王羲之	行书、草书	有"书圣"之称，《兰亭序》《快雪时晴帖》《黄庭经》等，《兰亭序》被称为"天下第一行书"
	王献之	行书、草书	有"小圣"之称，《洛神赋十三行》《中秋帖》《淳化阁帖》
隋	**智永**	工草书	**《真书千字文》**，典故"退笔成冢"
唐	欧阳询	**楷书**	欧体严谨刚劲，《九成宫醴泉铭》《化度寺碑》
	虞世南	楷书	《孔子庙堂碑》
	褚遂良	楷书	《雁塔圣教序》
	颜真卿	楷书、行书	楷书被称为"颜体"，端庄雄伟，《多宝塔碑》《颜勤礼碑》。行书《祭侄文稿》被称为"天下第二行书"
	柳公权	楷书	柳体风骨（**颜筋柳骨**），"柳字一字值千金"。《玄秘塔碑》《冯宿碑》《神策军碑》
	张旭	草书	"草圣"，《古诗四帖》
	怀素	狂草	与张旭并称"**颠张醉素**"，《自叙帖》《苦笋帖》

北宋	苏轼	楷书、行书	《赤壁赋》《后赤壁赋》,《黄州寒食帖》被称为"天下第三行书"
	赵佶	楷书	即**宋徽宗**,创**瘦金体**,擅长花鸟画
	黄庭坚	楷书、行书	《诸上座帖》《经伏波神祠诗》
	米芾	诸体皆工	《苕溪诗卷》《蜀素帖》《珊瑚帖》
	蔡襄	楷书、行草	与苏轼、黄庭坚、米芾并称为"宋四家",代表作《自书诗帖》
元	赵孟頫	楷书、行书	与欧阳询、颜真卿、柳公权并称"**楷书四大家**"
中国历代名画			
东晋—顾恺之—《洛神赋图》		唐—阎立本—《步辇图》	
唐—张萱、周昉—《唐宫仕女图》		唐—韩滉—《五牛图》	
五代—顾闳中—《韩熙载夜宴图》		北宋—王希孟—《千里江山图》	
北宋—张择端—《清明上河图》		元—黄公望—《富春山居图》	
明—仇英—《汉宫春晓图》		清—郎世宁—《百骏图》	

习题与解析

习题1.【单选】下列关于书画知识不正确的是（　　）

A. 书圣王羲之的《兰亭序》是天下第一行书

B. "颜筋柳骨"指两位楷书书法家颜真卿和柳公权,"颠张醉素"指两位草书书法家张旭和怀素

C. 黄公望是明代著名画家,与沈周、文徵明和仇英并称"明四家",著名的《富春山居图》为其代表作

D. 我国古代绘画常以朱红和青色为主色调,故称绘画为丹青

答案：C。解析：本题考查人文常识。黄公望,元代画家,传世画作有《富春山居图》《水阁清幽图》等。明四家是指四位著名的明代画家,沈周、文徵明、唐寅（字伯虎）和仇英。因此,本题应选C项。

（二）四书五经

"四书"指《论语》《孟子》《大学》《中庸》；"五经"指《诗经》《尚书》《礼记》《易经》《春秋》；"六经"是在"五经"后增加《乐》。

（三）二十四节气

2016年11月30日,二十四节气被正式列入联合国教科文组织**人类非物质文化遗产代**

表作名录。在国际气象界,二十四节气被誉为"中国的第五大发明"。

二十四节气歌:

春雨惊春清谷天,夏满芒夏暑相连。秋处露秋寒霜降,冬雪雪冬小大寒。

每月两节不更变,最多相差一两天。上半年来六廿一,下半年是八廿三。

春	**立春**、雨水、**惊蛰**、**春分**、清明、谷雨
立春:	"年逢双春雨水多,年逢无春好种田"
惊蛰:	指天气回暖、春雷始鸣,惊醒蛰伏于地下的昆虫,所谓"春雷惊百虫"
谷雨:	播种移苗、埯瓜点豆、病害防治
夏	立夏、**小满**、**芒种**、**夏至**、小暑、大暑
小满:	指夏熟作物籽粒开始灌浆饱满,但还未成熟
芒种:	指大麦小麦等有芒的农作物已经成熟,即将收割
秋	立秋、**处暑**、白露、**秋分**、寒露、霜降
处暑:	指炎热的酷暑结束
冬	立冬、小雪、大雪、**冬至**、小寒、大寒
数九(从冬至开始):	"一九二九不出手;三九四九冰上走;五九和六九,沿河看杨柳;七九河冻开,八九燕归来;九九加一九,耕牛遍地走"
夏至	太阳直射北回归线,北半球太阳高度角最大,一年中影子最短,白昼时间最长
冬至	太阳直射南回归线,北半球太阳高度角最小,一年中影子最长,白昼时间最短
反映季节	立春、立夏、立秋、立冬
反映太阳高度	春分、秋分、夏至、冬至。**太阳高度角**就是指地球上的某个地点太阳光入射方向和地平面的夹角。当太阳高度角为90°时,太阳辐射强度最大
反映寒热程度	小暑、大暑、处暑、小寒、大寒
反映降水现象	雨水、谷雨、小雪、大雪
反映气温变化	白露、寒露、霜降
反映自然物候	惊蛰、清明
反映作物的成熟、收成情况	小满、芒种
二十四节气形成于春秋战国时期,西汉时期问世的《淮南子·天文训》完整记录了全部二十四节气。立春在每年的2月4日左右,从立春开始,每个月两个节气。春分、秋分昼夜等长,白露是北半球昼夜温差最大的时间	

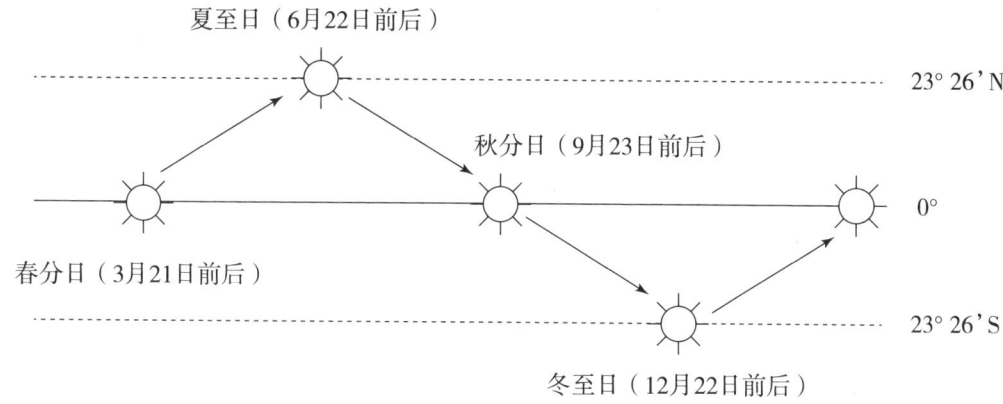

太阳直射点的移动规律

（四）天干地支

天干地支简称"干支"，取义于树木的干和枝。

天干有十：甲、乙、丙、丁、戊、己、庚、辛、壬、癸。

地支十二：子、丑、寅、卯、辰、巳、午、未、申、酉、戌、亥。

天干地支组合起来，作为纪年、月、日、时的名称，叫"干支纪年法"。一天中时辰的地支也是确定的，所以二十四小时配十二地支，由夜间十一点至一点为子时，一点至三点为丑时，其余照推。

（五）五行：水、木、火、土、金

原则：彼相生、间相克。

水生木，木生火，火生土，土生金，金生水。

水克火，火克金，金克木，木克土，土克水。

古代用五行相生相克解释朝代变迁。汉之前讲究相克说，之后讲究相生说。

（六）三大国粹：国画、京剧和中医

京剧形成于1840年前后的北京，起源于**安徽徽剧、湖北汉剧、江苏昆曲**（有"百戏之祖"之称，被称为百花园中的一朵"兰花"）和陕西梆子，主要唱腔有二黄、西皮，因此也称"皮黄"，表演基本功为唱、念、做、打。

四行	生	男性角色，分老生、小生、武生、娃娃生等
	旦	**女性角色**，分正旦、花旦、闺门旦、武旦、老旦、刀马旦等 **四大名旦**：梅兰芳、荀慧生、程砚秋、尚小云
	净	主要扮演性格、品质或相貌不同于一般、有突出特征的**男性人物**，需画脸谱
	丑	扮演喜剧角色，俗称小花脸
	红色——忠诚正义——关羽；白色——奸臣——曹操、赵高； 黄色——凶狠残暴——典韦；蓝色——粗豪暴躁——窦尔敦； 黑色——刚烈、正直、勇猛——包拯、张飞	

（七）现代地方戏

评剧	发源于河北唐山，前身为"莲花落"	《秦香莲》《刘巧儿》
粤剧	发源于广东、广西、闽南一带	《搜书院》《关汉卿》
越剧	发源于**浙江绍兴**	**《梁山伯与祝英台》《红楼梦》**
豫剧	又称河南梆子	《穆桂英挂帅》《花木兰》《朝阳沟》
黄梅戏	起源于湖北黄梅，发展壮大于安徽安庆。**黄梅戏与京剧、越剧、评剧、豫剧**并称"中国五大戏曲剧种"	《天仙配》《女驸马》《牛郎织女》
吕剧	发源于山东	《白蛇传》《李二嫂改嫁》
昆曲	发源于**苏州、昆山**	《牡丹亭》
花鼓戏	特指湖南花鼓戏，湖北、江西亦有同名剧种	《打铜锣》《补锅》《刘海砍樵》

（八）传统节日

春节	农历正月初一	熬年守岁、贴春联（**桃符**）、剪窗花、放鞭炮、**屠苏酒**
元宵节	农历正月十五	又称上元节、春灯节、小正月等，挂灯礼佛、赏花灯、吃元宵、踩高跷、猜灯谜、放孔明灯
清明节	公历四月五日前后	扫墓、踏青、吃寒食、插柳、放风筝
端午节	农历五月初五	吃粽子，赛龙舟，挂菖蒲、蒿草，艾叶，喝雄黄酒
七夕节	农历七月初七	穿针乞巧

中元节	农历七月十五	又称亡人节、**盂兰盆节**、**鬼节**，佛教徒举行"盂兰盆法会"供奉佛祖和僧人，济度六道苦难
中秋节	农历八月十五	**赏月、吃月饼、赏桂花、饮桂花酒**
重阳节	农历九月初九	**登高、插茱萸、赏菊花、饮菊花酒**
腊八节	农历腊月初八	喝腊八粥，相传为**释迦牟尼**的成道之日

习题与解析

习题1.【单选】下列哪项中的民俗均与端午节有关（　　）

A. 剪窗花、踏青、燃放灯火、放风筝　　B. 饮菊花酒、赏月、插茱萸、猜灯谜

C. 赏菊花、放孔明灯、插柳、贴春联　　D. 饮雄黄酒、吃粽子、赛龙舟、插菖蒲

答案：D。解析：端午节是为纪念屈原而形成的传统节日，在这一天，人们经常会饮雄黄酒、吃粽子、赛龙舟以及插菖蒲等。因此，本题应选D项。

（九）每月的别称

正　月	柳月，银柳插瓶头
二　月	**杏月**，杏花闹枝头。"**杏坛**"代指**教育**，"**杏林**"代指**医学**
三　月	**桃月**，桃花粉面羞
四　月	槐月，槐花挂满枝
五　月	榴月，石榴红似火
六　月	**荷月**，荷花满池放
七　月	巧月，凤仙节节开
八　月	**桂月**，桂花遍地香
九　月	**菊月**，菊花傲霜雪
十　月	阳月，芙蓉显小阳
十一月	葭月，葭草吐绿头
十二月	**梅月**，梅花吐幽香

（十）五音：宫商角徵羽

宫	相当于今首调唱名中的 do 音，"宫"音为五音之主、五音之君，统帅众音
商	相当于今首调唱名中的 re 音，"商"音为五音第二级，居"宫"之次
角	相当于今首调唱名中的 mi 音，"角"音为五音第三级，居"商"之次
徵	相当于今首调唱名中的 sol 音，"徵"音为五音第四级，居"角"之次
羽	相当于今首调唱名中的 la 音，"羽"音为五音第五级，居"徵"之次

（十一）年龄代称

襁　褓	泛指一岁以下的幼童
孩　提	二至三岁
垂　髫	三四岁至七岁（女）、八岁（男）的儿童（髫，古代儿童头顶自然下垂的短发）
总　角	八九岁至十三四岁的少年，古代儿童将头发分作左右两半扎起，形如两个羊角
豆　蔻	女孩十三四岁，诗文中常用以比喻少女
束　发	清朝以前汉族男孩成童时束发为髻，束发常指**男子十五岁**
及　笄	**女子满十五岁**，古代形容女子已到结婚的年龄
二十弱冠、三十而立、四十不惑、五十知命、六十耳顺（花甲）、七十古稀、耄耋之年（八九十岁）、期颐之年（百岁）	

（十二）文化常识

1. **第一位爱国女诗人**：许穆夫人，也是世界文学史上第一位女诗人。
2. **第一位女词人：李清照**。
3. **第一部词典**：《尔雅》，被称为辞书之祖。
4. **第一部字典**：东汉许慎《说文解字》。
5. **第一部大百科全书**：《永乐大典》。
6. **第一部现实主义诗歌总集**：《诗经》，又称《诗三百》，是中国古代诗歌的开端，也是中国最早的一部诗歌总集，收集了**西周初年至春秋中叶**的诗歌，**共 311 篇**，其中 6 篇只有标题，没有内容。《诗经》在**内容上分为风、雅、颂三部分，风是周代各地的歌谣，雅是周人的正声雅乐，颂是周王庭和贵族宗庙祭祀的乐歌。其中，风即《国风》，是《诗经》中成就最高的部分**。《诗经》在**手法上分为赋、比、兴**，其中直陈其事叫赋，譬喻叫比，先言他物以引起所咏之物叫兴。《楚辞》是**我国第一部浪漫主义诗歌总集**，《诗经》与《楚辞》并称"风骚"。**中国最早的诗歌是《弹歌》**："**断竹，续竹；飞土，逐肉。**"（去砍伐野竹，连接起来制成弓；打出泥弹，追捕猎物。）
7. **第一部纪传体通史**：西汉司马迁的《史记》，记载了**从黄帝到汉武帝**长达三千年的政治、经济、文化的历史。**纪传体**是指以人物为中心线索来编写的史书体裁，由司马迁首创。
8. **第一部纪传体断代史**：《汉书》，**东汉史学家班固**编著；班固编纂未完死于狱中，后由班昭、马续完成。《后汉书》是由**南朝宋**时期的历史学家**范晔**编纂的记载东汉历史的一部史书。**断代史**是指不连续地记载朝代的历史，除《史记》之外的二十三史均是断代史。
9. **第一部编年体史书**：《春秋》。**第一部记事完备**的编年体史书：《左传》。第一部编年体通史：北宋司马光的《资治通鉴》。**编年体**是以时间为中心，按年、月、日编排史实，是编写历史最早也是最简便的体裁。

10. **第一部国别体史书**：《国语》。**国别体**指以国家为单位，分别记叙历史事件的史书。

11. **三言二拍**："三言"指**明代冯梦龙**编纂的《喻世明言》《警世通言》和《醒世恒言》，"二拍"指**明代凌濛初**创作的《初刻拍案惊奇》和《二刻拍案惊奇》。

12. **大李杜**：李白、杜甫。**小李杜**：李商隐、杜牧。

13. **三不朽**："立德""立功""立言"。《左传》记载："太上有立德，其次有立功，其次有立言，虽久不废，此之谓不朽。""**多行不义必自毙**"也出自《左传》。

14. **春秋三传**：左丘明《春秋左氏传》、公羊高《春秋公羊传》、谷梁赤《春秋谷梁传》。**春秋三传是对《春秋》所记载的事情的补充和解释**。而《春秋》是我国第一部编年体史书，记事语言极为简练，"春秋笔法"也称"微言大义"。

15. **科举考试**（607—1905年）：

明清科举简表				
	院试	乡试（秋闱）	会试（春闱）	殿试
考场	学政巡回案临考场（府县）	京城和各省贡院（省城）	京城贡院（礼部）	皇宫（宫殿）
主考人	各省学政	中央特派官员	钦差大臣	皇帝
参加者	童生（儒生）	生员及监生	举人	贡士
中者名称	生员（秀才）	举人	贡士	进士
日期	三年之内两次	子卯午酉年八月桂榜	乡试次年三月杏榜	会试同年四月金榜
第一名	案首	**解元**	会元	状元
第二名				**榜眼**
第三名				**探花**

16. **第一部文言志怪小说集**：《搜神记》，作者是东晋史学家、文学家**干宝**，干宝也被称作"**中国志怪小说的鼻祖**"。

17. **第一位伟大的爱国诗人**：屈原。

18. **第一首长篇叙事诗**：《孔雀东南飞》，讲述了刘兰芝和焦仲卿夫妇的悲情故事。

19. **第一位田园诗人**：**东晋陶渊明，也是田园诗派的鼻祖**。

20. **乐府双璧**：汉乐府诗《孔雀东南飞》（我国文学史上第一部长篇叙事诗）和**北朝民歌**《木兰辞》，加上唐代韦庄的《秦妇吟》并称为乐府三绝。

21. **甘肃嘉峪关**：天下第一雄关，明长城西端终点，是古代"丝绸之路"上的交通要塞，有"河西咽喉""连陲锁钥"之称。**河北山海关**："**天下第一关**"，明长城东端终点，位于河北秦皇岛，是明长城**唯一与大海相交的地方**，有"边郡之咽喉，京师之保障"之称，向北是古碣石所在地，史学家称其为"碣石道"。**中国长城三大奇观**：东有山海关，中有镇北台，西有嘉峪关。

22. **清朝最后一位皇帝溥仪退位**：1912 年 2 月 12 日。

23. **三吏三别**：唐代诗人杜甫（**现实主义诗人**）的代表作，"三吏"指《新安吏》《石壕吏》《潼关吏》，"三别"指《新婚别》《垂老别》《无家别》。

24. **巴金的爱情三部曲**，《雾》《雨》《电》；**激流三部曲**，《家》《春》《秋》。

25. **新中国第一位获得"人民艺术家"称号的作家**：老舍。其作品有《骆驼祥子》《四世同堂》，剧本《龙须沟》《茶馆》等。

26. **第一部专记个人言行的历史散文**：《晏子春秋》，是记载春秋时期齐国政治家晏婴言行的一部历史典籍。**晏婴**："橘生淮南则为橘，生于淮北则为枳。"

27. **第一部文学理论和评论专著**：南北朝梁人**刘勰**的《文心雕龙》。

28. **第一部涉及古代中国自然科学、工艺技术及社会历史现象的综合性笔记体著作**：北宋**沈括**的《梦溪笔谈》，英国科学史家李约瑟评价其为"**中国科学史上的里程碑**"。

29. 我国第一部介绍**进化论**的译作：严复译的赫胥黎《天演论》。

30. 我国新文学史上第一篇现代短篇**白话小说**：《狂人日记》（1918 年，鲁迅）。

31. 先秦时期的两大显学：儒家、墨家。

32. 唐代开元、天宝年间，有边塞诗和田园诗：雄浑豪迈的**边塞诗（以高适、岑参为代表）**，恬淡疏朴的**田园诗（以王维、孟浩然为代表）**。

33. 宋词常分为**豪放、婉约**两派，前者以**苏轼、辛弃疾**为代表，后者以欧阳修、柳永、周邦彦、李清照等为代表。

34. **三从四德**：未嫁从父、既嫁从夫、夫死从子，妇德、妇言、妇容、妇功。

35. **三纲五常**：**三纲指君为臣纲、父为子纲、夫为妻纲，五常指仁**、义、礼、智、信。

36. **三皇五帝**：三皇指燧人、伏羲、神农，五帝指黄帝、颛顼、帝喾、尧、舜。

37. **三省六部**：**确立于隋朝，完善于唐朝**，此后一直到清末。隋朝时期，三省指内史省、门下省、尚书省。唐朝时期，三省指中书省（决策）、门下省（审议）、尚书省（执行，下设六部，即**吏户礼兵刑工**）。

38. **初唐四杰**：王勃、杨炯、卢照邻、骆宾王。

39. **北宋文坛四大家**：欧阳修、王安石、苏轼、黄庭坚。

40. **元曲四大家**：郑光祖、关汉卿、白朴、马致远。

41. **楷书四大家**：唐朝欧阳询（欧体）、唐朝颜真卿（颜体）、唐朝柳公权（柳体）、元朝赵孟頫（赵体）。

42. 兄弟四排行：**伯（孟）、仲、叔、季**。

43. 科学管理之父：**泰勒**。西方哲学之父：**泰勒斯**。

44. 神话八仙：铁拐李、汉钟离、张果老、何仙姑、蓝采和、吕洞宾、韩湘子、曹国舅。

45. **唐宋散文八大家**：韩愈、柳宗元、曾巩、王安石、欧阳修、苏洵、苏轼、苏辙。

46. **八卦**：乾、坤、震、巽、坎、离、艮、兑，分别象征天、地、雷、风、水、火、山、泽。

47. **八股文**：文章由八个部分组成，即**破题、承题、起讲、入题、起股、中股、后股、束股**，题目一律出自四书五经中的原文。

48. 中国十大古典悲剧：《窦娥冤》（元·关汉卿），《汉宫秋》（元·马致远），《赵氏孤儿》（元·纪君祥），《琵琶记》（元·高则诚），《精忠旗》（明·冯梦龙），《娇红记》（明·孟称舜），《清忠谱》（清·李玉），《桃花扇》（清·孔尚任），《长生殿》（清·洪昇），《雷峰塔》（清·方成培）。

49. **中国四大发明**：指南针、造纸术、火药、印刷术。

50. **中医四诊**：望闻问切（战国时期扁鹊：脉学之宗）。

51. **戏曲四行当**：**生旦净丑**。

52. **四大古典小说**：《三国演义》《水浒传》《西游记》《红楼梦》。

53. 民间四大爱情传说：《牛郎织女》《孟姜女》《梁山伯与祝英台》《白蛇传》。

54. **古代四美女**：西施（沉鱼）、王昭君（落雁）、貂蝉（闭月）、杨玉环（羞花）。

55. **五等爵位**：公爵、侯爵、伯爵、子爵、男爵。

56. 死后布"**七十二疑冢**"：曹操。

57. 人类历史上一直发展到今天的最古老的文字：**甲骨文**。

58. 世界上最大最重的**青铜器**：**后母戊大方鼎**（原称司母戊大方鼎）。

59. 世界上最早的瓷器发明于：中国。

60. **世界上规模最宏大的佛教石窟寺**：**甘肃敦煌莫高窟**。

61. 中国唯一一位女皇帝：**武则天**。以"**无字碑**"名扬天下的是：武则天。

62. "火把节"是哪个民族的传统节日：**彝族**。

63. **三玄**：《老子》《庄子》《周易》。

64. 国色指哪种花：**牡丹**。

65. "中山装"的创始人：孙中山。

66. "回眸一笑百媚生"指哪个美女：**杨贵妃**。

67. 提出"知识就是力量"的是：**弗兰西斯·培根**。

68. **"卧薪尝胆"讲的是**：勾践。

69. **世界上教徒人数最多的宗教**：**基督教**。

70. 实行"一条鞭法"的是：明朝首辅**张居正**。**一条鞭法**就是把各县的田赋、徭役及其他杂征总为一条，合并征收银两，按亩折算缴纳，大大简化了征收手续，同时使官员难以作弊。

71. 启蒙运动时期的《忏悔录》是谁写的：卢梭。

72. **西安事变**（1936年，**张学良、杨虎城**）促成国共的第几次合作：第二次合作。

73. **法国被处死的最后一个国王**：路易十六，也是法国历史上唯一一个被处死的国王。

74. **法国资产阶级革命爆发的时间**：1789年7月14日。英国资产阶级革命结束的时间：1688年，也叫光荣革命。1689年英国通过《权利法案》，其目的是限制国王的权力以保障公民的权利。

75. "白马非马"出自谁口：公孙龙。

76. 从商朝起，对最高统治者称"王"。

77. 周文王在哪儿创作的《周易》：河南安阳。

78. **卧龙先生**：诸葛亮。**凤雏先生**：庞统。

79. "滑铁卢"是**失败**的代名词，滑铁卢战役与谁有关：拿破仑。

80. 人们常说纯理性的爱情是"柏拉图式的爱情"，柏拉图是谁的弟子：**苏格拉底**。

81. **科举制始于哪个朝代**：隋朝（始于607年，结束于1905年）。

82. 有"白金之国"别称的国家是：乌兹别克斯坦。"白金"指棉花。

83. **最早的纸币起源于**：中国宋代四川的交子。

84. 联合国教育、科学及文化组织于1946年11月4日成立，总部设在：巴黎。

85. 北京的十三陵是哪个朝代皇帝的陵墓：明朝。

86. 古史传说中出现了尧举荐舜、舜举荐禹，禹先举荐皋陶、皋陶死后又举荐益当部落首领的故事，历史上称这种做法为：禅让。

87. **三教九流的三教**：儒教、道教、佛教（释教）。

88. "问世间情为何物，直教生死相许"的作者：元好问。

89. "拱手而立"表示对长者的尊敬，一般来说，男子行拱手礼时应该：左手在外。

90. "楚河"和"汉界"在今天的：河南省黄河南岸广武山上的鸿沟。

91. "七月流火，九月授衣"，其中"七月流火"指的是：天气渐渐转凉。

92. 我国很早就有了穿木屐的相关记载，东晋时期谢灵运发明的"谢公屐"在当时的用途是：登山。

93. "实事求是"一词最早出自东汉班固的《汉书》："修学好古，实事求是。"

94. 在**白**族姑娘的头饰上，蕴含着一个完美的词语，它是：风花雪月。

95. 哪位女性词人的名字被用来命名外太空环形山：李清照。

96. 甲骨文最早是在哪种物品上发现的：药材。

97. "**大材小用古所叹，管仲萧何实流亚**"是陆游的一句名诗，其中"大材小用"形容的是：辛弃疾。

98. **弄璋**：意指古人把璋给男孩玩，希望他将来有玉一样的品德，旧时常用以祝贺人家**生男孩**。**弄瓦**：旧时中国**民间生女**的代称（瓦是原始的纺锤，古人把它给女孩子玩）。

99. **乐器八音**：金、石、丝、竹、匏、土、革、木。金为钟，石为磬，琴瑟为丝，箫管为竹，笙竽为匏，薰为土，鼓为革，柷敔为木。

100. "一丝不苟"中的"丝"的本意是：**计量单位**。

101. **国画四君子**：**梅兰竹菊**。

102. 被誉为第一廉吏的是：**于成龙**。清朝康熙帝将其评价为："清官第一，天下第一廉吏"。

103. 文字的产生因与原始宗教如卜筮一类活动有关，被赋予神秘的色彩，先秦诸子将文字的创造归功于：**仓颉**。

104. **中国四大名花**：河南洛阳牡丹、浙江杭州菊花、云南昆明山茶花、福建漳州水仙。

105. **中国三大名锦**：南京云锦、四川蜀锦、苏州宋锦。

106. 中国传统医学四大经典著作：《黄帝内经》《难经》《伤寒杂病论》《神农本草经》。

107. 喜寿指 77 岁，米寿指 88 岁，白寿指 99 岁。

108. **中国古代四大名琴**：齐桓公的号钟、楚庄王的绕梁、司马相如的绿绮和蔡邕的焦尾。

109. 贝多芬的交响曲中被称为"命运交响曲"的是：**第五交响曲**。

110. **莫逆之交**：指情投意合、友谊深厚的朋友。**患难之交**：指在遇到磨难时结成的朋友。**布衣之交**：指以平民身份相交往的朋友。**忘年之交**：指辈分不同、年龄相差较大的朋友。

111. **中国四大古桥**：河北赵县赵州桥、广东潮州广济桥（湘子桥）、福建泉州洛阳桥和北京卢沟桥。

112. 陈胜"燕雀安知鸿鹄之志哉"中的鸿是指**大雁**，而鹄是指**天鹅**。

113. 围棋棋盘共有 361 个交叉点。

114. 馒头起源于：南方。

115. 十二生肖：鼠、牛、虎、兔、龙、蛇、马、羊、猴、鸡、犬、猪。

116. 明代江南四大才子：唐伯虎、祝枝山、文徵明、徐祯卿。

117. **五更与时钟对应**：一更（19：00—21：00）——二更（21：00—23：00）——三更（23：00—01：00）——四更（01：00—03：00）——五更（03：00—05：00）。

118. **文房四宝**：湖笔（浙江省湖州）、徽墨［徽州，现安徽歙（shè）县］、宣纸（现安徽省泾县，泾县古属宁国府，产纸以府治宣城为名）、端砚（现广东省肇庆，古称端州）。

119. 古代秀才四艺（文人雅趣）：琴棋书画。

120. **五脏**：心、肝、脾、肺、肾。

121. **六亲**：父、母、兄、弟、妻、子。

122. **"公元前"的意思是基督以前**。

123. 伊朗的官方语言是**波斯语**。

124. 最早的扇子是用**羽毛**做的。

125. 国际象棋中黑白各 16 个棋子。
126. **开斋节**是穆斯林的盛大节日。
127. 马拉松赛跑中的"马拉松"一词是指**地名**。
128. 普洱茶的产地在云南（"普洱茶"缘于：地名）。
129. 一次性筷子的发明者是日本人。
130. **塔西佗陷阱**：得名于古罗马时代的历史学家塔西佗，引申指当政府部门或某一组织**失去公信力**时，无论说真话还是假话、做好事还是坏事，都会被认为是说假话、做坏事。
131. **修昔底德陷阱**：指一个新崛起的大国必然要挑战现存大国，而现存大国也必然会回应这种威胁，这样战争变得不可避免。
132. **"灰犀牛"风险**：指**大概率且影响巨大**的潜在危机，在爆发前已有种种迹象，但却容易被人们忽视。**"灰犀牛"的来历**：2007 年，美国纽约国际政策研究所所长、世界经济论坛"青年领袖"、古根海姆学者奖获得者米歇尔·渥克所著《灰犀牛：如何应对大概率危机》一书中首次提出"灰犀牛"概念，并迅速引起全球关注。"灰犀牛"指能够预测甚至让人习以为常的风险，就像一只远处跑来的犀牛，开始你觉得笨重缓慢，一旦贴近时，却难以躲避。
133. **"黑天鹅"事件**：指**小概率而影响巨大**的事件，非常难以预测，且影响不同寻常，通常会引起连锁负面反应甚至颠覆性反应。**"黑天鹅"的来历**：欧洲人在发现澳洲之前，一直都认为天鹅全都是白色的。然而，在到了澳洲之后，他们竟然发现了黑色羽毛的天鹅，就是这一只黑天鹅，让欧洲人上千年结论彻底被推翻：原来天鹅不仅有白色的，还有黑色的！后来，美国著名投资人塔勒布便将"黑天鹅"事件特指极其罕见，无法预测，但是一旦发生影响足以颠覆以往任何经验的重大事件。
134. **晕轮效应**：又称**光环效应**，属于心理学范畴，指当认知者对一个人的某种特征形成好或坏的印象后，他还倾向于据此推论该人其他方面的特征，本质上是一种以偏概全的认知上的偏误。
135. **首因效应**：它由美国心理学家**洛钦斯**首先提出，也叫**第一印象效应**，指交往双方形成的第一次印象对以后交往关系的影响，也即"先入为主"带来的效果，虽然这些第一印象并非总是正确的，却是最鲜明、最牢固的，并且决定着以后双方交往的进程。
136. **破窗效应**：认为环境中不良现象如果被放任存在，会诱使人们仿效，甚至变本加厉，一幢有少许破窗的建筑，如果那些窗户不被修理好，可能会有破坏者破坏更多的窗户。
137. **马太效应**：指好的愈好、坏的愈坏、多的愈多、少的愈少的一种现象。
138. **达摩克利斯之剑**：表示时刻存在的危险，源自古希腊传说：狄奥尼修斯国王请他的**大臣达摩克利斯**赴宴，命其坐在用一根马鬃悬挂的一把寒光闪闪的利剑下，他立即失去了对美食和美女的兴趣，并请求国王放过他。意指令人处于一种危机状态或者随时有危机意识，心中敲起警钟等。

139. **赤字率**：衡量财政风险的一个重要指标，指财政赤字占国内生产总值的比重。财政赤字指财政支出超过财政收入的部分，意味着"花"的钱超过了"挣"到的钱。

140. 股票交易里面通常说成交多少多少"手"，这一"手"是指 100 股。

141. **宋代五大名窑**：汝窑、官窑、哥窑、钧窑、定窑，**它们以汝窑为首**，前四个窑场皆产青瓷，钧窑除青瓷外还有天蓝、玫瑰紫、月白等多种不同颜色的瓷器，**定窑为唯一烧制白瓷的窑场**。

142. **甲骨四堂**：指中国近代四位研究甲骨文的著名学者，即罗振玉（号雪堂）、王国维（号观堂）、郭沫若（字鼎堂）、董作宾（字彦堂）。

143. **中国四大名亭**：安徽滁州醉翁亭、浙江杭州湖心亭、湖南长沙爱晚亭、北京陶然亭。

144. **中国四大名镇**：河南朱仙镇（版画、年画）、湖北汉口镇（商业中心）、广东佛山镇（手工业）、江西景德镇（瓷器）。

145. **六艺**：指中国周朝贵族教育体系中的六种技能，即礼、乐、射、御、书、数。

146. 书香门第中的"书香"指：**书中所夹香草发出的香味**。在我国古代，为了防止书被书虫啃食破坏，会在书里面放一种名为"芸香草"的中药，它还能使书散发出一种幽幽的清香。

147. **入木三分**：出自唐张怀瓘《书断·王羲之》，原是**形容书法笔力刚劲有力**，也比喻对文章或事物见解深刻、透彻。

第二节　科技常识

1. 在第二次工业革命中，首先制成发电机的是**西门子**。1866 年，西门子提出了发电机的工作原理，并由西门子公司的一个工程师制成了人类第一台直流发电机。

2. 1807 年美国人富尔顿制造出人类第一艘蒸汽**轮船**。

3. 发现磁铁在线圈中运动能产生电流的科学家是**迈克尔·法拉第**。1831 年 10 月 17 日，法拉第首次发现**电磁感应现象**，在电磁学方面作出了伟大贡献。

4. 法国的拉瓦锡揭示了燃烧的实质，著有《燃烧通论》。

5. 第一个公开向神学挑战并宣告自然科学独立的科学家是**哥白尼**，他于 1543 **年出版**《天体运行论》一书。自然科学中最早出现的学科是**天文学**。

6. 发现**行星运动定律**的是德国天文学家**开普勒**，他提出了关于行星运动的三大定律开普勒定律。第一和第二定律发表于 1609 **年**，是开普勒从天文学家第谷观测火星位置所得资料中总结出来的；第三定律发表于 1619 年。这三大定律又分别称为椭圆定律、面积定律和调和定律。这为哥白尼的日心说提供了最可靠的证据。

7. 英国人牛顿发现了牛顿运动三定律和万有引力定律。**牛顿运动定律**包括牛顿第一、第二和第三运动定律,由牛顿在 1687 **年**出版的《**自然哲学的数学原理**》一书中总结提出。其中,第一定律(也称**惯性定律**)说明了力的含义:力是改变物体运动状态的原因。第二定律指出了力的作用效果:力使物体获得加速度。第三定律揭示出力的本质:力是物体间的相互作用。

8. 1876 年,定居美国的苏格兰人**贝尔**试验有线**电话**成功。

9. 19 **世纪** 80 **年代**,德国发明家卡尔·本茨成功制造出第一辆由内燃机驱动的**汽车**。

10. 19 世纪 90 年代,德国人鲁道夫·狄塞尔发明了柴油机。

11. 1903 **年**,美国人莱特兄弟发明了**飞机**。

12. 1900 年,德国人齐柏林建造了飞艇。

13. 1879 **年**,美国人爱迪生成功研制出**白炽灯**。

14. 1866 年,瑞典人诺贝尔制成安全炸药。**诺贝尔奖**就是根据他的遗嘱设立,包括诺贝尔文学奖、诺贝尔化学奖、诺贝尔物理学奖、诺贝尔生理学或医学奖、诺贝尔和平奖,后来又增设了诺贝尔经济学奖。第一位获得诺贝尔奖的女性是**居里夫人**。

15. 俄国人巴甫洛夫提出条件反射理论。

16. 奥地利精神分析学家弗洛伊德的代表作是《梦的解析》。

17. 英国人**霍金**是继爱因斯坦之后最杰出的理论物理学家和当代最伟大的科学家、人类历史上最伟大的人物之一,被誉为"宇宙之王"。他的代表作品有《**时间简史**》《**果壳中的宇宙**》《**大设计**》等。

18. **在人类社会史上,共经历了三次工业革命:**

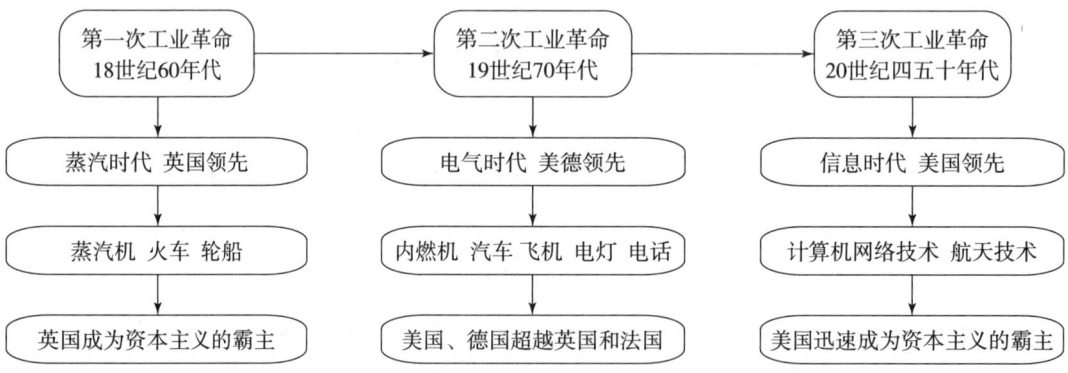

19. 第一个成功研制原子弹的国家是**美国**,世界第一颗原子弹"瘦子"于 1945 年 7 月 16 日在美国新墨西哥州试爆成功。美国人**罗伯特·奥本海默**组织了世界第一颗原子弹的制造,被世人称为"原子弹之父"。1945 年 8 月 6 日投到广岛的原子弹,代号为"**小男孩**",重约 4.1 吨,威力不到 20000 吨。同年 8 月 9 日投到长崎的原子弹,代号为"**胖子**",重达 4.5 吨,威力约 20000 吨。

20. 目前世界软件出口最大的发展中国家是**印度**。印度是世界上第二大软件大国,软件出口量仅次于美国,主要产业基地位于班加罗尔。

21. 被誉为 19 世纪三大科学发现的是细胞学说、生物进化论和能量守恒定律。

22. GPS 是全球定位系统的简称。**中国北斗卫星导航系统**是继美国 GPS、俄罗斯格洛纳斯、欧洲伽利略之后的第四个全球卫星导航系统。北斗卫星导航系统由空间段、地面段和用户段三部分组成，可在全球范围内全天候、全天时为各类用户提供高精度、高可靠定位、导航、授时服务，定位精度 10 米，测速精度 0.2 米/秒，授时精度 10 纳秒。

23. 世界最重要的 IT 高科技产业基地——**硅谷**，位于美国的**加利福尼亚州**。

24. 根据物理学研究的最新成果，物质最小的构成单位是夸克。

25. **光年**和**纳米**都是**长度或距离**单位，光年很大，一般用于宏观世界，1 **光年等于** 94650 亿千米；纳米很小，一般用于微观世界，1000 纳米等于 1 微米，1000 微米等于 1 毫米，1000 毫米等于 1 米，也就是说**一纳米等于十亿分之一米**，这相当于一根头发丝横切面的六万分之一。所谓"纳米科技"，就是在 0.1—100 纳米的尺度上，研究和利用原子分子的结构、特征及相互作用的高新科学技术。

26. **1964 年 10 月 16 日，中国第一颗原子弹在罗布泊爆炸成功。**中国是继美国、苏联、英国、法国之后第五个拥有核武器的国家。

27. 中国第一颗人造地球卫星是东方红一号，1970 年 4 月 24 日用"长征一号"火箭成功发射。1957 年 10 月 4 日苏联发射了世界上第一颗人造地球卫星。

28. 中国第一艘无人宇宙飞船是 1999 年发射的"神舟一号"。

29. 中国第一艘载人宇宙飞船是 2003 年 10 月 15 日发射的神舟五号（**杨利伟**）。"中国太空行走第一人"是翟志刚，"中国首位女航天员"是刘洋。世界上第一个进入太空的人是苏联的**尤里·加加林**，世界上第一个太空行走的人是苏联的**阿列克赛·列昂诺夫**。世界首位女航天员**是捷列什科娃**。美国的**尼尔·阿姆斯特朗**是第一个登上月球的人。

30. **马斯洛需求层次理论**是人本主义科学理论之一，由美国心理学家亚伯拉罕·马斯洛于 1943 年在《人类激励理论》论文中提出。论文中将人类需求像阶梯一样从低到高按层次分为五种，分别是：生理需求、安全需求、社交需求、尊重需求和**自我实现**需求。

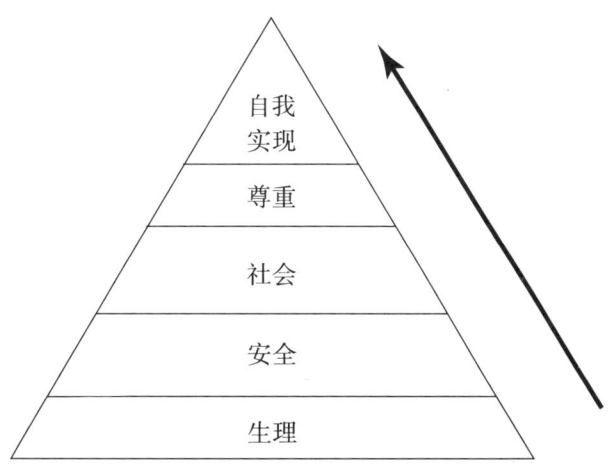

31. **赫茨伯格的双因素理论**：亦称"激励—保健理论"，美国心理学家赫茨伯格 1959

年提出。**保健因素**的内容包括公司的**政策与管理、监督、工资、同事关系和工作条件**等。这些因素都是工作以外的因素，如果满足这些因素，能消除不满情绪，维持原有的工作效率，但不能激励人们更积极的行为。**激励因素**的内容包括**成就、赞赏、工作本身的意义及挑战性、责任感、晋升、发展**等。这些因素如果得到满足，可以使人产生很大的激励。

32. 中国首次（世界首次）合成**结晶牛胰岛素**：1965年，王应睐组织我国科学家首次合成具有全部生物活性的结晶牛胰岛素。

33. **第一条中国人自主设计建造的铁路：京张铁路（总设计师詹天佑，建于1905年）**。

34. **秦山核电站**是我国第一座自行设计建造的核电站；**大亚湾核电站**是中国大陆建成的第二座核电站，也是中国大陆首座使用国外技术和资金建设的核电站，大亚湾核电站是中国大陆第一座大型商用核电站，拥有**两台百万千瓦级**压水堆机组，所生产电力80%供应香港，20%供应广东。

35. 中国最大（世界最大）的水力发电站：**三峡水利枢纽**（湖北省宜昌市）。

36. **海绵城市**：指城市能够像海绵一样，在适应环境的内外变化和应对自然灾害方面具有良好的"弹性"，下雨时吸水、蓄水、渗水、净水，需要时将蓄存的水"释放"并加以利用。

37. **孟德尔**发现遗传学定律，为遗传因子理论奠定了框架基础。

38. **冯·诺依曼**开创了现代计算机理论，其体系结构沿用至今。

39. **食品标准**对产品的要求**由高到低**依次排列为：有机食品、绿色食品、无公害食品、普通食品。

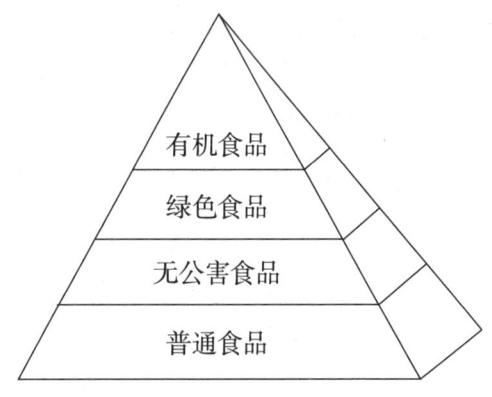

食品等级金字塔

40. **钛和钛合金**被誉为21世纪最有前途的金属材料，具有熔点高、抗腐蚀能力强等特点，尤其与人体器官具有很好的生物相容性。钛可以用来制造人造膝关节，钛合金可以用于制造潜艇的壳体，极细的钛粉是制造火箭的重要材料。

41. **磁共振成像（MRI）**：一种多方位、多参数、大视野、**无辐射**的检查技术，具有很高的图像对比度和空间分辨率，能为疾病的诊断提供良好的形态信息和丰富的功能信息。磁共振应用广泛，主要用于检测人体各系统和各部位的肿瘤性病变、感染性病变、血管性病变、代谢性病变、先天畸形以及创伤等。MRI 可能对人体造成的伤害包括以下几个方面：①强静磁场的危害；②随时间变化的梯度场也会对人体造成伤害；③射频场的致热效应。

42. **电能**是用途最广泛的能源之一，它属于**二次能源**（由一次能源转换而来的）。

43. **防火墙**：也称防护墙，是一个由软件和硬件设备组合而成，在内部网和外部网之间、专用网与公共网之间的界面上构造的一项信息安全防护系统。

图灵奖：计算机	由美国计算机协会于 1966 年设立，专门奖励那些对计算机事业作出重要贡献的个人，其名称取自计算机科学的先驱、英国科学家**艾伦·麦席森·图灵**。由于图灵奖对获奖条件要求极高，评奖程序又极严，一般每年只奖励一名计算机科学家，只有极少数年度有两名合作者或在同一方向作出贡献的科学家共享此奖。因此它是计算机界最负盛名、最崇高的一个奖项，有"**计算机界的诺贝尔奖**"之称
普利策奖：新闻	普利策奖也称普利策新闻奖，1917 年根据美国报业巨头**约瑟夫·普利策**的遗愿设立，20 世纪七八十年代已经发展成为美国新闻界的一项最高荣誉奖。现在，不断完善的评选制度已使普利策奖成为一个全球性奖项，被称为"**新闻界的诺贝尔奖**"
菲尔兹奖：数学	菲尔兹奖，每四年颁奖一次，在第四年的适当时候发奖，颁给二至四名有卓越贡献的年轻数学家。菲尔兹奖是据加拿大数学家**约翰·查尔斯·菲尔兹**的要求设立的，被视为"**数学界的诺贝尔奖**"，第一位获得菲尔兹奖的华人数学家是丘成桐
南丁格尔奖：护士	它是红十字国际委员会为表彰在护理事业中作出卓越贡献人员而设立的最高荣誉奖。英国人**弗洛伦斯·南丁格尔**在 1854 年至 1856 年的克里米亚战争中首创护理工作。她将个人安危置之度外，以人道、博爱、奉献的精神为伤兵服务，成为护理工作者的楷模。1907 年，第八届国际红十字大会设立南丁格尔奖

第三节　自然常识

1. 鳄鱼所流的"眼泪"实际上是一种**盐溶液**。鳄鱼要排泄出体内多余的盐分，其体内长有特殊的排泄腺，其排出管正好分布在眼睛四周。

2. **珊瑚是一种动物**。

3. **盐水**可以清除桃子表面的细毛。

4. "干冰"的成分是**二氧化碳**。

5. 自然界已知最硬的物质是**金刚石**，它是一种由碳元素组成的矿物，是**石墨**的同素异形体。

6. **稀有气体**：也称惰性气体。在常温常压下，它们都是无色无味的单原子气体，很难进行化学反应。天然存在的惰性气体有六种，即氦、氖、氩、氪、氙和具放射性的氡。

7. **微波**：指**频率很高**（频率是单位时间内完成周期性变化的次数，是描述周期运动频繁程度的量）、**波长很短**的无线电波。微波是一种很有"个性"的电磁波：一碰到金属就**发生反射**，金属根本无法吸收或传导它；**可以穿过玻璃、陶瓷、塑料等绝缘材料**，但不会消耗能量；碰到含有水分的食物，其能量大部分**被水吸收**。

8. **热胀冷缩**：指物体受热时会膨胀、遇冷时会收缩的特性。比如，夏天在架设电线时，不宜把电线绷得太紧；把刚煮熟的鸡蛋放到冷水中浸一下，更容易剥壳；冬天往玻璃杯中倒开水，应先用少量开水预热杯子；医生用水银温度计给病人量体温；夏季自行车胎不能打太足的气等。

9. 冰箱内存放食品量以占容积的80%**为宜**，放得过多或过少都耗电，食品之间还应保留10毫米的空隙。

10. 日常生活中经常可以依据动物的某些行为预判天气，比如，**麻雀囤食——雪天，蚂蚁垒窝——雨天，蜻蜓低飞——雨天，龟背冒汗——雨天**。

11. 人每天都会眨眼无数次，有时是有意识的动作，有时则是"自动"进行的，"自动"进行眨眼动作的主要目的是**使眼泪均匀覆盖眼球，保持眼球湿润**。

12. 城市铁路桥的铁道两边往往留有一定宽度，足够一个人行走，但是铁路桥是严禁行人通行的，禁止行人通行的主要原因是高速行驶的火车扰动空气，气流改变造成**向内的吸力**，有将附近物体卷入的危险。

13. **流星雨**：夜空中有许多的流星从天空中一个所谓的辐射点发射出来的天文现象。大部分的流星体都比沙砾还要小，因此几乎所有的流星体都会在大气层内被销毁，不会击中地球的表面。撞击到地球表面的碎片称为陨石。形成流星雨的**根本原因**是**彗星的破碎**。

14. **汽车前窗**：除大型客车外，绝大多数汽车的前窗都是**倾斜**的。当汽车的前窗玻璃倾斜时，车内乘客经玻璃反射成的像在车的前上方，而路上的行人是不可能出现在上方的空中的，这样就将车内乘客的像与路上行人分离开来，司机就不会出现错觉，**避免因平面镜成像而造成事故**。

15. **心脏**：心脏是脊椎动物身体中最重要的一个器官，主要功能是为血液流动提供压力，让血液运行至身体各个部分。**它是血液循环系统的动力泵**。人类的心脏位于胸腔中部**偏左下方**，体积约相当于一个拳头大小，重量约250克。女性的心脏通常要比男性的**体积小且重量轻**。人的心脏外形像桃子，位于横膈之上、两肺之间而偏左。心脏由心肌构成，**分左心房、左心室、右心房、右心室四个腔**。

16. **肝脏**：肝脏是人体最大的**解毒器官**，血液流经肝脏时，一些有害物质可被肝脏产生的酶分解。皮肤是人体最大的**排毒器官**，它能够通过出汗等方式排除其他器官很难排除的毒素。

17. **脾脏**：脾是重要的淋巴器官，位于腹腔的左上方，呈扁椭圆形，暗红色，质软而脆，有造血、滤血、清除衰老血细胞及参与免疫反应等功能。因其含血量丰富，能够紧急向其他器官补充血液，所以有"人体血库"之称。

18. **血型**：人类血型有很多种型，每一种血型系统都是由**遗传因子**决定的，并具有免疫学特性，常见的血型系统为 ABO 血型，分为 A、B、AB、O 四型。其中，AB 型可以接受任何血型的血液输入，因此被称作**万能受血者**。O 型可以输出给任何血型的人体内，因此被称作**万能输血者**、异能血者。实际上，不同血型之间的输送，一般只能小量地输送，不能大量。

19. **人类染色体**：染色体是遗传物质，是基因的载体。人类的常染色体是成对存在的，体细胞染色体数目为 23 **对**，其中 22 对为男女所共有，称为常染色体，另外一对为决定性别的染色体，男女不同，称为性染色体，男性为 XY，女性为 XX。在生殖细胞中，男性生殖细胞染色体的组成为 22 条常染色体＋X 或 Y，女性生殖细胞染色体的组成为 22 条常染色体＋X。

20. 人体共有 206 块骨骼，20 颗乳牙，32 颗恒牙，**小肠全长 5—7 米**，大肠约 1.5 米，阑尾约 7—9 厘米。

21. 汽车后的金属链条是为了将静电荷传到地面。

22. 煮熟后滚烫的鸡蛋在冷水中浸泡后更容易剥掉外壳是利用了蛋壳与蛋白遇冷收缩程度不同的原理。

23. 手套、袜子等衣物湿了之后难以脱掉，是因为水的表面张力使织物绷紧而增加对身体的附着力。

24. 火车开动时先后退一下是为了减小所需克服的最大静摩擦力。

25. **音调**：指声音的高低。音调的高低由物体振动的快慢决定，物理学中用频率来表示物体振动的快慢，频率的单位为赫兹（Hz）。物体振动的频率越大，音调就越高；频率越小，音调就越低。

26. **音量**：指声音的强弱。音量也叫响度。音量与物体的振幅有关，振幅的单位是分贝（DB）。振幅越大，音量越大；振幅越小，音量越小。音量还跟距离发声体的远近有关。

27. **音色**：指不同发声体发出的声音，即使音调和音量不同，我们也能够分辨它们，这种反映不同声音特征的因素就是**音色**。

28. 声音的传播：**真空不能传声**。固体、液体、气体都可传声，其中，声音在固体中传播速度最快，在液体中第二，在气体中第三。

29. **物态变化**：在物理学中，我们把物质从一种状态变化到另一种状态的过程，叫作物态变化。物质有三种状态：固态、液态、气态。物态的变化有六种：熔化、凝固、汽化、液化、升华、凝华。

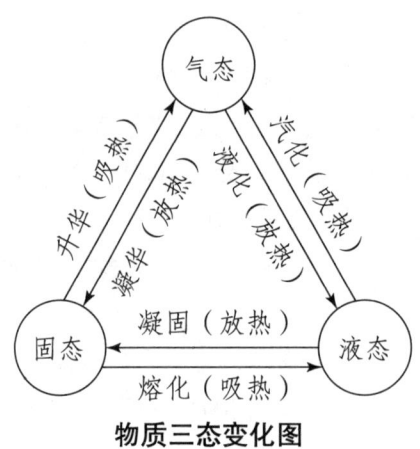

物质三态变化图

熔化与凝固	物质从固态变成液态叫熔化（吸热）
	物质从液态变成固态叫凝固（放热）
汽化与液化	物质从液态变成气态叫汽化（吸热，两种方式：蒸发、沸腾）。例如**摇扇纳凉**等
	物质从气态变成液态叫液化（放热）。例如**夏日清晨草叶上出现"露珠"、夏天自来水管"出汗"、冬天戴眼镜喝开水时镜片变模糊**等
升华与凝华	物质从固态直接变成气态叫升华，升华吸热。例如**灯丝变细、冬天冰冻的衣服干了、樟脑丸变小**等
	物质从气态直接变成固态叫凝华，凝华放热。例如**灯泡变黑、霜、树挂、窗花**等

30. 平时我们看到的都是**可见光**，人的眼睛能看到的可见光按波长从长到短排列，依次为红、橙、黄、绿、青、蓝、紫。有两种光线人眼看不见，一种是比紫光波长更短的光，叫**紫外线**；另一种是比红光波长更长的光，叫**红外线**。遥控器采用**红外线**进行遥控，防盗报警器运用的是物体释放**红外线**的原理。汽车雾灯选择**黄色**主要是因为黄色穿透力较强。

31. 天空看起来是蓝色的，是因为大气中的空气分子对太阳光的**散射作用**。

32. **光的反射**：指光在传播到不同物质时，在分界面上改变传播方向又返回原来物质中的现象。光遇到水面、玻璃以及其他许多物体的表面都会发生反射。

平面镜：表面平整光滑且能够成像的物体叫作平面镜。平静的水面、抛光的金属表面、玻璃板等都相当于平面镜。平面镜成像的特点包括：①平面镜呈**正立**等**大**的虚像；②像和物到镜面的距离相等；③像与物的连线与镜面垂直；④像与物关于镜面对称。平面镜在生活中有广泛的应用，例如家庭用的**穿衣镜**、练功房里墙壁四周的镜子、潜艇用的**潜望镜**等。

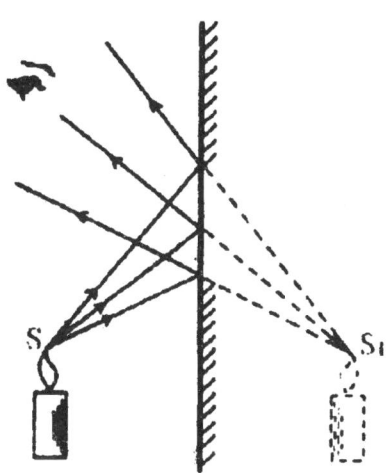

凸面镜：对光线起**发散**作用。凸面镜也叫广角镜、反光镜、转弯镜，主要用于各种弯道、路口，可以扩大司机视野，及早发现弯道对面车辆，以减少交通事故的发生；也用于超市防盗，监视死角。例如机动车**后视镜**、街头拐弯处的**反光镜**等。

凹面镜：对光线起**会聚**作用。凹面镜也叫凹镜、会聚镜，平行光照于其上时，通过其反射而聚在镜面前的焦点上，反射面为凹面，焦点在镜前。例如**太阳灶、手电筒以及各种机动车的前灯灯罩、电视卫星天线、天文望远镜**等。

漫反射：物体凸凹不平的表面会把光线向四面八方反射。漫反射的每条光线均遵循反射定律。比如**自行车尾灯、交警衣服的反光条**等。

33. **光的折射**：指光从一种介质斜射入另一种介质时，传播方向发生改变，从而使光线在不同介质的交界处发生偏折。比如**池水"变浅"、筷子"变弯"、手指"变粗"、海市蜃楼**（简称蜃景，经常在海上、沙漠中产生，是地球上物体反射的光经过大气折射而形成的虚像）。

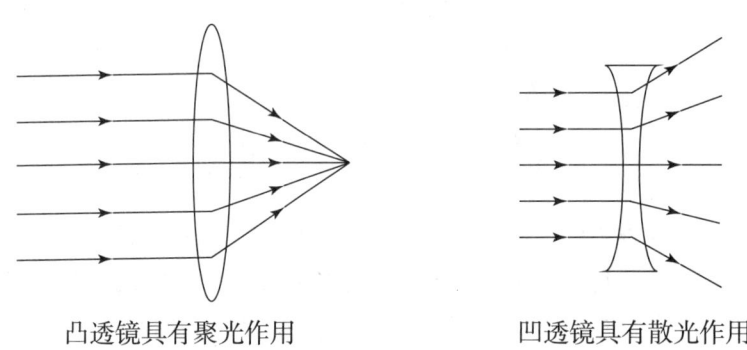

凸透镜具有聚光作用　　　　　　凹透镜具有散光作用

凸透镜：对光线起会聚作用。凸透镜是根据光的折射原理制成的，凸透镜是中央较厚、边缘较薄的透镜。例如**照相机的镜头、投影仪的镜头、远视镜**等。

凹透镜：对光线起发散作用。凹透镜也称负球透镜，镜片的中间薄、边缘厚，呈凹形，**近视眼镜**就是凹透镜。

34. **电学知识**：

名词	知识点	其他
电荷	物体或构成物体的质点所带的正电或负电，带正电的粒子叫正电荷，带负电的粒子叫负电荷	同种电荷相互排斥，异种电荷相互吸引
电路	把电源、用电器、开关、导线连接起来组成的电流的路径	短路是指电流不流经用电器，直接连接电源正负两极。短路严重时会烧坏电源或设备
电流	电荷的定向运动，一般从电源正极流向负极	为纪念法国物理学家**安培**在电磁学上的贡献，以其姓氏命名电流（A）
电压	也称作电势差，是衡量单位电荷在静电场中由于电势不同所产生的能量差的物理量。是形成电流的原因	1节干电池的电压为1.5V。**家庭电路的电压是**220V，人体安全电压不高于36V，持续接触安全电压为24V
电阻	导体对电流的阻碍作用	单位是欧姆（Ω）。影响电阻的因素：材料、长度、横截面积和温度

续　表

名词		知识点	其他
导电	导体	善于导电的物体，有大量自由移动的带电粒子	金属和石墨导体靠自由电子导电，酸碱盐溶液靠正负离子导电
	绝缘体	不善于导电的物体	橡胶、玻璃、塑料等
	半导体	常温下导电性能介于导体与绝缘体之间的材料	常见的半导体材料有**硅、锗、砷化镓**等。大部分的电子产品，如计算机、移动电话当中的核心单元都有半导体材料
	超导体	在某一温度下，电阻为零的导体。具有完全抗磁性	超导磁体可用于制作交流超导发电机、磁流体发电机和超导输电线路等

35. **挂衣钩**：塑料挂衣钩紧贴在墙面上时，塑料吸盘与墙壁间的空气被挤出，**大气压强把塑料吸盘压在墙壁上**，当挂上衣物时，塑料吸盘与墙壁产生摩擦力以平衡衣物的重力，所以能挂住衣物。

36. **自来水**：指通过自来水处理厂净化、消毒后生产出来的符合相应标准的供人们生活、生产使用的水。现在自来水消毒大都采用**氯化法**，公共给水氯化的主要目的就是防止水传播疾病，**氯气**用于自来水消毒具有消毒效果好、费用较低、几乎没有有害物质的优点。目前世界上安全的自来水消毒方法是**臭氧消毒**，不过这种方法的处理费用太昂贵，而且经过臭氧处理过的水，保留时间是有限的，所以目前只有少数发达国家才使用这种处理方法。

37. **一氧化碳中毒**：含碳物质燃烧不完全时的产物经呼吸道吸入引起的中毒。中毒机理是一氧化碳与**血红蛋白**的亲和力比氧与血红蛋白的亲和力高 200—300 倍，所以一氧化碳极易与血红蛋白结合形成碳氧血红蛋白，使血红蛋白丧失携氧的能力和作用，造成组织窒息，对全身的组织细胞均有毒性作用，尤其对大脑皮质的影响最为严重。

38. **硬水与软水**：**软水**是指不含或含较少可溶性钙、镁化合物的水，**硬水**是指含有较多可溶性**钙、镁**化合物的水。鉴别方法：取一杯热水，倒入**肥皂水**，轻轻搅拌，水面上出现泡沫的为软水，水面上出现浮渣的为硬水，浮渣越多，水的硬度越大。硬水软化，最简单的方法就是**煮沸**。

39. **维生素**：人和动物为维持正常的生理功能而必须从食物中获得的一类微量有机物质，在人体生长、代谢、发育过程中发挥着重要的作用。维生素具有**外源性**，人体自身一般不可合成，需要通过食物补充。

水溶性维生素，是可溶于水而不溶于非极性有机溶剂的一类维生素，包括**维生素 B 族和维生素 C**。与脂溶性维生素不同，水溶性维生素在人体内储存较少，从肠道吸收后进入人体的多余的水溶性维生素大多从尿中排出。水溶性维生素几乎无毒性，**摄入量偏高一般**

不会引起中毒现象,若摄入量过少则较快出现缺乏症状。

脂溶性维生素,是不溶于水而溶于脂肪及非极性有机溶剂(如苯、乙醚及氯仿等)的一类维生素,包括**维生素 A、维生素 D、维生素 E、维生素 K** 等。这类维生素一般只含有碳、氢、氧三种元素,在食物中多与脂质共存,排泄率不高,**摄入量过多易引起中毒现象**,若摄入量过少则缓慢出现缺乏症状。

维生素	可溶性	缺乏症	来源
维生素 A	脂溶性	夜盲症、干眼病和皮肤粗糙、发干	鱼肝油、动物肝脏、绿色蔬菜
维生素 B_1	水溶性	脚气病、神经性皮炎	酵母、谷物、肝脏、大豆、肉类
维生素 B_2	水溶性	口腔溃疡	酵母、肝脏、蔬菜、蛋类
维生素 B_9(叶酸)	水溶性	贫血	蔬菜叶、肝脏
维生素 C	水溶性	坏血病	新鲜蔬菜、水果
维生素 D	脂溶性	软骨病(佝偻病)	鱼肝油、蛋黄、乳制品、酵母,这是唯一一种人体可以少量合成的维生素
维生素 E	脂溶性	不利于生育	鸡蛋、肝脏、鱼类、植物油

40. **能源**:能源分为**一次能源**和**二次能源**。前者即天然能源,指在自然界现成存在的能源,又分为可再生能源(水能、风能及生物质能)和非可再生能源(煤炭、石油、天然气、核能等);二次能源则是指由一次能源直接或间接转换成其他种类和形式的能量资源,电力、煤气、汽油、柴油、焦炭、洁净煤、激光和沼气等能源都属于二次能源。

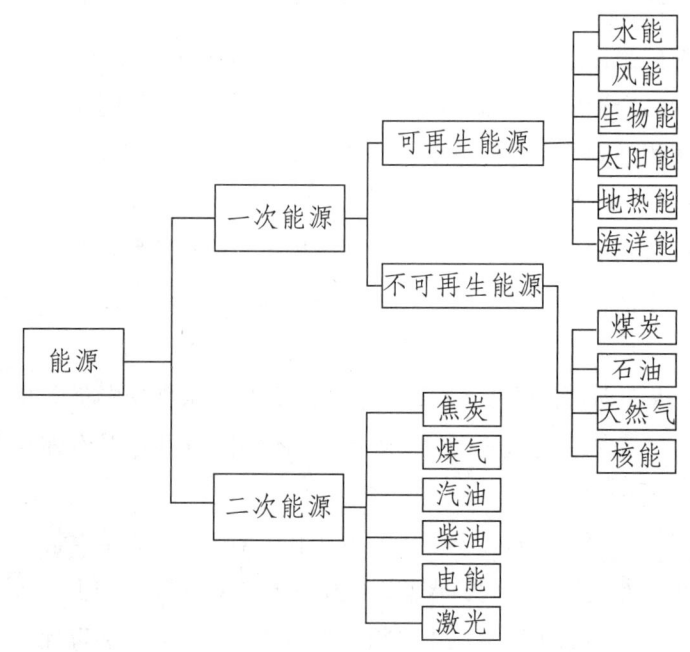

41. **可燃冰**：就是天然气水合物，是一种**白色固体物质**，因其外观像冰一样而且遇火即可燃烧，所以称作"可燃冰"。天然气水合物在自然界**广泛分布**在大陆永久冻土、岛屿的斜坡地带、活动和被动大陆边缘的隆起处、极地大陆架以及海洋和一些内陆湖的深水环境。2017年5月，中国首次海域天然气水合物（可燃冰）**试采成功**。2017年11月3日，国务院正式批准将天然气水合物列为新矿种，成为我国**第173个矿种**。

42. 煤被称为"**工业的粮食**"，石油被称为"**工业的血液**"，稀土被称为"**工业的味精**"。

43. **抗生素**：由微生物（包括细菌、真菌、放线菌属）或高等动植物在生活过程中所产生的具有抗病原体或其他活性的一类次级代谢产物，能干扰其他生活细胞发育功能的化学物质。主要用于治疗各种**细菌感染**或致病微生物感染类疾病，**对病毒无效**。

44. **赤潮**：又称红潮，国际上也称其为"有害藻类"或"红色幽灵"，是在特定的环境条件下，海水中某些浮游植物、原生动物或细菌爆发性增殖或高度聚集而引起水体变色的一种有害生态现象。**赤潮并不一定都是红色**，根据引发赤潮的生物种类和数量的不同，海水有时也呈现黄、绿、褐色等不同颜色。**赤潮不是潮汐现象**。

45. **厄尔尼诺现象**：又称圣婴现象，是秘鲁、厄瓜多尔一带的渔民用以称呼一种异常气候现象的名词。它主要指**太平洋东部和中部的热带海洋的海水温度异常地持续变暖、海平面上升**，使整个世界气候模式发生变化，造成一些地区干旱而另一些地区又降雨量过多。由于这种现象最严重时往往在圣诞节前后，于是遭受天灾而又无可奈何的渔民将其称为上帝之子——圣婴。

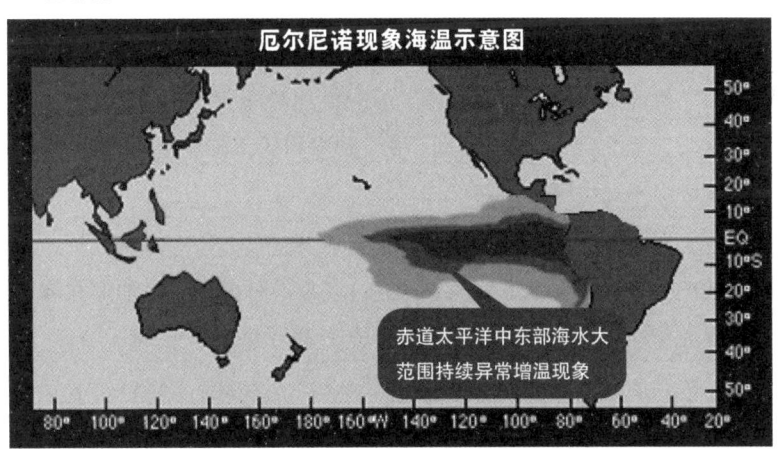

46. **拉尼娜现象**："拉尼娜"的字面意思是"圣女"，它也被称为"反厄尔尼诺"现象或者"冷事件"，指赤道附近**东太平洋水温变冷、海平面下降**的一种现象，表现为东太平洋明显变冷，同时伴随着全球性气候混乱，总是出现在厄尔尼诺现象之后。

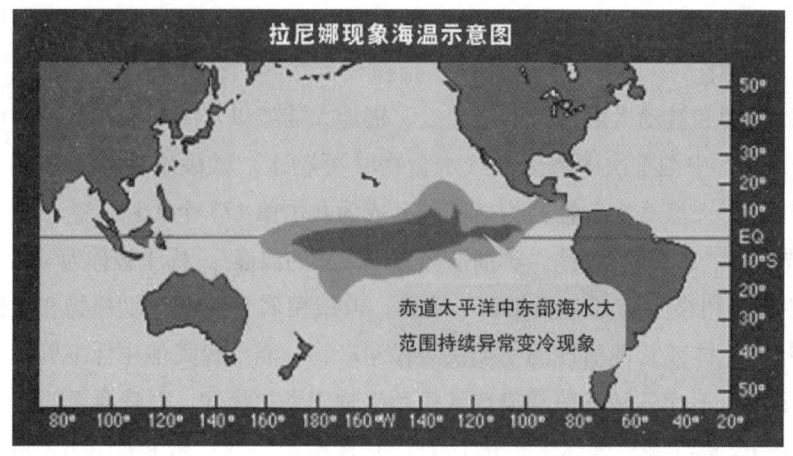

47. 常见的气体：

名称	作用
甲烷	天然气和沼气的主要成分就是甲烷。甲烷无毒，但有窒息作用。当其在空气中浓度达到10%时，可使人窒息死亡。空气中天然气（甲烷）含量达到5%—15%时，遇着火源会发生爆炸
一氧化碳	人工煤气的主要成分，也是煤气中毒的元凶。一氧化碳吸进肺里与血液中的血红蛋白结合，使人体缺少氧气而中毒。不溶或仅微溶于水，所以在煤灶上放水不能防止煤气中毒。一氧化碳无色无味，煤气的味道来自加臭剂，泄漏时容易被发现
二氧化碳	不支持燃烧（用途：灭火），不能供给呼吸（为呼出气体的主要成分）；干冰（二氧化碳的固体形态）用于制冷和人工降雨（升华吸热）；会引起温室效应，不是大气污染物
氧气	地壳和人体中含量最多的元素 供呼吸（如供潜水、医疗急救）；本身不可燃烧，是助燃气体 燃烧条件：达到着火点，有助燃剂，有可燃物
氢气	无色、无味气体，具有还原性。在空气中燃烧火焰呈浅蓝色，生成物只有水。航天工业用液氢做燃料
氯气	黄绿色、有刺激性气味，溶于水，有漂白性和强氧化性 应用：自来水消毒（氯气与水生成次氯酸，能够杀菌消毒）
氮气	惰性保护气体（食品包装填充气、灯泡充气），重要原料（硝酸、化肥），液氮冷冻
稀有气体（惰性气体）	指氦、氖、氩、氪、氙、氡等，反应性很低，但借助人工合成的方式可以和其他元素结合成化合物。可作为保护气、激光技术、电光源（通电发不同颜色的光。第一盏霓虹灯：氖灯）

48. 常见的元素单质及合金：

单质		
名称	性质	用途
金	密度高、柔软、光亮、抗腐蚀，是展性最好的金属	作为国际储备、金融交易、珠宝装饰的贵金属，同时也是电子业、现代通信、航天航空业等部门的重要材料
银	**导电性、导热性最好的金属**	作为金融交易和珠宝装饰的贵金属，也用于电子电器中的复合焊接材料、感光材料（卤化银、溴化银）和化工行业中的催化剂
铁	有良好的延展性、导电导热性能，**在地壳金属中含量仅次于铝**，具有强磁性	用于制发电机和电动机的铁芯，铁及其化合物用于制磁铁、药物、墨水、颜料、磨料等；+2价的亚铁离子是血红蛋白的重要组成成分，用于氧气的运输
钨	硬度高，**熔点最高的金属**，常温下不受空气侵蚀	用于制造**灯丝**和高速切削合金钢、超硬模具，也用于光学仪器、化学仪器。被誉为"**工业的牙齿**"
汞	**熔点最低的金属，常温常压下唯一以液态存在的金属；有剧毒**	用于制作温度计，气态汞用于制造日光灯；天然硫化汞又称为朱砂，被人们用作红色颜料和中药
锂	银白色，质软，最轻的金属	用于原子反应堆、制轻合金及手机电池等
碳	熔点最高、化合物最多的元素，有众多的同素异形体；含碳的有机物是生命的基础	**金刚石是最为坚硬的天然物质**，用作装饰品、钻头材料等。**石墨**质软，有滑腻感，具有优良的导电性能，用作铅笔、电极、电车缆线等。**活性炭**吸附性强，用作吸附剂。而**石墨烯**具有优异的光学、电学、力学特性，可用作各种领域的传感器、电子晶体管、柔性显示屏、新能源电池，在材料、生物医学、能源等领域有极大应用前景
硅	地壳中含量仅次于氧气的元素，一般以复杂的硅酸盐或二氧化硅的形式存在	高纯的单晶硅是重要的半导体材料，计算机内的芯片、CPU等众多器件都是硅做的。另外也用于航空隔热材料、光导纤维通信材料、建筑材料等

单质		
名称	性质	用途
磷	白磷是最易燃的非金属单质	磷存在于人体所有细胞中,是维持骨骼和牙齿的必要物质,几乎参与所有生理上的化学反应;白磷用于制作燃烧弹,红磷用于制作火柴、烟火,磷化合物的原料还用于制作灭鼠药等

合金				
类型		构成	性质	用途
铜合金	青铜	铜、锡、铅	易加工、耐腐蚀	古代青铜器制作,如越王勾践剑
铜合金	黄铜	铜、锌	强度高、硬度大、耐化学腐蚀性强	用于制造阀门、水管、空调内外机连接管和散热器等
铜合金	白铜	铜、镍	延展性好、硬度高、色泽美观、耐腐蚀	广泛使用于造船、石油化工、电器、仪表、医疗器械、日用品、工艺品等领域
钢	碳素钢	铁、碳	**含碳越低,韧性越大**	低中碳钢用作机械零件和钢管,高碳钢用作刀具、模具等
钢	不锈钢	碳素钢、铬、镍	抗腐蚀性强	制作医疗器械、容器和炊具等
铝合金	镁铝合金	铝、镁	强度、硬度大	用于火箭、飞机、轮船等制造业
钛合金		钛、铝、锡等	密度小、强度高、耐腐蚀、耐高温	**用于飞机、火箭、导弹、人造卫星、宇宙飞船、人造骨骼等尖端领域**

49. 常见的化学肥料:

名称	作用	影响
氮肥	促进植物茎、叶生长茂盛,叶色浓绿(促苗)	缺氮会导致叶黄
钾肥	促使作物生长健壮、茎秆粗硬,抗倒伏(壮秆),草木灰中含大量钾肥	缺钾会导致叶尖发黄
磷肥	促进植物根系发达,穗粒增多、饱满(催果)	缺磷会导致生长迟缓,产量降低,根系不发达

50. 日常化学常识：

（1）	氟元素污染大气或饮水时，可引起人的牙齿骨质疏松，骨骼变软、畸形
（2）	吸烟致癌的主要原因是烟草中含有尼古丁和苯并芘
（3）	五彩缤纷的焰火，其中红色由**锶盐**引起，绿色由**铜盐**引起，黄色由**钠盐**引起
（4）	人们常用的"84"消毒液的主要成分是**次氯酸钠**，洁厕灵是**盐酸**，但这两个不能混用
（5）	医疗上治疗骨折时用来制作石膏绷带的物质是生石膏，化学成分是**二水硫酸钙**
（6）	医用生理盐水的浓度是0.9%，医用酒精的浓度是75%

51. 血液与血型：

血液		由血浆（约占55%）、血细胞（又称血球，约占45%，由红细胞、白细胞、血小板组成）构成，对维持生命有重要作用
	静脉血	含较多二氧化碳，呈暗红色。注意并不是静脉中流的血是静脉血，动脉血中流的是动脉血，如肺动脉中流的是静脉血，肺静脉中流的是动脉血
	动脉血	含氧较多、二氧化碳较少，呈鲜红色
	红细胞	主要的功能是运送氧，**红细胞较少，就会贫血**。血红蛋白是红细胞中唯一一种非膜蛋白，其性质是高等生物体内负责运载氧的一种蛋白质。红细胞运送氧的功能主要来源于血红蛋白
	白细胞	人体免疫系统的卫士。白细胞疾病：白细胞减少症、急性白血病、慢性白血病、恶性淋巴瘤等
	血小板	在止血过程中起着重要作用。出血性疾病：紫癜、血友病等
血型	父母血型	子女会出现的血型	子女不会出现的血型
	O 与 O	O	A、B、AB
	A 与 O	A、O	B、AB
	A 与 A	A、O	B、AB
	A 与 B	A、B、AB、O	—
	A 与 AB	A、B、AB	O
	B 与 O	B、O	A、AB
	B 与 B	B、O	A、AB
	B 与 AB	A、B、AB	O
	AB 与 O	A、B	O、AB
	AB 与 AB	A、B、AB	O
AB 型可以接受任何血型的血液输入（不超过200ml），因此被称作**万能受血者**。O 型可以输出给任何血型的人体内（不超过200ml），因此被称作**万能输血者**、异能血者			

52. 人体所需的营养元素：

类型		特点	功能
脂类		油、脂肪、类脂的总称。脂肪是人体或动物体内由一分子甘油和三分子脂肪酸结合而成的甘油三酯	供给人体热量，保持体温；保护内脏器官，滋润皮肤和防震等
蛋白质		有机化合物，氨基酸是其基本单位，在热、酸碱、重金属盐、紫外线等作用下，会发生变性	**生命的主要物质基础**，细胞的重要组成成分，生长发育、新陈代谢所需
糖类		单糖：葡萄糖，可直接吸收再转化为身体所需 多糖：淀粉，须经胰蛋白酶转化为单糖再被人体吸收利用 纤维素：由葡萄糖组成的大分子多糖。是植物细胞壁的主要成分	<u>提供热能，人体所需要的70%左右的能量由糖提供</u>；保护肝脏
无机盐	钙磷镁	与人体骨骼的强度密切相关	保持人体正常的骨骼强度
	锌	锌元素主要存在于海产品、动物内脏中，其他食物里含锌量很少	促进儿童身体及智力发育
	碘	主要存在于海带、海鱼等食品中	维持人体甲状腺正常功能，<u>可以防止和治疗甲状腺肿大</u>
	铁	人体内铁的总量约4—5克，动物内脏、瘦肉等含有较多铁元素	组成肌红蛋白、血红蛋白

53. 微生物：

微生物是难以用肉眼观察的一切微小生物之统称。微生物包括细菌、病毒、真菌和少数藻类等

类型	结构和特点	影响
细菌	细菌的基本结构包括细胞壁、细胞膜、细胞质、核质。细菌主要以无性二分裂方式繁殖，繁殖速度快。重要细菌有大肠杆菌、痢疾杆菌、鼠疫杆菌、葡萄球菌、破伤风梭菌等	细菌是许多疾病的病原体，包括肺结核、淋病、炭疽病、梅毒、鼠疫、沙眼等疾病都是由细菌所引发；也用于乳酪及酸奶和酒酿的制作、部分抗生素的制造、废水的处理等
病毒	病毒是一种非细胞生命形态，没有细胞结构，由一个核酸长链和蛋白质外壳构成。**必须在活细胞内寄生并以复制方式增殖**。类型：单链 RNA 病毒、双链 RNA 病毒、单链 DNA 病毒、双链 DNA 病毒。重要病毒：甲型流感病毒、艾滋病病毒、狂犬病病毒、冠状病毒、天花病毒	病毒也是很多疾病的病原体，包括艾滋病、天花、狂犬病、肺炎等；利用灭活病毒做疫苗；利用噬菌体杀灭细菌
真菌	一种具真核的、产孢的、无叶绿体的真核生物；最常见的真菌是各类蕈类，另外真菌也包括霉菌和酵母菌	常见的由真菌引起的疾病包括手足癣、念珠菌病等；酵母菌经常用于和细菌一起发酵食物

54. 疫苗：

疫苗分为**活疫苗**（卡介苗、脊髓灰质炎疫苗、麻疹疫苗）和**死疫苗**（百日咳菌苗、伤寒菌苗、流脑菌苗、霍乱菌苗）两种。也分为**预防性疫苗**和**治疗性疫苗**。

名称	应用
卡介苗	用于**预防结核病**的疫苗，使用活的无毒牛型结核杆菌制成
脊髓灰质炎疫苗	预防和消灭脊髓灰质炎、**小儿麻痹**的有效控制手段
麻疹疫苗	用麻疹病毒减毒株接种鸡胚细胞经培养收获病毒液后冻干制成，可起到预防麻疹的作用
流感疫苗	**用于预防流行性感冒，是全球使用量最大的一种疫苗**
百日咳菌苗	用于预防由百日咳杆菌引起的急性呼吸道传染病
霍乱菌苗	用于预防因摄入霍乱弧菌污染而引起的一种急性腹泻性传染病
牛痘疫苗	用以预防病毒引起的烈性传染病——天花的一种有效疫苗，也是**人类用疫苗迎战病毒的首次胜利**

第四节 地理常识

一、我国的地理位置

1. 位置：东半球、北半球，亚洲东部，太平洋西岸。
2. 疆域：陆地领土面积大约为960万平方公里，仅次于俄罗斯、加拿大，大于美国，位居世界**第三位**。

领土四端：最北端位于黑龙江北部**漠河**以北黑龙江主航道中心线处，最南端位于南海南部的**曾母暗沙**，最东端位于黑龙江与乌苏里江主航道**中心线交汇处**，最西端位于新疆维吾尔自治区**帕米尔高原**上。东西横跨62个经度，约5000千米；南北纵跨49个纬度，约5500千米。

3. 陆上邻国：我国陆地边界全长约2.28万千米。有14个陆上邻国，东邻朝鲜，南邻越南、老挝、缅甸，西南和西部与印度、不丹、尼泊尔、巴基斯坦、阿富汗接壤，东北和北部与俄罗斯、蒙古为邻，西北与**哈萨克斯坦、吉尔吉斯斯坦、塔吉克斯坦**为邻。

我国与外国陆域接壤的省级行政区有9个：广西、云南、西藏、甘肃、新疆、内蒙古、黑龙江、吉林、辽宁。其中，**新疆**是接壤国最多的省级行政区，与俄罗斯、哈萨克斯坦、吉尔吉斯斯坦、塔吉克斯坦、巴基斯坦、蒙古、印度、阿富汗等八个国家接壤。

4. 海上邻国：（渤海、黄海、东海、南海）我国海岸线长1.8万多千米，日本、韩国、菲律宾、文莱、马来西亚、印度尼西亚6个国家与我国隔海相望。

5. 省级行政单位：我国有34个省级行政单位，包括2个特别行政区、23个省、4个直辖市以及5个自治区。直辖市为北京市、天津市、上海市与重庆市。自治区为内蒙古自治区、新疆维吾尔自治区、广西壮族自治区、宁夏回族自治区、西藏自治区。

副省级市是中国行政架构为副省级建制的省辖市，其党政机关主要领导干部行政级别为省部级副职。中国现有15座副省级市：广州、深圳、南京、武汉、沈阳、西安、成都、济南、杭州、哈尔滨、长春、大连、青岛、厦门、宁波。

习题与解析

习题1.【单选】民族区域自治制度是新中国的重要政治制度，在我国五个民族自治区中，最早和最晚建立的分别是（　　）

A. 内蒙古自治区、西藏自治区　　　　B. 内蒙古自治区、宁夏回族自治区
C. 新疆维吾尔自治区、宁夏回族自治区　D. 广西壮族自治区、西藏自治区

答案：A。解析：内蒙古自治区成立于1947年5月1日，是我国建立最早的一个民族自治区；1955年10月1日，新疆维吾尔自治区正式成立；1958年3月5日，广西壮族自治区成立；1958年10月25日，宁夏回族自治区正式成立；1965年9月1日，西藏自治区宣告成立，阿沛·阿旺晋美当选为首任主席。因此，本题应选A项。

6. 四大高原

青藏高原	中国最大、世界海拔最高的高原	平均海拔4000—5000米,有"**世界屋脊**"和"**第三极**"之称。"**远看成山、近看成川**"。水能、地热资源丰富,是我国**太阳能最丰富的地区**。冰川广布
内蒙古高原	中国第二大高原	西部沙漠分布广,从飞机上俯视高原就像烟波浩瀚的大海,古人称之为"**瀚海**"。黄河流经内蒙古高原中部的一段,由泥沙堆积成肥沃的冲积平原,这就是著名的河套平原(河套自古就有"**塞上江南**"之称)。资源:煤、铁、**稀土资源丰富**(中国、俄罗斯、美国、澳大利亚是世界上四大稀土拥有国,中国稀土已探明**储量**与**产量**都居**世界第一**。**徐光宪**被誉为"**中国稀土之父**"。内蒙古包头市**白云鄂博**,"富饶的神山",蕴藏着占世界已探明总储量41%以上的稀土,是享誉世界的"**稀土之都**")。畜牧业发达,阴山岩画
黄土高原	世界最大的黄土堆积区	气候干旱,降水集中,植被稀疏,**水土流失严重**。黄土高原矿产丰富,煤、石油、铝土储量大。但因植被稀疏,夏季降水集中且雨量大,在流水侵蚀作用下地表支离破碎,形成**沟壑交错**其间。**典型地貌:塬、梁、峁、川**
云贵高原	中国第四大高原	气候垂直差异明显。"**地无三尺平,天无三日晴**"。云贵高原上石灰岩厚度大、分布广,经地表和地下水溶蚀作用,形成落水洞、漏斗、圆洼地、伏流、岩洞、峡谷、天生桥、盆地等地貌,是世界上**喀斯特地貌**的典型地区之一

7. 四大盆地

塔里木盆地	世界第一大内陆盆地	**塔克拉玛干沙漠**位于塔里木盆地中心,是**中国最大**的沙漠,也是世界第十大沙漠,同时亦是世界第二大流动沙漠。**塔里木河**是中国最长的内流河。多风蚀**雅丹地貌**("雅丹"源自我国维吾尔语,**意为陡峭的土丘。有些地貌外观如同古城堡,俗称魔鬼城**)。发现高产油田。光照条件好,热量丰富,盛产优质棉花、瓜果
准噶尔盆地	中国第二大盆地	**额尔齐斯河**是我国唯一注入北冰洋的外流河,克拉玛依油田位于盆地西部,蕴藏着丰富的石油、煤以及黄金等矿藏。降水较多,农牧业发达
柴达木盆地	世界海拔最高的盆地	柴达木盆地平均海拔为4000米,富含盐、石油以及铅锌矿等金属矿藏,被称为"**聚宝盆**"
四川盆地	**紫色盆地**	四川盆地是中国著名红层盆地,也是中国各大盆地中形态最典型、纬度最南、海拔最低的盆地。有丰富的生物、水力资源和煤、铁、天然气、岩盐以及金属矿藏。盆地西北部为成都平原,有"**天府之国**"之称

8. 三大平原

东北平原	东北平原又分为松嫩平原、辽河平原以及三江平原三部分，是三大平原中**面积最大的**，被誉为**黑土地**。这里**土地肥沃**，气候适宜，是我国十分重要的粮食产区。黑龙江齐齐哈尔扎龙自然保护区有"丹顶鹤之乡"之称
华北平原	华北平原也称黄淮海平原，是由黄河、淮河、海河冲积而成的，是**中国第二大平原**。矿产资源丰富，有煤、石油、铁矿等，有丰富的**海盐**，**长芦盐场**是我国海盐产量最大的盐场
长江中下游平原	由长江冲积而成，河网密布，水量充足，适于水稻等粮食生产，因此素有"**鱼米之乡**"的美誉

9. 三大半岛

山东半岛	山东半岛是**中国第一大半岛**，位于山东省东北，胶东半岛是其一部分。半岛三面临海，北面与辽东半岛隔渤海湾相望，东部与韩国隔海相望
辽东半岛	辽东半岛是**中国第二大半岛**，位于辽宁省南部
雷州半岛	雷州半岛是中国**南方第一大半岛**，位于广东省西南部，伸入北部湾与雷州湾之间，与海南岛隔琼州海峡相望

10. 三大丘陵

山东丘陵	位于黄河以南、大运河以东的山东半岛上，面积约占半岛面积的70%
辽东丘陵	位于辽宁东南部，西临渤海，东靠黄海，南隔渤海海峡与山东半岛相望
东南丘陵	位于云贵高原以东、长江以南的东南地区，丘陵地貌分布最广泛、最集中，统称"东南丘陵"

二、我国的地形地貌

1. 地形特点：地形多种多样，五种基本地形都有，但以山地为多（33%），高原占26%，盆地占19%，平原占12%，丘陵占10%。

2. **地势：西高东低，呈三级阶梯状。**

3. 主要山脉：

（1）东北—西南走向，最西列是大兴安岭—太行山—巫山—雪峰山；中间列是长白山—武夷山；最东列是台湾山脉，其主峰玉山是我国东南沿海最高的山峰。

（2）东西走向，最北列是天山—阴山，中间列是昆仑山—秦岭，最南列是南岭。

秦岭—淮河一线是划分我国南方与北方的重要地理界线。秦岭—淮河一线南北的自然地理环境、社会经济发展有着巨大的差异。它是：①**冬季0℃等温线经过的一线**；②**800 mm等降水量线经过的一线**；③**亚热带季风气候与温带季风气候的分界线**。

(3) 西北—东南走向，主要有阿尔泰山、祁连山、巴颜喀拉山等，多在我国西部。

(4) 弧形山系，世界最高山脉喜马拉雅山，其主峰**珠穆朗玛峰海拔**8848.86**米**，为世界最高山峰，位于**中国与尼泊尔**交界处，是由**印度洋板块**与**亚欧板块**撞击形成的。

习题与解析

习题1.【单选】下列有关我国南、北方人民生活方面的比较，错误的是（ ）

A. 南方居民多以大米为主食，北方居民多以面食为主

B. 南方房屋的层高比北方矮，屋顶坡度也比北方小

C. 北方过去农村住房多用土坯垒墙，南方旧式民居多用砖瓦、竹木

D. "南船北马"是我国传统交通工具的显著特色

答案：B。解析：我国南方和北方由于地理环境的差异，造成了南方与北方在生活上有许多差异：南方居民多以大米为主食，北方居民则以面食为主；北方过去农村住房多就地取土，用土坯垒墙，南方旧式民居的建筑材料多用砖瓦、竹木；南方由于降水多，房屋屋顶坡度比北方要大；"南船北马"也是我国传统交通地理的体现。因此，本题应选B项。

三、我国的气候特点

典型的**季风气候**，冬季盛行偏北风，夏季盛行偏南风。寒风、气旋、梅雨、台风等为我国常见的几种气候类型。我国大多数地区冬季寒冷干燥，夏季暖热多雨，易发旱涝灾害。

（一）气象知识

大气层构成		
构成	地球最外部的气体圈层。成分主要有：**氮气占78.1%，氧气占20.9%**，氩气占0.93%，还有少量的二氧化碳、稀有气体和水蒸气	
垂直分层	对流层	空气对流明显，气温随高度增加而降低。发生云、雾、雨等天气现象
	平流层	大气平稳流动，天气晴朗；温度随高度增加而升高。**飞机飞行的理想空间**
	臭氧层	是平流层的一部分，能吸收阳光中对生物有害的短波紫外线，有"**地球生命的保护神**"之称
	电离层	距离地面50—1000千米。被用来反射和传送高频无线电信号，实现远距离无线电通信

续 表

降水及类型		
降水条件	一是有充足的水汽，二是适宜的温度使水汽冷却凝结，三是有较多的凝结核	
降水类型	垂直降水	由空中降落到地面上的水汽凝结物（雨、雪、雹、雨凇）
	水平降水	由大气中水汽直接在地面或地物表面及低空形成的凝结物（霜、露、雾、雾凇）
降雨类型	对流雨	冷暖气流上下对流运动成云致雨	赤道全年下对流雨，温带出现于夏季午后
	锋面雨	锋面活动时，暖湿气流上升，水蒸气遇冷凝结成雨	梅雨、"清明时节雨纷纷"
	地形雨	潮湿气团前进时，遇到高山阻挡，气流被迫缓慢上升，引起降温，水蒸气凝结成雨，发生在迎风坡	喜马拉雅山脉南坡的雨
	台风雨	热带海洋上的风暴带来的降雨	广东、福建沿海台风过境时
降雨类型示意图	地形雨　　锋面雨　　对流雨	
看生物识天气	蜘蛛张网——久雨必晴；龟背出汗——下雨；蜜蜂出巢——天气晴好；青蛙低鸣——大雨将临；蚂蚁搬家——下雨；泥鳅翻滚——下雨；蜻蜓低飞——下雨；麻雀屯食——下雪	

（二）等降水量线

在地图上，将同一时间里降水量相同的各点连接起来的线，称为**等降水量线**，它是研究一个地区同一时段不同地方的降水分布规律和特点的重要工具。

1. 800 毫米年等降水量线

沿秦岭—淮河一线向西折向青藏高原东南边缘一线，此线以东以南，年降水量一般在800mm 以上，为湿润地区；此线以西以北年降水量一般在 800mm 以下，为半湿润地区。它的地理意义是：

（1）传统意义上南方与北方的分界线；

（2）北方旱地与南方水田的分界线；

（3）水稻、小麦种植的分界线；

（4）湿润地区与半湿润地区的分界线；
（5）亚热带季风气候与温带季风气候的分界线；
（6）热带亚热带常绿阔叶林与温带落叶阔叶林的分界线；
（7）河流结冰与不结冰的分界线。

2. **400 毫米年等降水量线**

400 毫米等降水量线大致经过：大兴安岭—张家口—兰州—拉萨—喜马拉雅山脉东部。它的地理意义是：

（1）半湿润和半干旱区的分界线；
（2）森林植被与草原植被的分界线；
（3）季风区与非季风区的分界线；
（4）种植业与畜牧业的分界线。

3. **200 毫米年等降水量线**

200 毫米等降水量线经过内蒙古自治区西部、经河西走廊西部以及藏北高原一线。它的地理意义是：

（1）干旱地区与半干旱地区的分界线；
（2）中国沙漠区与非沙漠区的分界线。

（三）内流区与外流区

最终流入内陆湖泊或在内陆断流的河流叫内流河，内流河的流域称为**内流区**；最终能流入海洋的河流叫外流河，外流河的流域称为**外流区**。

外流区和内流区的界线：北段大体沿大兴安岭—阴山—贺兰山—祁连山（东端）一线，南段比较接近 200 毫米等降水量线（大致通过阴山—贺兰山—祁连山—巴颜喀拉山到冈底斯山一线）。

（四）季风区与非季风区

在我国，受夏季风影响明显的地区称为**季风区**，其他地区称为**非季风区**。我国季风区与非季风区界线为大兴安岭—阴山—贺兰山—巴颜喀拉山—冈底斯山，以东为季风区，以西为非季风区。影响我国的夏季风，既有来自太平洋的东南季风，也有来自印度洋的西南季风。因非季风区不受夏季风影响，所以西北内陆降雨较少（年降水量小于400mm），气候干旱。

四、我国的河流湖泊

1. **主要大河**

流入太平洋：**长江、黄河**、珠江、松花江、海河、辽河、**澜沧江**（境外称**湄公河**）。
流入印度洋：雅鲁藏布江（在印度境内称布拉马普特拉河）、怒江。
流入北冰洋：**额尔齐斯河**。

2. 湖　泊

鄱阳湖（赣）、洞庭湖（湘）、太湖（苏）、洪泽湖（苏）、巢湖（皖）为**我国五大淡水湖泊**，其中**鄱阳湖**是我国面积最大的淡水湖。

青海湖（青）是我国面积最大的湖泊（属咸水湖），**纳木错**（藏）为海拔最高的大湖。察尔汗盐湖（青海柴达木盆地）是我国最大的盐湖。**艾丁湖**是海拔最低的湖（新疆维吾尔自治区吐鲁番盆地）。

重要河流			
（一）世界重要河流			
河流	流向与流入海域	特征	城市与文明
尼罗河	南→北，注入地中海	世界最长河流	埃及的开罗（古埃及文明）
多瑙河	西→东，注入黑海	位于欧洲，流经国家最多的河流	匈牙利的布达佩斯，塞尔维亚的贝尔格莱德，奥地利维也纳
伏尔加河	东北→东南→南→东南，注入里海	欧洲最长河流，**世界最长的内流河**，俄罗斯的母亲河	伏尔加格勒
印度河	东北→西南，注入阿拉伯海	位于巴基斯坦	印度河文明
恒河	北→西北→东南，注入孟加拉湾	位于印度北部，印度视为圣河	新德里，加尔各答（恒河文明）
亚马孙河	西→东，注入大西洋	世界水量最大河流	主要流经巴西、秘鲁、哥伦比亚等
两河流域	西北→东南，注入波斯湾	西亚水量最大	巴格达（苏美尔文明，巴比伦文明）
湄公河	西北向东南，注入南海	东南亚第一大河	金边，胡志明市
（二）中国主要河流			
河流	发源地	流经省份	入海	其他
长江	唐古拉山	青、川、藏、滇、渝、鄂、湘、赣、皖、苏、沪（11个）	东海	**世界第三长河**，流域面积最大的支流是**嘉陵江**
黄河	巴颜喀拉山	青、川、甘、宁、蒙、陕、晋、豫、鲁（9个）	渤海	世界第五长河，中下游形成"悬河"，春季有凌汛

重要湖泊	
(一) 世界重要湖泊	
北美五大湖	世界最大的淡水湖群，即北美洲的苏必利尔湖、密歇根湖、休伦湖、伊利湖和安大略湖等5个相连湖泊的总称。**苏必利尔湖，是世界第二大湖，也是世界第一大淡水湖**
贝加尔湖	位于俄罗斯东西伯利亚南部，是全世界最深、蓄水量最大的淡水湖
死海	世界上最低的湖泊，湖面海拔 -430 米。死海也是世界上最深的咸水湖
里海	世界第一大湖
(二) 中国重要湖泊			

最大淡水湖	鄱阳湖（江西）	**最大咸水湖**	青海湖（青海）
海拔最高湖	纳木错（西藏）	**海拔最低湖**	艾丁湖（新疆吐鲁番）
最长湖泊	班公错（西藏日土县）	最深湖泊	长白山天池（吉林）
矿化度最高	察尔汗盐湖（青海格尔木）	最小的湖	辽宁本溪湖
五大淡水湖	江西鄱阳湖、湖南洞庭湖、江苏太湖、**内蒙古呼伦湖**、江苏洪泽湖		
五湖四海	五湖即鄱阳湖、洞庭湖、巢湖、太湖、洪泽湖，四海即东海、西海（现今的黄海）、南海、北海（现今的渤海）		

五、我国的资源概况

(一) 土地资源

我国土地资源丰富、类型多样，耕地面积居世界**第四位**。但土地资源人均量小，按农林牧合计，我国人均土地资源仅为世界平均水平的1/4左右。

(二) 水资源

从总量上来说我国是世界上水资源比较丰富的国家之一，陆地上的地表水、地下水、冰川和永久积雪所蕴藏的水资源共5亿立方米，可被利用的水资源约2.8亿立方米，居世界**第六位**。但我国是世界上缺水严重的国家之一，人均水资源占有量仅为世界平均水平的1/4。从空间分布看，我国水资源南多北少、东多西少；从时间变化看，我国水资源季节变化大，夏秋多、冬春少。

(三) 矿产资源

我国矿产资源具有以下特点：
（1）矿产资源总量大，种类多；

（2）分布广泛，相对集中；

（3）矿产资源形势严峻，人均占有量少。

我国能源的基本情况是：**富煤、缺油、少气**。

（四）生物资源

我国的生物资源由**植物、动物**和**微生物**三大类组成。我国拥有高等植物32800多种，占世界总数的10%以上，其中种子植物有245000余种，居世界第三位。**我国是世界上动物资源种类最多的国家**，目前发现的约有10.4万种。我国微生物资源拥有量十分丰富，仅真菌一大类就多达10万种，已分离出来并应用于生产的细菌有200余种，放线菌250余种。

（五）海洋资源

我国的海洋资源极其丰富，包括生物资源、矿产资源、化学资源和动力资源。我国濒临渤海、黄海、东海和南海四大自然海区，总面积达473多万平方公里。大陆架渔场面积约150万平方公里，有20多个海洋渔场。

六、我国的人口状况

1. 人口数量

我国是世界上人口最多的国家，人口约占世界人口总数的1/5。

2. 人口的年龄结构

我国人口的年龄结构快速向老年型转变，**老龄化是一个国际性的大趋势**。老龄化社会是指老年人口占总人口达到或超过一定的比例的人口结构模型。按照联合国的传统标准，一个地区60岁以上老人达到总人口的10%；按照新标准，一个地区65岁以上的老人占总人口的7%，该地区即被视为进入老龄化社会。

3. 人口的区域分布

我国人口的空间分布是东南多、西北少。**黑河—腾冲线**，即瑷珲—腾冲线，或胡焕庸线，是一条贯穿中国版图的假想直线段，是我国著名地理学家**胡焕庸**在1935年提出的划分我国人口密度的对比线。该线从中国东北边境的黑龙江省黑河市（原名"瑷珲"）一直延伸到中国西南边境的云南省腾冲县，大致地划分出了中国人口在区域上的分布，体现了中国人口东南和西北的分布区域之悬殊。它在地理学以及人口学上具有重大意义，是一条奇特的线，也是中国历史与地理发展的一个分水岭。

七、我国的民族与宗教

（一）民　族

我国是一个统一的多民族国家，现有 56 个民族，汉族为中国的主体民族，占总人口的 91.1%，分布在全国各地。其中人口较多的有汉族、蒙古族、回族、维吾尔族、壮族、朝鲜族。**壮族**为人口最多的少数民族。从居住情况看，全国形成以汉族为主的**大杂居、小聚居**的局面。云南是中国民族种类最多的省份。

（二）宗　教

我国是一个多宗教的国家，主要有佛教、道教、伊斯兰教、天主教和基督教，还有一些少数民族特有的宗教和地区性的民间信仰，情况比较复杂。**道教**为我国固有的宗教。

我国实行宗教信仰自由政策，任何国家机关、社会团体和个人不得强制公民信仰宗教或不信仰宗教，不得歧视信仰宗教的公民和不信仰宗教的公民。

八、地理常识

1. 哪一民族把奶食品称为"白食"，把肉食品称为"红食"：蒙古族。
2. **世界上第一个大规模的商业城市：北宋都城汴京（今河南开封）。**
3. 世界上最大的石刻佛像：四川乐山大佛。
4. 中国第一座佛教寺院：河南洛阳白马寺（东汉）。
5. **中国佛教四大名山：**"金色世界"山西五台山、"银色世界"四川峨眉山、"琉璃世界"浙江普陀山、"莲花世界"安徽九华山。
6. 我们可以看到的月亮最多占月球表面积的：59%。
7. **领土面积居世界前四位的国家是：俄罗斯、加拿大、中国、美国。**
8. 世界上最大的冰川：**兰伯特冰川**（在南极洲）。
9. **亚洲**是世界上的第一大洲，它的面积约占全球陆地面积的 30%。
10. **一天之中气温最高值出现在午后 2 点前后。**
11. 形成风的主要原因是水平方向上气压的差异。
12. **地球上出现的四季更替是由于地球公转，出现的昼夜交替是由于地球自转。**
13. **一般来说，海拔每升高 1000 米，气温下降 6℃。**
14. **在我国，自古就有"天府之国"美誉的地区是四川盆地。**
15. "离地面越高，空气越稀薄"，是因为空气受到地球引力的影响。
16. 海水潮汐是因月球引力，一日之中，海潮有两个涨落周期，落差一般在 3—5 米之间。
17. 使陆地水资源不断得到补充、更新的最主要的水循环是**海陆间循环**。

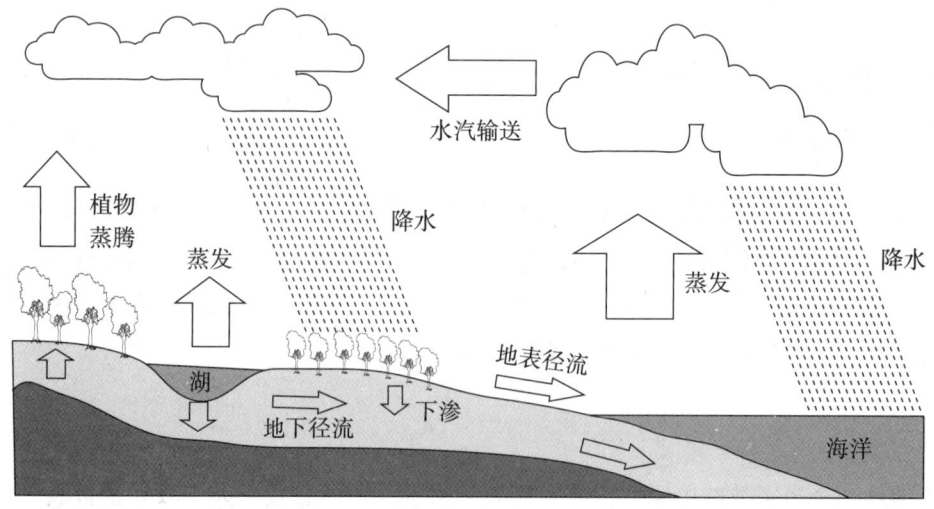

18. 中国南方的**梅雨**属于锋面雨。锋面活动时，暖湿空气上升冷却凝结而引起的降水现象，称锋面雨。锋面常与气旋相伴而生，所以锋面雨又称气旋雨。

梅雨，是在中国长江中下游地区、台湾以及日本中南部、韩国南部等地，**每年6、7月份**都会出现的持续天阴有雨的气候现象，由于正是江南梅子的成熟期，故被称为"梅雨"，此时段便被称作梅雨季节。

冷锋天气　　　　　暖锋天气

19. 成语"一衣带水"中的"水"原指**长江**。

20. **湿地**是"**地球之肾**"，森林是"**地球之肺**"，海洋是"**地球之心**"，绿地是"**地球之肝**"。其中，湿地与森林、海洋并列为**全球三大生态系统**类型。湿地是水陆相互作用形成的独特生态系统，具有季节或常年积水、生长或栖息喜湿动植物等基本特征，是自然界最富生物多样性的生态景观和人类最重要的生存环境之一。

21. 地面附近的大气中，**氧气约占21%，氮气约占78%**。

22. 石灰岩地区有许多满布着钟乳石、石笋的岩洞，其形成的主要原因是**流水溶蚀**作用。我国**喀斯特地貌**分布区域较广，如广西、云南等**西南地区**。喀斯特地貌的形成原因除溶蚀作用以外，还包括流水的冲蚀、潜蚀以及坍陷等机械侵蚀过程。

23. **日食与月食**

日食只可能发生在**农历的朔日**（**农历每月初一：朔日。农历每月的最后一天：晦日。农历每月十五：望日**）。日食，又叫日蚀。月球运动到太阳和地球中间，如果三者正好处在一条直线上时，月球就会挡住太阳射向地球的光，月球身后的黑影正好落到地球上，这时就会发生日食现象。地球上每年至少出现2次、最多出现5次日食。日食分为日偏食、日全食、日环食、全环食。

日偏食	当月球处于地球和太阳之间，地球运行到月球的半影区时，地球有一部分地区被月球阴影外侧的半影覆盖，在此地区所见到的太阳有一部分会被月球挡住，此种天文现象就叫日偏食
日全食	在地球上部分地点太阳光被月球全部遮住的天文现象
日环食	太阳中心部分黑暗，边缘仍然明亮，形成光环。这是因为月球在太阳和地球之间，但是距离地球较远，不能完全遮住太阳
全环食	在食带内，日食开始和终了的时候是环食，但中间有一段时间可以看到全食，这种日食叫"全环食"，又叫"混合食"

月食只可能发生在**农历十五前后**。月食是指当月球运行至地球的阴影部分时，太阳光被地球所遮蔽，地球上朝向月球的地区就看到月球缺了一块。此时太阳、地球、月球恰好或几乎在同一条直线上。每年发生月食数一般为2次，最多发生3次，有时1次也不发生。月食可以分为月偏食、月全食和半影月食三种。地球在背着太阳的方向会出现一条阴影，称为地影。地影分为本影和半影两部分。本影是指没有受到太阳光直射的地方，而半影则只受到部分太阳直射的光线。

月偏食	如果月球始终只有部分被地球本影遮住，就发生月偏食
月全食	如果地球和月球的中心大致在同一条直线上，月球会完全进入地球本影，就发生月全食
半影月食	当月球进入地球的半影时，就发生半影月食。但它的亮度减弱得很少，不易察觉

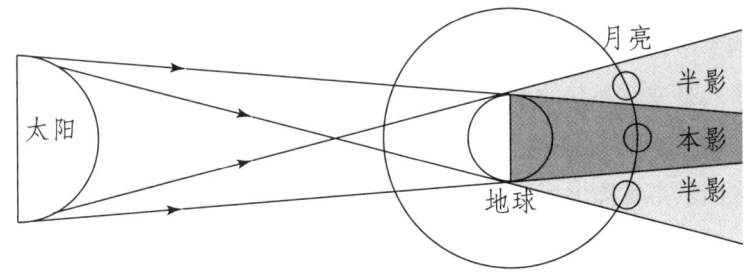

24. 地震的震级每差一级，通过地震波释放的能量约差**30倍**。一次地震只有一个震级，震级越大，震源越浅，烈度也越大；但也因为震源浅，所以它所波及的范围会因此而缩小。一次地震发生后，震中区的破坏最重、烈度最高，从震中区向四周扩展，地震烈度逐渐减小。**世界三大地震带**：环太平洋地震带；地中海—喜马拉雅地震带，也叫欧亚地震带；海岭地震带。

25. 雷电形成的瞬间电流可达25万—50万安培。

26. **郁金香和风车**是荷兰的象征,加拿大被称为**枫叶之邦**,奥地利被称为**音乐王国**,缅甸被称为**万塔之邦**,泰国被称为**千佛之国**。

27. 有"绿城"之称的城市:**郑州**。(广州:花城、羊城。重庆:山城。湘潭:锰都。长沙:星城。**昆明:春城**)

28. 发源于中国,唯一注入北冰洋的河流:**额尔齐斯河**。

29. 世界上种植面积最大、分布最广泛的粮食作物:**小麦**。**大豆**、水稻、白菜、小米、韭菜、冬瓜、葫芦、山药、黑木耳、荔枝、樱桃、猕猴桃、栗、枣、梨、杏、橙子、桃子等均产于中国。**茄子**(原产亚洲东南部)**西汉末年**传入我国。**无花果、开心果(阿月浑子)**均是**唐朝时期**传入我国。**西瓜**(原产非洲)、**丝瓜**(原产于东南亚)**宋朝时期**传入我国。**玉米**(原产南美洲)、**菠萝**(原产巴西)、**辣椒**(原产美洲)、**花生**(原产美洲)、**土豆**(原产美洲)、**甘薯**(原产美洲)、**向日葵**(原产美洲)、**西红柿**(原产南美洲)、**南瓜、苦瓜**等均是**明朝时期**传入我国。**草莓、苹果、卷心菜、洋葱、西葫芦**等均是**清朝时期**传入我国。

30. 湖南湖北的"湖"是指**洞庭湖**。

31. **中国五大牧区**:内蒙古、新疆、西藏、青海、甘肃。

32. 地球的年龄约 46 亿年。地质学家把地球的历史分成五个"代",从古到今依次是:太古代、元古代、古生代、中生代和新生代。有些代还进一步划分为若干"纪",如古生代从远到近划分为寒武纪、奥陶纪、志留纪、泥盆纪、石炭纪和二叠纪;中生代划分为三叠纪、侏罗纪和白垩纪;新生代划分为第三纪和第四纪。这就是地球历史时期的最粗略的划分,我们称之为"地质年代"。

33. 中国和朝鲜两国的界河:**鸭绿江**。

34. 《西游记》中的火焰山在**新疆吐鲁番市**。

35. 中国的海岸线有 18000 公里。

36. 一年四季中,西藏没有夏季。

37. 海洋虽然是连在一起的水体,但海同洋之间还是有区别的,世界上最大的洋是太平洋,最大的海是珊瑚海。

38. 中国大陆基本轮廓形成时期,陆地上出现了大量的裸子植物。

39. 大气层厚度约为 1000 千米以上,但没有明显的界线。

40. 太阳表面温度大约 6000℃。

41. 构成地壳的 90 多种元素中含量最多的三种是**氧、硅、铝**(最多的金属元素是铝),人体内含量最多的三种元素是**碳、氢、氧**。

42. 中国最大的咸水湖(也是中国最大的湖):**青海湖(青海)**。世界上最大的咸水湖:**里海**。中国最大的淡水湖:**鄱阳湖(江西)**。世界上最大的淡水湖:**苏必利尔湖**。

43. 中国海拔最高的湖:**纳木错(西藏)**,湖面海拔 4718 米,也是中国第三大咸水湖。中国海拔最低的湖:**艾丁湖(新疆)**。

44. **红海**是世界上盐度最高的海，**波罗的海**是世界上盐度最低的海。

45. 中国最长的内流河：**塔里木河**，被称为"无疆野马"，全长2179公里。

46. 中国（世界）海拔最高的高原：青藏高原。

47. 中国（世界）海拔最高的盆地：柴达木盆地。

48. 中国最大的沙漠：**塔克拉玛干沙漠**。世界最大的沙漠：**撒哈拉大沙漠**。

49. 中国最大的瀑布：黄果树瀑布（贵州）。

50. **举世闻名的泰姬陵在印度**。泰姬陵是印度知名度最高的古迹之一、世界文化遗产，被评选为"世界新七大奇迹"之一。泰姬陵全称"泰姬·玛哈尔陵"，是一座白色大理石建成的巨大陵墓清真寺。它是莫卧儿皇帝沙贾汗为纪念他心爱的妃子，于1631年至1648年在阿格拉建立的。

51. 中国（世界）最大的峡谷：雅鲁藏布大峡谷。

52. **中国第一大岛：台湾岛（宝岛）。中国第二大岛：海南岛。**

53. **中国面积最大的平原：东北平原。**

54. 中国最深的湖：长白山天池。世界最深的湖：贝加尔湖。

55. **中国最大的群岛：舟山群岛。**

56. **中国最大的渔场：舟山渔场**。世界四大渔场：

（1）**北海道渔场**是由日本暖流与千岛寒流交汇形成的；

（2）**纽芬兰渔场**是由墨西哥湾暖流与拉布拉多寒流交汇形成的；

（3）**北海渔场**是由北大西洋暖流与东格陵兰寒流交汇形成的；

（4）**秘鲁渔场**是由秘鲁寒流上升补偿流形成的。

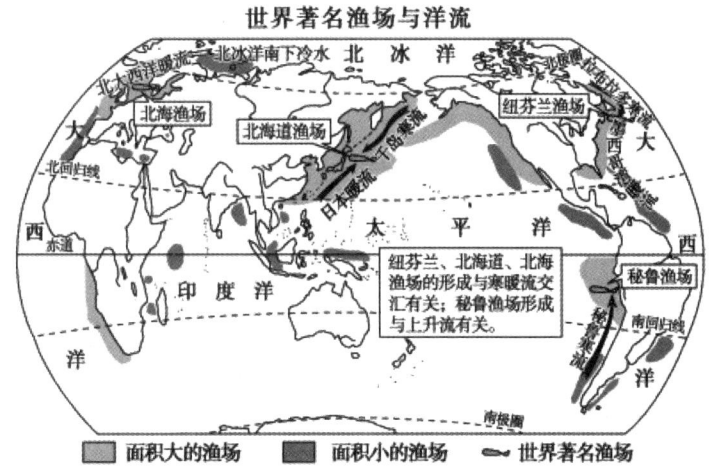

57. **中国最大的冲积岛：崇明岛。**

58. 中国最大、最深的海：南海。中国最浅的海：渤海。

59. 中国热极：吐鲁番（新疆），夏季年平均气温在43℃以上，1975年7月13日达到49.6℃。

60. 中国冷极：漠河县（黑龙江省），冬季年平均气温在-35℃以下，1969年2月13

日最低气温 -52.3℃。

61. 世界上人口最多的民族：汉族。

62. 世界上施工难度最大的引水渠：红旗渠（河南安阳林州）。

63. 中国最高的塑像是位于河南郑州的炎黄二帝巨塑雕像，高度为 106 米。世界上最高的塑像是位于印度的团结雕像，高度为 182 米。

64. 中国现存海拔最高的宫殿：布达拉宫。

65. 世界上最高的山脉：喜马拉雅山。

66. 中国最长的河：**长江**，全长 6300 公里，发源于**唐古拉山**，流经青海、四川、西藏、云南、重庆、湖北、湖南、江西、安徽、江苏、上海等 **11 个省区**，最后在上海注入**东海**。**世界四大长河**：尼罗河（由南向北）、亚马孙河（由西向东）、长江（由西向东）、密西西比河（由北向南）。

67. 世界上含沙量最大的河：**黄河**，发源于**巴颜喀拉山**，流经青海、四川、甘肃、宁夏、内蒙古、陕西、山西、河南以及山东 9 个省区，最后在山东东营注入**渤海**。

68. **中国四大自然奇观**：吉林雾凇、桂林山水、云南石林、长江三峡。

69. 我国省级行政面积前六位依次为：**新疆、西藏、内蒙古、青海、四川、黑龙江**。

70. 中国最长的地下河：坎儿井（新疆）。

71. 世界最优质的草原：呼伦贝尔草原。

72. 中国五大湖：鄱阳湖（江西。世界最大的白鹤栖息地，被称为"鹤之天堂"）、洞庭湖（湖南）、太湖（长江三角洲，有"**一湖跨三州**"之说，即东吴苏州、中吴常州、西吴湖州）、洪泽湖（江苏）、巢湖（安徽）。

73. 四大洋：太平洋、大西洋、印度洋、北冰洋。

74. **中国四大石窟**：云冈石窟、龙门石窟、麦积山石窟、敦煌莫高窟（最大）。

75. 富含**氮**的肥料可促进果树**枝繁叶茂**，富含**磷**的肥料可促进果树**开花结果**。

76. **江南三大名楼**：**湖南岳阳楼、湖北黄鹤楼、江西滕王阁**。

77. **四大文明古国**，分别是**古巴比伦**（位于西亚，今伊拉克）、**古埃及**（位于北非，今埃及）、**古印度**（位于南亚，地域范围包括今印度、巴基斯坦等国）和**中国**（位于东亚，今中华人民共和国）。

78. **三山五岳**：三山指**安徽黄山**（天下第一奇山，黄山四绝为奇松、怪石、云海、温泉）、**江西庐山、浙江雁荡山**。三山的另一种说法指东海里的三座仙山：蓬莱、方丈、瀛洲。**五岳**：**东岳泰山**（山东。又名岱山、岱宗、岱岳、东岳、泰岳，五岳之首，被古人视为"直通帝座"的天堂，成为百姓崇拜、帝王告祭的神山，有"泰山安，四海皆安"的说法。**世界首个文化与自然双重遗产**）、**西岳华山**（陕西。中华之"华"源于华山，由此，华山有了"华夏之根"之称。自古以来就有"奇险天下第一山"的说法）、**南岳衡山**（**湖南。是中国著名的道教、佛教圣地**，环山有寺、庙、庵、观 200 多处。**祝融峰**是衡山的最高峰，是为纪念我国人文祖先祝融氏而命名的山峰）、**北岳恒山**（山西。**道教主流全**

真派圣地)、**中岳嵩山**（**河南**。嵩山分为少室山和太室山两部分，主峰峻极峰位于太室山，《诗经》有"嵩高惟岳，峻极于天"的名句)。

79. 雷雨过后空气会变得格外新鲜，因为化学变化使空气中的**部分氧气变成了臭氧**。

80. 现存最著名的三大金字塔：大金字塔（也称**胡夫金字塔，是最大的金字塔**)、哈夫拉金字塔和孟卡拉金字塔。

81. 海水盐分的主要成分：氯化钠（78%）、氯化镁。

82. "**紫土地**"是指我国**四川盆地**的土地。

83. 古诗云："洞庭天下水，岳阳天下楼。"岳阳楼在**洞庭湖**上。

84. 意大利的比萨斜塔实际上是比萨大教堂的钟楼，上面一共有 7 口钟。**比萨斜塔之所以会倾斜，是由于它的地基下面土层的特殊性**。比萨斜塔建造在古代的海岸边，因此土质在建造时已经沙化和下沉。

85. 东南亚最长的国际性河流：**湄公河**。湄公河发源于中国唐古拉山的东北坡，在中国境内叫**澜沧江**，流入中南半岛后的河段称为湄公河。湄公河干流全长 4909 公里，是亚洲最重要的跨国水系，也是**世界第七大河流**。它流经**中国、老挝、缅甸、泰国、柬埔寨和越南六个国家（湄澜六国）**，于越南胡志明市流入南海。

86. 草原钢城：包头。

87. 强风是指风力 **6 级**的风。

88. "刘三姐"是我国**壮族**民间传说中的人物。

89. UFO：不明飞行物。

90. 青藏高原的平均海拔：4500 米。

91. 藏历新年，人们见面时都要说"扎西德勒"，这是吉祥如意的意思。

92. 美国国旗星条旗最初制定时有 13 颗星。美国国旗的旗面现由 13 道红白相间的宽条构成，左上角还有一个包含了 50 颗白色小五角星的蓝色长方形。50 颗小星代表了美国的 50 个州，而 13 条间纹象征着美国建国时的 13 块殖民地。

93. 大雁塔在陕西西安。

94. **泼水节**是我国**傣族**一年中最盛大的节日。

95. **世界瓷都**：**江西景德镇**。

96. 百慕大三角海区引人关注的原因：发生种种神秘事故。

97. 华夏民族是在黄河流域诞生的。

98. 太阳的大气主要有三层，**从里向外依次为光球层、色球层和日冕层**。**太阳黑子**是在太阳的光球层上发生的一种太阳活动，是太阳活动中最基本、最明显的。**太阳耀斑**是一种最剧烈的太阳活动，周期约为 11 年，一般认为发生在色球层中，所以也叫"色球爆发"。**太阳风**是从太阳大气最外层的日冕，向空间持续抛射出来的物质粒子流。**日珥**是在太阳的色球层上产生的一种非常强烈的太阳活动，是太阳活动的标志之一。在日全食时，太阳的周围镶着一个红色的环圈，上面跳动着鲜红的火舌，这种火舌状物体就是日珥。

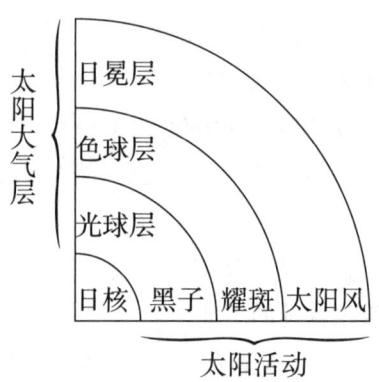

99. **维苏威火山**（被称为"欧洲最危险的火山"）的爆发毁灭了古罗马帝国的庞贝城。

100. **麦加**是伊斯兰教的圣地。

101. 测量降水量用的单位是**毫米**。

102. 我国现存最大的皇家园林是**河北承德避暑山庄**（**始建于康熙年间**），它与**颐和园**（建于清朝时期的皇家园林，前身为清漪园，坐落在北京西郊，1998 年 11 月被列入《世界遗产名录》，被誉为"**皇家园林博物馆**"）、**留园**（江苏苏州）、**拙政园**（江苏苏州）并称**中国四大名园**。

103. "三八线"是朝鲜与韩国的分界线。

104. 被人们称作通天河的河流是沱沱河（青海省）。

105. **古罗马帝国**在**公元** 395 **年**分裂成东、西两个帝国，西部以罗马为中心，称西罗马帝国，后在内忧外患中衰落，因日耳曼人入侵而亡于**公元** 476 **年**；东部以君士坦丁堡为中心（现土耳其的伊斯坦堡），于 1453 **年**被奥斯曼土耳其帝国灭亡，史学家更多称东罗马帝国为拜占庭帝国。